朝鮮圖書解題

韓國學資料院

朝鮮圖書解題

凡例

一、本書ハ本府所藏ノ朝鮮圖書ニ簡單ナル解說ヲ附シタルモノニシテ未タ全部ニ及ハス殘部及今後增加ノ分ニ付テハ逐次追加ノ豫定ナリ

一、部門ハ經、史、子、集ノ四部ニ大別シ更ニ類ニ依リ之ヲ細別セリ

一、編著者ノ小傳ハ一ヶ所ニ揭出シ他ハ之ヲ省ケリ

一、部類ニ依ル目次ノ外圖書名ノ頭字ニ依ル五十音索引及編著者ノ王號表及姓別表ヲ揭ケ圖書名及編著者小傳ノ搜出ニ便セリ

一、編著者及年時ノ記載中王名ニハ國號ヲ冠セルモ朝鮮ハ大抵之ヲ省ケリ

一、體裁、印版、內容等ノ特異ナルモノヲ擇ヒ寫眞版ト爲シ參考ニ資ス

大正八年三月

朝鮮總督府

文第二〇號

京城府太平通
朝鮮通信社
代表 伊藤卯三郎

「朝鮮圖書解題」重刊發賣方ノ件
願出ノ通許可ス

昭和六年二月二十七日

朝鮮總督府 印

目次

經部

史部

紀事類…………四九

別史類

地理類

子部

隨錄類

集部

目次

總集類……五四三

○寫眞

五十音索引

（ア）

（イ）（ヰ）

（ウ）

（オ）（ヲ）

（カ）

（キ）

(ク)

（サ）

(シ)

(ス)

（タ）

（チ）

（ツ）

(ナ)

（ヘ）

(マ)

(ミ)

(ム)

(メ)

王號表

高麗王號

仁宗 三六
高宗 二四八

朝鮮王號

太祖 三九
定宗 四〇
太宗 四〇
世宗 四〇
文宗 四〇
端宗 四〇
世祖 四一
睿宗 四一
成宗 四一
燕山君 四一
中宗 四二
仁宗 四二
明宗 四二
宣祖 四二
光海君 四二
仁祖 四三
孝宗 四三
顯宗 四三
肅宗 四三
景宗 四四
英祖 四四
正祖 四四
純祖 四四
憲宗 四五
哲宗 四五
李太王 七四
李王 四六

朝鮮追尊王后號

昭惠后 三〇七
莊祖 三五六
獻敬后 五九

編著者姓別表

二畫
丁 一六

三畫
千 一七

四畫
尹 自八至九
元 二〇
孔 一七
卞 一六
文 一七
方 一七

五畫
申 自一〇至一一
白 一六
田 一七
玄 一七
石 一七
玉 一七

六畫
朴 自六至七
安 一三
任 一四
全 一六
池 一七
朱 一七
吉 一七

七畫
李 自一至四
宋 一五
吳 一二
沈 一三
成 自一四至一五
呂 一六
車 一七
辛 一六

八畫
金 自四至六
具 一四
林 一六
河 一七
奇 一七
周 一七
卓 一七
房 一七

九畫
洪 一〇
柳 九
俞 一五
南 一四
姜 自一二至一三
禹 一六
范 一七
秋 一七
宣 一七

十畫
徐 一四
梁 一六
高 一七
孫 一六
馬 一七
桂 一七
夏 一七

十一畫
崔 九
張 一三
魚 一六
許 一三
曹 自一五至一六
郭 一六
康 一六
陳 一七

十二畫
閔 自一三至一四
黃 一五
楊 一七
偰 一七

十三畫
睦 一六
愼 一六

十四畫
趙 自一一至一二
蔡 一六
裵 一六

十五畫
鄭 自七至八
劉 一七

十六畫
盧 一六

十七畫
邊 一六

十八畫
魏 一七
韓 一二

十九畫
羅 一六

二十畫
嚴 一六
蘇 一七
釋 自一七至一八

廿二畫
權 一二

○李時恒 二四〇
○李景夷 二四二
○李一相 二四二
○李殷相 二四三
○李師尙 二四三
○李敦榮 二四五
○李檽 二四六
○李存中 二四七
○李得元 二五二
○李敍求 二五七
○李明翼 二五八
○李鍾岱 二五九
○李晩燾 二五九
○李俁 二六四
○李康鎬 二六四
○李秉太 二六五
○李健榮 二七三
○李埈 二七四
○李尙逸 二七五

○李慶民 二七六
○李容肅 二七九
○李德容 二七九
○李參鉉 二七九
○李偘 二八五
○李基讓 二八七
○李敦宇 二九一
○李容民 二九四
○李震相 三〇一
○李楨 三〇二
○李咸亨 三〇八
○李象靖 三〇九
○李全仁 三一四
○李鎰 三一五
○李曙 三一六
○李祐珪 三一七
○李俊養 三二一
○李尙爀 三二八
○李洙 三四一

○李應憲 三四一
○李準榮 三四二
○李晬光 三四四
○李圭景 三五五
○李載恒 三五八
○李東郁 三六二
○李奎報 三七〇
○李穀 三七一
○李穡 三七三
○李崇仁 三七四
○李行 三七五
○李陸 三七九
○李婷 三八一
○李湜 三八二
○李賢輔 三八四
○李宗準 三八四
○李弘準 三八四
○李胄 三八四
○李穆 三八四

○李堣 三八五
○李希輔 三八五
○李荇 三八六
○李耔 三八八
○李彦适 三九一
○李恒 三九二
○李肇柱 三九三
○李增 三九四
○李洪男 三九六
○李之菡 三九七
○李義健 四〇三
○李純仁 四〇三
○李濟臣 四〇五
○李山海 四〇七
○李廷馣 四〇九
○李舜臣 四一三
○李元翼 四一三
○李尙吉 四一九
○李廷馨 四二一

○李德馨	四二二
○李春英	四二三
○李好閔	四二三
○李　達	四二六
○李慶全	四二七
○李彥英	四二七
○李潤雨	四二八
○李　溟	四二九
○李民宬	四二九
○李春元	四三〇
○李安訥	四三〇
○李命俊	四三一
○李培元	四三三
○李敬輿	四三八
○李賓國	四三九
○李明漢	四四三
○李尙質	四四四
○李時省	四四五
○李昭漢	四四五
○李海昌	四四六
○李興浡	四四六
○李起浡	四四七
○李勝㬎	四五一
○李惟泰	四五二
○李榮仁	四五四
○李　健	四五五
○李元禎	四五七
○李　濬	四五八
○李震白	四五八
○李敏迪	四五九
○李端相	四六一
○李景華	四六二
○李志傑	四六三
○李敏叙	四六三
○李世白	四六五
○李箕洪	四六八
○李　沃	四六八
○李東標	四六九
○李　畬	四七〇
○李世龜	四七〇
○李　坪	四七二
○李　堉	四七二
○李秉淵	四七三
○李　琓	四七三
○李衡祥	四七五
○李健命	四八〇
○李宜繩	四八〇
○李載亨	四八一
○李秉成	四八五
○李煥模	四八五
○李漢輔	四八五
○李　東	四八六
○李顯益	四八六
○李濟兼	四八九
○李箕鎭	四九一
○李器之	四九三
○李道翼	四九四
○李德胄	四九六
○李天輔	四九六
○李　漪	四九七
○李重光	四九八
○李重延	五〇〇
○李和甫	五〇二
○李最中	五〇二
○李獻慶	五〇三
○李胤永	五〇四
○李麟祥	五〇四
○李英輔	五〇五
○李鳳煥	五〇六
○李運永	五〇六
○李重慶	五〇七
○李彥瑱	五〇八
○李光顯	五〇九
○李種徽	五一一
○李鎭宅	五一三
○李德懋	五一四

○李心永 五一五
○李采 五一五
○李元培 五一六
○李明五 五一六
○李野淳 五一八
○李崑秀 五一九
○李復鉉 五二〇
○李義發 五二〇
○李禮煥 五二一
○李匡呂 五二三
○李墹 五二四
○李鳳秀 五二五
○李趾秀 五二五
○李驥義 五二六
○李佑贇 五二八
○李源祚 五二八
○李章贊 五二九
○李祖憲 五二九
○李廷柱 五三一

○李承亓 五三一
○李尙迪 五三二
○李象秀 五三五
○李玄逸 五三九
○李栽 五四二
○李之運 五五三
○李萬維 五五四
○李民宬 五五六
○李民寏 五五六
○李喜臣 五六六
○李仁老 五六九
○李是遠 五七七
○金祖淳 九
○金在魯 一三
○金尙憲 一三
○金長生 一四
○金鍾厚 一五
○金集 一六
○金景游 二〇

○金富軾 二六
○金季昌 二八
○金光泰 三〇
○金起宗 三三
○金良器 五四
○金致仁 五九
○金昌熙 六二
○金堉 七三
○金伯幹 八〇
○金健瑞 八四
○金魯鎭 八九
○金慶門 九〇
○金正國 一一三
○金宇顒 一一六
○金載瓚 一一七
○金壽昌 一五七
○金履載 二〇七
○金魯奎 二一四
○金履翼 二一五

○金玄成 二二四
○金尙容 二二五
○金義淳 二二五
○金濟謙 二二五
○金貴榮 二二六
○金履九 二二八
○金炳學 二二八
○金應根 二二八
○金汶根 二三三
○金魯敬 二三六
○金履喬 二三六
○金光遂 二三九
○金相肅 二四〇
○金光煜 二四二
○金錫冑 二四三
○金蘭淳 二四五
○金炳國 二四五
○金澤榮 二四八
○金志穆 二五五

○金應祖	四四〇	○金柱臣	四七九	○金相日	五一八	○金生海	五五五
○金世濂	四四二	○金昌緝	四七九	○金憲基	五二三	○金思義	五七七
○金弘郁	四四八	○金昌立	四八一	○金邁淳	五二三	○金致根	五七七
○金華俊	四四八	○金令行	四八四	○金時和	五二三	○朴興林	六
○金終弼	四五二	○金時觀	四八六	○金義行	五二四	○朴世采	八
○金益熙	四五三	○金民澤	四八七	○金鼎均	五二六	○朴準源	九
○金佐明	四五六	○金崇謙	四八八	○金應夏	五二六	○朴聖源	一七
○金壽增	四五九	○金尙埏	四九二	○金進洙	五三〇	○朴建中	二二
○金壽興	四六〇	○金錫一	四九四	○金周鉉	五三一	○朴性源	三三
○金萬基	四六四	○金元行	四九七	○金永爵	五三一	○朴瑄壽	四四
○金必振	四六五	○金履坤	五〇一	○金鼎大	五三二	○朴慶餘	五〇
○金邦翰	四六六	○金時鐸	五〇二	○金鼎集	五三三	○朴師洙	五八
○金起泓	四六六	○金履安	五〇六	○金在堉	五三三	○朴宗謙	五九
○金 幹	四七〇	○金德行	五〇六	○金 劉	五三四	○朴泰輔	六〇
○金道凝	四七三	○金相定	五〇六	○金光柏	五三七	○朴定陽	八五
○金昌翕	四七五	○金相岳	五〇七	○金允植	五三八	○朴一源	八八
○金時保	四七七	○金奎五	五一〇	○金禹鉉	五三八	○朴文秀	九二
○金鎭圭	四七七	○金相禹	五一三	○金龍普	五五一	○朴珪壽	一〇九
○金聖甲	四七八	○金若淵	五一七	○金尙鉉	五五五	○朴齊家	一一四

○朴盛源 二一九
○朴基正 二二六
○朴弼成 二三三
○朴民獻 二三五
○朴宗薰 二三六
○朴宗慶 二三八
○朴希賢 二四九
○朴章鎬 二五七
○朴正林 二六九
○朴淵會 二八一
○朴世旭 二九三
○朴光輔 二九三
○朴敦行 三〇五
○朴世茂 三〇五
○朴在馨 三〇八
○朴　悅 三一〇
○朴吉應 三一〇
○朴大陽 三一五
○朴世堂 三一八

○朴興生 三一九
○朴彭年 三五七
○朴　塤 三七五
○朴　融 三七六
○朴增榮 三八三
○朴遂良 三八五
○朴　祥 三八六
○朴　誾 三八七
○朴河淡 三八八
○朴　雲 三九一
○朴枝華 三九五
○朴承任 三九八
○朴　淳 四〇〇
○朴　演 四〇一
○朴汝龍 四〇九
○朴廷璠 四一五
○朴遂一 四一六
○朴東說 四二四
○朴東亮 四三四

○朴壽春 四三一
○朴知誠 四三二
○朴弘中 四三六
○朴　瀰 四五二
○朴長遠 四五四
○朴　銑 四六七
○朴泰淳 四七五
○朴泰漢 四八〇
○朴恒漢 四八一
○朴來吾 五〇一
○朴光一 五〇五
○朴胤源 五一二
○朴趾源 五一三
○朴宗喜 五一九
○朴宗輿 五二〇
○朴雲壽 五二九
○朴文逵 五三二
○朴齊近 五三五
○朴應漢 五三八

○朴崇古 五五七
○鄭　述 四
○鄭　陟 一三
○鄭麟趾 二六
○鄭孝恒 三七
○鄭元容 四六
○鄭　琢 五三
○鄭忠信 六〇
○鄭載嵩 六三
○鄭道應 七三
○鄭昌順 八四
○鄭晩錫 一一〇
○鄭基春 一二三
○鄭克後 一二六
○鄭賜湖 一二七
○鄭　摠 一三〇
○鄭斗卿 一四二
○鄭璘基 一四一
○鄭允璧 一五四

○鄭一鑽	二五四
○鄭 熺	二五五
○鄭德善	二六九
○鄭亨遠	二七〇
○鄭聖鸐	二七三
○鄭冕錫	二八〇
○鄭寅奎	二八〇
○鄭應哲	二八二
○鄭太和	二八八
○鄭之雲	三〇〇
○鄭道傳	三〇一
○鄭 曄	三〇九
○鄭介清	三一四
○鄭 弦	三四二
○鄭宗悳	三五一
○鄭志儉	三五九
○鄭 㪑	三六四
○鄭夢周	三七三
○鄭光弼	三八二
○鄭士龍	三九〇
○鄭惟吉	三九六
○鄭希良	四〇二
○鄭 澈	四〇五
○鄭崑壽	四〇六
○鄭經世	四二三
○鄭文孚	四二四
○鄭文翼	四三〇
○鄭弘溟	四三六
○鄭百昌	四四〇
○鄭時修	四四七
○鄭吾道	四七一
○鄭 澔	四七二
○鄭錫慶	四九二
○鄭基安	五〇三
○鄭赫臣	五〇三
○鄭景淳	五〇八
○鄭東煥	五一一
○鄭奎漢	五一七
○鄭宗悳	五一三
○鄭健朝	五二六
○鄭趾善	五二八
○尹廷琦	一〇
○尹 拯	一六
○尹蓍東	二二
○尹致羲	四七
○尹定善	四七
○尹 昕	七三
○尹殷輔	七七
○尹敬敎	一〇八
○尹泰駿	一一三
○尹行恁	一一九
○尹斗壽	一二一
○尹師國	一二六
○尹定鉉	一三二
○尹陽來	一三四
○尹 淳	一二七
○尹舜擧	一四一
○尹洛鉉	一五三
○尹胄夏	一五六
○尹光顔	一五六
○尹容善	一五八
○尹鑑烈	一六八
○尹 堦	一八三
○尹致定	一八三
○尹宣擧	一八六
○尹光紹	一九〇
○尹東晳	二五一
○尹 程	二六四
○尹 祥	三七五
○尹根壽	四〇五
○尹光啓	四二〇
○尹善道	四三九
○尹元擧	四四六
○尹文擧	四五〇
○尹 揩	四六二
○尹鳳朝	四八七

○尹鳳九 四八九
○尹東源 四九〇
○尹顯東 五〇一
○尹衡老 五〇四
○尹東燁 五一二
○尹善大 五一七
○尹東野 五一八
○尹弘圭 五一八
○尹大淳 五二五
○尹鍾燮 五二八
○尹以明 五三八
○崔岦 一
○崔錫鼎 二四
○崔世珍 三三
○崔淑精 三八
○崔恒 六六
○崔漢綺 一二一
○崔文鉉 一四四
○崔致遠 二四〇

○崔重湜 二五〇
○崔慶老 二五五
○崔尙鼎 二八四
○崔錫舜 三一〇
○崔天璧 三二〇
○崔厚澤 三四三
○崔鶴齡 三四四
○崔鳴吉 三四八
○崔斗燦 三五四
○崔溥 三八〇
○崔忠成 三八三
○崔興霖 三九四
○崔慶昌 四〇八
○崔纘 四一七
○崔希亮 四二一
○崔愼 四六九
○崔是翁 四七一
○崔昌大 四八三
○崔守哲 四九〇

○崔成大 四九四
○崔天翼 五〇一
○崔昭 五〇七
○崔興遠 五二三
○崔琳 五二五
○崔惟允 五三四
○崔明秀 五四八
○崔景欽 五五九
○崔滋 五七〇
○柳贇 三
○柳長源 一七
○柳崇祖 二六
○柳本藝 四九
○柳成龍 五一
○柳希春 六一
○柳光翼 六三
○柳馨遠 七五
○柳得恭 一二八
○柳鳳輝 一四三

○柳汀植 二五一
○柳墭 二五四
○柳協臺 二七〇
○柳雲 三〇六
○柳方善 三七六
○柳義孫 三七八
○柳思規 四〇四
○柳永吉 四〇七
○柳雲龍 四〇七
○柳根 四一四
○柳夢寅 四一九
○柳楫 四三八
○柳帶春 四四八
○柳宜健 四九一
○柳徽文 五二一
○柳鼎漢 五二五
○柳宜貞 五二九
○柳大源 五三七
○柳允謙 五四一

○柳　 槼 五五八
○洪啓禧 一三
○洪養默 二〇
○洪仁謨 三三
○洪汝河 三七
○洪良浩 六五
○洪奭周 七〇
○洪鳳漢 七〇
○洪仁浩 八〇
○義　 浩 八〇
○洪英植 八七
○洪敬謨 八九
○洪啓迪 一四〇
○洪仁祐 二一八
○洪儀泳 二一九
○洪明浩 二二六
○洪　 瀅 二二七
○洪鍾應 二二八
○洪祐吉 二三三

○洪禹宣 二三六
○洪鉉輔 二四〇
○洪宅夏 二五一
○洪樂信 二六一
○洪志燮 二六一
○洪象漢 二八四
○洪樂仁 二九二
○洪重寅 三〇三
○洪吉周 三五二
○洪裕孫 三七八
○洪聖民 四〇五
○洪世恭 四〇九
○洪瑞鳳 四三一
○洪命元 四三一
○洪宇遠 四四九
○洪錫箕 四五〇
○洪九淵 四五四
○洪　 葳 四五七
○洪柱國 四九八

○洪受疇 四六八
○洪世泰 五五九
○洪胄華 四七八
○洪重聖 四八一
○洪泰猷 四八三
○洪濟猷 四八三
○洪萬績 四八四
○洪啓英 四九一
○洪元燮 五一五
○洪直弼 五二四
○洪錫輔 五四四
○申叔舟 二
○申　 晚 一三
○申　 湜 一四
○申　 涎 一八
○申義慶 二〇
○申　 炅 五一
○申命圭 六二
○申正熙 一五五

○申景濬 二〇五
○申翊聖 二二五
○申元福 二七四
○申箕善 三一一
○申觀浩 三三五
○申　 泒 三三七
○申　 氏 三五七
○申用溉 三六二
○申光漢 三八八
○申之悌 四一三
○申　 欽 四一五
○申敏一 四二四
○申翊全 四四九
○申　 濡 四五四
○申　 最 四五八
○申　 晸 四六一
○申厚載 四六六
○申　 琓 四七〇
○申靖夏 四八七

○申維翰 四八八
○申防 四九一
○申光洙 五〇〇
○申嚎 五〇八
○申大羽 五一三
○申綽 五二一
○權近 二
○權擘 四五
○權和 五〇
○權以生 七一
○權鼈 七二
○權敦仁 一四五
○權愈 一三〇
○權重顯 一五〇
○權致根 一五二
○權斗經 二六六
○權溥 三〇四
○權準 三〇五
○權文海 三四四

○權柱 三八一
○權五福 三八三
○權撥 三八七
○權擘 三九九
○權德麟 四〇一
○權韠 四二八
○權宏 四三三
○權得己 四四六
○權諰 四四八
○權克中 四五三
○權尙吉 四五三
○權尙夏 四六八
○權忭 四七三
○權渠 四八三
○權鶯 五三九
○權致福 五五〇
○趙翼 七
○趙時範 一八
○趙璥 四五

○趙寅永 四六
○趙挺 六四
○趙斗淳 七八
○趙準永 八五
○趙顯命 九六
○趙憲 一〇七
○趙光玹 一〇七
○趙昌期 一〇九
○趙靖世 一一七
○趙秉瑜 一〇八
○趙成夏 一一八
○趙泰耇 一三三
○趙璞 一三四
○趙萬永 一三四
○趙暾 一三六
○趙鎭寬 一三七
○趙絅 一四二
○趙泰億 一四三
○趙熙龍 一七六

○趙泰萬 一八一
○趙榮國 一八一
○趙曮 一八二
○趙秉弼 一八二
○趙冕根 一八二
○趙持謙 一八九
○趙寅熙 二五四
○趙旅 三七八
○趙光祖 三八八
○趙宗敬 三九一
○趙昱 三九二
○趙穆 四〇〇
○趙希逸 四三二
○趙希進 四三五
○趙相禹 四三七
○趙任道 四三九
○趙克善 四四三
○趙錫胤 四五〇
○趙龜錫 四五五

○閔仁伯　四一五
○閔垶　四一五
○閔昱　四一〇
○閔鼎重　四六〇
○閔遇洙　四九五
○閔在南　五二三
○任震宰　二九八
○任鏶　四二二
○任叔英　四四四
○任弘亮　四六四
○任弘望　四六五
○任相元　四六六
○任守幹　四八〇
○任適　四九〇
○任徵夏　四九一
○任聖周　五〇〇
○任希聖　五〇〇
○任敬周　五〇三
○任氏　五〇八

○任靖周　五〇九
○任天常　五一七
○任百經　五二一
○任憲晦　五二四
○南紀濟　三七
○南夏正　六八
○南應雲　一二七
○南九萬　一四三
○南公轍　一四六
○南鶴鳴　二六〇
○南秉哲　三二一
○南秉吉　三二二
○南相吉　三二七
○南二星　三四〇
○南溟學　三五一
○南秀文　三七六
○南孝溫　三八一
○南龍翼　四六〇
○南延年　四七五

○南正重　四七六
○南漢紀　四八五
○南克寬　四九〇
○南有常　四九五
○南有容　四九六
○南龍萬　四九八
○南基萬　五一〇
○南溟學　五一一
○南廷哲　五四〇
○徐命膺　三
○徐居正　三六
○徐有隣　八〇
○徐榮輔　一一九
○徐有防　一五七
○徐文重　二二五
○徐宗泰　二三六
○徐有偉　二八四
○徐有榘　三一七
○徐浩修　三五三

○徐敬德　三九〇
○徐益　四一〇
○徐思遠　四一四
○徐起　四三七
○徐必遠　四五五
○徐命瑞　四九九
○徐昌載　五〇九
○徐應淳　五三六
○徐耕輔　五六八
○具駿遠　五七
○具允明　七九
○具宅奎　七九
○具仁　二八五
○具鳳齡　四〇一
○具思孟　四〇二
○具崟　四五五
○具文游　四六九
○成三問　二
○成俔　七二

○嚴台永　二七七
○嚴璹　三五三
○高士褧　六八
○高貞鎭　二六三
○高山厚　二七一
○高濟寅　二八六
○高敬命　四〇三
○高傅川　四三五
○高汝興　四九六
○高晦　四八四
○田祿生　三七二
○田愚　五五六
○玄文恒　三四三
○玄尙璧　五〇五
○玄鎰　五二三
○文載豹　二五一
○河崙　六三
○河演　二〇九
○河鍾仁　二一九

○河弘度　四四二
○河溍　四四九
○蘇斗山　四六〇
○蘇始萬　五一三
○蘇輝冕　五三四
○池光翰　七一
○池日賓　三一八
○奇彦鼎　二一
○奇大升　三〇二
○奇正鎭　五三〇
○陳澕　三三〇
○吉興先　二六六
○吉繼道　二七三
○吉再　三七四
○朱錫冕　二八五
○周世鵬　二一六
○房元震　三六三
○方孝彦　三四二
○孔明烈　三一四

○孔胤道　二八五
○偰循　二六七
○劉祥佑　二六三
○劉希慶　四一三
○劉在建　五五九
○卓有協　二六三
○卓光茂　三七二
○卓愼　三七二
○卓中　三七二
○楊熙止　三七九
○楊士彦　三九八
○馬應房　四〇〇
○玉世實　二五二
○宣宗漢　二七二
○魏昌祖　二三三
○魏伯珪　三四九
○車知玉　二四九
○車錫周　二五九
○車天輅　四一八

○石之珩　五四
○秋世文　二六四
○桂顯瑀　二七三
○桂德海　四九八
○范慶文　五一四
○千光祿　二八五
○千壽慶　五五九
○夏時贊　五二四
○釋惟政　五二
○釋南鵬　五二
○釋一然　七二
○釋聖能　二〇六
○釋東溪　三二六
○釋歸隱　三一七
○釋杜慧　三一七
○釋坦然　三一七
○釋覺訓　二四八
○釋義相　三一七
○釋體元　三一七

○釋知訥	三一七
○釋延壽	三一七
○釋慧諶	三一八
○釋覺雲	三一八
○釋普雨	三一八
○釋明衍	三一八
○釋普圓	三一九
○釋井幸	三一九
○釋朗奎	三二〇
○釋眞一	三二一
○釋東賓	三二一
○釋采永	三二一
○釋昨妙	三二二
○釋休靜	三六三
○釋　煦	三六九
○釋善修	四一〇
○釋守初	四四一
○釋明照	四五八
○釋明詧	四六七

○釋秀演	四七四
○釋若坦	四八二
○釋法宗	四八二
○釋道安	四八四
○釋兌律	四九五
○釋有璣	四九八
○釋應允	五一五
○釋戒悟	五二一
○釋取吶	五二三
○釋冲止	五七一

朝鮮圖書解題

經部

易類

○周易諺解　九卷五冊　宣祖命撰　印本

經書の口訣、釋義は新羅の時薛聰方言を以て九經を解したるを嚆矢とす高麗の末鄭夢周、權近又各吐釋あり朝鮮世宗訓民正音を定むるや局を設け儒臣に命し諺文を以て經書音解を撰せしめ世祖の時又口訣を定む成宗に至り柳崇祖命を承けて七書諺解口讀を纂輯し爾後學者各著作あり李滉に至り釋義を合成せしも猶ほ未た完備せす宣祖九年丙子李珥に命して四書五經の諺解を詳定せしめたるも李珥の撰は四書に止まり五經に及はさりしを以て上進せす十八年乙酉更に局を設け官に命し諸說を採り叅互取捨し以て諺解を著定せり現に世に行はるる七書諺解是なり

本書は卽ち七書諺解の一にして素と程傳に據りて之を解し乙酉本亦之に從ひしか宣祖三十四年辛丑に至り更に校正廳を設け之を釐正し別に本義に據りたる口訣及訓讀を附加し世に行ふこととせり

○周易本義口訣附說　二卷二冊　崔岦著　印本

周易の口訣は初め程傳を主とせしも宣祖辛丑校正の時より始めて本義を取り異りたる句讀を存することとせり著者亦此の役に叅し傍ら本義口訣の撰定に從ひしか貧窮にして藁を易ふること能はす校正の役了りて後上疏して杆城郡守に任せられ專ら本書の著作に任し三年を經て書成り遂に疏を以て上進す卽ち上下經に口訣を附したるものにして各節の下に自己の意見を註記せり卷首に凡例及上疏を冠す

崔岦　字は立之、簡易堂と號す通川の人にして進士自陽の子なり中宗己亥に生れ明宗辛酉文科に魁たり官叅判に止まる

早歳栗谷李珥の門に遊ひて刻苦勉勵し文章を以て名を成す後明に使して弇州王世貞と交り其の文を學ふ或は過深過奇の病ありと雖大家と稱すへきなり唯門地寒微にして官途顯れす宣祖壬辰承文院提調を拜し交鄰の文字其の手より出てたるもの多し仁祖九年一代の詞臣等相議して遺集を刊行す

○易學傳義考　五冊　寫本

易に於て程子は義理を發揮し朱子は象數を推衍す故に程傳と本義とは宜しく并行すへく偏廢すへからさるものなり然るに學者口訣を以て經を解し國家亦功令を以て士を取るに程傳を以て主とし本義は殆と廢するに至れり著者之を憂ひ程朱の旨趣に異同あるを辨疏し且諸說の中本義を發明するに足るものは之を取り以て本書を成せり卷首に附するに時、位、應、德、比、卦主及成卦主七義の論を以てす

○易學啓蒙要解　四卷二冊　世　祖　撰　印本

易を學ふ者文義を專とすれは支離散漫となり又象數のみに涉れは牽强附會に陷り易し朱子竊に之を病み易學啓蒙四篇を著し以て初學に示せり世祖潛邸の時啓蒙の一書は易學の指南なるも語義精深にして初學の理會すること能はさるを慮り仍て本書を撰し更に諸儒に命し若干の補解を添附せしめ十一年丙戌之を刊布せり

○啓蒙傳疑　一冊　李　滉著　印本

諸儒の易學啓蒙を辨釋したるもの皆精密なりと雖理數の學は素より廣博微妙なるを以て愈疑難に疑難を加へ益註解を要せり仍て著者其の得たる所を隨手劄記し間々自己の按說を附し更に明の韓邦奇の啓蒙意見中要義若干を採擇し之を編入せり書の成りしは明宗丁巳の歲なり

李滉　字は景浩、退溪又陶叟と號す眞寶の人にして進士埴の子溫溪瀣の弟なり燕山君辛酉に生れ中宗戊子進士に中り甲午文科に登り選はれて湖堂に入り文衡を典り官贊成に至り宣祖庚午に歿す特に上相を贈られ謚して文純と云ふ宣祖廟庭に配食し文廟に從享す道學純正にして一世の師表たり今に至り東方の儒宗と稱せらる

○易學啓蒙段釋　四卷四冊　寫本

朱子の易學啓蒙を逐段解釋せしものにして或は問答を設け或

は註説を附し以て深奥なる義理の曲折を辨明し河圖十六節、洛書十節及河洛會通六節を作りて各段と爲し其の下に朱子の圖説を繫く而して啓蒙に載せさる朱子の易説は小註と爲し其の間に挿入せり

○啓　蒙　圖　説　六卷三冊　徐　命　膺著　寫本

正祖儲位に在りし時著者賓客を以て易學啓蒙を進講するに當り屢次諮問を蒙りたるを以て公退の餘暇啓蒙を敷演して九十七圖を作り之に解説を附し以て儲宮の潜究に供せり時に英祖四十八年なり

徐命膺　字は君受、保晩齋と號す大邱の人にして判書宗玉の子なり肅宗丙申に生れ英祖乙卯進士に中り甲戌文科に登りて文衡を典り官判中樞府事に至り正祖丁未に歿す謚して文靖と云ふ博識强記にして著述多し

○易學啓蒙集箋　四卷二冊　徐　命　膺編　印本

正祖儲位に在りし時明の永樂年間編せし所の易學啓蒙附註を講するに當り世祖の要解と李滉の傳疑とは各編を異にし省閲に不便なるを以て編者に命し之を合纂せしめ且附註は文義を寧にし意象を略せしを以て更に意象を發揮すへき先儒の説を採り以て増註と爲し其の下に考異を附し參考とせり英祖四十八年芸閣新活字を以て印行す

○易　圖　一冊　柳　贇著　印本

易の理象は圖に非されは表はし難し故に易の圖あるや久し著者潜心玩究して得る所あり伏羲、文王、周公、孔子四聖の舊と邵、朱二家の説に根據し以て五十二圖を作る即ち宣祖丙子の年なり後、李時發慶尙監司たりし時之を上梓す

柳贇　字は美叔號して孤山倦翁と云ふ豐山の人なり明宗の時に生れ隱居して仕へす宣祖の時に歿す幼より穎悟にして經學に勤め最も易義に深し

○易　象　説　三卷二冊　曹　好　益著　印本

易經の章句を抄節して程傳及本義又は諸家の説を措據し簡明に註釋を施し且自家の私見を割錄し卷首に易象と範數との二圖を作り以て冠せり正祖己亥著者六世の孫德臣之を校正して刊行す

曹好益　字は士友、芝山と號す昌寧の人なり仁宗乙巳に生

れ宣祖丙子慶尙都事崔滉の誣奏に因りて江東に謫せられ壬辰の歲特に赦されて義禁府都事を拜し召募官を命せられ功を以て資を加へ官牧使に至る光海君己酉に歿し吏曹參判を贈らる少時其の舅校理周博に學ひ長して退溪の門に遊ひ學を好み誠と道とを樂しむ最も易に深く百家の說に精通せさるなし

○周易質疑　一冊　李德弘著　寫本

著者周易中疑義の存する所を其の師李滉に質し解答三十餘條を得て之を蒐錄し外曾孫金萬烋其の草本に依り本書を編成す附するに範數の横圖、方圖、皇極實數圖及夫婦有別圖を以てし李滉の易義進啓及著者の易爻問對の一編を併載せり

李德弘　字は宏仲、艮齋と號す永川の人なり中宗辛丑に生れ總角の時より退溪の門に遊ひ宣祖戊寅名儒を薦むる時寒岡鄭逑と同しく薦められ官縣監に至り壬辰徒歩して義州に扈從し丙申に歿す勞を以て吏曹參判を贈らる學識博洽にして論語中庸、心經、古文前後集、家禮等の書を註釋す又四書質疑あり

○太極問辨　二卷一冊　鄭　逑編　印本

易の理象を演するに太極を以てせしは孔子より始まり太極の原理を推すに無極を以てせしは周濂溪より始まれり濂溪圖說を著し而して朱子之を解す陸九韶、陸九淵兄弟無極の說を排斥し書を朱子に與ふ朱子之に答へ辨明すること四度に及ふ宣祖の時孫叔暾、曹漢輔兩人寂滅を以て無極を論し書を李彥迪に與へ又無極太極說を著せり李彥迪之を辨疏して答書すること又四度而して更に孫、曹著說の後に書するの一篇を著せり本書は太極圖說を卷首に載せ朱子四度の答書及陸氏の二書を附して上卷とし李彥迪の書後一篇と四度の答書を下卷とせり仁祖元年花山(今の安東)に於て初刊し其の後、玉山書院に於て再刊し又檜淵書院に於て重刊す

鄭逑　字は道可、寒岡と號す淸州の人にして復齋揔六世の孫なり中宗癸卯に生れ宣祖癸酉學行を以て薦められ參奉に除す官大司憲に至り光海君庚申に歿す諡を文穆と云ふ早歲德溪吳健に從遊して業を受け後退溪李滉の門に遊ひ心經を講し遂に擧業を廢して經學を專治す栗谷李珥及東岡金宇顒と倶に遺逸を以て薦められ典禮の沿革に參し治績著聞す光海君の時永昌大君の獄起るや上疏して全恩の事を請ふ言辭切直義理正大にして皆學問上より出つと稱せらる

○易學圖說　九卷九冊　張顯光著　印本

易は伏羲の卦を畫したる後文王卦辭を立て周公爻辭を設け孔子十傳を著し以て易の敎を完成す而して程子に傳あり朱子に本義と啓蒙あり以て其の羽翼を成せり其の前後の諸儒又詞を費して説を爲し器を剩して圖を爲す者多く愈繁にして益雜となり遂に經旨を瀆亂するの弊に陷れり著者之を慨し本書を編撰し圖及説は皆已成の書に據れるも間間自己の意見を以て增補せり仁祖二十三年林墰慶尙監司たりし時之を刊行す

張顯光　字は德晦、旅軒と號す仁同の人なり明宗甲寅に生れ宣祖の時才學を以て薦められ參奉に除す大司憲を歷て官參贊に至り仁祖丁丑に歿す領議政を贈られ謚を文康と云ふ嘗て寒岡鄭逑に從遊し學問日に就り遂に名儒となる退溪の歿後嶺南に於て寒岡と並稱せらる

○易義窺斑　一冊　李玄錫著　寫本

易の三百八十四爻は遇ふ所に隨ひ各用あり殊に各卦の第五爻は君位にして人君の鑑戒に切要なるを以て第五爻のみを推衍して本書を撰次す故に六十四卦には遍及せす但た應宿の數のみを擧けたるは豹斑管窺に似たるを以て窺斑と名け以て肅宗に進む卷尾に惟幾感説一篇を附し易道の一斑を論せり

李玄錫　字は夏瑞、游齋と號す全州の人にして分沙聖求の孫なり仁祖丁亥に生れ肅宗乙卯に登科し翰林を歷て官參贊に至り癸未に歿す謚を文肅と云ふ其の曾祖は芝峰晬光なり家世世綿奕し又文學を傳受し著述多し

○易經疾書　六卷二冊　李瀷著　寫本

易經の文は上下鉤連し彼此互足するもの多きを以て著者之か研究を盡し上下經、上下傳及説卦、序卦、雜卦に至るまて專ら文辭の意を取り別に一家の説を陳へたり書の成りしは英祖丁卯の歲なり

李瀷　字は子新、星湖と號す肅宗の時の人なり官監役に止まる又星湖文集の著あり英祖の時に歿す

○易學緒言　三卷四冊　丁若鏞著　寫本

易學を治むる者見解各異なるを以て傳會穿鑿の患なきに非す著者諸家の説に就き議すへきものを採取して一一贊駁を加へ又自家の意見を記述して以て本書を成せり其の採取せし篇目

は李鼎祚集解論、鄭康成易注論、班固藝文志論、漢魏遺義論、王輔嗣易注論、韓康伯玄談考、孔疏百一評、唐書卦氣論、朱子本義發微、邵子先天論、沙隨古占駁、呉草廬纂言論、來氏易注駁、李氏折中鈔、陸德明釋文鈔、郭氏擧正駁、王蔡胡李評、卜筮通義、周易答客難、玆山易東、茶山問答等なり

丁若鏞　字は美庸、茶山又俟菴と號す羅州の人にして承旨時潤五世の孫なり英祖壬午に生れ正祖の初生員に中り己酉文科に登り官承旨に止まり憲宗丙申に歿す謚して文度と云ふ純祖の時邪獄に横罹して康津に流配せられ十九年の後生還す識は古今に博く志は民國に存し平生著書數百卷經世濟民に關し至言要道たらさるものなし又名物度數百家技藝に精通し文章經學絶世の偉才にして古來罕なる碩儒と稱せらる

○大易理象　二卷二冊　印本

易の理と象とを簡明に發揮したるものにして先つ无形の本體より象を立て卦爻となるを示し次に六十四卦卦象の辭を掲け先儒の說を採り以て之を解し且四聖三賢の易に關する功效を論せり

○周易講義條問　一冊　正祖撰　寫本

正祖四年堂下文臣中其の年齡を限り廣く其の選擇を行ひ之を抄啓文臣と稱し月に經史を課し旬に詩文を試み勤慢を較し賞罰を行ひ以て文風を振興せり本書は七年癸卯抄啓文臣に課するため易義の題問百七十條を選ひ之を編せしものなり

○演易治平要覽　二卷一冊　朴興林撰　寫本

君德を規勉せしむるため易理を敷衍し三十二節六十五目に分ち象を掲け以て自家の議論を詳述し每目の末に時君の體行すへき要諦を附言し乙覽に供せしものなり

朴興林　字は起之、順天の人にして文翼の子なり顯宗癸卯に生れ肅宗乙酉生員に中る

書類

○書傳諺解　五卷五冊　宣祖命撰　印本

書經に諺文を以て音義及句讀を附したるものにして卽ち七書諺解中の一なり諺解に付ては周易諺解の下に記せり

○書傳正音　四卷二冊　印本

書經正文各字の下に諺文を以て支那音を附したるものなり而して其の左に在るを正音とし右に在るを俗音とす

○書經淺說　三卷　趙　翼著　寫本

書經の各篇章句の下に著者の意見を以て辨析論難したるものなり仁祖十六年戊寅書成り孝宗六年乙未經筵に上進す

趙翼　字は飛卿、浦渚と號す豐壤の人僉正瑩中の子なり宣祖己卯に生れ癸卯登科し選はれて湖堂に入り官左議政に至り孝宗丁酉に歿す謚を文孝と云ふ少時月汀尹根壽に學ひ禮學に邃し性行に深く親に事ふるに孝を極め國のために誠を盡す今に至りても儒相と稱せらる

○尙書講義條問　一冊　正　祖撰　寫本

正祖五年辛丑に簡選したる抄啓文臣洪履健等に課するため書經中疑義の存する箇所百八十八條を選ひたるものにして欄頭に條對を分擔せる抄啓文臣の姓名を掲く抄啓文臣講義に付ては周易講義條問の下に記せり

○尙書講義條問　一冊　正　祖撰　寫本

正祖七年癸卯書經中の講義すへき問題百五十條を選ひ抄啓文臣に課試せしものなり抄啓文臣に付ては周易講義條問の下に記せり

○尙書古訓　六卷二冊　丁若鏞編　寫本

古文今文の尙書は總て三本あり文帝の時伏勝の傳へたる今文尙書、漢武帝の時孔安國の獻したる古文尙書及東晉の時梅賾の進めたる孔安國の古文尙書是なり伏生本には歐陽生、夏候勝、夏候建三家の說あり晉代に亡ひ孔氏本には馬融、鄭玄二家の註あり唐代に亡ふ今行はるゝ孔安國の舊本は梅賾の贋書なり仍て編者は門人李晴をして孔穎達の正義及他經註疏に於て引用せる歐陽、夏候、馬鄭の說及史記、說文、左傳、國語、禮記、論語、孟子等に載せたる尙書の文を捜別輯錄して異同を參考し間間自己の意見を附して取捨の意を示し考訂引證及案說等の目を揭け一目瞭然たらしめたり而して本書は與猶堂集第二十五卷乃至三十卷に收め又俟菴經集と稱す

○尙書知遠錄　七卷三冊　丁若鏞著　寫本

諸經中尙書は最古の書にして奇字險句甚た多く詁訓を明にせされは解し難し漢の名儒疏釋に盡力せしも多聞闕疑は正に此の經に在り然るに梅賾、蔡沉以來古註の善者は掠襲し其の他は自己の意見を孤存せり著者之を歎し梅蔡の說に就き古訓と同しからさるものを反覆詳覈し或は古を是とし而して今を非とし或は故を捨て而して新を取り其の或は古今皆疎なるものには時に自己の見を附せり而して本書は與猶堂集三十一卷乃至三十七卷に收め又俟菴經集と稱す

○梅氏尙書平　九卷三冊　丁若鏞著　寫本

尙書は初め伏生の今文本あり尋て孔安國壁中の古文本を獻せしも未た學官に列せられす其の後杜林漆書本を得て孔壁本と稱す後東晉の時梅賾又一本を上進して孔安國の古文尙書と稱し大に世に行はる宋に至り朱熹始めて贋本なるを疑ひ清初に至り毛奇齡朱子の言を排斥し古文尙書冤詞八卷を著せり是に於て著者は廣く漢以下の諸家の說を援引し以て朱子の疑を起したる所以と毛氏の說の確實ならさる理由とを平心討議せり本書は與猶堂集十六卷乃至二十四卷に收む又俟菴經集と稱す

○範學全編　六卷四冊　朴世采著　印本

書經の一篇たる洪範九疇は大禹之を始めて發し箕子推衍增益せしものにして固より天下を治むるの大法なり其の本源は洛書の理より出て支流は皇極の數に參す仍て著者は編を洛書、洪範及皇極に分ち經傳及先儒の說を集め更に自家の意見を加へ以て本書を著せり又洪範を作りたる箕子の議論、事實及贊述等を經、史、子、集より採輯し之を卷終に編せり

朴世采　字は和叔、南溪又玄石と號す潘南の人にして中峰猗の子なり仁祖辛未に生れ戊子進士に中り遺逸を以て薦められ肅宗甲戌相を拜し官左議政に至り乙亥に歿す諡して文純と云ふ肅宗廟庭に配食し文廟に從享す少時淸陰金尙憲に就學し學問高明純粹當世儒宗と稱せらる性情溫雅、言論和平嘗て尤菴宋時烈、明齋尹拯と相好し後明齋、尤菴互に相反目するに及ひ兩者の間を調停せり。

○箕範衍義　一〇卷四冊　李源坤著　印本

箕子は朝鮮の國祖と稱し其の仁賢の化今に至りて歌詠せらる

るも文獻傳はるなく其の遺存せしものは書經中に編したる洪範一篇のみなり此れ卽ち萬世王者の大經なるも其の義箇奧にして窺測し難きを以て此の衍義を作り九疇を十卷に分ち經、傳、子、史中より切要なるものを採り又私案を加へて撰述し李珥の箕子實記、李廷龜の箕子廟碑銘、河圖洛書、洪範本數諸圖及本純大文を輯錄して首卷と爲す哲宗庚戌著者の從侄昌述之を刊行す

李源坤　字は黃中、靜虛窩と號す

○皇極衍義　一冊　李敏坤著　寫本

洪範一篇は天下を治むるの大經大法なるも就中五皇極一章は君位に當り其の要義は直の一字に出でたることを發明し仍りて先つ本章の正文を擧け次に蔡氏本傳を錄し傍ら其の文義を發揮すへき諸說を圈下に記註し每に臣按の二字を表示して自己の意見を附し英祖に上進して君德を規勉せしめたるものなり

李敏坤　字は厚而、林隱と號す全州の人佐郞萬材の孫永膺大君琰八世の孫なり肅宗乙亥に生れ英祖庚申登科し官司諫に至り丙子に歿す

○書傳人物類聚　一冊　純祖命編　印本

書傳に出でたる人物八十八名の略傳を類聚したるものにして純祖卽位の年朴準源、金祖淳等に命し校訂改版せしめたり

朴準源　字は平叔、錦石と號す潘南の人冶川紹の後なり英祖己未に生れ正祖の時進士に中り蔭途を以て輔國階に陞り官三營大將を經て判敦寧府事に至り純祖丁卯に歿す後領相を贈られ諡を忠獻と云ふ其の女選はれて正祖に侍し冊して綏嬪と爲す卽ち純祖の生母なり

金祖淳　字は士源、楓皐と號す安東の人濟謙の曾孫なり英祖乙酉に生る初め名を洛淳と云ふ正祖乙巳登科し官大提學領敦寧に至る純祖の舅なるを以て永安府院君に封せられ辛卯に歿す諡して忠文と云ふ

詩類

○詩經諺解　二〇卷七冊　宣祖命撰　印本

詩經の本文に諺字を以て音義及句讀を附したるものにして卽ち七書諺解中の一なり諺解に付ては周易諺解の下に記せり

○詩傳正音　七卷三冊　印本

詩經正文各字の下に諺文を以て支那音を附したるものにして右を正とし左を俗とす

○詩經講義　四卷四冊　寫本

詩三百篇中一句或は二三句を標掲し其の下に自己の心得したる所を講述せしものにして要義を簡明に解説す此の書著者明かならさるも繕寫粧績の跡より攷ふるに恐らく正祖東宮に在りし時の講本なるへし

○詩經講義　一五卷五冊　丁若鏞著　寫本

正祖十五年辛亥の秋射を内苑に試む著者侍從臣として參射し的中せさりしを以て北營に罰直せしめ且詩經條問八百餘章を課し四十日を限りて條對せしむ著者更に二十日を展して業を卒れり其の書各條の間に就き臣對として自家の意見を講述し正祖甚た奬褒隆重す純祖八年戊辰之を自編し又補遺を作り原編十二卷補遺三卷を以て一部と爲す而して本書は與猶堂集一卷乃至十五卷に收む

○詩經講義續集　三卷六冊　尹廷琦編　寫本

編者は丁若鏞の外孫にして孩提より其の膝下に周旋し親しく誘掖訓導を受く若鏞曾て詩經講義十二編補遺三編を撰述したるも唯正祖の條問に仰對せるに止まり又前書は若鏞三十歳の時講義に係り晩年悔ゆるものありしも追改する能はす仍て編者其の遺意を紹述して本書を成す李太王五年戊辰なり

尹廷琦　字は奇玉、舫山と號す海南の人孤山善道の後孫にして丁若鏞の外孫なり薰炙は多く其の外祖より受く

○詩名多識　四卷二冊　丁學祥著　寫本

著者詩を讀む時詩は多く草木、鳥獸の名を識ると云へる孔子の訓誡に意を注き草、穀、木、菜、鳥、獸、虫、魚の八門に分ち禽經、茶譜、爾雅、本草等の書を取り之を參互し之を較檢し以て詳密に記述せしものなり

丁學祥　初名は學淵、字は稚修、酉山と號す丁若鏞の子なり正祖丁未に生れ哲宗壬子仕に入り己未に歿す官直長に止まる

禮類

○禮記大文諺讀　六巻六冊　世宗命撰　印本

禮記の本文に句讀を附したるものにして宣祖命撰の七書諺解に似たるも諺解には音讀、句讀の外文義の翻解あり本書は唯句讀あるのみ世宗の時學士成三問、申叔舟に命し編成せしめ後丁亥校書館に命し刊行せしむと云ふも未た詳ならす

成三問　字は謹甫、梅竹軒と號す昌寧の人なり太宗戊戌に生れ世宗戊午文科に登第し嘗て集賢殿に入直せし時世宗より元孫端宗の事を託せられ朴彭年、申叔舟と共に輔導の任に當りしか後端宗遜位の時朴彭年等六臣と共に端宗の復位を謀り事覺はれて誅せらる肅宗に至り之を昭雪し吏曹判書を贈られ忠文と謚せらる

申叔舟　字は泛翁、保閒齋又希賢堂と號す高靈の人なり太宗丁酉に生れ世宗戊午進士狀元に中り己未に登科し內經幄に侍し外四方に使し才文武を兼ね勳名を一時に擅にす世祖受禪の時協贊の功を以て大提學を拜し領議政に至る又女眞を征して大捷し高靈府院君に封せられ文忠と謚し成宗廟庭に配享す凡そ元勳に策せられたること二回首相たりしこと三回なり然れとも世宗の晩年に至り成三問、朴彭年等と同しく經幄に在り獨り世祖受禪の密謀に參せしを以て識者之を鄙む別に海東諸國記、正韻通考の著あり

○禮記淺見錄　二六巻二冊　權　近著　印本

禮記の經傳中文義の疑ふへきものに對し自家の見解に據り之を論したるものにして著者の師牧隱亦此の書に志ありしも未た果さりしものなり太宗覽て加奬し其の五年校書館に命し印出せしむ然れとも刊本多からす其の十八年著者の子蹈、濟州按撫使李暕に托し刊板して廣布せしむ後三百年板毀け書亦亡ふ仍て肅宗三十一年濟州牧使宋廷奎更に重刊して之を廣布す

權近　字は可遠、陽村と號す安東の人なり高麗恭愍王壬辰に生れ己酉に登科し朝鮮に仕へ太祖の時大提學を拜し吉昌君に封せられ太宗己丑に歿す謚を文忠と云ふ高麗に在りて已に文章の名あり朝鮮國初の制作其の手に成れるもの多く當時詩文の第一鉅匠なり

○禮記補註　三〇巻五冊　金在魯著　印本

元の陳澔、著す所の禮記集說の遺漏を補ひ誤謬を證せるもの

なり書成るや英祖親しく閲覽して大に賞奬を加へたりと云ふ刊行は英祖三十四年戊寅に在り

金在魯　字は仲禮、晴沙又虛舟子と號す淸風の人にして觀復齋構の子なり肅宗壬戌に生れ壬午進士に中り庚寅文科に登り英祖の時官領議政に至り戊寅に歿す忠靖と謚し英祖廟庭に配享す

○讀禮隨抄　四卷四冊　金尙憲編　印本

金尙憲喪に居り禮に關する諸書を讀み特に禮記に就き朝鮮の禮俗に資益する所あるものを抄錄し之を編輯せしものなり

金尙憲　字は叔度、淸陰又石室と號す安東の人仙源尙容の弟四味堂克孝の子なり出でて縣監大孝の後を繼く宣祖庚午に生れ庚寅進士に中り丙申文科に登り戊申重試に擧り選ばれて湖堂に入り文衡を典り官左議政に至り孝宗壬辰に歿す淸白吏に選せられ文正と謚し孝宗廟庭に配食す幼時兄弟倶に外祖林塘鄭惟吉に學ひ長して月汀尹根壽に從ひ學問文章日に進み仁祖丙子南漢に扈從して和議を定むる時國書を裂きて痛哭し和議に反對せり相國崔鳴吉義士なりとし扶け去らしめ太白山に入る後淸人に執はれ瀋陽に拘囚せらるること三年直節天下に聞ゆ

○國朝五禮儀　八卷八冊　成宗命編　印本

世宗は太祖、太宗の開國草創の後を繼き制禮作樂に志あり因て許稠等に命し廣く古今の禮書、洪武禮制等を參酌し杜氏通典に倣ひ五禮の編纂に著手せしめ世祖更に五禮卽ち吉、凶、嘉、賓、軍の中に就き其の實行すへきものを摘採し且圖式を附し姜希孟等をして編纂せしめたるも脫稿に至らす成宗五年申叔舟、鄭陟等之を完成せり

鄭陟　字は明之、整菴と號す晉州の人なり太宗甲午文科に登り官修文殿大提學に至り六代に歷仕す八十六歲にして歿し恭戴と謚す

○國朝五禮序例　五卷二冊　成宗命編　印本

世祖の時朝臣に命して世宗定むる所の諸祀序例及五禮儀に依り五禮序例を撰定せしめたるも未た稿を脫せすして世祖の喪に遭ひ睿宗、成宗其の遺志を繼き申叔舟、姜希孟、鄭陟等に命して撰定せしめ五年甲午の夏之を印刊せり吉、嘉、賓、軍、凶の五禮の序例を定め各圖說を加ふ

姜希孟　字は景醇、私淑齋と號す玩易齋碩德の子にして仁齋希顔の弟なり世祖の時に魁科し重試、英試に捷ち選はれて湖堂に入り官贊成に至る謚を文良と云ふ

○國朝續五禮儀　五卷四冊　英祖命編　印本

曩に國朝五禮儀の編あり然れとも時勢の推移に因り改廢すへきもの多し故に英祖甲子禮曹に命して本書を編せしむ第一卷に序、例、考異以下吉、凶、嘉、賓、軍の五禮儀を分敍し卷中處處圖說を加へ以て參照に便せり

○國朝續五禮儀補　二卷一冊　英祖命編　印本

英祖二十年甲子禮曹に命し五禮儀續編を纂輯せしめしか後二十七年辛未世孫章服の制定に資するため更に申晩等に命して本書を編せしむ載する所吉禮、嘉禮兩編に過きす

申晩　字は汝成、平山の人なり英祖丁未進士及文科に中り官領議政に至り孝正と謚す

○國朝喪禮補編　七卷六冊　英祖命編　印本

喪禮に關する儀節は國朝五禮儀に詳載せるも其の後數代を經て釐改せしもの多きを以て英祖二十八年壬申重臣、宰臣等に命し國朝喪禮補編五卷を編撰せしめたり然るに其の後又釐正したるを以て三十三年丁丑廳を設け洪啓禧等に命して增刪せしむ原編六卷各事目に分載せる圖說は之を集めて一卷とし明年戊寅完成す

洪啓禧　字は純甫、淡窩と號す南陽の人祭判禹傳の子なり肅宗癸未に生れ英祖乙巳進士に中り丁巳文科に魁たり吏曹判書兩館提學を歷て官判中樞府事に至り辛卯に歿す謚を文簡と云ふ英祖壬午啓禧、金尙魯等莊獻世子を讒間して竟に寃死せしむ啓禧の弟啓能は遺逸を以て進善に至り子趾海、景海、述海、纘海孫相簡俱に文科に登りて要職に據る正祖卽位の初め啓禧の官爵を追奪して逆律を加へ啓能、趾海四兄弟及相簡皆誅に伏す啓禧は陶菴李縡の門人なり

○國朝五禮通編　二〇卷一六冊　李祉永著　寫本

朝鮮に於て慣行せる吉、嘉、賓、軍、凶五禮を通說せるものなり

李祉永　字は幼祚、延安の人祭判萬恢の子なり英祖庚戌に生れ乙未文科に登り官祭判に至り正祖の時に歿す

○家禮諺解　五巻五冊　申　湜著　印本

諺文を以て朱熹の家禮を解釋せるものなり仁祖十年原城にて開刊す

申湜　字は仲沚、用拙齋と號す高靈の人なり明宗辛亥に生れ宣祖丙子文科に及第し官大司憲に至り仁祖癸亥に歿す光海君廢母の時庭請に參せす亢直の名を得たり平生最も力を禮樂の書に用ひ造詣淺からす

○家禮考證　七巻三冊　曹好益著　印本

著者朱熹家禮の士人軌範とせらるるに拘らす微辭奥義一般に解し難き所あるを患ひ攷證を爲し學ふに易からしめんと欲し稿を積み未た編次するに及はすして歿せり後、門人潛谷金堉等同志と謀り遺草を整理編次し名けて家禮考證と云ふ仁祖二十四年丙戌監司閔應協に囑して印刊せしむ。

○家禮輯覽　二巻六冊　金長生編　印本

朱熹の家禮に關する諸家の說を編輯したるものにして内一巻に圖說を掲け閲覧に便せり孝宗己亥に編成したるものなるも其の胤愼獨齋金集更に之を校讐し肅宗乙丑に刊行す

金長生　字は希元、沙溪と號す光山の人黃岡繼輝の子なり明宗戊申に生れ宣祖戊寅遺逸を以て薦められ參奉を拜し屢郡縣に令たり仁祖卽位の初掌令を拜し官刑曹參判に至り辛未に歿す謚を文元と云ふ文廟に從享す幼より性行純篤にして業を龜峰宋翼弼に受け栗谷に師事し意を學業に絕ち學問に勤勉し最も禮學に博通し公私の變禮ある時は人皆就いて之を問ふ丁卯胡亂に兩湖號召使を以て義を擧く

○家禮附贅　八巻四冊　安　玑編　寫本

朱熹の家禮に就き先儒の註解を略蒐し時王の制と俗行の禮とを添加せしものにして書の成りしは仁祖戊辰の歲なり

安玑　字は待之。五休子と號す廣州の人餘慶の子なり嶺南に居り禮學を尙ひ官副正に至り仁祖の時に歿す

○家禮源流　一四巻八冊　俞　棨編　印本

朱熹家禮の本文を綱と爲し博く儀禮、周禮、戴禮等の諸經を採りて註を加へ之を源と名け別に後世諸儒の禮說を摭めて之を流と名け以て古來禮說の本源と分流とを知らしめたるもの

なり肅宗三十七年編者の孫相基龍潭縣令たりし時左相李頤命肅宗に稟し道臣に命して捐財せしめ相基をして刊行せしむ

俞棨　字は神仲、市南と號す杞溪の人參奉養曾の子なり宣祖丁未に生れ仁祖庚午進士に中り癸酉文科に登り弘文提學を歷て官參判に止り顯宗甲辰に歿す諡を文忠と云ふ幼より警敏にして業を沙溪金長生に受け後同春宋浚吉、尤菴宋時烈、魯西尹宣擧等と往來交遊して學識相上下し仁祖丁丑和議に反對して林川に流配せられ仁祖昇遐の時禮を論して時議に忤ひしため穩城に遠竄せらる直節清名を以て一時に聞えたり

○家禮源流續錄　二卷一冊　俞棨編　印本

家禮源流の補遺にして王家の禮に關する部分を別錄と爲し續行したるものなり

○家禮增解　一〇卷一〇冊　李宜朝編　印本

編者の父曾て朱熹の家禮を本とし古今の禮說を蒐輯す宜朝更に精校し正祖十六年始めて刊行す家禮增解と云ふは蓋し家禮に增すに變禮を以てし古禮を引いて之を解せるの意なり

李宜朝　は陶庵李縡の門人なり科擧を廢して力學し正祖の時參奉に除せられたるも就かすして終る

○家禮集考　八卷八冊　金鍾厚編　印本

家禮の本文を寫し古今經傳、子、史、稗林、小說中より諸說諸例を採りて逐段揷錄せるものなり純祖元年編者の門人任靖等之を刊行す

金鍾厚　字は伯高、本菴と號す清風の人觀復齋構の曾孫なり英祖の時に生れ學行を以て薦められ官諮議に止まる嘗て媾村閔遇洙に業を受け學行並ひ篤しと稱せらる

○家禮便覽　二卷一冊　寫本

朱熹の家禮を抄錄し朝鮮の儒家か辨疑したる意見を添錄し以て考覽に便にしたるものなり

○五先生禮說分類　二〇卷七冊　鄭逑編　印本

程明道、程伊川、司馬涑水、張橫渠、朱晦庵五碩儒の禮說を分類して輯錄せるものなり蓋し朝鮮儒者禮論の本つく所を知るに便なり光海君三年辛亥に成り仁祖七年に至り編者の門人李潤雨潭陽府使たる時刊行す

○退溪喪祭禮答問　一卷一冊　李滉著　印本

著者か平日門人等と喪祭の禮に關し問答せし所を裒錄せるものなり

○南溪禮說　二〇卷一〇冊　朴世采著　印本

著者か平日知友との間に往復したる禮に關する問答を其の門人金榦か手記中より抄錄したるものなり著者當時禮に通曉せるを以て名あり南溪は著者の號なり著す所別に六禮疑輯、三禮儀、家禮要解等あり

○明齋疑禮問答　八卷四冊　尹拯著　印本

著者か平生禮に關して往復問答せし所を門人等裒聚編刊したるものなり

尹拯　字は子仁、明齋と號す坡平の人魯西宣擧の子八松煌の孫なり仁祖己巳に生れ孝宗戊戌學行を以て薦められ顯宗甲辰敎官に任せらる進善、祭酒、贊成を命せられ右議政に叙せられたるも皆辭して仕へす肅宗甲午に歿す謚を文成と云ふ

○疑禮問解　四卷四冊　金長生編　印本

編者か平日門人、朋友と禮に關し往復問答せし際博く前代の禮書を參攷し旁ら諸家の講說を採收分類せしものにして朝鮮の禮論を知るに缺くへからさる好書と謂ふへし別に續篇あり著者の子集の編する所に係る

○疑禮問解續　一冊　金集編　印本

編者か其の父長生編する所の疑禮問解を補遺し其の續篇とし更に古今喪禮異同議一篇を附して印刊したるものなり疑禮問解と共に朝鮮に於ける禮學の好資料たり

金集　字は士剛、愼獨齋と號す沙溪長生の子なり宣祖甲戌に生れ辛卯進士に中り光海君庚戌參奉を授けられたるも政の亂るるを見て仕へす孝宗の時官吏曹判書判中樞府事に至り丙申に歿す謚を文敬と云ふ孝宗廟庭に配享し文廟に從享す天資英粹家庭の學を承け又泉谷宋象賢、龜峰宋翼弼に就いて性理の書を專究し退溪、栗谷の後世人金氏父子を目して儒宗と稱す同春宋浚吉、尤菴宋時烈、魯西尹宣擧、草廬李惟泰諸人皆其の門に出つ

○六禮疑輯　三三巻一四冊　朴世采著　印本

冠、婚、喪、祭及鄕禮、相見禮の六禮に關し古經の載する所及朝鮮近俗の行ふ所に疑義あるものを辨定せるものなり前後二十七巻別集六巻あり別集は專ら禮に關する朝鮮儒者の問答を載す

○禮疑類輯　二六巻一五冊　朴聖源編　印本

潛溪李惟哲古來の禮論を編して四禮集說を作らんとし未た業を了へすして歿し其の子希正父の遺命に依り之か完成を朴聖源に囑す聖源乃ち其の師陶庵李縡に謀り遍く古今の禮書を涉獵し要を采りて此の書を編せり正祖七年癸卯校書館に命し刊行せしむ正祖の序文を弁す

朴聖源　字は士修、廣巖又謙齋と號す密陽の人駱村忠元の後なり肅宗丁丑に生れ景宗辛丑進士に中り英祖戊申文科に登り諭善を歷て官叅議に至り英祖丁亥に歿す正祖東宮に在る時諭善を以て輔導したる功多く故を以て吏曹判書を特贈し謚を文獻と云ふ嘗て陶庵李縡の門に學びて學行甚た高く著述亦富み敦孝錄、謙齋集等あり

○禮疑類輯續編　四巻四冊　吳載能編　印本

朴聖源嘗て禮疑類輯を編成し編者其の役に與る後、闕遺あるを恨み此の續編を作る一、二、三巻は冠、婚、喪、祭四禮の常變に關し彙分類附纖悉遺すなし又附錄一巻は其の目錄なり純祖壬申弟載光統制使たりし時之を刊行す

吳載能　は友松と號す海州の人兵使定邦の後なり業を貞庵閔遇洙の門に受け正祖の時薦を以て叅奉を授けらる至性篤孝を以て旌門の褒典を受く

○常變通攷　三〇巻一六冊　柳長源編　印本

朱熹の家禮に準し章を分ち目を立て常變禮儀に關する諸說を彙集したるものにして更に語を添附せり總て三十篇通禮四、冠禮一、昏禮一、喪禮十六、祭禮三、鄕禮一、學校一、國恤禮一、家禮考疑二あり初巻には總目凡例あり引用書目の多きこと二百三十餘種先儒の姓氏百有餘を擧く正祖癸卯の年刊行す

柳長源　字は叔遠、東巖と號す全州の人叅議觀鉉の子なり正祖の時の人にして兄蘆涯道源と禮學を世守し友愛篤く大山

李彝靖に從學す禮說を以て往復したるもの多し

○疑禮類說　二卷五冊　申　近著　印本

著者平生禮法の古今宜を異にし議論愈繁くして後學の準據する所なきを憾み因りて本書を著し禮の疑はしきを擧けて之を說明したるものなり正祖十六年壬子其の子達淵之を刊行す

申近　字は而遠、退修齋と號す高靈の人正字湙の孫なり肅宗甲戌に生れ丁酉に登科し官承旨に至り英祖甲申に歿す頗る學識あり尤も禮說に嫻へり

○二禮演輯　四卷四冊　禹德麟著　寫本

喪禮祭禮は愼終追遠の大節なり著者常禮變禮の儀例に付先儒の諸說を參互して實用に適當せしむるため本書を成せり卷尾に冠婚禮の大略を附し卷首に重菴金平默の序を冠す

禹德麟　字は明叟、楓溪と號す貫は丹陽にして養活堂玄寶の後孫なり正祖己未に生れ李太王乙亥學行を以て司憲府監察を追贈せらる

○三禮儀　三卷一冊　朴世采著　印本

冠、婚、祭の三禮に付き古今の諸書を參考し時俗の制に合せしめたるものなり肅宗辛卯門人李世瑍義興縣監李成坤に托して刊行す卷尾に改葬儀を附せり

○三禮錄　一卷一冊　趙時範 姜義臣等編　印本

李太王の時咸鏡道の人趙時範、參奉姜義臣等相倶に鄕飮、鄕射、鄕約の三禮を講明し圖を揷みて之を編輯したるものなり蓋し慶興と德源、永興、咸興とは太祖及其の父祖誕生の地なるを以て歷世此の地方の人を眷顧すること厚し此の地方の儒林亦之に因りて感奮興起し儒業を修め鄕約を行ふ本書も亦此に起因せるを知るへし光武七年李容翊財を捐して刊を助く

姜義臣　字は和允、文溪と號す憲宗壬寅に生れ李太王戊子司馬に中り乙未智陵參奉に入仕し內部視察官に止まり甲辰に歿す

○三禮分彙　一卷一冊　寫本

周禮、儀禮、禮記の三禮中切要なる文句を摘取し之を分類編次したるものにして其の要部は天道部を始め地理、人倫、君道、治化、儒道、臣道、民業、人事、居處、百用、燕樂、財

貨、生死、祭祀、技藝、服飾、生物及軍旅部等なり

○四禮訓蒙　一卷一冊　李恒福編　印本

世人多くは冠、婚、喪、祭の義理に通せす徒に其の形式に就いて是非辯論するを慨歎し因て禮記中の四禮に關する要語を摭采して之を編纂せるものなり光海君十四年壬戌門人金止男全羅監司たりし時之を刊行す其の後顯宗十五年甲寅重刊し李時顯跋を書せり

李恒福　字は子常、白沙又弼雲と號す慶州の人參贊夢亮の子なり明宗丙辰に生れ宣祖庚辰に登科し壬辰都承旨を以て義州に扈從し扈聖平難二勳を策して鰲城府院君に封せられ大提學となり都體察使を拜し官領議政に至り光海君戊午廢母の時忠諫を進めて北靑に竄せられ仍て歿す謚を文忠と云ひ淸白吏に選せらる

○四禮便覽　八卷四冊　李縡編　印本

冠婚喪祭の四禮に關する古經及先儒の說に就き其の繁簡を參酌し異同を攷正したるものにして朝鮮人は一般に此の書に從ひ禮を行へり憲宗十年編者の曾孫光正水原留守たりし時始めて上梓し光武四年庚子更に增補四禮便覽と題し重刊せり

李縡　字は熙卿、陶菴と號す牛峰の人逸休堂翻の孫なり肅宗庚申に生れ壬午登科し丁亥重試に中り選はれて湖堂に入り文衡を典り官吏曹判書に至り英祖丙寅に歿す謚を文正と云ふ少より業を叔父歸樂堂晩成に受け詩名あり晩に性理の學に沈潛して意を仕官に絕ち屢官に除せられたるも皆就かす

○四禮纂說　八卷四冊　李爀編　印本

冠婚喪祭の四禮に付き朱子の家禮を本とし更に李珥及金長生の說を加へて編纂したるものなり李太王四年丁卯興宣大院君之を刊行す大院君の序說及趙斗淳・金炳學等の跋あり

李爀　は仁祖の曾孫にして麟坪大君李𣾰の孫なり義原君に封せられ文貞と謚し後領議政を贈らる興宣大院君は實に其の後孫なり義原君王室の冑を以て心を學に專にし最も禮に深し

○四禮正變　一四卷七冊　金景游著　印本

先儒の禮論を引據し通禮及冠婚喪祭の四禮に付き正禮、變禮を區別したるものなり憲宗の丙申其の孫衡魯之を刊行せしも回祿の災に罹りて久しく世に顯はれす鄕の章甫大に惜み金益

洙之を校讐し七冊と爲し李太王丁酉後孫台銓之を刊行す

金景游 は光山の人にして領相國光の後なり

○四禮節略 一卷一冊 寫本

冠婚喪祭の四禮に改葬禮を附し其の當に行ふへきものを節略し朝鮮先儒の見解を附せり今編者を詳にせさるも李縡の四禮便覽中より摭拾したるものの如し

○式禮會統 二卷二冊 洪養默編 寫本

支那、朝鮮先儒の禮說を參酌折衷し自家祭儀の次第を明にしたるものなり編成は英祖十七年なり

洪養默 は唐城の人にして學士翼漢の祀孫なり蔭仕を以て屢州牧を典し官都正に至る

○吉禮要覽 二卷二冊 李昰應編 寫本

李太王七年興宣大院君李昰應が歷世の慣例を參照して大君、王子、王孫、公主、翁主、郡主、縣主等の冠、婚及出嫁の儀節に關する事項を編輯し文獻の闕漏を補足したるものなり

李昰應 字は時伯、石坡と號す莊獻世子の曾孫南延君忠正公球の子なり純祖庚辰に生れ興宣君に封せらる李太王は其の第二子にして入りて大統を承けたる爲興宣大院君の號を加へ太王幼冲の故を以て政を攝すること十年太王親政以後門を閉ちて閒を養ふ壬午の歲難起り輿情大院君に歸向せし爲更に起ちて事を視る偶ま淸人に執へられ淸國保定府に居ること四年後歸國し十年の間外に出づることなし甲午政界の變あり子載冕、孫埈鎔を率ひ復た起ちて國事を叅決し丙申太王露使の館に潛遷したる後私第に退去し戊戌に歿す隆熙三年大院王に追封せらる書蘭と隸書とを善くし又別に綱目輯要、敎學條例、銀臺條例の著あり

○喪禮備要 一冊 申義慶著 印本

朱熹家禮の本文を主とし古今諸家の說を參考し初喪より葬祭に至る一切の儀式を記述し又祠堂、神主、衣衾、衰經及五服、喪具、發靷、成墳、立碑、受吊、陳饌等の圖說を卷首に載せり沙溪金長生之を刪潤し仁祖二十六年沙溪の子愼獨齋金集更に校正刊行す時俗の喪禮は多く之に準す

申義慶 は其の傳を佚す書堂の敎師にして嘗て金沙溪の師たりしことあり

○喪禮備要補　三卷八冊　朴建中編　寫本

沙溪金長生の編成せし喪禮備要に經傳の註疏及諸家の禮說を增補せしものにして本文の小註には本字を書し補入したるものには補字を書して標別せり純祖六年丙寅に成る

朴建中　字は士標、仙谷と號す尙州の人にして櫟老堂而煥五世の孫なり心齋宋煥箕、過齋金正默等の門に遊ひ踐履篤行にして條解禮說甚た多し持平を贈らる

○李先雜儀　二卷一冊　李彥迪著　印本

祖先の祭式に關する儀例を記したるものにして家禮及司馬光程頤等の祭禮書に就き取捨損益して一家の禮法を作成し又禮經及先賢の報本追遠の義を明にせし遺意を取り以て別に一卷と爲し下編として後に附せり書の成りしは明宗五年庚戌なり

李彥迪　初名は迪字は復古、晦齋又紫溪翁と號す驪州の人生員蕃の子なり成宗辛亥に生れ中宗癸酉生員に中り甲戌文科に登り官贊成に至る甞て學を力め經に明にして師授なしと雖學問自ら純篤なり乙巳士禍起るに及ひ僞勳に忝し後直言を以て當局に忤ひ勳を奪ひ繼いで江界に竄せられ仍て歿す後文元と謚し明宗廟庭に配食し文廟に從享す

○廣禮覽　二卷二冊　寫本

喪、祭禮中時俗の循行すへきものを抄錄し卷末に冠婚禮を附せり編者の自序に癸巳仲冬下澣綏山とあるも其の姓名明ならす

○鄕禮合編　三卷二冊　正祖命編　印本

正祖二十一年慈宮週甲の賀筵を奉壽堂に擧くるに際り還曆以上の文武官僚を洛南軒に招宴し大に庠序養老の古義を明にし奎章閣直提學李秉模、同提學尹蓍東以下七人の儒臣に命して此の書を編せしめ全國に頒ち以て古禮の復興を期せり卷首に綸音を冠し總叙に周制鄕飲酒禮の起因幷に前代倣行の事蹟を記し次に鄕飲酒禮、鄕射禮及鄕約を載せ士冠禮、士婚禮を附錄とせり

李秉模　字は彝則、靜修と號す德水の人なり畏齋端夏の玄孫にして英祖癸巳進士、及文科に中り官副提學兵曹判書を經て正祖の時領議政に至る戊申に歿し文肅と謚す

尹蓍東　字は伯常、方閒と號す判書世紀の曾孫にして英祖

己酉に生れ英祖甲戌文科に登り正祖丁巳に歿す官右相に至り諡を文翼と云ふ

○鄕禮三選　三卷一册　閔泳徽編　印本

編者か平安道觀察使たりし時道內の士林に示せるものにして鄕飮酒禮儀節、同笏記、鄕射禮儀節、同笏記及栗谷李珥の海州鄕約等の諸式を講定合篇せり李太王二十五年書成り箕營に於て印刊し列郡に布行す

○士　儀　二五卷一〇册　許　傳著　印本

凡て士禮に關係する文字にして儀禮、家禮を本と爲し經、傳、子、史、古今諸家の要語を取り儀禮、家禮二書の不備なる所を補ひ變、疑に付ては旁引廣證し附するに自己の意見を以てせり親親、成人、正始、易戚、如在及方喪の諸篇を合せ二十一卷とし法服、論禮の二篇を合せ別集四卷とせり引用書類の多きこと數百部に及ふ

許傳　字は伊老、性齋と號す陽川の人正言珩の子なり正祖丁巳に生れ純祖戊子司馬に中り次て憲宗乙未文科に登る文任を歴て官兼吏曹判書に至り李太王丙戌の年に歿す諡を文憲と云ふ學問篤實にして著述甚た富む

○五服沿革圖　一册　鄭　逑著　印本

本圖は三十五種にして天子、諸侯、正統、旁統の服圖、宗室臣服圖、臣爲君服圖、臣從君服圖、公子服之圖、郡縣吏爲守令服圖、大夫降服或不降圖、己爲本宗服圖、妻爲夫黨服圖、妻爲夫外黨服圖、己爲妻黨服圖、妻黨爲己服圖、妾服圖、爲妾服圖、妾子服圖、庶子爲人後者爲其私親服圖、繼父服圖、爲人後者爲其本宗服圖、本宗爲爲人後者服圖、爲人後者之妻爲夫本宗服圖、女子子適人者爲其本宗服圖、己爲姑姉妹女子子女孫適人者服圖、姑姉妹女子子之子及內外兄弟相報服圖、丈夫婦人爲大宗服圖、己爲母黨服圖、母黨爲己服圖、十母服圖、殤服圖、童子服之圖、師友服圖、稅服圖、無服爲位圖、弔服圖、服術圖、及改葬服圖等なり仁祖己巳其の門人李潤雨の潭陽郡守たりし時刊行せしものなり

○五服名義　三卷三册　俞彥鏶編　印本

正祖の時俞彥鏶か古今の禮制を參酌引據し三卷に分ち編述したるものにして第一卷は本宗服、三殤服、外黨服、妻黨服、

繼母服、君母服、出母服、嫁母服、慈母養母庶母乳母服、繼父服、爲孽屬服、第二卷は妻爲夫黨服、爲人後者爲本宗服、女適人者爲本宗服、妾子爲君母生母慈母父他妾及妻服、妾爲君黨及其私親服、兼親服、同爨服、師友服、改葬服、臣爲君服、臣從君服、天子諸侯正統旁期服、大夫之妻爲大夫親服、大夫之子爲旁親服、大夫之庶子爲母妻適昆弟服、第三卷は通論行服諸節、通論立服義例、通論喪服制度等なり李太王十三年丙子其の玄孫致友之を刊行し族曾孫初煥跋文を作れり

兪彥鏶 字は士精、大齋と號す杞溪の人にして右尹直基の子なり肅宗甲午に生れ英祖丙戌遺逸を以て擧けられ諮議より進善に歷任し正祖癸卯に歿す官吏曹參議に至る

春秋類

○春秋集傳大全　三十七卷五冊　成宗命編　印本

春秋に左丘明傳、公羊高傳、穀梁淑傳、胡安國傳あり成宗十一年庚子弘文館諸儒臣に命し四氏の傳を採り春秋經文の下に年代を叙次し之を編して春秋集傳大全と名け印出廣布せり首卷に杜預、何休、范甯の三傳序及胡氏傳の序あり次に春秋諸國興廢説を載し晉山君姜希孟卷末に跋す又之を春秋四傳とも稱す

○春秋正音　四卷二冊　印本

春秋の本文各字の下に諺文を以て支那音を附したるものにして右を正とし左を俗とす

○春秋補編　三卷二冊　朴世采編　印本

詩書易禮の四經は皆朱熹の定本ありと雖獨り春秋一經を缺くを以て編者二程全書及朱子全書に就き春秋に關する諸解說を采摭して整釐せしものなり書の成りしは肅宗戊午の年に在るも刊行年時詳ならす初名は春秋補傳なりしを後、今の名に改む

○春秋公穀合選　二卷一冊　洪仁謨編　印本

春秋三傳の中左氏の傳獨り廣く行はれ公羊、穀梁二氏の傳は多く顧る者なきを以て本書を編し公、穀二傳中より緊要なる文を選集せしものなり開刊は正祖二十二年に在り

洪仁謨 字は而壽、足睡堂と號す豐山の人孝安公樂性の子なり英祖乙亥に生れ正祖癸卯進士に中り蔭仕を以て官承旨に

至り純祖壬申に歿す妻徐氏亦文名あり奭周吉周顯周三子あり奭周は近世の文章大家と推され吉周亦文を善くし顯周は正祖の駙馬にして詩に名あり

○春秋人物　一冊　寫本

春秋に載する當時の列國魯、晋、楚、秦、鄭、衞、宋、陳、蔡、曹、呉以下の小國に至るまで著名の人物は悉く其の名を列載し其の下に帝王及年次を記註したるものにして春秋を閲讀するに當り人物を捜出するに頗る簡便なり

○左氏輯選　八卷四冊　崔錫鼎編　印本

左傳は其の篇帙浩穰なるのみならず國名人名夥多にして讀者の容易に要領を得難きを思ひ本書を作れるものにして左傳中より緊要なる文を抄輯し文名號、異稱便覽を載せ其の國名を記し其の下に人物の名を擧け父子の關係等を略記し覽考に便せり肅宗三十四年校書館の活字を以て刊行す

崔錫鼎　初の名は錫萬字は汝和、明谷と號す全州の人選川鳴吉の孫なり仁祖丙戌に生れ顯宗丙午進士に魁たり辛亥文科に登り大提學となり官領議政に至り肅宗乙未に歿す肅宗廟庭に配食し謚を文貞と云ふ少時業を藥泉南九萬の門に受け清德咳望一時の標準たり凡そ十回臺閣に登り八回元輔を拜す

○左氏輯選補遺　一冊　寫本

左氏輯選の補遺にして學者の隨意抄錄し備考に供したるものなるへし東國文獻備考に左氏集選續一卷金在魯編と記せり或は本書と同一なるものか參考として之を附記す

○左傳彙類　八卷四冊　寫本

左傳中の文句を採り天道、地理、人事、居處、禮樂、技藝、服食、器用、草木、蟲魚、及文字等の十一類に大別し更に其の下に小部門を置き各要語を節取輯錄し以て學者に便にせり

○左傳文字抄　一冊　寫本

春秋左傳中至要の文句を摘取し以て參考としたるものなり

大學類

○大學諺解　一冊　宣祖命撰　印本

諺文を以て大學に解釋を附したるものにして七書諺解中の一なり諺解に付ては周易諺解の下に記せり

○大學栗谷諺解　一冊　李珥著　印本

宣祖經書諺解の多門なるを軫念し其の九年丙子著者に命し四書五經の諺解を詳定せしむ著者乃ち四書の吐釋を編せしも未た五經に及はさりしを以て上進するに至らす本書は即ち其の一なり英祖二十五年己巳始めて洪啓禧芸閣活字を以て之を印行し篇尾に其の顚末を述へて跋とせり

李珥　字は叔獻、栗谷又石潭と號す德水の人監察元秀の子なり中宗丙申に生れ明宗甲子生員及文科に魁たり選はれて湖堂に入り吏曹兵曹判書を歷て文衡を典り官贊成に至り宣祖甲申に歿す文成と謚し文廟に從享せらる三歲より文字を知り七歲古文を作り十九歲金剛山に入りて佛戒を受けたるも一朝棄てて心を儒學に專にし牛溪成渾に從遊し往いて退溪李滉を見る退溪甚た之を推重し牛溪道義の交を定む嘗て室を海州石潭に築き學徒に敎ふ

○大學正音　一冊　印本

大學の本文に諺文を以て支那音を附したるものにして其の左に在るを正音とし右に在るを俗音とす

○大學衍義輯略　三卷七冊　李石亨撰　印本

大體を宋の眞德秀の大學衍義に取り唯其の浩穰なるものを約し且高麗史中の鑑戒となるへきものを添へたり

李石亨　字は伯玉、樗軒と號す延安の人世宗及世祖に仕へて官領相に至る世祖受禪の時幸に死を免る儉素清貧一代の師範たり成宗丁酉に歿す著す所別に歷代兵要十三卷あり

○大學童子問答　一冊　曹好益著　印本

大學章句又は諸家の註疏中初學者の曉り難きものを抄錄して解釋せしものなり

○大學類義　二卷一〇冊　正祖編　印本

正祖か宋の眞德秀撰大學衍義及明の丘濬撰大學衍義補の兩書中切要にして最も鑑戒となるへきものに就き朱批を加へ又大學に關しては朱子以後宋に於て十六家明に於て三十二家の著書を參照し載籍に在りては典謨より傍ら百家に及ひ歷代に在

りては軒義より宋、明に至る要用のものは總て採取し三十餘年一日の如く功を積み以て漸く成れり實に辛丑より丁未に及へり因て更に儒生文臣の校閲を經て之を完成す後己未の年重校し純祖五年乙丑に刊行す卷首に正祖の序あり

○大學講義　一冊　丁若鏞著　寫本

正祖十三年著者甲科に第し內閣抄啓に選はる是年正祖熙政堂に臨し抄啓諸臣を召し大學を講せしむ著者抄啓諸臣の問に對し答ふる所あり歸りて之を手錄す本書卽ち是なり課講畢り正祖特に試官と講員とに命し合同會坐し總て一篇の旨を抽き更に問難すること私堂講學の儀の如し其の問對は記して卷末に附せり而して本書は與猶堂集七十八卷に收む

○大學公議　三卷一冊　丁若鏞述　寫本

卷首に大學の作者に付ての諸說及大學か世に行はれ又四書に入れる次第等を述へ大學の正文各節を標揭し其の下に自家の意見を記し之を議と稱し又案說、引證、考訂、記事及答難等を附し正文中の要語に付ては圖を作りて之を說明せり本書は與猶堂集第七十四冊に收む

○大學綱目箴　二卷一冊　柳崇祖著　印本

本書は中宗六年著者の成均館大司成たりし時纂進せしものにして三綱領及八條目の箴言を解說せり而して三綱は一般解釋の例に依り明德、新民、至善に分てるも八目に至りては使無訟、格物、致知、謹獨、正心、修身、齊家、治國、絜矩等に分てり卷首に上箋を載し卷尾に著者の撰に係る性理淵源撮要一篇を附せり

柳崇祖　字は宗孝、眞一齋又石軒と號す全州の人にして署令之盛の子なり文宗壬申に生れ、成宗壬辰進士に中り己酉文科に登りて官同知成均館事に至り中宗癸酉に歿す謚を文康と云ふ崇祖經學に精通し人を誨ふるに甚た勤む燕山君の時抗疏して原州に流され中宗丙寅靖國の後召還せらる

○大學序文分節　一冊　寫本

朱子の撰したる大學序文一篇は篇首十五字の總論を除き其の以下は之を六節に分つことを得へし而して其の語意第一第四兩節は相對待し第二第五及第三第六各互に對待す仍て之を圖解して卷首に揭け次に全文を分節し各節の下に說明を附せり

著者詳ならさるも間說に臣謹按とあるを以て撰進の書なることを知る

○大學章圖　一冊　寫本

大學の章句を逐ひ其の要義を分解し圖式を作り其の奥旨を詳にしたるものなり

中庸類

○中庸諺解　一卷一冊　宣祖命撰　印本

諺文を以て中庸に解釋を附したるものにして七書諺解に付ては周易諺解の下に記せり

○中庸栗谷諺解　一冊　李珥著　印本

宣祖局を設け官に命して現行の七書諺解を著定する前著者をして此の諺解を詳定せしむ其の既に成りしは四書のみにして本書は卽ち其の一なり顚末は大學栗谷諺解の下に記せり

○中庸正音　一冊　印本

中庸の正文各字の下に諺文を以て支那音を附したるものなり而して其の左に在るを正音とし右に在るを俗音とす

○中庸九經衍義　二十卷九冊　李彥迪著　印本

著者か眞德秀の大學衍義、丘濬の衍義補の例に倣ひ中庸九經を敷衍し治道を論したるものなり原集十七卷別集十二卷より成り原集の大目は修身、尊賢、親親、敬大臣、體群臣、子庶民、來百工、柔遠人、懷諸侯等にして敬大臣以下は未た論著に及はす別集の大目は體天道、畏天命、戒滿盈等なり

○中庸講義　一冊　寫本

中庸の序文及本文三十三章中要用と認むる語句を採り其の下に講解を施したるものなり

○中庸箚記　二卷二冊　寫本

中庸の章句及或問中より講義すへき節を表出し其の下に自己の按說を附して旨義を敷衍し又宋儒諸家の說を援引して要義を示せり按字の上必す臣と稱せるを以て撰進の書なるへし

○中庸自箴　三卷一冊　丁若鏞著　寫本

中庸正文の各節に就き自家の釋義を述へて箴とし天下國家可均の節以上は各節全文を掲け子路問強節以下は章節浩瀚なるを以て之を省き各節の首句のみを擧けたり本書は與猶堂集第七十四冊に收む

○中庸哀公問政篇　一冊　寫本

中庸全篇中第二十章のみを抄錄して句讀に懸吐し閲覽に便ならしめたるものなり

論語類

○論語諺解　四卷四冊　宣祖命撰　印本

論語に諺文を以て解釋を附したるものにして七書諺解中の一なり諺解に付ては周易諺解の下に記せり

○論語正音　四卷二冊　印本

論語正文各字の下に諺文を以て支那音を附したるものなり而して其の左に在るを正音とし右に在るを俗音とせり

○論語古今註　四〇卷一三冊　丁若鏞著　寫本

卷首に原義總括として百七十五條の目を列し各篇中に於て辨せんとする要旨を示し仍て各章の全文を擧け其の下に古今諸家の註を集め或は補ひ或は駁し間間按說を加へたり引證の目あり質疑の目あり考異の目あり反覆講究せり卷末に附するに論語對策文十節及春秋聖言蒐一篇を以てす本書は與猶堂集五十八卷より七十八卷に收む

○論語手劄　三卷一冊　丁若鏞著　寫本

論語の正文各節中疑義あるものを掲け自己の心得したる所を劄錄し又諸家の說を叙列し其の下に案說と駁論とを加へ引證を示し考異を擧けて其の旨義を明確にせり

○論語補逸　五卷五冊　寫本

孔子の言行は主として論語に載せり然れとも論語以外の群經に散出せるもの亦尠からす仍て大人、誠實、矯氣及正家等の篇名を設け群經中より彙分抄錄し名けて論語補逸と云ふ尚ほ初稿に屬し共に五冊あるも大人、誠實、矯氣三篇は各一冊を以て終り正家篇一冊は僅に一枚七則のみを抄錄し其の以下及第五冊は皆空白なり正祖當時の抄輯ならんか

孟子類

○孟子諺解　一四卷八冊　宣祖命撰　印本

孟子に諺文を以て解釋を附したるものにして七書諺解中の一なり諺解に付ては周易諺解の下に記せり

○孟子栗谷諺解　七卷七冊　李珥著　印本

著者曾て宣祖の命を受け經書諺解の著に着手し四書諺解のみ成れり本書は卽ち其の一なり顚末は大學栗谷諺解の下に記せり

○孟子正音　六卷三冊　印本

孟子の正文各字の下に諺文を以て支那音を附したるものなり而して其の左に在るを正音とし右に在るを俗音とす

○孟子淺說　一四卷二冊　趙翼著　寫本

趙翼初め自家の見地に據りて孟子を分類し之に私見を加へて淺說と名く然るに其の書を覽る者孟子集註と篇章の順序を異にし不便を感ずるより二十年の後更に本書を著し分類を撤して集註の順序に從ひ只自說のみを各章下に錄せり而して卷末に分類目錄を附す

○孟子要義　九卷三冊　丁若鏞著　寫本

卷初に序說五節あり一には業を子思に受くることを證し二には孟子の字に就て辨し三には孟子の書は自作なりとし四には外書四篇に就いて述へ五には趙註、鄭註に就いて論し而して各節の終には著者の案說を以て斷せり次に七篇の題號を擧け各章に於ては首句一二を書し次に諸家の說を敍列し間間編者の案說を以て斷し或は引證を示し又は考異を擧けて其の說を確實明瞭ならしめたり與猶堂集中に收むるものの一なり

○孟子條問　一冊　正祖撰　寫本

正祖か文臣を試藝し兼ねて講官と研鑽するため孟子中の語句

を擁取して問辭を設けたるものなり

別經類

○孝經諺解　一冊　印本

諺文を以て孝經を解釋したるものなり

○周公書　一〇卷四冊　正祖編　寫本

禹湯文武の功德は載せて典謨に在り孔子の言行は雜りて論語家語に出つ獨り周公は攝位行道せしを以て一の全書なし正祖之を慨し周公の著作に係る易の爻辭、書の大誥、洛誥、多士、無逸、君奭、多方、立政詩の七月、鴟鴞、東山、棠棣、文王、大明、緜及周禮六官を蒐輯編次して本書を成せり時に二十四年庚申なり

○樂學軌範　九卷三冊　成宗命編　印本

朝鮮開國の初め世宗大に禮樂を制作し禮書としては世宗、世祖兩代に亘り國朝五禮儀を撰定頒布せしも樂書は未た完書を成すに至らす成宗六年癸丑に至り始めて成俔等に命し樂院に藏めたる儀軌及樂譜を以て本書を編纂せり先つ樂律を作るの原則を論し次に樂律を用ふるの方法を示し因て樂器、儀物の制度及舞蹈、歌曲の節調を記し祭祀、朝會、宴饗等に用ひたる雅樂、俗樂、唐樂、鄕樂等を區分し圖を以て解釋せり後光海君二年庚戌樂書廳を設け重校印出す

○樂通　一冊　正祖命編　寫本

正祖朝鮮の音樂を古樂に復さんと欲し律呂正義、新法律數を以て本と爲し古今を參互し聲器を稽攷し以て本書を編す凡そ六篇にして一、樂律二、樂調三、樂器四、樂譜五、樂懸六、樂舞是なり書の成りしは正祖辛亥の年なり

○詩樂和聲　一〇卷三冊　正祖命編　寫本

正祖四年庚子奎章閣に命し詩樂の書を編成せしむ時に鐘、磬、琴、瑟を賜ひ樂學を修正せしめたる後此の書始めて成る第一卷は樂製源流、第二卷は樂律本元、第三卷は樂懸法象、第四卷は樂器度數、第五卷は樂經合旋、第六卷は樂經均調、第七卷は樂歌擬譜、第八卷は樂奏擬譜、第九卷は樂舞擬譜、第十卷は度量衡譜なり

○樂書孤存　十二卷四冊　丁若鏞著　寫本

聲律の製作、異同、沿革、誤謬等に就き古書を引据し且鐘磬、鐃鼓、琴瑟、笙笛等の樂器に至るまで辯訂攷査絲毫を遺さす與猶堂集百六卷乃至百十七卷中に收む

總經類

○經書正音　三〇卷一六冊　印本

周易、書傳、詩傳、春秋四經と大學、中庸、論語及孟子四書等の正文に就き字を逐ひて支那音の正俗二音を諺文にて懸錄したるものにして左を正音とし右を俗音とせり而して周易は三卷書傳は二卷詩傳は三卷春秋は二卷大學、中庸は合せて一卷論語は二卷孟子は三卷にして總卷數三十卷十六冊とす

○三經四書釋義　八卷二冊　李滉著　印本

著者か諸家の詩、書、易、大學、中庸、論語、孟子の訓釋を裒聚し又嘗て門人の問辨せる所を采錄せるものにして光海君元年門人琴應壎之を讐校印出す而して著者の手錄せしものは壬辰の兵燹に亡失せしを以て士友間に傳寫せるものを求索せりと云ふ

○四書質疑　一冊　李德弘著　寫本

論語、孟子、中庸、大學中疑義の在る所は句節を表出し其の下に註解或は諺釋を加へ簡潔明晰に記述せり著者の嘗て其の師退溪李滉に質したる草稿に據り外曾孫金萬烋か顯宗七年丙午編纂したるものなり

○經書辨疑　七卷三冊　金長生著　印本

金長生嘗て師門に在りて經義を聽き又遍く名儒に交りて講究し疑あれは輒ち手つから劄錄せしものにして小學、四子より五經に亘りて論せり長生の自序竝に門人張維、宋時烈兩人の跋あり顯宗七年の刊行に係る

○論孟問義通攷　一四卷一〇冊　宋時烈編　印本

本書は宋時烈か濟州島に謫居せし時朱熹著す所の論孟或問及論孟精義に就きて緊要なる語を采錄せしものなり其の後未た繕寫に及はすして死を賜ふ仍て書を門人權尙夏に致し託する

に此の書刊行の事を以てす尙夏師命を守り讐校し時烈の外孫權以鎭の安東府使たる時相謀りて剞劂に付するに至りしと云ふ時烈卷首に序して朱熹の或問精義に就き述ふる所あり蓋し此の書は時烈の手に成りしと雖其の分目編次の如きは皆尙夏の意に出てしものなり

宋時烈 字は英甫、尤菴と號す恩津の人睡翁甲祚の子なり宣祖丁未に生れ仁祖癸酉生員に魁たり丙子の難に南漢に扈從し和議成る時痛哭して鄕里に歸り持平に再除せられたるも起たす孝宗卽位し掌令を以て召されて贊善祭酒を拜し官左議政に至り肅宗己巳に己亥議禮に因り遠竄せられ死を賜はりしも直に伸寃せり謚を文正と云ふ孝宗廟庭に配食し文廟に從享す

○十三經問　六冊　正祖撰　寫本

正祖經義を以て士を試取せんと欲し乃ち十三經中疑義ある所を摘出し以て問題とせり易問十條、書問二十條、詩問十條、春秋問十條、論語問十條及孝經、爾雅問各五條を存す

○六經常覽　七卷七冊　寫本

書經、詩經、周易、禮記、論語、孟子を以て六經と爲し各書より若干の篇を選拔し諸家の解釋を附したるものなり

○五經百篇　五卷五冊　正祖編　印本

周易、書經、詩經、春秋、禮記の正文中百篇を選拔して寸大の文字に刻し素讀用に供へしものなり

○二經英華　四卷四冊　寫本

書經、詩經中より得意の篇を拔萃し註解の必要なるものは粹を擇ひ之を摘錄せり

○論孟人物類聚　一冊　純祖編　寫本

純祖の時論語、孟子二書所載の人物を抄出し其の事績を略叙し李晩秀等に命して校正せしめしものなり

○孝經小學抄解　一冊　寫本

孝經、小學二書中より童蒙の學ひ易き語句を抄出し諺文を以て解釋を施せるものなり

字書類

○四聲通解　二卷二冊　崔世珍編　印本

世宗の時申叔舟に命し洪武正韻中の文字を類粹し諺文を以て譯し四聲を以て序し淸濁を以て諧し字母を以て系し四聲通攷と稱す爾來其の訛を傳へ音ありて釋なく又は一字にして重出せるものあり故に編者之を釐正して上下二卷を作り四聲通解と名け中宗丁丑に刊行す卷末に四聲通攷凡例、飜譯凡例及動靜字音等を載す

崔世珍　字は公瑞、成宗の時に生れ燕山君癸亥に登科し官同知中樞事に至る中宗の時に歿す

○三韻聲彙　三卷三冊　洪啓禧著　印本

著者嘗て支那傳來の三韻通攷を讀みて其の體に倣ひ韻を逐ふて平、上、去、入の四聲を彙集したるものなり入聲は附錄として卷尾に附す典籍鄭忠彥韻學に通曉し著者の事業を助く英祖の時經筵に於て一儒臣此の書の世に益あるを論し仍て其の二十七年辛未秘閣に命して刊行せしむ

○正音通釋　二卷一冊　朴性源著　印本

著者廣く各種の字書より字を集め四聲通解の字音に依りて支那音を字下に示したるものにして漢語譯人李彥容亦幫助する所多し初め書名を華東正音通釋韻考といへり正祖十一年秘閣に命して印行せしむるに際し正祖卷首に正音通釋序を弁す仍て遂に正音通釋を名とす

朴性源　字は士濬、圃菴と號す密陽の人なり肅宗丁丑に生れ英祖丁亥に歿す一進士に過きすと雖音韻の學を以て當時に名あり兼て禮學に通す別に華東正音、祭禮抄等の著あり

○華東叶音通釋　一冊　朴性源著　寫本

著者嚮に正音通釋を著し次て此の叶音通釋を作る未た世に公にするに及はすして歿し其の子致永謄寫して之を傳ふ安祐の跋文あり

○韻會玉篇　二卷一冊　崔世珍著　印本

宋の黃公紹の作れる韻會の集字は精詳なるも其の解釋繁雜に流るゝを以て只韻會の集字のみを襲取して解釋を新にせるものなり書成るや中宗大に之を賞奬し其の三十一年官刊せしむ

○全韻玉篇　二卷二冊　印本

康熙字典の體式に依りて作りたるものなるも主として日用の文字のみを採收せしを以て康熙字典に比し字數約五分の一に過きす註釋亦極めて省略せり唯諺文を以て音を施し且詩作者のために四聲の韻字を附したるは朝鮮字典として最も簡便なるものとす正祖の時始めて官刊せしものなり

○奎章全韻　二卷一冊　正祖命編　印本

正祖の時奎章閣諸臣に命し編次せしめたるものにして平、上、去、入の四聲を以て比類諧音し諸韻にして互見するもの及字同くして音義の異るもの等を逐字標別せり朝鮮韻書中最も精確なりとし廣く世に行はる正祖庚申刊行す

○說文解字翼徵　一四卷六冊　朴瑄壽著　印本

漢の許愼か著したる說文解字は漢字に於ける字書の開祖なり然るに其の解說中闕失無きこと能はさるを以て著者は古代鍾鼎の遺文を研究して文字の原理本義を考證し以て本書を著せり原稿は全部著者の自筆にして翠堂金晚植之を校閱し雲養金允植之に題評を加へたり明治四十五年壬子朝鮮總督寺內正毅廣佈を捐し石版を以て印行す

朴瑄壽　字は溫卿、溫齋と號す貫は潘南にして燕巖趾源の孫なり純祖辛巳に生れ憲宗己酉進士に中り李太王甲子文科に登り官工曹判書に至る光武三年己亥に歿せり

○訓蒙字會　三卷一冊　崔世珍著　印本

童稚初學のために類を以て字を聚め四言の韻文と爲し諺文を以て字音及字義を附したるものにして卷首に諺字の用法を說明し又、平、上、去、入、定位の圖を揭く而して其の目上卷は天文、地理、花品、草卉、樹木、菓實、禾穀、蔬菜、禽鳥、獸畜、鱗介、昆虫、身體、天倫、儒學及書式、中卷は人類、官宅、官衙、器皿、食饌、服飾、舟船、車輿、鞍具、軍裝、彩色、布帛、金寶、音樂、疾病及喪葬等、下卷は雜語なり

○初學字訓增輯　三卷一冊　李植著　印本

著者經書を講するに當り每に字義の難解なるため文義を失することあるを憂ひ宋の程正思の字訓を增補したるものなり顯宗五年藏六堂趙龜錫全羅觀察使たりし時尤庵宋時烈の囑を受

け開刊す

李植 字は汝固、澤堂と號す容齋李荇の玄孫なり宣祖甲申に生れ光海君の時に登科し選はれて湖堂に入り官吏曹判書に至る文章に名あり嘗て黨論を爲さす又澤風堂を作る蓋し獨立不懼の義に取るなり因て以て號と爲す仁祖丁亥に歿す

史部

正史類

○三國史記　五〇巻一〇冊　高麗仁宗命撰　印本

三國鼎立の際各國史を置き時事を記せしも屢兵火に罹り典籍の存するもの極めて少し適ま古記文書の存するあるも蕪拙荒怪にして多くは信するに足らす故に高麗仁宗の時金富軾等に命し三國史記を撰せしむ富軾等古記、遺籍或は支那の諸史を採り司馬遷の史記に倣ひ之を編纂し名けて三國史記と云ふ高麗の時の印本は既に泯ひ朝鮮太祖の癸酉、甲戌年間陳義貴、金居斗相繼いて慶州府使となりし時改刊し中宗壬申李繼福又改刊せり其の後或は木板或は活字にて印行せしこと數回あり編次は本紀、年表、志類及列傳とし第一巻より第十二巻までは新羅本記第十三巻より第二十二巻までは高麗本記第二十三巻より第二十八巻までは百濟本記とし而して年表は第二十九巻より第三十一巻に至り志類は第三十二巻に始まり第四十巻に終り第四十一巻より第五十巻を列傳とせり

高麗仁宗　諱は構、宋高宗の諱を避け楷と改む睿宗の子太祖六世の孫にして睿宗六年己丑に生る十七年壬寅卽位二十四年丙寅位を太子(毅宗)に禪り同年薨す壽三十八恭孝と諡し長陵に葬る

金富軾　は雷川と號し慶州の人なり高麗文宗乙卯に生れ文章を以て世に名あり肅宗の時文科に登り官翰林學士戶部尙書を經て平章事に至り又西都の亂に元帥となりて功あり毅宗辛未に歿す諡して文烈と云ふ才文武を兼ね位將相を極めたり

○高麗史　一三九卷一〇〇冊　世宗命撰　印本

太祖既に高麗に代り朝鮮を有し因りて鄭道傳、鄭摠等太祖の命を承け高麗歷代實錄、閔漬の綱目、李齊賢の史略及李穡の金鏡錄等の書を取り編年體に依り高麗史三十七卷を撰進す太宗更に儒臣に命し讐校せしめたるも世に傳らす世宗の時鄭麟趾等命を承け前書を改撰し文宗元年辛未上進し端宗二年始めて刊行す體裁は司馬遷の史記に倣ひ世家、志、表、列傳の四目と爲し世家四十六卷、志三十九卷、表二卷、列傳五十卷及目錄二卷共に一百三十九卷なり

鄭麟趾　字は伯睢、學易齋と號す河東の人なり太宗甲午齡十九にして文科に壯元となり文を以て世に顯る世宗乙丑命を承け治平要覽、歷代兵要を撰し猶ほ成三問、申叔舟、崔恒等と御製訓民正音を撰定し又高麗史を撰進す功は靖難、佐翼、翊戴に錄し官は大提學、領議政に至り河東府院君に封し睿宗戊子に歿す文成と諡す

編年類

○東國通鑑　五六卷二六冊　成宗命撰　印本

世祖の時儒臣に命して編纂せしめしも完成に至らす成宗其の遺緒を承け徐居正、鄭孝恒等をして之を續成せしむ本書是なり其の書載する所新羅の始祖赫居世より高句麗、百濟、高麗恭讓王の時に至るまて上下千四百年間國土の離合、盛衰、名教、節義、亂賊、奸諛等の事蹟を以て通鑑綱目の筆法に則り編次し頗る編史の體を備へたり古三鮮及四郡二府三韓は外紀として別に卷首に載せり

徐居正　字は剛中、四佳と號す世宗庚子に生れ甲子文科に及第し官大提學右贊成に至り達城君に封せらる楊村權近の外孫にして一代の鉅匠たり當時楊村は其の文才を子又は孫に傳

へすして外孫に傳へたりと稱せらる著す所極めて多く三國史節要、東國通鑑、東文選及輿地勝覽等の編纂は皆其の宰する所に係る別に東人詩話あり世に行はる成宗の時に歿す年六十九謚して文忠と云ふ

鄭孝恒　は慶州の人太宗朝官判書に至る

○東國通鑑提綱　一三卷七冊　洪汝河著　印本

家塾用として作述したるものにして道の全體は經に在るも其の大用は史に存するものと爲し東國通鑑に就き取捨折衷を加へ編年體に依りて編述し以て褒貶勸懲の意を寓せり而して此の書箕子以降三國の史實に止めしは其の著彙纂麗史の既に成りたるを以て之を略したるものなり序文には十四卷とあり序を一卷と見做せしものなるへし

洪汝河　字は伯源、木齋と號す缶溪の人にして鎬の子なり光海君庚申に生れ孝宗甲午に文科に登り官司諫に至り顯宗甲寅に歿す近嵒書院に追配せらる

○東史會綱　一二卷九冊　林象德著　印本

新羅、高勾麗、百濟より高麗恭愍王に至るまで一千四百九十餘年間に於ける主要の史實を編年體を以て記載せしものなり綱を立て目を附するは朱子の綱目に稟け三國史記、高麗史、麗史提綱、東史纂要其の他漢、唐、宋、明の諸史より大明一統志に至るまで採取參考し以て之を編纂せり殊に意を用ひたるは序例、凡例、凡例後語數十條及附論七條にして著者苦心の跡を見るへし

林象德　字は潤甫又彝好、老村と號す羅州の人にして淸擢壇の曾孫なり肅宗癸亥に生れ己卯進士に中り乙酉文科に魁たり官吏曹正郞に止まり己亥に歿す少より俊才あり文名甚た重く最も四六文に工なり

○東史綱目　二〇卷二〇冊　安鼎福著　寫本

本書は朝鮮史中浩瀚なるものゝ一にして箕子の時より筆を起し高麗末に至るまでの事蹟を朱子通鑑綱目に法り東史及支那史を參考し家塾子弟の教科用として著したるものなり而して首卷に序目錄凡例傳授圖地圖官職圖を載せ附錄に考異、怪說、雜說、地理疆域攷正及分野等を收む

安鼎福　字は百順、順菴又橡軒と號す廣州の人廣溪君極の子なり肅宗壬辰に生れ英祖壬辰遺逸を以て薦められ監役を授

けらる術率を歴て官縣監に止まり正祖丙午に歿す特に參贊を贈り文簡と諡し廣成君に追封せらる學を星湖李瀷に受け著す所下學指南、讀史詳節、家禮註解、家禮翼箋、天學考、冠婚酌宜等の書あり

○東國歷代史略　六卷三冊　印本

本書は學部編輯局の所編に係るものにして檀箕以下より高麗の末に至るまで編年體を以て編成し多くは三國史及高麗史の中より節略せしものなり李太王己亥學部に於て刊行す

○三國史節要　一四卷七冊　成宗命編　印本

編年體を以て三國史の要を得たるものを編纂せんと欲し世祖局を開きて長編體を以て編纂に著手したるも未た成らす成宗先志を繼き盧思愼、徐居正、李坡、金季昌、崔淑精等に命して之を大成せり其の記事は立國の前後に從ひ新羅の赫居世元年に始まり高勾麗、百濟の事歷を錯綜し新羅の敬順王九年に至るまて凡そ九百九十二年間の通史なり紀年は新羅の初期十九年間と其の統一以後は專ら新羅を主とし其の下に支那の年紀を分註し三國鼎峙の時代は勢均しく力敵するに因り註を以て列書し支那の年紀を加へて之を表示す紀事は一代に止まるを以て書名を通鑑と云はすして節要と稱せり箋序には十五卷を編纂すとあるも目錄と現本は十四卷にして終れり

盧思愼　字は子胖、葆眞齋と號す交河の人なり世宗辛未生員となり端宗癸酉文科に登第し世祖丙戌拔英試俊科に中り翊戴、佐理功臣に錄せられ宣城府院君に封せらる官は左贊成を經て成宗丁未右議政となり燕山君の初領議政と爲り耆社に入り致仕を請ふも允されす几杖を賜ひ歿す文匡と諡す

李坡　字は平仲、蘇隱と號す韓山の人なり文宗辛未十八歲にして生員文科に中り世祖丙戌拔英科に登り官左贊成、階崇政に超加す明憲と諡す

金季昌　字は世蕃、昌原の人なり世祖壬午文科に登り睿宗の時官副提學、吏曹參判に至る文學を以て世に顯る

崔淑精　字は國華、私淑齋と號す陽川の人なり世祖壬午進士文科に登り丙戌重試及拔英科に中り官副提學、參判に至る詩文を善くす

○高麗史節要　三五卷三五冊　印本

高麗一代の全史は鄭麟趾の撰進せし高麗史あるも卷帙浩瀚に

して領略するに難し長編綱目體は僅に東國通鑑あるに止まるを以て更に三國史節要の體に依り別に本書を編纂せり三十四代四百七十五年間の事實を長編に叙述し其の紀年の下には必す支那紀年を分註して時代を表示せり此の書各代結尾の論贊には必す史臣曰くと記せるを見れは命撰たること明なるも首巻に義序なきを以て時代と史臣を詳にせす

○麗史提綱　二三巻二三冊　俞　棨著　印本

著者高麗史の浩瀚にして要領を得るに難きを思ひ通鑑綱目の例に依り提要を大書して分註を加へ以て事實の明瞭を期したるものなり巻首に宋時烈の序文あり

○大東紀年　五巻五冊　印本

李太王乙巳の年英人紇法《ヘルベルト》が朝鮮人に囑し太祖壬申より李太王乙未に至る史實の要概を收撮し編年體を以て纂輯せしめ上海に於て活印したるものなり

○太祖實錄　一五巻一五冊　春秋館編　寫本

太祖在位七年間に於ける政令其の他の事實を記錄せるものにして太宗十三年癸巳三月河崙等之を撰進し世宗三十年戊辰六月鄭麟趾等之を增修せしものなり題して太祖康獻大王實錄と云ふ實錄は高麗顯宗の時修國史黃周亮高麗太祖實錄を撰したるを嚆矢とす而して高麗歷代の實錄は初め陝川海印寺に藏し後善州（今の善山）得益寺に移し更に忠州開天寺、竹川（今の竹山）七長寺に移せしも後亡失す朝鮮に至り太祖以來易代の後實錄を撰し明宗以前は四部を印刷して春秋館及星州、全州忠州の三史庫に分藏せしも春秋館及星州、忠州兩史庫の藏本は宣祖二十五年壬辰兵燹に罹り唯全州史庫の舊本は海州及寧邊妙香山に移藏せしため殘存し後又之を江華に運ひ三十九年丙午に至り四部を重刊し安東太白山、江陵五臺山、寧邊妙香山の各史庫及春秋館に分藏し舊本は江華摩尼山史庫に藏む其の後妙香山史庫を廢して茂朱赤裳山に新建し江華摩尼山史庫を鼎足山に移建す今存するは唯史庫の四本のみなり

太祖　は朝鮮初代の王にして世系は全州李氏より出つ諱は旦、字は君晉、初諱は成桂、初字は仲潔、松軒と號す高麗忠肅王乙亥に誕生し高麗恭讓王壬申國を建つ戊寅位を定宗に禪り太宗戊子に昇遐す春秋七十四健元陵に葬る李太王已亥太祖高皇帝と追尊す

○定宗實錄　六巻四冊　春秋館編　寫本

定宗在位二年間の實錄にして世宗八年丙午八月尹淮等之を撰修す

定宗　は朝鮮第二代の王にして諱は曔、字は光遠、初諱は芳果、太祖の第二子なり高麗恭愍王丁酉に誕生し戊寅即位し庚辰位を太宗に讓り世宗己亥に昇遐す春秋六十三厚陵に葬る

○太宗實錄　三六巻三六冊　春秋館編　寫本

太宗在位十八年間の實錄にして世宗十三年辛亥三月孟思誠等之を撰修す題して太宗恭定大王實錄と云ふ

太宗　は朝鮮第三代の王にして諱は芳遠、字は遺德太祖の第五子なり高麗恭愍王丁未に誕生し定宗庚辰即位し戊戌世宗に禪り世宗壬寅昇遐す春秋五十六獻陵に葬る

○世宗實錄　一六三巻一五四冊　春秋館編　印本

世宗在位三十二年間の實錄にして端宗二年甲戌三月鄭麟趾等之を撰修す總て百六十三卷內百二十七卷は實錄にして其の他は世宗の命撰に係る諸書を合輯す卽ち五禮儀八卷、樂譜十二卷、地理志八卷及七政算八卷あり題して世宗莊憲大王實錄と云ふ

世宗　は朝鮮第四代の王にして諱は祹、字は元正、太宗の第三子なり太祖丁丑に誕生し戊戌即位し庚午昇遐す春秋五十四英陵に葬る

○文宗實錄　一三巻一三冊　春秋館編　印本

文宗在位二年間の實錄にして世祖元年乙亥十一月鄭麟趾等之を撰進す題して文宗恭順大王實錄と云ふ

文宗　は朝鮮第五代の王にして諱は珦、字は輝之、世宗の長子なり太宗甲午誕生し庚午即位し壬申昇遐す春秋三十九顯陵に葬る

○端宗實錄　一四巻一五冊　春秋館編　印本

端宗在位三年間の實錄なり端宗位を世祖に禪り上王となるや成三問等其の復位を謀り事成らず因て魯山君に封せらる故に初め魯山君日記と稱す後肅宗二十四年戊寅位を復して端宗と號し三十年甲申史官の言に從ひ端宗大王實錄と改む

端宗　は朝鮮第六代の王にして諱は弘暐、文宗の嗣子なり

世宗辛酉に誕生し壬申卽位し乙亥位を世祖に禪り世祖丁丑昇遐す春秋十七莊陵に葬る

○端宗實錄附錄　一冊　實錄廳編　印本

肅宗三十年甲申實錄廳を設け端宗追復の顚末を記錄せるものなり題して端宗大王實錄附錄と云ふ宋相琦の編纂事例を附す

○世祖實錄　四九卷四二冊　春秋館編　印本

世祖在位十三年間の實錄にして成宗二年辛卯十二月申叔舟等之を撰修す總て四十九卷內第四十八卷及第四十九卷に樂譜を收む題して世祖惠莊大王實錄と云ふ

世祖　は朝鮮第七代の王にして諱は瑈、字は粹之、世宗の第二子なり太宗丁酉に誕生し端宗乙亥受禪し戊子睿宗に傳位し其の年昇遐す春秋五十二光陵に葬る

○睿宗實錄　八卷五冊　春秋館編　印本

睿宗の在位十三朔間の實錄にして成宗三年壬辰五月申叔舟等之を撰修す題して睿宗襄悼大王實錄と云ふ

睿宗　は朝鮮第八代の王にして諱は晄、字は明照。世祖の次子なり世宗庚子に誕生し戊子卽位し己丑昇遐す春秋二十昌陵に葬る

○成宗實錄　二九七卷一五〇冊　春秋館編　印本

成宗在位二十五年間の實錄にして燕山君五年己未愼承善等之を撰修す題して成宗康靖大王實錄と云ふ

成宗　は朝鮮第九代の王にして諱は娎、德宗の第二子にして世祖丁丑に誕生す己丑卽位し甲寅昇遐す春秋三十八宣陵に葬る

○燕山君日記　六三卷四六冊　修正廳編　印本

燕山君在位十二年間の實錄なり後廢して君に封す仍て日記と名く中宗の時修正廳を設けて撰輯す

燕山君　㦕は朝鮮第十代の王にして成宗の長子なり甲寅卽位し丙寅廢して燕山君に封し同年卒す

○中宗實錄　一〇五卷一〇二冊　春秋館編　印本

中宗在位三十九年間の實錄にして明宗五年庚戌九月李芑等之を撰修す題して中宗恭僖徽文昭武欽仁誠孝大王實錄と云ふ

中宗　は朝鮮第十一代の王にして諱は懌、字を樂天と稱す成宗の次子なり成宗戊申に誕生し燕山君十二年丙寅反正即位し甲寅昇遐す春秋五十七靖陵に葬る

○仁宗實錄　二卷二冊　春秋館編　印本

本書は仁宗在位八月間の實錄にして明宗五年庚戌九月沈連源等之を撰修す題して仁宗榮靖獻文懿武章肅欽孝大王實錄と云ふ

仁宗　は朝鮮第十二代の王にして諱は峼、中宗の長子なり中宗乙亥に誕生し甲辰即位し乙巳昇遐す春秋三十一孝陵に葬る

○明宗實錄　三四卷三四冊　春秋館編　印本

明宗在位二十二年間の實錄にして宣祖四年辛未四月洪暹等之を撰修す題して明宗大王實錄と云ふ

明宗　は朝鮮第十三代の王にして諱は峘、字は對陽中宗の第二子なり中宗甲午に誕生し乙巳即位し戊申昇遐す春秋三十四康陵に葬る

○宣祖實錄　二二一卷一一六冊　春秋館編　印本

宣祖在位四十一年間の實錄にして光海君八年丙辰十一月李自獻等之を撰修す題して宣宗昭敬大王實錄と云ふ祖號追尊前に編したるを以てなり

宣祖　は朝鮮第十四代の王にして諱は昖、明宗の嗣子なり明宗壬子に誕生し丁卯即位し戊申昇遐す春秋五十七穆陵に葬る

○宣祖修正實錄　四二卷八冊　春秋館編　印本

宣祖實錄中顚倒したる事實を改正するため特に編修したるものにして仁祖二十二年癸未李植修正に當り孝宗八年丁酉金堉之を踵成せるものなり題して宣祖大王修正實錄と云ふ

○光海君日記　一八七卷四〇冊　春秋館編　印本

光海君在位十四年間の實錄にして仁祖二年甲子燕山君の例に倣ひ之を撰修したるものなり

光海君　琿は朝鮮第十五代の王にして宣祖の次男なり宣祖乙亥に誕生し戊申即位し癸亥仁祖反正の時廢して光海君を封

し江華、喬桐、濟州等に遷せり仁祖十九年辛巳に卒す

○仁祖實錄　五〇卷五〇冊　春秋館編　印本

仁祖在位二十七年間の實錄にして孝宗四年癸巳六月李敬輿等之を撰修す題して仁祖大王實錄と云ふ

仁祖　は朝鮮第十六代の王にして諱は倧、字は和伯、松窓と號す元宗の長子にして宣祖乙未誕生し初め綾陽君に封せられ光海癸亥仁穆大妃の命を奉して卽位し己丑昇遐す春秋五十五長陵に葬る

○孝宗實錄　二一卷二二冊　實錄廳編　印本

孝宗在位十年間の實錄にして顯宗二年辛丑李景奭等之を撰修す題して孝宗大王實錄と云ふ附錄一冊あり行狀、誌文、諡冊、哀冊を載す

孝宗　は朝鮮第十七代の王にして諱は淏、字は靜淵、竹梧と號す仁祖の次男にして光海君己未に誕生し己丑卽位し己亥昇遐す春秋四十一寧陵に葬る

○顯宗實錄　二二卷二三冊　實錄廳編　印本

顯宗在位十五年間の實錄にして肅宗三年丁巳權大運等之を撰修す題して顯宗純文肅武敬仁彰孝大王實錄と云ふ內附錄一冊には行狀、哀冊、諡冊及誌文等を收む

顯宗　は朝鮮第十八代の王にして諱は棩、字は景直孝宗の元子なり仁祖辛巳に誕生し己亥卽位し甲寅昇遐す春秋三十四崇陵に葬る

○顯宗改修實錄　二八卷二九冊　實錄廳編　印本

顯宗實錄を改修せしものにして肅宗九年癸亥金壽恒等之を撰修す題して顯宗純文肅武敬仁彰孝大王改修實錄と云ふ內一冊は附錄なり

○肅宗實錄　六五卷七三冊　實錄廳編　印本

肅宗在位四十六年間の實錄にして英祖四年戊申之を撰修す題して肅宗顯義光倫睿聖英烈章文憲武敬明元孝大王實錄と云ふ卷末に補闕正誤を附せり

肅宗　は朝鮮第十九代の王にして諱は焞、字は明普顯宗の長男にして顯宗辛丑に誕生し甲寅卽位し庚子昇遐す春秋六十明陵に葬る

○景　宗　實　錄　一五卷七冊　實　錄　廳　編　印本

景宗在位四年間の實錄にして英祖八年壬子之を撰修す題して景宗德文翼武純仁宣孝大王實錄と云ふ

景宗　は朝鮮第二十代の王にして諱は昀、字は輝瑞、肅宗の嗣子なり肅宗戊辰に誕生し庚子卽位し甲辰昇遐す春秋三十七懿陵に葬る

○景宗修正實錄　五卷三冊　印本

景宗實錄中の事實に就き訂正を要するものを修正編纂したるものにして正祖五年辛丑鄭存謙等之を修正す題して景宗德文翼武純仁宣孝大王修正實錄と云ふ

○英　祖　實　錄　一二七卷八三冊　實　錄　廳　編　印本

英祖在位五十二年間の實錄にして正祖五年辛丑七月李徽之等之を撰修す題して英宗至行純德英謨毅烈章義弘倫光仁敦禧體天建極聖功神化大成廣運開泰基永堯命舜哲乾健坤寧翼文宣武熙敬顯孝大王實錄と云ふ祖號追尊前に編したるを以てなり

英祖　は朝鮮第二十一代の王にして諱は昑、字は光叔、養性軒と號す肅宗の第二子なり肅宗甲戌誕生し甲辰卽位し丙申昇遐す春秋八十三元陵に葬る

○正　祖　實　錄　五四卷五六冊　實　錄　廳　編　印本

正祖在位二十四年間の實錄にして純祖五年乙丑七月李秉模等之を撰修す題して正宗文成武烈聖仁莊孝大王實錄と云ふ祖號追尊前に編したるを以てなり內二冊は附錄及附錄續編なり

正祖　は朝鮮第二十二代の王にして諱は祘、字は亨運、弘齋と號す莊祖の第二子なり英祖壬申誕生し丙申卽位し庚申昇遐す春秋四十九健陵に葬る

○純　祖　實　錄　三四卷三六冊　實　錄　廳　編　印本

純祖在位三十四年間の實錄にして憲宗四年戊戌閏四月李相璜等之を撰修す題して純祖淵德顯道景仁純禧文安武靖憲敬成孝大王實錄と云ふ內二冊は附錄及附錄續編なり

純祖　は朝鮮第二十三代の王にして諱は玜、字は公寶、純齋と號す正祖の第二子なり正祖庚戌誕生し庚申卽位し甲午昇遐す春秋四十五仁陵に葬る李太王戊戌追尊し肅皇帝と稱す

○憲宗實錄　一六卷九冊　實錄廳編　印本

憲宗在位十五年間の實錄にして哲宗二年辛亥十月趙寅永等之を撰修す題して憲宗經文緯武明仁哲孝大王實錄と云ふ内一冊は附錄なり

憲宗　は朝鮮第二十四代の王にして諱は奐、字は文應、元軒と號す文祖の長男にして丁亥に誕生し甲午即位し己酉昇遐す春秋二十三景陵に葬る

○哲宗實錄　一五卷九冊　實錄廳編　印本

哲宗在位十四年間の實錄にして李太王二年乙丑閏五月鄭元容等之を撰修す題して哲宗熙倫正極粹德純聖文顯武成獻仁英孝大王實錄と云ふ内一冊は附錄なり

哲宗　は朝鮮第二十五代の王にして諱は昪、字は道升、大勇齋と號す莊祖の曾孫恩彦君裀の孫にして全溪大院君璜の第三子なり純祖辛卯に誕生し憲宗己酉即位し癸亥昇遐す春秋三十三睿陵に葬る

○國朝寶鑑　七卷三冊　世祖命編　印本

國朝寶鑑は朝鮮各代の事蹟中治法政謨たるへきものを輯錄し後の龜鑑と爲したるものなり本書は太祖、太宗、世宗、文宗四代間の寶鑑にして世祖二年修撰廳を設け申叔舟、權擥等に命して撰修せしむ一に四朝寶鑑と稱す

權擥　字は正卿、所閑堂と號す安東の人なり文宗庚午文科に登り世祖の時官領議政に至る靖難、佐翼一等勳に錄し吉昌府院君に封せらる太宗丙申に生れ世祖乙酉に歿す翼平と謚す

○國朝寶鑑　六八卷一九冊　正祖命編　印本

國朝寶鑑、宣廟寶鑑、肅廟寶鑑は既に成るも未た定宗、端宗、世祖、睿宗、成宗、中宗、仁宗、明宗、仁祖、孝宗、顯宗、景宗の寶鑑を缺く故に英祖の時之を續撰せんとせしも果さす正祖の時に至り趙璥等に命し英祖寶鑑と共に之を撰修せしめ既成の三寶鑑と合し其の六年に完成す

趙璥　字は景瑞、荷棲と號す豐壤の人なり英祖丁未に生れ正祖の時相臣たり純祖壬戌に歿す謚を忠定と云ふ平日孝を以て聞え閭に旌せらる

○國朝寶鑑　八二卷二四冊　憲宗命編　印本

正祖歷代の寶鑑を命編したる後正祖、純祖、二代及文祖聽政の時の寶鑑は未た續修せさるを以て憲宗十三年丁未纂輯廳を設け趙寅永を總裁とし鄭元容を校正とし之を撰修せしめ翌年九月完成す

趙寅永　字は義卿、雲石と號す豐壤の人柯汀鎭寬の子にして永湖曮の孫なり正祖壬寅に生れ純祖己卯侍直を以て式科壯元に中り官大提學領議政に至りて致仕し哲宗庚戌に歿す謚して文忠と云ふ

鄭元容　字は善之、經山と號す東萊の人啓淳の孫にして太和六世の孫なり正祖癸卯に生れ純祖壬戌文科に登り檢閱、直閣を經て憲宗辛丑右相を拜し尋て領議政に至り李太王癸酉九十一歲を以て歿す謚して文忠と云ふ官に在る七十有餘年齒爵の尊き福祿の厚き李氏歷代中の人瑞と稱せらる

○國朝寶鑑　九〇卷二八冊　李王命編　印本

李王隆熙二年九月奎章閣をして憲宗、哲宗二代の寶鑑を纂修せしめ既成の寶鑑と合編したるものにして李容元纂輯官たり李完用校正たり王の序文を附す

○國朝寶鑑別編　一〇卷三冊　憲宗命編　印本

朝鮮は由來明に對し尊攘の義を守りしを以て英祖六年肅廟寶鑑を編せし時仁祖以後尊攘に關する事實を錄して別編一冊と爲し又正祖の時金致仁等に命し國朝寶鑑を纂輯するに際し仁祖以後英祖までの尊攘事實を輯め肅廟寶鑑別編と合せて七卷を成せり其の後憲宗の時に至り趙寅永等に命して正祖、純祖、文祖三朝の寶鑑を編せしめたる際又此の三代の明に關する事實を記載して別編三卷を續成し前七卷と合し十卷と爲したるもの即ち本書なり

○宣廟寶鑑　一〇卷五冊　肅宗命編　印本

宣祖一代の寶鑑にして肅宗の時李端夏等に命して之を編成せしめ十年に至り完成す

李端夏　字は季周、畏齋と號す德水の人にして澤堂植の子なり仁祖乙丑に生れ顯宗壬寅進士となり尋て登科し肅宗の初年大提學を拜し其の十二年左議政に陞り己巳に歿す謚して文忠と云ふ

○肅廟寶鑑 一五巻八冊 英祖命編 印本

肅宗一代の寶鑑にして英祖の時纂輯廳を設け李德壽等をして輯錄せしめ六年に至り完成す內別編一冊あり

李德壽 字は仁老、西堂と號す全義の人なり肅宗の時文科に登り文衡を典り官參判に至る文集あり世に行はる

○三朝寶鑑 四巻四冊 憲宗命編 印本

正祖、純祖、文祖三代の治世に於ける政令施措を纂輯成書せしものにして正祖は丙申より庚申に至り純祖は庚申より甲午に至り文祖は丁亥の聽政より庚寅に至る憲宗十四年戊申趙寅永等之を編纂す

○英祖紀事 九巻九冊 寫本

英祖の即位初年甲辰より筆を起し在位五十二年間の學業德行及治績の梗概を總括して編年體に之を記述し附するに當時名臣の章疏講說等の國政に關する事實を摘載せり

○正祖紀事 三七巻一六冊 寫本

正祖即位初年丙申三月より庚申六月昇遐の日に至る凡そ二十五年間の紀事にして當時の大小政事を編年體に記述せり

○爛抄 一四巻一三冊 尹致義編 寫本

純祖庚申即位の初より甲午昇遐の日に至る三十五年間の朝報を謄錄したるものなり

尹致義 字は成汝、錦帆と號す海平の人にして參判命烈の子なり正宗丁巳に生れ純祖丁亥文科に登り副提學を歷て李太王丙寅に歿す官吏曹判書に至る諡して文獻と云ふ

○爛選 六巻六冊 尹定善編 寫本

憲宗即位初年甲午より末年己酉に至る十六年間の朝報を抄錄し羣臣の章疏を採錄し紀年例に倣ひ爛抄に續けしものなり

尹定善 字は景安、吏曹判書致義の子なり純祖丙戌に生れ憲宗戊申文科に登り翰林を歷て李太王乙丑に歿す官吏曹參判に至れり

○憲宗朝紀事 六巻六冊 寫本

憲宗即位の甲午より末年己酉に至る十六年間の事實を記した

るものなり

○承政院日記　三〇四七冊　承政院編　寫本

承政院は王命を掌る所にして承旨六人あり吏、戶、禮、兵、刑、工六房に分ち上下の政令事爲皆本院に依る本書は其の日記にして朝鮮開國の初より完備せしも宣祖壬辰兵燹に罹り其の前半を燒失し今存するは仁祖元年癸亥三月十二日より李太王三十一年甲午六月二十九日に至るまでの日記なり其の燒失せし部分は更に廳を設け補修して改修日記と稱す

○承宣院日記　四冊　承宣院編　寫本

李太王三十一年承政院を改めて承宣院と爲し都承宣、左右承宣等の諸官を置く本書は其の日記にして甲午七月初一日より同十月二十九日に至る卽ち承政院日記に繼續すへきものなり

○宮內府日記　五冊　宮內府編　寫本

李太王三十一年承宣院を廢し其の事務を宮內府に移す本書は其の後の日記にして甲午十一月初一日より乙未三月三十日に至る卽ち承宣院日記に繼續すへきものなり

○秘書監日記　八冊　秘書監編　寫本

李太王三十一年承宣院を廢し其の事務を宮內府に移し承政院より承宣院に至るまて續修したる日記を編成せしか三十二年に至り其の事務を分ちて更に秘書監を設け中丞一員左右丞各一員を置く本書は其の日記にして乙未四月初一日より同十月二十九日に至れり此の日記は承政院、承宣院及宮內府三所の日記を繼續したるものとす

○秘書院日記　一一五冊　秘書院編　寫本

李太王三十二年秘書監を秘書院と改め卿、丞、郎等の官を置く本書は秘書院の日記にして乙未十一月初一日より光武九年乙巳二月三十日卽ち陽曆四月四日に及へり秘書監日記に繼續すへきものなり

○秘書監日記　三三冊　秘書監編　寫本

李太王光武九年秘書院を改めて又秘書監と稱す本書は秘書監の日記にして光武九年乙巳三月初一日卽ち陽曆四月五日より李王隆熙元年丁未十月二十五日卽ち陽曆十一月三十日に及へ

り秘書院日記に繼續すへきものなり

○奎章閣日記　三三冊　奎章閣編　寫本

李王隆熙元年秘書監を廢し其の事務を奎章閣に移す本書は其の後の日記にして隆熙元年十二月一日陰曆丁未十月二十一日より隆熙四年八月二十九日陰曆庚戌七月二十五日に及へり秘書監日記に繼續すへきものなり

○日省錄凡例　一冊　柳本藝著　寫本

正祖卽位の初日記を撰し之を日省錄と名く己亥奎章閣を設け閣臣に命して代撰せしめ檢書官每日草を出す純祖丁亥檢書官柳本藝日省錄に關する凡例を作り後人をして模襲し易からしめたるもの卽ち是なり

柳本藝　號は樹園、文化の人にして冷齋得恭の子なり純祖朝仕に入り官縣監に止まる

○日省錄　二三九冊　奎章閣編　寫本

英祖三十六年庚辰正祖世孫たりし時親ら言動學問を日記し嗣位の後奎章閣を設け閣臣を以て之を代編せしめ親ら筆削を爲し施政行事と共に記錄せしか後代之を繼續し李王隆熙四年に至る一百五十年間に亘れり

紀事類

○世宗事實　一冊　寫本

世宗の時に於ける重要の事實を摘錄したるものにして就中世宗の儉德慈善に富み文武を督勵し風教と國防とに注意したる事歷に關し進言及之に對する敎書等を併錄す謹天災、省御膳、恤民隱、賑飢民、恤刑獄、御經筵、敎導儲貳、興學校、勸宗學、崇儉德、却賀瑞、勤政事、謹終始、敦友愛、納諫諍、愼用人、警守令、勸農桑、戒飮酒、養耆老、救疾疫、重人命、禁柴場、賜喪需、罷營繕、戒私藏、謁聖廟、設科第、辨賢邪、決獄訟、褒節義、法祖宗、修軍政、嚴武備、恤軍卒、點軍器、築城堡、却進膳、敎諭書等の目あり

○成宗事實　一冊　寫本

成宗の時に於ける重要なる治績を摘錄し其の盛德を頌揚したるものにして勸聖學、監古事、謹終始、納諫諍、賞規諫、廣

言路、謹天災、崇儉德、戒玩物、求賢才、辨賢邪、設科第、正風俗、立綱常、興學校、勸農桑、勸紡績、減御膳、恤民隱、決獄訟、戒濫刑、飭守令、禁橫斂、抑偏私、用武臣、擇將帥、勉儒將、恤軍卒、掩棄骼、慰將士、點軍器、捕盜賊、慰使臣、賀雨澤、宴宰臣、敬大臣、養耆老、念戍卒、勉館儒等の目あり

○莊陵誌　四卷二冊　權和 朴慶餘編　印本

本書は初め魯陵誌と稱し尹舜擧の編纂したるもの二卷あり之を舊誌と爲す朴彭年九代の孫朴慶餘安東の權和と共に續誌二卷を增補し莊陵誌と改題す舊誌は世宗辛酉より起り孝宗癸巳に終り續誌は顯宗壬寅より起り英祖十六年甲申に至る而して舊誌に載する所は事實、墳墓、祠廟、祭祀、題記、附錄等にして續誌には復位、封陵、題記、六臣復官、建祠祭文等を載す莊陵は端宗の陵にして江原道寧越に在り

○莊陵史補　九卷三冊　正祖命編　印本

正祖二十年丙辰李書九等に命して編纂せしめたるものなり尹舜擧の魯陵志、權和の莊陵誌は皆其の私撰に係り不備を免れさるを以て本書は實錄を主とし博く諸書を參照し務めて謹嚴を加へ凡例の如きは悉く容裁を仰きたるものなり

李書九　字は洛瑞、薑山と號す別に席帽山人と稱す全州の人正言遠の子なり英祖甲戌に生れ甲午文科に登り官右議政に至り純祖乙酉に歿す諡を文簡と云ふ弱冠より詩を以て名あり淸人皆之を奬許す

○莊陵配食錄　二卷一冊　正祖命編　寫本

世祖受禪の際端宗に忠節を盡したる諸臣に對し正祖辛亥の年に至り追念の感を起し端宗莊陵の傍に壇を設け正壇には三十二人別壇には二百三十六人を追祭し以て配食せしむ此の書は即ち其の人名錄なり

○溫陵志　一冊　金光泰編　寫本

英祖十五年己未中宗の廢妃愼氏を復位し端敬と謚し墓を溫陵と稱す同二十年甲子參奉金光泰其の廢位及復位に關する前後の事實と陵を設始したる節次及儀文を裒集し之を編成せり

○西征錄　一冊　李純之編　印本

世宗の時西北境婆猪人鴨綠江を越えて邊境を犯し廷議黄喜等をして急を明國に告け之を討平す本書は其の事實を記したるものにして中宗十一年咸鏡道觀察使尹金孫之を世に公にす

李純之　は世宗の時の人なり官判中樞院事に至る

○再造藩邦志　四卷四冊　申炅撰　印本

宣祖十年丁丑より丁未に至るの間朝鮮か明の救援を受けたる事實を裒輯したるものにして海東遺民と自稱する申炅の撰する所なり仁祖二十七年己丑に成り肅宗十九年癸酉其の子以華榮川郡に於て刊行す

申炅　字は用晦、華隱と號す平山の人東陽尉翊聖の子にして宣祖の外孫なり華赫の地に處り雋爽の才を抱き仁祖丙子後科擧を廢し進士を以て終る

○懲毖錄　十六卷七冊　柳成龍著　印本

宣祖壬辰の役に際し柳成龍相位に居り國家の重任を負ふて親しく艱苦を嘗め役後閑居して其の實歷を手記したるもの卽ち此の書なり懲毖とは詩經の懲りて後患を毖しむの語に取りたるものにして壬辰より戊戌に至る約七年間の記事なり卽ち第一二卷には戰役の起因及戰況を叙し第三卷以下第七卷に至るを芹曝集とし第八卷より第十四卷までを辰巳錄とし第十五卷は軍門謄錄と爲し狀、啓、疏、劄、文移等を載せ最後の一卷には當時の事實を附記せり

柳成龍　字は而見、西厓と號す豐山の人立巖仲郢の子なり中宗壬寅に生れ明宗甲子生員進士に中り丙寅文科に登りて史局に入り選れて湖堂に入り文衡を典り光國、扈聖の兩勳を錄し豐原府院君に封せられ官領議政に至り廉謹吏に選せられ宣祖丁未に歿す謚を文忠と云ふ

○抗義新編　四卷二冊　安邦俊編　印本

重峯趙憲の封事にして請絕倭使封事、請斬倭使封事等の諸文を載せ卷首に躬耕養親圖以下八圖を揭けて其の意のある所を明にせり安邦俊追慕の餘序跋を附して之を世に公にしたるものなり

安邦俊　字は士彥、牛山、隱峰、氷壺の號あり竹山の人宣祖癸酉に生れ少時竹川朴光前、蘭溪朴宗挺に學ひ十五歲の時李大源傳を著す戊子鄉擧に赴き紛擾喧聒の狀を見るや心甚た之を恥ち遂に意を科擧に絕つ是より專ら心を性理の學に潛め

辛卯坡山に往き牛溪成渾に贄禮し身を講學に委ね孝宗甲子に歿す謚して文康と云ふ

○奮忠紓難錄　二卷二冊　釋南鵬編　印本

宣祖二十五年壬辰に於ける松雲大師釋惟政の日記を蒐集し其の下に芝峰類說、於于野談等の書を參互引用し諸名士の挽詩贊詞を附錄とせり法孫南鵬之を編し申維翰之を增刪し英祖十五年己未密陽表忠祠に於て開刊す

釋惟政　字は離幻、四溟堂又松雲と稱す俗姓は任氏豐川の人樂正孝昆の曾孫なり中宗甲辰に生れ十三歲の時黃嶽山に投して剃髮し明宗辛酉十八歲にして禪科に中り嘗て朴思菴、李鵝溪、高霽峯、崔嘉運、許美淑、林子順、李益之等と酬唱往來し詩名漸く詞林に傳はりしか翻然悟る所あり宣祖乙亥妙香山に入り淸虛大師に從ひ益禪を窮め遂に妙諦を得たり壬辰の役起るや師淸虛の旨を承けて大衆を統へ各地に轉戰して功あり尋て丁酉國使を奉して日本に渡り使命を全うして還る是に於て功を論し官知中樞府事を授けられ且禪號四溟大師を賜ふ光海君庚戌に寂す私謚して慈適弘濟尊者と云ふ

○壬辰筆錄　一冊　寫本

宣祖二十五年明の兵部右侍郎右僉都御史宋應昌以下二十七人及提督李如松以下四十餘人の畫策防禦に關する事蹟を各人に就き記述したるものなり

○日本往還日記　一冊　黃愼著　寫本

宣祖二十九年丙申著者通信使を以て日本に赴きし際其の往來行宿の日記と使事交接の狀況及山川風俗の聞見とを記錄したるものなり

黃愼　字は思叔、秋浦は其の號なり昌原の人莊武公衡の曾孫にして牛溪成渾の門人なり明宗壬戌に生れ宣祖戊子文科に登り光海君丁巳に歿す官戶曹判書に至る謚して文敏とす

○海行錄　二冊　寫本

宣祖三十八年乙巳より丁未に亘りて日本と講和の時對馬平義智と往復の書狀及使臣の往來並に宮廷會議の次第等を編錄したるものなり

○龍灣聞見錄　一冊　鄭　琢著　寫本

宣祖二十五年壬辰著者か宣祖の義州巡移に扈從せし當時の見聞記にして明將の來往を迎送したる事略と交換したる文書言辭其の他明に關する事項等を具載し宣祖の覽に供したるものなり

鄭琢　字は子精、藥圃と號す淸州の人縣監元老の曾孫なり中宗丙戌に生れ明宗壬子生員に中り戊午文科に登り宣祖壬辰義州に扈從せるを以て扈聖勳に策し西原府院君に封せられ官左議政に至り乙巳に歿す諡して貞簡と云ふ嘗て退溪李滉の門に遊ふ東皐李浚慶一見して深く之を器とす壬辰の際郭再祐、李舜臣、金德齡等を薦む

○倡義錄　二卷一冊　印本

宣祖二十五年壬辰の時に於ける南原の人靑溪梁大樸倡義の事蹟を錄したるものにして上篇は其の事蹟を錄し下篇は狀傳等を錄し卷尾に諸人の書札を附す

○唐山義烈錄　一冊　李萬秋編　印本

宣祖二十五年壬辰の役中和（一名唐山）人尹鵬、萬戶車殷軫、殷輅兄弟、士人金進壽等の戰に赴きたる事實及道伯の狀啓、禮曹の回啓、義烈碑文等を編したるものなり

○西征錄　一冊　金起宗編　印本

仁祖十四年甲子平安兵使李适兵を擧けて叛し都元帥張晚等之を討平したる事實を編輯したるものなり

金起宗　字は仲胤、聽荷と號す江陵の人判書順命の從子なり宣祖乙酉に生れ光海君戊午文魁に登り振武功臣に策し瀛海君に封せられ仁祖乙亥に歿す官戶曹判書に至る

○陽九記事　四卷四冊　寫本

仁祖十四年丙子淸と講和したる顚末を錄したるものにして丙子以前淸人來往して釁を造りたるに發端し明の滅ふるに至るまてを記せり

○丁卯兩湖擧義錄　二卷一冊　印本

仁祖五年淸軍入寇し王江都に播遷せし時沙溪金長生號召使として檄を各郡に傳へ義軍を募集し奮戰苦鬪したる事實を敍し

たるものなり清軍入寇記事、敎文、狀啓、檄文、差帖、報狀、闕文、號召使以下二十餘名の義士略傳等あり七代の孫金熹の序跋を附す

○丙子湖南倡義錄　五卷二冊　湖南儒林編　印本

仁祖十四年丙子清軍京城を侵し王南漢に避るる時縣監李興浡等五人勤王の志を立て湖南の曹守誠等と礪山に會し大司諫鄭弘溟を大將に推して清州に至りしも仁祖の出城を聞き痛哭して歸れり此の書は卽ち湖南諸儒相謀りて諸士の事歷を列記したるものにして舊本は英祖四十六年庚寅金元行の序を載せ本書は哲宗九年戊午補修重刊したるものに係る第一卷には倡義事蹟、敎文、通文、列邑報牒、召募使事實、五賢事實第二卷には從事事實、第三卷には列邑都有司諸公事實、第四卷には列邑赴義諸公事實、和順擧義通文及諸公事實、第五卷には羅州擧義通文及擧義諸公事實、和順擧義時日記等を記載す

○少爲浦倡義錄　一冊　金良器等編　寫本

參議金佑か宣祖壬辰義を倡へ仁祖丁卯復義を倡へ子得沣等四人と與に兵を募り龍川少爲浦に於て勳を樹てたる事蹟を英祖己卯其の五代の孫良器之を錄し六代の孫履兢等又之を繼錄したるものなり

○南漢日記　四卷四冊　石之珩著　寫本

仁祖十四年丙子清軍南漢を侵せし當時の日記にして久しく世に顯はれさりしか英祖二十九年留守李箕鎭一本を得て其の事實の誤なきを認め謄寫して世に傳へたるもの卽ち是なり卷末扈從錄に領議政金瑬以下數百名の姓名を附記せり

石之珩　字は叔珍、壽峴と號す花園の人にして部將擎厦の子なり光海君庚戌に生れ仁祖癸酉生員に中り甲戌文科に登り官工曹佐郞に至る詩名あり

○江都日記　一冊　魚漢明著　寫本

仁祖丙子の亂清兵京城に逼るや鳳林大君（孝宗）及麟坪大君亂を江華に避け甲串津に至る著者は京畿左道水運判官を以て其の地に在り力を盡して保護渡涉せしむ本書は卽ち其の日記にして書末に農巖金昌協、遂庵權尙夏の跋文を附す

魚漢明　字は汝亮、咸從の人にして敎官魚夢麟の子なり宣祖壬辰に生れ光海君戊午生員に中り蔭仕を以て官判官に止り

仁祖戊子に歿す孝宗卽位の後江都護涉の忠を思ひ屢其の姓名を問ふも對ふる者なし純祖の時其の忠を表して忠景と謚せり

○辛巳西行事件　一冊　寫本

仁祖十五年淸と和を講し昭顯世子、嬪宮、鳳林大君(孝宗)及夫人を瀋陽に質とす八月康熙帝に從ひ瀋陽を發して松山に抵る往復十餘日留宿二十二日間の日記にして當時の情況歴々見るへし

○南征日錄　四卷二冊　印本

英祖四年李麟佐、鄭希亮、南泰徵、朴弼夢等內外相應し亂を作す時に崔奎瑞變を宮廷に告け吳命恒を以て都元帥に朴文秀、趙顯命等を從事官と爲し京兵を率ひて南下し賊を安城、竹山等に破り餘黨悉く誅に伏す鎭定の後命恒を奮武功臣一等に錄せり本書は乃ち政院日記、勘亂錄、趙豐原日錄、軍官申震熽、權喜學の記事其の他諸錄を參照して當時の事實を編纂したるものなり

○戊申倡義事實　一冊　寫本

英祖六年慶尙道の亂賊故監司李雲徵の孫麟佐自ら大元帥と稱し左尹申慶齊の孫天永を兵使と爲し權在鳳を營將と爲し大衆を擁して淸州に入り兵使李鳳祥、營將南延年等を殺害し竹山、安城を略取し鄭希亮安陰より兵を起し相應せり當時大司成朴師洙を安撫使兼安東鎭節制使に應敎趙德鄰を號召使兼安撫使に拜し共に嶺南七十州の義兵を募集して之を剿討せり本書は其の檄文及義軍の規約、兵器、糧食等に關する緊要の事項を輯錄したるものなり

○永陽四難倡義錄　一冊　印本

宣祖壬辰鄭世雅義を倡へ仁祖丁卯の胡亂には孫遴衆を率ひ義を倡へ丙子南漢被圍の難には鄭世雅の孫鄭好仁衆を帥ひ義を擧け英祖戊申の難には鄭好仁の曾孫鄭葵陽衆と誓ひて義を倡ふ以上四次の義擧に付其の偉蹟を追懷し永川の儒林に於て之を編錄し純祖二十二年壬午刊行せり、

○混定編錄　一八卷一〇冊　安邦俊撰　寫本

宣祖の八年乙亥より孝宗の元年庚寅に至るまで東西分黨の是非槪要に付き兩邊の文字を掇拾して編錄したるものなり前集

八巻後集四巻別集二巻續集四巻とす

○癸未搢紳風雨錄　二巻二冊　寫本

宣祖二十六年癸未東西黨の角起したる際栗谷李珥か彈劾に遭ひたる始終を錄したるものなり

○甲　乙　錄　五巻五冊　寫本

肅宗十年甲子及十一年乙丑兩年に涉る黨爭の學問上に波及し殊に甚しきは師友の間と雖尙軋轢し互に譏誣排斥するに至れる事蹟を記載したるものにして宋時烈と尹宣擧の事尹鑴の事碣銘の事李惟泰の事等より甲乙公私の案に至るまで諸家の往復文書及壬寅以後の記事を錄せり當時黨爭の狀を知るに足る

○俟　百　錄　三冊　閔鎭綱編　寫本

本書は宋時烈、尹拯の是非に對して關係せし文字を編輯したるものにして尹鑴の事を始め前後爭辨せし往復書推上せし疏章等一切を謄草記載せしものにして百世の公議を俟つ意を以て書名と作す

閔鎭綱　は驪州の人立岩齊仁六世の孫なり愛日堂と號す英祖の時蔭仕を以て府使に至る

○魯　懷　錄　六巻二冊　李廷傑編　寫本

尤菴宋時烈と明齋尹拯とは素と師弟の誼あるも後に仇隙を成せり今其の緣起曲折を明にするため兩家の往復書札他人の分解文字門人の扶抑疏札等を次第し詳錄したるものなり篇を分ちて六と爲す曰く江都篇曰く驪尹篇曰く交際篇曰く碣文篇曰く擬書篇曰く師弟篇是なり肅宗十六年庚午の後明齋の門人李廷傑之を編撰す明齋は魯城に居り尤菴は懷德に居りしを以て魯懷錄と云ふ

李廷傑　字は秀甫、號は柏坡全州の人忠憲公齋杜の孫なり顯宗丙午に生れ肅宗壬辰文科に登り官參判に至り英祖の時歿す

○懷　尼　本　末　一冊　寫本

本書は宋時烈と尹拯か老少分黨に關する事由を互に相辨論したる文字と宋尹兩門門徒の書牘院儒の通文並に奏御疏章とを蒐錄し首尾を詳悉したるものなり時烈の住地は懷德郡に在り拯の住地は尼城郡に在り故に懷尼本末と題せしなり

○辛壬紀年提要　一五卷七冊　具駿遠編　寫本

本書は景宗元年辛丑二年壬寅の際老少論黨派の爭端に關する文字及事實を記載したるものにして金在魯の爛餘李粹の初從說を折衷し且群書を旁搜し闕遺を補へり原編九卷續編四卷補編二卷なり

具駿遠　字は維文、綾城の人贊成思孟七世の孫なり英祖乙亥に生れ正祖丙午進士に中り蔭仕を以て官主簿に至り純祖甲戌に歿す

○隨事備錄　一〇冊　寫本

承政院日記中より肅宗四十六年庚子六月以降景宗二年壬寅六月に至る三年間に亘る黨論の事蹟を抄錄し其の他公私の文字日記等を合編せり

○先庚後甲錄　二卷二冊　寫本

景宗の即位庚子より英祖の十四年戊午に至る老少論の相互攻擊せし概要と疏章竝に諸家に抄藏せし書籍等を引拾して編錄したるものなり

○隨聞錄　三卷三冊　李聞政著　寫本

景宗元年辛丑英祖封冊の事に關し老少論の黨爭起りし事實を隨錄したるものにして農叟隨聞錄とも稱す農叟は著者の號なり其の遺稿を卷尾に附す

李聞政　字は君弼、農叟と號す全州の人監察九成の子なり官副護軍に至り謚を貞簡と云ふ

○我我錄　四卷四冊　南紀濟著　寫本

一に龍門問答と云ふ宣祖二十二年己丑より景宗元年辛丑に亘り東西老少四色の黨禍に關する顚末を問答體を以て敍述し且壬辰事略、丙子事略等を併記せり我々錄とは知我者其惟春秋乎罪我者其惟春秋乎の語を採り龍門問答とは楊平郡龍門山雪菴僧舍に於ての問答なるを以てなり

南紀濟　字は仁叟、雪下居士と號す宜寧の人雲谷老星五世の孫なり英祖の時司馬に中る

○桐巣漫錄　二卷二冊　南夏正著　寫本

歷代の逸事を隨錄せしものにして其の黨論等に至りては自己

の意見を以て批評せり朴思正之を改刪成編す

南夏正　字は時伯、桐巢と號す宜寧の人なり肅宗戊午に生れ甲午進士に登る

○闡義昭鑑　四卷三冊　英祖命編　印本

英祖三十一年相臣金在魯等に命し景宗辛丑以後戊申庚戌戊辰等の禍亂と乙亥獄事に至るまでの事實を編纂し建儲の義を闡明し後世に昭示したるものなり

○闡義昭鑑諺解　四卷四冊　英祖命撰　印本

闡義昭鑑に諺文を以て解釋を附し一般に之を知悉せしむるの意に出てたるものなり

○勘亂錄　六卷四冊　英祖命編　印本

英祖か宋寅明、朴師洙等に命し撰せしめたるものにして朋黨相爭に因り睦虎龍兄弟及金一鏡等陰に相結黨したるに偶黨中誅に遭ふ者あり遂に憤起して變亂を起すに至れる顚末を詳記し以て朋黨援引の弊毒を戒飭したるものなり

宋寅明　字は聖賓、藏密軒と號す礪山の人なり肅宗己亥文科に登り檢閲を經て英祖己未右相に拜し左議政に至り忠憲と諡す

朴師洙　字は景魯、耐軒と號す潘南の人大司憲朴弼明の子なり景宗癸卯文科に登り官提學を歷て吏曹判書に至る

○奉敎嚴辨錄　一冊　英祖命編　印本

英祖三十八年壬午相臣趙載浩等流言して禍を釀せしより之を極律に處したる後相臣申晩等に命して其の事實を編纂せしめ名けて奉敎嚴辨錄と稱し十斷の義を示し後を警めたり

○御製表義錄　一冊　英祖撰　印本

英祖四十年甲申莊祖の生母暎嬪李氏の沒後宗國のために大義を守りたることを追念し之を表示するため親ら撰したるものなり

○明義錄　三卷二冊　正祖命編　印本

正祖丙申洪麟漢、鄭厚謙等か世孫代理を沮戲せしを以て廷臣之を誅討したる事を錄したるものなり綸音倶に載せ丁酉の春相臣金致仁等奉敎纂輯す

金致仁　字は公恕、古亭と號す清風の人なり在魯の子にして丁卯生員となり戊辰文科に壯元たり副提學となり乙酉右相を拜し領議政に至る致仕して耆社に入り庚戌に歿す憲肅と諡す

○續明義錄　一卷一冊　正祖命編　印本

明義錄の續編なり正祖丁酉七月辛卯より戊戌二月壬子に至る紀事にして金致仁等命を受け編成す別に諺文の譯書あり

○續明義錄諺解　一冊　正祖命編　印本

正祖二年戊戌金致仁等に命し編纂せしめたる續明義錄を諺文を以て譯し以て刊行したるものなり

○玄皐記　四卷二冊　朴宗謙編　寫本

原編及續編に分ち原編は朴宗謙の編せしものなるも續編の編者は詳ならす而して原編は英祖三十八年壬午に於ける莊祖の禍事を記したる玄駒記事にして續編には正祖の丙申以後莊祖に關したる事實哲宗乙卯の儒疏及李太王の己亥追崇の事實等を錄し又時派辟派の黨爭本末等を附せり

朴宗謙　字は君實、初名は相遇、潘南の人にして持平師順の孫なり英祖甲子に生れ正祖乙巳文科に登り官正言に止まり己未に歿す

○玄駒記事　一冊　朴宗謙編　寫本

英祖三十八年壬午莊祖東宮に在りて薨逝せられたる事實の諸書に見はれたるを蒐集せしものにして卷末には其の時の注書李光鉉の小記を附せり

○泣血錄　一冊　惠慶宮撰　寫本

莊祖の后洪氏惠慶宮に在りし時王家の不詳と私家の禍患とに就き身親ら遭罹の極りなき事を諺文にて歷述し之を漢文に翻譯せしものなり

○追感皇恩編　二卷二冊　英祖編　印本

太祖開國壬申より起り仁祖十一年癸酉に至る間明より贈りたる祭文、誥、勅等を聚輯編次し誥狀及禮部の咨文を附し芸閣活字を以て印出したるものにして編成は英祖四十五年己丑に在り

○尊周彙編　二〇卷七冊　正祖命編　寫本

正祖二十四年庚申の春明末毅宗の靈を祭り歴代志士、丙子諸臣、斥和殉節者等の精忠大節を追念し兵曹參議李義駿等に命して本書を編次せしめ前參判李書九等更に潤飾を加ふ其の載する所皇朝記年、本國記年、皇壇志、皇壇年表及諸臣事實等なり

李義駿　字は仲命全州の人なり英祖戊午に生れ文章贍博にして三十六歲癸巳文科に登り玉署銀臺を經て正祖の時黃海監司に除せられ歿す

○白沙北遷日錄　一冊　鄭忠信著　印本

光海君十年戊午母后仁穆大妃を廢せんとして庭議を徵したる際白沙李恒福元老大臣を以て忠言を陳し倫紀を扶けんとし旨に忤ひ北靑に竄せらる時に錦南君鄭忠信恒福に隨行し終始の事實を日記し恒福の曾孫養窩世龜校正を加へ北靑府使鄭來祥咸鏡監司李秀彥等力を協せて開刊す卷尾に恒福か廢母諫諍の獻議手草を板刻と爲し附載せり

鄭忠信　字は可行、晩雲は其の號にして羅州の人縣令荐の曾孫なり宣祖乙亥に生れ壬辰義州に於て武科に登り官副元帥に至り振武功臣に策し錦南君に封せられ仁祖丙子に歿す諡を忠武と云ふ

○辛卯重光錄　一冊　英祖命編　印本

清人朱璘の撰する所の明紀輯略中朝鮮太祖の宗系と仁祖の事を誣載せしを以て英祖四十七年辛卯金尙喆等を遣し誣を下して正さんことを請ひ準許を得たる顚末を錄せり初め宣祖の時辨誣の顚末を記したる光國志慶錄あり故に之を重光錄と名く芸閣に命して活字印行せしむ

○丁未傳信錄　一冊　寫本

顯宗八年支那福建泉州の人林寅觀、陳得、曾勝、鄭禧以下總數九十五名通商のため日本に航行中風浪に遇ひ濟州に漂著せしを以て支那禮部に通報したる後都總府の經歷李相勛、譯官李承謙をして護送して國境を出てしめたる事實を記し附するに二十餘年前孝宗に伴ひ來りし漢人黃功等との問答書及當時名家の關係書札を以てし備に其の情況を記述せり其の成りしは英祖五十一年乙未なり

○辛巳辨誣始末　一冊　寫本

純祖二十一年辛巳尹命烈か清國增修の文獻通考中に於て景宗英祖の王位授受の當時金昌集、李頤命、李健命、趙泰采の四臣反逆を謀り事覺はれ誅に伏したる記事あるを見て上疏し遂に廟議に問ひ清國に對し辨誣し記事の削除を請ふことに決し進賀謝恩兼陳奏正使李好敏等を遣して目的を達したる始末を詳記したるものなり

○東廟迎接錄　一冊　金昌熙編　寫本

李太王十九年壬午清國提督吳長慶辦理軍務袁世凱の駐紮せし時金昌熙を迎接官と定めて交涉す壬午七月二十三日より八月二十九日に至る互相の筆談日記なり

金昌熙　字は壽敬、石菱と號す慶州の人石世鼎集の子なり憲宗甲辰に生れ哲宗辛酉に蔭仕を以て明陵參奉を授けられ李太王甲子文科に登り典翰を歷て官工曹判書に至り庚寅歿す謚を文憲と云ふ昌熙專ら古文辭を修め又吏治に嫺ふと云ふ

○眉巖日記抄錄　四卷四冊　柳希春著　寫本

宣祖丁卯より丁丑に至る十一年の間に於ける公私の事實を略記したるものにして參考の資となるへきもの多し

柳希春　字は仁仲、眉巖と號す善山の人懶齋成春の弟なり中宗癸酉に生れ戊戌生員に中り文科に登り選れて湖堂に入り官副提學に止り宣祖丁丑に歿す特に贊成を贈り謚を文節と云ふ

○睡翁日記　二卷二冊　宋甲祚著　印本

仁祖二年より六年に至る間の日記にして附するに詩、文、行狀、墓誌等を以てす五代の孫宋龜相の編次に係り金鍾秀、宋煥箕等之を校正し宋煥學資を投して上木せり

宋甲祚　字は元裕、睡翁と號す恩津の人にして尤菴時烈の父なり宣祖甲戌に生れ光海君丁巳進士に中り官奉事に止り仁祖戊辰に歿す子時烈の貴きに迨ひ領議政を贈られ謚を景獻と云ふ

○默齋記聞錄　四卷四冊　申命圭著　寫本

仁祖十四年丙子より肅宗十九年癸酉に至る兵亂政爭等を輯錄せるものなり

申命圭　字は元瑞、默齋と號す平山の人恩休窩栒の子なり光海君戊午に生れ顯宗壬寅咸興判官を以て文科に登り官司諫に止り肅宗戊辰に歿す嘗て直諫を以て名あり尤菴宋時烈を救はんとして竄せられ終に振はず

○閑居漫錄　二卷二冊　鄭載崙著　寫本

孝宗、顯宗兩代に亘る諸種の事項を摘記したる隨筆にして族弟鄭行源之を編次す

鄭載崙　字は秀遠、竹軒と號す東萊の人陽坡太和の子にして出でて仲父碁洲致和の後を繼ぐ仁祖戊子に生れ孝宗戊戌孝宗の女淑靜公主に尙して東平尉に封せられ景宗癸卯に歿す諡を翼孝と云ふ陽坡、碁洲兄弟は仁祖、孝宗、顯宗三代に歷仕し專ら相府に居れり載崙は孝宗の愛婿にして禁臠の寵あるも毫も父兄の勢を藉ることなく平生謹愼身を持し世皆賢駙馬と稱す

○藥坡漫錄　九四卷六〇冊　李希齡著　寫本

國史野乘より歷代の事實を隨錄せしものにして著者の孫漢宗之を編輯す第一卷は新羅より始まり山川の來派歷代の疆域を論述し第二卷は高麗統合の事實を略記し海東名臣の小傳を附し第三卷は李氏朝鮮の疆域を論述し璿源世譜を附し第四卷以下は太祖より英祖に至る歷代の政談及名臣の小傳を采輯せり而して景宗及英祖の兩代は漢宗之を續輯し英祖甲申編成を終れり

李希齡　字は壽而、號は藥坡全州の人孝寧大君補の孫なり肅宗丁丑に生れ英祖の時文科に魁選せしを以て特に命し試券に拔去せられたるも遂に科宦を辭し專ら著述に力め丙申に歿す學識贍富なるも八十尙ほ布衣を以て終る一世の人之を惜む

○楓巖輯話　七卷七冊　柳光翼編　寫本

諸書に雜出したる海東事蹟を蒐輯し世次を以て編したるものなり地方國都の紀略檀箕以降高麗に至る諸論辨及太祖より肅宗に至る重大事實並に記聞等を分目編次せり

柳光翼　楓巖と號す全州の人忍窩瀞の從孫なり英祖の時蔭仕を以て官翊衛に至る

○修書雜志　七卷七冊　李宜哲編　寫本

英祖二十六年庚午より正祖二年戊戌に至る傳旨及疏箚の中參

考に資すへきものを寫錄したるものなり

李宜哲　字は原明、文菴と號す龍仁の人雙谷士慶の玄孫なり肅宗癸未に生れ英祖戊辰文科に登り翰林、提學を歴て正祖戊戌に歿す官吏曹參判に至る

○通塞撮要　四巻二冊　寫本

太宗十三年庶孼子孫は顯職に敍すること勿れとの敎命を發し庶孼は仕路を梗塞せられ試に赴き擧に應することを得す本書錄する所は門地を開き仕路を通する傳敎、疏劄、收議、問答等を撮錄したるものなり

○葵史　二巻二冊　印本

朝鮮の國制庶子に淸宦を許さす仍て宣祖の批「葵藿向レ日不レ擇ニ旁枝一人臣願レ忠豈必正嫡云云」に基き題名を擇ひ歴代庶孼の事實及章奏等を採輯して一書と爲し考覽に便にす卷末に葵史賢人錄と題し高麗の鄭文培より李德懋等六十餘名の略傳を附記せり哲宗九年大邱諸儒の協力設立せし達西精舍に於て編成せしものなり

別史類

○東國史略　六巻二冊　太宗命撰　印本

本書は太宗の時權近、李詹、河崙等命旨を承け撰輯したるものなり第一巻は檀君、箕子、衛滿の朝鮮、四郡、二府、三韓、新羅、高勾麗、百濟記第二巻は新羅記第三、四、五、六巻は高麗記とせり

李詹　字は少叔、雙梅堂と號す洪州新平の人なり高麗恭愍王の時親試文科に擢てられ獻納となり恭讓王の時右代言を經て知申事に除せられたるも之を謝し朝鮮に仕へて知議政府事となる文安と諡す

河崙　字は大臨、浩亭と號す晉州の人なり高麗の時文科に及第し朝鮮に仕へ定社、佐命功臣晉山府院君となり官左議政に至る丙申北關に使して歿す文忠と諡す

○海東繹史　七十巻二十六冊　韓致奫著　寫本

支那及日本の史乘中より朝鮮に關する記事を採取し門を分ちて編成したるものにして檀君より高麗までを世紀と爲し諸小

國は之に附せり星暦、禮樂、兵刑、殖貨、物産、風俗、宮室、官氏、釋、交聘、藝文並に志、人物考、日本考及肅愼氏考等にして往往著者の姪鎭書の附記あり引用書の多きこと五百五十部に及へり

韓致奫　字は大淵、清州の人獻納德良の孫なり英祖乙酉に生れ正祖の己酉進士に中る

○東史補遺　四巻二冊　趙挺著　印本

吉州の牧使趙有道の父趙挺常に東史の不備を憂ひ消閑の一助として上古檀君以降歴代の事實を抄錄し其の闕漏を補ひ東史補遺と名け之を篋笥に藏すること多年仁祖二十四年丙戌の冬有道之を刊行して世に公にせしものなり

趙挺　字は汝豪、漢叟と號す楊州の人なり宣祖壬午進士となり癸未文科に登り史局に入り丙戌重試に中る光海君己未右議政に拜せられ癸亥靖社の際官職を剝奪して竄せられ尚ほ屢逆臣の事に坐し遠地に配せられ後復官して耆社に入る子有道字は則見、宣祖乙酉に生れ光海君庚戌生員を以て文科に中り官承旨に至る孝宗己亥に歿す光海君の時其の名官となりしを以て仁祖戊辰に竄せられ後復敍用せらる

○東史纂要　八巻八冊　吳澐編　印本

新羅始祖甲子より高麗恭讓王壬申に至る一千四百四十九年間の事蹟を東國通鑑、三國史記、高麗史等に據り節約以て纂成したるものなり

吳澐　字は大源、竹牖と號す高敞の人退溪李滉の門人なり中宗庚子に生れ明宗丙寅文科に登り光海君丁巳に歿す官府尹に至る

○彙纂麗史　四八巻三冊　洪汝河著　印本

朝鮮の人士好んで支那の國史を讀むも自國の史に至りては却て之を知らさる者多きを憂ひ舊史に就き其の闕を補ひたるものにして歿後凡そ一百年の後嶺南の人士相謀り之を刊行す

○興王肇乘　四巻二冊　洪良浩編　寫本

朝鮮開國の起因を詳にするため高麗廢王禑以降の梗概を記述し就中咸鏡道は王蹟顯著の地なりとし之を博採詳討し歴代の贊記並に諸臣の敍述、歌頌等を網羅したる外稗史、野乘の信を置くに足るものは小註と爲して之を附記せり

洪良浩　初の名は良漢字は漢師、耳溪と號す豐山の人芸窩重聖の孫なり景宗甲辰に生れ英祖壬申生員及文科に中り史局に入り俊試に登り文衡を典り官判義禁府事に至り純祖壬戌に歿し文獻と謚す少時其の內舅樗村沈錥に業を受け文名一世に振ふ正祖の時使命を以て清に往く時に禮部尙書曉嵐紀旬は一代の文柄を執りたる者なり耳溪の詩文を見て序二篇を撰し推許すること甚た至れり是より文名四方に傳播す

○龍興聖蹟　一冊　寫本

朝鮮太祖龍興の所由を明晰にするため祖先を穆祖大王と尊稱し以下亦之に倣ひて翼祖、度祖、桓祖と爲し各共の性格、事業、生死、陵廟の所在等を略記し附するに配偶の事略を以てせり殊に太祖の事蹟に至りては大業の創始者として無上の敬語を用ひて之を叙述し延いて定宗、太宗の三代に逮へり卷尾に太祖の影殿竝に舊戶籍保存の緣由を附記して事實を證明す

○列朝通紀　二六卷二六冊　安鼎福編　寫本

太祖元年壬申より英祖四十一年乙酉に至る史實の各書に散見したるものを蒐集したるものなり正祖三十四年庚申書成る

○昭代紀年　二七卷二七冊　寫本

朝鮮太祖より肅宗に至る史實を編年叙記し卷首に高麗の末政と朝鮮開國の原因及太祖の高曾祖考四代の略歷を記載せり

○朝野會通　二六卷二六冊　寫本

太祖誕生の時より英祖元年乙巳の歲に至る歷代の政綱事歷を編年體に記述したるものなり

○朝野輯要　二六卷二二冊　寫本

本書は著者未た詳ならさるも甲辰暮春七十一歲翁書于耕漁齋と記し卷末に明義錄を引用せるを以て之を見れは正祖八年甲辰頃に成りしものなり引用書は龍飛御天歌、國朝寶鑑等八十餘部の多きに達し第一編は東國沿革總叙、四祖肇基王跡及聖祖龍潛膺運等の紀事にして第二編以下は太祖より英祖に至る史實に止め丙丁の逆獄を附錄す而して歷代の本末を詳にするため干支を以て之に冠し文武勳臣、配享諸臣等は各代の末に附記せり

○燃藜室記述　元卷元冊　李肯翊著　寫本

著者朝鮮野史類の善本なきを慨し廣く國史、野乘を捃摭し朝鮮太祖より顯宗に至る歴代の事實を紀事本末體に倣ひ各代毎に要目を列して拔萃編次し之れを原集二十卷とし續集八卷は肅宗一代中に於ける記事を收め別集十九卷には國朝、祀典、事大、官職、政敎、文藝、天文、地理、邊圉及歴代等を編し擅に一言一句を加ふることなし朝鮮は東西南北四色の分黨ありしより以後諸家の記述概ね偏黨に傾き公正の筆甚た罕なるも本書は撰を異にせり

李肯翊　字は長卿、燃藜室と號す全州の人圓嶠匡師の子なり英祖丙辰に生れ純祖丙寅に歿す其の文章と筆名は一世に冠たり子肯翊亦穎悟人に絕し家庭の學を受け著述甚た富む少論の論議を最も強硬に主張し老論局に當るに及ひ全家酷禍を被り緣坐して仕官を得す竄謫頻數なりしを以て文獻遺失したるもの多く惟燃藜室記述の一部のみ今に至りて傳へらる

○國朝記略　五冊　寫本

朝鮮歴代の世系を卷首に書し次に事件を撮錄し配享の功臣、相臣、文衡、儒宗、名臣、湖堂及我垣等を卷尾に附載せり年代は太祖より光海君に及へり

○春坡堂日月錄　一二卷一五冊　李星齡編　寫本

朝鮮太祖以下仁祖に至る列代の事實を編年體に依り編成せしものなり

李星齡　字は文翁、春坡と號す韓山の人吏判基祚の子なり仁祖壬申に生れ孝宗壬辰進士に中り蔭仕を以て官庶尹に至る

○見睫錄　六卷六冊　寫本

朝鮮の史乘を錄せしものにして一卷は稟毓、符瑞、山川、都邑、陵廟、制作、仁德、聖學、風俗、軍兵、田賦とし二卷は災祥、兵革、事變、士禍、朋黨、邦禮とし三卷は儒林、孝行、忠節、貞烈、師弟とし第四卷は家法、婚姻、窮達、壽夭、科擧、用人、官職、宰相、諫臣、牧守、將帥、功勳とし五卷は文章、詩律、聰敏、奬詡、鑑識、正直、德量、恬雅、氣義、誠實、廉儉、貪侈、魯莽とし六卷は諧戲、報應、刑獄、冤枉、讖驗、技藝、器用、酒食、夢寐、死亡、塚墓、靈異、仙道、僧佛、娼妓、鬼神、禽獸、草木、外國等六十六類に分てり

○震史記略　一冊　寫本

仁祖十四年丙子より肅宗十四年戊辰に至る五十三年間の時事を略錄したるものなり

○小華外史　一二卷六冊　吳慶元著　印本

吳慶元の纂述したるものにして高麗及朝鮮に亙り明との交渉事實を記せり純祖三十年に上木し李太王五年再版に付す

吳慶元　字は善餘、首陽逸民と稱す海州の人時谷彥儒の孫にして仁祖丙子淸に對し斥和の論を唱へたる學士達濟の後孫なり英祖甲申に生れ正祖癸卯進士に中り官府使に止まる

○宋元華東史合編綱目　三二卷三二冊　李恒老編　印本

宋元史に高麗史を合附し朱子通鑑綱目の例に倣ひて編せり編者の門人柳重敎、金平默兩人之を商訂し原編二十九卷附錄四卷あり李太王十年丙午海州の吳鳳泳、宣川の朴瑜朶等出資刊行す

李恒老　字は而述、華西と號す碧珍の人なり正祖壬子に生れ純祖庚子學行薦を以て參奉を授く官工曹參判に至り李太王戊辰に歿す謚を文敬と云ふ

○周書國編　一〇卷三冊　朴泰輔編　印本

春秋か魯の隱公より溯りて武王元年に至る四百年又魯の哀公より以降周の威烈王二十二年に至る六十四年前後合せて四百六十四年間の事蹟を闕くを以て之を完備するため諸史を參照し以て此の書を編次し周初より魯、齊、晉、鄭、衞、宋、秦、楚、吳に至るまで國別に其の事實を記載せり

朴泰輔　字は士元、定齋と號す潘南の人西溪世堂の子なり孝宗甲午に生れ肅宗乙卯生員に中り丁巳文科に魁たり選はれて湖堂に入り官應敎に止り己巳謫せられて途中に歿す特に吏曹判書を贈り謚を文烈と云ふ

○魯史零言　三〇卷一五冊　李恒福編　印本

編者春秋左氏傳に沈潛せしを以て其の傳文に就き事類を分抄し以て一家の體を成せり一朝兵火に罹り散逸せしも顯宗の時孫時顯其の子世龜に命して之を輯刊せるものなり零言と題せしは魯史零瑣の言を集めたるの意なり

○史記英選 八卷四冊 正祖編 印本

正祖十九年司馬遷の史記より英を抜き粋を集め後學の規範に資したるものにして其の目次は第一項羽本紀、蕭相國、留侯等の世家第二伯夷、管仲、晏嬰、伍子胥、蘇秦、孟嘗君、平原君等の傳第三信陵君、范雎、樂毅、屈原、張耳、陳餘等の傳第四淮陰侯、酈生、陸賈、袁盎、吳王濞等の傳第五魏其侯、武安侯、灌夫、汲黯、李將軍及刺客、游俠等の傳第六滑稽、貨殖傳及太史公自序第七蘇武、李陵、匈奴、霍光、夏侯勝等の傳第八は魏相、丙吉、蕭望之、趙充國、梅福等の傳なり

○史纂 一二卷 印本

司馬遷の史記より本記一篇、世家四篇、列傳四十五篇、書三篇を選拔編纂せしものにして其の句節に疑難あるものは小註を加へて解釋せり

○史漢一統 一六卷一六冊 印本

史記及漢書中より傳記を鈔錄し之に略註を加へたるものなり

○漢史列傳抄 四卷四冊 崔岦編 印本

史記及漢書の列傳中より初學に便なるものを擇ひ甲乙丙の三部に分ち編成したるものなり甲集は項籍以下八名乙集は韓王信以下二十餘名丙集は吳王濞以下十餘名の傳を收錄し諺文を以て口訣を附す

○韓書傳抄 二卷二冊 安瑋編 印本

漢書列傳中より陳勝、項籍以下鼂錯、嚴助等十五人の傳を抄錄し明宗二十一年丙寅淸凉書院學生の用本として出版したるものなり

安瑋 字は伯珍、順興の人文成公安裕の後なり成宗辛亥に生れ中宗辛巳文科に登り官兵曹判書に至り明宗癸亥に歿す謚を文簡と云ふ武略多く久しく兵を典り鎭を設け邊を禦き功あり

○漢書略選 一冊 印本

漢書の列傳を抄出したるものにして卷尾に正祖丁酉年の鑄造に係る活字を以て試印したることを附言せり

○宋史筌　一四八巻六一冊　正　祖編　寫本

元の脫脫の撰したる宋史四百九十六巻は二十一史中最も蕪雜鹵莽と稱せらる明太祖宋濂に命し改修せしめんとして果さす正祖春宮の時反覆繹尋し手つから筆削を加へ登極以來尙ほ親ら輯次し稿を易ふること前後十回定めて一百四十八巻と爲す卽ち本書なり

○皇明通記輯要　二四巻四冊　英　祖　命編　印本

英祖四十七年辛卯に編纂したる明の史紀にして太祖の洪武より以下憙宗の天啓まて二十四巻に分ちて編輯し巻首に英祖の小識を載錄せり

○皇　明　紀　略　六巻三冊　印本

明史の大略を纂輯したるものにして太祖より章宗に及へり

○綱　目　輯　要　七巻三冊　李　昰　應編　印本

通鑑綱目及續綱目中の大要を鈔節纂集し毎章肯綮の語を書頭に大書し考覽に便したるものなり

○綱　目　抄　八冊　寫本

朱子の綱目中より緊要なる語段を選抄して燕閒の暇便宜省覽に供したるものなり

○續綱目疑補記見　二巻二冊　寫本

續資治通鑑綱目中疑義ある個處を修補したるものなり巻首に弘齋及震章の印記あり正祖の世孫たりし時書筵に於て述へたる意見を寫錄せしものなるへし

○通　鑑　增　刪　一五巻五冊　寫本

宋江贄の通鑑節要に就き之を增刪せしものにして周の威烈王二十三年戊寅より後周の世宗顯德六年己未に至る一千三百六十二年間に於ける事實を簡明に記載せり

○續史略翼箋　三巻六冊　洪　奭　周著　印本

洪仁謨元の曾先之の史略の體裁に依り明二百九十年間の史實を記述して一巻と爲し續史略と名く其の子奭周其の書に就いて更に註釋及補遺を加ふ卽ち本書なり純祖二十一年辛巳成り

哲宗八年丁巳刊行す

洪奭周　字は成伯、淵泉と號す豐山の人足睡堂仁謨の子なり英祖甲午に生れ正祖乙卯文科に登り大提學となり官左議政に至り憲宗壬寅に歿す謚を文簡と云ふ此の書の外經學には讀易雜記一卷、春秋備考、尙書補傳六卷、戴記志疑四卷あり史傳には東史世家四卷、三漢名臣錄三十二卷、元史略、明史論竝續二卷あり叢書には擬古詩集一卷、鶴岡散筆四卷、洪氏家言二卷、讀書錄四卷、大東文雋、縈藝畬粹四卷、訂老二卷、諸子精言七卷、明文選二十卷の著書あり

○史補略　九卷三冊　李時善編　印本

曾先之の史略に倣ひ編成せしものにして原本は唐代に及ひしも周の威烈王以前九卷までを刊板とせり哲宗の癸亥莘溪李敦宇慶尙道觀察使たりし時之を刊行す

李時善　字は子修、松月齋と號す李氏宗室の系に出つ仁祖乙丑に生れ幼より學を嗜み學識淹博にして著述に富む性豪放山水を愛し半島の江山勝地遍歷せさるなし老後安東の春陽に隱居し塵外に超然たること十數年肅宗乙未に歿す

○正史彙鑑　八卷四冊　洪鳳漢編　寫本

唐虞より明に至る歷代諸史中より箴戒となるへき事蹟を採りて分類條錄し世子講學の便に資したるものにして英祖四十五年己丑編進せり其の要目は篤聖孝、法祖宗、敬事天、謹祀典、典聖學、崇儒學、尙儉約、祛偏私、戒聰察、信辭敎、正宮闈、馭近習、睦宗親、待戚畹、任賢能、辨奸邪、重銓選、嚴科試、闢言路、養士氣、奬名節、勵廉恥、愛民生、勤政事、節財用、簡行幸、守法制、立紀綱、明賞罰、恤刑獄、禮臣僚、卞朋黨、飭武備、裕後昆等なり

洪鳳漢　字は翼汝、翼々齋と號す豐山の人守齋鉉輔の子なり英祖癸巳に生れ乙卯生員に中り蔭仕を以て洗馬を拜し甲子文科に登り五營の將任を總へ六曹の長官を歷て官領議政に至り正祖戊戌に歿す謚を翼靖と云ふ莊獻世子妃の父にして卽ち正祖の外祖なり弟麟漢と與に數十年間權を專にし正祖の初麟漢は罪に死したるも鳳漢は外祖のため免るるを得たり

○歷代史論　四一卷一〇冊　宋徵殷編　印本

編者嘗て其の師朴世采と史を論し大に一致する所あり因て五

に協力して遂に一書を編し大成に至らすして歿す英祖十二年其の子成明咸興の營中に在りて其の來由を書し之を剞劂に付せり内容は唐虞より以下唐、宋、歷朝の帝王諸臣に付き先儒の論評を取捨して各名の下に繫け群書を繙閱せすして其の臧否得失の跡を知るに便したるものなり

宋徵殷　字は質夫、約軒と號す礪山の人雪村時喆の孫なり孝宗壬辰に生れ肅宗乙卯生員及進士に中り己巳別檢を以て文科に登り官戶曹參判に至り庚子に歿す嘗て南溪朴世采の門に遊ひ文學博雅なり子正明、成明、眞明倶に文科を以て進み名卿たり

○史要聚選　九卷五册　權以生編　印本

支那太古より明の永明王に至る歷世史乘の要項を聚錄したるものなり仁宗の時に成る第一卷には帝王上、第二卷には帝王下、公族、附吳越第三卷には后妃、妖姬、妓妾、烈女、相國第四卷には將帥、直臣、節義第五卷には聖賢第六卷には異端、文章、隱逸第七卷には休退、僭僞、暴逆、奸凶、嬖倖、閹官、賢官、外戚、良吏、酷吏、辯士、節俠、名筆、富客第八卷には列傳上第九卷には列傳下を載せり一名增補歷代會纂と稱す

○池氏鴻史　一七卷一七册　池光翰著　印本

記傳を左丘明に法り大義名分を明にし姓譜は凌廸知に倣ひ韻字を以て考索に便し上は盤古に起り下は明代に至る歷代法制の沿革、政令の得失、災異照應の徵に至るまで後人の鑑戒となるへきものは細大遺さす輯錄詳說せり英祖二十六年庚午刊行す

野乘類

○櫟翁稗說　一册　李齊賢著　寫本

著者の隨筆にして史乘に逸したる異聞、奇事及人物評、經論、詩文、書畫、品評等を隨錄せり高麗の事物を知る好資料なり拾遺として其詩文若干を載す卷尾に牧隱の撰したる墓誌銘を附せり

李齊賢　字は仲思、益齋と號す高麗の名臣なり少くして文名あり久しく忠宣王に從ひて支那に在り彼の地の學者文士と詩文を應酬し造詣益深し晩年相國となりて國事の重に任し朝野賴りて以て安す著す所別に益齋集あり

○三國遺事　五卷三冊　釋一然著　寫本

新羅、高句麗、百濟三國の遺事を探り首に三國の年表を載せ紀異、興法、義解、神呪、感通、避隱、孝善等の目を設け神異靈妙なる事蹟を蒐錄せしものにして佛敎に關する事最も多し書中脫簡の處往往之あり編中の文字も亦闕失の處あり此の書三國の事蹟を主とせるも亦檀、箕、衛滿の朝鮮、三韓、四郡、樂浪、帶方、靺鞨、渤海、兩扶餘、後百濟及駕洛等の事をも錄せり而して卷中新羅語を以て記したる鄕歌あり原板は今傳らす朝鮮中宗壬申再刊せしも其の書亦甚た稀なり

釋一然　俗姓は金氏名は見明字は晦然、慶州章山郡の人なり高麗熙宗二年丙寅に生れ九歲出家し忠烈王七年辛巳圓經沖照國尊に冊せられ十五年己丑義興麟角寺に於て寂す謚を普覺と云ひ塔を靜照と稱す

○慵齋叢話　三卷三冊　成俔著　寫本

著者の隨筆にして文話あり詩話あり書話あり畫話あり人物評あり史話あり實歷譚あり文章穩雅讀みて飽く事を知らす朝鮮に於ける隨筆中の優品なり

成俔　字は磬叔、慵齋と號す成任及成侃の弟なり世祖の時に及第し官禮曹判書に至る二兄と共に文名一時に高く文壇の領袖たり後燕山君の時士禍に罹りて歿す

○筆苑雜記　二卷二冊　徐居正著　寫本

朝鮮古來の逸事閑話の後世に傳ふるに足るものを編集せしものなり其の事實或は一一正確ならさるものなきに非すと雖參考に資すへきもの亦極めて多し

○溪西野談　六卷六冊　李羲準著　寫本

朝鮮古今の奇事、異聞、雜說、諸談等を聞見に隨ひ記錄したるものなり

李羲準　字は平汝、溪西と號す韓山の人槎川秉淵の曾孫なり英祖乙未に生れ純祖乙丑文科に登りて官禮曹判書に至る

○海東雜錄　四卷七冊　權鼈編　寫本

朝鮮檀箕以來の歷代の事歷を諸書中より採錄し其の列傳は姓を分ちて略敘せり而して王室は高麗に止め列傳は朝鮮國初に及へり

○獨坐聞見日記　一冊　安其浩編　寫本

世祖以後仁祖以前に於ける朝野の雜事異談を聞見に隨ひて記録したるものなり

○潛谷筆譚　一卷一冊　金堉著　寫本

著者の隨録にして概ね當時の奇事異聞を載す一部は小說の如く一部は逸史の如し當時の事情を知るに便なり

○昭代粹言　一二冊　鄭道應編　寫本

諸家の著作を粹集したるものにして第一編より第四編は許筠の編纂に係る海東野言、同別集抄等に載する太祖紀より明宗紀第五、六編は禹性傳著す所の癸未記事、癸甲日錄、時政錄上下己丑錄第七、八編は李廷馨著東閣雜記上下第九、十編は南礏著丙子錄上下、亂離日記、江都錄第十一、十二編は金時讓著涪溪記聞、紫海筆談、荷潭破寂錄等なり

鄭道應　は愚伏經世の孫なり孝宗己丑學行を以て薦められ諮議に拜せらる

○溪陰漫筆　三卷三冊　尹昕編　寫本

公私の事變、士禍の原因、名臣宰輔の出處、進退、俚語、奇談等の隨録にして一に陶齋隨筆と稱す

尹昕　字は時晦、溪陰と號し又陶齋と號す梧陰斗壽の子にして明宗甲子に生れ宣祖乙未文科に登り仁祖戊子に歿す官判書に至れり

○大東野乘　七二卷七二冊　寫本

本書は仁祖以前凡そ二百五十年間に亘る諸家の著述中五十七種を採輯したるものにして大抵未刊行のものに係り參考となるもの多し其の內容書目は左の如し

慵齋叢話成俔、筆苑雜記徐居正、秋江冷話、師友名行錄南孝溫、謏聞瑣錄曹伸、丙辰丁巳錄任輔臣、稗官雜記魚叔權、己卯錄補遺未詳、五山說林草藁車天輅、海東樂府沈光世、青坡劇談李陸、陰崖日記李耔、海東野言許篈、己卯錄補遺安璐、己卯錄續集未詳、乙巳傳聞錄李菄、龍泉談寂記金安老、聽天遺閑錄沈守慶、石潭日記李珥、己丑錄黃赫、己丑錄續未詳、海東雜錄權鼈、癸甲日錄禹性傳、癸未記事未詳、時政非鄭澈、

象村雜錄申欽、亂中雜錄趙慶男、歷代要見未詳、再造藩邦誌申炅、光海朝日記未詳、凝川日記未詳、光海初喪錄未詳、長貧胡撰尹耆獻、寄齋雜記、寄齋史草朴東亮、璿源實錄未詳、東閣雜記李廷馨、畸貧漫筆鄭弘溟、雲巖雜錄柳成龍、聞韶漫錄、甲辰漫錄尹國馨、松窩雜記李墍、松溪漫錄權應仁、月汀漫筆尹根壽、梧陰雜說尹斗壽、淸江瑣語李濟臣、丁戊錄黃有詹、逸史記聞未詳、靑白日記、延平記申翊聖、癸亥靖社錄未詳、默齋日記安邦俊、混定編錄尹宣擧、柳川劄記韓浚謙、竹窓閑話、松都記異李德泂、紫海筆談、荷潭破寂錄、涪溪記聞金時讓

○公私見聞錄　四冊　鄭載嵩著　寫本

著者早年にして儀賓の選を被り禁中に出入し四朝に歷事し公私に付き見聞する所多し仍て嘉言善行の以て法と爲すへきものと乖事悖擧の以て警戒と爲すへきものとを採り隨聞隨書したるものにして閒居漫錄と因繼錄とを添附せり

○聞見箚記　一〇冊　寫本

編者か筆に隨ひ雜記したるものにして七冊は朝鮮太祖以後憲宗の時に至る典故を錄し三冊は支那歷代の事蹟を錄せり

政法類

○東國文獻備考　一〇〇卷四〇冊　英祖命編　印本

本書は英祖四十六年庚寅洪鳳漢等に命し博く公私の記實に就き馬氏の文獻通考に倣ひ編纂せしめたるものにして象緯、輿地、禮、樂、兵、刑、田賦、財用、戶口、市糴、選擧、學校、職官等に分目し朝鮮古今の文物制度一切を網羅せり朝鮮に於ける事物の研究には最も參考となるものなり

○增補文獻備考　二五〇卷五〇冊　李太王命編　印本

東國文獻備考は英祖の時に成り其の目を十三考に分ちしか正祖の時李萬運に命し更に七考を增し二十考と爲したるも刊行するに至らす李太王に至り朴容大等に命し之を取捨して象緯輿地、帝系、禮、樂、兵、刑、田賦、財用、戶口、市糴、交聘、選擧、學校、職官、藝文の十六考に改め隆熙二年再版に付したるもの卽ち本書なり

○東國文獻節要 四卷四冊 寫本

東國文獻の要概を記したるものにして第一卷には分野、歴代紀年、八道郡縣沿革、道路附水路、田制經界附量田諸田、堤堰、第二卷には租稅、貢制、田賦、大同第三卷には糶糴、戸口、財用、良役附均役、魚鹽第四卷には錢貨、綿布、兵考、軍門、戰船、水車等に關する事項を收錄せり

○文獻隨錄 一冊 寫本

賦稅、量田、井田、糶糴、賑法、軍制、官職、關防、水利、戰漕船、輪船、財用、錢幣等に關し古來の制度を引證して其の要項を載錄せるものなり

○兩銓便攷 二卷二冊 李太王命編 印本

文武兩官銓考の法を記したるものなり從來兩銓注擬の法は條目繁雜にして考據し難きものあり此の書は吏、兵兩曹の掌故に稽へ取捨編成したるものにして吏銓、兵銓各三十餘目を載せたり李太王二年刊行し七年補刊せり

○百憲總要 一冊 寫本

吏、戸、禮、兵、刑、工の六曹に屬する法例を錄したるものにして全部百七十一目に分てり卽ち吏九目、戸十八目、禮五十六目、兵十六目、刑六十八目、工四目あり

○磻溪隨錄 二六卷一四冊 柳馨遠著 印本

制度に關する考證を錄したるものにして田制、田制後錄、田制攷說、田制後錄攷說、敎選、敎選攷說、任官、任官攷說、職官、職官攷說、祿制、祿制攷說、兵制、兵制後錄、兵制後錄攷說、續篇等の目あり又補遺には郡縣制等を錄す英祖四十六年庚寅慶尙監司李瀰に命して之を刊行し後、趙時俊慶尙監司たりし時財を捐して續刊す

柳馨遠 字は德夫、磻溪と號す文化の人龍門慾の子なり光海君壬戌に生れ孝宗甲午進士に中り顯宗癸丑に歿す執義を特贈せらる

○經世遺表 三卷一六冊 丁若鏞著 寫本

周禮六官の制に法り屬僚三百六十を縮少して百二十に減し吏

戸、禮、兵、刑、工の六官を六曹と名け議政府を其の上位に置き屬僚各二十の官は小事のみを專掌し大事は判書の自裁に歸する組織と爲し之に附隨する古今の實例竝に自己の私見を詳註して國計民生の基礎を畫策したる書なり一に邦禮草本と稱す

○牧民心書　四八巻一六冊　丁若鏞著　寫本

純祖の時著者康津に謫居し十八年の間に於て四書、五經を攷究する旁ら二十三史及朝鮮の諸史、子、集等に就き古來司牧の遺跡を採輯し吏胥の通弊を除去するに努めたるものにして通篇を赴任、律己、奉公、愛民、吏典、戸典、禮典、兵典、刑典、工典、賑荒、解官の十二目に分ち各六條を附して七十二と爲し又之を四十八巻に分ち以て一部と爲せり

○萬機要覽　一一冊　李萬運編　寫本

本書は純祖の時に編進したるものにして宮中の式例より百般の政務に亘り條規恒例を蒐錄し之を財用及軍政の二篇に分ち更に財用編を各貢、田結、各稅、錢貨、市廛、堤堰、荒政、還摠等に軍政編を各營、烽燧、驛遞、鎭堡、關防、舟師及西北邊界事實等に分目せり

李萬運　字は仲心、咸平の人にして官都正に止まる

○經國大典　六巻四冊　印本

朝鮮國初より元續六典謄錄等の法典あり又種々の教令ありと雖前後牴牾の虞ありしを以て世祖之を損益して萬世の法と爲さんと欲し寧城府院君崔恒等に命し之か編纂に從はしむ六年戸典成り七年刑典成り其の他の四典は未た校正に及はすして昇遐し睿宗元年に至り之を完成して上進す成宗元年庚寅に至り始めて吏典、兵典の官制を用ひしも尙ほ校正する所あり二年辛卯に至り未頒の部分を施行せしか五年甲午更に改訂を加へ十六年乙巳又校正す

崔恒　字は貞父、太虛亭と號す朔寧の人なり太宗己丑に生れ世宗甲寅文科狀元に中り文名大に揚る當時高麗史を撰し又訓民正音を製するに際し皆與からさるなし世祖受禪の時協贊の功に因り驟陞せられて領議政となり文柄を兼掌し成宗甲午に歿す文靖と謚し寧城府院君に封せらる

○大典續錄　六巻一冊　印本

經國大典以後の新科別條尠からす又時政の推移に因り或は大典と牴牾する所あり其の適用に困難なるを以て成宗二十三年壬子廣川君李克增等に命し大典以後の敎令にして恒法と爲すへきものを取り以て本書を輯成せしむ後、大典後續錄の出るや本書を前續錄とも云ふ

李克增　字は景撝、廣州の人なり右相仁孫の子にして世祖丙子文科に登り官禮曹判書に至る翊戴、佐理功臣として廣川君に封せられ恭良と諡す

○大典後續錄　六卷一冊　印本

中宗三十八年癸卯庶政愈繁にして敎令亦隨て多きを加へ却て治績の擧らさるを慮り領議政尹殷輔等に命し大典續錄以後五十二年間の受敎科條を裒集し一に大典の本意に依りて存削し又六曹の制令條節を捜聚し之を參酌して編纂せしめたるものなり

尹殷輔　字は商卿、海平の人なり僉正尹萱の子にして成宗甲寅文科に登り中宗乙未右相に拜し領議政に至る耆社に入り靖成と諡す

○受敎輯錄　六卷二冊　印本

中宗三十八年癸卯大典後續錄成りしより肅宗二十四年戊寅に至る一百五十五年間の敎令は甞て收錄せす散逸せるもの多きを以て肅宗更に吏曹判書李翊等に命し京兆諸司及各道に現存せるものを輯錄せしむ卽ち本書なり內容は前後續錄の例に倣ひ類を分ちて記入し必要の事項は別に題目を設けて之を分錄せり

李翊　字は季羽、農齋と號す牛峰の人なり孝宗丁酉文科に登り官吏曹判書に至る肅宗己巳仁顯王后遜位の時諫諍の爲に竄せられ後敍還せられ文貞と諡す

○新補受敎輯錄　一卷一冊　寫本

英祖十九年癸亥弘文、藝文兩館提學に命して新に受敎輯錄以後の敎令を編せしめ又其の以前の敎令にして前輯錄に漏れたるものを補收せしめたるものなり

○續大典　六卷五冊　印本

英祖二十年甲子領議政金在魯等に命し大典續錄、大典後錄、受

教輯錄、典錄通考等に據り經國大典以後の敎令を編次せしめたるものにして一に大典の例に倣ひ六典及各項に分目せり本書の外尙ほ續大典補あり英祖の時に編せしものなるも單に吏典補一枚、續兵典補一枚にして卷數枚數は皆續大典の順次に依れるを以て續大典補として特立すへきものに非す寧ろ續大典に同編すへきものなり又別に刑典補一枚あるも續大典中に合綴せり

○大典通編　六卷五冊　印本

正祖八年甲戌奉朝賀金致仁等に命し經國大典及續大典を合部し續大典以後の受敎及現行の法令を增補通編せしめたるものにして其の編次は大典の例に從ひ大典の本文は原字、續大典の本文は續字、新增の分は增字の陰刻を以て標榜し識別に便せり

○大典會通　六卷五冊　印本

李太王二年乙丑領議政趙斗淳等に命し編次せしめ頒布したるものにして大典通編を本とし通編以後九十年間の受敎及定式を補錄して一書に會通し原、續、增三典の本文は原、續、增の字を陰刻標揭し新補の箇條亦補字の陰刻を以て標示す朝鮮五百年に亘る各般の法令は載せて此の一書に在り

趙斗淳　字は元七、心菴と號す楊州の人二憂堂泰采五世の孫なり正祖丙辰に生れ純祖丙戌進士を以て文科に登り文衡を典り官領議政に至り李太王庚午に歿す謚を文獻と云ふ

○大明律直解　三〇卷四冊　高士褧等著　印本

太祖開國の初明律を用ひしか其の文字の艱險にして曉解し易からさるより高士褧、金祗等政丞趙浚の意を承け吏讀を以て字句を直解せしめ鄭道傳、唐誠等之を潤色し四年乙亥書籍院に付し活字を以て百餘本を印出せり後世宗丙寅平安監營に於て重刊す

高士褧　は開城の人版圖判書瑛の子なり初め高麗に仕へ朝鮮に及ひて官賓文閣直提學に至る

○經國大典註解　一冊　印本

明宗五年庚戌特に命して局を設け通禮院左通禮安瑋、奉常寺正閔荃等をして經國大典中難解の箇條若干を抄出し其の下に解釋を註せしめたるものなり十年乙卯完成し卷首に鄭士龍の

序を弁す

○典録通考　二二卷五冊　印本

肅宗二十七年領議政崔錫鼎に命し經國大典、大典前後續録及受教輯録等の諸書を裒輯して彙分類合せしめたるものにして三十二年に至り完成す其の體裁は經國大典を主として前後續録及受教輯録を大典本條の下に分隷して考閲に便せり

○典律通補　六卷五冊　具允明編　寫本

初め綾恩君具允明か自家考閲の便に供するため編成したるものなるも正祖九年乙巳大典通編成りし後王命に依り更に修正を加へ十一年丁未世に公にしたるものなり其の内容は經國大典、續大典、大典通編及明律を以て根據と爲し大典は專ら現行事項を取り其の本源に溯り法意を知るに便なるものを記註し續典は現行事項の外時勢に必要なきもの及語意の重複するもの若干條を削り又通編の增補條文は其の一部を削り明律は其の法例の兩典中に當律なきものを備載し典と律とを合成會通せしむるに努めたり又典律以外考證に資すへき材料は類別に從ひ之を附記し名物、度數等にして六典の參考となるへきものは輯めて別編と爲せり

具允明　字は士貞、兼山と號す綾城の人存齋宅奎の子にして伯父夢奎の後を繼く肅宗辛卯に生れ英祖壬子生員に中り癸亥文科に登り史局に入り嘉善に陞り綾川府院君仁垕の祀孫を以て承襲して綾恩君に封せられ官禮曹判書に至り正祖丁巳に歿す

○增修無寃錄　二卷一冊　具宅奎增修 具允明重訂　印本

無寃錄は明英宗正統三年東甌王與の洗寃錄、平寃錄、結案程式等の書を參考增損して編輯せるものなり世宗崔致雲に命し之に註を加へしめ後英祖二十年甲子續大典を纂修する時特に具宅奎に命し更に增删訓釋を加へしむ其の後具宅奎の子允明律學教授金就夏と共に重訂を加へて私篋に藏めたるもの卽ち本書なり正祖二十年丙辰印行す

具宅奎　初の名は命奎字は性五、存齋と號す綾城の人草塘宬の後なり肅宗癸酉に生れ甲午文科に登り官漢城判尹に至り英祖甲戌に歿す霞谷鄭齊斗の門に從遊して時望あり英祖登極の後辛壬黨派として官途振はす州郡に守たること十餘所吏績優異を以て聞え遂に卿列に到る子兼山允明、晩悔允鈺倶に名

卿たり

○増修無寃錄諺解　三卷二冊　正祖命撰　印本

正祖十四年庚戌前刑曹判書徐有隣に命し諺文を以て増修無寃錄に句讀を附せしめたるものなり十六年壬子の印行に係る

徐有隣　字は元德、大丘の人校理孝修の子なり英祖戊午に生れ丙戌生員を以て文科に魁たり文任を經て官吏曹判書に至り純祖の初に歿す謚を文獻と云ふ

○審理錄　三卷六冊　洪仁浩編 洪義浩修　寫本

正祖在位二十五年間に於ける刑獄の決案を編輯したるものにして一千一百餘件を收錄せり正祖八年洪仁浩に命して丙申以後の審理事例を編修せしめ己未に至り仁浩の弟義浩更に命を受けて之を續修し純祖初年に完成せり編輯の例は必す先つ獄情の源委を悉し特に揭くるに判辭を以てす當時の判決例としては完備せるものなり

洪仁浩　字は元瑞、奉賀秀輔の子なり英祖癸酉に生れ甲午司馬に中り正祖丁酉文科に登り東伯を歷て己未に歿す官工曹叅判に至る

洪義浩　字は養仲、澹寧と號す豐山の人貞翼公秀輔の子なり英祖戊寅に生れ正祖甲辰進士を以て文科に登り官禮曹判書に至り純祖丙戌に歿す謚を正憲と云ふ

○詞訟類聚　一冊　金伯幹編　印本

金伯幹か明律、經國大典、大典註解、大典續錄、大典後續錄、各年受敎等の中より詞訟に關する規定を類聚し斷訟の用に供したるものにして相避、斷訟、聽訟、雜着、決訟日限、禁制、僞造、贖身、陳告、停訟、屬公、賣買、賣買日限、徵債、立後、奉祀、鄉役、免役、功臣、惠恤、婚嫁、驛路、公賤、私賤、使孫圖、新舊大典、前後續錄、始用日、功臣勵號、大明年紀、本朝年紀、聽訟式、銅錢楮貨、米布比准錄等三十一目に分てり宣祖十八年乙酉編者の子泰廷全羅道觀察使たりし時全州に於て雕板す光州牧使丁熖及泰廷の跋あり

金伯幹　光州の人郡守金文瑞の子なり明宗の時蔭仕して郡守となる

○決訟類聚補　一冊　寫本

決訟類聚の缺漏を添補するため決訟事項の參考となるへきも

の二十餘條を追錄して考據とせしものにして相避、鬪毆、辜限、殺傷、檢驗、落胎、盜賊推斷、擅殺、濫刑、捕亡、嫁娶、犯姦、詐僞、告訴、罵詈、雜犯、勿許聽理、聽理、雜着、立後、奉祀、私賤、公賤、陳告、贖身、屬公、惠恤、驛路、功臣賜牌、文記、賣買、賣買日限、徵債、戸籍、田結、停訟、決訟日限、作紙、雜令、受贓、山訟等に分目し附するに守令下直時承政院別諭、田算法、飢民賑濟法、銀錢和賣法、貰馬給價法、軍兵放料法、田稅加升法、還上分給法、還上除耗法等の目あり肅宗末年の受敎をも收錄せるを以て其の編輯は景宗より英祖初年までの間に在るへし

○御定欽恤典則　一册　印本

正祖元年地方司獄の私情を挾み刑具を輕重し罪人を虐待するを憫み欽恤の政を施し刑具を釐正し綸音を頒布し二年戊戌之を刊行す

○欽欽新書　三〇卷一〇册　丁若鏞著　寫本

茶山丁若鏞旣に牧民心書を著し而して折獄の事に至り人命の大權に繫るを見て曰く是れ宜しく專門の治あるへしと仍て別に本書を纂述せり凡て三十卷分ちて經史要義三卷、批評雋抄五卷、擬律差例四卷、祥刑追議十五卷、剪跋蕪詞三卷と爲せり每卷例を擧け案を立て昭晣にして詳備す純祖壬午に編成したるものなるも未た剞劂に付するに至らす近年に至り始めて印刷す

○欽欽私案　五册　寫本

各道に於ける殺獄に關し裁決せる文牒を首從の別、伉儷の戕、自他の分、故誤の劈、病打の辨、圖賴の獄、推諉の辨、癲狂の剌、義氣の釋、稀異の案及公私の判等十二目に分ち謄出したるものなり

○戊申獄案抄　一卷一册　寫本

英祖四年戊申に於ける李麟佐の獄案三十一年乙亥に於ける李夏徵の獄案等を抄出し又辛壬に至り餘黨を處分したる獄案を錄せり

○檢案　七册　寫本

純祖庚午及辛未中に於ける黃海道內各郡の殺獄事件に關する

檢屍及題判を錄したるものなり

○檢　題　一冊　寫本

李太王十年癸酉の歲に於ける忠淸道內の殺獄檢屍事件に對する該道觀察使の題判を謄錄したるものなり

○檢　題　二冊　寫本

殺獄檢辭を錄したるものにして自縊、被打、被踢、服滷、因病、自刎、胎傷、被刺、氣塞、驚牛及梱傷の十一目に分てり黃海道內に於ける事件最も多し共に二十九案あり

○田制詳定所遵守條畫　一冊　印本

孝宗四年田制詳定所を置きたる際制定したる田土の品等及丈量、算法、尺式等に付き詳說したるものにして當時に於ける田制の一斑を視るに足るものなり

○度支田賦考　六冊　寫本

正祖二十年丙辰八道四都の田摠、賦摠を修正し量田、年分、出收稅、漕運、雜貢稅、元帳付、流來陳雜頉、免稅、給災、出稅實結、各樣外減　實上納、加入、用下、上納道表、免稅道表等十六目に分ち其の增減變易を總錄したるものなり

○箕田攷　一冊　李家煥 李義駿編　印本

韓百謙の箕田圖說、柳根、許筬、李瀷等の補說、徐命膺の箕氏外記、井田圖、洛書爲井田淵原圖、八陣爲井田對位圖等を輯錄したるものなり

李家煥　字は廷藻、錦帶と號す驪州の人なり英祖壬戌に生れ正祖丁酉文科に登り官刑曹判書に至る文章淹博と稱す

○賦役實總　二冊　寫本

八道各郡の京納、營納、邑納、正供、雜稅の名目及實數を記載したるものなり

○均役事實　一冊　洪啓禧編　寫本

英祖二十七年均役を始むる時に莊祖春宮に在りて諸政を代理す仍て提調洪啓禧均役に關する體例を編錄し覽に供せしものなり

○國穀總錄　一〇卷一〇冊　寫本

每年八道各地より上納する米穀にして宣惠、常賑、總戎、粮餉、御衛、均役の各廳及賑恤、濟民、修城、保恤の各倉に分配すへき數量等を詳定總錄したるものなり

○穀總便攷　四卷四冊　寫本

京畿、開城、江華、廣州、忠清、慶尙、全羅、黃海、江原、咸鏡、平安等の稅穀の石數總目にして正祖の時に編したるものなり

○京畿丁未還穀總數　一冊　寫本

正祖十一年丁未年に於ける京畿各郡の元還穀數を記錄したるものなり

○貢物定案　一〇冊　寫本

英祖、正祖、純祖在位の間に於ける各道の貢物と其の改定とを記錄したるものなり

○惠政要覽　三卷一冊　寫本

正祖初年丙申より二十年丙辰に至る米穀、漁鹽等の滯稅免除又は諸貢物の停免及軍役奴婢の代納、米布の寬減等總て貧民賑恤に屬する事項を各道年代別に揭載し各道部落の貧富程度を尤甚、其次、稍實の三段に區別し各人家に付ても同樣の名目を附して賑恤の標準を示せり

○戶口總數　九卷九冊　寫本

正祖十三年に編次したるものにして卷首に太祖四年より六年に至る戶數を錄し以下正祖の時に至る歷代の戶數を揭け次第を逐ひて八道各式年の戶數及各面男女別の人口を記載せり

○江界府還接新入民戶實數成冊　一冊　寫本

平安道江界府還接新入戶數の成冊にして正祖十七年行觀察使兼都巡察使管餉使の調成したるものなり江界は朝鮮支那の國境に屬し人民の移轉出入頗る頻繁を極む當時の調査に據れは各坊の內新入戶數九百十二に達し又己酉と己卯との戶數を比較すれは其の差八千餘戶に及へり以て其の變動の甚しきを推

知すへし

○金鑛略記　一冊　寫本

朝鮮、露西亞兩國の金鑛利益及鑛務に關することを略記したるものなり

○同文彙考　一二九巻六〇冊　正祖命編　印本

正祖八年鄭昌順等に命して譯官玄啓植等を董率し承文院に於て外國に關する各年の詔、咨、表、奏竝に使臣別單、譯官手本等より材料を採集し四年を經て完成したるものなり編を別ちて原編、別編、補編、附編の四と爲し原編には封典、哀禮、進賀、陳慰、問使、節使、陳奏、表箋、請求、錫賚、蠲弊、飭諭、曆書、日月食、交易、疆界、犯越、犯禁、刷還、漂民、推徵、軍務、賻恤、倭情、雜令と爲し仁祖二十一年甲申以降の事實を記載し別編には其の以前に係る殘缺の諸文を輯錄せり

鄭昌順　字は祈天、四於と號す北窓𥖝の後孫なり英祖丁未に生れ丁丑文科に登り提學兩銓を歷て正祖の時に歿す官判中樞に至る

○增正交隣志　六巻二冊　金健瑞編　印本

編者の曾祖父金慶門嘗て通文館志を編次せるも專ら明、淸に對する事項を詳記し日本琉球に關しては簡略に失したるを以て編者諸種の材料に稽へ此の書を編成し李宗模增正交隣志と題せり其の內容は日本に對する事項を主とし第一巻に接待日本人舊定事例外七條第二巻に差倭第三巻に館中以下十六條第四巻に約條外九條第五巻に通信使行外二十三條第六巻に問慰行外八條世宗二十五年より正祖二十年に至る約三百五十年の諸約條を備載せり純祖三十二年壬辰刊行す

○儐禮總覽　六巻三冊　純祖命編　印本

淸使接待の儀式を錄したるものにして純祖の初め譯官邊鎬に命して編せしめ活字を以て印行す

○各國約章合編　一冊　印本

李太王十三年丙子に於ける各國との通商條約を合編したるものにして丁亥年交涉衙門に於て之を編次し庚寅年更に增補を加へたり

〇日本聞見事件　五冊　趙準永等編　寫本

李太王十八年辛巳正月叅判趙準永、朴定陽、承旨嚴世永、姜文馨、趙秉稷、閔種默、李𨯶永、沈相學、洪英植、校理魚允中等東萊暗行御史の職を帶ひ日本遊覽朝士と稱し日本に派遣し國勢一斑を視察せしむ同年閏七月歸還し各其の聞見したる事件を記述して乙覽に供す卽ち本書にして趙準永、朴定陽、嚴世永、閔種默、李𨯶永五人の記錄のみ存す

趙準永　字は景平、松磵と號す豐壤の人友香雲澈の子なり純祖癸巳に生れ李太王甲子文科に登り知申、松留を歷任し官吏叅に至り丙戌に歿す

〇日本視察書啓　一冊　嚴世永編　寫本

李太王十八年辛巳嚴世永命を承けて日本に渡り事情を視察して歸り其の國勢一斑を記述して書啓したる草稿なり

嚴世永　字は允翼、號は凡齋、寧越の人にして稼隱慶遐の後なり純祖辛卯に生れ李太王甲子文科に登り後農商工部大臣に任せられ已亥に歿す

〇日本内務省及農商務省視察書啓　一冊　朴定陽編　寫本

李太王十八年辛巳編者遊覽朝士として日本に至り内務省及農商務省を視察し其の職掌事務を記述して書啓せしものなり

朴定陽　字は穉中、潘南の人、近齋胤源の玄孫なり憲宗辛丑に生れ李太王甲子進士に中り丙寅文科に登り翰林直提學を歷任し官總理大臣に至り甲辰に歿す謚して文翼と云ふ

〇日本文部省視察記　一冊　趙準永編　寫本

李太王十八年辛巳編者か遊覽朝士として日本に渡り文部省の制度を視察し其の沿革、職制、規則等を漢文に譯し復命したるものにして大學各部、師範學校、幼稚園、外國語學校、體操傳習所、圖書館、教育博物館、學士會院等の一斑を記載せり

〇日本内務省視察記　三冊　朴定陽編　寫本

李太王十八年辛巳編者か日本遊覽朝士を以て内務省を視察し其の職制及事務章程を譯述編次し以て復命したるものなり

○日本農商務省視察記　二冊　朴定陽編　寫本

李太王十八年辛巳編者か遊覽朝士として日本に渡り內務省の視察を終り更に農商務省を視察し其の職制及事務章程を譯述編次し以て復命したるものなり

○日本司法省視察記　七冊　嚴世永編　寫本

李太王十八年辛巳編者か遊覽朝士として日本に至り司法省を視察し本書を編次して復命したるものなり第一冊は司法省職制及事務章程に警視廳、府縣官、元老院等を附し第二冊は刑法第三冊は治罪法第四冊は訴訟法第五冊は監獄則第六冊は新律綱領及改定律例撮要第七冊は改定律例に付て記せり

○日本工務省視察記　一冊　姜文馨編　寫本

李太王十八年辛巳編者か遊覽朝士として日本に渡り工部省を視察し其の職制及所管各事項を論述し以て復命したるものなり

姜文馨　字は德甫、蘭圃と號す晉州の人大諫浚欽の孫なり純祖辛卯に生れ李太王戊辰文科に登り官吏曹叅判に至れり

○日本外務省視察記　八卷四冊　閔種默編　寫本

李太王十八年辛巳編者か遊覽朝士として日本に至り外務省を視察し其の見聞を漢文に譯述し以て復命したるものなり卷一は沿革及事務章程卷二は各規則及公文書式卷三以下は各國條約等を收む

閔種默　字は玄卿、翰山と號す驪興の人贊成馨男の後孫なり憲宗乙未に生れ李太王甲戌文科に登り弘文提學、兵曹判書を歷て外部大臣に任せられ明治四十三年男爵を授けられ大正五年歿す

○日本各國條約　七冊　閔種默編　寫本

李太王十八年辛巳編者遊覽朝士として日本に渡り外務省を視察し八卷四冊の視察記を編せし際日本と各國との間に締結したる條約等を收め本書を成せり首卷は商稅論例と表題し總論及總目を示し第一卷は各國條約第二卷は各國居留條例第三卷は各國貿易則類第四卷は六港開場第五卷は稅關規例第六卷は各國稅則等にして乙覽に供したるものなり

○日本稅關視察記　三冊　李鑪永編　寫本

李太王十八年辛巳編者遊覽朝士として日本に渡り各稅關を視察して其の制度を譯述し以て復命したるものなり第一冊は職制、慣行、方法及上屋規則等を載せ第二冊は稅關事務にして關稅局及各港制度を收め第三冊には各國貿易章程を譯載せり

李鑪永　字は景度、號は東蓮にして全州の人寧城君孝景公琈七世の孫なり憲宗の丁酉に生れ李太王丁卯進士に中り庚午文科に登り御史、觀察使を經て內部大臣に任せられ丁未に歿す謚を文貞と云ふ

○長崎稅關規式抄　一冊　李鑪永編　寫本

李太王十八年辛巳編者か日本遊覽朝士を以て稅關事務を視察し三冊の視察記を編し當時長崎稅關の各課事務に關する規式を抄錄して別冊としたるものなり

○釜元輸出入表　一冊　李鑪永編　寫本

李太王十八年辛巳編者遊覽朝士として日本に渡りし際稅關表中より釜山及元山兩港に於ける半年の輸出入表を抄錄し歸還の後乙覽に供せしものなり

○日本陸軍總制　四卷二冊　洪英植編　寫本

李太王十八年辛巳編者か遊覽朝士として日本に渡り陸軍省參謀本部監軍本部及其の所屬官署の制度を視察し見聞せしものを漢文に譯述し以て復命したるものなり第一卷には沿革總覽及職制第二卷には諸般の條規及儀式第三卷には兵隊編制第四卷には會計經理等を記せり

洪英植　字は仲育、琴石と號す祁堂淳穆の子なり哲宗乙卯に生れ李太王壬申文科に登り直閣を歷て官參判に至る甲申に歿す

○日本陸軍操典　六卷四冊　洪英植編　寫本

李太王十八年辛巳編者日本遊覽朝士として陸軍の制度を視察せし際日本陸軍操典を漢文に譯し以て乙覽に供したるものなり

○日本大藏省視察記　一冊　魚允中編　寫本

李太王十八年辛巳編者遊覽朝士として日本に渡り大藏省を視

察し其の職制及事務章程を簡約に譯述し又財政見聞として歲入、歲出、紙幣、國債、銀行、租稅、政府財產、邦內實蹟等七條を叙述し以て復命したるものなり

魚允中　字は聖執、一齋と號す杞園有鳳の六世の孫なり憲宗戊申に生れ李太王戊辰文科に登り直閣及惠堂を歷て度支大臣に任せられ丙申に歿す忠肅と謚す

○度支志　二〇卷二〇冊　寫本

正祖十一年戶曹の舊事例を輯めて內外二篇に編せるものなり內篇は一曹の官制、職掌、廩祿、館舍、雜儀、古蹟を總錄して綱領と爲し外篇は曹內版籍、會計、經費三司の文簿にして後考に備ふへきものを類輯して條目と爲せり內篇內に官制部を立て細目を分ち卷首に衙舍全圖と度支志總要を辨し外篇內の版籍司は版圖、田制、漕轉、財用、貢獻五部を立て會計司は倉庫、解由二部を立て經費司は五禮、經用、料祿、荒政四部を立て各其の細目を分つ

○春官志　三卷三冊　寫本

禮曹に關する各項事例を謄載編錄したるものなり而して第一卷は社稷、宗廟、永寧殿、太廟配享、眞殿、追崇、追崇還廢、復位、私親廟、歷代諸君廟、陵寢、附錄黃池尋陵事跡、山陵變故、附故宗係、享祀總載、附大儺、祭禮總論、冠禮、婚禮、離異、學校、幸學、州郡學、啓聖廟、書院、科擧、大射禮第二卷は親耕、謚號、廟號、臣謚、謚號彙類、朝賀付朝儀、耆老所、耆老宴、宴享、冕服、冠服、樂、宣露布、獻馘、救日食、繼後、起復朝京舊例、通信使、通信一行先後節目、通信講定別單、通信一行員役、通信應行節目、信使盤纏、贈禮單物目、船上雜物、從事賣去一行禁斷節目、日期推擇第三卷は問慰行、接慰官、年例送使、倭館、書契、日本年號、開市、求請、立約、往征、入寇、荒唐船、野人、接待事例、征討、琉球來聘、通信、國書及倭答書等にして三十餘種の引用書目を附せり

○秋官志　一〇卷一〇冊　朴一源編　寫本

正祖五年辛丑大司寇金魯鎭か所管事務の統紀なきを憂ひ朴一源に囑して編成せしめたるものなり原編は歷世の典章敎令及名臣可否の事蹟を採り律令禁條の沿革に就き分類增補して五編と爲し王命に依り再ひ詳覆、考律の兩部を追補して七編と爲し鼇頭に加補の二字を記せり辛丑に成り壬寅更に之を補ふ

其の辛丑以前に係り原編に漏れたるものも亦補闕して十卷と爲し壬寅補入の條は補字を又重補の分は重補の二字を記して之を區別す其の分編綱領は原編の例に從ひ各編の小目は淆雜を避くるため彙分類別して官制、詳覆部、考律部、掌禁部、掌隷部の五目と爲し以て考閱に便せり

金魯鎭　字は聖瞻、江陵の人損谷尙星の子なり英祖乙卯に生れ丁丑文科に登り官吏曹判書に至り正祖戊申に歿す

○耆社志　一九卷八冊　洪敬謨編　寫本

太祖春秋六十に躋りたるを以て耆社に入り朝臣文官資憲正二品以上の年七十に滿ちたる者を許入し之を名けて耆老所と云ふ憲宗十五年己酉判書洪敬謨亦社に入る社の掌故を徵すへき文獻なきを慨し設社より己酉に至る四百五十餘年の由來及諸般の事蹟と條例とを詳錄し之を十二編十九卷に纂成したるものなり

洪敬謨　字は敬修、冠巖と號す豐山の人耳溪良浩の孫なり英祖乙未に生れ純祖己巳進士を以て文科に登り史局に入り官吏曹判書に至り哲宗辛亥に歿す謚を文貞と云ふ

○侍講院志　六卷六冊　正祖命編　寫本

侍講院の職制規程を記せるものにして院制、官職、講規、師傅賓客相見、蕆書、睿學、講義、親臨聽講、聖諭、御製、睿章、睿疏、宮僚製進、冊封、入學、冠禮、嘉禮、聽政、起居、陳賀、齋戒、禮待賓僚、賜賚、問終、諸式、補遺、講書院、講學廳及輔養廳に分目せり侍講院は昌慶宮の銅龍門內重熙堂の南に在りて東宮講筵の所たりしなり太祖の時世子官、侍講、賓客、輔德、弼善、文學、司經、正字、侍直等の各員を置きたる例に倣ひ世祖の時僚屬を設けて定例と爲し七年之を重修せり

○弘文館志　一冊　正祖命編　印本

正祖八年應敎李魯春等に命して弘文館の行事を編纂せしむ乃ち建置、職官、進講、館規、書籍及事實の六門に分ち芸閣に於て印刊す本書是なり

李魯春　字は君正、德水の人同敦龍模の子なり英祖壬申に生れ正祖庚子文科に登り舍檢を歷て官工判に至り純祖の時に歿す

○奎章閣志　二卷一冊　正祖命編　印本

正祖即位丙申奎章閣を設け提學以下の官を置き閣臣に命して本閣の制度、儀式を編纂せしむ卽ち本書にして建置、職官、奉安、編次、書籍、散習、院規及事實等の門目に分てり八年甲辰書成り刊行す

○太常誌　八卷二冊　英祖命編　寫本

太常は奉常寺の別稱なり郊廟百神の祀典を掌る所にして申維翰の撰したる舊志三冊朴道郁の編したる典例一冊あり其の後沿革甚た多くして攷据に足らさるを以て英祖三十九年癸未祭典を釐正したる後郞官に命して本書を編成せしむ建置、官職、名官、祀典、籍田、貢物、饌品、祭器、薦新、國恤、各祭、諸臺、藏氷、封山、柴場、節惠、考課、典隷、公用の目に分つ

○通文館志　三卷六冊　金慶門編　印本

高麗忠烈王の時李堪始めて通文館を置き漢語を學はしむ朝鮮に至り司譯院を置き諸方言を譯せしめ更に日本、蒙古、女眞を加へ四學とし四隣外交の器を養成したるも漸次事大主義に偏せり本書は卽ち古來の朝聘應對の事蹟を記したるものにして正祖の時之を官刊し李太王十八年更に重刊す其の目次は第一沿革第二勸賞第三第四事大第五第六交隣第七人物第八故事第九紀年第十第十一第十二は紀年續編なり

金慶門　字は守謙、蘇岩と號す牛峰の人肅宗の時官知中樞に至る清人穆克登と白頭山定界の時善譯を以て稱せらる

○書雲觀志　四卷二冊　成周悳編　印本

朝鮮の初高麗の制に法り書雲觀を置き天文、地理、曆數、占籌、測候、刻漏等の事を掌らしめしか以來四百餘年文獻の徵するに足るものなく推步の緣起、制度の沿革等を知るに由なし成周悳之を憂ひて遂に此の書を著すに至れり第一卷には官職、薦擧、科式取材、勸課、褒貶、坐衙、番規第二卷には治曆、測曆、交食、堪輿、選擇、屬官、吏隷、進獻、頒賜、式例、貢物第三卷には故事第四卷には書器等の方法規例を備載せり

○惠局志　一冊　姜渭聘著　寫本

朝鮮の初惠民署を置き醫藥を掌り民庶の疾病を救ふ蓋し周代の遺制に倣へるなり而して數次の難を經て文獻の徵すへきも

のなし肅宗己亥提擧趙泰考、郞官姜渭聘に勸めて此の志を作らしむ正祖戊戌久任卞泰恒之を增損し李太王甲戌渭聘六代の孫海秀之を謄寫す

姜渭聘　は晋州の人にして都事應生の子なり顯宗己亥に生れ官翊贊に止まる仁祖丁丑に殉し忠烈と謚す

○度支定例　二冊　印本

英祖二十五年世風の華奢に流れ財政の萎微するを慨し各殿宮廟社府院寺監等に於ける大小の用度を極端に節減するため戶曹判書朴文秀等に命して本書を作成せしむ

朴文秀　字は成甫、耆隱と號す高靈の人にして久堂長遠の曾孫なり肅宗辛未に生れ景宗癸卯文科に登り翰苑を歷英祖戊申李麟佐の難、奮武勳に策せられ雪城君に封せらる官判敦寧に至り丙子に歿し忠憲と謚す知識該博才局凡に越へ英祖每に當時一人として許したりといふ

○宣惠廳定例　一七卷七冊　寫本

英祖の時度支定例編成の後更に經費を節減するため宣惠廳に命して作成せしめたるものにして其の進獻物種を各宮に對する外不必要に屬するものは全減し過多なるものは節略し即ち大殿、仁壽宮、慈殿、中宮殿、世子宮、世孫宮、賢嬪宮、大君王子房の八段に分ち日常及佳節等の進供物種の數量より薪炭の微に至るまで逐一之を明記して贅費を戒めたり

○尙方定例　三卷三冊　印本

尙方院は王室各殿宮の衣襨を供奉する所にして誕日、節日、年例進上の外無時別入の事多し英祖其の取用無節を患ひ院に命し此の定例を編せしむ恒例一卷別例二卷あり後來の嗣王をして遵行せしめたるものなり

○貢膳定例　一冊　印本

議政府及六曹其の他外方各官より年中節日、朔日、月令、誕日に土產物膳を王室各殿宮に進上するは古例なり而して正祖登極の初、古今の物產相異り名品の緊漫相混せるを以て禮曹戶曹に命し京外貢獻の物資を釐正し命して活印に付し各道に頒布して遵行せしめたり

○供上定例　一冊　寫本

司藥寺、司宰監、濟用監、義盈庫等より米魚古木の類を毎日世子宮に供上し之を宮に屬する內官等に支給する定例を錄したるものなり

○教學定例　一冊　印本

興宣大院君李是應か師弟の禮法に關し英祖丁丑の王孫敎傅相見日記及五禮儀、文獻備考等を參證して編輯したるものなり宗親の入學及師弟の禮法を定む

○國婚定例　七卷二冊　印本

英祖二十五年大小婚儀の漸く浮華に流れ禮物器用の糜費多端なるを憂ひ民費を節減する主旨を以て鰲城君朴文秀等に命し度支定例に繼いて作成せしめたるものなり

○喪祭燭定例　一冊　印本

國葬初終の時殯殿、魂殿、山陵及殯宮、魂宮、墓所又節日、朔望等の祭典に用ふる蠟燭の大小數量等を一定したる記錄にして附するに蔘苦各樣條例を以てす蓋し蔘苦とは山蔘及苦苴にして初終の時歠粥哭泣するため元氣の衰弱を補ふ藥料なり英祖二十八年壬申刊行す

○六典條例　一〇卷一〇冊　印本

李太王二年乙丑大典會通を編成し典章法度等全く具備したるも典文簡嚴を主とし各衙門の大小事例は多く遺漏あるを免れす仍て命して本書を纂輯せしむ其の內容は吏、戶、禮、兵、刑、工の六典を綱とし諸多の衙門を分隷し其の所掌の事目及施行の規例を收錄せり

○銀臺條例　一冊　印本

銀臺は卽ち承政院にして王命の出納を掌り承旨六人あり吏、戶、禮、兵、刑、工の六房に分ちて政務を擔任す本書は其の執行の事例を彙編し以て事務處理の叅考に供したるものにして李太王の命定なり

○禹院條例　一冊　印本

春坊掌故の闕漏多くして其の儀節の如き散して實鑑等に載せたるも隨時閱覽に便ならさるを以て李太王世子建儲の當時此の書を編纂す故事、傳敎、冊禮、入學、冠禮、嘉禮、書筵、

會講、相見禮、座堂、受賀、酌獻禮等の四十有八條あり

○宗親府條例　一冊　印本

李太王七年興宣大院君李昰應か宗親府の規模を擴張し之を有司の上位に置き大小宗族に關する一切の秩序儀例を酌定し以て後世子孫をして遵守する所を知らしめたるものなり

○公使領事費用條例　二冊　寫本

在外公使領事の費用を條定せしものなり卽ち俸給及旅費と其の他許多費用の定款を立て篇末に其の豫算表を謄載して攷覽に便ならしめたり

○光廟訓辭　一冊　印本

世祖三年戊寅世子（睿宗）を訓諭するため特に本書を撰す恒德、敬神、納諫、杜讒、用人、勿侈、使宦、愼刑、文武、善述の十目を設け簡明に叙述せり卷首に親序あり卷尾に崔恒の後序李克堪の後跋あり中宗の跋文は後序の前に編し中宗元年丙寅芸閣に命して刊行す

○御製大訓　一冊　印本

景宗元年辛丑王弟（英祖）を世弟に冊封せし時金一鏡、睦虎龍等簒備を謀る英祖卽位し其の罪を討して之を告布し更に此の訓諭を發して一般に示す附するに頒敎文及綸音を以てし芸閣に命して刊行す

○御製添刊大訓　一冊　印本

英祖旣に金一鏡、睦虎龍の罪案を追正し大訓を製し三十年乙亥趙泰耉等に追律を施し又綸音を發して中外に頒布す其の告廟文と頒敎文とを辛酉大訓の下に添附し刊行す

○訓　諭　一冊　搨本

英祖二十年甲子世子の冠禮を行ひたる際勉戒の訓辭を作り之を親書して板刻せしめたるものの搨本なり而して三件を粧績し一件は世子に與へ一件を政府に一件を史局に存す

○御製常訓　一冊　印本

英祖二十一年乙丑世子に垂示したる訓言にして創業守成の要

愛民崇儒の道等に付懇切に諭説せり敬天、法祖、惇親、愛民、祛黨附任賢使能、辨逸、崇儉附容直納諫、勵精附敬大臣、體群臣、勸學附崇儒重道に分目す芸閣に命し刊行せしむ

○御製常訓諺解 一冊 印本

英祖二十一年乙丑常訓を製述し敬天、法祖、惇親、愛民、祛黨、崇儉、勵精及勸學の八目を擧け以て世子に垂訓せしか更に諺文を以て翻釋し曉り易からしむ芸閣活字の印出に係る

○御製續常訓 一冊 印本

英祖乙丑の後嗣王を戒むるため敬天、法祖、惇親、愛民、祛黨、崇儉、勵精、勸學等八目の訓辭を作り戊寅又敬天、愛民の二目を增附し仍て續常訓と稱す

○御製政訓 一冊 印本

英祖卽位二十五年己巳莊獻世子をして攝政せしむる際其の日常規範と爲すへき條目卽ち修身、尊賢、親親、敬大臣、體群臣、子庶民、來百工、柔遠人、嚴近習、戒紛華等を擧け之に意見を補注して懇切訓戒したるものなり

○御製訓書 一冊 印本

英祖三十二年丙子の撰に係る訓書にして敬天、愛民、禮臣の三篇あり卷首に性、道、敎の三字を大書し外十六字の題辭二樣あり其の語は多く大學、中庸其の他の經書に取りしものなり

○御製訓書諺解 一冊 印本

英祖三十二年丙子性道敎圖、性道敎銘及性道敎圖說を製し又敬天、愛民、禮臣に關する訓書を製して勸勉の意を演述し諺文を以て音義を譯解し以て刊布したるものなり卷尾に稼穡篇を附す

○御製回甲書示元良 一冊 寫本

英祖三十年甲戌回甲に膺り儉德を崇ふの意を以て訓辭を製し世子に示したるものにして李喆輔之を書す

○御製八旬書示後昆錄 一冊 印本

英祖四十九年癸巳齡八十に滿ちたるより古今の歷史を援据し盛衰興亡の因由を略述し以て後昆に示し勉戒と爲したるもの

なり相臣洪鳳漢等校正活印す

○御製遵昔年定銅闈冠禮文　一冊　印本

英祖四十九年癸巳景宗か九歳にして冠禮を行ひし例を引き今後世子世孫の冠禮は必す十歳を以て行ふこととし又八歳以下と雖例を按して行ふことを定めたるものなり芸閣に於て刊行す銅闈は東宮の謂なり

○御製誦夙夜箴勗勉冲子　一冊　印本

英祖か夙夜兢々の義を敷演し宗社の興替を世孫(正祖)に付托し兼ねて黨論を蕩平し小民を懐保する意を示したるものなり洪鳳漢校正刊行す

○御製祖孫同講大學文　一冊　印本

英祖か其の末年世孫(世祖)と倶に大學を講し更に其の義を演述し以て勉戒の辭を作り金陽澤等之を校正し乙未季冬芸閣活字を以て印出したるものなり

○御製古今年代龜鑑　一冊　印本

英祖三十三年丁丑歴代帝王にして仁聖なれは歴年靈長となり暴亂なれは享國の永久ならさる實證を歴述して後王に垂誡したるものなり

○御製警世問答　一冊　印本

英祖復政の後即ち三十七年辛巳の年益聖學を勉め庸學及其の他諸經史を講明するに問答を以てし萬機の暇あるに及ひ特に警世の論を述へたるものなり

○御製警世問答續錄　一冊　印本

英祖辛巳に撰したる御製中警世問答の續錄なり

○御製警世編　一冊　印本

英祖四十年甲申慾、奢、惰の三者を論し以て世人を警め亦自ら戒めたるものなり中に黨私の弊害をも論し卷首に四言八句を題す洪鳳漢等命を承けて編次し尹勉憲之を書し芸閣に於て上板す

○御製風泉錄　一冊　印本

英祖辛卯の歳皇明通紀を復修して皇明通鑑を纂輯し明太祖以下の朝鮮に對する功德を揭け詩の匪風下泉の義を取り書名を附せり

○至　德　二冊　寫本

太祖、太宗、世宗、文宗、世祖、睿宗及成宗七代の謨訓となるへき事實を採り四十八目に分ち之を編次したるものなり

○祖　鑑　二卷二冊　印本

英祖の時命に依り南學教授趙顯命等の編纂したるものにして重に祖宗の龍飛御天歌及列聖誌狀中の事項を採錄し殊に祖宗平日の嘉言善行、治法政敎にして子孫萬世の龜鑑とすへきものを擧け上下二卷二十項と爲し上卷には世經、符瑞、刱業、制作、中興、資質、學問、德行、好諫下卷には內治、勤政、用人、愛民、務農、弭災、節約、敦化、崇儒、愼刑、治兵等を載せ每篇末に小序を附したり

趙顯命　字は稚晦、歸鹿と號す豐壤の人なり孝行あり其の閭に旌せらる肅宗癸巳進士となり己亥文科に登り檢閱となる英祖戊申吳命恒の從事官となりて李麟佐の亂を平け振武勳に策し豐原府院君に封せらる官領議政に至り忠孝と謚す

○羹　墻　錄　八卷四冊　印本

正祖卽位の九年內藏書庫を閱し故宰臣李世瑾作る所の聖朝羹墻錄を得更に閣臣李福源等をして本書を編纂せしめたり內容は歷代の盛德大業を叙したるものにして由來列聖誌狀は務めて簡約を主とし國朝寶鑑は年次を以て記述したるも此の書は兩書の體に倣はす事類を分別して搜索に便せり卷首には創業の事蹟を書し中間には聖德、嘉謨、禮樂、政刑、修齊、治平の沿革、制作修述の本末を叙し卷尾に聖人功化の極致を述へ以て既往十九代の盛事を列記す羹墻とは先王を追慕するの意にして帝堯殂落の後帝舜思念の情を述へ羹に見墻に見るの古事より取れり

李福源　字は綏之、雙溪と號す延安の人止菴喆輔の子なり肅宗己亥に生れ英祖戊午進士に中り甲戌楊口縣監を以て文科に登り文衡を典り官左議政に至り正祖壬子に歿す謚して文靖と云ふ正祖の初に奎章閣を刱設し文學の士を選置せる時首として提學の任を膺け長子及健齋時秀父に繼きて名相となり次子展翁晩秀亦文名ありて文衡を典る

○謨訓輯要　六卷六冊　侍講院編　印本

國朝寶鑑、列聖誌狀、羹墻錄等に就き抄輯したるものにして寶鑑は紀年體、羹墻錄は分類體に編纂し互に其の趣を異にするも各其の歷代二十三世に於ける事實に從ひ類を比して之を記せり其の內容は存心、修己、正家、經邦の大綱等にして專ら世子の爲に編次したるものなり純祖十八年戊寅刊行す

○常訓輯編　一冊　寫本

英祖二十五年乙丑世子に訓諭するため親ら常訓一書を著し時の詞臣之を敷演編成して乙覽に供せしものなり敬天、法祖等十七目に分てり

○諭濟州三邑父老人民等書　一冊　寫本

肅宗二十五年乙卯濟州を賑恤するため御史李選を遣したる時の綸音肅宗四十二年丙申賑恤のため御史黃龜海を遣したる時の綸音英祖五年癸丑に於ける賑恤、民瘼、戎政並に文武の才を搜訪するため御史沈聖希を遣したる時の綸音英祖の三十九年癸未島配人の負犯を處分したる後前御章甫及軍民に曉諭するため御史李壽鳳を遣したる時の綸音等を編纂したるものなり

○守城綸音　一冊　印本

英祖二十七年辛未都城五部の各契をして訓鍊、禁衛、御營の三軍門に分屬せしめ都城の守護に努力せしめたる綸音なり而して都城三軍門分界圖、都城三軍門分界總錄及守城節目を附載す

○戒酒綸音　一冊　印本

英祖三十三年丁丑大臣卿宰以下百官に諭して酒を禁したる時下したる綸音なり更に諺文を以て音義を解譯し廣く一般人民に布示す

○諭金吾秋曹兩司綸音　一冊　印本

英祖三十五年乙卯愼刑の意を以て發したるものにして從來謬弊の結案にして正法を待たさる者軍門、梟首、傳旨、正法を追施したる者は並せて之を除き又鞫問人を捕廳にて榮問するを禁し且瑭派の人を奴婢に定屬するを禁する綸音を下し義禁

府刑曹に付して之を刊布す

○綸　音　二冊　印本

正祖の時に於ける綸音を彙錄し憲宗癸卯活字を以て印行したるものなり總て二十三篇あり卽ち一、諭濟州民人二、諭京畿民人三、諭海西四、諭湖西民人五、諭宗親文武百官六、諭中外民庶七、崇儒重道八、諭京畿洪忠監司守令九、諭慶尙監司及賑邑守令十、諭京畿洪忠全羅慶尙原春咸鏡六道十一、諭京畿民人十二、諭湖南民人十三、諭慶尙都事十四、諭原春士民十五、諭咸興士民十六、諭大小臣僚十七、世子冊禮後各道身軍布半減十八、褒忠十九、全羅康津等邑民人慰諭蠲恤二十、諭華城城役董工諸臣二十一、諭嶺南士民二十二、諭湖西士夫民庶二十三、字恤典則等なり

○綸　音　一冊　印本

正祖の時頒下したる綸音を編輯せしものにして尊世室、諭濟州、畿甸蠲恤、海西討逆、湖西蠲恤、討逆洞諭、崇儒重道、畿湖賜帑錢、嶺南賜錢貂、六道施惠、畿甸蠲恤、湖南蠲恤、諭嶺南御史關東賜銀貂、北關賜錢布、字恤典則、諭畿湖別賑資、賑濟、施惠及褒忠等凡て十九條なり辛丑の年より甲辰の年に至る

○綸音諺解　一冊　印本

正祖の綸音を諺文に飜譯し之を編輯せしものにして諭濟州大靜旌義、諭京畿民人、諭湖西民人、諭中外臣庶、諭京畿洪忠道監司守令、諭慶尙監司及賑邑守令、諭京畿洪忠全羅慶尙原春咸鏡六道、諭京畿民人、諭湖南民人、諭原春士民嶺東嶺西、諭咸鏡南北關士民、字恤典則、賜畿湖別賑資及王世子冊禮後各道身軍布折半蕩減綸音等を合せて十四條なり

○御製綸音　一冊　印本

正祖の丙申洪麟漢等を聲討し邦刑を亟正し後中外に其の事實を洞知せしめんとし此の綸音を下し將來を警戒し芸閣に命して活印せしむ

○下京兆綸音　一帖　搨本

正祖五年辛丑漢城府に綸音を下し水旱盜賊凡そ生民の疾苦に關するものは趁時報聞し宜に隨ひて處理すへきことを申飭し

たるものにして漢城判尹金燿命を承けて之を書し板刻したるものの搨本なり

○諭耽羅民人書　一冊　印本

正祖五年辛丑御史朴天衡を濟州、大靜、旌義の三郡に遣し科を設け貢を減し善を勸め弊を詢はしめたる際曉諭の文を製し鄭志儉に命して之を書せしめ刊印頒布したるものなり末に諺文の譯を附せり

○英祖定世室綸音　一冊　印本

正祖壬寅年英祖の世室に入る事を定むるに付ての綸音にして英祖五十年間の治化を歷敍し其の功德を賛揚し入庭せし宗親文武百官に下諭したるものなり

○綸　音　一冊　印本

正祖六年壬寅京畿、忠淸、慶尙三道大に歉し公稅を蠲除し翌年癸卯の春賙賑を設行するに付人民に發布せし諭京畿大小民人等綸音竝に地方官に頒下せし諭京畿洪忠道監司守令等綸音及諭慶尙道觀察使及賑邑守令綸音に諺譯文を附して合編したるものなり

○諭湖西民人綸音　一冊　印本

正祖六年壬寅湖西歉荒せしより此の綸音を下送し諺文を以て翻謄し惻怛の旨を廣知せしめ倭穴開賑し以て窮民をして奠接せしめたるものなり

○諭中外大小臣庶綸音　一冊　印本

正祖壬寅宋德相の獄事の後其の根因の如何を明諭し仍りて其の獄に對し蕩蕩の典を用ひ有罪者は懷恩改圖せしめ無罪者は釋疑安心せしむるの趣旨を述ふ諺文にて翻譯し卷末に崇儒重道の綸音を附せり

○諭京畿民人綸音　一冊　印本

正祖七年癸卯京畿の民人に對し捄弊の綸音を降し之を活印せしものなり

○諭京畿洪忠道監司守令綸音　一冊　印本

正祖七年癸卯京畿洪忠兩道の方伯守令を訓飭せる綸音の單本

なり諺文の譯を附す

○諭慶尙觀察使及賑邑守令綸音　一冊　印本

正祖七年癸卯嶺南の地凶年に値ひ賑恤を施すに當り觀察使及守令に綸音を下し賑政に勉めしめたるものなり諺解を附し活字を以て印出頒示す

○諭督運御史金載人書　一冊　印本

正祖八年癸卯江原道嶺東九郡凶年に値ひ人民餓死に至るもの多し仍て嶺南の粟を移し救活すへきを命し慶尙道の都事金載人を督運御史と爲し諭書を下し之に諺解を附して刊印頒示せしものなり

○諭湖南民人等綸音　一冊　印本

正祖七年癸卯湖南全道歉荒せし際特に慰諭御史を派送し月膳方物と還餉貢布とを停退せしむ因て綸音を下し更に諺文にて翻譯し小民に至るまて廣く恩惠を知らしめたり

○諭濟州綸音　一冊　印本

正祖の時濟州の饑民を賑恤し薦新黃果祭享黑牛及方物朔膳を併せて停減する旨民人に下諭し之を諺文にて翻譯し以て廣示す

○御製諭原春道嶺東嶺西士民綸音　一冊　印本

正祖七年癸卯原春(今の江原)道內凶荒に値ひ民將に溝壑に塡せんとするを聞き特に綸音を下し慰撫賑救するに際し諺解を附し活字を以て印出し廣く大小民人に頒示したるものなり

○御製諭咸鏡道士民綸音　一冊　印本

正祖七年癸卯咸鏡道南北關歉歲の時に於ける軫恤の綸音にして諺文を以て翻譯を附す

○御製諭大小臣僚綸音　一冊　印本

正祖八年甲辰文孝世子冊封の後大小臣僚に同寅協恭し元良を輔導することを諭したるものなり

○御製王世子册禮後綸音　一冊　印本

正祖八年甲辰文孝世子冊封の時に各道身軍布、舊還、各貢遺

在、市民徭役、泮人贖錢を折半蕩減し其の綸音と蕩減の數額とを錄し活字を以て印出す

○賜畿湖別賑資綸音　一冊　印本

正祖甲辰京畿、忠淸兩道の饑饉特に甚し元賑恤以外更に內帑錢五千緡を下給す卽ち京畿道には二千緡、忠淸道には三千緡を別賑せり終に諺文の譯を附す

○飭諭武臣綸音　一冊　印本

正祖九年乙巳に下したる飭諭綸音なり由來宦寺の家國に禍せしこと甚た多く歷世常に之を痛めり而して武人は守門傳令の外亦之をして朝政に叅せしめす先代英祖は最も宦寺を嚴にせり然るに往往內外相應し不逞の事を爲すものなきに非す故に此の綸音を下し兵曹摠府五營門及各所に揭け印本と爲し以て頒布し若し違背するあらは逆律を以て論する旨を示せり

○御製表忠綸音　一冊　印本

正祖十二年戊申李麟佐の亂を平定せる年に逢ひ往事を追感し當年功臣の子孫を召見任用し功臣の祠版に致祭したる綸音及祭文等を錄載せしものなり附するに諭北民綸音を以てす

○御製諭咸鏡南北關民人等綸音　一冊　印本

正祖十二年戊申咸鏡の南北關歉荒して百姓離散す仍て奎章閣直閣鄭大容を慰諭御史に命し流民を撫恤し賑政を專管せしめ此の綸音を發して大小民人に洞諭す

○諭六道綸音　一冊　印本

正祖十五年辛亥京畿、洪忠、全羅、慶尙、原春、咸鏡六道の饑饉特に甚し適ま元子初度（第一回誕辰）の慶に値ひ廣慶の旨を以て六道に賑貸を行ひたる綸音にして卷末に諺文の譯を載せり

○諭楊州抱川綸音　一冊　印本

正祖十六年壬子光陵（世祖陵）に展拜し陵の附近楊州、抱川兩邑に特に施惠し儒生は試製し第を賜はり武士は試射して賜第し朝官の年七十以上及士庶の年八十以上は各其の一資を加へ百歲以上は米肉を加賜し民庶は特に還耗を蠲したる綸音にして卷末に諺文の譯を載す

○諭濟州三邑綸音　一冊　印本

正祖十七年癸丑御史沈樂洙を濟州、大靜、旌義の三邑に遣し衆瘼を詢咨し苦役を釐革し庶獄を申理し人才を捜訪し高年を宴樂し善悪を彰癉し文武を試取し田政、浦政、戎政、馬政を飭勵し及邑守鎭師の臧否を黜陟する旨を一般人民に下喩せし綸音にして諺文の譯を附せり

○諭諸道道臣綸音　一冊　印本

正祖十八年甲寅誕彌の辰に當り生民懷保の心惓惓として愈切なり因て大に民力を休養し饑歲には賑恤を施すへきを覺り深く孟子王政の意を省み各道觀察使に諭すの綸旨を下し生民をして意のある所を知悉せしめ上下共に大平を致さしめんことを期せり別に諺文に譯し後に附載せり

○正祖綸音　一冊　印本

正祖の綸音四種を編したるものにして諭諸道道臣綸音の外下畿甸傳敎竝に蠲惠條件十五條諭華城城役董工諸臣綸音、全羅道康津、海南、長興、靈巖、興陽、珍島等邑民人慰諭蠲恤綸音、諭嶺南父老士民綸音、附蠲恤條數條、諭湖西士夫民庶綸音等あり蠲恤條項中には進獻停封、貢賦、寬免條件又身米、布、錢、還餉、大同、結錢、漁鹽稅、內奴婢貢及口錢等の件あり

○諭華城城役董工諸臣綸音　一冊　印本

正祖十八年甲寅華城の城役を經始し工役方に張り竣功の未た及はさるに際し年歉を告く因りて姑く停役すへき飭敎を下し其の事由を董工諸臣に下諭したるものなり

○諭湖南六邑民人綸音　一冊　印本

正祖十八年甲寅全羅道康津、海南、長興、興陽、靈巖、珍島等六邑の歉荒に因り檢校直閣徐榮輔を六邑慰諭使として差送し窮民を賑救し公納を蕩減せしむ仍て綸音を諺文に翻謄して大小民人に知悉せしめたり又稅錢蠲減と方物停退の事實を區別して後に錄せり

○養老務農綸音　一冊　印本

正祖二十一年丁巳慈宮週甲の慶に遇ひ養老宴を行ひ仍て務農の旨を主とし小學、五倫行實、鄕飮儀式、鄕約條例の諸書を

頒行するに當り京外に下諭したる綸音にして諺文の譯を附して解し易からしめたり

○斥邪綸音　一冊　印本

憲宗五年西敎の弊害を斥くるため廣く內外の人民に諭したる綸音にして太祖か開基の國是として彝倫を明にし道學を崇尊したる淵源より歷代の訓謨、格言等を列記して斥邪歸正の要旨を懇諭せり特に卷中諺譯を附して俗解に便す

○斥邪綸音　一冊　印本

李太王十八年辛巳泰西耶蘇敎の信徒中往往風俗を染汚する者あるを憂ひ歸正斥邪の要旨を以て綸音を發し大小臣僚竝に一般人民に布諭す活字を以て印出し卷末に諺文の譯解を附す

○諭八道四都耆老人民等綸音　一冊　印本

李太王十九年壬午軍擾を經過し清兵の駐紮後は王自ら罪辜を引き八道四都の耆老及人民等に對し敷心洞諭したる綸音にして之を眞諺兩文に翻譯して頒布せり

○敎書抄　一冊　寫本

李太王五年戊辰以後十餘年間に亘り八道監司、四都留守、統制使、摠戎使、京畿水使等に與へたる敎諭を抄錄したるものなり

○封世弟敎命竹册文　一冊　宋相琦等撰　寫本

景宗二年壬寅王弟延礽君(即ち英祖)を王世弟に册し並に王世弟の嬪を册封したる敎文の稿本にして宋相琦、李宜顯、李觀命、洪啓迪等の撰進せしものなり

宋相琦　字は玉汝、玉吾齋と號す恩津の人霽月堂奎濂の子なり孝宗丁酉に生れ少時同春宋浚吉及尤菴宋時烈に就いて學ひ肅宗甲子登科し官大提學行吏判に至る景宗初年建儲の事に坐し翌壬寅康津に竄せられ其の地に歿す英祖初年乙巳伸復に遇ひ諡を文貞と賜ふ

李宜顯　字は德哉、陶谷と號す龍仁の人雩沙世白の子なり顯宗己酉に生れ肅宗甲戌別試に登科し官副提學となり文衡を典る適ま景宗元年建儲の事に因り竄謫せられ英祖初年釋放に遇ひ右相を拜し尋て領議政に至り致仕して其の乙丑に歿す諡して文簡といふ

李觀命　字は子賓、屛山と號す全州の人西河敏叙の子なり顯宗辛丑に生れ肅宗丁卯進士に中り蔭縣監を以て己卯文科に登り文衡を典り官左議政に至り英祖癸丑に歿し文靖と謚す

洪啓迪　字は惠伯、守虛齋と號す南陽の人監司處厚の曾孫なり肅宗庚申に生れ戊子文科に登り翰林を歴て景宗壬寅に歿す官大憲に至り謚して忠簡と云ふ

○前朝諸陵禁標受教　一冊　印本

英祖の時松都、江都等の地域に於ける高麗太祖以下の諸陵保存方法に關する歴代の教書を輯錄して之を校書館の活版に付し其の所在地方及史庫等に分置したるものなり

○各司受教　一冊　寫本

明宗元年丙午より宣祖九年丙午に至る各司傳教の啓下文書を承政院に於て謄抄存案したるものなり

○中朝人收用傳教　一冊　寫本

明人の子孫を收用したる傳教を蒐載し李如松祠堂記、致祭文等を附せり甲戌乙未兩次は英祖の下教にして戊申以後は皆正祖の下教なり

○綸綍　三〇冊　寫本

憲宗の時に於ける傳教及上疏草記の批答等を檢書官に命して抄出し年月日の順序を以て編次せしめたるものなり憲宗卽位初年甲午より己酉に及へり

○大報壇事筵說　一冊　寫本

肅宗三十年甲申大臣以下を熙政堂に引見し明神宗の壬辰に東援せし恩を感悼し昌德宮後苑に大報壇を設置する時其の設備の位置と一般の儀文とを論定せし顚末を記載せしものなり

○傳教秩　一冊　寫本

正祖五年三月十日より翌年四月二日に至る冊寶、金銀玉印、御製、御筆、譜略、誌狀、玉冊、敎命、典章、文字、文簿、書籍の保存曝曬、移送等に關する傳教を輯錄したるものなり

○具純處分傳教　一帖　搨本

正祖十一年丁未宣傳官具純其の同僚李潤彬と傾軋の餘遂に潤

彬を搆陷し嚴杖遠配に處せらる而して行首宣傳官曹學臣は頭目に在り具純の慫恿を被り廳憲を捨却せる罪に因り杖配し以て來後を懲戒するため傳敎を下し兵曹判書金履素に命して之を書せしめ其の廳に刻揭したるものの搨本なり

○御評兩漢詞命　九卷二冊　印本

英祖晩齡に及ひ徐命膺に命して兩漢九帝の詔制文字を編輯せしめたるものにして每編英祖の評語を載せ卷末に後錄として宋、元、明名臣の贊辭を載す辛巳の刊行に係れり

○西漢詔書抄　一冊　寫本

漢高祖より成帝の時に至る歷代の詔書を拔抄したるものにして高祖の入關告諭、求賢詔等五章、文帝の議賑貸詔以下十三章、景帝の立孝文廟樂舞詔以下七章、武帝の復高年子孫詔以下八章、昭帝の令民毋出田租等詔以下二章、宣帝の置廷平詔以下十七章、元帝の議律令詔以下八章、成帝の報匡衡詔以下六章を載す

○公車類選　四卷四冊　寫本

本書は銓部類、文苑類、奎章類、玉署類、加資類に類別し卿宰侍從の疏文類を列載したるものなり

○章疏彙攷　九卷九冊　寫本

中宗より李太王に至るまでの大臣及下僚の上疏等を收錄したるものなり

○疏章類鈔　六冊　寫本

仁祖以後に於ける疏章にして龜鑑又は典則と爲すへきものを抄錄せり分類三十八目中十九目は皆辭職の疏にして他の十七目は君德及時務に關する論議なり

○公車文抄　一冊　寫本

英祖の時に於ける持平李錫杓等の上疏、諫奏、口供、傳諭等を摠括したるものにして卷末に古人の疏章を謄抄したるものを附せり

○公車文彙　六三冊　寫本

正祖以後に於ける大小廷紳の疏章を彙錄編次したるものなり

總て百十六冊現本は六十三冊あり

○章疏類攷　八卷八冊　寫本

純祖の時に於ける領相以下諸臣の章疏を收錄したるものなり編纂者詳ならす全編を八卷と爲し相府類、晋秩類、銓部類、文苑類、奎華類、師儒類、玉署類、藩留類、戸惠類、辭賞類、陳情類、陳勉類、乞骸類、乞養類、闕制類、彈劾類、獄情類、情勢類等に分ち四百餘篇を載す

○公車文叢　三七冊　寫本

正祖朝以後に於ける大小縉紳の疏章を順次謄寫し以て後考と爲したるものなり

○東賢奏議　二四卷八冊　李喜朝編　印本

古來文廟に從祀せられたる九賢の奏議中專ら君德、治道に關するものを選ひ輯錄したるものにして第一卷は文忠公鄭夢周第二卷は文敬公金宏弼第三卷は文獻公鄭汝昌第四卷は文正公趙光祖第五卷より第十卷は文元公李彥迪第十一、十二卷は文純公李滉第十三卷より第二十一卷は文成公李珥第二十二、二十三卷は文簡公成渾第二十四卷は文元公金長生の奏文なり

李喜朝　字は同甫、芝村と號す延安の人靜觀齋端相の子なり孝宗乙未に生れ肅宗の初め遺逸を以て進み官祭酒に止り景宗甲辰に歿し謚を文簡と云ふ月沙廷龜より世世文章學術を傳へ喜朝に至り尤菴宋時烈の門に從學し學行最も篤し

○退溪戊辰封事　一冊　李滉著　印本

宣祖卽位の戊辰李滉か陳勉上疏したる封事にして重繼統、杜讒間、敦聖學、明道術、推腹心、誠修省等の目あり黃海觀察使朴承任海州本を得て伊山書院に贈り壬申榮川郡守許忠吉之を廣布せんと欲し更に校訂して刊行せり

○晦菴退溪奏箚　一冊　寫本

宋の朱晦菴の甲寅行宮便殿奏箚と退溪李滉か聖學を敎ふせんとするの主意を以て上進したる戊辰封事とを謄寫したるものなり

○栗谷虹變陳戒疏　一冊　李珥著　寫本

宣祖の時栗谷李珥か虹變を觀て陳言したる疏文にして七條に

分ち第一上下無交孚之實第二無任事之實第三經筵無成就之實第四招賢無收用之實第五群策無救民之實第六遇災無應天之實第七人心無局善之實とし逐條實例を具申し以て警戒の意を表せり

○甲戌萬言封事　一冊　李　珥著　寫本

宣祖七年栗谷李珥の上進したるものにして主として聖學の要を叙し更に修己安民之要、祈天永命之術を述へ縷縷萬言を費せり

○重峯東還封事　一冊　趙　憲著　印本

宣祖七年趙憲年三十質正官を以て明京に至り文物制度の盛を見歸京の後之を實地に施行せんと期し聖廟配享、內外庶官、貴賤衣冠、食品宴飲、士夫揖讓、師生接禮、鄉閭習俗、軍師紀律の八條を上疏し屢請ふて用ひられす終に十六條の疏を作り未た上進せすして退隱せり安邦俊之か泯沒を虞れ印刷に付したるもの卽ち本書なり十六條の疏目は格天之誠、追本之孝、陵寢之制、祭祀之禮、經筵之規、視祖之儀、聽言之道、取人之方、飲食之節、餼廩之稱、生息之繁、士卒之選、操鍊之勤、城臺之固、黜陟之明、命令之嚴是なり

趙　憲　字は汝式、重峯と號す白川の人應祉の子なり中宗甲辰に生れ明宗丁卯訓導を以て文科に登り官奉常僉正に止り宣祖壬辰に戰歿し吏曹判書を特贈せられ謚を文烈と云ひ文廟に從享せらる

○伸寃牛溪栗谷疏　一冊　趙光玹等撰　印本

宣祖二十年丁亥東人西人の分黨方に盛なるや牛溪成渾、栗谷李珥東人の攻擊を被り栗谷の門人趙光玹、李貴等牛溪及栗谷の爲に寃を訟へんとするも疏終に入徹せす故に栗谷の姪景震更に疏を艸し趙光玹等の疏に附して入呈す

○李忠定章疏　三二卷一五冊　李　貴著　印本

本書は第一卷より第二十四卷まで伸救栗谷牛溪疏文以下諸疏書文二百餘を錄し第二十五卷より第三十二卷には別集附錄、年譜、日記等を載す

李　貴　字は玉汝、默齋と號す延安の人承旨葵の孫なり明宗丁巳に生れ宣祖壬午生員に中り蔭仕を以て郡守を拜し癸卯文科に登り仁祖癸亥反正の事を贊して靖社勳に策し延平府院

君に封せられ官贊成に至り癸酉に歿す謚を忠定と云ふ仁祖廟庭に配食す

○翠軒疏箚　三卷三册　兪伯曾著　印本

疏箚五十二篇を三卷に分ちて編次し附錄に著者の神道碑銘及謚狀を載す

兪伯曾　字は子先、翠軒と號す杞溪の人松塘泓の孫なり宣祖丁亥に生れ光海君壬子進士及文科に中り仁祖癸亥靖社勳に錄して杞平君に封せられ官吏曹叅判に止り丙戌に歿す謚を忠景と云ふ

○時務萬言封事　一册　朴世采著　寫本

朴世采か成均館祭酒たりし時政見を述へたる封事を輯錄したるものにして奮大志、勉聖學、正內治、立規模、振紀綱、求賢才、開言路、制治法、述祖典、法先王、修軍政、專守禦の十二條に分てり

○長湖封事　二册　尹敬教著　印本

著者の疏箚、啓辭等を輯錄して封事と名け上下兩編に分ち一册とし雜著、世系、年譜、遺事、行狀等を收集して附錄とし上中下三編に分ち第二册とす純祖己丑李相璜之を刊行す

尹敬教　字は叅一、長湖と號す坡平の人八松煌の孫なり仁祖壬申に生れ孝宗丁酉進士に中り顯宗癸卯文科に登り翰苑に入り官副提學に止り肅宗辛未に歿す學を從祖魯西尹宣擧に受け聲譽あり最も疏章を善くす

○石谷封事　四册　宋尚敏著　印本

肅宗五年己未著者の師尤庵宋時烈か禮訟を以て許穆、尹鑴に斥竄せられたるを憤慨し乃ち禮訟の始末を論し一大長編を作り短疏に附して肅宗の覽に備ふ肅宗以て凶書と爲し終に之を杖殺するに至る尾に著者杖死事蹟及伸冤傳敎を附せり

宋尚敏　字は子愼、石谷と號す恩津の人尤庵時烈の遠族にして其の門人なり仁祖丙寅に生れ顯宗庚子生員に中り肅宗己未杖殺せらる後冤を伸へ工曹佐郞を贈らる

○閔文忠公奏議　一〇卷五册　閔鎭遠著　印本

閔鎭遠の奏議集にして肅宗以後屢次上奏して時事を痛論したる疏、箚、啓、議、狀、箋等凡そ百數十編を載せり英祖三十

二年丁丑に刊行す

閔鎭遠　字は聖猷、丹巖と號す驪興の人肅宗の舅維重の子なり顯宗甲辰に生れ肅宗辛未文科に登り丁丑重試して官左議政に至り英祖丁未に歿す謚を文忠と云ひ英祖廟庭に配食す

○洪翼靖奏藁　三六卷一八冊　正祖命編　印本

正祖の時特に命して領議政洪鳳漢の筵對諸奏を裒輯せしむると共に其の著書中に就き尙書起居注、中外掌故文字等六類五十有九目を收集せしめたるものなり六類は典禮類、黜陟類、法紀類、財賦類、軍旅類、營繕類にして五十九目は當時治世に關する大小事項を詳說したるものなり君臣際會の盛を窺知するに足るへし

○宋櫟泉疏末條陳　一冊　宋明欽著　寫本

英祖三十九年經筵官宋明欽か王世子のために故事を進說したる疏文なり

宋明欽　字は晦可、櫟泉と號す恩津の人同春浚吉の孫なり肅宗乙酉に生る景宗辛丑の士禍に關して科擧の業を廢し默翁に隨ひ沃川鎭谷に到り心を性理に潛めて成業す後遺逸を以て召され官贊善に止り英祖戊子に歿す

○趙司諫封事　四卷一冊　趙昌期著　印本

著者の疏章五編を編輯し附錄に其の兄と林泳及金錫胄の祭文を載す其の從子正禮奉化縣に在任の際刊行せり

趙昌期　字は文卿、林川の人丹圃希進の孫なり仁祖庚辰に生れ顯宗庚子進士を以て文科に登り官司諫に止り肅宗丙辰に歿す兄九峰遠期と與に一榜の科に擢てられ倶に名聲ありしか年四十に足らす官兩司に過きすして歿す

○宮僚疏　四冊　寫本

肅宗、景宗、英祖、莊祖及正祖か世子を以て東宮に在りし時宮僚より呈したる上疏を侍講院に於て謄寫し存案したるものなり顯宗十一年庚戌に始まり英祖十二年丙戌に終る

○瓛齋繡啓　二冊　朴珪壽著　寫本

哲宗六年乙卯慶尙左道御史朴珪壽の書啓、別單等を寫錄したるものなり一冊は道內觀察使、節度使、守令等の治蹟の善惡を論し一冊は道內民瘼の捄ふへく善行の彰すへきを論せり

朴珪壽　字は桓卿、瓛齋と號す潘南の人燕岩趾源の孫なり純祖丁卯に生れ憲宗戊申文科に登り文衡を典り官右議政に至り李太王の時に歿す諡を文翼と云ふ

○關西辛未狀啓　二冊　鄭晩錫編　寫本

純祖十一年辛未平安道定州に於て洪景來等叛を謀り帥臣李堯憲等を遣し之を討平す仍て平安監司鄭晩錫反賊と關聯したる罪人を勘處し其の事實を編錄して翌年壬申八月入啓したるものなり

鄭晩錫　字は汝成、過齋と號す溫陽の人孝憲公基安の子なり英祖戊寅に生れ正祖癸卯文科に登り官右議政に至り純祖甲午に歿す諡を肅獻と云ふ

○朝鮮國辨誣奏文　四巻一冊　李廷龜撰　印本

宣祖の時明に對し他意無きを開陳したる數次の辨誣疏にして禮曹判書李廷龜の撰に係り尚ほ巻末に同人の撰に係る經理楊先生碑文一編を載せり

李廷龜　字は聖徵、月沙と號す延安の人掌令渾の曾孫なり明宗甲子に生れ宣祖乙酉進士に中り庚寅文科に登りて史局に入り又選れて湖堂に入り文衡を典り官左議政に至り仁祖乙亥に歿す諡を文忠と云ふ

○陸奏約選　二巻一冊　正祖命編　印本

正祖か唐の陸贄奏議中より拔萃せしめたるものにして上巻には二十狀下巻には九狀を載す甲寅に編し丁巳に刊行す陸贄字は敬輿、吳郡蘇州の人十八にして進士となり博學宏辭德宗の太子たりし時科に應し翰林學士となれり朱泚の亂帝の蒙塵に從ひ當時の制誥、詔諭皆其の筆に成る讀む者感泣せさるなし亂後國政を總攬するに當り讒に遭ひ謫死す諡して宣公と云ふ

○朱文公行宮奏箚　一冊　洪啓禧編　寫本

英祖二十八年壬申洪啓禧か朱子行宮便殿第二奏箚を抄錄し節段註釋し經傳を引證して發明し自己の意見を加へ英祖に進めたるものなり

○君範輯策　一冊　寫本

人君の典型を論述したるものにして凡て三十七題に分てり卽ち存道心、養正氣、去私慾、進經學、選儒臣、導儲嗣、盡修

省、戒奇權、立治本、勉躬率、恢公道、求知人、得將相、致隱逸、納諫諍、立紀綱、正風俗、崇節儉、軫民困、恤身役、揀守宰、立薦法竝縣邑、重方面、罷鎭堡、禁折受、改貢案、防進封、去冗官、汰吏胥、廢銅貨、簡詞訟、愼刑罰、備戰守、修關防、講守成、遠酒色等なり作者は南原の人にして英宗の時なりと云ふも其の名を詳にせず

○輔弼全書　一冊　寫本

李太王十九年京城變亂以後の國政改革に關する意見書にして內政編、外政編、軍政編の三段に分ち各其の時弊を詳論し附するに自家の改善策を以てせり何人の獻議なるか詳ならず

○論思錄　二卷二冊　奇彦鼎編　印本

奇大升か筵席に於て仰對し奏啓の語を編錄刊行したるものなり後孫彦鼎正祖丁未に重刊せり

奇彦鼎　字は國鎭、幸州の人副提學大升の後孫なり肅宗丙午に生れ英祖癸未文科に登り官工判に至り耆社に入る正祖丁巳に歿す

○哲命篇　二卷二冊　許傳撰　寫本

李太王十五年戊寅東宮誕生して五歲を閱す經筵日講官許傳哲命宗堯二編を撰進し東宮を輔導すへき古今の嘉言を備述したるもの卽ち是なり

○講官論　四卷一冊　崔漢綺著　印本

帝王の聖德を成就するは專ら講官輔導の責任に在りとし古講官の美談忠言を採錄して自家の意見を加へたるものなり一卷は帝王學二卷には講官三卷は講義四卷は講規、經筵儀及班次圖等なり憲宗丙申の著にして李太王丁丑に至り其の子柄大活字を以て印行す

崔漢綺　字は芝老號は惠岡、朔寧の人領議政恒の後なり純祖癸亥に生れ乙酉司馬に中り李太王壬申侍從臣の父にして年七十に達せしに因り通政に陞り僉知を拜し己卯に歿す學問淹博見識高明著述殆と一千餘卷あり地球典要、神氣通等の諸書は前人未發の旨を發す其の子柄大は文科に登り官兩司に至り亦能く家學を繼けり

○馨香錄　二卷二冊　尹泰駿編　寫本

書名は善政を以て馨香に比し之を名けたるものなり上下二卷に分ち上篇には登極より大臣敦勉に至る三十四目を錄し下篇には事君より以下匡救に至る三十五目を錄す概ね古今施政の格言及朝鮮歷代の教文等を載せ卷末に疏文數章を錄す

尹泰駿　字は稚命、石汀と號す坡平の人判書敎成の子なり憲宗己亥に生れ李太王癸酉進士に中り乙亥洗馬を拜し壬午文科に登り直閣を歷て官參判に至る甲申の政變に左營監督を以て害に遭ひ後領議政忠貞公を追贈せらる

○未然鏡　四卷七冊　李啓濂撰　寫本

支那上古より五季に至る聖訓の載謨、子史の註評にして苟も後王の鑑戒となるへきものは之を蒐集し其の間自己の意見を附し更に前人の討論を加へ以て李太王に上進したるものなり

李啓濂　字は希文、全州の人參賛聖圭の孫なり正祖丙午に生れ李太王乙丑進士に中る

○五位龜鑑　一冊　石之珩編　寫本

孝宗四年癸巳編者周易六十四卦中君道受用に最も切要なる文義を折衷撮要し之を五位龜鑑と命名し乙覽に供せしものなり

○青宮龜鑑　二卷二冊　李雲翼編　寫本

李太王二十年癸未李雲翼か支那に於ける古今の事蹟に付諸書を引證して天理人道の由來する所を詳說し以て王世子の德器涵養に資したるものなり震夙、建儲、設庠、德性、輔養、嘉會、賀箴、踐祚、瑢系、官屬に分目す

李雲翼　字は聖希、延安の人にして喬愚の子なり憲宗戊申に生れ李太王乙酉文科に登る

○諫言龜鑑　二卷二冊　寫本

本書は上下二編に分ち上編は虞舜以下新羅、高麗の內外君主の善く諫言を容れ國家の改善を圖りたる事蹟に付之か詳解を加へ下編は夏桀以下廢王禑に至る暴君暗主の善言を用ひすして國家を衰亡したる事歷を摘擧し以て後王の龜鑑を示したるものなり

○居官大要　一冊　寫本

牧民の官に居る者の大要を論し民訴、傳令、簿牒、農桑、戸籍、學校、田政、分糴、捧糴、軍器、雜條、賑政等の十三目に區別せり

○七事問答　一冊　寫本

の中農桑の盛、戸口の增、學校の興、軍政の修、賦役の均、詞訟の簡、奸猾の息等七事に付問答體を以て敷演せしものなり蓋し守令を任命したる後は承政院より七事の講を受くるを例規とせり次に梧星李元翼其の甥李德泝を戒飭したる四十一條の吏治に關する文字等を寫錄せり

○吏事糟粕　一冊　寫本

著者北部都事、兎山縣監等の職に在りし時施行したる檢辭、題辭、報狀、移文、下帖、傳令及傳音等を抄錄して一書を成したるものなり

○警民編　一冊　金正國編　印本

金正國海西に按節たりし時編したるものにして蠢愚の民人倫の重きを知らす又法制の何たるを解せす爲に犯罪に至るもの多きを歎し父母、夫妻、兄弟、姉妹、族親、奴主、鄰里、鬪毆、勸業、儲積、詐僞、犯奸、盜賊、殺人等の十三目を擧けて警戒せり孝宗七年完南府院君李厚源此の書を諸路に廣布するの劄を上り附錄として各種勸善の書を加へ特に諺文を以て之を譯し一般に廣布せり

金正國　字は國弼、思齋と號す義城の人慕齋安國の弟なり成宗乙巳に生れ中宗丁卯生員と進士とに中り己巳文科に魁たり選はれて湖堂に入り官禮曹叅判に止り辛丑に歿す贊成を特贈せられ謚を文穆と云ふ兄弟倶に學を寒暄堂金宏弼に受け學術文章の名を聯ね尤も政事に長し時望甚た重し

○保民格言　一冊　朴聖源編　寫本

英祖三十六年庚辰諸臣に命して世孫のために稼穡の艱難、生民疾苦の狀を聞知せしむるの議あり朴聖源其の意を體し田功民隱に切なる格言を採集し特に保民の二字を冠して進獻したるものなり

○保民篇　一冊　寫本

著者保民の本は專ら君德に在りと爲し德器涵養の方法一項を

擧け次に人才敎育方法八項其の次に保民方法十七項を列記して人主治民の本源を指示したるものなり

○謚法摠記　一冊　李選編　寫本

顯宗九年戊申李選か兵曹に鎻直して編錄したるものなり謚法の剏始及變遷を攷究し謚號の用字と定義とを備述し終に歷代の謚號に關する論議を略擧せり

李選　字は擇之、芝湖と號す全州の人にして完南厚源の子なり仁祖壬申に生れ孝宗丁酉進士に中り顯宗甲辰文科に登り翰苑を歷て吏曹叅判に至り肅宗癸酉に歿す甞て尤菴宋時烈に師事し學行並ひ稱せらる

○地方制度　一冊　印本

李太王丙申地方制度を改正し地方官制、府郡職員俸給、經費に關する件を勅令を以て頒布し開國五百四年乙未地方に關する勅令を廢止せし等の件に付き內部の存案として之を編刊したるものなり

○字恤典則　一冊　印本

正祖七年癸卯棄兒、乞食等にして餓死する者多く特に綸音を下し事目を定め惠恤の道を啓けり而して其の事目中に施行の方法を規定し且廣く之を周知せしむるため特に諺文に譯出して都鄙に頒布したり

○北學議　二卷一冊　朴齊家著　寫本

正祖二年戊戌朴齊家か淸國に游ひ風俗と制度とを周察し之を詳錄したるものにして間間自己の意見を附し內外篇に分ち內篇には車船、城壁、宮室、道路、橋梁、畜牧、市賈、金錢、材木、女服、場戲、語譯、塘報、弓矢、書畫等を三十九目に列し外篇は農蠶、科擧、財賦、官祿等を十七目に列し篇中に擬疏を加へ篇末に所懷を附せり

朴齊家　字は在先、楚亭又葦杭道人と號す密陽の人承旨坪の子なり英祖庚午に生れ正祖己亥奎章閣を新設し文學の士を選ひて檢書官を置く時首として其の任を膺け官郡守を歷て通政階に陞り純祖の時に歿す甞て使价に隨ひて淸に往き隨園袁枚と交り詩名大に振ふ

○千一錄　一冊　寫本

疏議を收錄したるものにして多くは古聖賢の治蹟を引證して德器涵養の資と爲し又時務を痛論して弊政の改革を期したるを見る而して通編の文字に依り正祖の事實なることを推知し得へし

○透　書　一〇卷九冊　寫本

政令に關し七十七種の事項を揭け其の沿革及利害便否を問答體に依りて記述し所見を發表せしものなり

○左　海　經　邦　二冊　寫本

朝鮮時代の政法に關する事項を吏、戶、禮、兵、刑、工の六部に分ち錄せしものなり上篇十二條下篇八條あり

○經　濟　野　言　一冊　禹　禎　圭著　寫本

禹禎圭の疏文稿にして經世利財に關する四十五種の疏策議文を輯錄せり

禹禎圭　字は汝賓、丹陽の人叙疇の子なり肅宗戊戌に生れ英祖丙戌生員を以て文科に登り官漢城右尹に至り正祖の時に歿す

○時　務　策　一冊　夏　永著　寫本

著者其の當時の政務に關し務本、化俗、用人、軍制、關防、羅稅、華城、耽羅、禁盜、防奸、六鎭僧徒議、火砲藏藥議及武科收箭議等凡て十三條目を講述し乙覽に供せしものなり

○救　時　急　務　一冊　李　聖　時撰　寫本

肅宗元年癸卯珍山郡守李聖時か救時の策を撰進したるものなり尙書、論、孟、大學中の句を引き宋儒の說を附し而して斷するに自己の意見を以てす凡て五條あり

李聖時　字は汝中、全州の人守道君德生の後なり光海君壬子に生れ仁祖丙戌文科に登り官郡守に止り肅宗庚申逆獄に株死す

○舟　橋　指　南　一冊　寫本

露梁津、廣津の兩處に於て臨時架設すへき舟橋に關する事目にして正祖十四年庚戌の編成に係り舟橋指南、廟堂撰進舟橋節目論辨、舟橋司改定節目の三節に分ちて編次せり其の內容は水原に於ける陵園に春秋展謁の際該地渡船の混雜を避くる

ため牙山、訓局及運籌等の船隻を招集して之を聯結し臨時渡涉の便に供するの便法を設けたるものなり

○鄕憲　三卷二冊　李太王命編　印本

咸鏡道は卽ち太祖發祥の地にして豐沛の故鄕なりと稱し因て鄕憲四十一條を製し孝寧大君李補繼いて憲目五十六條を述へ世宗十年留鄕所磨鍊節目十二條を作り二十一年鄕約綸音を頒下せり本書は卽ち李太王壬寅其の鄕憲に基き編成したるものにして第一卷には璿鄕憲目序、太祖憲目、孝寧大君憲目、留鄕所節目、正祖綸音豐沛鄕座目第二卷には詔勅、掌禮院奉勅節目、內部奏本、奉勅完議節目、疏本記文、京約所座目第三卷には序文、鄕飮酒禮、鄕射禮、鄕約等を載す

○鄕約條目　一冊　印本

英祖二十二年忠淸道報恩郡守金弘得か郡內に施行したる鄕約の條目を印刷に付し一般に遵守せしめたるものなり

○環報刪節　三卷三冊　寫本

英祖三十六年編者か淸京留寓中乾隆庚辰年度の奏議批准等に關する文例を摘錄したるものにして其の內容は準へて淸の官府の大小事項に止り絕えて朝鮮に關聯したる事目を覩す

○壯勇營撮要　一冊　壯勇營編　寫本

正祖の初年壯勇衛を置き後に營と稱す其の間に於ける官員の改遞及制度變更の大要を錄し之を摺疊して小帖と爲したるものなり壬寅より丁巳に至る十六年間の事を略錄す

○海西文牒錄　一冊　寫本

憲宗十二年丙午黃海監司か道內の弊源を條列して釐正を乞ひし狀啓及天主敎人金大建に關したる獄案を記載せり

記錄類

○經筵講義　一冊　金宇顒編　寫本

宣祖六年より十八年に亘り講官金宇顒等か經筵に侍し講義したる筆記にして專ら王者の德器を涵養するに必要の書を選へり附するに當時の政治を論議應答したるものを以てす

金宇顒　字は肅夫、東岡と號す義城の人なり中宗庚子に生

れ宣祖丁卯文科に登り官吏曹參判に至り其の癸卯に歿す後特に吏曹判書を贈られ謚を文貞と云ふ少時西厓柳成龍之を見て曰く我輩の君に於ける正に壤蟲の黄鵠に於けるか如しと其の推重せられしを見るへし

○書筵講義　一冊　趙靖世編　寫本

英祖の時編者莊獻世子の書筵に侍講すること前後五年の間に於ける講書の事實を錄し之を家に藏せしか不幸にして火災に罹り燒失す後筺底より其の一部を得て修寫し以て永傳を期せり本書卽ち是なり正祖十三年の編成に係る

趙靖世　は英祖丁巳に生れ純祖の時に歿す官衛率司禦たり

○賢閣法語　一冊　正祖編　寫本

正祖幼冲の時より講筵に於て賓僚の箴戒したる言を錄し英祖五十年に至り之を編成したるものなり尊賢閣に於て編したるより賢閣法語と題す

○摛文院講義　三卷二冊　正祖命編　印本

正祖五年摛文院を都摠府に移し座を院中に設け閣臣と共に近思錄を講せし記錄にして上下二卷を爲し別に親臨弘文館講義一卷を附す金載瓚命を承けて之を編纂す

金載瓚　字は國寶、海石と號す延安の人なり英祖甲午進士及文科に中り純祖の時領議政に登り文忠と謚す

○講筵說話　二三冊　寫本

純祖六年九月より二十年正月に至る講筵の筆記にして講書の重なるものは貞觀政要、聖學輯要、孟子、國朝寶鑑等にして侍講の諸臣は承旨、玉堂、閣臣及史官等なり

○离筵講說　二冊　寫本

純祖二十五年より二十七年に亘り王世子(文祖)に對し宮官李紀淵、李寅泰、洪敬謨、徐在輔、徐憙淳等か交替進講したる筆記なり

○書筵文義　一〇冊　寫本

李太王の二十一年より三十一年に至る十一年の間書筵に於て宮官か王世子に文義を講進したる筆記なり

○書筵備覧　一冊　寫本

書筵講官か經傳の要旨を蒐集し養德、天命、民心、天時、人事、君德、君道、明良相遇、齊家、修身、正誠、致格等の目を立て覽に供したるものなり

○盧蘇齋侍講錄　一冊　盧守愼著　寫本

明宗二年蘇齋盧守愼か珍島謫居中曾て書筵に於て仁宗に進講したる綱目、書傳、近思錄等の事目を追錄したるものなり

盧守愼　字は寡悔、蘇齋と號す光州の人中宗乙亥に生れ癸卯甲科第一人たり李退溪と同しく選れて湖堂に入り尹任の士禍起るに迨ひ珍島に配せらるること十又九年其の間人心道心辨及夙興夜寐箴註を著す宣祖の時收叙せられ治本數千言を撰して上進す官大提學領議政に至り宣祖庚寅に歿す他に蘇齋集八冊あり

○春坊隨錄　一冊　寫本

本書は英祖丁卯、戊辰及己巳年間春坊官員か王世子(英祖)に進講したる筆記を合録したるものなり巻首に召對時の說書文

臣韓光會、侍直金致祭等の姓名見ゆ

○列聖朝繼講册子次第　一冊　寫本

孝宗以後歷代進講の次第を錄したるものにして卽ち孝宗、顯宗の東宮の時進講せし書名、肅宗、景宗、英祖の東宮の時及登極の後に進講せし書名、眞宗、莊祖の東宮の時に進講せし書名、正祖、純祖の東宮の時及登極の後に進講せし書名、文祖の東宮の時に進講せし書名、憲宗の東宮の時並に登極の後進講せし書名、哲宗の登極の後に進講せし書名、李太王の登極の後に進講せし書名等を順序に依り年月日に至るまて記載せり

○列朝進講册錄　一冊　寫本

孝宗、顯宗、肅宗、景宗、英祖、莊祖、正祖等歷代の進講書名を載錄せるものにして孝宗東宮の時(乙酉)より正祖東宮の時(乙丑)に及へり

○進講册子次第　一冊　英祖命編　寫本

孝宗以後經筵に於て進講したる書籍の次第を記載したるもの

にして英祖五十一年乙未の編輯に係り正祖の世孫たりし時に進講せし冊子をも載錄せり

○御射古風帖　一帖　尹行恁撰　搨本

正祖十六年壬子親射の時別軍職永興府使朴基豐に古風（賞賜の名稱）を下賜するに當り永興府に送りし揭板の搨本にして尹行恁の撰文に係る

尹行恁　字は聖甫、碩齋と號す南原の人にして林溪集の後なり英祖壬午に生れ正祖癸卯文科に登り文衡を典り官吏曹判書に至り純祖辛酉に死を賜ひしも甲午伸復し文獻と諡す

○感戴聽侍射帖　一冊　別軍職廳編　寫本

正祖十六年壬子別軍職諸臣侍射の時親射の中數を記し之に贊辭を敍し軍職等の姓名を列書したるものなり

○御射古風帖　一冊　徐榮輔撰　搨本

本書は正祖十六年壬子及甲寅の年內苑に於て親射を行ひ奎章閣吏に古風を賜ふ閣吏感激し直閣徐榮輔に請ひ文を撰し且書し恩を紀し以て司戶軒に揭けたる刻板の搨本なり末に閣吏朴允默等別に感懷を識す所あり司戶軒は閣吏の宿直する所なり

徐榮輔　字は景世、竹石と號す大邱の人なり大提學徐有臣の子にして正祖己酉文科に登り官大提學吏曹判書に至る謚して文憲と云ふ

○燕射錄　一冊　正祖命編　寫本

正祖の時燕射の儀を行ひし際笏記、樂章、侍射臣等の姓名、賡載詩及儀註等を錄したるものなり

○春臺陪射帖　一帖　奎章閣撰 徐榮輔書　搨本

純祖七年丁卯春塘臺に於て親射の時奎章閣官員、承旨、史官等の陪射したる事實及閣員の致謝箋文を成帖せしものなり

○筵說可觀　一冊　朴盛源編　寫本

編者か英祖の時に於ける筵說中自己に關する部分を抄錄したるものにして戊辰より戊子に至り卷尾に祭文一首、國朝二首あり

朴盛源　字は公茂、潘南の人承旨世城の玄孫にして農岩金昌協の外孫なり肅宗辛卯に生れ英祖癸巳文科に登り官大司諫に至り正祖己亥に歿す

○孔聖誕辰筵話　一冊　印本

正祖十六年八月二十七日孔子の誕辰に當り宴を諸臣に賜ひ孔子の後孫孔胤恒を招き下問す胤恒祖先以來の事蹟及東國在住の情況其の他詩書等に付て答ふる所あり本書は卽ち其の記事にして又孔孫待遇に關する諸臣の奏對を輯錄せり東國闕里志と共に孔蹟を知るに便なり

○辛丑引接說話　一冊　寫本

景宗元年辛丑宦官文有道、朴尙儉及宮女石烈、必貞等王世弟(後英祖)を除かんとす王世弟儲位を辭して其の毒手を避けんとし十二月二十二日夜侍講院僚官金東弼等を引接して反覆說話せし事項を記したるものなり

○繼述受宴錄　一冊　英祖命編　印本

英祖四十二年丙戌進宴を受くるに當り昔年肅宗丙戌の年に行ひし盛禮を追懷し之を繼述するの意を以て繼述受宴と稱し因て卷首に親製小識を冠し又親製の夢金尺詞內外宴先唱樂章を附し且受宴時の傳敎及侍宴諸臣の姓名を錄し芸閣に命し之を刊印し以て諸臣に頒てり卷末に黃景源奉敎の序あり

○景賢堂宣醞錄　一冊　英祖命編　印本

英祖四十三年丁亥正月南有容、金尙翼、朴聖源等致仕の際養老特遇の意を以て景賢堂に於て宣醞の禮を行ひ「功成名遂身退榮全」なる四言二句を與へたる顚末を錄したるものにして卷尾に三臣致仕の敎書、致仕人の謝箋及南有容の跋文を附す

○癸丑覃恩錄　一冊　印本

正祖十七年英祖誕生の甲戌より一百年に相當するを以て正月元旦眞殿に於て獻酌の禮を行ひ先代以來の文武功臣金華鎭等二十一人に對し晉秩の恩典を與へたる外庶民一百歲以上の者七十二人を優遇したる覃恩錄なり鄭昌順跋を書す

○續經筵故事　五卷二冊　李喜朝編　印本

朴世采編する所の程朱經筵故事の例に倣ひ朝鮮五賢臣の筵奏啓辭等を合錄したるものにして各條下に就き編者の考案を記注し卷末に東賢奏議及續經筵故事を進むるの疏を載す五賢臣は靜庵趙光祖、退溪李滉、栗谷李珥、牛溪成渾及沙溪金長生

にして中宗の十二年より仁宗の五年に亘れり

○經筵故事比例　一冊　寫本

立志、進學、克己、納諫、事天、子民、親賢、遠佞、崇儉、持謙、恢公、好生、濯陋、矜細、戒察、爲意、懋實、愼終等に分條して古今の事例を引證し以て德器涵養の資と爲したるものにして正祖の時奎章閣員の撰したるものなり

○經筵故事書進錄　一冊　寫本

李太王元年甲子十月より乙丑四月に至る弘文館講筵諸臣の國朝故事を書進したる記錄にして國朝寶鑑、弘齋全書、羹墻錄、謨訓輯要、祖鑑等の書より嘉言善謨を選取せるものなり

○政院故事　一冊　寫本

憲宗二年より哲宗十二年に至る二十五年間に於ける吏、戶、禮、兵、刑、工の六房に關する大小事項に付時時の便宜に應して敎旨を下し其の規例又は處理法等を變改したる政院の沿革記實なり

○春坊故事　二冊　李址承編　寫本

侍講李址承か正祖の青宮に在りし時進講したる故事を記したるものにして大學、中庸、論語等の時勢に的切なる章句に付敷衍講述せり

李址承　字は景祖、延安の人參判萬恢の子なり英祖丙辰に生れ乙亥文科に登る

○樂院故事　一冊　李世弼編　寫本

肅宗二十二年掌樂院正李世弼か太廟樂章の不備を論せんとし疏案起草中病に罹り上進に及はさりしを以て已むを得す廟樂の諸章に付其の典故を詳說し次に樂章に關する諸臣の疏論、啓議等を收輯して上下二篇と爲し更に來進の疏を篇尾に附錄して後の考據と爲せり

李世弼　字は君輔、龜川と號す慶州の人參判時術の子なり仁祖壬午に生れ肅宗庚申經明行修を以て薦められ參奉に敍し南臺及書筵官を歷て官刑曹參判に至り戊戌に歿す謚を文敬と云ふ著す所小朱書、論辨經說及答問疑禮等二十餘卷、王朝禮一冊あり

○感戴廳故事　二卷二冊　寫本

感戴廳の故事を錄したるものにして第一卷には孝宗七年丙申より純祖十一年辛未に亘る百五十六年間に於ける廳內事項の沿革を列記し第二卷には李太王十一年甲戌より十九年壬午に至る九年間の事を記載せり

○溫幸故事　二冊　寫本

英祖三十六年藥房都提調李𪻺の請に因り王世子脚部の濕瘡治療のため七月十八日の吉辰をトし崇禮門より出輿し西氷庫、果川、沙斤川、振威等の地を經て忠淸道溫陽離宮に抵り滯浴十六日間にして八月一日離宮を出輿し四日に還宮したる沿途護衛の情況湯浴治效の診案又は士民安慰の事實等に至るまで當該有司の報告を基礎とし詳細に記錄したるものなり

○忠淸道大同事目　一冊　印本

貢賦は太宗初めて之を定め綿布油蜜凡百應用の物皆田結より徵す是れ卽ち田貢なり宣祖の初栗谷李珥其の弊害を論し田貢は米を以て收むるの法を行はんことを請ひ光海君の初年領議政李元翼始めて大同法を京畿に試む大同とは田貢を米にて徵收するを云ふ仁祖二年江原道に行ひ孝宗三年右議政金堉其の法を忠淸道に行ふ京畿江原を合せて三道宣惠廳を設け命を承けて節目を定め五年上印して頒布したるもの卽ち是なり

○全南道大同事目　一冊　印本

田貢法は先つ畿甸關東及湖西に施行し湖南には未た行はす顯宗四年始めて全羅全道に施行せんとし此の節目を撰定啓下し以て印刊頒布せり全南道は全羅南北道の地域にして卽ち湖南地方なり

○璿源錄事目　一冊　寫本

仁祖乙酉の歲式年の例に依り王室子孫錄を修補せし時應行したる事目を丙戌に至り錄成したるものなり

○均役廳事目　一冊　印本

英祖二十八年壬申特に軍民納布の半額を減免し漁、鹽、船稅隱結、結錢等を以て其の減額數に充當する方法を執り刱めて均役廳を置き都提調の官を設けたり洪啓禧其の提調に任し新

定擧行節目を各道各邑に知らしむるの必要を生し宣惠廳事目の例に依り印刷したるもの卽ち是なり其の大要は第一、設廳第二、結果第三、餘結第四、海稅第五、軍官第六、移劃第七減革第八、給代第九、需用第十、會錄等とす巻首に綸音を冠せり

○松禁事目　一冊　印本

正祖十二年に於ける各地の松林松田を監督する監官、山直等の培養保護に關する事目等を記したるものなり

○禁紋事目　一冊　印本

英祖二十二年時俗の奢侈に流れ服用の制度錯亂せるを以て使節の衮、輦輿の翟衣、朝臣命婦の章服、軍門旗幟の外は一切奇巧の紋服を禁止したるもの漸次解怠の弊を生したるため正祖十一年嚴命を傳へて其の標本及罰則等を頒布すると同時に之を鮮清貿易の關門たる義州の府署及譯院等に揭示せり其の事目卽ち是なり

○加髢申禁事目　一冊　寫本

婦女髢髻の流行は都鄙を問はす奢侈を競ひ結婚等の大禮に當りては一髢の價數十百金を下らす貧家の如きは公然婚儀を行ふ能はさるの弊あるを患ひ英祖の時、且之を嚴禁したるも歲月の久しき漸次舊習に復するの虞あるを歎し正祖十二年戊申更に諸臣の意見を徵して斷然申禁の方針を取り士大夫妻妾以下の結髮樣式を制定すると共に之を一般に周知せしむるため特に諺文を以て譯を附したるものなり

○漕弊釐正事目　一冊　印本

官米運漕の弊害を除去する主旨を以て作成したるものなり其の內容は第一に還漕監督官の主管事務、各官衙の納入簿冊整理、容量器の齊一等を規定し次に稅船の發著經過、沿岸に於ての取扱法、船賃又は還送時期、船師戰船の代用方法、各地漕倉の納入石數、米質の檢査、各官署手數料等の事目を詳細に分記せり

○八道御史賚去事目　一冊　印本

京畿外八道に於ける大小事項に付暗行御史の采訪廉察すへき事項を記したるものなり田政、糶糴、倉庫、軍政、戎器、營

將、軍丁、武備、關防、牧馬、道臣、御史、使臣、均役、奴貢、戢盜、察訪、救恤、刑獄、置郵、船隻、文陰、奴婢、寺祠等に分目せり

○海西内奴事目　一冊　印本

黃海全道に於ける内奴の復戸及貢布に關し弊害ありしを以て之を定復し減貢を上言し規則を定めて印刷したるものなり

○東萊接倭事目抄　一冊　寫本

宣祖四十一年戊申より光海君、仁祖、孝宗、顯宗、肅宗に亘り東萊府に於て取扱ひたる日本使節、漂流人、犯罪人及對馬島主との應答、釜山貿易等に關する事實を備錄せるものなり

○遷園事實　二冊　正宗撰　寫本

正祖十三年其の父莊獻世子の園を京畿道水原府花山に遷せし當時の事實を輯錄したるものにして定園、裁穴、象設、諏日、遷奉の五目と爲し又附錄として營建、經界、補土、植木、道路、移邑等の細務を詳記せり

○楮竹田事實　一冊　寫本

孝宗の時領議政金堉及曾て全羅、忠淸、慶尙各道を經たる監司等の獻議に據り各其の土產に係る楮、竹、桑、漆に關する栽培方法並に反別、產額等を調査記錄したるものなり

○羅里舖事實　一冊　寫本

肅宗四十六年賑恤廳に於て公州羅里村に舖を設け別將を置き魚鹽を和賣せしか後臨陂に移して濟州を接濟し又其の倉庫を羅州濟民倉に移し更に正祖十八年康津に移したる事實を記せり

○乾止山禁養節目　一冊　寫本

全羅北道全州郡に乾止山あり李王家遠祖世居の地なり國初より土城を築き守護を嚴にす正祖壬寅冒耕と犯葬の弊を發見せしを以て觀察使に飭し更に守護禁養を嚴にし節目を新定す

○肇慶壇守護節目　一冊　李載崐編　寫本

光武三年己亥編者に命し全羅北道全州に在る李氏始祖の墓地

に壇壝を築き禮典を崇奉したる事實及正祖壬寅禁養節目並に新に定めたる禁護節目等を収輯し又同地に關する記事を抜錄せしめたるものなり

○三陟兩墓守護節目　二冊　寫本

光武三年己亥穆祖考妣兩墓所の所在なる三陟地方に掌禮卿李重夏を遣し奉審修築の後墓號を定め考を濬慶と云ひ妣を永慶と云ふ卽ち其の守護節目を編成せしものなり

○北道陵殿位土節目　一冊　寫本

李太王五年戊辰咸鏡道所在各陵殿の凋弊を救ふため道内に居住せる同族より義錢を募集し位土を購入し以て齋官の支供と僕隷の給料とを贍したる節目なり

○顯隆園守護軍節目　一冊　寫本

正祖十六年壬子筵教に依り顯隆園守護軍の給代齋錢を刱設し園官及役員支供の節目を定めたるもの卽ち是なり守護軍等收歛給代條、應役支供磨鍊條、傳授禮錢、齋錢定式條及復戶掾賣禁斷條等追後磨鍊したる者四則を附す

○華寧殿應行節目　一冊　寫本

正祖の時華寧殿を水原に建て莊祖の眞影を陪安し大小奉審の節次、朔望焚香の儀式、修改、享祀、祭品鋪陳の儀仗、堂郎以下員役の排置等各項應行の節目を規定したるものなり

○宗親府節目　一冊　寫本

肅宗の時に於ける筵稟及英祖、正祖兩代の教旨中宗親府に關するものを聯載せるものなり

○宗親府節目　一冊　寫本

宗親府の經費に關する事項を記したるものにして年代詳ならす干支を按するに丁未より癸丑に至るは憲宗より哲宗に及ふものならんか

○宗親府宗會節目　一冊　寫本

宗親府に於て每年春季に執行すへき大宗會小宗會に關する儀禮の方式及職員の文案を列記せるものなり

○徳應捧貰節目　一冊　寫本

宗親府に於て徳應を賃貸する規則なり徳應は士大夫家婚禮の時新嫁女子の乘用する彩轎にして世宗の時其の賃貸を璿派の專業とする受敎定式ありしが李太王己巳大院君之を改正して宗親府より賃貸し府費に補充することとせり

○宗府釐整節目　一冊　寫本

宗親府に於て諸般事務の處理方法を定め其の節目を編成せしものにして憲宗十年甲辰の年に成れり

○宗簿寺節目　三冊　寫本

王室宗親の事を掌る宗簿寺の節目を輯めたるものにして第一冊は肅宗丙戌第二冊は英宗辛巳第三冊は哲宗己未の年に成れり

○宗簿寺己丑節目　一冊　寫本

宗簿寺に於ける一年內各項の應用條件を定めたる節目にして純祖二十九年己丑の編成に係る

○宗簿寺辛巳節目　一冊　寫本

此の書は宗簿寺一年の應用を釐正立規せし節目にして李太王十八年辛巳の編成に係る

○備邊司節目　一冊　寫本

哲宗十一年庚申備邊司に於て宣傳官廳の凋弊を捄ふため外邑に關飭し禮木を收捧したる際定めたる節目なり

○備邊司貢弊釐正節目　一冊　寫本

貢市より禮曹に應供する諸般の擧行か愈久くして愈弊を生するより備邊司に於て之を釐正し禮曹に交付したるものなり

○內閣故事節目　一冊　印本

正祖の時奎章閣を設け後閣臣の儀節禮式を講定類紀し節目を制定し正祖五年辛丑啓下して施行せしものなり

○弘文館各道行下禮木新定節目　一冊　印本

李太王三十年癸巳弘文館所屬の各道諸官以下に支給すへき金

品等の定額を新定し議政府の名目を以て發布したる節目なり

○宣傳官廳受教廳憲　一冊　寫本

宣傳官廳に於て僚員に關する完議節目等を蒐錄したるものにして純祖二十八年戊子李容純之を編す

李容純　字は稚九、全州の人判書重庚の玄孫なり純祖辛酉に生れ乙酉武科に登り丙戌宣傳官に入仕し哲宗の時に歿せり官忠淸兵使に至る

○宣傳官廳久勤節目　一冊　寫本

宣傳官久任者の遷叙に關する節目にして李太王三十一年甲午に新定したるものなり

○宣傳官廳釐正節目　一冊　搨本

正祖七年癸卯宣傳官廳の例規を改正して廳壁に揭けたる板額を印出したるものなり訓練大將具善復之を書す

○宣薦部薦釐正節目　一冊　寫本

武職中宣傳官又は部將の職を廳員の推薦に依り叙授する際賄賂請託の弊あるより李太王癸丑薦規を釐正したるものなり

○宣傳官廳各道行下禮木節目　一冊　印本

曾て宣傳官廳を經たる人出てて外任に就く時等級に應し錢若干を其の廳に納め以て公需を補ふ例あり之を禮木と稱し李太王癸巳議政府に於て之か節目を定む卽ち是なり

○感戴廳憲　一冊　寫本

憲宗十五年に定めたる別軍職廳の節目なり卷末に本廳賜物例授謄錄を附す

○感戴廳憲　一冊　寫本

憲宗十五年別軍職廳に於ける廳員新任の際費途制限なきを以て別軍職行首李景夏をして衆議に諏らしめ省約の方法を規定したるものにして其の廳に關する歷代の敎文を併錄し參照に資せり卷末に李太王の下敎を附載す

○感戴廳節目　一冊　寫本

李太王乙丑感戴廳卽ち別軍職廳に下敎して八壯士子孫の外未

た宣傳官を經さる者は行首別軍職を許ささる事並に點心米、歳饌米を例に依りて書啓する事等を制定したるものなり八壯士は朴培元、趙壤、申晋翼、張愛聲、吳孝誠、金志雄、朴起星及張士敏にして往時孝宗鳳林大君の瀋陽に質たりし時隨從せる力士なり

○感戴廳捄弊節目　一冊　寫本

李太王二十八年別軍職廳の事弊を釐正するため制定したる節目なり

○左侍御廳節目　一冊　寫本

李太王三十一年甲午宣傳官と別軍職とを罷め侍御を置き光武四年庚子に至り左侍御六人を更定して別軍職廳を左侍御廳と稱し六年壬寅其の節目を定む

○右侍御廳節目　一冊　寫本

李太王三十一年甲午以前武人の宣傳官は更張の際官制を改正し侍御と爲し侍從院に屬せしも光武四年庚子新に侍御十二人を置き解事四員を擇ひ承傳の任に充て別に右侍御廳の號を立て應行節目を制定す

○雲觀節目　一冊　印本

正祖辛亥の年觀象監か曆書を修正する際諸般應行の事務と規則を釐正したる節目を編成刊行したるものなり雲觀は觀象監の舊稱書雲觀の略なり

○甲寅新定觀象監貢案節目　一冊　印本

觀象監の節目にして正祖三十年甲寅の改正に係るものなり

○舟橋司節目　一冊　寫本

正祖の己酉舟橋司（舟橋は造舟爲梁の意）を剏設し幸行の時津路舟橋を掌らしむ其の節目にして凡て四十四目あり

○鑄字所應行節目　一冊　寫本

鑄字所に於ける節目にして純祖十四年甲戌の編成に係る

○文臣講製節目　一冊　印本

正祖か當時文風の振はさるを憂ひ堂下文臣中年少者を擇ひ毎

月一回經史の講義を試驗し又一旬一回論策の製述を考試したる節目なり五年辛丑の編成に係る

○御考恩賜節目　一冊　寫本

成均館儒生の應製文字を親考し入格者に賞賜を施す節次を定めたるものにして正祖十八年甲寅奎章閣に命して規定せしめたるものなり

○幸行時楊州牧結所節目　一冊　寫本

楊州地方所在の陵園幸行の時各邑結所に於て諸般の事務を擧行するに當り誅求の弊甚しきを以て先つ楊州結所より其の弊を釐正したるものにして李太王三十一年甲午議政府之を定め宣傳官廳に下付せしものなり

○關西各鎭戶斂釐正節目　三冊　寫本

正祖十七年癸丑關西各鎭の戶斂を蠲除して諸般公費を從長矯革し其の收支等の節次を觀察使李秉模か啓聞編成せしものなり

○統長窠設置節目　一冊　搨本

正祖九年乙巳武藝廳に左右統長窠を設置し其の節目を板に刻して揭示す其の搨本にして奎章閣領載張經世之を書す

○咸興大同庫捄弊節目　一冊　寫本

咸鏡道咸興所在の大同庫は附近諸陵寢の支供をも支辨し用多くして弊生するより李太王十年癸酉之か捄正の條目を規定したるものなり

○參禮驛禮木新定節目　一冊　印本

李太王二十九年癸巳議政府に於て京各司の行下禮木卽ち各驛に下給すへき綿布を增減改定し節目を定め各郡各驛に頒給したる際全羅道參禮驛に給せしものなり

○沃溝巨沙里浦收稅節目　一冊　弘文館編　寫本

李太王十一年甲戌全羅道沃溝縣巨沙里浦所在の船主に對する收稅を規定したるものなり

○掖庭署各道帽文新定節目　一冊　印本

掖庭署に於て各道より帽文錢卽ち帽子材料の代錢を納付せし

めたる例あり李太王十九年壬午世子嘉禮後世子嬪宮司鑰を置き帽銭を排捧する節目を新定し活字を以て印刷したるものなり

○勸農節目　一冊　寫本

舍音、作人及監打官等の遵行すへき條規を定め以て失錯怠惰無からしめんとせしものにして李太王二十四年丁亥の作成に係るも何人の手に成りしか詳ならす

○經筵日錄　一冊　寫本

英祖十九年より正祖五年に至る三十八年間に於ける經筵侍講官の進講を錄したるものなり

○內閣日曆　一二四九冊　寫本

正祖三年己亥より李太王二十年癸未に至る百三十五年間に於ける奎章閣の日記にして內閣は奎章閣の別稱なり

○孝宗講學廳日記　四冊　寫本

仁祖二十三年乙酉侍講院を刱置し世子の講筵を設く孝宗東宮に在りし時春坊、桂坊の侍講官を召接して講筵書筵を開設したる事實等を逐日記載したるものにして乙酉より己丑に至る五年間に亘れり

○顯宗講書院日記　一冊　寫本

顯宗世孫たりし時の講書院の日記にして仁宗二十六年戊子九月より二十七年己丑五月に亘り風雨陰晴、冊封行禮等の節次、講書稟裁、講書院衛從司官員の差除等を記載せり

○顯宗春坊日記　一〇冊　寫本

顯宗東宮に在りし時の侍講院の日記にして孝宗元年庚寅正月より十年己亥五月に亘り風雨陰晴、師傅相見禮、經筵書筵の官僚召接及春坊官の任免等を記載せり

○肅宗講學廳日記　一冊　寫本

憲宗六年乙巳肅宗東宮に在りし時講筵書筵を設行したる事實及春坊桂坊の官員入對の事實等を逐日記載したるものなり

○景宗輔養廳日記　一冊　寫本

景宗元子たりし時の輔養廳の日記にして肅宗十五年己巳七月より十六年庚午五月に亘り風雨陰晴、輔養官相見禮の節次、員役の設置及誕日問安等を記載せり

○景宗春坊日記　一六冊　寫本

景宗東宮に在りし時の侍講院の日記にして肅宗十六年庚午五月より四十六年庚子六月に亘り風雨陰晴、冊禮、師傅相見禮、嘉禮、講筵書筵及春坊官の任免等を記載せり

○英祖春坊日記　四冊　寫本

英祖東宮に在りし時の日記にして景宗元年辛丑八月より同四年甲辰八月に至るまでの事を記載せり經筵に入侍せし諸臣の姓名席次、敷陳せし文義及春桂兩坊官の任免等を備錄す

○莊祖輔養廳日記　一冊　寫本

莊祖元子たりし時の輔養廳の日記にして肅宗元年乙卯七月より、英祖十一年丙辰正月に亘り風雨陰晴、輔養官の相見禮、諭善及屬僚官の差定及孝經、小學抄解等採納の事を記載せり

○莊祖春坊日記　三〇冊　寫本

莊祖東宮に在りし時の日記にして英祖戊午正月より壬午閏五月に亘り風雨陰晴、動駕時の隨駕、殿座時の侍座、講筵書筵の事實及春坊官の任免等を記載せり

○李王春坊日記　三冊　寫本

李王の東宮日記中壬寅、丙午兩年分を抄錄したるものなり卽ち各殿問安、景孝殿別茶禮進參及動輿等の節を略抄せり

○李王桂坊日記　三一冊　寫本

李王東宮に在りし時の桂坊の日記にして李太王十一年乙亥正月より光武十年丙午十二月に亘り風雨陰晴、講筵の召對、動駕時の隨駕、殿座時の侍座及官僚の賜與等を記載せり

○惠嬪宮日記　二冊　寫本

獻敬皇后洪氏惠嬪たりし時各殿の問安に內官を遣したる事、成臣別問安の時における賜與及承言色か諺文の令飭を擧行せし事等を記載せり英祖四十年甲申正月より四十一年乙酉十二

月に至る

○兩朝冊封入學日記　一冊　印本

仁祖二十三年乙酉孝宗を世子に冊封し同年入學したる日記と景宗辛丑英祖を世弟に冊封し翌年入學したる日記とを合錄したるものなり英祖癸巳之を編錄し跋文を製し李思觀等に命して校正せしめ芸閣に於て刊印す

○乙未聽政日記　一冊　寫本

英祖五十一年乙未の冬正祖か世孫として聽政の時原任大臣集慶堂に入侍して上下酬酢せし筵話、徐命善の上疏に因り洪麟漢を聲罪せしこと王世孫より四次上疏を爲し聽政を辭巽したること及聽政の後賀を受け廟に謁せしこと等を備錄し其の他陪衛節次及聽政追節目を附せり

○召對夜對　一冊　寫本

純祖十三年癸酉より三十三年癸巳に至る二十一年間に於ける召對、夜對の日子を錄せしものなり原講筵の外朝臣を召し文義を講論するを召對と稱し夜間に召對するを夜對と稱したり

○孝寧殿日記　一冊　寫本

肅宗昇遐の後魂殿に於て擧行せし諸般の儀節及事實を記載したるものにして庚子六月より景宗二年壬寅九月太廟に祔するまて三年間に於ける風雲陰晴、享祀の節次、享官の出入、享需の品目、器數、儀式等を載錄せり光武八年甲辰改修す

○孝明殿日記　一冊　寫本

英祖昇遐の後魂殿に於て擧行せし諸般の儀節及事實を記載したるものにして丙申三月より正祖二年戊戌五月太廟に祔するまて三年間に於ける風雲陰晴、別茶禮、享官の出入、享需の多少其の他の應行事項を載錄せり光武八年甲辰に至り更に之を改修す

○孝安殿日記　一冊　寫本

純祖五年乙丑英祖妃貞純王后昇遐の後魂殿に於て擧行せし諸般の儀節及事實を記載したるものにして同七年丁卯四月太廟に祔するまて三年間に於ける風雨陰晴、享祀の節次、享官の出入、享需の品目、器數、儀式等を載錄せり光武八年甲辰に至

り更に之を改修す

○孝元殿日記　一冊　寫本

正祖昇遐の魂殿に於て擧行せし諸般の儀節及事實を記載したるものにして庚申六月より純祖二年壬戌八月太廟に祔するまで三年間に於ける風雲陰晴、享祀の節次、享官の入直、享需の物品、器數、儀式等を載錄せり光武八年甲辰に至り更に之を改修す

○孝成殿日記　一冊　寫本

純祖昇遐の後魂殿に於て擧行せし諸般の儀節及事實を記載したるものにして甲午十一月より憲宗三年丁酉正月太廟に祔するまで三年に於ける風雨陰晴、享祀の節次、享官の出入、享需の品目、器數、儀式等を載錄せり光武八年甲辰改修す

○孝正殿日記　一冊　寫本

哲宗八年丁巳純祖妃純元王后昇遐の後魂殿に於て擧行せし諸般の事實を記したるものにして同十年己未十月太廟に祔するまで三年間に於ける風雨陰晴、享祀の順序、享官の出入、享需の品目、器數、儀式等を載錄せり光武八年甲辰に至り更に之を改修す

○孝慕殿日記　一冊　寫本

李太王二十七年庚寅文祖妃神貞翼皇后昇遐の後魂殿に於て擧行したる諸般の儀節を記載したるものにして二十七年庚寅四月より二十九年壬辰六月太廟に祔するまで三年間に於ける風雨陰晴、別茶禮、享祀等の應行事項を載錄せり

○孝惠殿日記　三冊　寫本

光武七年癸卯憲宗妃明憲王后昇遐の後魂殿に於て擧行したる諸般の事實を記したるものにして光武十年丙午正月太廟に祔するまで三年間に亘り風雲陰晴、享祀の節次、享官の出入、享需の品目、器數、儀式等を載錄せり

○孝徽殿日記　一冊　寫本

李太王十五年戊寅哲宗妃哲仁王后昇遐の後魂殿に於て擧行せし諸般の事實を記したるものにして同十六年庚辰七月太廟に祔するまで三年間に於ける風雨陰晴、享祀の順序、享官の出

入、享需の品目、器數、儀式等を載錄せり

○景孝殿日記　一冊　寫本

李太王妃明成皇后の魂殿日記にして國葬の儀式、享祀の節次、都監の別單等を記載せり三十二年乙未八月より光武二年戊戌八月に至る三週祭までの事實を編錄す

○己亥耆社日記　一冊　寫本

肅宗四十六年春秋已に六旬に達したるを以て太祖の故事に倣ひ四月十八日をトし景賢堂に於て耆社の題名式を擧行するに當り朝官四品以上は年七十、五品以下は年八十を踰えたる者に限り陪宴の恩榮を與へたり本書は卽ち其の擧式前後に涉る傳諭、上疏、進箋、劄子、設備、飮宴等に關する一切の書類を輯錄したるものにして當時盛事の一斑を窺知するに足る

○宣廳日記　一〇六冊　寫本

宣傳官廳の日記にして正祖十年丙午より二十四年庚申に至るもの十四冊、純祖二年壬戌より三十三年癸巳に至るもの二十八冊、憲宗初年甲午より十五年己酉に至るもの十六冊、哲宗元年庚戌より十四年癸亥に至るもの十三冊、李太王元年甲子より三十年癸巳に至るもの三十五冊なり

○感戴廳日記　六〇冊　寫本

別軍職廳の日記にして正祖十四年庚戌より二十二年戊午に至るもの七冊、純祖元年辛酉より三十一年辛卯に至るもの十四冊、憲宗元年乙未より三年丁酉に至るもの二冊、哲宗元年庚戌より十四年癸亥に至るもの九冊、李太王元年甲子より三十二年乙未に至るもの二十八冊なり

○左侍御廳日記　一〇冊　寫本

左侍御廳の日記にして李太王光武元年丁酉より光武十一年丁未に至る十一年間に亙れり

○諫議謄錄　四九冊　寫本

肅宗以後司憲府、司諫院兩司臺諫の啓辭を輯錄したるものなり或は災異に因り陳戒するあり或は懲討の啓辭あり其の年條は繼續せす

○諫議上疏謄錄　七冊　寫本

司憲府、司諫院兩臺諫の論事せし上疏を輯錄したるものなり其の年代は憲宗十四年戊申より李太王十五年戊寅に至る

○諫議劄子謄錄　五冊　寫本

司憲府、司諫院兩司臺諫の論事せし劄子を謄錄したるものなり憲宗十四年戊申より李太王七年庚午に至る

○會　盟　謄　錄　一冊　寫本

仁祖戊辰の服武、寧社兩功臣、丙戌の寧國功臣、肅宗庚申の保社功臣、景宗壬寅の扶社功臣及英祖戊申の揚武功臣等の勳案に錄名し勳劵軸を頒給する時會盟祭を行ひたる節次を錄したるものなり

○繼　後　謄　錄　二〇冊　寫本

後無き者率養を爲さんと欲するときは上言又は禮曹に呈單して禮斜を受く本謄錄は光海君十年戊午より哲宗二年癸亥に至る禮斜の成給を載せり

○祈禳祭謄錄　一冊　寫本

地方祈禳祭、酺祭及解怪祭の謄錄なり癘疫あれは祈禳祭、蝗虫あれは酺祭、地震あれは解怪祭を設行するを例としたり仁祖十六年戊寅より肅宗十九年癸酉に至る

○國朝陵寢謄錄　一冊　寫本

仁祖六年庚辰に於ける三陟の穆祖考妣の墓を守護する定規と辛巳光陵封植の事、壬午祖墓の尋覔、咸興本宮祭祀の定規、黃池奉審本宮祭執事定規、癸未本宮獻官等の定規、黃池の偸葬尋覔、大院君房等の祭肉設定、孝宗癸巳本宮堤防の定規、丁酉穆清殿の修築、顯宗癸卯本宮堤防、己酉穆清殿の修擧、肅宗乙卯皇祖墓の修築、戊午本宮祭官叅奉の差定及己未本宮祭官定式等を起載せり

○水原旨令謄錄　三冊　寫本

正祖十三年己酉莊祖を顯隆園に移安し前後水原府及京畿監營に下したる有旨と傳令とを謄錄し而して壯勇營の關文、狀啓及別單を附す己酉より辛亥に至れり

○弘文館褒貶謄錄　一冊　寫本

正祖七年癸卯六月弘文館に於て褒貶座起したる座目を謄載したるものなり

○水部謄錄　一冊　寫本

工曹に於ける諸般擧行の事を錄したるものなり李太王十五年戊寅より起り二十六年己丑に止る水部は工曹の別稱なり

○學校謄錄　七冊　寫本

鄕校に關する一切の事項を記載したるものにして鄕校の修改移設、風雨に頽壓したる後の慰安祭、位版の傷損或は偸失、諸賢の從祀、校案、帳簿、學吏の料布設定に關する禮曹の入啓處理等を載す第一冊は仁祖己巳に始り孝宗癸巳に至り第二冊は孝宗甲午に始り顯宗壬寅に至り第三冊は顯宗癸卯に始り戊申に至り第四冊は顯宗己酉に始り肅宗戊午に至り第五冊は肅宗庚申に始り壬戌に至り第六冊は肅宗癸亥に始り己巳に至り第七冊は落帙し第八冊は肅宗壬辰に始り景宗甲辰に至れり

○樂掌謄錄　一冊　寫本

掌樂院に於て一切の風樂に關する事項を錄せしものなり即ち風物の散失、官妓の收拾、篇鑰用竹物の上送に關する關飭、樂工樂生等の付料、舞童の抄擇、工生の收布、樂生の被災、復戶變通、典樂の加資其の他の事項を載せり仁祖十五年丁丑より肅宗十九年癸酉に亙る

○軍門謄錄　一冊　寫本

宣祖二十八年乙未二十九年丙申兩年間に於ける軍務に關する公文を謄出したるものなり而して當時軍務は體察部の主管なりしを以て卷首に都體察使軍門謄錄と題せり

○宣傳官廳入啓謄錄　一冊　寫本

英祖四十一年乙酉より純祖九年己巳に至る四十五年間に於ける宣傳官廳の奉命入啓の事項を錄したるものなり

○歲船定奪謄錄　二冊　寫本

宣祖二十五年壬辰の戰役局を結びたる後釜山鎭に館を設けて

交際を開始し米布及雜穀を歳定輸送する條約成立したるに付毎年對馬に送船輸出することゝし之を歳船と稱したり卽ち其の謄錄にして又仁祖丁丑より肅宗丁巳に至り歳船減額の事を以て前後交渉せし東萊府使及慶尙左水使の狀啓、禮曹及備邊司の啓本、闘文等を併載せり

○回謝差倭謄錄　一冊　寫本

仁祖十五年丁丑より肅宗四年戊午に至る日本通信差官の應接節次を備錄し又東萊府使の狀啓、禮曹に於て稟定啓下したる義例及贈與物品の名目數爻等を詳載せり

○訓諭都監謄錄　一冊　寫本

英祖十九年癸亥世子(莊祖)の冠禮を行ふに際し訓諭を撰して世子に與へ弘文館に命して之を石刻印出せしむ卽ち其の謄錄にして諸員稟定の筵說、物品供進の甘結、印出粧冊後の封進の儀式、監督諸員の官職、姓名及施賞の始末等を錄せり

○萊府交隣謄錄　一冊　寫本

東萊府に於て日本と交通せし時の謄錄にして漂着、告還、回謝、出火、移館、致賀、告訃、違式、歳船、鷹連、沙器、論賞、徵債、作拏等を分目列記せり

○向化人謄錄　一冊　寫本

宣祖三十六年癸卯禮曹典客司に於て向化人に關する事實を謄錄したるものなり

○接待倭人事例　一冊　寫本

仁祖十五年丁丑より孝宗、顯宗を經て肅宗十三年丁卯に至る間に於ける日本との往來使節、漂流人、釜山貿易、行過道路等の諸規定及慣例を列記せり

○東萊府事例　二冊　寫本

李太王五年戊辰に於ける東萊府の行政、守備、錢穀、戶數、面積、金穀收支等に關する事例にして戶總、田賦、軍總、府司、吏房、戶房、兵房、禮房、工房、承發、軍器、山倉、守倉、大同、防役、朔膳、醫生、官廳、會計、貿易、書契、釜倉、日供、支待、接賓、雇馬、鄕廳、中營、軍官、教練、將官、別騎、親兵、作隊、守城、武士、都訓、紙倉、銀貨等に分目せり

○啓下咨文錄　二冊　寫本

李太王十八年辛巳及十九年壬午清國禮部に對し發したる咨文にして乙覽を經て啓下したるものなり辛巳の件は機務衙門に於て謄置し壬午の件は承文院に於て謄置せり

○宣傳官書啓草册　一冊　寫本

純祖及憲宗の時宣傳官命を承けて各所に摘奸し或は地方に派遣せられたる時其の地の情況を報告したる書啓の草本にして總て十二通あり

○別軍職書啓草册　一冊　寫本

李太王十年癸酉別軍職等命を承け諸陵を審して報告したる書啓の草本なり

○黄海水營啓報錄　一冊　閔成鎬編　寫本

李太王十一年甲戌黄海水使閔成鎬の到任後三年間の狀啓と報狀とを錄したるものなり

閔成鎬　字は聖和、驪興の人副總官哲の孫なり純祖辛巳に生れ武科に登り官黄海兵使に至れり

○瀋陽狀啓　10卷10冊　寫本

仁祖十五年丁丑清兵京城に侵迫し王南漢に播遷下城し鳳林大君(孝宗)を瀋陽に質たらしむ丁丑正月より癸未十二月に至る七年間の事狀を一一啓聞したるものなり

○侍從院奏本　四冊　寫本

侍從院の職務に係る宮門の標信、儀仗の磨錬等を奏下したる文書にして光武七年癸卯より光武十年丙午に至るまで原本の儘編綴したるものなり

○歷代帝王考　一冊　寫本

歷代帝王姓諱考、尊號考、年號考附同號、陵號考附同號の四大綱目に分ち姓諱考は支那五帝より明の永歷帝に至り尊號考は唐の中宗より清の世宗に至るまでを記し年號考は漢の武帝より清の嘉慶に至り其の下に新羅、渤海、泰封、高麗、安南及日本孝德天皇大化より天明までを擧け次に南朝を附記せり附同號には同年號、王陵考には漢以降明、清及高麗諸王の陵所

を收め附同號には列代同名のものを擧く

○宗廟列聖徽號　一冊　寫本

京城の宗廟十八室の廟號、尊號及諡號を位版の書例に依り列記せり而して太祖、莊祖、正祖、純祖及文祖を皇帝に追尊したる後に記したるものなるを以て李太王光武三年以後の作成に係る

○永寧殿列聖徽號　一冊　寫本

京城宗廟內の永寧殿十四室の廟號、尊號及諡號を位版の書例に依り列記したるものなり而して眞宗を第十四室に配せり眞宗を永寧殿に遷したるは李太王光武三年莊祖を追崇したる後の事に屬するを以て作成は其の以後に在るへし

○大東掌攷　一三冊　洪敬謨編　寫本

檀君以降朝鮮純祖に至るまでの國名、姓氏、年代等を記載したるものにして本編及別編あり第一は歷代考第二は椒掖、宗英、國舅、儀賓、輔相及冢宰攷第三は司馬攷、文衡攷附國點錄第四は文任、湖堂、玉署、講官及國子攷第五は內翰攷第六は內翰薦圈錄及內閣攷第七は中書攷、銓郞攷第八は司勛攷第九第十は方伯攷第十一は方伯攷、使星攷第十二は戎垣攷、耆社攷、休退攷等にして別編は儒林、淸吏、儒賢門人、名將、文苑、太廟從享、詩人、筆苑、莊陵配食及畫家攷等なり

○東國文獻　四卷四冊　印本

儒生金性溉の校正に係り井邑の忠烈祠に於て開刊したるものにして朝鮮太祖の初より純祖の時に至る諸名臣の略傳を錄せり其の目次は第一卷相臣、文衡、湖堂、奎章第二卷功臣、淸白、耆老、南臺、品職、顯官、大官、筆苑、畫家第三卷儒林、門生、名臣第四卷文廟、太廟、院宇等なり

○御定人瑞錄　四卷二冊　印本

正祖十九年乙卯英祖妃金氏壽五十一莊獻世子嬪洪氏六十一に達し且正祖の卽位二十年に當りしを以て諸廷臣の進言を納れ祝賀の典を擧くると共に朝官七十以上又は七十以上の偕老者竝に士庶人八十以上又は八十未滿の偕老者及百歲以上の高齡者に對し爵又は木綿等を頒ち八道總計七萬五千一百人に達せり本書は當時人瑞の盛を記したるものなり

○鹵簿式　一帖　寫本

鹵簿式は國初より之あり而して本書は英祖三十八年壬午出駕の大小儀仗を列記したるものにして第一に詔勅を迎へ社稷を祭り宗廟に享する時は大駕式を用ひ文昭殿、先農、文宣王を祭り射壇に行射し又は射壇の閱射及武科殿試の時には法駕式に據り拜陵又は門外の行幸は小駕式とし傳香命使の儀仗を細仗と定め其の餘は總へて細仗の半數を用ゆ次は祈雨祭、王妃、王世子、世子嬪、王世孫等の儀仗式にして附するに仁政殿朝賀、同上進宴、仁政門朝參、黃儀仗、影幀細儀仗、行用細儀仗竝に樂部の定員等を以てせり

○王大妃動駕儀節　一冊　寫本

正祖の時王大妃動駕の時の儀註と節目とを豫定し侍衞班次の圖を附したるものなり

○惠慶宮動駕儀節　一冊　寫本

正祖初年莊祖の妃洪氏を惠慶宮と稱し其の動駕の時の儀註、儀仗、鼓吹、輦輿、仗馬、侍衞、差備、班次等の節目圖式を政院に命し規定せしめたるものなり

○慶壽宮陪衞儀節　一冊　寫本

正祖の初年和嬪尹氏を納れ慶壽宮と稱し其の陪衞の儀節を定めたるものにして卽ち德應式陪衞各差備及班次圖式等なり

○元子宮陪駕儀節　一冊　寫本

純祖九年己巳文祖誕生し越えて三年辛未元子陪衞の儀節を定めんとし都承旨洪義浩に命して撰次せしめたるものなり卽ち儀註、儀仗、鼓吹、輦輿、內侍衞各差備、外侍衞班次節目及圖式等あり

○嘉順宮動駕儀節　一冊　寫本

嘉順宮綏嬪朴氏（純祖の生母）動駕の時の式次、儀仗、鼓吹、輦輿、侍衞差備班次及節目圖式等を記したるものなり

○各殿宮動駕儀節　一冊　寫本

內殿嬪宮元子行啓の時に於ける儀註、儀仗、鼓吹、輦輿、內侍衞差備、外侍衞班次節目、門路、班次圖式等を記載したる

ものにして純祖の辛未承政院に命し編成し各史庫及政院禮曹兵曹に分藏したるものなり

○咸興本宮儀式　二卷一册　印本

咸興本宮の儀式を記したるものなり咸興は太祖舊栖の地にして開國の後本宮を置き其の祖先の神位を安す又太祖の遺敎に因り太祖及神懿王后の神位を安し肅宗丙子の年更に神德王后を追享せり此の書の內容は第一卷に建置、傳敎、祝文、奏啓第二卷に圖式、祭品、祭器、笏記、排設、修理、進供、官屬、節目等を載す正祖乙卯序を製し咸興監營に命し刊行せしむ

○永興本宮儀式　二卷一册　印本

永興本宮の儀式を記したるものなり永興本宮は元永興府東二里に在り太祖の父の舊邸にして太祖潛邸の當時祭星の處なり宮制の成りし後太祖と神懿王后の位版とを奉安し肅宗の時神德王后を追享し正祖の時太祖の父桓祖大王、母懿惠王后を躋享せり正祖乙卯咸鏡監營に命して刊行せしむ

○宮園式例　一册　英祖命編　寫本

英祖二十九年癸酉毓祥宮と昭寧園に於ける諸般の儀式、節例を定め具允明等に命して編次せしめたるものなり英祖の私親淑嬪崔氏の廟を毓祥宮と稱し墓を昭寧園と云ふ

○宮園式例補編　一册　寫本

英祖の二十九年癸酉各宮、各園の儀註を釐正し宮園式例補編と稱し前式例册と同しく寘く卷首に英祖の序あり禮曹判書洪鳳漢等奉命編輯せり

○宮　園　儀　二册　寫本

正祖卽位の初父莊獻世子（後に追尊して莊祖と爲す）の廟を景慕宮と稱し園を永祐園（後改めて顯隆園と爲し追尊の後隆陵と爲す）と稱し而して宮と園とに於ける諸般の儀式節次を制定したるものにして首に圖說を揭け次に儀註を錄し宮園に關する傳敎文字を附錄とし金華鎭等之を編修し九年乙巳活印す

○宮園展省錄　一册　寫本

正祖丙申八月卽位の初より乙巳に至る十年間に景慕宮と永祐園に展省したる月日を類記したるものなり

○園幸排設定例　一冊　寫本

莊祖を顯隆園に葬り正祖の園に行幸したる時行宮に排設する諸具數爻を定めたるものなり

○皇壇儀　二卷二冊　寫本

皇壇（即ち大報壇）に關する一般の儀註を條列したるものなり

○儀仗班次圖　一冊　寫本

朝鮮國初より動駕の時に於ける儀仗の數爻と從官の班次及位置とを標記したるものなり純祖の時に至り多少增補せり

○會講班次圖　一冊　畫本

便殿會講の儀式を圖し之を帖と爲したるものなり

○世孫冊封儀便覽　一冊　英祖命編　印本

英祖二十八年經筵叅贊官金致仁、李益輔等に命し編成せしめたるものにして其の要は國初以來世孫の封典は世宗の時に於て擧行したる外禮曹と雖其の前例を知悉せす英祖二十七年王世孫を封する時朝臣等は其の爲す所を知らさるの失態ありしため內閣日記に就き之に關する故事を摘錄して一部と爲し之を世子冊封の末に附したり其の後政院日記、講書院日記、禮曹儀註、諸教令等を參酌し以て永世の規範と爲したるものなり

○三班禮式　二卷一冊　印本

李太王三年に定め五年再版に付したるものにして上卷には大官以下禮體、文蔭武官相見儀、座避儀、下馬儀、乘馬條例、停筵式及銓罰下卷には外官體例及別星之行等を載す

○國朝榜目　一〇卷一〇冊　寫本

太祖元年壬申より李太王十四年丁丑に至る間の文科及第者を載錄したるものにして卷首には高麗光宗九年戊午翰林學士雙冀の議を用ひ詩賦、頌及時務策を以て進士を試取したることと及高麗歷代の科擧登第の人名若干を蒐錄せり

○國朝榜目　三卷三冊　寫本

太祖以降李太王三十一年に至る歷代の文科及第者を載錄せるものなり

○國朝文科榜目　一六卷八冊　寫本

太祖以後英祖に至る歷代の間文科に及第したる者の人名錄にして各名下に就き系統、年齡、鄕貫を記註せり

○文　科　榜　目　四卷四冊　寫本

文科に及第したる者の人名錄にして字、本貫、年齡、終職、父名等を註明して後考に便せり第一卷は宣祖己亥に始り顯宗戊申に至り第二卷は英祖辛未に始り丙戌に至り第三卷は純祖辛酉に始り辛卯に至り第四卷は憲宗乙未に始り李太王乙酉に止れり

○增廣別試文科殿試榜　一冊　寫本

孝宗元年庚寅より英祖三十九年癸未に至る增廣別試及文武科殿試の榜目にして孝宗の時は壬辰、顯宗は庚子、壬寅の年に之を行ひ肅宗は乙卯、戊午、壬戌、癸亥、己巳、辛未、己卯、乙酉、庚寅、癸巳、甲午、己亥、景宗は辛丑、癸卯、英祖は乙巳、丁未、乙卯、庚申、甲戌、癸未の年に之を行へり

○文科榜目類錄　一冊　寫本

文科の謁聖、庭試、重試、道科に及第せし人名錄にして姓名年齡、父名、居住を詳錄して後考に便ならしめたり仁祖己丑に始り英祖丁丑に至る

○國朝文科姓譜　三冊　寫本

太祖より正祖に至る各代に亙り文科に登第したる者の姓名、本貫を類聚載錄したるものにして父祖以上登科の者あれは特に之を記せり

○國朝文科姓譜　二卷二冊　寫本

朝鮮太祖より英祖に至る歷代の文科登第者の名字、官職、鄕貫等を年代並に姓を分ちて編錄し考閱に便せるものなり而して玉堂は紅圈一、湖堂は紅圈二、文衡は紅圓點二、提學は紅圓點一を各名傍に附して之を區別せり

○國朝文科姓譜　二卷二冊　寫本

太祖以來の文科及第者の姓譜にして其の名下に登科の甲子及

父子の關係等を記註し尙ほ官職を併錄せり

○中京科譜　二卷一册　崔文鉉編　寫本

文科及生員進士に及第したる開城人の八世譜にして成宗より李太王に至る四百餘年間八百三十八人を列記せり

○顯宗壬寅增廣文武科榜目　一册　印本

顯宗三年壬寅孝宗祔廟、大王大妃王大妃尊崇、王妃册禮、元子誕生の五慶を合し增廣別試を設けたる時の榜目なり職姓、名字、生年、本貫、居地、父職及父母の存歿、兄弟の有無等を載錄す

○英祖乙酉式文武科榜目　一册　印本

英祖四十一年乙酉式年の文武科榜目にして卷首に英祖の序あり

○英祖甲午登俊試榜　一册　印本

英祖五十年甲午景福宮に幸し文臣は從一品より下大夫に至り武臣は正二品より曾て節度使を經たる者に至るまで悉く試取し文より十五人武より十八人を選びたる時の榜目にして卷首に三十四次の傳敎を載せ次に序文を書し尾に謝箋を附載せり

○正祖甲辰册封慶龍虎榜　一册　印本

正祖八年甲辰文孝世子を册封し文武科を設け文より十八人武より二千六百九十二人を試取せし時の榜目にして卷首に正祖の序を載す

○正祖甲寅謁聖文武科榜目　一册　印本

正祖十八年甲寅文廟を展拜し舊例に循ひ文武を試取せし時の榜目なり

○正祖甲寅庭試文科榜目　一册　印本

正祖十八年甲寅慈殿五旬、慈宮六旬の二慶を合し庭試を設けたる時の文科榜目なり

○正祖庚戌增廣文武科榜目　一册　印本

正祖十四年庚戌元子誕生あり中外に德音を布き增廣別試を設けたる時の文武科榜目なり

○正祖乙卯式文武科榜目　一冊　印本

正祖十九年乙卯式の文武科榜目にして例に循ひ編刊せしものなり特に榜中人の父と祖、曾前乙卯生員進士及文科に擢したる者を記せり

○純祖丁亥增廣文武科榜目　一冊　印本

純祖二十七年丁亥元孫誕生す上尊號の慶と合し增廣別試を設けたる時の文武科榜目なり

○純祖己丑庭試文武科榜目　一冊　印本

純祖五年己丑壽數四旬と卽位三十年とに因り庭試を設けたる時の文武科の榜目なり

○憲宗甲辰增廣文武科榜目　一冊　印本

憲宗十年甲辰痘候平復の慶を以て增廣別試を設けたる時の文武科の榜目なり

○李太王壬午增廣文武科榜目　一冊　印本

李太王十九年壬午東宮の入學、冠禮、嘉禮の三慶を合し增廣試を設けたる時の文武科の榜目なり

○英祖乙酉式司馬榜目　一冊　印本

英祖四十一年乙酉式の榜目にして司馬榜目は生員、進士の榜を云ふ

○英祖癸巳大增廣司馬榜目　一冊　印本

英祖二十五年癸巳顯宗明聖后世室と上尊號の慶を合し大增廣別試を設けたる時の生員、進士の榜目なり

○英祖甲午增廣司馬榜目　一冊　印本

英祖五十年甲午壽齡九旬と卽位五紀、舟梁十六年、上候平復との四慶を合し增廣試を設けたる時の生員、進士の榜目なり

○正祖丁酉式司馬榜目　一冊　印本

正祖元年丁酉式の生員、進士の榜目にして純祖十一年辛未榜中の人金會淵慶尙觀察使たる時捐俸して追刊せり

○正祖己酉式司馬榜目　一冊　印本

正祖十三年己酉式に於ける生員、進士の榜目なり

○正祖庚戌增廣司馬榜目　一冊　印本

正祖十四年庚戌元子定號の慶を以て增廣試を設けたる時の生員、進士の榜目なり

○正祖壬子式司馬榜目　一冊　印本

正祖十六年壬子式の生員、進士の榜目なり

○正祖乙卯式司馬榜目　一冊　印本

正祖十九年乙卯式の生員、進士の榜目にして領議政洪樂性か乙卯司馬回榜（生員、進士に中りし時の還曆を云ふ）人となりたるを以て壬子司馬回榜人綾恩君具允明か先進故事を行ひ正祖の志喜詩を卷首に載せ司馬及文武科回榜人と榜中乙卯榜人の子孫を特揭し稀貴なる事を表せり

○純祖辛酉式司馬榜目　一冊　印本

純祖元年辛酉式の生員、進士の榜目なり

○純祖癸亥增廣司馬榜目　一冊　印本

純祖三年癸亥大殿及中宮の疹候平復の二慶を合し增廣試を設けたる時の生員、進士の榜目なり

○純祖甲子式司馬榜目　一冊　印本

純祖四年甲子式の生員、進士の榜目なり

○純祖甲戌司馬榜目　一冊　印本

純祖十三年癸酉の式科を十四年甲戌に退行したる時の生員、進士の榜目なり

○純祖丁亥增廣司馬榜目　一冊　印本

純祖二十七年丁亥兩殿の上號、元孫誕生の三慶を合し增廣試を設けたる時の生員、進士の榜目なり

○純祖戊子式司馬榜目　一冊　印本

純祖二十八年戊子式の生員、進士の榜目なり

○純祖辛卯式司馬榜目　一冊　印本

純祖三十一年辛卯式の生員、進士の榜目なり

○純祖甲午式司馬榜目　一冊　印本

純祖三十四年甲午式の生員、進士の榜目なり

○憲宗乙未增廣司馬榜目　一冊　印本

憲宗元年乙未登極增廣試を設けたる時の生員、進士の榜目なり

○憲宗丁酉式司馬榜目　一冊　印本

憲宗三年丁酉式の生員、進士の榜目なり

○憲宗庚子式司馬榜目　一冊　印本

憲宗六年庚子式の生員、進士の榜目なり

○憲宗癸卯式司馬榜目　一冊　印本

憲宗九年癸卯式の生員、進士の榜目なり

○憲宗丙午式司馬榜目　一冊　印本

憲宗十二年丙午式の生員、進士の榜目なり

○憲宗戊申增廣司馬榜目　一冊　印本

憲宗十四年戊申大王大妃六旬と王大妃望五、純宗翼宗追上尊號、大王大妃王大妃加上尊號との六慶を合し增廣試を設けたる時の生員、進士の榜目なり

○憲宗己酉式司馬榜目　一冊　印本

憲宗十五年己酉式の生員、進士の榜目なり

○哲宗庚戌增廣司馬榜目　一冊　印本

哲宗元年庚戌登極增廣試を設けたる時の生員、進士の榜目なり回榜三人あり

○哲宗壬子式司馬榜目　一冊　印本

哲宗三年壬子式の生員、進士の榜目なり

○哲宗乙卯式司馬榜目　一冊　印本

哲宗六年乙卯式の生員、進士の榜目なり

○李太王庚午式司馬榜目　一冊　印本

李太王七年庚午式の生員、進士の榜目なり

○李太王甲戌增廣司馬榜目　一冊　印本

李太王十一年甲戌世子誕生の慶を以て增廣試を設けたる時の生員、進士の榜目なり

○李太王庚辰增廣司馬榜目　一冊　印本

李太王十七年庚辰世子痘候平復の慶を以て增廣試を設けたる時の生員、進士の榜目なり

○李太王壬午增廣司馬榜目　一冊　印本

李太王十九年壬午世子の入學、冠禮、嘉禮三慶を合し增廣試を設けたる時の生員、進士の榜目なり

○李太王乙酉式司馬榜目　一冊　印本

李太王二十二年乙酉式の生員、進士の榜目なり

○李太王乙酉增廣司馬榜目　一冊　印本

李太王二十年乙酉東宮疹候平復の慶を以て增廣試を設けたる時の生員、進士の榜目なり

○李太王戊子式司馬榜目　一冊　印本

李太王二十五年戊子式の生員、進士の榜目なり

○關西武士試取榜　一冊　洪良浩編　寫本

正祖十六年壬子平安道觀察使洪良浩か道內の武士を試取し之を狀啓したる謄本にして試取の時の試官と入格せし者の姓名弓箭、矢數及賞格の分給等を考査備錄したるものなり

○咸鏡道功令生名錄　一冊　寫本

正祖二十一年丁巳咸鏡道內の試取に中りし儒生の名簿にして功令は詩、賦、表、策、義、疑六種の科目を云ふ

○經義條對人姓名成册　一册　寫本

正祖二十二年戊午御定册子の校準を各道儒生に命し經義を校準儒生中に問ふ其の能く條對せし者の姓名、年紀、本貫、居住及父名幷に顯祖等を開錄せしものにして湖南人二十四人の成册なり

○純祖乙酉生進四祖錄　一册　寫本

純祖二十五年乙酉式の司馬試に中りたる生員、進士二百人並に其の四祖を錄したるものなり

○政事册　一三二册　寫本

朝鮮代に於ける官職の差除は文官は吏曹、武官は兵曹より三望を備擬し落點を受く而して特別には二望或は單望、長望あり又除授或は添書あり總へて二曹に下批す之を政事と稱す本書は英祖乙卯に始り李太王甲午に至る吏曹の政事を記錄編集したるものなり

○翰林會圏錄　三册　藝文館編　寫本

正祖より李太王に至る歴代の翰林及會圏を經て文臣の叙任せられたる者を錄したるものなり

○登瀛錄　四册　弘文館編　寫本

朝鮮歴代の集賢殿、弘文館校理、副校理、修撰、副修撰等を選定せし當時の弘文錄、都堂錄中に選はれたる者の姓名等を列記したるものなり其の年間は國初より李太王の時に至る

○湖堂文衡錄　一册　寫本

湖堂に入りたる者文衡となりたる者の人名錄なり世宗の時才行ある年少の文臣を選ひ書堂を設け暇を與へ讀書せしめ後日之を重用せしか世祖の時暫く之を廢し成宗の時之を復設し龍山の廢寺を修葺して讀書堂と名け又湖堂と稱したり後燕山君の時に至り之を革罷し中宗の時更に復設し東湖の勝地を擇ひ豆毛浦の北麓に移建し仁祖の時之を廢せり文衡は藝文、弘文兩館の大提學を謂ひ皆湖堂より進科せしを以て湖堂に選はれたる者は最も人の羨む所なりしと云ふ

○文衡錄　一册　寫本

太宗より李太王の時に至る歷代の藝文館、集賢殿、弘文館大提學の姓名及略傳を錄したるものなり

○文衡圈點錄　一冊　寫本

仁祖六年戊辰より李太王十八年辛巳に至る大提學の選定を錄したるものなり

○銀臺先生案　五冊　寫本

承政院承旨の先生案にして銀臺は承政院の別稱なり承旨に都左、右、左副、右副、同副の別あり皆王命の出納を掌る本書は太祖開國の初より李太王三十一年甲午に至る其の間承旨に任せられたるものの姓名を錄せり

○玉堂先生案　三冊　寫本

弘文館に於ける應教、校理、修撰等の官を玉堂と稱し其の姓名を錄したるものにして太宗の初より李太王卽位甲子に至る

○薦　拜　錄　二冊　寫本

仁祖の初より英祖の時に至る東宮の賛善、進善、諮議、吏曹の判書、叅判、參議、銓郞、兵曹判書、戶曹判書等に除せられたる者の姓名を錄せり

○金　甌　錄　一冊　寫本

太祖の初より李太王の二十七年庚寅に至る相臣の姓名を記載せるものなり附錄として文衡閣臣及將官の姓名を錄す

○寧社原從功臣錄券　一冊　印本

仁祖六年戊辰柳孝立等を誅し寧社功臣を錄す本冊は其の原從功臣錄券なり

○二十功臣會盟錄　一冊　印本

仁祖二十四年丙戌具仁垕等沈器遠等の謀逆を告發し悉く逆黨を誅し其の有功者を寧國功臣に錄する時の會盟文と會盟錄とを錄載したるものなり

○寧國原從功臣錄券　一冊　印本

仁祖二十四年丙戌功臣を錄勳したる際の原從錄券にして原從とは一二三等勳以下の功勞少なき者を云ふ

○保社原從功臣改修錄券　一冊　印本

肅宗六年庚申南人許堅等の獄を治め七年辛酉勳を策し己巳之を削り甲戌之を復し原從に參したる功臣の錄券を改修刊本して頒賜したる時功臣李廷栗に賜與したるものなり

○奮武原從功臣錄券　一冊　印本

英祖四年戊申李麟佐等叛を謀り海恩府院君吳命恒等に命して討平せしむ因て勳を策し命恒等を功臣に封し領議政李光佐等九千餘人を原從功臣に錄し各錄券一冊を頒給せり進士趙載健亦原從に參す此の冊は卽ち其の錄券を忠勳府に於て刊印したるものなり

○耆　社　錄　一冊　寫本

乙巳、癸酉、丙子、丁丑の被禍錄、湖堂錄、廟庭配享錄等を雜錄したるものなり

○耆社慶會曆　八卷一冊　徐命膺編　印本

正祖九年徐命膺耆社慶會の緣由及之に關する賀章祝詞等を輯錄し熙朝の盛事を發揚したるものなり耆社の慶會は高麗より始り朝鮮太宗は卽位三年に於て耆社に入り耆老の群臣を會して土田を賜ふ肅宗、英祖亦此の擧あり當時七十以上の群臣皆共に耆社に題名して宴を張り詩文を詠進せり靈壽玉牒、耆府文藻、群老題名、洛社故事、湛露恩禮、考訂雜述、優養彝典に分目す

○搢　紳　資　歷　一冊　寫本

正祖より憲宗の時に至る文科人名の略歷にして純祖前後に亘るもの多く姓氏別を以て順次に之を列記し姓名下に就き年、字、官歷等を記せり

○皇壇陪享諸臣錄　一冊　寫本

各祠に配享せられたる功臣の略傳を類別列叙したるものにして多くは明萬曆以後天啓、崇禎の間卽ち仁祖の時滿人入寇の際忠死したる功臣にして總へて一百四十一人の目錄なり

○東　國　諡　號　四冊　寫本

朝鮮歷代の文武諸臣に賜ひたる諡號を輯錄したるものなり

○東國諡號考　二冊　寫本

仁祖以後純祖に至る名臣の諡號を列記し之に揷註を加へたるものなり

○正祖實錄廳題名記　一冊　印本

純祖五年乙丑正祖實錄を編修し畢りたる時の總裁李秉模以下諸官員百四十二人の題名記にして活字を以て印出せしものなり

○純祖實錄廳題名記　一冊　印本

憲宗三十二年乙未純祖實錄を纂修し戊戌役を畢れり仍て總裁李相璜以下百二十七人の姓名を錄し活字を以て印出す

○憲宗實錄廳題名記　一冊　印本

哲宗三年壬子憲宗實錄を編修し畢る其の時總裁以下諸官員凡百二人の姓名を錄し實錄廳に於て活字を以て印出したるものなり

○翰苑題名錄　一冊　寫本

藝文館檢閲を經たる人の姓名を順次に錄したるものにして太祖の時に於ける黄喜以下李太王の時の沈履澤に至る合せて四百六十三人あり翰苑は藝文館檢閲の直所の別稱なり

○講製文臣題名錄　一冊　寫本

講讀及製述を爲したる文臣等の名簿なり蓋し朝鮮に於ては文を崇ひ卿列に至りたる文臣と雖經史の講讀及詩文の講製を隨時課督したるものなり

○抄啓文臣題名錄　一冊　寫本

抄啓文臣の名簿にして正祖五年辛丑より憲宗十四年戊申に至る李時秀の序あり

○冊封嘉禮實錄抄　一冊　寫本

太祖七年戊寅より世祖五年庚辰に至る實錄の中王世子、世子嬪の冊封及嘉禮と上王大妃に對する諸大儀禮に關する事實を抄出して後考に供したるものなり

○船政實錄考抄　一冊　寫本

朝鮮歷代の船政に關する事項を太宗の四年乙亥より光海君庚戌に至る實錄中より抄出し後考に資したるものなり

○仁祖丙寅迎勅實錄抄　一冊　寫本

仁祖四年丙寅明の熹宗の子誕生し姜日廣を以て詔使と爲し朝鮮に使す金鎏を遠接使と爲し李廷龜を館伴使と爲し迎送したる時の日記なり

○內閣恒式　一冊　寫本

奎章閣に關する年中行事の恒例を制定したるものなり五節句の外春秋の二季及月初又は行幸等の時奎章閣大官、小吏、役丁等に下賜する酒肉、藥品、柴炭、米石、布疋の數量より年中收支の米石、金錢の總額又は曆書の頒配定數竝に書樓、監書廳、奎章閣の用紙、司饔院等に屬する器具の數に至るまで逐次に之を詳記し濫費を省減したるものなり

○宣傳官廳新薦案　一冊　寫本

武官中の宣傳官は薦を受けて叙任するものにして庶派子孫を新薦と稱す李太王即位以後に於ける新薦者の姓名を錄し十八年辛巳に止む

○宣傳官廳承傳受點案　二冊　寫本

宣傳官として傳敎を受け專任する者は特に落點す其の受點の順序を以て此の案を編錄して後考と爲せり正祖の己巳より李王の丁未に至る

○左右侍御廳薦案　一冊　寫本

侍御は武官の職にして宣傳官、別軍職の例に依り將臣或は行首等之か推薦を爲す本冊は光武三年より隆熙元年までの薦案なり

○新訂廳風案　一冊　李儒敬編　寫本

宣傳官廳の事例にして編者逸文を裒集して一冊と爲し後の參考としたるものなり

李儒敬　字は士弘、咸春君昌運の子なり英祖丁卯に生れ甲午武科に登り正祖丁酉宣傳官に入仕し承旨となり捕將を歷て

純祖の時に歿せり官平安兵使に至る

○宣傳官廳完議　一冊　寫本

正祖二十年丙辰宣傳官廳に於て捄弊勘債の法を立てたる時の完議なり

○宣傳官廳完議　一冊　寫本

宣傳官廳に於て諸般の規模、條例を備錄留案し後の考査に供したるものなり

○金吾禊帖　一冊　蔡膺一等編　寫本

英祖二十六年庚午義禁府都事蔡膺一等十八人同僚の情誼を温むるため名、字、生年、科榜、籍貫を錄し首に會坐の形止を圖揭したるものにして古人修禊の義を取り禊帖と名く金吾は義禁府の別名なり

○禁旅操錬笏記　一冊　印本

侍衛軍隊の操錬方式を記載せしものにして陣圖を附せり

○宣傳官廳各條笏記　三冊　寫本

宣傳官廳に於ける各項擧行の事例を記載せしものなり標信、信箭方色、親臨歲首犒饋、瑞葱臺試射時攔後別隊叅現、親臨試射、入直軍親閱、幸行時晝停所、陵園所上下馬、懸落燈、行宮經宿時開閉門定更、齋室經宿時開閉門定更、幸行時隨駕軍親閱、六軍門招搖旗號令、武藝廳旗色、駕前駕後、攔後別隊旗色、渡涉號令、大閱、親臨犒饋、城操、夜操、龍虎營各陣號令、訓錬都監各陣號令、禁御兩營各陣號令、一內禁軍春秋兩等別試射叅現節次、舟橋渡涉號令、斥候、伏兵、華城城操、小開門、升壇、升旗、發伏路、閉城門、一面操、四面齊操、收伏路、下城、落旗、夜操、閉城門、演炬、懸燈、傳更、閉城門、收伏路、下城、挹淸樓水操發哨船、小開門、升壇、招官旗、聽發放、舵繚椗隊長發放、官旗下地方、升旗起操、列船作戰、鼇綜回船、下方營、發樵汲、査功罪、收樵汲、收營、散操、落旗等六十五目に分つ

○宗親府新建役事下記　一冊　寫本

李太王元年甲子宗親府を新建せし時の材具、費用等を記錄し、

て存案とせしものなり

○宗親府朝房新建役事下記　一冊　寫本

李太王元年甲子宗親府の朝房（朝房は闕門外に各官司の附屬舍を置くを云ふ）を新建し或は修理せし工事に付諸般の材具、費用等を記錄し存案とせしものなり

○宗正府傳掌記　一冊　寫本

李太王の時宗正府に保管せし王室に關係ある冠、婚、喪、祭其の他の禮典儀式に屬する書類、御製、系譜、諱號、尊號並に大小器物、税金等の引繼目錄なり

○進上及各處所奉總錄　一冊　寫本

璿源譜略、國朝御牒、八高祖圖、王妃世譜其の他諸譜等を進上し又は各所に安置したる記錄なり

○璿派名錢錄　二冊　寫本

璿源譜を修繕する時各璿派人より名錢を宗親府に移送したる都錄にして哲宗二年辛酉より李太王七年庚午に亘れり

○訓錬都監重記　一冊　申正熙編　寫本

李太王十八年辛巳申正熙か訓錬大將たりし時營制の改正に因り壯禦大將に任し訓錬都監を廢止したる時該都監に附屬せし錢穀以下各項の雜物に至るまで遺在の數爻を載錄し考査に供したるものなり

申正熙　字は元仲、香農は其の號平山の人にして參贊號は威堂、櫶の子なり純祖癸巳に生れ憲宗戊申内乘に任し同年武科に登り訓錬正より承旨となり諸營大將を歷て乙未に歿す官刑判に至る文雅恬靜にして居官を善くし儒將の稱を得たり

○江界府事例釐整記　一冊　寫本

平安北道江界府の事例を釐整したるものにして原事例に就き增修せり

○晉州鄉校儒錢用下幷錄册　一冊　寫本

慶尙道晉州の鄉校建營及重修等に就き純祖十六年壬申憲宗七年辛丑哲宗元年庚戌に於ける儒生の出金及支辨等を錄す

○勅使贈給錄　八巻八册　寫本

仁祖二十一年以降正祖十年に至る凡そ百四十一年間に於て封册、慶吊等の事故ある毎に清使の來東に付正副使、大小通官、各等頭目、家丁等に分贈したる紬布、獸皮、紙筆、刀劍、銀子、馬具、烟竹の微に至るまで逐次詳記したるものなり

○春秋封裹錄　五册　奎章閣編　寫本

咸興及永興の兩本宮に衣襨、幣帛、香燭、祭品、祭器等の物を封進する一般の儀註を謄錄せしものにして正祖十八年甲寅の儀註改正に始り李太王二十七年庚寅まで九十七年間に亘れり

○海西摠釐　一册　寫本

黃海道各郡に於ける弊害を釐正したる節目を抄輯す

○植木實總　一册　寫本

正祖六年に新設したる景慕宮の苑池造築と共に風致の美觀を添ふるため移植したる樹木の保存に關する規定書にして卷末に植木節目を記せり

○仁川稅總　一册　寫本

李太王二十四年丁亥十月より年末に至る仁川海關の輸出輸入稅の總數、海關經費の計算書を列錄上聞せし原件にして末端に啓字を押せり

○江東顚末　一册　寫本

徐萬修か江東縣監として在任の時結散錢還徵の事に付監司李鼇源に狀罷せられ後釁隙を生し相互陳疏辨明したる事實を記載したるものにして李鼇源に關係したる文字若干を掇拾入錄す

○赤裳山城條陳成册　一册　寫本

史庫の在りし全羅道茂朱縣赤裳山城の周圍を修築したる事實城門の形勢、城外道里、城內寶鏡寺の形址、寺僧の擧行、史庫の形址、官吏の數爻其の他供應節目、城內儲置の糧物、軍器等を錄したるものなり仁祖十年壬申縣監金壽昌の査錄に係る

英祖辛丑に生れ戊子進士に中り蔭仕敎官を以て壬辰文科に登り直提學を經て官判事に至り正祖の時に歿す諡孝簡を贈らる

○顯隆園逼近處買收田畓量案　一冊　寫本

莊獻世子の顯隆園附近の文殊堂面、市峯面等の田地を買收したる時の帳簿にして正祖の時壯勇營に保管せしものなり

○茂長所在奎章閣田畓改量案　一冊　寫本

正祖十六年壬子全羅道茂長縣に在りし奎章閣田畓を縣監李學彬か改量し畓の字號結卜、作人の姓名等を成案正書して奎章閣に上送せし存案なり

李學彬　は德水の人領相瀓の子にして官縣監に至れり

○文　記　册　一冊　寫本

慶尙道安東河回に居住する柳成龍の後孫柳氏か其の所有に係る各地田畓家宅及奴婢を記錄したる帳簿にして明宗丁卯の登科別給文記、宣祖甲午の同生和會文記、丙戌の貞敬夫人李氏同生和會文記、明宗丙寅の妻母登科別給文記、四寸大母別給斜出文記、五寸叔柳仲淸許給文記、明宗乙丑に成れる妻邊生

金壽言　字は天休、晩休堂は其の號なり仙源尙容の孫にして光海君の時に生る蔭仕し州郡を歷て顯宗の時に歿せり官軍資正に至る

○水原新邑營建公廨間方成册　一冊　寫本

正祖十五年辛亥水原邑城を營建せし時の記錄にして所要材料の數、正廳、公廨、倉庫、門樓、鄕校、聖殿等の間數を詳記したる成册なり

○海南縣蠲貢成册　一冊　寫本

正祖十八年甲寅海南縣の饉饑に因り貢膳を蠲減せしこと並に各項の稅納を蕩減し或は停退せし物名及錢布の數を載錄せしものなり

○杆城流民還接他民移接成册　一冊　寫本

正祖二十一年丁巳徐有防江原道觀察使たる時管下杆城郡の流民の還接したる者と他郡民の郡內に新接したる者との家族を調査し成册と爲し覽に供したるものなり

徐有防　字は元禮、奉軒と號す達城の人修撰孝修の子なり

員別給文記、庶母傳給文記、小家田畓記及各親戚分衿記其の他雜文記類等を收錄して一冊とせり

○九包水蔘都錄　一冊　寫本

人蔘は朝鮮の特産にして開城の栽培を以て最と爲す種養して五年乃至七年に至るを五根六根七根と云ひ之を採取し最も大なるものを蒸乾し支那に輸出す其の他は生乾し國內の藥料に供したり其の生蔘を水蔘、蒸乾を紅蔘、生乾を白蔘又は乾蔘と云ふ製造は官營にして製造所を包所と稱す又製造事務は從來八組に分ち組を包と云へり此は李太王戊子開城包所より其の附近に在る蔘圃の地名主人の姓名及根數、間數、片數、次數等を記錄したる帳簿にして當時九組に增したるを以て九包と稱す

○九包乾蔘都錄　一冊　寫本

李太王二十五年戊子開城蒸蔘包所に於て製造したる白蔘の斤數を列記したる帳簿なり

○國私忌册　一冊　寫本

哲宗の時に於ける國忌と私親の忌日等を載録したるものにして供上所に謄錄存在せしものなり國忌には素膳を以て供進し其の五代以上は正宮にのみ三時素膳を進供し五代以下は正宮私親共に六時素膳を進供するを例としたり

○山陰戸籍　寫本

慶尙道山陰縣(今山淸郡)の戸籍大帳にして宣祖の時に作成したるものなり書式は面、里、戸番、職、姓名、生年、本貫、父祖、曾祖の職及名、外祖の職、姓名、本貫、妻の姓、生年、本貫、妻の父、祖、曾祖の職及名、妻の外祖の職、姓名、本貫、子の職及名、生年、奴婢の名及生年を列記し毎丁に査印を押せり而して戸籍は三年に一回子午卯酉の年を以て改め編成するを定例としたり

宣祖三年庚午山陰帳籍　一冊
宣祖三十九年丙午山陰帳籍　一冊

○蔚山戸籍　寫本

慶尙道蔚山府の戸籍大帳なり其の書式は宣祖乙酉の分は山陰戸籍に同し而して肅宗以後の分は五戸を以て編して一統と爲

し毎統に統首を定め先つ面里を記し統首の姓名を掲け次に第一戸より第五戸まて戸主の職、姓名其の他を記すこと山陰帳籍と異ならす又某年戸ロ相準印と記せり

宣祖十八年乙酉蔚山戸籍大帳　一冊
粛宗十年甲子蔚山戸籍大帳　一冊
粛宗三十四年戊子蔚山戸籍大帳　一冊
英祖五年己酉蔚山戸籍大帳　一冊
英祖十一年乙卯蔚山戸籍大帳　一冊
英祖二十九年癸酉蔚山戸籍大帳　一冊
英祖三十五年己卯蔚山戸籍大帳　一冊
英祖四十一年乙酉蔚山戸籍大帳　一冊
英祖四十一年乙酉蔚山戸籍大帳　一冊
英祖四十一年乙酉蔚山戸籍大帳　一冊
英祖四十一年乙酉蔚山戸籍大帳　一冊
英祖四十四年戊子蔚山戸籍大帳　一冊
英祖四十七年辛卯蔚山戸籍大帳　一冊
英祖四十七年辛卯蔚山戸籍大帳　一冊
英祖五十年甲午蔚山戸籍大帳　一冊
英祖五十年甲午蔚山戸籍大帳　一冊
正祖七年癸卯蔚山戸籍大帳　一冊
正祖十年丙午蔚山戸籍大帳　一冊
正祖十三年己酉蔚山戸籍大帳　一冊
正祖十六年壬子蔚山戸籍大帳　一冊
正祖十九年乙卯蔚山戸籍大帳　一冊
正祖十九年乙卯蔚山戸籍大帳　一冊
純祖元年辛酉蔚山戸籍大帳　一冊
純祖元年辛酉蔚山戸籍大帳　一冊
純祖四年甲子蔚山戸籍大帳　一冊
純祖十年庚午蔚山戸籍大帳　一冊
純祖十年庚午蔚山戸籍大帳　一冊
純祖十九年己卯蔚山戸籍大帳　一冊
純祖二十五年乙酉蔚山戸籍大帳　一冊
純祖二十五年乙酉蔚山戸籍大帳　一冊
純祖三十一年辛卯蔚山戸籍大帳　一冊
純祖三十四年甲午蔚山戸籍大帳　一冊
純祖三十四年甲午蔚山戸籍大帳　一冊
憲宗六年庚子蔚山戸籍大帳　一冊
憲宗九年癸卯蔚山戸籍大帳　一冊

憲宗十五年己酉蔚山戸籍大帳　一冊
憲宗十五年己酉蔚山戸籍大帳　一冊
哲宗九年戊午蔚山戸籍大帳　一冊
李太王元年甲子蔚山戸籍大帳　一冊
李太王四年丁卯蔚山戸籍大帳　一冊
李太王七年庚午蔚山戸籍大帳　一冊
李太王十三年丙子蔚山戸籍大帳　一冊
李太王十六年己卯蔚山戸籍大帳　一冊
李太王十九年壬午蔚山戸籍大帳　一冊
李太王二十二年乙酉蔚山戸籍大帳　一冊
李太王二十八年辛卯蔚山戸籍大帳　一冊
世代未詳甲午蔚山戸籍大帳　一冊
世代未詳乙酉蔚山戸籍大帳　一冊
世代未詳乙酉蔚山戸籍大帳　一冊
世代未詳丙午蔚山戸籍大帳　一冊

〇大丘戸籍　寫本

慶尚道大邱府の戸籍大帳にして其の書式は蔚山戸籍肅宗以後の分と同一なり

肅宗十六年庚午大丘帳籍　一冊
肅宗四十六年庚子大丘帳籍　一冊
景宗三年癸卯大丘帳籍　一冊
景宗三年癸卯大丘帳籍　一冊
英祖二年丙午大丘帳籍　一冊
英祖二年丙午大丘帳籍　一冊
英祖五年己酉大丘帳籍　一冊
英祖五年己酉大丘帳籍　一冊
英祖五年己酉大丘帳籍　一冊
英祖八年壬子大丘帳籍　一冊
英祖八年壬子大丘帳籍　一冊
英祖十一年乙卯大丘帳籍　一冊
英祖十四年戊午大丘帳籍　一冊
英祖十四年戊午大丘帳籍　一冊
英祖十四年戊午大丘帳籍　一冊
英祖十四年戊午大丘帳籍　一冊
英祖十七年辛酉大丘帳籍　一冊
英祖二十年甲子大丘帳籍　一冊
英祖二十年甲子大丘帳籍　一冊

英祖二十三年丁卯大丘帳籍　一冊
英祖二十三年丁卯大丘帳籍　一冊
英祖二十九年癸酉大丘帳籍　一冊
英祖三十五年己卯大丘帳籍　一冊
英祖四十一年乙酉大丘帳籍　一冊
英祖五十年甲午大丘帳籍　一冊
英祖五十年甲午大丘帳籍　一冊
英祖五十年甲午大丘帳籍　一冊
英祖五十年甲午大丘帳籍　一冊
英祖五十年甲午大丘帳籍　一冊
正祖元年丁酉大丘帳籍　一冊
正祖元年丁酉大丘帳籍　一冊
正祖元年丁酉大丘帳籍　一冊
正祖元年丁酉大丘帳籍　一冊
正祖元年丁酉大丘帳籍　一冊
正祖元年丁酉大丘帳籍　一冊
正祖元年丁酉大丘帳籍　一冊
正祖元年丁酉大丘帳籍　一冊
正祖元年丁酉大丘帳籍　一冊
正祖四年庚子大丘帳籍　一冊
正祖四年庚子大丘帳籍　一冊
正祖七年癸卯大丘帳籍　一冊
正祖十年丙午大丘帳籍　一冊
正祖十三年己酉大丘帳籍　一冊
正祖十三年己酉大丘帳籍　一冊
正祖十六年壬子大丘帳籍　一冊
正祖十六年壬子大丘帳籍　一冊
正祖十六年壬子大丘帳籍　一冊
正祖十六年壬子大丘帳籍　一冊
正祖十六年壬子大丘帳籍　一冊
正祖十九年乙卯大丘帳籍　一冊
正祖十九年乙卯大丘帳籍　一冊
正祖十九年乙卯大丘帳籍　一冊
正祖十九年乙卯大丘帳籍　一冊
正祖十九年乙卯大丘帳籍　一冊
正祖十九年乙卯大丘帳籍　一冊
正祖十九年乙卯大丘帳籍　一冊
正祖十九年乙卯大丘帳籍　一冊

正祖十九年乙卯大丘帳籍	一冊
正祖十九年乙卯大丘帳籍	一冊
正祖二十二年戊午大丘帳籍	一冊
正祖二十二年戊午大丘帳籍	一冊
正祖二十二年戊午大丘帳籍	一冊
正祖二十二年戊午大丘帳籍	一冊
正祖二十二年戊午大丘帳籍	一冊
正祖二十二年戊午大丘帳籍	一冊
正祖二十二年戊午大丘帳籍	一冊
正祖二十二年戊午大丘帳籍	一冊
正祖二十二年戊午大丘帳籍	一冊
正祖二十二年戊午大丘帳籍	一冊
正祖二十二年戊午大丘帳籍	一冊
正祖二十二年戊午大丘帳籍	一冊
純祖元年辛酉大丘帳籍	一冊
純祖元年辛酉大丘帳籍	一冊
純祖元年辛酉大丘帳籍	一冊
純祖元年辛酉大丘帳籍	一冊
純祖元年辛酉大丘帳籍	一冊
純祖元年辛酉大丘帳籍	一冊
純祖元年辛酉大丘帳籍	一冊
純祖元年辛酉大丘帳籍	一冊
純祖元年辛酉大丘帳籍	一冊
純祖元年辛酉大丘帳籍	一冊
純祖元年辛酉大丘帳籍	一冊
純祖元年辛酉大丘帳籍	一冊
純祖元年辛酉大丘帳籍	一冊
純祖元年辛酉大丘帳籍	一冊
純祖四年甲子大丘帳籍	一冊
純祖四年甲子大丘帳籍	一冊
純祖四年甲子大丘帳籍	一冊
純祖四年甲子大丘帳籍	一冊
純祖四年甲子大丘帳籍	一冊
純祖四年甲子大丘帳籍	一冊
純祖七年丁卯大丘帳籍	一冊
純祖七年丁卯大丘帳籍	一冊
純祖七年丁卯大丘帳籍	一冊
純祖七年丁卯大丘帳籍	一冊

純祖七年丁卯大丘帳籍 一冊
純祖七年丁卯大丘帳籍 一冊
純祖七年丁卯大丘帳籍 一冊
純祖七年丁卯大丘帳籍 一冊
純祖七年丁卯大丘帳籍 一冊
純祖七年丁卯大丘帳籍 一冊
純祖七年丁卯大丘帳籍 一冊
純祖七年丁卯大丘帳籍 一冊
純祖十年庚午大丘帳籍 一冊
純祖十年庚午大丘帳籍 一冊
純祖十年庚午大丘帳籍 一冊
純祖十年庚午大丘帳籍 一冊
純祖十年庚午大丘帳籍 一冊
純祖十年庚午大丘帳籍 一冊
純祖十年庚午大丘帳籍 一冊
純祖十年庚午大丘帳籍 一冊
純祖十年庚午大丘帳籍 一冊
純祖十年庚午大丘帳籍 一冊
純祖十年庚午大丘帳籍 一冊

純祖十年庚午大丘帳籍 一冊
純祖十年庚午大丘帳籍 一冊
純祖十年庚午大丘帳籍 一冊
純祖十三年癸酉大丘帳籍 一冊
純祖十三年癸酉大丘帳籍 一冊
純祖十六年丙子大丘帳籍 一冊
純祖十六年丙子大丘帳籍 一冊
純祖十六年丙子大丘帳籍 一冊
純祖十六年丙子大丘帳籍 一冊
純祖十六年丙子大丘帳籍 一冊
純祖十六年丙子大丘帳籍 一冊
純祖十六年丙子大丘帳籍 一冊
純祖十六年丙子大丘帳籍 一冊
純祖十六年丙子大丘帳籍 一冊
純祖十六年丙子大丘帳籍 一冊
純祖十六年丙子大丘帳籍 一冊
純祖十六年丙子大丘帳籍 一冊
純祖十六年丙子大丘帳籍 一冊
純祖十九年己卯大丘帳籍 一冊

純祖十九年己卯大丘帳籍	一冊
純祖二十二年壬午大丘帳籍	一冊
純祖二十二年壬午大丘帳籍	一冊
純祖二十二年壬午大丘帳籍	一冊
純祖二十二年壬午大丘帳籍	一冊
純祖二十五年乙酉大丘帳籍	一冊
純祖二十五年乙酉大丘帳籍	一冊
純祖二十五年乙酉大丘帳籍	一冊
純祖二十五年乙酉大丘帳籍	一冊
純祖二十五年乙酉大丘帳籍	一冊
純祖二十五年乙酉大丘帳籍	一冊
純祖二十五年乙酉大丘帳籍	一冊
純祖二十五年乙酉大丘帳籍	一冊
純祖二十五年乙酉大丘帳籍	一冊
純祖二十五年乙酉大丘帳籍	一冊
純祖二十五年乙酉大丘帳籍	一冊
純祖二十五年乙酉大丘帳籍	一冊
純祖二十五年乙酉大丘帳籍	一冊
純祖二十五年乙酉大丘帳籍	一冊
純祖二十八年戊子大丘帳籍	一冊
純祖二十八年戊子大丘帳籍	一冊
純祖二十八年戊子大丘帳籍	一冊
純祖二十八年戊子大丘帳籍	一冊
純祖二十八年戊子大丘帳籍	一冊
純祖二十八年戊子大丘帳籍	一冊
純祖二十八年戊子大丘帳籍	一冊
純祖三十一年辛卯大丘帳籍	一冊
純祖三十一年辛卯大丘帳籍	一冊
純祖三十一年辛卯大丘帳籍	一冊
純祖三十一年辛卯大丘帳籍	一冊
純祖三十一年辛卯大丘帳籍	一冊
純祖三十一年辛卯大丘帳籍	一冊
純祖三十一年辛卯大丘帳籍	一冊
純祖三十四年甲午大丘帳籍	一冊
純祖三十四年甲午大丘帳籍	一冊
純祖三十四年甲午大丘帳籍	一冊
憲宗三年丁酉大丘帳籍	一冊
憲宗三年丁酉大丘帳籍	一冊

憲宗六年庚子大丘帳籍 一冊
憲宗六年庚子大丘帳籍 一冊
憲宗六年庚子大丘帳籍 一冊
憲宗六年庚子大丘帳籍 一冊
憲宗九年癸卯大丘帳籍 一冊
憲宗九年癸卯大丘帳籍 一冊
憲宗十二年丙午大丘帳籍 一冊
憲宗十二年丙午大丘帳籍 一冊
憲宗十二年丙午大丘帳籍 一冊
憲宗十二年丙午大丘帳籍 一冊
憲宗十二年丙午大丘帳籍 一冊
憲宗十二年丙午大丘帳籍 一冊
憲宗十五年己酉大丘帳籍 一冊
憲宗十五年己酉大丘帳籍 一冊

○尙州戸籍 寫本

慶尙道尙州牧の戸籍大帳にして其の書式は蔚山戸籍肅宗以後の分と同一なり

英祖十四年戊午尙州帳籍 一冊
英祖二十九年癸酉尙州帳籍 一冊
英祖四十一年乙酉尙州帳籍 一冊
純祖元年辛酉尙州帳籍 一冊
純祖十九年己卯尙州帳籍 一冊
純祖二十二年壬午尙州帳籍 一冊

○任實量案 寫本

全羅道任實縣の田畓を改量せし時の量案にして量田導行帳及陳田大帳あり而して田畓には梁の周興嗣の千字文を以て每五結に一の字號を附し田品を九等に分ち田形は直田、方田、圭田、勾田、梯田等に區別し長廣、四標及結卜の數と起主の姓名、今舊陳廢の所を明記し且東犯、西犯を記して測量の方向を示し宮屯田、館位田、續田等の結數を卷末に附し官印を押せり

肅宗八年戊戌任實量田導行帳 一〇冊
英祖二十五年己巳任實陳田大帳 一冊

○順天量案　寫本

肅宗己亥の年に作成したる全羅道順天府の量案にして書式は任實量案と差異なし

肅宗九年己亥順天量案　一冊
肅宗九年己亥順天量案　一冊
肅宗九年己亥順天量案　一冊
肅宗九年己亥順天量案　一冊
肅宗九年己亥順天量案　一冊
肅宗九年己亥順天量案　一冊
肅宗九年己亥順天量案　一冊
肅宗九年己亥順天量案　一冊
肅宗九年己亥順天量案　一冊
肅宗九年己亥順天量案　一冊
肅宗九年己亥順天量案　一冊
肅宗九年己亥順天量案　一冊
肅宗九年己亥順天量案　一冊
肅宗九年己亥順天量案　一冊
肅宗九年己亥順天量案　一冊

○海南量案　寫本

肅宗庚子の年に作成したる全羅道海南縣の量案にして書式は任實量案と差異なし

肅宗十年庚子海南量案　一冊
肅宗十年庚子海南量案　一冊

○南海量案　寫本

肅宗庚子の年に作成したる慶尙道南海縣の量案にして書式は任實量案と差異なし

肅宗十年庚子南海改量田案　一冊
肅宗十年庚子南海改量田案　一冊
肅宗十年庚子南海改量田案　一冊
肅宗十年庚子南海改量田案　一冊
肅宗十年庚子南海改量田案　一冊

○高山量案　寫本

全羅道高山縣の量案にして陳田改量案、降續降等陳田正案等あり書式は任實量案と差異なし

肅宗九年己亥高山量田導行帳　三冊
肅宗九年己亥高山量田導行帳　八冊
英祖二十四年戊辰高山陳田改量導行帳　五冊
英祖三十五年己卯高山降續降等陳田正案　二冊

○全州量案　寫本

全羅道全州府の量案にして量田導行帳及陳田改量正案あり書式は任實量案と差異なし

肅宗九年己亥全州量田導行帳　一〇冊
英祖二十三年丁卯全州陳田改量正案　八冊

○南原導行帳　五冊　寫本

肅宗九年己亥に作成したる全羅道南原府の量案にして書式は任實案と差異なし

○一新量案　四冊　寫本

英祖二十三年丁卯に作成したる全羅道一新縣(今の南原)の陳田改量正案にして書式は任實量案と大差なし但起主の處に川反主、許頉陳主、降續陳起主、仍續陳主、覆沙起主等を明記す

○義城量案　二四冊　寫本

肅宗十年庚子に作成したる慶尙道義城縣の量案にして書式は任實量案と差異なし

○比安量案　五冊　寫本

肅宗十年庚子に作成したる慶尙道比安縣(今の義城)の量案にして書式は任實量案と差異なし

○嘉禮都監儀軌　寫本

國王及世子婚禮の時は嘉禮都監を置き一般の儀節を管理せしめ儀節を逐一記錄して成書と爲し之を嘉禮儀軌と名く凡へて儀軌には月日を叙し事例を述へ憲章を備へ制作を明にし史體を具へ簿規を存す

仁祖莊烈后嘉禮都監儀軌　一冊
顯宗明聖后嘉禮都監儀軌　一冊
肅宗仁敬后嘉禮都監儀軌　一冊
肅宗仁顯后嘉禮都監儀軌　一冊

肅宗仁元后嘉禮都監儀軌 一冊
景宗端懿后嘉禮都監儀軌 一冊
景宗宣懿后嘉禮都監儀軌 一冊
英祖貞純后嘉禮都監儀軌 二冊
眞宗孝純后嘉禮都監儀軌 一冊
莊祖獻敬后嘉禮都監儀軌 一冊
正祖孝懿后嘉禮都監儀軌 一冊
純祖純元后嘉禮都監儀軌 二冊
文祖神貞后嘉禮都監儀軌 二冊
憲宗孝顯后嘉禮都監儀軌 二冊
憲宗孝定后嘉禮都監儀軌 二冊
哲宗哲仁后嘉禮都監儀軌 二冊
李太王明成后嘉禮都監儀軌 二冊
李王純明后嘉禮都監儀軌 二冊
李王李王妃嘉禮都監儀軌 二冊
昭顯世子嘉禮都監儀軌 一冊

○后妃册禮都監儀軌 寫本

后妃、世子嬪、太子妃等の冊封儀節を都監に於て記錄したるものなり又大嬪及貴妃の冊封儀軌あり

孝宗仁宣后冊禮都監儀軌 一冊
顯宗明聖后冊禮都監儀軌 一冊
肅宗仁敬后冊禮都監儀軌 一冊
肅宗仁顯后復位時冊禮都監儀軌 一冊
景宗宣懿后復位時冊禮都監儀軌 一冊
英祖貞聖后復位時冊禮都監儀軌 一冊
正祖孝懿后復位時冊禮都監儀軌 一冊
隆熙兩皇后復位時冊禮都監儀軌 一冊
玉山大嬪陞后都監儀軌 一冊
貴人進封淳妃儀軌 一冊
淳妃進封貴妃儀軌 一冊

○儲宮册禮都監儀軌 寫本

王世子、王世孫及王世弟の冊封儀節を都監に於て記錄したるものなり

孝宗世子受冊時冊禮都監儀軌 一冊
顯宗世孫受冊時冊禮都監儀軌 一冊
顯宗世子受冊時冊禮都監儀軌 一冊

肅宗世子受冊時冊禮都監儀軌　一冊
景宗世子受冊時冊禮都監儀軌　一冊
英祖世弟受冊時冊禮都監儀軌　一冊
眞宗世子受冊時冊禮都監儀軌　一冊
莊祖世子受冊時冊禮都監儀軌　一冊
正祖世孫受冊時冊禮都監儀軌　一冊
純祖世子受冊時冊禮都監儀軌　一冊
文祖世子受冊時冊禮都監儀軌　一冊
憲宗世孫受冊時冊禮都監儀軌　一冊
李王世子受冊時冊禮都監儀軌　一冊
廢世子䄉受冊時冊禮都監儀軌　一冊
懿昭世孫受冊時冊禮都監儀軌　一冊
文孝世子受冊時冊禮都監儀軌　一冊

○尊號都監儀軌　寫本

王及后妃の大慶或は特に功德ありたる時は百官儀定して美號を上進す之を上尊號と稱し又昇遐の後に在りても記念すへき事ある時は同しく尊號を追上するを例とす其の尊號を上つる時の一般儀節を記述したるものなり

宣祖再尊號都監儀軌　一冊
宣祖同懿仁后光海朝尊號都監儀軌　一冊
宣祖仁穆后三尊號都監儀軌　一冊
仁祖追尊號（孝宗追尊號 太王五尊號）憲宗孝定后十二尊號都監儀軌　一冊
仁祖莊烈后三尊號孝宗明聖后尊崇都監儀軌　一冊
仁祖莊烈后四尊號都監儀軌　一冊
顯宗追尊號英祖四尊號都監儀軌　一冊
肅宗初尊號都監儀軌　二冊
肅宗再尊號都監儀軌　一冊
肅宗四尊號都監儀軌　一冊
肅宗仁元后四尊號都監儀軌　一冊
肅宗仁元后五尊號都監儀軌　一冊
肅宗仁元后六尊號都監儀軌　一冊
肅宗仁元后七尊號都監儀軌　一冊
肅宗仁元后八尊號都監儀軌　二冊
肅宗仁元后九尊號都監儀軌　二冊
肅宗仁元王后十尊號都監儀軌　二冊
英祖四尊號都監儀軌　二冊
英祖六尊號莊祖再尊號都監儀軌　二冊

英祖貞純后四尊號莊祖獻敬后再尊號都監儀軌　一冊
英祖貞純后六尊號都監儀軌　一冊
英祖貞純后七尊號莊祖獻敬后四尊號都監儀軌　二冊
英祖貞純后八尊號都監儀軌　一冊
英祖貞純后十尊號都監儀軌　一冊
莊祖三尊號都監儀軌　一冊
純祖初尊號都監儀軌　二冊
純祖再尊號文祖初尊號都監儀軌　二冊
純祖三尊號都監儀軌　一冊
純祖四尊號都監儀軌　一冊
純祖五尊號都監儀軌　一冊
純祖六尊號都監儀軌　二冊
純祖七尊號都監儀軌　一冊
純祖純元后三尊號都監儀軌　一冊
純祖純元后五尊號文祖神貞后三尊號 憲宗孝定后尊崇 都監儀軌　一冊
純祖純元后六尊號都監儀軌　一冊
文祖初尊號都監儀軌　一冊
文祖再尊號憲宗追尊號都監儀軌　二冊
文祖三尊號憲宗哲宗再尊號都監儀軌　一冊

文祖六尊號都監儀軌　一冊
文祖十一尊號都監儀軌　一冊
文祖十二尊號憲宗孝定后十一尊號 太王四尊號 都監儀軌　一冊
文祖十三尊號憲宗孝定后十三尊號 太王明成后五尊號 都監儀軌　一冊
文祖神貞后五尊號憲宗孝定后三尊號 都監儀軌　一冊
文祖神貞后六尊號憲宗孝定后四尊號 都監儀軌　一冊
文祖神貞后七尊號憲宗孝定后五尊號 哲宗哲仁后再尊號 都監儀軌　一冊
文祖神貞后八尊號憲宗孝定后六尊號 哲宗哲仁后三尊號 都監儀軌　一冊
文祖神貞后十二尊號憲宗孝定后七尊號 哲宗哲仁后四尊號 太王初尊號 都監儀軌　一冊
文祖神貞后二十尊號都監儀軌　一冊
文祖神貞后二十一尊號憲宗孝定后八尊號 太王再尊號 都監儀軌　一冊
文祖神貞后二十二尊號憲宗孝定后十尊號 太王三尊號 都監儀軌　一冊
哲宗尊號都監儀軌　一冊
光海朝尊號都監儀軌　一冊

○尊崇都監儀軌

寫本

前代の后妃を在世中に尊崇し太后若は大妃と稱する事に關し一般の儀節を記したるものなり

仁祖莊烈后尊崇都監儀軌　一冊

仁祖莊烈后加崇 孝宗仁宣后尊崇 都監儀軌　一冊

顯宗明聖后尊崇都監儀軌　一冊

肅宗仁元后尊崇都監儀軌　一冊

肅宗仁元后加崇都監儀軌　一冊

英祖貞純后加崇 莊祖獻敬后進號 都監儀軌　一冊

英祖貞純后加崇 正祖孝懿后尊崇 都監儀軌　一冊

純祖純元后尊崇 文祖神貞后尊崇 都監儀軌　一冊

文祖神聖后加崇 憲宗孝定后加崇 都監儀軌　一冊

尊崇都監儀軌合編　一冊

○追崇都監儀軌　寫本

王統を繼承するに際し昭穆の序に依り私親に王號を追上せし時の儀節を記せしものなり

眞宗追崇都監儀軌　一冊

文祖追崇都監儀軌　一冊

○即皇位大禮都監儀軌　一冊　寫本

李太王三十四年丁酉皇帝の位に即き國號を韓と改め光武の年號を建つ其の儀節を記したるものなり

○太皇帝尊奉皇太子册禮都監儀軌　一冊　寫本

李王隆熙元年帝位を受け李太王を太皇帝に尊稱し李王世子を皇太子に册封せし當時の儀節を都監に於て記錄したるものなり

○皇帝追尊都監儀軌　寫本

光武元年丁酉李太王國號を韓と改め皇帝と稱したる後三年己亥太祖及近四代を皇帝に追尊し隆熙二年戊申李王又眞宗、憲宗、哲宗を皇帝に追尊したる儀節を記錄せしものなり

太祖莊祖正祖純祖文祖皇帝追尊儀軌　一冊

眞宗憲宗哲宗皇帝追尊儀軌　一冊

○親王册封儀軌　寫本

興宣大院君完和君義和君及李王世子及完興君を王に封せし時

の儀節を記錄したるものなり

大院王完王義王冊封儀軌　一冊

義王英王冊封儀軌　一冊

興王冊封儀軌　一冊

○殯殿魂殿都監儀軌　寫本

王及后妃の喪に際し襲、斂、成服、成殯及魂殿排備等の事務を掌るため殯殿都監を置き喪事一般の儀式を記錄したるものなり又儐宮及各嬪宮の殯宮魂宮都監儀軌あり

宣祖懿仁后殯殿魂殿都監儀軌　一冊

仁祖殯殿都監儀軌　一冊

孝宗殯殿都監儀軌　一冊

孝宗仁宣后殯殿魂殿都監儀軌　一冊

顯宗殯殿都監儀軌　一冊

顯宗明聖后殯殿魂殿都監儀軌　一冊

肅宗殯殿都監儀軌　一冊

肅宗魂殿都監儀軌　一冊

肅宗仁敬后殯殿魂殿都監儀軌　一冊

肅宗仁顯后殯殿魂殿都監儀軌　二冊

肅宗仁元后殯殿魂殿都監儀軌　二冊

景宗殯殿都監儀軌　一冊

景宗魂殿都監儀軌　一冊

景宗端懿后殯宮都監儀軌　一冊

景宗端懿后魂宮都監儀軌　一冊

景宗宣懿后殯殿都監儀軌　一冊

景宗宣懿后魂殿都監儀軌　一冊

英祖殯殿魂殿都監儀軌　二冊

英祖貞聖后殯殿魂殿都監儀軌　二冊

英祖貞純后殯殿魂殿都監儀軌　四冊

眞宗殯宮都監儀軌　一冊

眞宗孝純后殯宮魂宮都監儀軌　一冊

莊祖殯宮魂宮都監儀軌　二冊

莊祖獻敬后殯宮魂宮都監儀軌　三冊

正祖殯殿魂殿都監儀軌　三冊

正祖孝懿后殯殿魂殿都監儀軌　三冊

純祖殯殿魂殿都監儀軌　三冊

純祖純元后殯殿魂殿都監儀軌　三冊

文祖殯宮魂宮都監儀軌　三冊

文祖神貞后殯殿魂殿都監儀軌　三冊
憲宗殯殿魂殿都監儀軌　三冊
憲宗孝顯后殯殿魂殿都監儀軌　三冊
憲宗孝定后殯殿魂殿都監儀軌　三冊
哲宗殯殿魂殿都監儀軌　三冊
哲宗哲仁后殯殿魂殿都監儀軌　三冊
明成皇后殯殿魂殿都監儀軌　三冊
純明皇后殯殿魂殿都監儀軌　一冊
昭顯世子殯宮都監儀軌　一冊
懿昭世孫殯宮魂宮都監儀軌　二冊
文孝世子殯宮魂宮都監儀軌　二冊
顯穆綏嬪殯宮魂宮都監儀軌　三冊

○國葬都監儀軌　寫本

王又は后妃の葬に際し梓宮、車輿、冊寶、服玩、陵誌、明器、吉凶、儀仗、喪帷、鋪筵、祭器、祭奠、返虞等の事を掌るため國葬都監を置き儀節を記述したるものなり又儲宮及各嬪宮の禮葬都監儀軌あり

宣祖國葬都監儀軌　一冊
宣祖仁穆后國葬都監儀軌　二冊
仁祖國葬都監儀軌　一冊
仁祖莊烈后國葬都監儀軌　一冊
孝宗國葬都監儀軌　二冊
孝宗仁宣后國葬都監儀軌　二冊
顯宗國葬都監儀軌　二冊
顯宗明聖后國葬都監儀軌　二冊
肅宗國葬都監儀軌　二冊
肅宗仁敬后國葬都監儀軌　二冊
肅宗仁顯后國葬都監儀軌　二冊
肅宗仁元后國葬都監儀軌　一冊
景宗國葬都監儀軌　二冊
景宗端懿后禮葬都監儀軌　二冊
景宗宣懿后國葬都監儀軌　二冊
英祖國葬都監儀軌　二冊
英祖貞聖后國葬都監儀軌　二冊
英祖貞純后國葬都監儀軌　四冊
眞宗禮葬都監儀軌　一冊
莊祖禮葬都監儀軌　一冊

莊祖獻敬后襄禮都監儀軌　四册
正祖國葬都監儀軌　四册
正祖孝懿后國葬都監儀軌　四册
純祖國葬都監儀軌　四册
純祖純元后國葬都監儀軌　四册
文祖禮葬都監儀軌　四册
文祖神貞后國葬都監儀軌　四册
憲宗國葬都監儀軌　四册
憲宗孝顯后國葬都監儀軌　四册
憲宗孝定后國葬都監儀軌　四册
哲宗國葬都監儀軌　四册
哲宗哲仁后國葬都監儀軌　四册
明成皇后國葬都監儀軌　四册
純明皇后國葬都監儀軌　四册
昭顯世子禮葬都監儀軌　一册
文孝世子禮葬都監儀軌　二册
顯穆綏嬪禮葬都監儀軌　四册

○山陵都監儀軌

寫本

王又は后妃の葬禮に關し山陵都監を置き因山に於ける玄宮、丁字閣及齋房等の營造事務を掌らしむ其の儀節を記錄したるものにして又儲宮及各嬪宮の園所墓所都監儀軌あり

宣祖懿仁后穆陵山陵都監儀軌　一册
宣祖仁穆后穆陵山陵都監儀軌　一册
顯宗明聖后崇陵山陵都監儀軌　一册
肅宗仁顯后明陵山陵都監儀軌　一册
肅宗仁元后明陵山陵都監儀軌　二册
景宗宣懿后懿陵山陵都監儀軌　二册
英祖元陵山陵都監儀軌　二册
英祖貞聖后弘陵山陵都監儀軌　二册
英祖貞純后元陵山陵都監儀軌　二册
眞宗孝章墓墓所都監儀軌　一册
莊祖永佑園園所都監儀軌　二册
莊祖獻敬后顯隆園園所都監儀軌　二册
正祖健陵山陵都監儀軌　二册
純祖仁陵山陵都監儀軌　二册
純祖純元后仁陵山陵都監儀軌　二册
文祖延慶墓墓所都監儀軌　二册

文祖神貞后綏陵山陵都監儀軌　二冊
憲宗景陵山陵都監儀軌　二冊
憲宗孝顯后景陵山陵都監儀軌　二冊
憲宗孝定后景陵山陵都監儀軌　二冊
哲宗睿陵山陵都監儀軌　二冊
哲宗哲仁后睿陵山陵都監儀軌　二冊
明成皇后洪陵山陵都監儀軌　二冊
純明皇后裕康園園所都監儀軌　二冊
昭顯世子墓所都監儀軌　一冊
文孝世子墓所都監儀軌　二冊
顯穆綏嬪徽慶園園所都監儀軌　二冊

○廟號諡號都監儀軌　寫本

歷代の王昇遐の後廟號及諡號を議上するは重大なる典禮として國葬都監儀軌に記入するを例とす然るに元と宗を祖に改むること或は昇遐の當時に在りて未た遑あらさるを以て後に追上する時は別に都監を設け儀軌を記述せり又世子及私親上諡封園の儀軌を附す

太祖諡號都監儀軌　一冊
定宗廟號諡號都監儀軌　一冊
宣祖廟號都監儀軌　一冊
孝宗加上諡號都監儀軌　一冊
英祖廟號都監儀軌　一冊
莊祖上諡封園都監儀軌　一冊
純祖廟號都監儀軌　一冊
順懷世子上諡封園都監儀軌　一冊
昭顯世子嬪復位宣諡都監儀軌　一冊
綉祥宮諡號都監儀軌　一冊
淑嬪上諡封園都監儀軌　一冊
仁嬪上諡封園都監儀軌　一冊
愍懷嬪復位宣諡都監儀軌　一冊

○祔廟都監儀軌　寫本

王及后妃の喪に魂殿を置き三年の喪期を終了したる後神主を宗廟に祔する時の儀節を記錄したるものなり后妃の喪、王より先なる時は魂殿に於て祭祀し王の三年の喪を待ちて同く祔廟するを例とす又復位祔廟及儲宮嬪宮の入廟祔宮儀軌あり

太祖神德后祔廟都監儀軌　一冊

端宗同定順后復位祔廟都監儀軌　一冊
中宗端敬后復位祔廟都監儀軌　一冊
宣祖同懿仁后祔廟都監儀軌　一冊
元宗同仁獻后祔廟都監儀軌　一冊
仁祖同仁烈后祔廟都監儀軌　一冊
仁祖莊烈后祔廟都監儀軌　一冊
孝宗祔廟都監儀軌　一冊
孝宗仁宣后祔廟都監儀軌　一冊
顯宗祔廟都監儀軌　一冊
顯宗明聖后都監儀軌　一冊
肅宗祔廟都監儀軌　一冊
肅宗仁元后祔廟都監儀軌　一冊
景宗同端懿后祔廟都監儀軌　一冊
景宗宣懿后祔廟都監儀軌　一冊
英祖眞宗祔廟都監儀軌　一冊
英祖貞純后祔廟都監儀軌　一冊
莊祖獻敬后祔宮都監儀軌　一冊
正祖祔廟都監儀軌　一冊
正祖孝懿后祔廟都監儀軌　一冊

純祖文祖祔廟都監儀軌　一冊
純祖純元后祔廟都監儀軌　一冊
文祖入廟都監儀軌　一冊
文祖神貞后祔廟都監儀軌　一冊
憲宗同孝顯后祔廟都監儀軌　二冊
憲宗孝定后祔廟都監儀軌　一冊
哲宗祔廟都監儀軌　一冊
哲宗哲仁后祔廟都監儀軌　一冊
顯穆綏嬪入廟都監儀軌　一冊
光海君私親祔廟都監儀軌　一冊

○陵園遷奉都監儀軌　寫本

地理の吉凶に因り各陵中移葬せしこと尠からず其の遷葬に關する儀節の記錄なり

宣祖穆陵遷奉都監儀軌　一冊
元宗興慶園遷葬都監儀軌　一冊
仁祖長陵遷奉都監儀軌　一冊
孝宗寧陵遷奉都監儀軌　二冊
莊祖永佑園遷奉都監儀軌　七冊

莊祖顯隆園園所都監儀軌　四冊
正祖健陵遷奉山陵都監儀軌　七冊
正祖健陵遷奉山陵都監儀軌　二冊
純祖仁陵遷奉都監儀軌　七冊
純祖仁陵遷奉山陵都監儀軌　七冊
文祖綏陵遷奉都監儀軌　七冊
文祖綏陵遷奉山陵都監儀軌　二冊
文祖綏陵再遷奉都監儀軌　七冊
文祖綏陵再遷奉山陵都監儀軌　二冊
顯穆綏嬪徽慶園遷奉都監儀軌　四冊
顯穆綏嬪徽慶園遷奉園所都監儀軌　四冊
顯穆綏嬪徽慶園再遷奉都監儀軌　四冊

○各陵改修都監儀軌　寫本

陵寢の石儀、丁字閣、碑石、莎草等を改修したる儀節を記錄せしものなり都監を或は廳とも稱す

太祖建元陵丁字閣重修儀軌　一冊
太祖神德后貞陵表石營建廳都監儀軌　一冊
太宗獻陵碑石重建廳儀軌　一冊
端宗莊陵改修都監儀軌　一冊
明宗康陵改修都監儀軌　一冊
宣祖穆陵改修都監儀軌　一冊
肅宗明陵改修都監儀軌　一冊
景宗端懿后惠陵石儀進排都監儀軌　一冊
英祖元陵改修都監儀軌　一冊
英祖元陵再改修都監儀軌　一冊
正祖健陵改修都監儀軌　一冊
文祖綏陵莎草改修都監儀軌　一冊
文祖綏陵莎草再改修都監儀軌　一冊
明成皇后洪陵石儀重修都監儀軌　一冊
光海君私親誌石改修都監儀軌　一冊

○封陵都監儀軌　寫本

復位及追崇の時園墓を陵に追封したる儀節を記せり又嬪宮封墓儀軌あり

端宗莊陵封陵都監儀軌　一冊
端宗定順后思陵封陵都監儀軌　一冊
中宗端敬后溫陵封陵都監儀軌　一冊

昭顯世子愍懷嬪封墓都監儀軌　二冊　寫本

○宗廟儀軌　二冊　寫本

宗廟及永寧殿に關する儀節を記したるものにして廟制、創建、重建、位版題式、主制、上謚、廟號、位號、祔廟、世室、祧遷、復位、追崇、追祔、追上尊號、加上尊謚、祭享、親祭、廟見、朔望俗節、樂章、移還安、攝事儀、祈告、祝幣、犧牲、饌器、撤饌、薦新、奉審、修改、修補儀章、冊寶、變禮、盜變、七祀、配享、禁伐、故事、官員、守直、守僕、祭享進供、各司物目等を載せ宗廟永寧殿、設饌、登歌、軒歌、文舞、武舞、祭器、樂器、冕服、冠服等の圖及解說を冠せり

宗廟儀軌原編(穆祖ヨリ肅宗ニ至ル)　四冊
宗廟儀軌續錄(英祖ノ時)　二冊
宗廟儀軌續錄(純祖ノ時)　一冊
宗廟儀軌續錄(純祖庚辰ヨリ憲宗壬寅ニ至ル)　二冊

○社稷署儀軌　六卷三冊　寫本

社稷署に關する事實及祭禮を記したるものにして卷首には全署及壇壝其の他饌實、尊罍、祭器、樂器、舞器、祭服等の圖說を載せ卷一は式例卷二は儀節卷三卷四卷五は故事を編せり

○景慕宮儀軌　四卷三冊　寫本

景慕宮に於て莊祖を祭る時の儀式を記したるものにして第一卷は圖說第二卷は祀典第三卷は故實第四卷は今制及附錄なり

○位版造成都監儀軌　一冊　寫本

朝鮮太祖の始祖新羅司空公の位版を造成したる時の儀節を記したるものなり

○寶印儀軌　寫本

各代の玉冊、金寶及御印を修理し若くは造成したる顚末を記せしものなり

太祖神懿后金寶改造都監儀軌　一冊
仁祖莊烈后冊寶修改都監儀軌　一冊
列聖朝金寶改造都監儀軌　一冊
宗廟各室金寶改造都監儀軌　一冊
眞宗孝純后玉印造成都監儀軌　一冊
李太王丙子寶印所儀軌　一冊

○樂器造成廳儀軌　寫本

吉禮及祭禮に用ふる樂器を造成したる時其の顚末を記せしものなり

仁政殿樂器造成廳儀軌　一冊
景慕宮樂器造成廳儀軌　一冊
社稷樂器造成廳儀軌　一冊

○祭器都監儀軌　寫本

廟社及陵寢、文廟等の祭器を造成したる顚末を記せしものなり

社稷宗廟文廟祭器都監儀軌　一冊
各陵祭器都監儀軌　一冊
祭器樂器都監儀軌　一冊

○藏胎儀軌　寫本

王室に生産ある時は其の胎を磁缸若くは石缸に納めて名山に埋むるを例とす其の一般の儀節を記したるものなり又胎室加封及石物竪立等の儀軌あり

太祖胎室修補儀軌　一冊
成宗胎室碑石改竪儀軌　一冊
景宗胎室石物修改儀軌　一冊
正祖胎室加封儀軌　一冊
純祖胎室石欄干造排儀軌　一冊
文祖藏胎儀軌　一冊
文祖胎室加封儀軌　一冊
憲宗胎封儀軌　一冊
憲宗胎室加封儀軌　一冊
哲宗己未元子藏胎儀軌　一冊
李王藏胎儀軌　一冊
文孝世子藏胎儀軌　一冊

○影幀摹寫都監儀軌　寫本

歷代先王の眞像を畫きたる時の儀節を記せしものなり時王の眞像を畫きたることを併記す

太祖影幀初摹寫都監儀軌　一冊
太祖影幀再摹寫都監儀軌　一冊
太祖影幀三摹寫都監儀軌　一冊
太祖影幀三摹寫補完都監儀軌　一冊

太祖影幀四摹寫都監儀軌　一冊
太祖 肅宗英祖正祖 純祖文祖憲宗 影幀摹寫都監儀軌　一冊
世祖影幀摹寫都監儀軌　一冊
肅宗癸巳御容圖寫都監儀軌　一冊
肅宗影幀摹寫都監儀軌　一冊
李太王壬申御眞移摹都監儀軌　一冊
李太王壬寅御眞圖寫都監儀軌　一冊

○璿源譜略修正儀軌　寫本

璿源系譜紀略を開刊したる時其の顚末を記したるものなり又國朝御牒儀軌あり

肅宗己未開刊儀軌　一冊
肅宗庚申璿源錄校正廳儀軌　一冊
肅宗庚辰璿源譜略校正廳儀軌　一冊
肅宗己亥璿源譜略校正廳儀軌　一冊
景宗壬寅璿源譜略修改儀軌　一冊
英祖乙巳璿源譜略改修儀軌　一冊
英祖丁未璿源譜略改修儀軌　一冊
英祖乙卯璿源譜略修正儀軌　一冊
英祖丙辰璿源譜略改張儀軌　一冊
英祖己未璿源譜略校正廳儀軌　一冊
英祖庚申璿源譜略修正儀軌　一冊
英祖甲子璿源譜略校正廳儀軌　一冊
英祖丁卯璿源譜略校正廳儀軌　一冊
英祖戊辰璿源譜略校正廳儀軌　一冊
英祖辛未璿源譜略修正儀軌　一冊
英祖壬申璿源譜略修正儀軌　一冊
英祖癸酉璿源譜略校正廳儀軌　一冊
英祖甲戌璿源譜略校正廳儀軌　一冊
英祖乙亥璿源譜略修正儀軌　一冊
英祖丙子璿源譜略修正儀軌　一冊
英祖丁丑璿源譜略修正儀軌　一冊
英祖戊寅璿源譜略修正儀軌　一冊
英祖己卯璿源譜略修正儀軌　一冊
英祖庚辰璿源譜略校正廳儀軌　一冊
英祖甲申璿源譜略修正儀軌　一冊
英祖辛卯璿源譜略修正儀軌　一冊
英祖壬辰璿源譜略修正儀軌　一冊

正祖丙申璿源譜略校正廳儀軌　一冊
正祖己亥璿源譜略修正儀軌　一冊
正祖癸卯璿源譜略修正儀軌　一冊
正祖甲辰璿源譜略修正儀軌　一冊
正祖丙午璿源譜略改張儀軌　一冊
正祖丁未璿源譜略改張洗補儀軌　一冊
正祖己酉璿源譜略修正儀軌　一冊
正祖庚戌璿源譜略校正廳儀軌　一冊
正祖甲寅璿源譜略修正儀軌　一冊
純祖乙丑璿源譜略修正儀軌　一冊
純祖己巳璿源譜略修正儀軌　一冊
純祖壬申璿源譜略修正儀軌　一冊
純祖丁丑璿源譜略修正儀軌　一冊
純祖辛巳璿源譜略校正儀軌　一冊
純祖癸未璿源譜略校正儀軌　一冊
純祖丁亥璿源譜略校正儀軌　一冊
純祖庚寅璿源譜略校正儀軌　一冊
憲宗乙未璿源譜略校正儀軌　一冊
憲宗丁酉璿源譜略校正儀軌　一冊
憲宗癸卯璿源譜略校正儀軌　一冊
憲宗甲辰璿源譜略校正儀軌　一冊
憲宗丙午璿源譜略校正儀軌　一冊
憲宗戊申璿源譜略校正儀軌　一冊
憲宗庚戌璿源譜略修正儀軌　一冊
哲宗壬子璿源譜略修正儀軌　一冊
哲宗癸丑璿源譜略修正儀軌　一冊
哲宗丙辰璿源譜略修正儀軌　一冊
哲宗戊午璿源譜略修正儀軌　一冊
哲宗己未璿源譜略修正儀軌　一冊
哲宗辛酉璿源譜略修正儀軌　一冊
哲宗壬戌璿源譜略修正儀軌　一冊
哲宗癸亥璿源譜略修正儀軌　一冊
李太王壬申璿源譜略修正儀軌　一冊
李太王乙亥璿源譜略修正儀軌　一冊
李太王丁丑璿源譜略修正儀軌　一冊
李太王戊寅璿源譜略修正儀軌　一冊
李太王己卯璿源譜略修正儀軌　一冊
李太王壬午璿源譜略修正儀軌　一冊

李太王癸未璿源譜略修正儀軌　一册
李太王戊子璿源譜略修正儀軌　一册
李太王庚寅璿源譜略修正儀軌　一册
李太王壬辰璿源譜略修正儀軌　一册
光武己亥璿源譜略修正儀軌　二册
光武庚子璿源譜略修正儀軌　一册
光武甲辰璿源譜略校正廳儀軌　一册
光武丙午璿源譜略校正廳儀軌　一册
國朝御牒落張修改儀軌　一册

○誌狀修正儀軌　寫本

歷代陵誌、行狀等を編次せし列聖誌狀に修正を加へ又は誌文を改修して合部したる時の顚末を記せしものなり

列聖誌狀修正儀軌　一册
仁敬后明聖后改修誌文合部儀軌　一册

○御製刊行儀軌　寫本

歷代親製の詩文を刊行したる時其の顚末を記せしものなり

列聖御製更刊儀軌　一册
景宗御製添刊儀軌　一册

○實錄廳儀軌　寫本

實錄を纂修し又は修正刪節せし時の顚末を記したるものなり

端宗實錄附錄撰輯廳儀軌　一册
宣祖實錄修正廳儀軌　一册
光海君日記纂修廳儀軌　一册
仁祖實錄廳儀軌　一册
孝宗實錄纂修廳儀軌　一册
顯宗實錄纂修廳儀軌　一册
顯宗實錄改修廳儀軌　一册
肅宗實錄纂修廳儀軌　二册
景宗修正實錄儀軌　一册
英祖實錄廳儀軌　二册
正祖實錄刪節廳儀軌　一册
純祖實錄刪節廳儀軌　一册
憲宗實錄廳儀軌　一册
哲宗實錄廳儀軌　一册

○國朝寶鑑監印廳儀軌　寫本

國朝寶鑑を纂修し之を印行する時監印廳に於て其の顚末を記したるものなり

正祖癸卯國朝寶鑑監印廳儀軌　一册

憲宗戊申國朝寶鑑監印廳儀軌　一册

隆熙己酉國朝寶鑑監印廳儀軌　一册

○承政院日記改修廳儀軌　一册　寫本

李太王二十五年戊子承政院右史堂火災に罹り承政院日記の一部燒失し二十七年庚寅之を改修したる顚末を記せしものなり

○闡義昭鑑纂修廳儀軌　一册　寫本

英祖三十一年乙亥纂修廳を置き闡義昭鑑を編撰したる顚末を記せしものなり

○東國新續三綱行實撰集廳儀軌　一册　寫本

光海君六年甲寅三綱行實を增續するため撰集廳を置き其の顚末を記したるものなり

○親耕親蠶儀軌　寫本

英祖の時に於ける親耕及親蠶の儀節を記したるものなり又受繭儀軌あり

英祖親耕儀軌　一册

英祖貞純后親蠶儀軌　一册

英祖貞純后受繭儀軌　一册

○大射禮儀軌　一册　寫本

英祖十九年癸亥大射禮を擧行したる時の儀式を記したるものなり

○親臨政府時儀軌　一册　寫本

李太王二年乙丑議政府に親臨せし時の儀節を記せしものなり

○營建都監儀軌　寫本

廟社殿宮其の他の營建又は重建、增建、改修、重修、增修等に關する顚末を記したるものなり

宗廟改修都監儀軌　二冊
永寧殿改修都監儀軌　一冊
宗廟永寧殿增修都監儀軌　二冊
璿源殿增建都監儀軌　一冊
眞殿重修廳儀軌　一冊
眞殿重建都監儀軌　一冊
永禧殿營建都監儀軌　一冊
垂恩廟營建廳儀軌　一冊
景慕宮改建都監儀軌　一冊
肇慶壇濬慶墓永慶墓營建廳儀軌　二冊
懿昭世孫懿昭廟營建廳儀軌　一冊
文孝世子文禧廟營建廳儀軌　一冊
顯思宮別廟營建都監儀軌　一冊
昌德宮營建都監儀軌　一冊
昌慶宮營建都監儀軌　一冊
昌慶宮修理都監儀軌　一冊
昌德宮昌慶宮修理都監儀軌　一冊
慶運宮重建都監儀軌　二冊
仁政殿營建都監儀軌　一冊
仁政殿重修都監儀軌　一冊
中和殿營建都監儀軌　一冊
西闕營建都監儀軌　一冊
南別殿重建廳儀軌　一冊
南殿增建都監儀軌　一冊
大報壇增修所儀軌　一冊

○豐壤竪立碑石儀軌　一冊　寫本

英祖三十一年乙亥楊州豐壤里太祖舊闕の遺址に碑石を立てし時の顚末を記したるものなり

○進宴儀軌　寫本　印本

宮中の讌禮に進豐、呈進宴、進饌、進爵の四種あり其等に關する一般の儀式を記せり

肅宗己亥進宴廳儀軌　二冊
英祖甲子進宴廳儀軌　二冊
英祖乙酉受爵儀軌　二冊
純祖丁亥進爵儀軌　一冊
純祖戊子進爵儀軌　四冊

純祖己丑進饌儀軌　四冊
憲宗戊申進饌儀軌　四冊
李太王戊辰進饌儀軌　三冊
李太王癸酉進爵儀軌　一冊
李太王丁丑進饌儀軌　四冊
李太王丁亥進饌儀軌　四冊
李太王壬辰進饌儀軌　四冊
李太王辛丑進饌儀軌　四冊
李太王辛丑進宴儀軌　四冊
李太王壬寅進宴儀軌　四冊

○整理儀軌　一〇巻八冊　印本

正祖十九年乙卯水原顯隆園に行幸の後整理儀軌廳を設け園幸の儀節を編印したるものにして本文五巻には擇日、座目、圖説を載せたる首巻と誕辰慶賀、景慕宮展拜、永興本宮躋享及温宮紀蹟を編次せし附編四巻あり凡そ儀軌の印行は本書を以て嚆矢とす慈慶殿進爵整禮儀軌二冊を附す

○華城城役儀軌　一〇巻一〇冊　印本

正祖八年甲寅水原に城き之を華城と名け二十年丙辰城役の顛末を記し之を印行す本文六巻及時日、座目、圖説等を載せたる首巻と華城籌略を掲げたる附編三巻なり

○功臣都監儀軌　寫本

國家に勳功ある功臣に對し賞爵を世襲せしむる事に關し一般の儀節を記したるものなり

宣祖扈聖宣武功臣都監儀軌　一冊
宣祖扈聖宣武原從功臣都監儀軌　一冊
仁祖靖社振撫兩功臣都監儀軌　一冊
仁祖昭武寧社兩功臣都監儀軌　一冊
仁祖寧國功臣都監儀軌　一冊
英祖奮武功臣錄勳都監儀軌　一冊

○使臣迎接都監儀軌　寫本

吉禮、凶禮の時明及淸より派遣したる使臣の迎接に關する顛末を記したるものなり

宣祖國恤時明使迎接都監都廳儀軌　一冊
宣祖國恤時明使迎接都監盤膳色儀軌　一冊

宣祖國恤時明使迎接都監宴享色儀軌　一冊
宣祖國恤時明使迎接都監米麵色儀軌　一冊
宣祖國恤時明使迎接都監軍色儀軌　一冊
宣祖國恤時明使迎接都監雜物色儀軌　一冊
宣祖國恤時明帝賜祭廳儀軌　一冊
光海君庚戌明使迎接都監米麵色儀軌　一冊
仁祖甲戌明使迎接都監儀軌　一冊
仁祖甲戌明使迎接都監都廳儀軌　一冊
仁祖甲戌明使迎接都監應辦色儀軌　一冊
仁祖甲戌明使迎接都監盤膳色儀軌　一冊
仁祖甲戌明使迎接都監軍色儀軌　一冊
仁祖甲戌明使迎接都監宴享色儀軌　一冊
仁祖甲戌明使迎接都監米麵色儀軌　一冊
仁祖甲戌明使迎接都監雜物色儀軌　一冊
仁祖丙寅明使迎接都監盤膳色儀軌　一冊
仁祖丁丑清使迎接都監軍色儀軌　一冊
仁祖癸未清使迎接都監應辦色儀軌　一冊
仁祖癸未清使迎接都監宴享色儀軌　一冊
仁祖癸未清使迎接都監雜物色儀軌　一冊

○皇壇從享儀軌　一冊　寫本

明太祖、神宗及毅宗を祀れる大報壇に三代の功臣徐達、李如松、范景文の三人を從享せし顚末を記したるものにして大報壇は一に皇壇と稱したり

○推刷都監儀軌　寫本

京各司の奴婢にして各地方に散在する者を調査したる顚末を記せしものなり

孝宗丁酉推刷都監儀軌　一冊
孝宗乙未推刷都監儀軌　一冊

○火器都監儀軌　一冊　寫本

光海君七年乙卯銃砲を製造するため都監を設け其の顚末を記したるものなり

○全州史庫曝曬形止案　寫本

全羅北道全州の史庫實錄閣は朝鮮國初より存し歷代の實錄を藏置し三年每に藝文館の官員を派して曝曬し其の書目及藏置

の現狀を復命せしむるを例とし之を形止案と名けたり
宣祖二十一年戊子全州史庫曝曬形止案　一冊
宣祖二十四年辛卯全州史庫曝曬形止案　一冊

○海州史庫曝曬形止案　一冊　寫本

宣祖二十七年甲午海州史庫の實錄を曝曬せし時の形止を錄したるものなり

○香山史庫實錄曝曬形止案　寫本

平安北道寧邊郡妙香山史庫に藏したる實錄及他の書籍を曝曬せし時の形止を錄したるものにして初め宣祖二十五年壬辰全州の實錄を海州に移藏し翌年甲午の後更に成川を經て妙香山に移し三十四年辛丑の後更に京畿道江華に移し之を重刊し三十九年丙午江華摩尼山、寧邊妙香山及慶尙北道奉化太白山、江原道江陵五臺山の四個所に史庫を新設し全州舊本は摩尼山に重刊正本は妙香山及太白山に重刊草本は五臺山に分藏す後妙香山史庫は茂朱赤裳山城に移せり
宣祖三十二年己亥香山史庫實錄曝曬形止案　一冊
宣祖三十四年辛丑香山史庫實錄曝曬形止案　一冊

○江華史庫實錄曝曬形止案　一冊　寫本

宣祖二十五年壬辰兵燹の後實錄の重刊を圖り三十四年辛丑の後寧邊妙香山に移藏せし實錄を江華の史庫に移藏し三十六年癸卯例に依り藝文館官員を遣し實錄及他の書籍を曝曬せしめたる時の形止を錄せしものなり

○摩尼山實錄奉安形止案　寫本

宣祖三十九年丙午初めて摩尼山史庫に歷代實錄及他の書籍を藏置し其の後或は新撰實錄を收藏し或は一時移藏したる實錄を還藏せし時の形止を錄したるものなり
宣祖三十九年丙午摩尼山實錄奉安形止案　一冊
光海君十年戊午摩尼山實錄奉安形止案　一冊
孝宗五年甲午摩尼山實錄奉安形止案　一冊
孝宗八年丁酉摩尼山實錄奉安形止案　一冊

○摩尼山實錄曝曬形止案　寫本

摩尼山史庫に藏めたる實錄及群書を曝曬したる時の形止を錄せしものなり

光海君三年辛亥摩尼山實錄曝曬形止案　一冊
光海君九年丁巳摩尼山實錄曝曬形止案　一冊
仁祖七年己巳摩尼山實錄曝曬形止案　一冊
仁祖十一年癸酉摩尼山實錄曝曬形止案　一冊

○鼎足山城實錄奉安形止案　寫本

顯宗庚子京畿道江華郡摩尼山史庫を同郡傳燈山鼎足山城に移建し實錄を移藏し其の後實錄閣を改修する時及改粧或は謄出の後之を收藏し又新撰實錄を收藏せし時の形止等を錄したるものなり

顯宗元年庚子鼎足山城實錄奉安形止案　一冊
顯宗五年甲辰鼎足山城實錄奉安形止案　一冊
顯宗六年乙巳鼎足山城實錄奉安形止案　一冊
顯宗七年丙午鼎足山城實錄奉安形止案　一冊
肅宗四年戊午鼎足山城實錄奉安形止案　一冊
肅宗九年癸亥鼎足山城實錄奉安形止案　一冊
肅宗三十三年丁亥鼎足山城實錄奉安形止案　一冊
正祖五年辛丑鼎足山城實錄奉安形止案　一冊

○鼎足山城實錄曝曬形止案　寫本

鼎足山城史庫に藏したる實錄其の他群書を曝曬したる時の形止を錄せしものなり

顯宗四年癸卯鼎足山城實錄曝曬形止案　一冊
顯宗五年甲辰鼎足山城實錄曝曬形止案　一冊
肅宗三年丁巳鼎足山城實錄曝曬形止案　一冊
肅宗十七年辛未鼎足山城實錄曝曬形止案　一冊
肅宗二十年甲戌鼎足山城實錄曝曬形止案　一冊
肅宗二十四年戊寅鼎足山城實錄曝曬形止案　一冊
肅宗二十七年辛巳鼎足山城實錄曝曬形止案　一冊
肅宗三十年甲申鼎足山城實錄曝曬形止案　一冊
肅宗三十二年丙戌鼎足山城實錄曝曬形止案　一冊
肅宗三十五年己丑鼎足山城實錄曝曬形止案　一冊
肅宗三十八年壬辰鼎足山城實錄曝曬形止案　一冊
肅宗四十三年丁酉鼎足山城實錄曝曬形止案　一冊
景宗元年辛丑鼎足山城實錄曝曬形止案　一冊
景宗四年甲辰鼎足山城實錄曝曬形止案　一冊

英祖三年丁未鼎足山城實錄曝曬形止案　一冊
英祖四年戊申鼎足山城實錄曝曬形止案　一冊
英祖九年癸丑鼎足山城實錄曝曬形止案　一冊
英祖十二年丙辰鼎足山城實錄曝曬形止案　一冊
英祖十八年壬戌鼎足山城實錄曝曬形止案　一冊
英祖二十一年乙丑鼎足山城實錄曝曬形止案　一冊
英祖二十五年己巳鼎足山城實錄曝曬形止案　一冊
英祖三十年甲戌鼎足山城實錄曝曬形止案　一冊
英祖三十六年庚辰鼎足山城實錄曝曬形止案　一冊
英祖四十年甲申鼎足山城實錄曝曬形止案　一冊
英祖四十二年丙戌鼎足山城實錄曝曬形止案　一冊
英祖四十五年己丑鼎足山城實錄曝曬形止案　一冊
英祖四十七年辛卯鼎足山城實錄曝曬形止案　一冊
英祖五十年甲午鼎足山城實錄曝曬形止案　一冊
正祖元年丁酉鼎足山城實錄曝曬形止案　一冊
正祖九年乙巳鼎足山城實錄曝曬形止案　一冊
純祖五年乙丑鼎足山城實錄曝曬形止案　一冊
純祖十三年癸酉鼎足山城實錄曝曬形止案　一冊
純祖十九年己卯鼎足山城實錄曝曬形止案　一冊
純祖二十五年乙酉鼎足山城實錄曝曬形止案　一冊
純祖二十九年己丑鼎足山城實錄曝曬形止案　一冊
純祖三十二年壬辰鼎足山城實錄曝曬形止案　一冊
憲宗二年丙申鼎足山城實錄曝曬形止案　一冊
憲宗九年癸卯鼎足山城實錄曝曬形止案　一冊
憲宗十二年丙午鼎足山城實錄曝曬形止案　一冊
哲宗元年庚戌鼎足山城實錄曝曬形止案　一冊
哲宗三年壬子鼎足山城實錄曝曬形止案　一冊
哲宗七年丙辰鼎足山城實錄曝曬形止案　一冊
哲宗十一年庚申鼎足山城實錄曝曬形止案　一冊
李太王元年甲子鼎足山城實錄曝曬形止案　一冊
李太王八年辛未鼎足山城實錄曝曬形止案　一冊
李太王十七年庚辰鼎足山城實錄曝曬形止案　一冊
李太王二十五年戊子鼎足山城實錄曝曬形止案　一冊
李太王三十年癸巳鼎足山城實錄曝曬形止案　一冊
李太王光武二年戊戌鼎足山城實錄曝曬形止案　一冊
李太王光武四年庚子鼎足山城實錄曝曬形止案　一冊
李太王光武七年癸卯鼎足山城實錄曝曬形止案　一冊
李太王光武十年丙午鼎足山城實錄曝曬形止案　一冊

○鼎足山城實錄考出時形止案　寫本

藝文館官員を鼎足山城史庫に遣し實錄を考出せし時の形止を錄したるものなり

顯宗六年乙巳鼎足山城實錄考出時形止案　一冊
顯宗七年丙午鼎足山城實錄考出時形止案　一冊
顯宗七年丙午鼎足山城實錄考出時形止案　一冊
顯宗十年己酉鼎足山城實錄考出時形止案　一冊
顯宗十年己酉鼎足山城實錄考出時形止案　一冊
顯宗十四年癸丑鼎足山城實錄考出時形止案　一冊
顯宗十五年甲寅鼎足山城實錄考出時形止案　一冊
顯宗十五年甲寅鼎足山城實錄考出時形止案　一冊
肅宗六年庚申鼎足山城實錄考出時形止案　一冊
肅宗七年辛酉鼎足山城實錄考出時形止案　一冊
肅宗十四年戊辰鼎足山城實錄考出時形止案　一冊
肅宗十五年己巳鼎足山城實錄考出時形止案　一冊
肅宗十五年己巳鼎足山城實錄考出時形止案　一冊
肅宗十六年庚午鼎足山城實錄考出時形止案　一冊
肅宗二十四年戊寅鼎足山城實錄考出時形止案　一冊
肅宗二十八年壬午鼎足山城實錄考出時形止案　一冊
肅宗三十年甲申鼎足山城實錄考出時形止案　一冊
肅宗三十一年乙酉鼎足山城實錄考出時形止案　一冊
肅宗三十九年癸巳鼎足山城實錄考出時形止案　一冊
肅宗四十三年丁酉鼎足山城實錄考出時形止案　一冊
肅宗四十四年戊戌鼎足山城實錄考出時形止案　一冊
肅宗四十五年己亥鼎足山城實錄考出時形止案　一冊
景宗四年甲辰鼎足山城實錄考出時形止案　一冊
英祖三年丁未鼎足山城實錄考出時形止案　一冊
英祖七年辛亥鼎足山城實錄考出時形止案　一冊
英祖十一年乙卯鼎足山城實錄考出時形止案　一冊
英祖十九年癸亥鼎足山城實錄考出時形止案　一冊
英祖二十年甲子鼎足山城實錄考出時形止案　一冊
英祖二十三年丁卯鼎足山城實錄考出時形止案　一冊
英祖二十六年庚午鼎足山城實錄考出時形止案　一冊
英祖二十九年癸酉鼎足山城實錄考出時形止案　一冊
英祖三十一年乙亥鼎足山城實錄考出時形止案　一冊
英祖三十二年丙子鼎足山城實錄考出時形止案　一冊
英祖三十四年戊寅鼎足山城實錄考出時形止案　一冊

英祖三十五年己卯鼎足山城實錄考出時形止案　一冊
英祖三十八年壬午鼎足山城實錄考出時形止案　一冊
英祖四十一年乙酉鼎足山城實錄考出時形止案　一冊
英祖四十三年丁亥鼎足山城實錄考出時形止案　一冊
英祖四十三年丁亥鼎足山城實錄考出時形止案　一冊
英祖四十六年庚寅鼎足山城實錄考出時形止案　一冊
英祖五十一年乙未鼎足山城實錄考出時形止案　一冊
英祖五十二年丙申鼎足山城實錄考出時形止案　一冊
正祖三年己亥鼎足山城實錄考出時形止案　一冊
正祖八年甲辰鼎足山城實錄考出時形止案　一冊
正祖十九年乙卯鼎足山城實錄考出時形止案　一冊
正祖二十年丙辰鼎足山城實錄考出時形止案　一冊
正祖二十一年戊午鼎足山城實錄考出時形止案　一冊
純祖元年辛酉鼎足山城實錄考出時形止案　一冊

○鼎足山城實錄閣修改形止案

寫本

鼎足山城史庫の實錄閣を重修せし時の形止を錄したるものなり

肅宗十三年丁卯鼎足山城實錄閣修改形止案　一冊
肅宗二十九年癸未鼎足山城實錄閣修改形止案　一冊
肅宗三十九年癸巳鼎足山城實錄閣修改形止案　一冊
英祖十年甲寅鼎足山城實錄閣修改形止案　一冊
英祖十七年辛酉鼎足山城實錄閣修改形止案　一冊
英祖三十三年丁丑鼎足山城實錄閣修改形止案　一冊
英祖四十一年乙酉鼎足山城實錄閣修改形止案　一冊
正祖元年丁酉鼎足山城實錄閣修改形止案　一冊

○鼎足山城實錄染蠟及修補時形止案

一冊　寫本

肅宗二十五年己卯藝文館官員を鼎足山城史庫に遣し實錄の冊紙に蜜蠟を塗布し又實錄中弊壞の處を修補せし時の形止を錄したるものなり

○鼎足山城璿源錄奉安形止案

寫本

鼎足山城史庫の璿源閣に璿源錄を藏めたる時の形止を錄せしものなり又英祖乙亥釐正形止案あり

肅宗八年壬戌鼎足山城璿源錄奉安形止案　一冊

肅宗十年甲子鼎足山城璿源錄奉安形止案　一冊
肅宗十四年戊辰鼎足山城璿源錄奉安形止案　一冊
肅宗十七年辛未鼎足山城璿源錄奉安形止案　一冊
肅宗二十年甲戌鼎足山城璿源錄奉安形止案　一冊
肅宗二十三年丁丑鼎足山城璿源錄奉安形止案　一冊
肅宗二十五年己卯鼎足山城璿源錄奉安形止案　一冊
肅宗三十一年乙酉鼎足山城璿源錄奉安形止案　一冊
肅宗三十三年丁亥鼎足山城璿源錄奉安形止案　一冊
肅宗三十四年戊子鼎足山城璿源錄奉安形止案　一冊
肅宗三十五年己丑鼎足山城璿源錄奉安形止案　一冊
肅宗三十六年庚寅鼎足山城璿源錄奉安形止案　一冊
肅宗三十七年辛卯鼎足山城璿源錄奉安形止案　一冊
肅宗三十九年癸巳鼎足山城璿源錄奉安形止案　一冊
肅宗四十二年丙申鼎足山城璿源錄奉安形止案　一冊
肅宗四十六年庚子鼎足山城璿源錄奉安形止案　一冊
景宗四年甲辰鼎足山城璿源錄奉安形止案　一冊
英祖二年丙午鼎足山城璿源錄奉安形止案　一冊
英祖五年己酉鼎足山城璿源錄奉安形止案　一冊
英祖九年癸丑鼎足山城璿源錄奉安形止案　一冊
英祖十二年丙辰鼎足山城璿源錄奉安形止案　一冊
英祖十五年己未鼎足山城璿源錄奉安形止案　一冊
英祖二十二年丙寅鼎足山城璿源錄奉安形止案　一冊
英祖二十三年丁卯鼎足山城璿源錄奉安形止案　一冊
英祖三十一年乙亥鼎足山城璿源錄奉安形止案　一冊
英祖三十一年乙亥鼎足山城璿源錄奉安形止案　一冊
純祖十八年戊寅鼎足山城璿源錄奉安形止案　一冊

○鼎足山城璿源錄曝曬形止案　寫本

鼎足山城史庫の璿源閣に藏せし璿源錄を曝曬したる時の形止を錄せしものなり

肅宗十三年丁卯鼎足山城璿源錄曝曬形止案　一冊
純祖十三年癸酉鼎足山城璿源錄曝曬形止案　一冊
純祖二十三年癸未鼎足山城璿源錄曝曬形止案　一冊
純祖三十年庚寅鼎足山城璿源錄曝曬形止案　一冊
純祖三十二年壬辰鼎足山城璿源錄曝曬形止案　一冊
李太王八年辛未鼎足山城璿源錄曝曬形止案　一冊
李太王光武六年壬寅鼎足山城璿源錄曝曬形止案　一冊

李太王光武七年癸卯鼎足山城璿源錄曝曬形止案 一冊
李太王光武十年丙午鼎足山城璿源錄曝曬形止案 一冊

○鼎足山城璿源譜牒奉審形止案　一冊　寫本

肅宗三十四年戊子鼎足山城史庫に宗簿寺主簿を遣し御牒、譜略、璿源錄等を審視せし時の形止を錄したるものなり

○鼎足山城璿源閣修改形止案　寫本

鼎足山城史庫の璿源閣を重修せし時の形止を錄したるものなり

肅宗二十六年庚辰鼎足山城璿源閣修改形止案 一冊
肅宗二十七年辛巳鼎足山城璿源閣修改形止案 一冊
肅宗二十九年癸未鼎足山城璿源閣修改形止案 一冊
肅宗三十三年丁亥鼎足山城璿源閣修改形止案 一冊
景宗元年辛丑鼎足山城璿源閣修改形止案 一冊
景宗四年甲辰鼎足山城璿源閣修改形止案 一冊
英祖三年丁未鼎足山城璿源閣修改形止案 一冊
英祖六年庚戌鼎足山城璿源閣修改形止案 一冊
英祖十九年癸亥鼎足山城璿源閣修改形止案 一冊
英祖二十二年丙寅鼎足山城璿源閣修改形止案 一冊
英祖四十九年癸巳鼎足山城璿源閣修改形止案 一冊
正祖元年丁酉鼎足山城璿源閣修改形止案 一冊
正祖四年庚子鼎足山城璿源閣修改形止案 一冊
正祖十二年戊申鼎足山城璿源閣修改形止案 一冊
正祖十三年己酉鼎足山城璿源閣修改形止案 一冊
正祖十四年庚戌鼎足山城璿源閣修改形止案 一冊
純祖二年壬戌鼎足山城璿源閣修改形止案 一冊
憲宗十四年戊申鼎足山城璿源閣修改形止案 一冊

○太白山實錄奉安形止案　寫本

宣祖三十九年丙午初めて慶尙北道奉化郡太白山史庫の實錄閣に歷代の實錄及他の書籍を藏め其の後各代新撰の實錄を收藏し或は實錄閣修改又は重建の後收藏したる時の形止を錄せしものなり

宣祖三十九年丙午太白山實錄奉安形止案 一冊
仁祖十二年甲戌太白山實錄奉安形止案 一冊
仁祖十三年乙亥太白山實錄奉安形止案 一冊

顯宗七年丙午太白山實錄奉安形止案　一册
肅宗九年癸亥太白山實錄奉安形止案　一册
李太王六年己巳太白山實錄奉安形止案　一册
李太王光武七年癸卯太白山實錄奉安形止案　一册

○太白山實錄曝曬形止案　寫本

太白山史庫に藏したる實錄其の他群書を曝曬したる時の形止を錄せしものなり

光海君二年庚戌太白山實錄曝曬形止案　一册
光海君六年甲寅太白山實錄曝曬形止案　一册
光海君十年戊午太白山實錄曝曬形止案　一册
仁祖三年乙丑太白山實錄曝曬形止案　一册
仁祖七年己巳太白山實錄曝曬形止案　一册
仁祖十年壬申太白山實錄曝曬形止案　一册
仁祖十三年乙亥太白山實錄曝曬形止案　一册
仁祖十七年己卯太白山實錄曝曬形止案　一册
仁祖十九年辛巳太白山實錄曝曬形止案　一册
仁祖二十三年乙酉太白山實錄曝曬形止案　一册
孝宗二年辛卯太白山實錄曝曬形止案　一册
孝宗干支未詳太白山實錄曝曬形止案　一册
顯宗二年辛丑太白山實錄曝曬形止案　一册
肅宗三年丁巳太白山實錄曝曬形止案　一册
肅宗四年戊午太白山實錄曝曬形止案　一册
肅宗六年庚申太白山實錄曝曬形止案　一册
肅宗十年甲子太白山實錄曝曬形止案　一册
肅宗十二年丙寅太白山實錄曝曬形止案　一册
肅宗十五年己巳太白山實錄曝曬形止案　一册
肅宗十七年辛未太白山實錄曝曬形止案　一册
肅宗三十年甲申太白山實錄曝曬形止案　一册
肅宗三十二年丙戌太白山實錄曝曬形止案　一册
肅宗三十五年己丑太白山實錄曝曬形止案　一册
肅宗三十八年壬辰太白山實錄曝曬形止案　一册
肅宗四十年甲午太白山實錄曝曬形止案　一册
肅宗四十二年丙申太白山實錄曝曬形止案　一册
景宗二年壬寅太白山實錄曝曬形止案　一册
英祖元年乙巳太白山實錄曝曬形止案　一册
英祖三年丁未太白山實錄曝曬形止案　一册
英祖五年己酉太白山實錄曝曬形止案　一册

英祖六年庚戌太白山實錄曝曬形止案　一冊
英祖九年癸丑太白山實錄曝曬形止案　一冊
英祖十八年壬戌太白山實錄曝曬形止案　一冊
英祖二十五年己巳太白山實錄曝曬形止案　一冊
英祖三十年甲戌太白山實錄曝曬形止案　一冊
英祖三十三年丁丑太白山實錄曝曬形止案　一冊
英祖三十五年己卯太白山實錄曝曬形止案　一冊
英祖三十七年辛巳太白山實錄曝曬形止案　一冊
英祖四十年甲申太白山實錄曝曬形止案　一冊
英祖四十二年丙戌太白山實錄曝曬形止案　一冊
英祖四十五年己丑太白山實錄曝曬形止案　一冊
英祖四十七年辛卯太白山實錄曝曬形止案　一冊
英祖五十年甲午太白山實錄曝曬形止案　一冊
正祖四年庚子太白山實錄曝曬形止案　一冊
正祖十四年庚戌太白山實錄曝曬形止案　一冊
正祖二十四年庚申太白山實錄曝曬形止案　一冊
純祖五年乙丑太白山實錄曝曬形止案　一冊
純祖六年丙寅太白山實錄曝曬形止案　一冊
純祖十年庚午太白山實錄曝曬形止案　一冊
純祖十七年丁丑太白山實錄曝曬形止案　一冊
純祖二十二年壬午太白山實錄曝曬形止案　一冊
純祖二十八年戊子太白山實錄曝曬形止案　一冊
純祖三十一年辛卯太白山實錄曝曬形止案　一冊
憲宗四年戊戌太白山實錄曝曬形止案　一冊
憲宗七年辛丑太白山實錄曝曬形止案　一冊
憲宗十一年乙巳太白山實錄曝曬形止案　一冊
憲宗十四年戊申太白山實錄曝曬形止案　一冊
哲宗元年庚戌太白山實錄曝曬形止案　一冊
哲宗三年壬子太白山實錄曝曬形止案　一冊
哲宗七年丙辰太白山實錄曝曬形止案　一冊
哲宗十年己未太白山實錄曝曬形止案　一冊
李太王元年甲子太白山實錄曝曬形止案　一冊
李太王二年乙丑太白山實錄曝曬形止案　一冊
李太王八年辛未太白山實錄曝曬形止案　一冊
李太王二十五年戊子太白山實錄曝曬形止案　一冊
李太王二十九年壬辰太白山實錄曝曬形止案　一冊
李太王光武二年戊戌太白山實錄曝曬形止案　一冊
李太王光武四年庚子太白山實錄曝曬形止案　一冊

李太王光武七年癸卯太白山實錄曝曬形止案　一冊
李太王光武十年丙午太白山實錄曝曬形止案　一冊
李王隆熙四年庚戌太白山實錄曝曬形止案　一冊

○太白山實錄考出時形止案　寫本

肅宗甲午及己卯藝文館官員を太白山史庫に遣し實錄を考出せしめたる時其の形止を錄して復命せしものなり

肅宗十六年庚午太白山實錄考出時形止案　一冊
肅宗二十五年己卯太白山實錄考出時形止案　一冊

○太白山璿源錄奉安形止案　寫本

太白山史庫の璿源閣に歷代の璿源錄を藏めたる時の形止を錄せしものなり

仁祖七年己巳太白山璿源錄奉安形止案　一冊
仁祖十一年癸酉太白山璿源錄奉安形止案　一冊
仁祖十二年甲戌太白山璿源錄奉安形止案　一冊
仁祖十四年丙子太白山璿源錄奉安形止案　一冊
仁祖十八年庚辰太白山璿源錄奉安形止案　一冊
仁祖二十年壬午太白山璿源錄奉安形止案　一冊
仁祖二十三年乙酉太白山璿源錄奉安形止案　一冊
仁祖二十六年戊子太白山璿源錄奉安形止案　一冊
孝宗元年庚寅太白山璿源錄奉安形止案　一冊
孝宗二年辛卯太白山璿源錄奉安形止案　一冊
孝宗三年壬辰太白山璿源錄奉安形止案　一冊
孝宗五年甲午太白山璿源錄奉安形止案　一冊
孝宗八年丁酉太白山璿源錄奉安形止案　一冊
顯宗二年辛丑太白山璿源錄奉安形止案　一冊
顯宗四年癸卯太白山璿源錄奉安形止案　一冊
顯宗八年丁未太白山璿源錄奉安形止案　一冊
顯宗十年己酉太白山璿源錄奉安形止案　一冊
顯宗十三年壬子太白山璿源錄奉安形止案　一冊
肅宗元年乙卯太白山璿源錄奉安形止案　一冊
肅宗四年戊午太白山璿源錄奉安形止案　一冊
肅宗八年壬戌太白山璿源錄奉安形止案　一冊
肅宗十三年丁卯太白山璿源錄奉安形止案　一冊
肅宗十五年己巳太白山璿源錄奉安形止案　一冊
肅宗十六年庚午太白山璿源錄奉安形止案　一冊
肅宗二十年甲戌太白山璿源錄奉安形止案　一冊
肅宗二十三年丙子太白山璿源錄奉安形止案　一冊

肅宗二十五年己卯太白山璿源錄奉安形止案 一冊
肅宗二十八年壬午太白山璿源錄奉安形止案 一冊
肅宗二十九年癸未太白山璿源錄奉安形止案 一冊
肅宗三十一年乙酉太白山璿源錄奉安形止案 一冊
肅宗三十七年辛卯太白山璿源錄奉安形止案 一冊
肅宗四十年甲午太白山璿源錄奉安形止案 一冊
肅宗四十四年戊戌太白山璿源錄奉安形止案 一冊
景宗三年癸卯太白山璿源錄奉安形止案 一冊
英祖元年乙巳太白山璿源錄奉安形止案 一冊
英祖三年丁未太白山璿源錄奉安形止案 一冊
英祖五年己酉太白山璿源錄奉安形止案 一冊
英祖十年甲寅太白山璿源錄奉安形止案 一冊
英祖十一年乙卯太白山璿源錄奉安形止案 一冊
英祖十七年辛酉太白山璿源錄奉安形止案 一冊
英祖三十一年乙亥太白山璿源錄奉安形止案 一冊
英祖四十三年丁亥太白山璿源錄奉安形止案 一冊
英祖四十九年癸巳太白山璿源錄奉安形止案 一冊
正祖二十一年丁巳太白山璿源錄奉安形止案 一冊
純祖二十六年丙戌太白山璿源錄奉安形止案 一冊
李太王光武六年壬寅太白山璿源錄奉安形止案 一冊
李太王光武九年乙巳太白山璿源錄奉安形止案 一冊

○太白山璿源錄曝曬形止案 寫本

太白山史庫の璿源閣に藏せし璿源錄を曝曬したる時の形止を錄せしものなり

純祖五年乙丑太白山璿源錄曝曬形止案 一冊
純祖二十年庚辰太白山璿源錄曝曬形止案 一冊
哲宗十四年癸亥太白山璿源錄曝曬形止案 一冊
李太王八年辛未太白山璿源錄曝曬形止案 一冊
李太王光武七年癸卯太白山璿源錄曝曬形止案 一冊
李太王光武九年乙巳太白山璿源錄曝曬形止案 一冊
李太王光武十年丙午太白山璿源錄曝曬形止案 一冊
李王隆熙四年庚戌太白山璿源錄曝曬形止案 一冊

○太白山璿源錄移安後奉審形止案 一冊 寫本

仁祖十二年甲戌太白山史庫の璿源閣を重修するため璿源錄を他所に移し其の現狀を審視せし時の形止を錄したるものなり

○太白山璿源閣修改形止案　寫本

太白山史庫の璿源閣を重修せし時の形止を錄したるものなり

仁祖十三年乙亥太白山璿源閣修改形止案　一冊
肅宗三十八年壬辰太白山璿源閣修改形止案　一冊
正祖十四年庚戌太白山璿源閣修改形止案　一冊
純祖三十一年辛卯太白山璿源閣修改形止案　一冊
憲宗十一年乙巳太白山璿源閣修改形止案　一冊
哲宗元年庚戌太白山璿源閣修改形止案　一冊
李太王六年己巳太白山璿源閣修改形止案　一冊

○五臺山實錄奉安形止案　寫本

宣祖三十九年丙午初めて江原道江陵郡五臺山史庫の實錄閣に歷代の實錄及他の書籍を藏め其の後各代の新撰實錄を入藏したる形止を錄せしものなり

宣祖三十九年丙午五臺山實錄奉安形止案　一冊
光海君十年戊午五臺山實錄奉安形止案　一冊
孝宗四年癸巳五臺山實錄奉安形止案　一冊
肅宗二年丙辰五臺山實錄奉安形止案　一冊
肅宗三十二年丙戌五臺山實錄奉安形止案　一冊

○五臺山實錄曝曬形止案　寫本

五臺山史庫に藏せし實錄其の他群書を曝曬したる時其の形止を錄せしものなり

宣祖四十年丁未五臺山實錄曝曬形止案　一冊
光海君二年庚戌五臺山實錄曝曬形止案　一冊
光海君六年甲寅五臺山實錄曝曬形止案　一冊
光海君十年戊午五臺山實錄曝曬形止案　一冊
仁祖三年乙丑五臺山實錄曝曬形止案　一冊
仁祖十年壬申五臺山實錄曝曬形止案　一冊
仁祖十三年乙亥五臺山實錄曝曬形止案　一冊
仁祖十九年辛巳五臺山實錄曝曬形止案　一冊
仁祖二十三年乙酉五臺山實錄曝曬形止案　一冊
仁祖二十四年丙戌五臺山實錄曝曬形止案　一冊
孝宗二年辛卯五臺山實錄曝曬形止案　一冊
孝宗四年癸巳五臺山實錄曝曬形止案　一冊
孝宗九年戊戌五臺山實錄曝曬形止案　一冊
顯宗二年辛丑五臺山實錄曝曬形止案　一冊

顯宗八年丁未五臺山實錄曝曬形止案　一冊
肅宗元年乙卯五臺山實錄曝曬形止案　一冊
肅宗三年丁巳五臺山實錄曝曬形止案　一冊
肅宗十二年丙寅五臺山實錄曝曬形止案　一冊
肅宗十五年己巳五臺山實錄曝曬形止案　一冊
肅宗十七年辛未五臺山實錄曝曬形止案　一冊
肅宗二十三年丁丑五臺山實錄曝曬形止案　一冊
肅宗二十四年戊寅五臺山實錄曝曬形止案　一冊
肅宗二十六年庚辰五臺山實錄曝曬形止案　一冊
肅宗三十年甲申五臺山實錄曝曬形止案　一冊
肅宗三十五年己丑五臺山實錄曝曬形止案　一冊
肅宗三十七年辛卯五臺山實錄曝曬形止案　一冊
肅宗三十九年癸巳五臺山實錄曝曬形止案　一冊
肅宗四十三年丁酉五臺山實錄曝曬形止案　一冊
景宗二年壬寅五臺山實錄曝曬形止案　一冊
英祖元年乙巳五臺山實錄曝曬形止案　一冊
英祖三年丁未五臺山實錄曝曬形止案　一冊
英祖四年戊申五臺山實錄曝曬形止案　一冊
英祖十二年丙辰五臺山實錄曝曬形止案　一冊
英祖十六年庚申五臺山實錄曝曬形止案　一冊
英祖十八年壬戌五臺山實錄曝曬形止案　一冊
英祖二十一年乙丑五臺山實錄曝曬形止案　一冊
英祖二十三年丁卯五臺山實錄曝曬形止案　一冊
英祖二十三年丁卯五臺山實錄曝曬形止案　一冊
英祖二十五年己巳五臺山實錄曝曬形止案　一冊
英祖三十年甲戌五臺山實錄曝曬形止案　一冊
英祖三十三年丁丑五臺山實錄曝曬形止案　一冊
英祖三十五年己卯五臺山實錄曝曬形止案　一冊
英祖三十八年壬午五臺山實錄曝曬形止案　一冊
英祖四十一年乙酉五臺山實錄曝曬形止案　一冊
英祖四十三年丁亥五臺山實錄曝曬形止案　一冊
英祖四十五年己丑五臺山實錄曝曬形止案　一冊
英祖四十九年癸巳五臺山實錄曝曬形止案　一冊
英祖五十一年乙未五臺山實錄曝曬形止案　一冊
正祖元年丁酉五臺山實錄曝曬形止案　一冊
正祖三年己亥五臺山實錄曝曬形止案　一冊
正祖九年乙巳五臺山實錄曝曬形止案　一冊
純祖三年癸亥五臺山實錄曝曬形止案　一冊

純祖五年乙丑五臺山實錄曝曬形止案　一冊
純祖八年戊辰五臺山實錄曝曬形止案　一冊
純祖十八年戊寅五臺山實錄曝曬形止案　一冊
純祖二十三年癸未五臺山實錄曝曬形止案　一冊
純祖二十八年戊子五臺山實錄曝曬形止案　一冊
純祖三十一年辛卯五臺山實錄曝曬形止案　一冊
憲宗四年戊戌五臺山實錄曝曬形止案　一冊
憲宗九年癸卯五臺山實錄曝曬形止案　一冊
憲宗十二年丙午五臺山實錄曝曬形止案　一冊
哲宗元年庚戌五臺山實錄曝曬形止案　一冊
哲宗三年壬子五臺山實錄曝曬形止案　一冊
哲宗七年丙辰五臺山實錄曝曬形止案　一冊
哲宗八年丁巳五臺山實錄曝曬形止案　一冊
哲宗十一年庚申五臺山實錄曝曬形止案　一冊
李太王元年甲子五臺山實錄曝曬形止案　一冊
李太王二年乙丑五臺山實錄曝曬形止案　一冊
李太王十七年庚辰五臺山實錄曝曬形止案　一冊
李太王二十五年戊子五臺山實錄曝曬形止案　一冊
李太王三十年癸巳五臺山實錄曝曬形止案　一冊

李太王光武二年戊戌五臺山實錄曝曬形止案　一冊
李太王光武四年庚子五臺山實錄曝曬形止案　一冊
李太王光武七年癸卯五臺山實錄曝曬形止案　一冊
李太王光武十年丙午五臺山實錄曝曬形止案　一冊
李王隆熙三年己酉五臺山實錄曝曬形止案　一冊
年代未詳五臺山實錄曝曬形止案　一冊

○五臺山實錄奉審形止案　一冊　寫本

肅宗元年乙卯藝文館官員を五臺山史庫に遣し實錄の現狀を審視せしめたる時其の形止を錄して復命したるものなり

○五臺山實錄考出時形止案　一冊　寫本

肅宗十六年庚午藝文館官員を五臺山史庫に遣し實錄を考出せしめたる時其の形止を錄し復命したるものなり

○五臺山璿源錄奉安形止案　寫本

五臺山史庫の璿源閣に歷代の璿源錄を藏めたる時の形止を錄せしものなり

仁祖七年己巳五臺山璿源錄奉安形止案　一冊
仁祖九年辛未五臺山璿源錄奉安形止案　一冊

仁祖十一年癸酉五臺山璿源錄奉安形止案　一冊
仁祖十四年丙子五臺山璿源錄奉安形止案　一冊
仁祖十八年庚辰五臺山璿源錄奉安形止案　一冊
仁祖二十年壬午五臺山璿源錄奉安形止案　一冊
仁祖二十三年乙酉五臺山璿源錄奉安形止案　一冊
仁祖二十六年戊子五臺山璿源錄奉安形止案　一冊
孝宗二年辛卯五臺山璿源錄奉安形止案　一冊
孝宗三年壬辰五臺山璿源錄奉安形止案　一冊
孝宗四年癸巳五臺山璿源錄奉安形止案　一冊
孝宗五年甲午五臺山璿源錄奉安形止案　一冊
孝宗八年丁酉五臺山璿源錄奉安形止案　一冊
顯宗二年辛丑五臺山璿源錄奉安形止案　一冊
顯宗四年癸卯五臺山璿源錄奉安形止案　一冊
顯宗八年丁未五臺山璿源錄奉安形止案　一冊
顯宗十年己酉五臺山璿源錄奉安形止案　一冊
顯宗十三年壬子五臺山璿源錄奉安形止案　一冊
肅宗元年乙卯五臺山璿源錄奉安形止案　一冊
肅宗四年戊午五臺山璿源錄奉安形止案　一冊
肅宗八年壬戌五臺山璿源錄奉安形止案　一冊
肅宗十三年丁卯五臺山璿源錄奉安形止案　一冊
肅宗十五年己巳五臺山璿源錄奉安形止案　一冊
肅宗十六年庚午五臺山璿源錄奉安形止案　一冊
肅宗十九年癸酉五臺山璿源錄奉安形止案　一冊
肅宗二十年甲戌五臺山璿源錄奉安形止案　一冊
肅宗二十二年丙子五臺山璿源錄奉安形止案　一冊
肅宗二十八年壬午五臺山璿源錄奉安形止案　一冊
肅宗二十九年癸未五臺山璿源錄奉安形止案　一冊
肅宗三十一年乙酉五臺山璿源錄奉安形止案　一冊
肅宗三十四年戊子五臺山璿源錄奉安形止案　一冊
肅宗三十八年壬辰五臺山璿源錄奉安形止案　一冊
肅宗四十年甲午五臺山璿源錄奉安形止案　一冊
肅宗四十三年丁酉五臺山璿源錄奉安形止案　一冊
景宗三年癸卯五臺山璿源錄奉安形止案　一冊
英祖元年乙巳五臺山璿源錄奉安形止案　一冊
英祖三年丁未五臺山璿源錄奉安形止案　一冊
英祖九年癸丑五臺山璿源錄奉安形止案　一冊
英祖十三年丁巳五臺山璿源錄奉安形止案　一冊
英祖十五年己未五臺山璿源錄奉安形止案　一冊

英祖二十一年乙丑五臺山璿源錄奉安形止案　一冊

英祖二十七年辛未五臺山璿源錄奉安形止案　一冊

英祖三十年甲戌五臺山璿源錄奉安形止案　一冊

英祖三十四年戊寅五臺山璿源錄奉安形止案　一冊

英祖三十五年己卯五臺山璿源錄奉安形止案　一冊

英祖四十五年己丑五臺山璿源錄奉安形止案　一冊

英祖四十九年癸巳五臺山璿源錄奉安形止案　一冊

純祖三十一年辛卯五臺山璿源錄奉安形止案　一冊

哲宗八年丁巳五臺山璿源錄奉安形止案　一冊

哲宗十四年癸亥五臺山璿源錄奉安形止案　一冊

李太王光武六年辛丑五臺山璿源錄奉安形止案　一冊

○五臺山璿源錄曝曬形止案　寫本

五臺山史庫の璿源閣に藏せし璿源錄を曝曬したる時の形止を錄せしものなり

李太王八年辛未五臺山璿源錄曝曬形止案　一冊

李太王光武七年癸卯五臺山璿源錄曝曬形止案　一冊

李太王光武十年丙午五臺山璿源錄曝曬形止案　一冊

○五臺山璿源譜略調査形止案　一冊　寫本

隆熙三年己酉宮內府事務官を五臺山史庫に遣し璿源譜略及他の書籍を調査せしめたる時其の形止を錄し復命したるものなり

○五臺山璿源閣改建形止案　一冊　寫本

肅宗二十年甲戌五臺山璿源閣頹圮したるを以て宗簿寺直長を遣し之を改建したる時其の形止を錄し復命せしものなり

○五臺山各儀軌奉安形止案　寫本

李太王九年甲辰御眞模寫、璿源殿增建、永禧殿營建の三都監儀軌、同乙巳卽帝位大禮、追尊の二都監儀軌、同年憲宗孝定后の殯殿、國葬、山陵三都監、李王純明妃の殯殿、園所二都監等の儀軌、同年翼宗及各殿上尊號都監儀軌等を藏めたる形止を錄したるものなり

李太王光武八年癸卯五臺山儀軌奉安形止案　一冊

李太王光武九年甲辰五臺山儀軌奉安形止案　一冊

○赤裳山城實錄曝曬形止案　寫本

全羅北道茂朱郡赤裳山城史庫に藏したる實錄其の他の群書を曝曬したる時の形止を錄せしものなり

李太王光武四年庚子赤裳山城實錄曝曬形止案　一冊
李太王光武十年丙午赤裳山城實錄曝曬形止案　一冊

○赤裳山城璿源錄奉安形止案　寫本

赤裳山城史庫の璿源閣に歷代の璿源錄を藏めたる形止を錄せしものなり

仁祖二十六年戊子赤裳山城璿源錄奉安形止案　一冊
純祖十年庚午赤裳山城璿源錄奉安形止案　一冊
純祖十八年戊寅赤裳山城璿源錄奉安形止案　一冊
純祖三十一年辛卯赤裳山城璿源錄奉安形止案　一冊
憲宗十年甲辰赤裳山城璿源錄奉安形止案　一冊
李太王八年辛未赤裳山城璿源錄奉安形止案　一冊
李太王光武六年壬寅赤裳山城璿源錄奉安形止案　一冊

○赤裳山城璿源錄曝曬形止案　寫本

赤裳山城史庫の璿源閣に藏せし璿源錄を曝曬したる時の形止を錄せしものなり

仁祖十年壬申赤裳山城璿源錄曝曬形止案　一冊
李太王光武六年壬寅赤裳山城璿源錄曝曬形止案　一冊
李太王光武七年癸卯赤裳山城璿源錄曝曬形止案　一冊
李太王光武十年丙午赤裳山城璿源錄曝曬形止案　一冊

○外奎章閣形止案　寫本

正祖五年辛丑江華行宮の東に外奎章閣を建設し翌年江華府冊庫の秘書を移藏し其の後隨時入藏したる形止を錄せしものなり秘書とは御製、御筆、冊寶、譜略、誌狀其の他重要書籍なり

正祖六年壬寅外奎章閣形止案　一冊
正祖八年甲辰外奎章閣形止案　一冊
正祖九年乙巳外奎章閣形止案　一冊
正祖十五年辛亥外奎章閣形止案　一冊
正祖十五年辛亥外奎章閣形止案　一冊
正祖十九年乙卯外奎章閣形止案　一冊
純祖六年丙寅外奎章閣形止案　一冊
純祖十四年甲戌外奎章閣形止案　一冊

純祖二十八年戊子外奎章閣形止案　一冊
憲宗二年丙申外奎章閣形止案　一冊
憲宗五年己亥外奎章閣形止案　一冊
憲宗九年癸卯外奎章閣形止案　一冊
哲宗七年丙辰外奎章閣形止案　一冊

○實錄形止案　寫本

朝鮮歷代の實錄は編纂若くは改修の後其の卷數と各卷に分ちたる起至の年月及分藏したる櫃數竝に摠裁、都廳、郞廳等の官職、姓名を附記し之を實錄形止案と稱し各史庫に藏置したり

宣祖實錄形止案　一冊
宣祖修正實錄形止案　一冊
光海君日記形止案　一冊
仁祖實錄形止案　一冊
孝宗實錄形止案　一冊
顯宗實錄形止案　一冊
顯宗改修實錄形止案　一冊
肅宗實錄形止案　一冊
景宗實錄形止案　一冊
景宗修正實錄形止案　一冊
英祖實錄形止案　一冊

地理類

○新增東國輿地勝覽　五五卷二五冊　印本

成宗宣城君盧思愼等をして大明一統志に倣ひ東國輿地勝覽を撰せしめ中宗の二十五年庚寅更に李荇等に命し增補訂正したるものなり卷首に略圖を掲け京畿以下諸道の沿革、風俗、廟社、陵寢、宮闕、官府、學校、土產の類及孝子烈婦の行狀、城郭、山川、樓亭、寺社、驛院、橋梁の位置、名賢の事蹟、詩人の題詠に至るまで備載せさるはなし

○東國地理誌　一冊　韓百謙著　印本

前漢書朝鮮傳、後漢書高勾麗傳、同東沃沮傳、同扶餘國傳、挹婁傳、同三韓傳其の他四郡二府二郡、高勾麗、百濟、新羅、高麗等の地理に關する記事を摘錄したるものにして間間自己の意見を附記せり

韓百謙　字は明吉、久菴と號す清州の人判官孝胤の子なり明宗丁未に生れ官參議に止り宣祖庚寅に歿す退溪李滉に師事して學行あり遺稿二卷世に行はる弟柳川浚謙は仁祖の國舅たり子仲市興一は相府に入り倶に文名あり

○大韓疆域考　九卷二冊　丁若鏞著　張志淵補　印本

丁若鏞康津に竄逐せられ茶山の東庵に幽居せし時與猶堂集の著あり疆域考は集中の一本にして張志淵之に案説を附し又任那考及白頭山定界考等を加へて世に公にす即ち本書なり原本十卷を九卷に改め卷初に地圖を挿入し第一卷には朝鮮考、四郡總考、樂浪、玄菟、臨屯、眞番、樂浪別考、帶方考第二卷には三韓總考、馬韓、辰韓、弁韓別考、任那考第三卷には卒本考、國內考、丸都、安市、慰禮、漢城考第四卷には沃沮考、濊貊考、同別考、靺鞨考、第五卷には渤海考、同續考第六卷には道路沿革考、第七卷には西北路沿革考、附九連城考第八卷には浿水辨、白山譜第九卷には白頭山定界碑考等を載す

○山　經　表　一冊　寫本

朝鮮全道に於ける山經表にして白頭山を中心とし東西南北に連亘せる大幹支脈の山經分布等を記載したるものなり

○朝　鮮　水　經　二五卷四冊　丁若鏞著　寫本

丁若鏞の著にして書中擧くる所は朝鮮北部の諸水多く初に涤水を擧け其の下に禿魯水、鹽難水、猪水を附し次に滿水、淀水、浿水、浯溪水、瀧水、潴水及帶水等の諸川に付所在地、名稱等の異同を辨し其の發源より流域、沿岸、分派、合流等の狀況を山海經、漢書地理志等其の他支那、朝鮮の古書數十部を引用し又諸家の說を擧けて考證せり門人李晴の注あり

○道　路　考　四卷四冊　申景濬著　寫本

朝鮮各道の里程を記したるものなり第一卷には陵園墓の正路溫泉宮の六大路即ち義州、慶興、平海、東萊、濟州、江華等第二卷には八道各邑四至旁通路及諸營里數第三卷には沿路即ち白頭山路、鴨綠江路、豆滿江路並に八道沿海路、八道の驛遞撥路第四卷には海路、烽路、交隣使行路程里附錄には潮汐風雨の船路に關する事項等を載せり英祖四十六年庚寅に成る

申景濬　字は舜民、號は旅庵、高靈の人涞の子なり肅宗壬辰に生れ英祖甲戌文科に登り官承旨に至り正祖辛丑に歿す儀表

圖、俯仰圖、疆界志、山水經、日本諺韻諺書音解等の著あり

○山里攷　二卷一冊　寫本

朝鮮全道の山經の來脉延支と程道往來の距離等を記載したるものにして山經は白頭山を中心とし東西南北に連亘せる大幹支脉の分布を示し程里は京城を中心とし八道各郡に通する大路の里數及重地大處に通する正路捷徑を委細に載せり一に箕封方域誌と稱す

○東國名山記　一冊　成海應著　印本

朝鮮に於ける名山勝水等を分記したるものにして京都、畿內、海西、關西、關北、湖中、湖南等に分てり東京外國語學校韓國校友會に於て印刷したるものなり

成海應　字は龍汝、研經齋と號す昌寧の人なり英祖庚辰に生れ正祖癸卯進士となり戊申筮仕して官陰城縣監に止る文章に秀て學行あり著述多し

○京兆府誌　一冊　李承敬編　寫本

漢城府の事蹟を記載したるものにして基址、公廨、坐衛節次、各房職掌、五部坊契、四山禁標、各司の公文等を編錄せり

李承敬　字は景誠、老華と號す韓山の人叅判道在の子にして純祖乙亥に生れ憲宗丁酉司馬に中り丁未景陵叅奉に入仕し屢郡邑を典り李太王の時に歿す官牧使に至れり

○北漢誌　一冊　釋聖能著　印本

肅宗三十七年北漢に山城を築く本書は山城衛戍の僧聖能か山城紀事を編成して北漢誌と名け刊行したるものなり卷初に地圖を挿み道里、沿革、山谿、城池、事實、官員、將校、宮殿、寺刹、樓觀、橋梁、倉廩、定界、古蹟等の十四目を詳記せり

釋聖能　號を桂坡と稱す景宗の時の人にして嘉義大夫南北兩漢都摠攝大覺登階の職を授けらる

○重訂南漢誌　十三卷　洪敬謨編　寫本

南漢山の地誌にして此の地は百濟王温祚初めて都を置きたりと傳ふ仁祖其の址に據りて改築し山城と爲す本書は憲宗十二年編者か南漢守禦使徐命膺の編成に係る地誌を補足し山川、地形、衙署、土產、人物、城史、陵墓、故實等細大漏さす備載せしものなり

○松　都　誌　七卷二冊　鄭昌順補編　印本

松都は今の京畿道開城にして仁祖二十六年留守金堉、曺臣俊撰する所の松都雜記を增删して一卷と爲し松都誌と稱して梓行し後李埶、嚴緝等相繼いて增修したるも兵燹に罹り散逸せしもの多し英祖三十三年吳遂采續志一卷を增補し正祖六年に至り鄭昌順新舊を酌採して此の書を完成す高麗世記、國朝記事、疆域沿革、官員、郡名、城郭、烽燧、部防、姓氏、戶口、田制、風俗、土產、山川、形勝、題詠、學校、宮殿、祠廟、官舍、樓亭、關防、兵制、賦役、郵撥、橋梁、陵墓、佛宇、古蹟、人物、才行、忠臣、孝子、孝婦、名官、留守、經歷、都事、文科、蔭仕、司馬、武科、武南附邊將、附錄等の目あり

○中　京　誌　一卷六冊　金履載編　印本

開城の地誌にして開城は一に中京と稱したり仁祖二十六年戊子開城留守金堉か曺臣俊の松都雜記を增删して一卷を編し松都誌と名けて梓行し其の後五十三年肅宗庚辰留守李埶か僉正朴來慶進士金始兌をして新に逸事を增補せしめ上下二卷とし其の後六年乙酉留守嚴緝之を刊行し竝に舊誌と稱す其の後五十三年英祖丁丑留守吳遂采か進士韓命相、李養浩と共に乙酉以後の事を編輯して松都續誌と名く其の後二十六年正祖壬寅留守鄭昌順か原續兩誌を取りて合編し尙ほ增補して三編と爲し其の明年癸卯留守徐有防、進士馬之光、趙有善と共に其の闕略を補ひ松京誌補遺と名け乙巳留守尹塾之を刊布す其の後十八年純祖壬戌留守金文淳其の遺簣を蒐輯して補遺と合編し松都續誌と名く其の後二十三年甲申留守金履載原續誌を合し中京誌と名け其の後七年庚寅留守徐憙淳又繼いて編摩し其の後二十六年哲宗乙卯留守趙秉夔之を刊行す

金履載　字は公厚、江右と號す竹裡履喬の弟なり英祖丁亥に生れ正祖庚戌文科に登り提學を歷て憲宗丁未に歿せり官吏曹判書に至り諡を文簡と云ふ

○高麗古都徵　七卷三冊　韓在濂編　印本

開城の古蹟を一統に編輯したるものにして卷の一は國都考、山水考、城郭考卷の二は宮殿考卷の三は公廨附征東省、舘舍、郊驛、坊市、橋梁卷の四は風俗卷の五は壇廟考附景靈殿、積慶園、籍田、山陵考附永安城とし補遺には壇廟及山陵卷の六は大學考附九齋卷の七は寺院附仁熙殿、惠明殿なり

韓在濂　字は霽園、淸州の人英祖乙未に生れ純祖丁卯司馬に中れり

○水原府邑誌　一冊　寫本

京畿道水原郡の邑誌にして卷首に地圖を附し次に坊里、建置沿革、郡名、形勝、城池、官職、山川、姓名、風俗、壇廟、社稷壇、公廨、堤堰、倉庫、物產、橋梁、驛院、牧場、烽燧、樓亭、寺刹、古蹟、孝子、忠臣、孝婦、烈婦、忠奴、旱田、水田、進貢、糶糴、田稅、大同、均稅、軍摠、先生案等を備載せり

○廣州府邑誌　一冊　寫本

京畿道廣州郡の邑誌にして坊里、道路、建置沿革、郡名、形勝、城池、官職、山川、姓氏、風俗、陵寢附墓、廟、院、壇、公廨、堤堰、倉庫、物產、橋梁、驛院、牧場、關阨、烽燧、樓亭、寺刹、古蹟、鎭堡、人物、田賦、進貢、糶糴、田稅、大同、均稅、俸廩、軍兵、冊板等の目あり

○光州牧誌　二卷一冊　寫本

全羅南道光州郡の邑誌にして建置沿革、官職、坊里、戶口、田結、城池、形勝、風俗、山川、古蹟、校院、壇廟、廨舍、館驛、樓亭、寺刹、橋梁、堤堰、場市、糶糴、貢賦、軍額、物產、姓氏、人物、名官、雲章、叙述、題詠の目あり

○赤城誌　五卷二冊　趙秉瑜編　寫本

全羅北道茂朱郡の邑誌にして卷の一は沿革、郡名、疆界、坊里、結總、進貢、糶糴、田稅、大同、選武、俸廩、場市、橋梁、堤堰、形勝、風俗、山川、土產、姓氏、壇廟、公廨、倉庫、驛院、寺刹、衙舍、樓亭等卷の二は學校、院宇、時術齊等卷の三は官案、文科、蔭仕、武科、生進等卷の四は人物、寓居、學行、忠臣、孝子、烈女、孝婦、遺逸等卷の五は赤裳鎭、冊板、亭臺、岩池等なり李太王丙申郡守趙秉瑜之を編輯せり

○麗水誌　二卷一冊　會儒所編　寫本

全羅南道麗水郡の邑誌にして李太王光武六年壬寅會儒所に於て之を開刊す

○慶尙道地理誌　一冊　寫本

世宗六年甲辰及七年乙巳各道に命し道內各邑の沿革、府州郡

縣鄕所部曲の離合、山川界域の險阻關坊、山城邑城の周回廣狹、溫泉氷穴風穴鹽盆鹽井牧場及良馬の所産、土地肥瘠、水泉深淺、風氣寒暖、風俗所尙、戶口土產の數、租稅歲貢轉運の程途、營鎭梁浦の建設、軍丁戰艦の數額、海中諸島の距離、島中農民の有無烟臺烽火の所在、歷代陵寢名人墓墳及土姓傑出の人、古昔靈異の跡等を調査し以て地理誌を編纂せしむ本書は河濱か慶尙監司たりし時編したる慶尙道の地理誌にして監營に保存せしものなり卷首に自序あり

河演　字は淵亮、晋州の人敬齋と號す高麗禑王丙辰に生れ朝鮮太祖丙子文科に登り藝文舘大提學を經て領議政に至り端宗癸酉に歿す謚を文孝と云ひ文宗廟庭に配享す

○慶尙道續撰地理誌　一冊　寫本

世宗の時各道地理誌を編成し睿宗元年己丑更に各道に命し之を續撰せしむ本書は卽ち其の一なり

○慶尙道邑誌　七一卷二〇冊　寫本

慶尙南北兩道七十一邑誌を合編したるものにして各邑の地圖、沿革、郡名、官名、姓氏、山川、坊里、風俗、戶口、田賦、軍額、城池、林藪、倉庫、校院、關坊、鎭堡、烽燧、壇廟、陵墓、公廨、佛宇、樓亭、道路、橋梁、島堰、場市、驛院、牧場、形勝、古蹟、土產、進貢、俸廩、官跡、人物、科甲、題詠、碑板、册板等を記し純祖の時之を合册とせり而して金山、義城、盈德、固城の四邑誌一冊は李太王の時に追錄したるものなり

東京雜記　三卷三冊　閔周冕補編　印本

慶尙北道慶州は新羅千年の王都にして一に東京と稱す遺蹟最も多し本書は其の雜記にして舊と東京誌なる書なりしを顯宗己酉閔周冕之を增修刊行し又肅宗辛卯南至薰之を重刊し憲宗乙巳成原默更に增補を加へ雜記と改名して刊行す第一卷は辰韓記、新羅記、慶州地界、建置沿革、官號沿革、屬縣、鎭管、屬任、人吏、邑名、姓氏、風俗、山川、勝地、土產、城郭、關防、烽燧、宮室、倉庫、學校、驛院、橋梁、祠廟、陵墓、祈雨所第二卷は佛宇、古蹟、林藪、戶口、軍額、田結、堤堰、各坊、各洞、名官、人物第三卷は寓居、科目、蔭仕、孝行、友愛、忠義、貞烈、技藝、書籍、題詠、雜記、補遺異聞等に分目せり

閔周冕　字は章五驪興の人晋亮の子なり仁祖二十六年戊子進士に中り孝宗癸巳謁聖文科に壯元たり初め仁川府使となり次て吉州牧使となり未た任に赴かす廣州府尹に累遷し己酉慶州府尹に除せらる

○咸　州　志　一冊　寫本

慶尙南道咸安郡の邑誌にして京師相距、四隣疆界、建置沿革、郡名、形勝、風俗、各里、戶口、田結、山川、土產、館宇、城郭、壇廟、學校、書院、驛院、軍器、烽燧、堤堰、灌漑、亭舍、橋梁、佛宇、古蹟、名官、任官、姓氏、人物、流配、善行、文武科、司馬、塚墓、旌表、冊板、題詠、叢談等に分類備載せり

○高　靈　誌　一冊　李斗勳編　寫本

慶尙北道高靈郡の邑誌にして疆界、沿革、坊里、山水、姓氏、土產、土俗、壇祠、公廨、校院、亭齋、寺刹、驛院、烽市、橋店、堤堰、墳墓、政務、故事、文官、武官、生進、蔭仕、學行、文望、儒碩、烈行、守宰及題詠等を載錄せり

○靑　松　府　誌　一冊　寫本

慶尙道靑松府の邑誌にして卷首に地圖あり建置沿革、屬縣、官員、郡名、姓氏、風俗、形勝、山川、土產、城郭、烽燧、關防、橋梁、樓亭、學校、驛院、佛宇、祠廟、塚墓、古跡、名官、人物、孝子、烈女、題詠等の目を立つ

○義　興　邑　誌　一冊　寫本

慶尙道義興縣の邑誌なり首に地圖を揭け建置沿革、郡名、官職、姓氏、山川、風俗、坊里、戶口、田賦、軍額、城池、倉庫、關防、鎭堡、烽燧、學校、壇廟、陵墓、佛宇、宮室、樓亭、道路、橋梁、島嶼、堤堰、場市、驛院、牧場、形勝、古蹟、土產、進貢、俸廩、宦蹟、科擧、人物、題詠、碑板等に分類編載せり

○峴　山　誌　一冊　寫本

江原道襄陽郡の邑誌にして峴山は其の舊稱なり收錄する所本郡建置沿革、屬縣、縣址、縣名、官員、水源、嶺阸、官廨、俸廩、學校、祠廟、驛院、幅員、坊面、烽燧、堤堰、田畓、

進貢、糶糴、詳定、風俗、姓氏、名官、人物、孝烈、津浦、里站、島嶼、物產、牧場、園林、形勝、寺刹、古蹟、題詠、先生案等なり

○平壤志　一六卷一〇册　尹斗壽編　印本

平壤志には原志、續志、後續志あり原志九卷には疆域、分野、沿革、城池、部坊、郡名、風俗、形勝、山川、樓亭、祠墓、公署、倉儲、學校、古蹟、職役、兵制、驛遞、橋梁、土產、土田、貢賦、敎坊、院亭、寺宇、戶口、人物、孝烈、古事、文談、神異、雜志、詩文等を錄せり宣祖二十三年庚寅梧陰尹斗壽平安道觀察使を以て平壤在任の時之を編刊す續志五卷は斗壽の後孫游か英祖六年庚戌編刊したるものにして載する所概ね原編に同し憲宗三年丁酉原志と共に合刊す又哲宗五年乙卯後續志二卷あり州人の編する所にして後人之を添補せり本書は之か合本なり

尹斗壽　字は子仰、梧陰と號す海平の人知足菴忭の子なり中宗癸巳に生れ明宗乙卯生員に魁たり戊午文科に登り光國、扈聖の二勳に策して海原府院君に封せられ官領議政に至り宣祖辛丑に歿す謚を文靖と云ふ壬辰宣祖義州に播遷の時久しく相位に在りて勞勩甚た多し弟月汀根壽亦文名あり子稚川昉、陶齋昕、白沙暄、長洲暉四人倶に文科に登りて顯官に至る

○平壤志選　三卷一册　印本

平壤志中の詩のみを抄錄したるものなり

○龍灣誌　二卷二册　印本

龍灣は平安北道義州の別名にして本書は其の邑誌なり憲宗十五年進士金應洙の增補重刊に係る疆域、沿革、郡名、官職、姓氏、形勝、山川、島嶼、坊里、風俗、土產、城池、關防、壇廟、校院、祭典、戶口、田土、賦稅、倉庫、穀總、徭役、館廨、樓亭、漁鹽、進貢、俸廩、軍額、鎭堡、烽燧、場市、驛遞、道路、橋梁、津船、堤堰、寺刹、邸吏、各庫、府先生、人物、忠勳、孝行、烈行、文官、武職、文蔭、武蔭、勤仕、蓮榜、名宦、流寓、古蹟、聖祖、興王事蹟及歷代故事、賑施奇聞、異蹟、追附孝烈、辛壬事蹟、追附軍功等の目あり卷首に義州の全圖を揭く

○祥原誌　一册　韓世衡編　寫本

平安南道祥原郡の邑誌にして英祖六年庚戌郡人韓世衡舊誌に依りて增補續成したるものなり

○關北邑誌　五冊　寫本

咸鏡南道各郡の邑誌を合編せしものにして詳略同しからす中に就き咸山誌通紀は原補六卷あり尤も明細なるも其の他は概ね簡略なり

○北關誌　二卷二冊　李端夏編　寫本

咸鏡北道各郡の邑誌を概括編輯したるものにして初め澤堂李植北評事たる時之に着手して終らさりしを其の子畏齋端夏又北評事となり之を繼成す肅宗癸酉北兵使申汝哲の刊行する所なり

○咸興志　二卷一冊　寫本

咸鏡南道咸興郡の邑誌にして女眞の割據せし處なり高麗の時元人に侵略せられしも太宗十六年之を興復して府治を置き再ひ郡治に改め咸興本宮の所在地として最も深き關係を有せり二卷に分ち第一卷には地界、部社、建置沿革、郡名、姓氏、風俗、形勝、山川、土産、城郭、關防、烽燧、宮室、樓亭、學校、驛院、倉庫、佛宇、祠廟、陵墓、古蹟、名宦、官案、寓居、人物、孝烈、科貢、蔭官第二卷には公署、戶額、田案、倉儲、貢賦、兵案、吏案、賤案、橋梁、題詠、雜記等を載す

○宮闕志　五冊　寫本

宮闕の所在、建築、殿閣の位置、名稱及沿革等を蒐錄したるものにして第一冊は京城の城壁、城門より廟社、殿宮、文廟、官衙、亭舘、樓臺及地方の行宮、歷代の殿廟等を統記し第二冊は景福宮第三冊は昌德宮第四冊は昌慶宮第五冊は慶熙宮とす肅宗の時の命撰にして憲宗更に之を增補せしむ

○宮闕志　三冊　寫本

景福宮、昌德宮及昌慶宮等の殿名、堂號、門號、間數丈量及宮墻の延長等を詳記したるものなり

○北闕圖　一冊　寫本

景福宮の殿閣等を圖せしものにして北闕は卽ち景福宮なり

○北闕後苑圖　一冊　寫本

景福宮後苑の狀況を圖せしものなり

○東闕圖　一冊　寫本

昌德宮殿閣の圖にして東闕は昌德宮の別稱なり

○集慶殿舊基圖帖　一冊　寫本

慶州所在集慶殿舊基の圖帖なり殿は朝鮮太宗の時太祖の影幀を安置せし處にして客舍の北に在り宣祖壬辰兵火に罹り影幀は江陵府に移し殿址と碑石及紅門を餘せしか後人圖寫して形止を略記したるものなり

○北道陵殿誌　八巻三冊　魏昌祖編　印本

英祖二十三年戊辰太祖誕生の地たる北道陵殿を監理せし兵曹正郞魏昌祖か輿地勝覽の體に倣ひて陵園宮殿に關する故實、碑文、道里、地名等を輯錄し後日の考證に資せしものなり肅宗の詩竝に序德陵(穆祖)安陵(同妃)附舊德陵、智陵(翼祖)淑陵(同妃)義陵(度祖)純陵(同妃)定陵(桓祖)及和陵(同妃)の各神道碑、四至記碑、舊碑文、璿源殿遺蹟(誕生基、王生島、樗亭、德崎寺、雲嶺、導昌寺、安養寺、釋王寺)、慶興殿遺蹟(讀書堂、土宇基、馳馬臺)、咸興本宮遺蹟(祭星壇、擊毬亭)、永興本宮同舊基、龍堂、赤島等を載す英祖二十三年丁卯咸興監營に於て刊行す

魏昌祖　字は仲孝長興の人訓導榮祖の弟なり肅宗癸未に生れ英祖壬子文科に登り官承旨に至り辛卯に歿す世世北道に居りて文學を尙ひ又科甲多く北道の望族と稱せらる

○江華府宮殿錄　一冊　江華府編　寫本

李太王十八年京畿道江華に在る行宮、奎章閣、長寧殿、奉先殿、萬寧殿の間架數等を錄したるものなり

○孝陵誌　一冊　鄭基春編　寫本

仁宗封陵以後の事蹟の記錄なり仁宗昇遐後に於ける大妃の下敎、仁宗の行狀及誌文、世子を封したる敎命文、竹冊文、哀冊文、仁聖王后を嬪に封する冊文、仁宗の大臣に諭したる手書、賓客に與へたる答書等を列錄し而して陵の謄錄と英祖懸板の謄本竝に齋宮詩篇等を卷尾に附せり

鄭基春 字は汝元、雪青と號す東萊の人府使老容の子なり哲宗庚戌司馬に中り戊午孝陵叅奉に除し李太王丙子に歿す官司導寺僉正に至れり吏治と文行とを以て一世に著る

○祠院攷 一冊 寫本

各道書院の所在地、其の建置、歷代配享者、歷代賜額の年時等を記し祠院約五百五十餘所に達せり

○東國文獻院宇篇 一冊 寫本

朝鮮到る處院宇を濫設し其の弊甚しきを以て李太王元年甲子初政に當り其の正しからさるものは概ね之を毀撤し凡そ四十七個所を存せり本書は其の建設、所在及享祀諸人を列錄したるものにして卷首に啓聖祠及文廟に享祀せる聖賢碩學の名を列せり

○東國闕里誌 二卷一冊 孔明烈編 印本

闕里は魯の曲阜孔子の舊居にして孔廟の所在地なり闕里誌は明の陳鎬の撰にして孔子六十五世の孫孔久植の訂補したるものに係る東國闕里誌は此に倣ひて名けたるものなり東國闕里と稱するは今の水原府華城に在り孔子六十三世の孫文獻公瑞麟講學の所なりと云ふ本誌は正祖の遺志を承け瑞麟の後孫明烈の編次せしものにして通編二卷第一卷は華城闕里祠奉安聖像、御製文、贈謚、筵說等十九目を列し第二卷は列聖朝授官恩澤以下十三目を載せ附錄に新羅王子獻聖像事蹟六目を載せり

孔明烈 は大司憲瑞麟の後孫なり

○晋州鄉校移建事蹟 一冊 寫本

純祖壬申晋州の鄉校を移建したる時州の儒生等其の事蹟を記したるものにして建移後享祀の節次と鄉飲酒禮の儀式を並錄し前後執事の人名を載錄す

○龍堂誌 二卷一冊 金魯奎編 印本

白頭山の陽、豆滿江の主瀆を慶源の龍堂と呼ふ李穆祖誕生の地にして太祖の射を習ひし所なり太宗の時瀆祠を建て春秋に致祭せしも歲月久しくして祠宇頹圮せり金魯奎深く之を慨し學塾を此の地に刱設して風紀を維持し終に本書を編し以て世に公にするに至る龍堂圖記、國朝寶鑑攷、龍堂地靈分合圖、齋祀士主聖蹟紀略、龍堂表、書示龍南齋、諸生、疏章、批旨、

金履翼　字は輔叔、牖窩と號す安東の人老稼齋昌業の曾孫なり英祖癸亥に生れ正祖乙巳進士を以て文科に登り官吏曹判書に至り仕を致し純祖庚寅に歿す謚を簡獻と云ふ純祖乙丑珍島に謫居して島人を敎誘し陋俗を化せり著す所循稱錄あり

○鎭安大君祠墓事實　一册　寫本

朝鮮の初鎭安大君李芳雨の祠墓咸鏡道の咸興に在りしか故ありて京畿道豐德の大君洞に在る配忠州夫人池氏の塋側に改葬し爾後泯晦して傳はらさりしに三百七八十年を經て英祖の時に至り十五代の孫李國柱の上言に據り祠堂を設け祭祀を復興せり本書は其の緣由を記述したるものなり

○西　岳　志　一册　鄭克後著　印本

慶尙北道慶州の西岳里に書院あり明宗十六年龜岩李楨の創設に係る金庾信、薛聰及崔致遠を配享す其の後退溪李滉院名を西岳精舍と改め仁祖元年重修の額を賜ふ此の書西岳の位置、書院の創始、齋號、重修、賜額、廟中神位、享祀時日、三賢事實、儒臣編著、諸賢雜詠、三賢子孫、請額疏略、跋文等を錄す

詔勅等を列載す李太王甲辰吳相奎等捐財して刊行す

金魯奎　は北關に居り李太王の時不次を以て觀察使に至れり

○海東聖蹟誌　二卷一册　印本

宣祖壬辰、丁酉の際關羽の神靈能く軍勝を冥助したりと稱し南廟を京城の崇禮門外に東廟を興仁門外に刱設し又明軍の都督陳璘は全羅道康津縣に遊擊藍芳威は同南原府城西門外及慶尙道星州及安東府に關羽の廟を建立して之を祭り爾後歷代之か祀を修す此の書廟祠考、遺印考、祀典考、祭文考、靈感考、藝文考、記類、銘類、詩類、賦類、贊類、聯類、扁類等の目あり

○安東太師廟事蹟抄略　一册　金履翼編　印本

高麗太祖の功臣金宣平、權幸、張吉三太師を安東に立廟享祀したるに金氏、權氏の子孫其の位次の先後を爭ひて決せす金氏の後孫履翼か位次を證すへき書類を抄略編輯し權氏の論を辨駁したるもの是なり正祖十四年庚戌刊行す

鄭克後　は雙峯老人と號し延日の人襲明の後なり旅軒張顯光の門に遊學し文學を以て薦められ師傅を拜したるも仕へず既に著書を以て任と爲し慶州に居る仍て西岳志を撰し又歷年通攷を刊行す

○竹溪誌　三卷一册　周世鵬編　寫本

慶尙北道豐基郡竹溪は高麗の時文成公晦軒安裕の藏修したる地なり中宗三十六年辛丑愼齋周世鵬是の郡に宰たり晦軒の廟を白雲洞の遺址に建て別に書院を立て以て朱晦庵の白鹿洞書院に擬す仍て本誌を編し其の顚末を記し併せて周、程、朱三儒に關する祠院記等を載す一卷は竹溪誌二卷は尊賢錄、學田錄三卷は別錄なり哲宗十四年癸亥晦軒の後孫時中等之を刊行す

周世鵬　字は景游、號は愼齋。尙州の人文備の子なり中宗壬午司馬に中り同年文科に登り湖堂に選せられ官叅判に至る歿後判書を贈られ諡を文敏と云ふ

○顯忠祠誌　二卷四册　白鳳爽編　印本

高麗太師姜邯贊義州白馬山城を剙設し朝鮮仁祖の時に至り府尹林慶業之を修築せり肅宗己丑の歲州人金九鳴議を倡へ祠を建て二氏を祭る正祖己酉顯忠の額を賜ひ其の後黃一皓崔孝一を追配し車禮亮等六人を東西位に配し又白大豪等百十六人を東西壇に分配せり何れも仁祖丙子の義士なり李太王己巳州人白鳳爽等祠享せられたる忠臣義士の始終の事歷十編を錄し刊行す卽ち本書なり

○梵宇攷　一册　寫本

三國史記、高麗史及古今の文集、輿地勝覽、各邑誌其の他の諸書を考證して各道に散在せる新舊寺院の存廢、所在、沿革等を記したるものなり正祖己未三年の編成に係る

○海印寺事蹟　一册　印本

慶尙南道陜川郡海印寺の緣起及重修の記事、寺蹟碑文並に大藏經を印板したる跋文等を載錄せるものにして李太王丙午經板の字劃と邊飾を改繕したる時海印寺に於て上刊す

○梵魚寺剙建事蹟　一册　釋東溪編　印本

梵魚寺は慶尙南道東萊の北金井山の中腹に在り有數の古刹に

して其の創建事蹟を錄せるものなり

○佛國寺歷代記　一冊　釋歸隱編　寫本

新羅法興王戊申慶尙北道慶州郡吐含山に佛國寺を始刱し朝鮮哲宗丁巳に至る約千三百三十年間に於ける寺舍の興廢と寺中の事蹟とを錄したるものなり

○松廣寺事蹟　一冊　寫本

全羅南道順天郡曹溪山に在る松廣寺の事蹟を錄せしものなり新羅の時僧慧鄰始めて庵を築きて此に居り高麗の時僧普照伽藍を增建して住留後僧高峰に傳へ朝鮮太祖の時に至り僧無學に命して留住せしむ寺中器物の奇古なるもの草木の神異なるもの山水の絕勝なるもの樓庵の壯麗なるもの等悉く載錄せり卷末に寺の全圖を附す

○金山寺事蹟　一冊　寫本

全羅北道金堤郡母岳山金山寺の事蹟記にして郡の位置、建寺の年代、佛家の古蹟、梵宮殿閣の數爻等を詳細に記錄せり

○華嚴寺事蹟　一冊　印本

全羅南道求禮郡智異山華嚴寺の沿革及當寺に關係する文字乃至藏寘せし物名等を錄述せしものにして肅宗の丁丑華嚴寺に於て刊行す

○龍湫寺事蹟　一冊　釋杜慧編　寫本

慶尙南道安義郡德裕山に在る長水寺は高麗末の創建にして屢廢し屢興り景宗元年辛丑之を改建し英祖元年乙巳寺傍に龍湫菴を建立す十二年丙辰釋杜慧前後の沿革を記したるもの是なり

○義林寺圖　一冊　寫本

義林寺は慶尙南道鎭海の艅航山に在り此の圖は義林寺境內の形狀を記したるものなり

○葛來塔事蹟　一冊　印本

江原道旌善郡太白山の淨巖寺に在る葛來塔一名水瑪瑙寶塔の來歷を誌述せしものにして世尊文殊の神異なる往蹟を詳載せ

り傳へ云ふ塔基を開きし時三葛あり來る時正に冬なるも三個の葛花開けり故に其の村を葛來と名くと正祖二年戊戌釋睪岩性愚之を誌し實塔重修誌は李太王十一年甲戌釋景雲以祉之を誌せり

○二十一都懷古詩　一冊　柳得恭著　印本

朝鮮四千年以來の建國開都の懷古詩にして檀君朝鮮より高麗まで竝せて二十一都其の絶句四十三篇あり正祖乙巳箋註編次し李太王丁丑に刊行す

柳得恭　字は惠風、冷菴と號す文化の人進士璉の子なり英祖己巳に生れ正祖丁酉檢書官を授けられ官府使に至る

○關東日錄　一冊　洪仁祐著　印本

明宗八年癸丑四月洪仁祐、許國善、南時甫等關東遊覽の途に上り陸行百里海行五十里山行三十里の地を跋涉し五月に至りて歸郷せる紀行なり

洪仁祐　字は應吉、恥齋と號す南陽の人なり退溪李滉の門人にして篤學力行又孝を以て聞ゆ

○關東十境　一冊　帖

江原道に屬する勝區中侍中臺、叢石亭、三日浦、海山亭、清澗亭、洛山寺、鏡浦臺、竹西樓、望洋亭、月松亭等の圖を描寫したる書帖にして題詠は金尙星其の他英祖の時の諸家の手に成れり關東は江原道の別稱なり

○金剛山記　一冊　趙成夏著　印本

金剛山は江原道に在り皆骨、楓嶽、霜嶽等の別稱ありて朝鮮第一の勝區と稱す本書は李太王乙丑の年著者か登山實見せし四十三日間の日記、詩文等を編次したるものにして金剛山記、東遊詩、遊金剛日表等あり

趙成夏　字は舜韶、小荷と號す豊壤の人判書秉駿の子なり出てて游荷秉龜の後を繼く憲宗乙巳に生れ哲宗辛酉副司勇を以て文科に登り官吏曹判書に至り李太王辛巳に歿す謚を文獻と云ふ

○北關紀事　一冊　洪儀泳著　寫本

本書は正祖七年著者か太祖の發祥地たる咸鏡道一帶を巡視し

興王事蹟、山川道里、風士民俗、關防事宜、茂山事宜、開市事宜、行營事宜、北評事事宜、田賦事宜、軍丁事宜、糴糶事宜、海戸進上事宜等の目を設け古今の沿革竝に現時の情況を列擧し私見を附したるものなり

洪儀泳　字は正則、艮齋と號す南陽の人海峯命元の後なり英祖庚午に生れ正祖癸卯文科に登り官叅判に至る

○北輿要選　二卷一冊　金魯奎著　寫本

鮮清の定界碑は肅宗壬辰分水嶺に建設したるも兩國間の紛議を來すこと多きを以て慶源の處士金魯奎夙に心を疆界の事に留め古今文字の據るへきものを裒輯し間間私見を附し以て境界視察委員の叅照に資せり此の書卽ち是なり上下二卷あり上卷は白頭古蹟攷、白頭舊疆攷、白頭圖本攷、白頭碑記攷下卷は探界公文攷、勘界公文攷、察界公文及査海公文等なり

○勘界顚末　二冊　李重夏著　寫本

李太王二十四年五月勘界使李重夏か清の勘界使と會同し朝鮮西北の國界を酌定するに當り雙方の論據一定せす實地測量の結果各其の所見を以て復命したる報告書にして二十三年清の総理各國事務衙門か吉林圖們江境界未定の爲吉林將軍を劃定委員として派遣せし奏議を併載し辨晰攷證八條を附せり

李重夏　字は厚卿、二堂又圭齋と號す全州の人縣監寅植の子なり憲宗丙午に生れ李太王癸酉進士に中り丁丑叅奉を拜し壬午文科に登り官奎章閣提學に至り大正六年に歿す少より文名あり再度御史となり三度觀察使となり清白廉直を以つて聞ゆ

○龜城城役誌　一冊　寫本

肅宗三十一年乙酉始めて平安道龜城郡の城地墩臺を修補す此の書は其の役の始末と工匠施賞、物力所入、機械軍餉等の備置定式とを錄したるものにして三十八年壬辰に編成す

○擇里志　一冊　李重煥著　寫本

朝鮮全域内の山水錄にして形勝を敍述し士の居里を擇ふへき事を詳說せり一に八域志と云ひ又博綜誌、山水錄とも稱す

李重煥　字は輝祖、清潭は其の號なり驪州の人震齋休の子にして肅宗庚午に生れ癸巳文科に登り英祖の時に歿す官兵曹正郎に止る

○皇華程塗考　一冊　寫本

朝鮮より支那北京へ行く道程を記したるものにして義州鴨綠江より柵門に至るまで百二十里、柵門安市城より瀋陽に至るまで四百五十里、瀋陽願堂寺より山海關に至るまで七百八十七里、山海關深河より朝陽門に至るまで六百六十七里、鴨綠江より朝陽門に至るまで總計二千二百四十里とせり其の他九連城より朝陽門に至るまで都市の名稱及古蹟の大概を記載せり

○士民必知　二卷一冊　印本

初め英人紇法《ヘルベツト》朝鮮文を用ひて地球及萬國の山川、風土、政令、學術等を略記し白南奎、李明翔等之を漢譯し更に金澤榮之を補ひ李太王三十二年乙未に出版したるものなり

○東輿圖　二三冊　寫本

哲宗の時古山子の作りたる朝鮮地圖にして第一冊は慶源、穩城、鍾城第二冊は慶興、會寧、茂山第三冊は富寧、厚州第四冊は鏡城、甲山、三水、第五冊は明州、吉州、江界、渭原、

楚山第六冊は端川、利原、北青、碧潼、昌城第七冊は洪原、咸興、煕川、雲山、龜城、朔州、義州第八冊は定平、永興、寧遠、孟山、德川、价川、寧邊、安州、博川、泰川、嘉山、定州、郭山、宣川、鐵山、龍川第九冊は高原、文川、德源、陽德、成川、江東、殷山、順川、慈山、順安、肅川、永柔、甑山第十冊は歙谷、通川、安邊、淮陽、谷山、遂安、三登、祥原、平壤、中和、黄州、江西、咸從、龍岡、長連、三和第十一冊は瑞興、高城、金城、金化、平康、鐵原、伊川、安峽、兎山、新溪、平山、鳳山、載寧、安岳、信川、文化、殷栗、松禾、豐川、長淵第十二冊は襄陽、杆城、麟蹄、楊口、狼川春川、永平、抱川、漣川、朔寧、麻田、積城、坡州、長湍、開城、金川、白川、延安、海州、康翎、甕津第十三冊は江陵、昌平、横城、洪川、加平、砥平、楊根、廣州、楊州、漢陽、果川、水原、始興、高陽、陽川、安山、交河、金浦、富平、仁川、通津、江華、喬桐第十四冊は三陟、旌善、寧越、永春、丹陽、堤川、清風、原州、忠州、陰城、驪州、陰竹、利川、竹山、陽智、龍仁、陽城、安城、稷山、振威、平澤、南陽、牙山、沔川、唐津第十五冊は蔚珍、平海、寧海、英陽、眞寶青松、禮安、奉化、安東、榮川、順興、醴泉、豐基、龍宮、

咸昌、聞慶、延豐、槐山、報恩、清安、懷仁、鎭川、清州、文義、懷德、木川、燕岐、全義、天安、公州、溫陽、新昌、定山、禮山、大興、青陽、德山、洪州、海美、瑞山、結城、保寧、泰安第十六册は盈德、清河、興海、新寧、義城、義興、軍威、比安、仁同、善山、開寧、尙州、金山、黃澗、永同、青山、茂朱、沃川、錦山、珍山、龍潭、鎭岑、連山、高山、魯城、恩津、礪山、石城、龍安、益山、扶餘、林川、咸悅、鴻山、韓山、臨陂、沃溝、舒川、庇仁、藍浦第十七册は長鬐、延日、慶州、永川、河陽、慈仁、慶山、漆谷、大邱、玄風、昌寧、星州、高靈、草溪、陜川、知禮、居昌、安義、長水、鎭安、任實、全州、金溝、泰仁、金堤、井邑、萬頃、扶安、古阜、興德第十八册は蔚山、機張、彦陽、梁山、金海、密陽、昌原、漆原、靈山、咸安、宜寧、三嘉、晋州、丹城、山清、咸陽、雲峯、求禮、南原、谷城、淳昌、玉果、潭陽、昌平、光州、長城、高敞、茂長、靈光、咸平第十九册は東萊、熊川、鎭海、固城、統營、泗川、昆陽、河東、南海、光陽、順天、樂安、同福、寶城、和順、綾州、南平、長興、羅州、康津、靈岩、務安第二十册は巨濟、興陽、海南、珍島第二十一、二十二册は濟州、旌義、大靜等とし州縣、大小營、鎭堡、山城、烽燧、驛站、面洞里等を詳細に記せるものなり別に目錄一册を附す

○大東方輿全圖　一二一册　寫本

詳密なる朝鮮の地圖にして京畿、忠清、慶尙、全羅、江原、黃海、咸鏡、平安、濟州に別ち州縣、大小營、鎭堡、山城、烽燧、驛站、坊面、田賦、民戶、人口、軍總、牧場、倉庫、穀總、津堡、海堡、面等を詳記し且表を以て此等の數を示し索覧に便せり

○京　畿　圖　四〇册　寫本

京畿道の地圖にして仁川、楊州、水原、廣州、開城、驪州、長湍、江華、南陽、龍仁、坡州、利川、豐德、抱川、竹山、朔寧、安城、高陽、加平、通津、富平、金浦、永平、麻田、安山、交河、陰竹、振威、始興、積城、果川、漣川、陽智、陽城、陽川、喬桐、大阜、砥平、楊根、永宗に區分せり

○湖　西　圖　五一册　寫本

忠清南北道の地圖にして忠清南道を公州、洪州、瑞山 平薪鎭

(共二)、沔川、泰安、懷德、鷄山、舒川、德山、林川、稷山、恩津、靑陽、連山、扶餘、藍浦、結城、保寧、海美、牙山、溫陽、大興、定山、鎭岑、魯城、石城、庇仁、唐津、新昌、全義、燕岐、天安、平澤に分ち忠淸北道を淸州、忠州、陰城、鎭川、沃川、淸風、鴻山、報恩、堤川、淸安、永同、文義、懷仁、丹陽、永春、黃澗、靑山、延豐に區分せり

○湖南圖　七九册　寫本

全羅南北兩道の地圖にして湖南右海全圖、務安、木浦鎭(共二)順天、防踏鎭、突山鎭(共三)、光州、海南、濟州、大靜、旌義(合圖)羅州、智島鎭、黑山島(共三)、靈巖、梨津鎭、於蘭鎭、楸子島(共四)、靈光、多慶浦、荏子鎭(共三)、寶城、長興、會寧鎭(共二)、興陽、虵渡鎭、呂島鎭、鉢浦鎭、鹿島鎭(共五)、咸平、綾州、康津、古今島鎭、馬島鎭、智島鎭(共四)、長城、昌平、求禮、潭陽、南平、珍島、金甲鎭(共二)、光陽、蟾津鎭(共二)、同福、谷城、萬頃古、群山鎭、全州、南原、任實、扶安、黔毛浦、蝟島鎭、淳昌、古阜、金堤、泰仁、茂長、錦山、益山、茂朱、長水、礪山、臨陂、金溝、鎭安、萬頃、興德、珍山、咸悅、井邑、龍潭、雲峯、高敞、龍安に區分し附するに法聖、高山、靑山島、和順、南桃、樂安、沃溝、玉果、臨淄、群山を以てせり

○嶺南圖　一二册　寫本

慶尙南北兩道の地圖にして晋州牧場、蔚山牧場、盆山、禿用、金島、金井、島嶺、架山、天生、赤梁、昌寧、泗川、機張、三嘉、比安、熊川、慈仁、英陽、漆原、聞慶、安義、長木浦、開雲浦、豆毛浦、西平浦、西生、浦項、彌助項、多太、釜山、知世浦、助羅浦、玉浦、寧海、密陽、靑松、東萊、左水營、善山、仁同、漆谷、順興、河東、巨濟、陜川、金山、永川、盈德、固城、義城、慶山、南海、開寧、宜寧、河陽、龍宮、奉化、淸河、彥陽、鎭海、眞寶、咸昌、知禮、居昌、淸道、草溪、咸陽、醴泉、榮川、興海、豐基、梁山、咸安、昆陽、高靈、玄風、山淸、丹城、軍威、義興、新寧、禮安、延日、長鬐、靈山、統營、管下各鎭地圖三千浦、唐浦、蛇梁、舊所非、加背梁、彌助項、赤梁、平山浦、蟾津、永登、栗浦、知世浦、玉浦、助羅浦、長木浦、尺城、加德、安骨、薺浦、龜山、南村新興山城、統營全圖に區分せり

○海西圖　四二册　寫本

黄海道の地圖にして海州、首陽山城、龍媒鎭(共三)、鳳山、蒜山鎭(共二)、載寧、長壽山城(共二)、信川、黄州、正方山城、鐵島鎭(共三)、平山、延安、長淵、助泥鎭、吾叉鎭、金沙鎭、白翎鎭(共五)、松禾、甕津、安岳、谷山、文城鎭(共二)、瑞興、善積鎭、所己鎭、大峴山城(共四)、遂安、文山鎭(共二)、白川、金川、殷栗、九月山城(共二)、兎山、新溪、豐川、許沙鎭、椒島鎭(共三)、文化、康翎、登山鎭(共二)、長連に區分せり

○關東圖　二八冊　寫本

江原道及咸鏡南道の一部を含みたる地圖にして春川、洪川、原州、江陵府、麟蹄、三陟鎭、横城、楊口、平昌、寧越、通川、淮陽、伊川、旌善、襄陽、蔚珍、金城、平康、鐵原、平海、金化、安峽、三防、歙谷、狼川、三陟、杆城、高城に區分せり

○關西圖　八五冊　寫本

平安南北兩道の地圖にして平壤、堡山鎭、成川府、順川、龍淵鎭(共二)、安州牧地圖、老江鎭(共二)、龍岡、黄龍鎭(共二)、中和府、城山鎭(共二)、价川、金城鎭(共二)、江西、寧遠、陽德、江東、孟山、甑山、德川、祥原、永柔、肅川、順安、寧邊府、江界、慈城、厚昌、龍川府、定州牧、宣川劍山鎭、東林鎭(共三)楚山阿耳鎭、牛峴鎭、東嶺鎭、山羊鎭(共五)龜城府安義鎭、植松鎭(共三)鐵山府西林鎭、宣沙鎭(共三)熙川、碧潼林士鎭、碧團鎭、廣坪堡、小坡兒大坡兒、小吉號里、楸仇非(共八)雲山秀曲鎭灘堡(共二)泰川、昌城府昌城鎭管、甲巖堡、昌州鎭、恃塞鎭、大吉號里堡、雪頭里堡、廟洞堡、於汀灘堡(共八)朔州府仇寧鎭、幕嶺鎭天摩鎭(共四)渭原乫軒洞堡、吾老梁鎭、墨洞堡(共四)嘉山、郭山、博川、殷山、薪島、三登、三和府、慈山府、咸從府、壬海鎭、柔院鎭、古城鎭、西城鎭、東津鎭、廣梁鎭、慈山、慈母山城鎭に區分せり

○關北圖　二四冊　寫本

咸鏡南北兩道の地圖にして咸興、安邊、北青、永興、文川、德源、鏡城、高原、穩城、慶源、慶興、甲山、定平、洪原、利原、端川、吉州、明川、茂山、三水、鍾城、會寧、富寧、長津に區分せり

○鬱陵島內外圖　二冊　寫本

慶尙北道鬱陵島內外の形狀を圖せしものなり

○中東地圖　一冊　寫本

巻首に亞細亞附近の總圖を附して天下と稱し次に支那の全圖を置き次第に北京、山西、陝西、山東、河南、泗川、南京、兩湖、浙江、江西、福建、廣東、廣西、貴州、雲南、遼東等に區分し又次に朝鮮全圖を揭け京畿、忠清、全羅、慶尙、江原、咸鏡、黃海、平安とし巻末に日本琉球の圖あり

金石類

○金石錄　二四六冊　金在魯編　搨本

本書は高麗朝鮮二期に亘る金石の拓本を蒐輯したるものにして原編二百二十六冊續編二十冊共に二百四十六冊の巨帙なりしも今散逸し本府に藏するもの僅に三十九冊收むる所百六十四種を存す

○三韓金石錄　一冊　吳慶錫編　寫本

朝鮮の金石文を收錄し年代、撰者、書者等を考證したるものにして哲宗九年に成る

吳慶錫　字は元秬、號は亦梅、海州の人なり純祖辛卯に生れ官知中樞に至り李太王己卯に歿す書を能くし尤も隷に工なり又能く山水を畫き殊に金石考據の學に精し

○碑銘記　一冊　寫本

宣祖の私親德興大院君の神道碑元宗の生母仁嬪金氏の墓誌、定遠大院君行狀草、興慶園誌、啓運宮具氏の墓誌、元宗王子綾昌君佺の墓誌、仁祖妃仁烈王后韓氏の行狀及長陵誌等を集錄せるものなり

○關東金石錄　一冊　寫本

襄陽神興寺龍巖大師の塔碑其の他諸人の神道碑文等を謄寫したるものなり

○崇仁殿碑　一帖　李廷龜撰　金玄成書　金尙容篆　搨本

箕子を祀れる平壤崇仁殿の碑文の拓本にして碑は光海君癸丑に立つ文は李廷龜の撰に係り金玄成之を書し金尙容其の額に篆す

金玄成　字は餘慶、南窓と號す金海の人なり中宗壬寅に生る明宗の時文科に出身し官敦寧府同知事に止る詩は其の長所にして書は趙子昂を學ひ嘗て平壤箕子廟の碑文を書す天性孝

友にして學を好み又酷た山水を愛したりと云ふ光海君辛酉に歿す

金尚容　字は景擇、仙源又楓溪と號す安東の人にして四味堂克孝の子林塘鄭惟吉の外孫なり明宗辛酉に生れ宣祖壬午進士に中り庚寅登科し史局に入りて檢閲となり累進して仁祖壬申相府に入る丙子の難陪して江都に入り翌年江都守を失ふや自ら火藥を以て焚死す時に年七十七謚して文忠と云ふ

○神德后私第舊基碑　一冊　正祖撰　洪良浩書　搨本

太祖の妃神德皇后康氏私第舊基碑の拓本なり基は黃海道谷山郡神留山下に在り正祖二十三年己未に碑を立つ文は正祖の撰に係り洪良浩の書する所なり

○博川聖蹟碑　一帖　金義淳撰　徐榮輔書　搨本

壬辰の歲宣祖播遷して平安道博川郡に行在す純祖八年戊辰石碑を立て其の事蹟を記す本帖は其の拓本なり金義淳文を撰し戸判徐榮輔之を書す

金義淳　字は景元、山木軒と號す安東の人仙源尚容七代の孫なり英祖丁丑に生れ正祖己酉文科に登りて官判書に至り純祖辛巳に歿す文簡と謚す

○仁祖誕降舊基碑　一帖　李觀命撰　李正臣書　金濟謙篆　搨本

壬辰の歲宣祖義州に播遷し翌年海州に移蹕したる時王妃及諸王子妃嬪を海州に留む元宗時に潜邸に在り民家に居住す而して仁獻王妃偶ま仁祖を誕生せり後肅宗十六年庚午黃海觀察使權瑍啓請して仁祖誕降の舊基に碑を立つ景宗庚子李觀命をして碑文を改撰し李正臣をして之を書し金濟謙をして額に篆せしむ

李正臣　字は邦彥松蘗と號す延安の人白洲明漢の曾孫なり顯宗庚子に生れ肅宗戊寅に蔭仕參奉を以て文科に登り官參判に至り英祖丁未に歿す

金濟謙　字は必亨、竹醉と號す安東の人夢窩昌集の子なり肅宗庚申に生れ己亥蔭仕僉正を以て文科に登り官承旨に至り景宗壬寅死を賜ふ左贊成を贈職し忠愍と謚す

○明成皇后誕降舊里碑　一帖　李王書　搨本

李太王妃閔氏は京畿道驪州郡蟾樂里に於て誕生し光武元年明成皇后に追封す仍て八年李王の皇太子たりし時其の誕生地を

追慕し碑を立て題して明成皇后誕降舊里といふ

○莊陵靈泉碑　一帖　徐榮輔撰　朴基正書　搨本

端宗莊陵祭井碑の拓帖にして正祖の時徐榮輔文を撰し朴基正之を書し十五年辛亥に建立したるものなり

朴基正　字は一如、順天の人なり憲宗戊戌に生る朴彭年の祀孫にして正祖甲辰文科に登り官參判に至る

○遲遲臺碑　一冊　徐榮輔撰　尹師國書　洪明浩篆　搨本

京畿道水原廣州の境界に立てたる遲遲臺碑の拓本にして純祖七年丁卯直提學徐榮輔撰文し知春秋館事尹師國之を書し水原府留守洪明浩題を篆す碑は純祖七年丁卯十二月の建立に係る

尹師國　字は賓卿、直菴を號す漆原の人なり英祖戊申に生れ己卯文科に登り掌令を經て江原監司となり子規樓を重修す官判敦寧府事に至り純祖己巳に歿す筆法甚た妙なり

洪明浩　初名は鳴漢字は公舒なり豐山の人にして郡守重聖の孫なり英祖丙辰に生れ癸未進士に中り叅奉を以て辛卯文科に登り官判敦寧府事に至り純祖己酉に歿す諡を孝定と云ふ

○御射臺碑　一帖　李敏采書　搨本

正祖十六年壬子光陵に幸行の時楊州郡に駐蹕し臺上に於て射を試みたる事蹟を記錄したるものにして楊州牧使李敏采の書したる碑石の搨本なり

李敏采　字は稚行韓山の人にして贈叅判思述の子なり英祖庚申に生れ正祖丁酉文科に登り官叅判に至る純祖の時に歿す

○荒山大捷碑　一帖　金貴榮撰　宋寅書　南應雲篆　搨本

全羅北道南原郡荒山に在る朝鮮太祖勝捷の遺蹟碑にして宣祖十年丁丑の年に建つ

金貴榮　字は顯卿、東園と號す商山の人僉樞士元の孫なり中宗庚辰に生れ明宗丁未文科に登り翰林に歷任し湖堂に選はれ文衡を典り宣祖癸巳に歿す官左相に至る

宋寅　字は明仲、頤庵又鹿皮翁と號す礪山の人にして丞相軼の孫なり中宗丁亥に生れ駙馬を以て礪城尉に封せられ宣祖甲申に歿す諡を文端と云ふ頤庵都尉の貴を以て專心學を講し經を窮め禮を明にし晩に山水を喜ひ亭を漁濱に作り逍遥以て終る又善書を以て名あり詩文流暢にして凝滯の痕を留めす

頗る朗誦するに足る

南應雲　字は致遠、菊窓と號す宜寧の人參判世健の子なり中宗己巳に生れ乙未文科に登り宣祖丁亥に歿す官禮叅に至れり

○延城大捷碑　一幅　李恒福撰　鄭賜湖書　金尙容篆　搨本

碑は黃海道延白郡龍鳳面橫井里に在り宣祖壬辰招討使李廷馣か延安府に於て戰勝したる事實を勒したるものなり李廷馣字は仲薰四留齋と號す慶州の人なり中宗辛丑に生れ明宗辛酉文科に登り翰林に歷任し宣祖宣武功に策し月川君に封せられ庚子に歿す官知中樞に至り謚して忠穆と云ふ

鄭賜湖　字は夢興、禾谷と號す光州の人なり明宗癸丑に生れ宣祖丁丑文科に登り光海君の時に歿す官吏叅に至れり

○洪灌取義碑　一冊　金載瓚撰　徐榮輔書　洪儀泳隷　搨本

高麗の忠臣洪灌か仁祖の時李資謙の亂に遭ひ西華門に於て殉節せし事實を勒したる碑にして京畿道開城西華門の舊址に在り純祖己巳後孫之を竪つ文は金載瓚撰し徐榮輔之を書し洪儀泳隷を書せり

洪　灌　字は無黨、號は靜軒、南陽の人なり高麗肅宗の時文科官左僕射に至る仁宗四年李資謙の亂に殉節す謚を忠平と云ふ

○四朝闕王廟碑　一帖　搨本

京城東門外及南門外に在る關羽廟の碑の拓本にして肅宗、英祖、莊祖及正祖の撰竝に書なり

○文殊院重修碑　一帖　金富軾撰　釋坦然書　搨本

高麗眞樂公李資玄の淸平山文殊院重修碑記の搨本なり文は高麗金富軾の撰に係る釋坦然は俗姓孫なり高麗仁宗の時の高僧にして大鑑國師の號を賜ふ息菴李資玄の門人にして神筆を以て世に鳴れり

○黃江書院廟庭碑　一帖　宋煥箕撰　閔台爀書　金履九篆　搨本

黃江書院は忠淸北道淸風郡黃江に在り權尙夏のために建つ英祖己巳黃江書院の額を賜ひ正祖丁巳碑を鐫し庭に立つ宋煥箕文を撰し閔台爀之を書し金履九額を篆す

宋煥箕　字は子東、性潭と號す恩津の人尤菴時烈の五世孫

なり英祖戊申に生れ正祖朝遺逸を以て登庸され祭酒より吏判に歴任し純祖丁卯に歿す官左贊成に至り諡を文敬と云ふ

閔台爀　字は子三驪興の人大憲耆堂の玄孫なり英祖丙寅に生れ正祖己亥文科に登り純祖丙寅に歿す官禮判に至れり

金履九　字は元吉、自然窩と號す安東の人贊善亮行の子なり英祖丙寅に生れ正祖戊戌惠陵參奉に除し官尙衣僉正に至る

○紹賢書院碑　一帖　洪鍾應撰 李景在書 金炳學篆　搨本

紹賢書院は平安南道平壤の蒼光山下に在りしか今存せす憲宗丙申に建て金祖淳を享したるものなり祖淳字は士原號は楓皐安東の人なり正祖の時文科に中り吏判に至る純祖の國舅にして永安府院君に封せられ諡を忠文と云ふ碑は哲宗八年に立つ洪鍾應文を撰し李景在之を書し金炳學題を篆す

洪鍾應　字は士協、芎玉と號す大湖元燮の孫にして純祖癸亥に生れ丁亥文科に登り翰林提學を歷て李太王丙寅に歿せり官吏判に至り諡を文獻と云ふ

李景在　字は季行、松西と號す三山台重の曾孫にして正祖庚申に生れ純祖庚辰文科に登り直閣より提學を歷て李太王の時に歿し官領相に至り諡を文簡と云ふ

金炳學　字は景敎、潁樵と號す安東の人吏判洙根の子なり純祖辛巳に生れ憲宗己酉進士に中り敎官を授けられ哲宗癸丑文科に登りて文衡を典し官領議政に至り李太王己卯に歿す諡を文獻と云ふ

○義烈祠碑　一帖　鄭元容撰 金應根書　搨本

宣祖壬辰の後妓の祠を建てたるもの一二に止まらす平壤の妓桂月香の義烈祠亦其の一なり憲宗乙未碑を立つ觀察使鄭元容文を撰し金應根之を書す

金應根　字は溪卿、宜石と號す春山弘根の弟なり正祖癸丑に生れ純祖丙子司馬に中り壬子洗馬に入仕し州郡を歷典し錦伯廣留を歷て哲宗癸亥に歿せり官刑判に至る諡を清獻と云ふ

○嚴興道旌閭碑　一帖　尹師國撰竝書　搨本

江原道寧越郡戶長嚴興道旌閭碑の拓本にして仁祖の時の人尹師國の撰竝に書なり端宗位を世祖に遜り寧越に幽死せる時嚴興道下邑の一小吏を以て危禍を顧みす號哭殯斂したることあり後世其の節を義とし肅宗、英祖の時工曹佐郞、工曹參判を特贈し正祖の時祭を賜ひて旌表し其の十五年辛亥碑を建つ

○孝娥頓氏碑　一本　宋眞明撰　李性孝書　搨本

平安南道平壤の孝女頓氏其の父の溺死を救はんとして能はす屍を求めて得す同溺せし事蹟を記したるものにして初め觀察使盧禎碑を立てしも年久しくして剝頽し英祖壬子觀察使宋眞。明別に一文を撰して復た竪立す

宋眞明　字は汝儒、睡亭と號す吏判成明の弟なり肅宗戊辰に生れ甲子文魁に登り翰林と銓郎とを歷任し英祖の戊午に歿す官吏判に至れり

李性孝　字は謙甫、全州の人にして判尹匡世の子なり肅宗丁丑に生れ英祖乙巳文科に登り庚申に歿す官校理に止る

○陟州東海碑　一帖　許穆撰竝書　搨本

眉叟許穆か江原道三陟府使たりし時東海頌を撰篆し顯宗辛丑碑を汀羅島に立てしか風浪に激沈したるを以て肅宗己丑に至り更に改刻して竹串島に建設したるもの所謂退潮碑是なり

許　穆　字は和父、眉叟と號す陽川の人判書磁の曾孫なり宣祖乙未に生れ孝宗庚寅薦を以て參奉を授けられ後遺逸を以て掌令を拜し肅宗乙卯大司憲を歷て官右相に至り壬戌に歿す諡を文正と云ふ禮論を以て尤菴宋時烈に反對し遂に南人の領袖たり其の經術文章は一世の推重する所又篆書を善くす

○谷雲精舍記　一帖　宋時烈撰　搨本

金壽增嘗て平康郡守たりし時山水の勝を探翫し春川の史呑に至り水石の平康なるを見て此に結構し盤旋の所と爲し名けて谷雲精舍と云ひ記を宋時烈に請ひ舍側に鐫立す谷雲は金壽增の號なり

○己酉移粟碑　一帖　搨本

英祖五年己酉咸鏡道災年に値ひ慰諭御史李宗城を遣はし流民を安集し他道の粟を移用す此の碑は親書の敎旨を刻したるものなり

○高句麗廣開土王陵碑　四軸　搨本

廣開土王は好古太王又は永樂大王と稱す高句麗第十九代の王にして其の陵碑支那盛京省輯安縣東崗碑石街の平野中に在り高約二十二尺四面に文を刻す碑の建立は長壽王二年なり

○北八陵表　八帖　李太王撰　搨本

太祖の高祖、穆祖の德陵同妃の安陵は共に咸鏡北道慶興郡に在り曾祖翼祖の智陵は咸鏡南道安邊郡に在り同妃の淑陵は咸鏡南道文川郡に在り祖度祖の義陵、同妃の純陵、考桓祖の定陵、同妃の和陵は皆咸興郡に在り今尙ほ八陵の舊表石あり光武五年改竪し陰記を親製す是は其の拓本なり

○桓祖定陵神道碑　一幀　鄭摠撰　李延龜撰　吳翊書　金尙容篆　搨本

咸鏡南道咸興郡に在る桓祖定陵の神道碑の拓本にして鄭摠之を撰し成石璘之を書し權中和額に篆し後碎破し光海君辛亥改竪せり文は舊作を仍用し吳翊改書し金尙容改篆し李廷龜陰記を撰す

鄭　摠　復齋と號す清州の人圓齋樞の子。麗末文科に登り朝鮮太祖の時修文殿大學士に至り西原君に封せられ文愍と諡す

吳　翊　字は弼甫、月岡と號す同福の人晩翠億齡の子なり宣祖甲戌に生れ癸卯文科に登科し翰林を歷て官同知中樞府事に至る

○明聖王后誌　一冊　閔黯撰　寫本

顯宗の妃明聖王后金氏は淸風府院君佑明の女にして仁祖壬午に誕生す孝宗辛卯世子嬪に冊し己亥顯宗即位するや王妃に進封す肅宗九年癸亥昇遐し翌年甲子顯宗の崇陵に祔葬するに當り尤菴宋時烈文を製進す後六年庚午時烈禍を被るや大提學閔黯之を改撰したるもの即ち是なり

閔　黯　字は長孺號は文湖驪興の人鳴皐應協の子なり仁祖丁丑に生れ顯宗戊申文科に登り文衡を典し官右議政に至る肅宗己巳閔妃を廢する頒敎文を製進したる故を以て甲戌復位の時死を賜ふ

○仁敬王后誌　一冊　權愈撰　寫本

肅宗の元妃仁敬王后金氏は光城府院君萬基の女にして顯宗辛丑に誕生す辛亥世子嬪に冊し甲寅肅宗即位するや王妃に進封す庚申昇遐し翌年辛酉翼陵に葬むるに當り尤菴宋時烈誌文を製進す後十年庚午時烈禍を被る時藝文館提學權愈之を改撰したるもの即ち是なり

權　愈　字は退甫、號は霞谷、安東の人、掌令諿の玄孫なり

仁祖癸酉に生れ顯宗乙巳文科に登り文衡を典し官禮曹判書に至り肅宗の時に歿す文集あり世に傳はる

○弘　陵　表　一帖　搨本

英祖の元妃貞聖王后徐氏弘陵の表文にして正祖の筆作なり王后の誕日、嘉禮、冊封、封妃及昇遐等を簡略に記載し乙巳の年に竪立す

○健　陵　誌　一帖　尹行恁撰竝書　搨本

正祖庚申の年を以て昇遐し健陵に葬る純祖尹行恁に命し陵誌を撰じ竝に書して玄宮に埋む陵は水原郡花山に在り

○仁陵遷奉時誌文附識　一帖　拓本

純祖の仁陵遷移の時に於ける誌文の附識なり仁陵の遷移は哲宗六年乙卯其の議あり因て命して遍く畿田近遠を相せしめ哲宗亦親ら西東の地を審し明年丙辰獻陵に至り吉を右岡子坐原にトし得て莚塗を啓き克襄は惟幽誌に則り舊慣を用ひ命して純祖甲午以後の事實を以て附識と爲す此は寧陵（孝宗）の古事に遵ひしと云ふ

○綏　陵　表　一帖　李太王撰　搨本

光武三年己亥翼宗を追崇し文祖翼皇帝と稱し妃を神貞翼皇后と稱し六年壬寅文祖の綏陵表石の次に新表石を立て追號を刻す陵は京畿道楊州郡に在り

○景　陵　誌　一帖　尹定鉉撰 李啓朝書　搨本

憲宗乙酉の歳を以て昇遐し景陵に葬る判書尹定鉉誌文を撰し判書李啓朝之を書す陵は京畿道楊州郡に在り

尹定鉉　字は鼎叟、梣溪と號す南原の人大提學行恁の子なり正祖癸丑に生れ憲宗癸卯文科に登り吏曹判書を歷て官判義禁に至り李太王甲戌に歿す謚を孝文と云ふ父行恁正祖の時に文名を以て知遇を受け寵を專にせしため純祖の初死を賜ふ定鉉父の文名を繼くと雖枳廢すること久しく五十一に及ひ始めて登科し十年内に驟進して崇秩に至れり

李啓朝　字は舜卿、桐泉と號す東江錫奎の子にして正祖壬子に生る純祖壬子司馬に中り庚寅文科に登り提學を歷て哲宗乙卯に歿す官吏判に至る謚を文貞と云ふ

○孝昌墓碑　一帖　正祖撰　搨本

正祖の撰に係る文孝世子墓神道碑にして李性源之を書す墓は京城龍山に在り

○孝昌墓表　一冊　正祖撰　搨本

文孝世子孝昌墓の表文にして其の誕生、定號、冊封、卒逝及廟號、墓號等を記せり

○順康園碑　一冊　張維撰　寫本

仁嬪金氏の神道碑文なり仁祖反正の後嬪墓を追封して順康園と稱し碑を立つ張維文を撰し義昌君李珖之を書し申翊聖篆す

張　維　は月沙李廷龜の門人にして孝宗の舅なり字は持國谿谷と號す宣祖丁亥に生れ光海君の時登第し官右相に至る當時搢紳中文章學問を以て鳴る然れとも申象村と等しく老佛の氣趣を交へ純然たる朱子學派に非す人或は之を以て是非す仁祖戊寅に歿す

李　珖　字は藏仲、杞泉と號す宣祖の第八男にして義昌君に封せらる宣祖己丑に生れ仁祖乙酉に歿す諡を敬憲と云ふ

○綏慶園表　二帖　李太王製　搨本

光武三年己亥莊祖の私親暎嬪李氏に諡號を加へ墓を封して園と爲し仍て表石に刻し又記を刻す園は京畿道楊州郡に在り

○徽慶園誌　一帖　金炳學撰 洪祐吉書　搨本

正祖の嬪にして純祖の生母たる綏嬪朴氏の墓誌なり朴氏は潘南の人判敦寧準源の女にして宮號を嘉順、墓號を徽慶園と云ふ金炳學誌を撰し洪祐吉之を書す

洪祐吉　字は成汝、藹士と號す藥軒萬衛の後孫にして純祖己巳に生れ哲宗庚戌文科に登り提學より六曹判書を歷て官判敦寧に至る李太王庚寅に歿し諡を孝文と云ふ

○鎭安大君墓碑　一帖　正祖撰並書　搨本

鎭安大君の墓碑にして己酉に鐫竪す文は正祖の撰に係り書も亦正祖の筆なり鎭安大君は太祖の第一子にして王位を繼承すへきものなれとも其の弟に讓り咸興に退居す諡を靖懿と云ふ墓は京畿道開城郡古豈に在り

○樂善君神道碑　一帖　朴弼成撰　李樟書　搨本

樂善君の神道碑なり樂善君名は潚、字は子淑、樂善は其の封號なり仁祖の第二子にして辛巳に生れ官都總管を歴て司饔院都提調に至り肅宗乙亥に歿し靖憲と贈諡す謹愼孝友を以て當時に推重せらる碑文は朴弼成之を撰し礪城君李樟之を書す

朴弼成　字は士弘、雪松齋と號す潘南の人都正泰長の子なり孝宗壬辰に生れ丁卯に歿す壽九十六諡を孝靖と云ふ孝行を以て聞に旌す

李樟　は宣祖の第七子仁城君珙の曾孫なり顯宗戊申に生れ礪城君に封せられ階顯祿大夫に至り英祖辛亥に歿す諡を孝憲と云ふ平日孝行純篤なりしを以て聞に旌す

○延齡君墓道文　一冊　李頤命撰　趙泰耉書　寫本

肅宗の子延齡君昍の墓道文にして神道碑は李頤命撰し趙泰耉書し閔鎭遠篆し庚子の年竪立す墓表は肅宗の撰に係り西平君橈之を書し己亥に竪立す

李頤命　字は養叔、疎齋と號す全州の人領相敬輿の孫なり孝宗戊戌に生れ肅宗庚申文科に登り丙寅重試に登り翰林を歴て官左相に至り景宗壬寅に歿す諡して忠文と云ふ

趙泰耉　字は德叟、素軒又霞谷と號す楊州の人左相師錫の子なり顯宗庚子に生れ肅宗丙寅文科に登り副學を歴て官領相に至り景宗辛丑に歿す

○恩彦君夫人宋氏墓誌　一冊　金汶根撰　搨本

莊祖別子恩彦君夫人宋氏の墓誌にして宋氏は礪川の人叅奉樂休の女なり英祖甲申に生れ純祖己卯に歿し京畿道通津馬松里に葬る哲宗卽位の後金汶根に命し墓誌を撰せしむ

金汶根　字は魯夫、東判洙根の弟なり純祖辛酉に生れ憲宗辛丑假監役に入仕し縣監を歴て己酉國舅を以て永恩府院君に封せられ將任を歴て官領敦寧に至り哲宗癸亥に歿す諡を忠純と云ふ

○恩信君碑　一帖　正祖撰竝書　搨本

莊祖の第三子恩信君の神道碑にして正祖の撰に係る恩信君名は禛、字は愼哉、英祖乙亥に生れ甲申恩信君に封せられ官都總管を歴たり辛卯事に因り濟州に流配せられて歿す甲午爵位を復し正祖卽位の後顯錄大夫を贈り諡して昭愍と云ふ

○元天錫墓碣　一帖　許穆撰並篆　李命殷書　搨本

元天錫の墓碣にして顯宗十二年辛亥に立つ許穆撰文し又篆し天錫の外裔孫李命殷之を書す天錫高麗の末國子進士となり高麗の政亂るるを見て隱居獨行し號を耘谷と稱す國亡ひて後江原道原州の雉岳に居り太宗屢之を召すも出てす其の義を高くす子洞に基川縣監を授く

李命殷　字は敬叔、白雲と號す全州の人監司億孫の玄孫なり仁祖の丁卯に生れ顯宗の末年貞陵叅奉を授く肅宗乙卯文科に登り官掌令に至る善書を以て稱せらる

○趙愼墓表　一帖　趙璞撰　趙萬永書　搨本

高麗淮陽府使趙愼の墓表陰記にして初め七代の孫石谷璞文を撰し翠屛珩之を書したるものありしか歲久しくして折傷し純祖三十年庚寅十四代の孫徹永等之を改建し萬永更に書す墓は忠淸南道林川郡に在り愼初めの名は思廉、豐壤の出にして平章事趙孟の後なり高麗の末に生れ太宗嘗て潛邸にありし時之れに學を受く官淮陽府使に止まる

趙璞　字は叔溫、石谷と號す豐壤の人處士希尹の子なり宣祖丁丑に生れ癸卯司馬に中り丙午文科に登り官僉知中樞府事に止まる

趙萬永　字は胤卿、石厓と號す豐壤の人柯汀鎭寬の子なり英祖丙申に生れ純祖癸酉文科に登り兩銓と將任とを歷て豐恩君に封せられ官領敦寧に至り憲宗乙巳に歿し忠敬と諡す

○嚴興道墓碣　一帖　尹陽來撰並書　搨本

寧越の戶長嚴興道の墓碣にして尹陽來寧越府使たりし時文を撰し並に書し英祖二年丙午に刻竪す興道は寧越の人戶長となり世祖二年丁丑端宗禍を被るや屍を斂むる者なし時に興道直に趨き之れを營葬す端宗復位するに及ひ贈官褒忠せらる

尹陽來　字は季亨、晦窩と號す坡平の人にして府尹理の子なり顯宗己丑に生れ肅宗戊子に文科に登り官輔國兵曹判書に至り耆社に入りて歿す謚して翼獻と云ふ

○徐花潭神道碑　一帖　朴民獻撰　韓濩書　南應雲篆　搨本

徐敬德の神道碑にして門人朴民獻の撰文に係り篆額は南應雲にして書は石峰韓濩なり宣祖十八年京畿道開城郡花潭に立つ徐敬德字は可久、花潭又復齋と號す唐城の人成宗己酉に生れ

世世開城に住し明宗丙午遺逸を以て終れり時に年五十八宣祖特に右相を贈り文康と謚す

朴民獻　字は希正、正菴と號す咸陽の人耻菴忠佐八世の孫なり中宗丙子に生れ明宗丙午文科に登り湖堂を歴て官監司に至り宣祖丙戌に歿す

韓　濩　字は景洪、石峯と號す淸州の人なり宣祖の時二十五歳にして進士となり書を以て其の名世に鳴り明將李如松及琉球使梁燦等皆其の筆を要む明王世貞筆談に曰く「石峯書如怒猊抉石渴驥奔川」と、朱之蕃も亦賞して王右軍顏眞卿相優劣すと云へり

○趙守翼墓表　一帖　申翊聖撰　搨本

趙守翼の墓表陰記にして文は門人申翊聖の撰に係り仁祖乙亥に立つ趙守翼字は時保、豐壤の人應教廷機の子なり明宗乙丑に生れ宣祖辛卯文科に登り官弘文校理に至り宣祖壬寅に歿す子論の貴を以て豐寧君を贈らる墓は京畿道楊州郡に在り

申翊聖　字は君奭、樂全堂又東淮と號す平山の人象村欽の子にして宣祖の駙馬なり宣祖戊子に生れ己亥東陽尉に封せられ仁祖甲申に歿す謚を文敬と云ふ早歳禁闥に出入し貴顯を極めたるも意を文章に專にし著述甚た多く又小楷、八分、篆籀を善くし仁祖辛巳淸人の誣を被りて淸陰金尙憲と倶に瀋陽に拘囚せられしか昭顯世子其の誣を卞明して事遂に解く

○李忠武公神道碑　一帖　正　祖撰　搨本

正祖甲寅李舜臣に領議政を加贈し忠淸南道牙山の墓に神道碑を建つ文は正祖の撰に係る

○金漢佑神道碑　一帖　徐文重撰　李漑書並篆　拓本

金漢佑の神道碑にして徐文重文を撰し花春君李漑之を書し並に篆し肅宗壬午に鐫立したるものなり漢佑は宣祖の後宮仁嬪金氏の父なり金氏元宗を誕す元宗追崇の後漢佑に領議政を贈る墓は京畿道開城郡龍首山に在り

徐文重　字は道潤、夢漁と號す大丘の人晩沙景雨の孫なり仁祖甲戌に生れ孝宗丁酉司馬に中り蔭補を以て牧使を授けられ肅宗庚申文科に魁し官領議政に至り己丑に歿す謚を恭肅と云ふ著す所朝野記聞及將兵説あり世に行はる

李　漑　字は汝涵、宣祖の曾孫にして仁城君珙の孫なり仁祖己丑に生れ花春君に封せられ肅宗辛卯に歿す

○李文馨墓碣 一帖 洪奭周撰 金魯敬書 搨本

宣祖の時の吏判拙翁李文馨の墓碣にして洪奭周文を撰し金魯敬之を書したるものなり墓は京畿道開城郡豊徳に在り

金魯敬 字は可一、酉堂と號す慶州の人判書頤柱の子なり英祖丙戌に生れ純祖乙丑文科に登り弘文提學を歴て官吏判に至り憲宗丁酉に歿す

○洪受濟墓碣 一帖 徐宗泰撰 洪禹宣書 搨本

洪受濟の墓碣にして撰文は晩靜徐宗泰書は受濟の子禹宣なり受濟字は方叔南陽の人海峰命元の孫なり仁祖丁丑に生れ顯宗己酉進士に中り官正郎に至り肅宗丁丑に歿す墓は忠淸北道忠州郡に在り立碑は景宗四年甲辰にして李晩成碑面の大字と權致中墓碑の搨本とを附せり

徐宗泰 字は魯望、晩靜堂と號す大邱の人文尙の子なり孝宗壬辰に生れ肅宗乙卯生員となり庚申登科し文衡を典り官領議政に至り己亥に歿す謚して文孝と云ふ

洪禹宣 字は仲德、南陽の人海峰命元の曾孫なり顯宗丙午に生れ肅宗の時蔭仕を以て監役を授けらる英祖丁未に歿す

○金柱臣神道碑 一帖 朴宗薫撰 金履喬書 金祖淳篆 搨本

慶恩府院君金柱臣の神道碑なり撰文は朴宗薫、書は金履喬、篆額は金祖淳にして墓は京畿道高陽郡大慈山に在り鑴竪は純祖二十六年丙戌の年なり金柱臣字は厦卿、壽谷又は洗心齋と號す慶州の人顯宗辛丑に生れ肅宗丙子生員となり官領敦寧府事に至り景宗辛丑に歿す謚して孝簡と云ふ

朴宗薫 字は舜歌、荳溪と號す潘南の人西溪世堂の後なり純祖壬戌進士を以て文科に登り文任を經て官左議政に至り憲宗辛丑に歿す謚して文貞と云ふ

金履喬 字は公世、竹里と號す苔泉時粲の孫にして英祖甲申に生れ正祖己酉文科に登り文衡を歴て官右相に至り純祖壬辰に歿す謚を文貞と云ふ

○趙尙絅墓表 一帖 趙曮撰 搨本

趙尙絅の墓表なり尙絅字は子章、鶴塘と號す豊壤の人都正道輔の子にして肅宗辛酉に生れ戊子進士に中り庚寅文科に登り銓郎を歴て官吏判に至り英祖丙寅に歿す墓は京畿道楊州郡に在り表文は其の子曮の撰書したるものなり

趙曒 字は光瑞、肅宗丙申に生れ英祖庚申文科に登り官吏判に至り庚戌に歿す特に領中樞府事を贈らる

○金履元神道碑 一帖 李玄錫撰 李匡師書並篆 搨本

兵曹判書金履元の神道碑にして游齋李玄錫之を撰し圓嶠李匡師之を書し並に篆し英祖壬申之を刻竪す金履元字は守伯、善山の人縣令弘遇の子なり明宗八年癸丑に生れ宣祖十六年癸未文科に登り官兵曹判書に至る光海君六年甲寅に歿し墓は京畿道楊平郡陽白山に在り

李匡師 字は道甫、圓嶠と號す角里眞德の子にして肅宗乙酉に生れ正祖丁酉に歿せり文章名筆一世の鉅匠を以て推重す家禍に因り一生を不遇にて終れり

○尹趾仁神道碑 一帖 李宗城撰 李匡師書 曺命敎篆 搨本

楊江尹趾仁の神道碑文なり梧川李宗城之を撰し圓嶠李匡師之を書し澹雲曺命敎篆額を書す墓は京畿道陽城に在り建碑は英祖癸亥の年なり尹趾仁字は幼麟號は楊江坡平の人判書絳の子なり孝宗丙申に生れ甲戌文科に登り官兵曹判書に至り肅宗戊戌に歿す

李宗城 字は子固、梧川と號す慶州の人鷺谷台佐の子なり肅宗の時進士に中り三代に歴仕して官吏曹判書及右相を經て領議政に至れり初謚は孝剛後文忠と改む歿する年六十八

曺命敎 字は彝甫、淡雲と號す晦谷漢英の曾孫にして肅宗丁卯に生る己亥文科に登り翰林より提學を歷て官吏叅に至り英祖癸酉に歿す

○尹志淳墓表 一帖 尹淳撰並書 搨本

進士尹志淳の墓表に白下尹淳か陰記を撰書したるものなり尹志淳字は和甫漆原の人正郎叙績の子にして崔明谷の門人なり顯宗丙午に生れ肅宗己巳司馬に中り庚午に歿せり英祖戊午表を立つ墓は京畿道楊州郡に在り

尹淳 字は仲和、白下と號す肅宗庚午に生れ英祖辛酉に歿す李圓嶠の師にして善書を以て聞へたり

○趙鎭寛墓表 一帖 趙寅永撰 趙萬永書 搨本

趙鎭寛の墓表にして季男寅永文を撰し長男萬永之を書し憲宗庚子に竪立す趙鎭寛字は裕叔、柯汀と號す豐壤の人永湖曮の子なり英祖己未に生れ聰悟異凡五歳能く句を作る儼として成

人の如し長するに及ひ宋門靜堂に就いて學ひ壬午生員、進士兩試に中り侍直を拜して癸未賢良科に登り官吏曹判書に到る純祖戊辰耆社に入り其の年を以て歿す謚して孝文と云ふ墓は京畿道永平郡に在り

○李台佐墓誌　一帖　李宗城撰　李匡師書　搨本

鷺谷李台佐の墓誌の拓本にして墓は京畿道開城郡豐德に在り台佐字は國彥鷺谷は其の號なり龜川世弼の子にして顯宗庚子に生れ肅宗乙卯文科に登り翰林より銓郞を歷て官左相奉賀に至り英祖己未に歿す謚を忠定と云ふ其の子領議政宗城文を撰し圓嶠李匡師之を書し英祖壬午之を刻せり

○洪樂性墓表　一帖　洪奭周撰　搨本

正祖の時の領議政洪樂性の墓表の拓本にして碑は京畿道長湍郡に在り純祖戊辰其の孫奭周墓表陰記を撰述し墓前に鐫立す前面は谷雲金壽增の隷書を集め後面は石峰韓濩の書を集刻す洪樂性字は子安號は恒齋豐山の人判書象漢の子なり肅宗戊戌に生れ英祖甲子文科に登り官領議政に至り正祖戊午に歿し長湍九峰山に葬る孝安と云ふ

○朴明源神道碑　一冊　正祖撰　搨本

朴明源の神道碑の拓本にして碑は京畿道坡州郡に在り額[illegible]の字を[illegible]は[illegible]永の字を集め正祖庚戌に鐫立す明源は[illegible]祖の女和平翁主に尙し錦城尉に封せられ歿後忠僖と謚せらる

○朴準源神道碑　一帖　純祖撰　朴宗慶書　搨本

純祖の外祖忠獻公朴準源の神道碑の拓本にして己巳に刻竪す碑は京畿道驪州郡に在り

朴宗慶　字は汝會潘南の人忠獻公朴準源の子なり穎悟絕倫生れて七朔能く言語行步を爲し七歲能く賦詩を爲す正祖庚戌司馬となり純祖辛酉文科に登り官弘文提學、摠戎使、兵曹判書を經て吏曹判書に至る文肅と謚す

○閔致祿神道碑　一帖　金炳學撰　閔泳穆書　閔泳駿篆　搨本

李太王妃閔氏の父驪城府院君致祿の神道碑の拓本にして金炳學文を撰し閔泳穆之を書し閔泳駿額を篆せり碑は忠淸南道保寧郡にあり

閔泳穆　字は遠卿、泉食は其の號なり吏判鍾顯の曾孫にし

て純祖丙戌に生れ李太王辛未文科に登り直閣より提學を歷て官吏判に至り甲申に歿せり諡を文忠と云ふ

○李偕愚墓表　一帖　李應翼撰　搨本

李偕愚の墓表の拓本にして墓は忠淸南道沔川郡に在り碑は李太王戊戌に立つ文は子應翼の撰に係る偕愚は監司在秀の子にして官府使に至り李太王丁亥孝行を以て叅判を贈らる

○金光遂生壙銘　一帖　金光遂撰　李匡師書　搨本

金光遂自撰の生壙銘にして圓嶠李匡師之を書し首に壽盟軒小記を冠せり

金光遂　は尙古堂と號す商山の人榮健亭東弼の子なり光海君の時進士を以て蔭仕に就き官牧使に至る公卿の家より出て文學に從事し又金石鐘鼎の學に深し自ら稱して尙古子と云ふ

○李裕元壽藏碑　一冊　李裕元撰　搨本

哲宗庚申橘山李裕元か生前葬地を豫定し碑を立て文を撰し又嵇溪尹定鉉、游觀金興根、潁樵金炳學、心菴趙斗淳、荷屋金左根の文を列書し經山鄭元容の撰せし可吾室銘を附刻す

李裕元　字は景春、橘山は其の號なり桐泉啓朝の子なり純祖甲戌に生れ憲宗丁酉司馬に中り辛丑文科に登り待敎副學を歷て官領相に至り李太王戊子に歿せり諡を忠文と云ふ

○徐命善賜祭碑　一帖　正祖撰　李晚秀書　搨本

徐命善賜祭の文を刻したる碑の拓本にして碑は京畿道長湍郡に在り正祖親ら文を撰し命善の姪瀅修之を碑に刻し墓前に立て陰記を附す女壻李晚秀の書なり命善字は繼仲大丘の人判書宗玉の子なり英祖乙巳に生れ文科に中り官領議政に至り正祖辛亥に歿す諡を忠憲と云ふ

李晚秀　字は成仲、屐翁と號し一に屐園と稱す延安の人左議政福源の子なり英祖壬申に生れ正祖癸卯司馬に中り蔭官に補せられ己酉文科に登り文衡を典り官輔國判敦寧府事に至り純祖庚辰に歿す諡を文獻と云ふ文學に優長し尤も館閣四六文に工にして當時應製の文字は其の手に出つるもの多し

○五倫山觀寂寺碑　一幅　搨本

五倫山觀寂寺の碑にして肅宗十八年壬申に竪つ

○神興寺碑　一帖　趙暾撰 金相肅書　搨本

江原道襄陽郡雪嶽山神興寺事蹟碑の拓本にして碑は英祖甲申に立つ趙暾文を撰し金相肅之を書し英祖親ら撰碑の由來を題す

金相肅　字は季潤、坯窩と號す光山の人沙溪長生の後にして判尹元澤の子なり肅宗丁酉に生れ英祖甲子進士に中り蔭仕を以て桂坊を歴て官縣令に至る

○廣法寺事蹟碑　一幅　李時恒撰 黃敏厚書 洪鉉輔篆　搨本

平安南道平壤大成山廣法寺刱設の事蹟碑にして英祖丁未に立つ李時恒文を撰し黃敏厚之を書し洪鉉輔篆せり

李時恒　字は士常、華隱と號す遂安の人なり顯宗壬子に生れ肅宗己卯文科に登り英祖丙辰に歿す官兵佐に至れり業を約齋柳尙運の門下に受け文名一世に稱せらる

洪鉉輔　字は君擧、守齋と號す金華萬容の孫にして肅宗庚申に生れ戊戌文科に登り銓郎を歴て官禮曹判書に至り英祖庚申に歿す謚を貞獻と云ふ

○眞鑒禪師碑　一冊　崔致遠撰竝書　印本

全羅南道知異山雙磎寺に在る眞鑒禪師碑の木板印本にして崔致遠文を撰し竝に書し篆額亦同人の筆なり禪師法號は慧昭俗姓は崔、全州金馬の人昌元の子なり新羅哀莊王甲申貢使に隨ひ唐に入り滄洲の神鑒大師より戒を受け興德王庚戌歸國し知異山雙磎寺に住す閔哀王號を慧昭と賜ひ皇龍寺に貫籍し文聖王庚午坐化す獻康王眞鑒と謚し定康王丁未碑を立つ後八百三十九年朝鮮英祖元年乙巳に至り石斕字缺せしを以て更に木板に移刻し以て傳ふ

崔致遠　字は海夫、孤雲と號す新羅憲康王の時の人なり年十二商船に隨ひ唐に入り十八歲進士に擧けられ官都統巡官承務郎侍御史內供奉賜紫金魚袋に至る二十八歲命に依り歸國し兵部侍郎に除せらる唐に在る時黃巢檄一編を草し文名を天下に馳す東歸の後文學を唱道し朝鮮始めて聖賢道統の曙光を見るを得たりと云ふ高麗顯宗の時文昌侯を贈られ後又文廟に從祀せらる其の墳墓忠淸南道鴻山郡に在り

○翠雲堂碑　一帖　鄭斗卿撰 尹舜擧書　搨本

江原道鐵原郡寶盖山深源寺に在る翠雲禪師の塔碑なり禪師姓は孫名は學璘江華の人なり宣祖乙亥に生れ十五歲にして出家し西山靑蓮の衣鉢を傳へ孝宗庚寅に寂す僧臘六十三なり弟子法慧、六行、雪玄等碑を立つ文は鄭斗卿撰し尹舜擧之を書す

鄭斗卿　字は君平、東溟と號す溫陽の人叢桂堂之升の孫なり宣祖丁酉に生る當時詩人輩出し斗卿亦早歲にして藻譽あり北渚金瑬償相となるや白衣を以て從事となる仁祖己巳登科し官禮曹叅判弘文館提學に至り顯宗癸丑に歿す顯宗嘗て斗卿賦する所の域中王亦大天下佛爲尊の句を讀み曰く斗卿此を以て終に大提學となるを得す豈に寃ならすやと特に文衡を贈る

尹舜擧　字は魯直、童土と號す坡平の人八松煌の子なり出て雪峯燧の後を繼く宣祖辛丑に生れ仁祖癸酉生員及進士に中り顯宗の初遺逸を以て薦められ掌令に歿す幼時睡隱姜沆に從學し禮を沙溪金長生に學ひて踐履愈篤し仁祖丁丑下城の後學業を廢し郷里に歸りて道義を講論す屢徵命ありしも起たす兄石湖文擧、弟魯西宣擧と與に道德節義を以て士林に景仰せらる

○明將翰札　一冊　搨本

宣祖二十五年壬辰の役明將李如松等か朝鮮僧將西山大師休靜に致したる書札にして平安北道寧邊郡妙香山普賢寺に藏置せしを正祖十六年壬子平安監司洪良浩か石刻拓本したるものなり

傳記類

○箕子志　五卷一冊　印本

箕子の實記にして初め尹斗壽之を撰し後李珥箕子實記を撰せしか光海君の時平壤人士等之を合編し更に他人の述作を添附し以て一冊と爲す本書是なり

○箕子志　九卷三冊　鄭璘基等編　印本

宣祖の時領相尹斗壽著す所の箕子志二卷あり李太王十六年鄭璘基等其の缺略を補はむと欲し廣く經史を精涉し諸家の記述に就きて其の精要を取り以て編纂印行したるものにして洪範傳錄、祀典、致祭文、御製、賦、詩、辭、操歌、贊、論、說、語、序、記及碑文、跋等を列記し卷首に肖像附贊、手筆事蹟圖、祠墓圖、譜系圖、世系、序を載せり

○箕子外記　三卷一冊　徐命膺編　印本

全編を上中下の三卷に分ち上編には叙述、篇章、制度、出處等中編には道學下編には論説、廟享、事蹟、歌詠等を次叙し其の間井田圖、洛書爲井田淵原圖、八陣爲井田對位圖其の他洛書諸圖等を附記し箕子東遷以來の事蹟を考證したるものなり

○列聖誌狀通紀　三卷四冊　印本

太祖以上四世穆祖、翼祖、度祖、桓祖より英祖元妃貞聖王后に至る各代の行錄、行狀、誌文、神道碑銘、表石陰記、竹冊文、玉冊文、哀冊文、諡冊文、樂章、祭文、禪位敎書、敎命文、頒敎文等を蒐輯編次したるものなり初め肅宗十四年戊辰穆祖より元宗に至る五卷及補遺一卷を編刊し後東平尉鄭載崙私に仁祖以下列朝諸文を裒輯し舊本と併せて十冊と爲せり肅宗魚有龜、洪啓廸等をして之を校し編して二十卷十冊と爲し再刊せしむ英祖三十四年戊寅更に英祖元妃貞聖王后に至るまでを增修刊行せしもの卽ち現本なり

○長陵誌狀　一冊　印本

仁祖の行狀、誌文、諡冊文、哀冊文を蒐集したるものにして行狀は左相李景奭誌文は大提學趙絅諡冊文は大司憲趙贇哀冊文は藝文提學金光煜撰進す

李景奭　字は尙輔、白軒と號す全州の人懸谷惟侃の子なり宣祖乙未に生れ光海君癸丑進士に中り仁祖癸亥文科に登り選はれて湖堂に入り文衡を典り官領議政に至り顯宗辛亥に歿す文忠と諡す

趙絅　字は日章、龍洲又柱峯と號す漢陽の人なり宣祖丙戌に生る仁祖丙寅に登科し文衡を典り官判中樞府事に至り淸白吏に選せられ諡して文簡と云ふ釋褐前旣に士望あり李爾瞻之と結はんとして斥絕せらる仁祖丙子斥和十臣中の一なり

金光煜　字は晦而、竹所と號す休菴尙寯の子なり宣祖庚辰に生れ丙午文科に登り翰林提學を歷て官叅贊に至り孝宗丙申に歿す

○寧陵誌狀　一冊　印本

孝宗の行狀、諡冊文及哀冊文を合編したるものなり行狀は李景奭諡冊文は趙絅哀冊文は李一相撰せり

李一相　字は咸卿、靑湖と號す明漢の子なり仁祖戊辰登科

し官禮曹判書に至り文衡を典る文肅と謚す

○崇陵誌狀　一冊　印本

顯宗の行狀、哀冊文、謚冊文、陵誌等を合編したるものなり行狀は南九萬哀冊文は李殷相謚冊文は姜栢年誌文は金錫冑撰す

南九萬　字は雲路、藥泉と號す宜寧の人縣令一星の子なり仁祖己巳に生れ孝宗辛卯進士に中り丙申文科に登り文衡を典り官領議政に至り肅宗辛卯に歿す文忠と謚し肅宗廟庭に配食す文章經術と讜言偉業とを以て朝鮮名相と稱せらる肅宗己巳閔妃を廢し張嬪を以て妃に陞したる時遠竄を被り甲戌閔妃の位を復するに及ひ復た入りて首相となる

李殷相　字は說卿、東里と號す延安の人にして玄洲昭漢の子月沙廷龜の孫なり青湖一相、靜觀齋端相等と從兄弟たり光海君丁巳に生れ孝宗辛卯に登科し湖堂に入り其の七年重試に中り刑曹判書を歷て肅宗戊午に歿す謚して文良と云ふ

姜栢年　字は叔久、號は雪峯晋州の人竹窓籒の子なり宣祖癸卯に生れ仁祖丁卯文科に登り文任を經て官判中樞府事に至り肅宗辛酉に歿す領議政を特贈せられ謚を文貞と云ふ

金錫冑　字は斯百、息庵と號す清風の人にして潜谷堉の孫歸溪佐明の子なり仁祖甲戌に生れ孝宗丁酉進士壯元に顯宗壬寅文科壯元に捷ち肅宗庚申許堅、許瑛等の陰謀を密啓したる功に依り保社功臣に錄せられ封を清城府院君に受け文衡を典り右議政に至る謚して文忠と云ふ

○懿陵誌狀　一冊　印本

景宗の行狀、誌文、哀冊文、謚冊文を合篇したるものなり行狀は李德壽、誌文は柳鳳輝、哀冊文は李師尙、謚冊文は趙泰億の撰なり英祖の時に印刊す

柳鳳輝　字は季昌、晩菴と號す約齋尙運の子なり孝宗己亥に生れ肅宗己卯文科に登り銓郎、提學を歷て官左相に至り英祖丁未に歿せり

李師尙　字は聖望、全州の人都承旨夏の子なり孝宗丙申に生れ肅宗己巳文科に登り舍人、提學等を歷て官行大憲に至り英祖乙巳に歿す

趙泰億　字は大年號は謙齋楊州の人苔村嘉錫の子なり肅宗の乙卯に生れ壬午文科に登り翰林吏郞と文衡を歷て官左相に至り英祖戊申に歿し文忠と謚す

○元陵誌狀續編　一冊　印本

英祖昇遐後誌狀を編し純祖五年乙丑英祖貞純王后昇遐後續編を纂す上尊號玉冊文、封王妃敎命文、樂章、諡冊文、哀冊文、祭文及表石陰記等を合編し活字を以て印出せり

○健陵誌狀　一冊　印本

正祖健陵の誌文、行狀等を集めたるものにして行狀は李晩秀撰し、誌文は尹行恁の撰なり

○健陵誌狀續編　一冊　印本

正祖庚申に昇遐し隆陵東岡に葬る純祖辛巳正祖妃金氏亦昇遐し隆陵の右麓に葬り後正祖の陵に遷して合祔し誌狀を撰して之を錄す初葬の時の誌狀を原編とし此を續編と稱す誌文は沈象奎撰し金氏の行狀は金履喬撰し誌文は金祖純撰す敎命文、竹冊文、玉冊文、諡冊文、哀冊文、樂章、祭文等を附し活字を以て印出す

沈象奎　字は穉敎號は斗室青松の人叅判念祖の子なり英祖丙戌に生れ正祖己酉文科に登り文衡を典り官領議政に至り憲宗戊戌に歿し諡を文肅と云ふ

○仁陵誌狀　一冊　印本

仁陵は純祖の陵なり其の誌文、行狀等を集め仁陵誌狀と名く收むる所行錄、行狀、誌文、敎命文、竹冊文、玉冊文、樂章、諡冊文、哀冊文、定世室告由祝文、表石陰記等あり

○綏陵誌狀　一冊　印本

文祖行狀、綏陵誌文、敎命文、竹冊文、諡冊文、哀冊文、玉冊文、嬪宮親祭文、表石陰記を合編したるものなり文祖の初諡は孝明世子其の墓號は延慶墓なりしか憲宗の時翼宗大王綏陵と追崇し李太王の時文祖翼皇帝と追崇せり

○景陵誌狀　一冊　印本

憲宗及孝顯后金氏の誌狀なり憲宗は己酉に昇遐し其の行狀は權敦仁撰し誌文は尹定鉉撰し后金氏は憲宗癸卯に昇遐し行狀は趙寅永撰し誌文は金蘭淳撰す附するに行錄、敎命文、竹冊文玉冊文、諡冊文、哀冊文、祭文及陰記等を以てし哲宗卽位の初年活字を以て印出せり

權敦仁　字は景義、號は彝齋安東の人にして遂菴尙夏の後なり正祖癸卯に生れ純祖癸酉文科に登り文任を歷て官領議政に至り哲宗の己未に歿す

金蘭淳　字は士猗、號は碧谷安東の人竹醉謙の孫なり正祖五年辛丑に生れ純祖四年甲子進士に中り十三年癸酉文科に及第し翰林副學官を歷て吏曹參判に至り憲宗十五年己酉に歿す諡を孝文と云ふ

○睿陵誌狀　一冊　印本

哲宗の誌狀にして哲宗の行實、議政府左議政趙斗淳の哲宗行錄、行狀、吏曹判書金炳學の睿陵誌文、判中樞府事趙斗淳の上尊號玉冊文、工曹判書金炳國の樂章、知中樞府事尹致羲の諡冊文、議政府左參贊李敦榮の哀冊文等を輯錄せり

金炳國　字は景用、潁漁と號す潁樵炳學の弟にして乙酉に生れ哲宗庚戌文科に登り待敎より訓將、六曹判書を歷て官領相に至り李太王甲辰に歿す諡して忠文と云ふ

李敦榮　字は允若、莘憩と號す桐漁相璜の從子なり純祖辛酉に生れ丁亥文科に登り提學と六曹判書を歷て官判中樞に至り李太王甲申に歿す諡を文貞と云ふ

○三陵誌狀續編　一冊　印本

純祖仁陵、翼宗綏陵、憲宗景陵三陵の誌狀を集めたるものなり純祖遷陵誌文、哲宗親祭文、玉冊文、樂章、表石陰記、純元王后(純祖王妃)行錄、行狀、誌文、敎命文、玉冊文、樂章、諡冊文、哀冊文、哲宗親祭文、玉冊文、樂章、表石陰記、憲宗玉冊文、樂章、告由祝文、孝顯王后(憲宗王妃)玉冊文、樂章等を收む

○兩陵誌狀續編　一冊　印本

純宗(後に純祖)追上尊號玉冊文及樂章と翼宗(後に文祖)遷陵の時の誌文、哀冊文、親祭文、表石陰記、追上尊號玉冊文、及樂章等にして親祭文は憲宗の撰其の他は鄭元容等の撰進せしものなり哲宗の初年內閣に命し活字を以て印出せり

○世子行蹟　一冊　寫本

昭顯、孝章兩世子の墓誌なり昭顯世子諱は湼、仁祖の元子にして光海君壬子に誕生し仁祖乙丑王世子に冊封せらる丁丑淸國に質となり乙酉に還國し其の年薨逝せり諡を昭顯と云ふ墓

誌は李植之の撰なり孝章世子諱は緈字は聖敬、英祖の元子にして肅宗己亥に誕生し英祖己巳に王世子に冊封し戊申に薨逝す謚を孝章と云ふ後眞宗と追崇せり墓誌は英祖の撰に係る

○仁城君行錄　一冊　李　㯽編　寫本

宣祖の子仁城君珙の行狀、謚狀、墓碣、子海原君健の行狀、謚狀、墓表陰記、海陽君佶の墓表陰記、孫花山君滾の行狀、謚狀、神道碑、花陵君洮の行狀、謚狀、神道碑等を編輯し且其の曾孫たる編者の墓表陰記を同編す

李㯽　字は文卿、退休堂と號す花陵君洮の子なり肅宗辛未に生れ宗室を以て綾昌君に封せらる

○宗班行蹟　五卷二冊　寫本

宗班の行蹟を記載したるものにして歷代の世子、大君、王子、王孫の碑、碣、表、誌、遺事等を收錄し附錄二卷には嬪及公主、翁主の行蹟を記載し麟平大君に止む

○宗班行蹟補　四卷四冊　寫本

宗班の行蹟を補續したるものにして礪城君楫に止む

○高麗名臣傳　三卷六冊　南公轍著　印本

高麗の諸臣洪瀞等二百四十四人道學鄭夢周一人死節河拱辰等七人死事申崇謙等六人孝子文忠等十七人烈女俞氏等十二人逸民南乙珍等二十五人の行事實蹟及大學生武臣判事等の傳ふべきものを錄せり純祖壬午書成り活字を以て印行す

南公轍　字は元平、金陵又潁翁と號す宜寧の人雷淵有容の子にして壺谷龍翼の玄孫なり英祖庚辰に生れ正祖壬子文科に登り直閣を經て吏曹判書大提學に至り純祖辛巳右相を經て領議政となり憲宗庚子に歿す謚して文憲と云ふ

○國朝名臣錄　一七冊　金　堉編　寫本

朝鮮開國以來の名臣の事蹟を編纂したるものにして第一冊は道學第二冊より第十二冊までは事業第十三冊より第十七冊までは忠節とし類を分ちて之を錄せり

○國朝名臣言行錄　五一卷三冊　宋徵殷編　寫本

太祖より孝宗に至る名臣の言行錄にして前集、後集、外集、別集、續集等に分てり

○國朝名臣錄　六三巻二〇冊　李存中編　寫本

朝鮮開國以來の名臣の小傳及事蹟、言行等を記載したるものなり前集十四巻別集十一巻外集十六巻續集一巻後集二十一巻とし國初より仁祖の時まて年代世次に從ひて編纂せり

李存中　字は敬以、荷堂と號す全州の人領相鹿川濡の孫なり肅宗癸未に生れ英祖庚午陜川郡守より文科に登り文衡圏を被り官大司諫に至る辛巳に歿す清德文名を以て一世の推仰する所なるも權臣を論劾したるため顯達に至らす

○名　臣　錄　三巻三冊　寫本

正祖か抄啓文臣に命し編次せしめたるものにして朝鮮に於ける名臣の略傳なり全部四百餘名五十四篇と爲し又前、後、外、別、續集の五類に分ち前集は十二篇趙浚より張弼武に至る百五十一名後集は十八篇白仁傑より金堉に至る八十五名外集は十三篇金宏弼より成渾に至る五十三名別集は十一篇にして金宗瑞より吳達濟に至る百五名續集は一篇崔德之より安邦俊に至る十名此等の諸名臣に就き姓名、字號、出生地、試科、閲歷、賜號、祭祀、事蹟、行狀等を附記せり

○名臣誌狀輯略　一六冊　寫本

朝鮮開國より英祖の時に至る名臣の誌狀を輯錄したるものにして續輯六巻は原輯十巻中に漏れたるものを追錄せり

○海東名將傳　六巻三冊　洪良浩著　印本

新羅、高勾麗、百濟、高麗及朝鮮仁祖の時に至る最も傑出したる名將の傳を編したるものにして第一巻新羅にては金庾信張保皐、沈那高勾麗に於ては、扶芬奴、乙支文德、安市城主百濟に於ては黑齒常之、高麗に於ては庾黔弼、姜邯贊、楊規、尹瓘を擧け第二巻は吳延寵、金富軾、趙冲、金就礪、朴犀、金慶孫、李子晟第三巻は金方慶、韓希愈、元冲甲、安祐、鄭世雲、安遇慶、鄭地第四巻は高麗の崔瑩朝鮮の李之蘭、崔潤德、李從生、魚有沼、李舜臣、權慄第五巻は郭再祐、鄭文孚、黃進、休靜、鄭起龍、金時敏第六巻は李廷馣、林仲樑、金德齡、鄭忠信、金應河、林慶業、鄭鳳壽、柳琳等なり

○海東高僧傳　二巻一冊　高麗高宗命撰　寫本

高麗高宗二年乙亥京北五冠山靈通寺住持釋覺訓に命し撰述せ

しめたるものにして高勾麗、新羅に佛教を弘布せし順道以下玄大梵等數十人の傳記を載せり

高　宗　は高麗第二十三代の王にして諱は皞、字は天祐、康宗の子なり明宗二十二年壬子に生れ甲戌即位し己未昇遐す在位四十六年春秋六十八江華弘陵に葬る

釋覺訓　は族姓明ならす別名を覺月と稱す高麗高宗の時の人華嚴宗の師にして法門の棟樑たり文章を善くし又奇行あり李奎報と交はる生歿年月は詳ならす

○崧陽耆舊傳　五卷一册　金澤榮著　印本

麗末諸忠臣の逸事及朝鮮國初より李太王の時に至る開城諸名士の事實を編纂したるものにして豐基郡守金信榮見て之を悅ひ光武七年印刷に付したるものなり其の內容は首編に於て鄭夢周以下崔清に至る數十人の逸事及崧陽耆舊の名を載せ附錄として崧陽雜事を收む

○國朝人物考　六十四卷七十四册　寫本

朝鮮國初より肅宗に至る歷代人物の傳記にして原考六十六卷續考八卷あり相臣、國戚、儒學、鄉宰、名流、文官、武弁、休逸、蔭仕、士子、莊光立節、燕山罹禍、己卯黨籍、乙巳罹禍、牛栗泛遊、倭難立節、倭難征討、光海立節、光海罹禍、癸亥擧義、甲子死節、虜難立節征討、甲寅以後罹禍立節等二十三目に分ち續考は其の遺漏を補へり

○人　物　考　二十六卷二十六册　寫本

正祖か抄啓文臣等に命し國初より肅宗に至る間の名人の略歷を編述せしめたるものにして原稿二十三卷續稿二卷總目一册とし先つ本人の生歿、科甲、官歷等を表示し次に碑狀中言行に關する句語を節錄せり

○嶺南人物考　一〇卷一〇册　蔡弘遠編　寫本

言行錄及墓碑碣銘等に就き慶尙道出身者の事歷を採集したるものにして正祖の命に依り蔡弘遠等之を編次し四百五十餘名の多きに達せり

蔡弘遠　字は邇叔、平康の人樊巖濟恭の系子なり英祖壬午に生れ正祖壬子文科に登り官參判に至る

○明　陪　臣　考　四卷二册　黃景源著　寫本

仁祖丁卯以後明のために忠節を盡したる者二十九人の列傳を叙し又八人を附し尊周の義を稱したるものにして後に陪臣傳と改稱せり全文載せて江漢集に在り

黃景源　字は大卿、江漢と號す長水の人郡守處信の孫なり肅宗己丑に生れ英祖庚申蔭直長を以て文科に登り史局に入り文衡を典り官吏曹判書に至り正祖丁未に歿す謚を文景と云ふ文章當時に雄たり

○安氏列賢傳　一冊　車知玉撰　印本

忠原伯安置器及安翰の事蹟を撰述したるものなり共に高麗の人にして撰者は翰の門人なり末尾に定宗の祭文を附す

○三學士傳　一冊　宋時烈撰　寫本

洪翼漢、吳達濟及尹集の傳記なり仁祖十四年丁丑清兵京城に侵入し仁祖難を南漢山に避くるに當り三學士斥和論を主張し清の論慰に服せすして禍を被れり洪翼漢字は伯升、花浦と號す南陽の人なり吳達濟字は季輝、秋潭は其の號海州の人なり尹集字は成伯、號は林溪、南原の人なり附錄に明帝の勅諭、尤菴墓誌、王世孫上疏及正祖の祭文等を載す

○金將軍傳　一冊　朴希賢撰　印本

金應河の傳記なり應河は鐵原の人にして早く怙恃を失ひ射獵を以て事と爲す朴承宗の薦を蒙り武職より宣川郡守を歷たり己未の年都元帥姜弘立に隨ひ虜地に入り力戰して歿す仍て褒錄贈職建祠立碑以て其の忠を表す尾に後叙挽詞祭文を錄す

朴希賢　は密陽の人にして官吏文學官に至る文名あり

○崔烈士傳　一冊　曹允大編　寫本

光海君戊午明に建州の虜亂あり兵を朝鮮に徵す時に崔永元なる者金將軍應河に隨ひ深河に前往し金將軍と共に戰亡す卽ち己未の春なり永元字は忠甫、浮翁と號す海州の人にして宣祖戊寅に生れ死時年四十二なり純祖己未判書曹允大爲に傳を作る申獻朝、洪奭周等の跋あり

曹允大　字は士元、號は東浦、昌寧の人西州夏望の孫なり正祖己亥文科に登り文任を經て官吏曹判書に至り純祖壬申に歿す

○樹烈千秋傳　二卷二冊　崔重湜編　印本

孝一の傳記なり初め黄景源撰する所の本傳あり英祖之に樹千秋傳の名を與へ憲宗九年其の遠孫崔重湜孝一の誓文、祭文、狀啓及褒揚事實を增補し猶ほ舊名を附して刊行し哲宗辛酉崔亨烈重刊す崔孫一字は元讓、義州の人十七歲武科に及第し明末清初朝鮮の去就決定せさるの際に於て林慶業と與に堅く義を取りて動かす明の毅宗崩するに及ひ梓宮に痛哭すること七日餓死以て其の志を表せり其の一族關西辛巳の亂に殉死す肅宗乙未特に戸曹叅判を贈る

崔重湜　字は可心、黄州の人なり英祖壬辰に生れ純祖丙戌關西道科に登り官敦寧都正に至る

○柳淵傳　一冊　李恒福編　印本

大丘の士族柳淵明宗甲子殺兄の誣獄を以て寃死す十六年己丑其の妻李氏獄案を飜へし夫の寃罪たることを明にせり宣祖丁未白沙李恒福之か傳を作り其の前後の事實を詳にす

○角干實紀　三卷二冊　印本

新羅大角干金庾信の事歷を錄せるものなり庾信は金海の人舒玄の子にして駕洛太王十二世の孫なり新羅眞平王乙卯に生れ出ては將入りては相として百濟、高勾麗の二國を統合す其の豐功偉烈新羅第一と稱せらる官大角干に至り文武王癸酉の年に歿し後興武王と追尊せらる

○太師權公實紀　六卷三冊　權重顯編　印本

高麗太師權幸の事蹟を記したるものなり第一卷は事業考第二卷は墓道考第三、四卷は廟祠考附爭辨槩略第五、六卷は子孫考等にして卷尾に補遺を附す李太王己酉三十一代の孫重顯之を編成刊行す權幸は安東の人本姓は金氏高麗太祖を助け功ありしを以て姓を權と賜ひ官三韓壁上三重大臣亞父功臣太師に至れり

○晦軒實記　二卷一冊　安克權編　寫本

安裕の詩文若干を集め附するに遺像、墓山圖及附錄各篇を編蒐す裕は順興の人にして晦軒と號す高麗高宗癸卯に生れ元宗庚申文科に登り翰林集賢殿大學士を經て官都僉議中贊に至り忠烈王丙午に歿す謚を文成と云ひ文廟に從享す麗末儒學頹廢し竺教旺熾の時に方り蹶起して斯道を倡明し學を興し才を育するを以て己か任と爲し東方理學の宗師たり英祖甲申其の後

孫克權編成刊行し純祖丙子再刊し李太王の甲申三刊せり

○三憂堂實記　六卷三冊　文栽豹等編　印本

江城君文益漸の實記なり益漸字は日新、三憂堂と號す江城の人にして高麗恭愍王庚子文科に登り癸卯使して元に赴き侍郎に拜せられ丙午歸還し官右文提學に至る太祖の登極に及ひ門を杜きて出てす元より還りし時木棉の種子を齎し播藝す朝鮮に木棉の蕃殖せしは蓋し此より始れりと云ふ第一卷は自著の詩文第二卷より第五卷は諸家の輓詞、祭文、傳誌等第六卷は世系、年譜なり李太王庚子後孫載豹等之を蒐輯刊出す

○柳氏六賢實紀　六卷二冊　柳汀植等編　印本

文化柳氏の經術、孝行を以て著名なりし六家卽ち柳壙、柳孟智、柳鐵柱、柳世溫、柳晦根、柳敷の實記を蒐輯したるものにして卷首に六家の世系圖を冠し五賢院祠錄を卷末に附せり柳壙字は欽甫、南亭と號す高麗恭愍王庚戌に生れ從兄夏亭寬に從學し朝鮮太祖丙子遺逸を以て薦められ南臺掌令を拜せしも仕へす世宗辛丑に歿す住地草溪郡に栢山書院を刱建して享祀す孟智字は明淑、法聖亭と號す南亭壙の子なり太宗甲申に生れ先蔭を以て入仕し官縣監に至り端宗癸酉に歿す栢山書院に從享す鐵柱字は完國、嶺亭と號す法聖亭孟智の曾孫なり中宗甲午に生れ明宗辛亥武科に登り宣傳官を歷て關北防禦使となり野人を斥退せし戰功に因り官全羅兵使に至り宣祖辛卯に歿す世溫字は士順、臨湖と號す法聖亭孟智六世の孫なり宣祖乙亥に生れ甲午武科に登り宣傳官を歷て官縣監に至り仁祖甲子に歿す栢山書院に從享す晦根字は曄哉、栢岡と號す臨湖世溫の孫なり光海君壬子に生れ肅宗丙辰に歿す敷字は公遠松嶽と號す栢岡晦根の子なり肅宗己巳に生れ英祖丁巳に歿す栢岡松嶽の兩後孫等より合力して李太王の壬寅に刊行す

○敬齋實紀　三卷一冊　洪宅夏編　印本

洪魯の實記にして卷一は遺傳卷二、三は附錄なり正祖戊申後孫宅夏之を刊行す

○杜門洞實記　三卷一冊　印本

朝鮮太祖高麗に代りて國を開くや麗臣七十二人新朝に事ふるを恥ち深く萬壽山に入りて出てす其の洞を名けて杜門洞といふ今開城郡に屬す而して七十二人の姓名傳はらす唯曹義生、

林先味及名不知孟氏の三人のみ著はる正祖命して表節祠を立て之を祀り後成思齊、朴門壽又顯發したるも只成思齊のみ其の祠に幷享す本書は思齊の後孫其の先思齊に關係したる文字のみを收錄したるものにして純祖己巳之を刊行す

○採薇軒實記　一冊　全秉佑等編　印本

高麗末に於ける杜門洞七十二士中の一人全五倫の實記にして李太王丙寅に後孫秉佑等蒐輯刊行す五倫字は仲至、採薇軒と號す旌善の人平簡公杜庵賁の子なり元至正の間に生れ恭愍王戊戌蔭仕に入り庚子文科に居魁し翰林直學士を歷て官典法判書に至る高麗亡ひ旌善の瑞雲山に隱れ太宗の時に歿す性理の學に於て當時圃隱鄭夢周の流亞を以て稱せらる

○凝溪實紀　三巻一冊　玉世實編　印本

玉沽の實記にして後孫世實之を編刊す沽字は待售、凝溪と號す班城の人監務斯美の子なり定宗己卯登科し官校理に至り清白吏に選せられ壽五十五にして歿す冶隱吉再に師事し易理に深く著述多し

○李文靖公實紀　四巻一冊　李得元編　印本

文靖公李隨の事歴を錄せるものにして純祖二年壬戌十三世の孫得元の編に係り遺文、事蹟、祠墓、叙述、系牒を載す李隨は太宗甲午文科に及第し世宗潛邸の時師傅となり其の卽位に及ひ擢んてられて吏曹判書藝文館大提學となり文靖と諡し世宗の廟に配食す世に傳ふ其の先は全州の人なるも李隨海西の鳳山郡に任せしを以て鳳山に籍せりと

李得元　字は士春、竹齋と號す其の婿高時穆竹齋遺事を記して曰く得元委巷の人を以て外方に流落し深く世に知られす而も倜儻節あり孝友天に出つ詩詞清楚にして季唐の風調あり書も亦精妙なりと

○竹林實紀　二巻一冊　權致根編　印本

權山海の實記にして純祖の時後孫致根之を編刊す山海は安東の人、謚文靖希正の曾孫にして竹林と號す太宗癸未に生れ世宗庚申才行を以て薦められ端宗甲戌官僉正となり乙亥端宗遜位の事あるや憤慨して官を棄つ丙子成三問等六臣端宗の復位を謀り事洩れて逮捕せらるるを聞き閣より投して自ら死す世

祖仍て官爵を追奪す明宗に至り寃を伸へ正祖に及ひて吏曹參判を追贈せらる

○楸溪實記　五卷二冊　尹洛鉉編　印本

尹孝孫の實記にして憲宗丁未後孫洛鉉之を編し己酉の年刊行す卷首に圖式、世系、年譜を載し第一卷は孝經註釋第二卷は詩文、雜著第三卷は疏狀、記事第四卷及第五卷は附錄にして上下編に分てり孝孫字は有慶、楸溪と號す南原の人にして翊衛處寛の子なり世宗辛亥に生れ庚午司馬に中り端宗癸酉文科に登り官參贊に至り燕山君癸亥に歿す謚して文孝と云ふ

○鄭文獻公實紀　二卷一冊　鄭逑編　印本

寒岡鄭逑か鄭汝昌の事歷を輯錄せるものなり汝昌は世宗三十二年に生れ戊午の史獄に鍾城に竄せられ甲子死を賜ふ中宗の時特赦して文獻公と謚し文廟に從祀せらる蓋し朝鮮の名儒なり上卷は世系、事實、行狀、遺事、叙述、遊頭流錄、話名說、薦學行疏、著述下卷は史禍首末、褒贈、祀典、從祀、頒敎文、祭文、碑、詩章等なり

○嚴戸長實紀　三卷一冊　嚴碩憲編　印本

嚴興道の事蹟を輯錄したるものにして收むる所事蹟、記述、文傳、贊、行狀、墓誌、祠院文、賜祭文及附錄等なり後孫之を編し純祖十七年丁丑に上刊す

○愚齋實紀　四卷二冊　孫綸九 孫星德編　印本

孫仲暾の實記にして首に世紀圖と年譜とを載せ次に詩一首疏一篇及政院日記を收め附錄として祭文、輓詞、誌銘、碣銘を編輯せり仲暾字は泰發、愚齋と號す慶州の人雞川君昭の子なり世祖癸未に生れ癸卯進士に中り己酉文科に登り檢閱を歴て官吏判に至る謚を景節と云ふ

孫綸九　は愚齋九世の孫、孫星德は其の宗孫なり

○唐谷實紀　二卷一冊　寫本

鄭希輔の詩文、學說及事蹟を編輯したるものにして誌碣及後人の贊述、門人錄等を附し李太王二十六年己丑に刊行す鄭希輔字は仲猷、唐谷と號す晉州の人淸溪可願の曾孫なり成宗戊申に生れ明宗丁未に歿す

○石軒實紀　一冊　柳　壦編　印本

柳沃の實記にして詩、賦、論、策、疏共八編は玄孫東淑之を聚收し諸賢叙述、院享首末、贈職首末は十二世の孫壦之を編次し哲宗丙辰に刊行す柳沃字は啓彥、石軒と號す文化の人訓導文豹の子なり成宗丁未に生れ燕山君庚申司馬に中り中宗丁卯文科に登り官典翰に止まり己卯に歿す後吏曹參判を特贈せらる

○黄岡實記　五卷一冊　李　選編　印本

金繼輝の實記にして年譜一卷、狀誌一卷、事實一卷、遺文一卷、誄語一卷あり外玄孫芝湖李選之を編成し英祖甲寅五世の孫金鎭玉之を刊行す金繼輝字は重晦、黄岡と號す光山の人左議政國光の玄孫なり中宗丙戌に生れ明宗己酉文科に登り翰林を經て官參判に至り宣祖壬午に歿す文學淵博にして經濟の才あり沙溪金長生は其の子なり

○昌臺鄭公實紀　五卷一冊　鄭允煐編　印本

鄭大任の事蹟を記したるものなり第一卷は年譜第二卷第三卷は狀誌、遺事、第四卷は書院奉安文、傳啓第五卷は諸賢紀述、上言草を錄す李太王己巳後孫允煐之を編刊す鄭大任字は重卿號は昌臺、烏川の人判書光厚の後なり明宗癸丑に生れ宣祖壬辰義を倡へ戰功あり甲午武科に登り是の歲に歿し戶曹參判を贈らる

○梁大司馬實記　二卷五冊　印本

梁大樸の事歷を輯錄せるものなり梁大樸字は士眞、松巖又靑溪道人と號す全羅北道南原の人宣祖壬辰義を倡へ家財を散して義旅を糾合し二子及家僕を行伍に編し當時の名士高敬命を推して盟主と爲し各道に轉戰し完山の陣中に死す兵曹判書を贈り忠壯と諡す

○湖叟實紀　八卷二冊　鄭一鑽編　印本

鄭世雅の事歷を錄せしものにして正祖五年辛丑六世の孫鄭一鑽之を編次し翌年七世の孫夏遊、夏洗等之を刊行す第一卷は世系圖第二卷は姓貫、鄉里、年譜第三卷は遺稿、遺墨第四卷は遺事第五卷は事實、行狀、墓碑銘第六卷以下は附錄にして栢巖事蹟、遺稿、遺事等第七卷は褒典第八卷は紫陽忠賢祠事蹟及

諸錄等なり宣祖壬辰子栢巖と義を唱へ戰功あり後紫陽の舊隱に歸臥し光海君壬子に歿す年七十八正祖の時栢巖と合祀す

○金襄武公實記　一卷一冊　金志穆等編　印本

金大虛の實記にして八代の孫志穆等之を編輯し李太王丁卯之を刊行す大虛は宣祖壬辰義を倡へ九戰九捷したりと云ふ純祖二十七年丁亥諡して襄武を贈らる

○鄭忠壯公實紀　二卷二冊　鄭熺編　印本

忠壯公鄭運の實記にして李太王丙寅八代の孫熺の編成刊行に係る鄭運字は昌辰、河東の人なり宣祖壬辰李舜臣の部將となり屢戰ひて功あり

○鄭忠武公實紀　二冊　寫本

錦南君鄭忠信の實記にして第一冊は世系、年譜及言行を錄し第二冊は誌狀、祭輓及褒揚の文字を蒐む宣祖壬辰に功あり累進して副元帥に至り錦南君に封せらる

○崔貞武公實紀　四卷二冊　崔慶老編　印本

崔震立の實記にして世系、年譜、遺稿、狀、銘、日記、筵敎、奏啓、祭文等を具載す肅宗戊午玄孫慶老明川郡守たりし時之れを刊編し英祖乙未五代孫宗謙之を重刊す宣祖壬辰義を倡へ仁祖丙子節に殉す

崔慶老　は慶州の人永基の子にして武科に中り官明川郡守を經て同知中樞府事に至る

○中和齋實紀　一冊　姜來鎬編　印本

姜應貞の事歷を錄せるものなり附錄として清溪遺事、東隱遺稿等を併記す十三代の孫姜來鎬之を編纂し李太王二十三年に至り之を刊行せり應貞字は公直、中和齋と號す宣祖三十五年に生れ仁祖十五年に歿す年三十六恩津に居り孝行を以て稱せらる李深源云ふ鄭汝昌、姜應貞皆是れ聖賢の徒なりと李安訥云ふ中和齋は百世の師なりと以て其の人と爲りを知るへし

○思菴實紀　二卷一冊　印本

花山君千萬里の實記なり卷首に畫像を掲け次に自叙の文を錄し次に逸稿を載せ尾に諸家の文字と花山の子磐軒祥、憂軒禧及孫泰疇、畊疇の詩を附す憲宗丙午後孫錫奎の刊行する所な

り千萬里字は遠之漢土の人にして思菴と號す嘉靖癸卯に生れ隆慶辛未武科に魁たり宣祖壬辰調兵領糧使兼總督將として李如松に隨ひ來り後六年丁酉又麻貴等と再ひ來り遂に朝鮮に止まりて歸らす壬辰の勞を以て花山君に封し後大報壇に配享す歿年詳ならす

○澪湖實紀　二卷一冊　尹胄夏編　印本

尹景男の實記にして上疏一編、祭文一編あり其の餘は世系、家狀等を附錄とす又其の玄孫商擧の遺事を附せり李太王甲午景男十世の孫胄夏編輯刊行す澪湖は景男の號なり

○林忠愍公實紀　五卷二冊　印本

正祖十五年の命撰に係り林慶業の事歷を錄せり第一卷は御製序、祭文、遺文第二第三卷は年譜第四卷は賜祭文、傳、後叙跋第五卷は行狀、謚狀、神道碑、祠版、奉祭文、請額疏、營建通文及嗣子林重蕃の上言等なり林慶業字は英伯、平澤の人宣祖二十七年甲午に生る光海君戊午武科に登り智略人に過く仁祖丙子清兵入寇の時に當り西道の六郡定州、寧邊、義州等の牧使、府尹を歷総に平安兵使に陞り乙酉虜中に陷り纔に生還せり前後國事に盡瘁し功勞甚た多し然れとも後終に人の誣擠する所となり丙戌獄中に寃死し其の妻亦自決す肅宗の時寃を雪き左賛成を贈られ忠愍と謚す

○尹忠憲公實紀　三卷一冊　尹光顏編　印本

忠憲公尹烇の實記にして世系、年譜、遺文、墨蹟、狀誌等より成る正祖乙卯後孫光碩咸陽郡守たる時族弟光顏に托して編刊せしものなり

尹光顏　字は復初、盤湖と號す坡平の人鳳溪揄の曾孫なり英祖丁丑に生れ司馬に中り正祖丙午文科に登り官判書に至り純祖の時に歿す

○藏拙窩實記　一冊　金吉秋等編　印本

藏拙窩金瀞の言行及狀誌を錄したるものなり言行は其の從姪吉秋之を編し誌狀は其の七代の孫世熙之を編し卷末に瀞の長子金神童の事を附す純祖二十七年丁亥世熙の刊行に係る

○河西集序行狀　一冊　印本

金麟厚河西集の序及行狀を合刊したるものなり集序は趙希文

の撰にして行狀は梁子澂の撰なり

梁子澂　字は仲明、彭岩と號す南原の人瀟洒園山甫の子なり河西の女婿にして弟子なり

○炭翁行狀　一冊　金陽淳編　印本

炭翁金忠柱の行狀を錄したるものにして末尾に炭翁採薇詩一編を附す炭翁は端宗及世祖の時の人にして父玄錫は縣監たり共に世祖卽位の時慘禍に罹り兄と共に賤籍に入り太白山の杜谷に隱る後轉して安山郡麻霞山に入り自ら炭翁と號す

金陽淳　字は元會、健翁と號す安東の人郡守履禮の子なり英祖丙申に生れ純祖癸亥司馬に中り己巳文科に登り翰苑に入り官吏曹叅判に至り憲宗庚子寃を蒙りて杖死す

○松江行狀　一冊　金壽恒編　印本

松江鄭澈の行狀を錄せるものにして文谷金壽恒の編したるものなり卷末に柳成運の跋文を附す

金壽恒　字は久之、文谷と號す安東の人淸陰尙憲の孫なり仁祖己巳に生れ丙戌進士に登り孝宗辛卯文科に魁たり選はれて湖堂に入り官領議政に至る肅宗己巳に死を賜ひ甲戌に伸寃す謚を文忠と云ふ

○朴毅烈公誌狀　一冊　朴章鎬編　印本

毅烈公朴晋の誌狀なり李太王癸酉活字を以て印出す宣祖の壬辰朴晋密陽府使を以て戰功を立て竟に軍中に歿す其の子孫屢陳訴し終に追錄せられ爵謚を贈らる

○尹慶元行狀　一冊　尹師國編　寫本

尹慶元字は善餘漆原の人にして憲敏公卓然の子なり明宗庚申に生れ宣祖壬午進士に中り壬辰に陽城縣監を以て戰亡す宣祖其の功を嘉し承旨を贈り英祖又大司憲漆坪君を加贈し閭に旌す慶元の孫監察尹載吾族孫師國に屬して其の行狀を編す

○潛谷碑狀　一冊　印本

潛谷金堉の碑狀を編輯したるものにして神道碑は李景奭の撰墓誌銘は趙絅の撰、行狀及湖西宣惠碑銘は李敏求の撰なり

李敏求　字は子時、東洲又觀海道人と號す芝峯李晬光の子汾沙李聖求の弟なり宣祖己丑に生れ光海君壬子に登科し仁祖反正の初湖堂に入り官江華留守に至る丁丑の變難に値ひ江華

陷落したる時死を免れ脱して歸る是を以て寧邊に責配せられ終に永廢して顯宗庚戌に歿す二子元揆、重揆共に江都の難に殉せり

○權益慶諡狀　一冊　尹容善撰　寫本

贈內部大臣權益慶の諡狀にして議政尹容善の撰したるものなり益慶は都元帥慄の子にして官司憲府監察に至り仁祖丁丑清兵の難に害を被り哲宗の時特に命して閭に旌し李太王光武の初內務大臣を追贈す

尹容善　字は景圭、自有齋と號す海平の人にして輔國致義の子なり純祖己丑に生れ少にして文名あり李太王乙酉前縣令を以て文科に登り官議政に至り甲辰に歿す諡を文忠と云ふ孫德榮、澤榮皆驟貴にして澤榮は王舅となれり

○陶庵家狀　一冊　朴聖源編　寫本

李縡の言行錄にして門人朴聖源の編次に係る李縡字は熙卿、陶庵又寒泉と號す牛峰の人なり

○李弘述家狀　一冊　李明翼編　寫本

李弘述の言行錄にして後孫李明翼の輯錄したるものなり弘述字は士善全州の人肅宗乙卯の武科にして官刑曹判書に至る

李明翼　は全州の人なり訓將忠定公李弘述の孫にして英祖の時蔭仕として官洪川縣監に止る

○耆社諸臣生諡狀　一冊　寫本

英祖四十九年癸巳壽八旬に滿ちたるを以て耆社老臣韓翼謩以下十五人を召し養老の宴を行ひ且諸臣に命して各自の諡狀を自作せしむ仍て生諡狀と云ふ其の耆臣は韓翼謩、李益炡、南泰齊、南有容、安允行、沈瑴、李光輔、金始煐、邊致明、趙榮進、高夢聖、俞彥述、安億、洪晟、辛受采の十五名なり

○諡狀約錄　三冊　寫本

正祖東宮に在りし時寫字官に命し宰相の諡狀を謄寫せしめたるものにして一冊は左議政李觀命吏曹判書金東鼎の諡狀、二冊は吏曹判書朴師洙、李周鎭の諡狀、三冊は右議政金宇杭、閔百祥、左議政鄭翬良等の諡狀なり

○鼓山家狀　一冊　任震宰編　印本

任憲晦の家狀にして子震宰之を編し李太王の時に刊行す憲晦字は明老、號は鼓山、豐川の人西齋徵夏の後なり純祖辛未に生れ哲宗戊午蔭仕に補せられたるも就かす辛酉遺逸に進められ官祭酒を經て大司憲に至りしも竟に就かす李太王丙子に歿す諡を文敬と云ふ

○歸隱狀碣　一册　李鍾岱編　寫本

李敎英の行狀及墓碣銘を其の子鍾岱の移謄したるものにして前者は李晩燾之を撰し後者は金興洛之を撰せり李敎英字は華汝、歸隱は其の子なり眞寶の人にして得魯の子なり純祖癸巳に生れ李太王丙子進士に中り官府使に至り乙未に歿す

李晩燾　字は觀弼、響山と號す眞寶の人にして退溪李滉の後大司成彙濬の子なり憲宗壬寅に生れ李太王丙寅文科に登り官承旨に至る隆熙四年藥を仰いて死す

金興洛　は槐山と號す義城の人鶴峯誠一の宗孫なり純祖丁亥に生れ李太王丁卯蔭官に補せられたるも仕へす遺逸に選せられ南臺を拜し通政に登り光武の初に歿す學問精篤近世嶺南儒林の英なり

○河秋槎家狀　一册　河鍾仁編　印本

河鍾仁か其の父廷容の孝行の事蹟及其の母金氏の烈行を錄したるものなり廷容の撰に係り金永胄の諺釋したる家訓集說を附し李太王戊戌に刊行す秋槎は廷容の號なり

河鍾仁　は晋州の人にして世世全州に居れり

○北亭松谷行錄　二卷一册　印本

縣監柳世章、號拱北亭及其の弟處士世彰、號松谷の行事を錄したるものにして純祖十四年甲戌に刊出す

○車文節公遺事　二卷一册　車錫周等編　印本

麗末の義臣雲巖車原頫の事蹟を錄せるものなり雲巖は太祖七年權臣河崙の爲に寃死し太宗命して祭を致し世宗又諡を賜ふ世祖の時特に詞臣に命して序記詩文を集め雲巖雪寃錄と名く六臣の獄起りてより遂に塵裏に埋ること二百餘年正祖辛亥に至り雲巖の後孫錫周、旁孫信用等諸家の記實を博集して世に公にす本書是なり上下二編に分ち上編は遺稿詩、雪寃錄、諸公姓名、應制下編は世系圖、記實、附錄には行狀、事實、追

述、上樑文、祝文、跋等を載せ忠淸道觀察使朴宗岳の序文あり其の緣由を詳記せり

○孫襄敏公遺事　二卷一冊　孫星德編　印本

孫昭の世系、年譜、遺文、敎書、賜祭文、墓碣銘、兵曹禊帖等を編次したるものなり正祖辛亥に刊行す昭字は日章、慶州の人參議晟の子なり世宗癸丑に生れ端宗癸酉生員進士に中り世祖己卯賢良科に登り丁亥李施愛の亂に平虜將軍朴仲善の從事官となりて功あり敵愾功臣二等に策し官工曹參議を經て雞川君に封せられ成宗甲辰に歿す襄敏は其の諡なり

○炭翁遺事　三卷一冊　金處一等編　印本

炭翁金忠柱の遺事なり卷首に系譜と先世事蹟とを揭け第一卷は遺事、誌狀、子孫を錄し第二卷第三卷は諸家讃述の文字を錄せり九世の孫處一等之を編成し憲宗戊戌に刊行す

○南判尹遺事　一冊　南鶴鳴編　印本

南致勳の事蹟を錄せしものなり致勳字は勳之、明宗の時武擧の第一に中り各處に歷仕し屢南道の防禦使を以て外寇を掃蕩し功あり後資憲大夫漢城府判尹兼知訓鍊院事五衛都總府都總管を贈らる南鶴鳴其の子孫の斷絕して偉蹟の傳らさるを慨し肅宗二十六年庚辰系譜、遺事、誌文等を採錄して此の書を編次せり

南鶴鳴　字は子聞、晦隱と號す宜寧の人藥泉九萬の子なり

○李忠武遺事　一冊　寫本

李舜臣の事蹟を抄錄せしものにして宣祖二十四年辛卯二月珍島郡守に除せられ壬辰戰死に至るまでの著しき事實を拔摘したるものなり

○金忠壯遺事　三卷一冊　肅宗命編　印本

金德齡の事蹟を錄せるものなり德齡は全羅南道光州の人字は景樹、壬辰の役忠勇軍を挈け各地に轉戰して功勞鮮からさりしも奸者の誣ゆる所となり遂に非命に死す顯宗の時に至り兵曹參議を贈り肅宗更に兵曹判書を贈り祠を建て諡を忠壯と賜ふ此の書は其の詩文、年譜、記傳を輯錄して三卷と爲し卷尾に其の兄贈持平金德弘か招討使高敬命に從ひ抗戰殉歿せし事略竝に弟金德普(字は子龍)か幼にして從役する能はす智異山

に隱れ尋いて丁卯胡亂の際疾のために義に就くを得す憤死したる事蹟及義烈祠、春秋享祭等の顚末竝に詩箋行狀等を列記して附錄とせり

○金將軍遺事　一冊　李時恒編　印本

金景瑞の事蹟を輯錄せしものなり景瑞は龍岡の人明宗二十年に生れ二十歲にして武科に應す日本に使してより名望益顯れ光海君の時北虜橫暴し姜弘立元帥となり景瑞副領兵となり之を討伐す虜首貴永介か弘立と和を議するに當り其の陷る所となり獄に囚はるること六年遂に殺さる仁祖命して舊秩を復し右議政を贈る景瑞の死後百十四年家乘既に逸し國史亦明ならす李時恒諸書を收集して此の書を編成せり書中の要目は世系年譜、遺文、劄牌、狀聞、劄錄、伸寃疏、陳情疏、忠烈傳等にして卷末に李時恒纂輯の來由を叙せり

○洪翼靖遺事　一冊　洪樂信編　寫本

洪鳳漢の家に在りての行誼官に在りての施措、平生の事行等を錄したるものなり

洪樂信　字は仲諄、豐山の人にして領相翼靖公鳳漢の子な

り英祖己未に生れ癸未司馬に登り丙戌文科に登り官知敦寧に至る

○海雲遺事　一〇卷二冊　洪志燮編　印本

洪啓夏の遺事を輯錄したるものなり啓夏字は士沃、海雲と號す南陽の人なり肅宗甲午に生れ正祖甲辰に歿す孝子を以て聞ゆ本書は其の世系、所著の詩文及年譜等を收錄せり哲宗己酉玄孫志燮之を編刊す

○易東事蹟　一冊　印本

禹倬の實記なり禹倬字は天章、丹陽の人にして高麗玄宗壬戌の年に生れ文科に登り官成均祭酒に至り忠惠王壬午に歿し諡を文僖と賜ふ嘗て寧海司錄となり郡內の淫祠を毀ち監察糾正となりて忠宣王の失德を敢諫せり經學に邃く最も易理に精通す程傳の初めて來るや之を知る者無し倬閉門月餘工夫を凝らし善く之を解せりと云ふ故を以て易東と號せり

○扈村請廡實事　一冊　黃心顯編　印本

扈村黃喜を文廟に從享することを請ひたる後孫、士林等の通

文、疏章其の他請廡に關する文字を裒收す李太王庚寅後孫心顯之を編成活印す黃喜字は懼夫、厖村と號す長水の人高麗恭愍王癸卯に生れ恭讓王己巳文科に登り朝鮮太祖を贊けて勳業顯著なるものあり官領相に至り年九十にして歿す謚を翼成と云ふ世宗廟庭に配享す學問功德國初の名相と稱す後屢文廟に陞廡することを請ひしも竟に許されす

○河西從享事實　一冊　寫本

正祖丙辰河西金麟厚を文廟に配享するに當り八道儒生及館學儒生の上疏、之に對する批答竝に相臣儒賢等の往復せる書牘を記載したるものなり

○南趙兩先生事蹟　一冊　印本

南乙珍、趙狷兩隱士の事蹟を併錄したるものにして正祖十五年辛亥士林韓廷鎬等刊行す南氏の祖先は新羅に興り高麗の末乙珍と稱する者あり夙に學に志し鄭夢周と道義の交を爲せり朝鮮太祖の時に迨ひ召したるも出てす洪武甲子沙川縣鳳凰山下に隱れ自ら夷齊の採薇に倣ふ人之を南仙甯と稱せり趙氏は其の始祖遠く南宋の時に興り降りて麗末に及ふ趙狷字は胤劝開國功臣趙浚の弟なり朝鮮太祖の召に應せす二君に仕へさるの義を固守したり

○尹鈴原事蹟　一卷　寫本

鈴原府院君尹壕の事歴を錄せるものにして其の墓碑銘及幷孫裕後の手錄に係る補遺竝に夫人延安府夫人田氏の墓表陰記を附せり尹壕字は叔保世宗十六年に生れ十六歳にして生員となり三十九歳魁科に中り遂に右議政に上り鈴原府院君に封せられ七十三歳にして歿す平靖公と謚す

○李舜臣事蹟　一冊　寫本

李舜臣の謚狀及家狀抄略を正祖二年己亥政院に於て謄寫し覽に供したるものなり

○權元帥實蹟　一冊　寫本

忠莊公權慄の事蹟を錄したるものなり卽ち誌狀、祭文及事行の諸書に出たるもの並に亂中の事實と身後褒揚の文字とを編集し卷尾に其の兄同知恂の墓銘を附す慄字は彥愼、晩翠堂と號す安東の人領議政轍の子なり中宗丁酉に生れ宣祖壬午文科

に登り壬辰に戰功あり都元帥を拜し官戸曹判書に至り己亥に歿す謚を忠莊と云ふ祠を幸州に建て功を紀し額名を賜ふ

○錦南君事蹟　一冊　寫本

錦南君忠武公鄭忠信の謚狀、世系及年譜を錦南家乘の中より採錄せしものなり

○崔孝一事蹟　一冊　寫本

義州の人崔孝一の事蹟を記したるものにして贈職筵敎、後孫調用傳敎、樹烈千秋傳、崔義士傳、平安監事狀啓、禮曹回啓、賜祭傳敎、祭文、兵曹草記、批答竝に車義士、禮亮等の事蹟を併記せり

○滄浪實蹟　三卷一冊　高貞鎭編　印本

高敬履の事蹟を輯錄せしものにして憲宗三年丁酉後孫貞鎭の編次に係る敬履は長興の人字は而惕、滄浪と號す彝峯敬命の從弟なり少より氣節あり光海君初年大學生を以て抗章を上り牛溪、松江の誣を辨したるも後黨爭の爲禁錮せられて歿せり湖南の士爲に其の寃を伸ふ第一卷は遺稿、賦、詩、疏、書、雜著第二卷は輓詩、祭文、行狀、遺事、墓誌銘、請文、題詠、疏事顚末、贈職事顚末及感懷說第三卷は附錄にして世系、年譜竝に諸氏の序跋等を載せ其の刊行の緣由を詳記せり

○居昌劉氏事蹟　二卷一冊　劉祥佑編　印本

居昌劉氏の事蹟を編錄したるものにして族譜序、史蹟、顯達せし諸劉氏の事蹟、開國功臣錄、原從功臣錄券、兩漢の歷數、劉氏の世系本源等を記載せり李太王光武六年印行す

○光山卓氏世蹟書　一冊　卓有協編　寫本

景濂亭卓光茂、竹亭卓愼及竹林齋卓中の詩文及其の題輓を掇拾したるものなり

○皇朝人事蹟　一冊　寫本

支那人の朝鮮に來り永住したる者の行事に付其の要略と科官に收用したる規例中公私史冊に褋出したるもの等を撮錄せしものなり

○靖孝公家乘　一冊　李俁編　印本

宣祖の王子仁興君瑛の行錄と誌狀及遺稿を輯錄し夫人宋氏の誌狀を附す靖孝は仁興君の謚なり其の子朗善君俁之を編成し肅宗十年甲子に刊行す

李俁　字は碩卿、觀瀾と號す宣祖の第十二男仁興君瑛の子にして朗善君に封せらる年甫七八歲翰墨に留意し長するに及ひ王右軍の字體を慕ひ篆、籀、草、隷具に其の妙に造り列代の寶冊及公私の碑額其の手に出つるもの多く古人の論書要語を集め臨池說林と名つけ又大東金石帖を編す山水を愛し足跡殆んと國中に遍く詩集八卷あり孝敏と謚す

○眞寶李氏世獻　一冊　李康鎬編　寫本

退溪李滉六世の孫守約以下諸子孫の行蹟を輯錄したるものにして李太王乙巳に成る眞寶は退溪一家の本貫なり

李康鎬　字は濟卿、眞寶の人守約六代の孫なり哲宗辛亥に生れ李太王甲午生員に中る

○東萊鄭氏家乘　三卷三冊　寫本

東萊鄭氏累世の墓碑、誌狀等を列載したるものにして始祖鄭文道以下判官鄭愼儉に至る

○安山金氏家乘　四卷二冊　金處巖編　寫本

安山金氏の遠祖高麗尙書金殷傅以下諸子孫の墓文、行狀及事蹟等を蒐載したるものにして殷傅十五世の孫處巖の編する所なり

金處巖　字は仲礪、安山の人進士養直の子なり英祖乙亥に生れ正祖乙卯生員を以て文科に登り官執義に止る純祖の時に歿す

○秋溪家乘　五卷三冊　秋世文編　印本

秋溪秋氏の家乘にして前四卷は始祖籍符羅讃より後孫詠香堂芝と凝香堂蘭に至る事行を錄せり先つ其の世系及墓山圖を載せ諸人の稱述したる誌狀、詩文並に後代褒崇したる儒狀、祭文等を編輯し鑓二十代の孫世文李太王己巳に之を刊出し後一卷は原編刊行の後追得したる事項を收錄し續編として繼刊したるものなり

○月城家史　二卷一冊　金昌熙著　印本

石菱金昌熙の著す所にして十六代祖齊肅公䄙より父文貞公鼎

集に至る事蹟言行を略述せり李太王辛巳之を撰し甲申活印す
金氏は慶州の人而して月城は慶州の舊號なり

○昌寧成氏文獻志　一冊　成文濬等原編 成載崇等重輯　印本

昌寧成氏の實蹟にして宣祖の時滄浪成文濬之を編輯し名けて夏山文献志と云ふ哲宗の時其の後孫載崇、近默更に輯補を加へ名けて重輯文献志と爲し活字を以て印行す

成文濬　字は仲深、滄浪と號す昌寧の人牛溪渾の子なり明宗己未に生れ宣祖乙酉司馬に中り己丑蔭仕に補せられ官縣監に止る仁祖丙寅に歿す家庭に學ひ篤志力行の士なり文集あり

成載崇　字は士修、牛溪渾の九世孫なり英祖丙申に生れ憲宗丁酉監役に入仕し官監役に至り哲宗の時に歿す

○彜尊錄　二卷一冊　金宗直著　印本

佔畢齋金宗直か其の父直提學金叔滋の言行を輯録したるものにして初刊は燕山君三年に成り明宗元年丙午再版に付したり內容は系圖、紀年、師友、事業及祭儀等にして外祖司宰監正朴氏の傳、先妣朴氏の行狀等を附記せり

金宗直　字は秀溫、佔畢齋と號す善山の人江湖叔滋の子なり世宗辛亥に生れ端宗癸酉進士に中り世祖己卯文科に登り官刑曹判書に至り成宗壬子に歿す諡を文忠と云ふ天資高明父訓を承けて學問に篤し文章典雅にして名士其の門に出つる者多く寒喧堂金宏弼、一蠧鄭汝昌は道學を以て名あり濯纓金馹孫、梅溪曹偉は文章を以て名あり嘗て弔義帝文を作る燕山君戊午士禍起り其の文を以て世祖を指斥するものと爲し禍泉壤に及ひしか中宗反正の初伸寃す

○崇孝錄　一四卷七冊　朴世采編　印本

朴世采か祖先の事蹟を蒐編したるものにして首に潘南朴氏の世派圖を掲け先祖の遺稿、行實を載せ逐次直派、旁支の行實、日記、遺事、詩文等凡て四十餘人の文を合録せり顯宗辛丑に刊行す

○慶州李氏金石錄　一四卷一〇冊　李裕元編　印本

編者か其の先世及傍親諸族の誌狀其の他傳ふへき記述を輯錄し李太王四年丁卯活字を以て印出したるものなり

○咸安李氏遺蹟彙編　一冊　李秉太編　印本

咸安李氏の遺事實蹟及詩文墓碣を世代に依り編錄せしものにして李太王丙申刊行す

○治隱言行拾遺　三卷一册　吉興先等編　印本

吉再の言行錄なり六代の孫興先、宗先等遺文を得て編刊せしものにして世系、遺像、年譜、遺詩文、追贈文字、事蹟所載書名及諸家讃詠の詩を合せ光海君七年乙卯刊行し哲宗九年戊午讎校重刊す

○退溪言行錄　六卷三册　權斗經編　印本

退溪李滉の言行を輯錄せるものにして第一卷には學問、讀書、論格致、存省、論持敬、成德、敎人第二卷には講辨、資品、起居、語默之節、律身、居家附儉約、奉先、家訓、處鄕、辭受第三卷には交際、飮食、衣服之節、樂山水、出處事君、告君陳誡、居官附敎子弟居官第四卷には論理氣、論禮冠婚喪祭、論時事第五卷には論人物、論科擧之弊、崇正學、雜記、筵臣啓辭、考終記第六卷附錄實記には通述、遺事、行略、崇終獻議敎文、祭文等を輯錄し實記は門人金誠一、言行通述は門人鄭惟一、遺事は李珥、行略は朴淳等の撰に係る又崇終獻議、文廟從祀時中外頒敎文、文廟從祀時家廟賜祭敎文、宗廟配享時家廟賜祭敎文、祭文、賜祭文等を併載せり權斗經之を編輯す

權斗經　字は天章、蒼雪と號す安東の人沖齋撥の後孫なり孝宗甲午に生れ肅宗庚寅蔭縣監を以て文科に登り官修撰に止まる

○退陶言行通錄　八卷四册　權斗經編　印本

李滉の嘉言善行を錄したるものにして肅宗三十三年の編纂に係れり五卷は言行二卷は年譜一卷は襃崇、祭祀、讃述の文を錄せり略ぼ退溪言行錄に同し退陶と云へるは李滉中歳居を退溪の上に移し晩年地を陶山の下に卜し終老の所と爲し陶翁と改號せしを以てなり

○寒岡言行錄　四卷二册　張顯光等編　印本

寒岡鄭逑の言行を門人の錄編したるものなり生前の儀則と身後奬稱の文字とを收めて殘すなし純祖丁卯後に刊行す

○百弗菴言行錄　七卷三册　印本

正祖の時の人崔興遠の言行を錄したるものなり卷首に世系、年譜及誌狀を載せ卷尾に門徒錄あり百弗菴は崔興遠の號なり

○帶方世家言行錄　六卷三冊　尹行恁編　印本

南原尹氏の中名臣碩德の事歷及嘉言善行の國史野乘家錄に出てたるを蒐輯したるものにして附錄及續編あり正祖己酉に成り李太王庚子編者の曾孫秉綬之を刊行す

○三綱行實圖　三卷一冊　印本

世宗十三年集賢殿副提學偰循等に命して支那朝鮮の書傳中より君臣、父子、夫婦三倫の模範となるへき忠臣、孝子、烈女を選拔し編輯せしめたるものにして各事實に圖を配し漢文を以て說明し次に七絕二首を以て詠歌に便し更に四言一句の贊を加へ圖の上欄には漢文と同意味の諺文を書き添へたり收むる所孝子三十五人、忠臣三十五人、烈女三十五人なり

偰循　は慶州の人なり偰壽の子にして太宗戊子生員文科に中り丁未重試に登り官吏曹忝議に至る博學能文を以て世に顯る

○續三綱行實圖　一冊　寫本

中宗九年大提學申用漑に命して撰進せしめたるものなり蓋し世宗の時三綱行實の撰あり年代已に久うして其の間又忠孝貞烈の甄錄すへきもの尠からす故に申用漑等專ら事例を近世に採りて續三綱行實を作れり孝子例三十六人、忠臣例六人、烈女例二十八人各例の終に七絕二首を附して之を歌誦せしむ

○東國新續三綱行實　十七卷九冊　印本

世宗の時偰循に命して忠臣、孝子、烈女等の事實を圖し略解を施して人民に觀感せしめんとし成宗の時諺解を加へ中宗及宣祖の時之を續纂し光海君六年甲寅更に柳根等に命して增續せしめたり忠臣一卷、孝子八卷、烈女八卷なり

○三　綱　錄　一八冊　寫本

正祖丙申より癸卯に至る每式年に於て各道より忠孝烈三綱を抄錄して禮曹に報し禮曹より上聞して贈職、給復或は賞典を賜はりたる事蹟を編錄したるものなり

○三綱錄續　五冊　寫本

哲宗丁巳より李太王戊辰に至る毎式年各道より忠孝烈三綱を禮曹に報し禮曹より上聞し贈職、給復或は賞典を賜はりたる記錄を存案として本曹に藏寘したるものなり

○石城三綱錄　三卷一冊　印本

忠清南道石城郡に於ける忠孝烈三綱の實蹟を編錄したるものなり卷首に邑誌を略載し李太王十二年乙亥郡守安洪壽及朴奎文等邑儒と謀り之を刊行す

○槐山郡三綱錄　一冊　尹　鑑　烈編　印本

忠清北道槐山郡の三綱錄にして忠臣、孝子、烈婦百四十九人を收錄し首に邑號沿革を書せり

尹鑑烈　は純祖の時の人にして槐山郡の士班なり

○江西郡三綱錄　一冊　安　洪　鎔編　印本

平安南道江西郡の忠臣、孝子、孝婦、烈女の實蹟を編輯したるものにして李太王癸卯郡守安洪瑢之を刊行す

安漢瑢　字は公瑞、竹山の人にして純祖辛卯に生れ李太王庚寅始めて禁都に仕へ江西郡守に歴任せり

○二倫行實圖　一冊　曹　伸撰　印本

金安國か中宗の經筵に侍講たりし時長幼、朋友の二倫を撰し之を三綱行實に加へて世に行はむことを進言し王の嘉納する所となりたるも未た行ふに及はすして慶尙道觀察使に轉す因りて之を司譯院正曹伸に囑して撰次せしめ印行して管內に頒つ體裁は三綱行實に似て長幼、朋友の德行を圖に描き其の上に諺文を以て說明し終に同意味の漢文を添へたり收むる所兄弟圖二十五人家族圖七人朋友圖十一人師生圖五人後正祖二十一年に至り三綱行實圖と合して五倫行實と爲せり

曹　伸　字は叔奮、適庵と號す偉の庶弟なり官敎官に至る七たび燕京に赴き三たび日本に往く文章を能くし著す所百年錄、謏聞瑣錄等あり

○五倫行實圖　五卷四冊　印本

正祖二十一年丁巳李秉模等に命じ三綱行實圖及二倫行實圖の二書を集め修正を加へたるものにして收むる所孝子三十三人

忠臣三十五人烈女三十五人兄弟二十四人宗族七人朋友十一人師生五人なり

○清齋忠節錄　一冊　朴正林編　印本

清齋朴審問か端宗のために節を立てたる事實を錄し諸家の誌狀、詩文、公私祭祝文、敎旨、忠臣班次圖、祠院錄及箇牒等の文字を並錄し其の父副提學剛生の墓表を卷尾に附す初め舊本ありしも李太王辛丑に至り更に諸孫等合議して重刊せり

朴審問　號は清齋、密陽の人蘿山耕叟剛生の子なり太宗戊子に生れ世宗丙辰文科に登り官正郎に至る端宗乙亥遜革の時に當り成三問等六忠臣と端宗の復位を謀り翌年丙子適ま使命を以て明に赴き還りて義州に到れは六臣已に死せり卽ち藥を仰いて死す純祖甲子吏曹叅判を贈られ哲宗丙辰吏曹判書を加贈し李太王辛未忠貞と追謚す

○知足堂忠烈記　一冊　印本

成宗の時の名臣趙之瑞の事歴を記述したるものにして肅宗四十四年新塘書院に於て創刊し後晋州朝陽閣に於て重刊せり內容は之瑞の學問、官歴及遺事を收拾し附するに其の妻鄭氏（鄭夢周の玄孫）旌表の記事を以てせり

○續精忠錄　五卷二冊　金箕澧編　印本

本書一、二卷は金慶福の系譜及尼湯介の亂及壬辰の役に於ける戰功記略にして繪圖を挿入し邑誌、碑銘等を附錄とし三卷は李夢瑞の實記にして四卷は啓本疏文等五卷は賜額日記等を附錄とせり金慶福八代の孫箕澧之を編次し哲宗癸亥に刊行す

金慶福字は伯綏、慶州の人萬戶守經の子なり明宗庚戌に生れ宣祖庚辰武科に登り府使に至り癸未藩胡の亂穩城巡邊使の軍官として戰功あり宣祖其の忠烈を稱し之を宋の岳飛に比し岳武穆精忠錄一帙を賜ふ仍て本書を續精忠錄と名く光海君壬戌に歿し顯宗甲寅兵曹叅判を追贈し肅宗乙卯永興郡精忠祠に主享す李夢瑞字は應吉、完山の人直長好仁の子なり明宗丙辰に生れ宣祖乙酉武科に登り壬辰の戰功を以て宣武原從功臣に錄せられ縣監に至り戊申に歿す肅宗乙卯軍器僉正を追贈し精忠祠に配享す

○忠烈實錄　二卷二冊　鄭德善等編　印本

宣祖壬辰晋州牧使金時敏戰亡し翌年癸巳右兵使崔慶會等二十

七人戰亡し金時敏は忠愍祠に崔慶會等は彰烈祠に享せらる其の前後の事實と褒揚の文字とを錄したるものなり純祖辛卯院儒鄭德善等遺誌を摭拾し守城記、陷城記、疏啓、碑文、祭文等に分目し以て刊行す

○忠　烈　錄　二卷一冊　鄭亨逵等編　印本

宣祖壬辰に戰亡せし金堤郡守鄭湛の事蹟を錄したるものなり卷首に詩文二首を揭け次に遺事、諸狀、祭文を載せ以下は事略雜記、記跋、上梁文、請諡、疏事略を錄し純祖己巳十代の孫亨逵文逵等之を編刊す鄭湛字は彦潔其の先は野城の人世世三韓の鼎族たり宣祖癸未武科に登り慶州郡を司り壬辰の功に因り兵曹叅判を贈らる

○崇節祠三忠錄　三卷一冊　趙鎭寬等編　印本

宣祖壬辰に戰歿し開城の崇節祠に配享したる宋、金、劉の遺文竝に諸家の碑記、傳說等を輯錄したるものなり宋名は象賢字は德求、泉谷と號す明宗六年二十歲にして進士に及第し東萊府使を以て節に死せり年四十二忠烈と諡す金名は鍊光字は彥精、松巖と號す中宗十九年に生る淮陽府使たり享年六十九禮曹叅判を贈らる劉名は克良當時副將として臨津の役に死す兵曹叅判を贈り武毅と諡す正祖二十二年留守趙鎭寬儒生金鍾五等之を編成す

○晋陽忠義世編　二卷一冊　柳協臺等編　印本

晋州の人柳辰同、珩、琳、忠傑、孝傑、智傑、炳然、赫然、星河、星彩等の貽贈褒揚の事蹟と誌狀傳記等の文字を輯纂したるものにして正祖の時に編し純祖甲子後孫孝源の統制使たりし時之を刊行す

○花原勳節錄　三卷一冊　張鉉豊編　印本

花原張氏の忠孝烈節を錄したるものにして第一卷には張氏始祖太師の事實及結城君倍襄公莊襄公の事實を載せ第二第三卷には壬辰戰役の忠臣張弼其の長子士逸の孝其の孫漢の妻李氏の烈等三節の旌閭せられたる事實及名士の記文詩律等を載せり正祖十六年壬子之を刊行す

○旌　忠　錄　四卷一冊　黃　暐編　印本

宣祖壬辰南原の人にして忠節を盡したる三名臣の事蹟を輯錄

せるものにして第一巻は左賛成忠淸道兵馬節度使黃進の事蹟なり黃進字は明甫其の先は長水縣の人晋州城防守の際力戰節に死し武愍と謚す第二巻は漢城府尹平昌郡守高得賚の事蹟なり得賚字は殷甫、龍潭の人第三巻は左承旨安瑛の事蹟とす安瑛字は元瑞、淸溪と號す孝宗四年黃進の孫黃暐之を編次し純祖の時に至り宋煥箕、洪奭周等の序跋を加へ黃進七世の孫黃再洙等之を刊行す

黃暐　字は子輝、長水の人武愍公進の孫なり宣祖乙巳に生れ仁祖戊寅燕奉を以て文科に魁たり官正言に止り孝宗甲午に歿す

○正氣錄　一冊　高由厚編　印本

高敬命父子の忠節を錄せるものにして其の慷慨殉節を壯とし文天祥正氣の歌より取り尹根壽の命名したるものなり敬命字は而順、霽峯と號す六子あり壬辰の役義を湖南に倡へ錦山に戰死す二子亦之に殉し忠節一門に萃まる霽峯の子由厚此の書を編次し宣祖三十二年己亥由厚の弟用厚增補刊行す

○重刊忠烈錄　八巻二冊　金魯奎編　印本

金應河の事歷を詳記す應河字は景義、安東の人にして宣祖乙巳の武科なり戊午深河の役宣川郡守兼左營將として元帥金景瑞の標下に屬し力戰して死す年四十明、遼東伯を贈り朝鮮、議政を贈り忠武と謚す第一巻には遺像圖、世譜、遺墨、記文、附祭文、御製詩第二巻には旌褒事實第三巻には遺文、碑文、告祝祭文第四巻には諸家記述第五巻には傳箋第六巻には悼詩第七巻には詩文別錄第八巻には附錄等を載す正祖戊午其の後孫魯奎編刊す

○江都忠烈錄　二巻一冊　金昌協編　印本

仁祖十四年十二月淸軍京城を犯す前右議政金尙容王后、王世子を奉して難を江華に避く江華亦陷り尙容之に死す尙容字は景澤、仙源と號し安東の人なり仁祖壬午鄭橒等祠を江都に建て其の忠節を表す孝宗戊戌額を賜ひ尙容と節を與にせる李尙吉、李時稷、黃善身、權順長、金益兼、沈誢、尹烇、宋時榮、具元一、姜興業等を配享せり本書は以上節臣の忠烈なる事蹟を輯錄し上下二巻と爲す肅宗二十七年尙容の曾孫金昌協の編次に係る載する所建祠始末、追享事實、賜額祭文、行狀、碑銘、謚狀附遺書、墓誌銘、三忠臣傳、南門殉義碑記、忠烈祠、殉

節碑記等なり

金昌協　字は仲和、農岩と號す安東の人文谷壽恒の子なり孝宗辛卯に生れ顯宗己酉進士に中り肅宗壬戌文科に魁たり文衡を典り官禮曹判書に至り戊子に歿す謚を文簡と云ふ嘗て業を妻父靜觀齋李端相に受け天資穎悟學問高明又文章醇雅にして弟三淵昌翕と與に名を齊ふす而して三淵は詩を以て勝る肅宗己巳父文谷非命に殞るを痛み是より官に就かす肅宗必す之を致さむと欲して得す蓋し朝鮮儒者中學問文章兼備の士なり

○金議政江都丁丑錄　一冊　金光煥編　印本

仁祖丙子清軍入侵し王南漢に播遷せし時原任大臣金尚容江華に於て廟社を守り節に殉せし當時の事蹟を記錄したるものにして金氏の第二孤金光煥之を編成し慶尚道觀察使具鳳瑞其の緣由を附記す

金光煥　字は晦叔、安東の人仙源尚容の子なり宣祖己卯に生れ光海君己酉進士に中り官敦寧府都正に止り仁祖壬午に歿す

○龍城雙義錄　四卷二冊　鄭聖鵾編　印本

仁祖五年丁卯の變に際し龍川龍骨山城守將逃竄し人心恟恟たるを慨し降將張士俊を殺して義を唱へ地方を克復したる功を以て英祖の時忠武祠に配祭せられたる襄武公鄭鳳壽及弟江西縣令鄭麒壽の事蹟を輯錄したるものなり襄武江西の年譜、龍骨倡義錄、本朝諭旨、天朝劄牌票告示文、江西遺稿、事蹟劄錄、倡義將士錄、襄武江西の行狀、祭文、祝文、請謚疏、禮曹關文、禮曹完文、諸稿又附錄として三英錄、主簿、遂安、孟山事蹟、同樞行狀、水使墓碑銘、叅奉墓表、營將墓碣銘、都事事蹟等を載す正祖十八年甲寅に刊行す

○寶城宣氏五世忠義錄　一冊　宣宗漢編　印本

明洪武年間朝鮮に來り特に湖南觀察使を拜し終に寶城に永住せし宣允祉以下宣炯、宣居怡、宣若海、宣世綱等五世忠節の事歷を錄したるものにして純祖庚寅後孫宗漢の編次に係り憲宗十年甲辰に刊行す退休堂遺蹟、平襄公行狀、畫像贊、副元帥公戰亡事蹟、水使公行狀、瀋陽日記、叅判公行狀、敎書、褒忠祠祝文、葬時祝文、戰亡事蹟、禮曹關文、上言、禮曹回啓、謹悉、儒疏、臺疏、原情等に分目せり

○桂氏四代忠孝錄　一冊　桂顯瑀編　印本

遂安桂氏桂漢明桂馨遠桂之文桂天祥の忠孝實蹟を編錄せしものにして其の後孫顯瑀之を刊行す

桂顯瑀　字は敬甫、愼齋と號す牛峰は又其の一號なり憲宗丁酉に生る

○李氏三世忠孝錄　一冊　金麗鍾編　印本

星山李世翰の戊申日錄、家訓其の他諸報狀、忠孝傳等を纂集し李裕錬以下三世の忠孝を闡揚したるものにして正祖十三年己酉活字を以て印行す李裕錬は晋州の人其の先景武公李濟より出つ英祖四年鄭希亮等嶺南に叛きし時裕錬慷慨の餘衾幅を裂きて戰衣と爲し二子を激勵し里中の壯士金斗發を伴ひ中軍の將禹夏亭に獻策して功あり正祖十二年に至り命して其の家を復せしむ

○吉氏世孝錄　二卷一冊　吉繼道編　印本

處士吉昌學父子の孝行錄にして哲宗十一年庚申曾孫繼道之を刊出す吉昌學字は贊卿、海平の人冶隱吉再の後孫なり肅宗戊辰に生れ英祖己卯に歿す志を仕途に絶ち孝子を以て聞ゆ

○金氏世孝圖　一冊　印本

金潤光及其の子碩基倶に孝を以て聞え哲宗の時閭に旌せらる因て碩基の弟碩奉父兄の孝行を圖し金學性之か贊を作り編次刊行す

○成侍中孝行錄　二卷一冊　成　瑍編　印本

侍中成松國の孝行を錄したるものなり第一卷は孝行事實と圖形とを載せ第二卷は侍中の子孫梅竹堂三問等七人の行狀を錄し書院に躋享したる事實を記し十四代の孫瑍之を輯成し英祖八年壬子に刊行す

成瑍　字は季輝、侍中松國の後なり孝宗己未に生れ肅宗戊午司馬に中り庚午文科に登り官同知中樞府事に至る

○慕菴孝行錄　三卷三冊　李健榮編　印本

慕菴李顯惺の孝行を錄したるものなり李太王甲辰特に其の孝行を褒揚し秘書丞を贈らる其の子健榮褒揚に關する文書と搢紳間に稱述せられたる詩文とを摭採し活字を以て印刊す顯惺

官副司果に止り年四十八にして歿す

李健業　は慶州の人慕菴顯惺の子なり官度支部司税局長陞軍副領に至る

○兄弟急難圖　一册　李　埈編　印本

李埧李埈の兄弟尙州に在り宣祖癸巳流離の際兄弟救難の狀を圖し之に關する諸家の詩文を集め肅宗の時埈の玄孫更に增錄して刊行せしものなり

李　埈　字は叔平、蒼石と號す興陽の人月澗埧の弟なり明宗庚申に生れ宣祖辛卯文科に登り官副提學に至り仁祖乙亥に歿す學を西厓柳成龍に受け中興龜鑑を撰進し遺稿あり兄埧亦學行を以て薦められ官縣監に至る

○孝　友　錄　一册　中元福撰　寫本

中元祿の孝友なる諸行を記述せしものなり元祿字は季綏、悔堂と號す鵝洲の人敎授俊禎の孫にして中宗丙子に生れ官訓導に止り宣祖丙子に歿す元福は其の實兄なり

○文廟享祀錄　一册　印本

英祖の命を承け金龜柱等の編輯したるものにして英祖の序あり卷初に文廟享祀圖を揭く文廟の正位は大聖至聖文宣王を祭り正位の東西には顏子、曾子、子思、孟子の四賢、殿の東西には閔損、冉耕以下十六人廡の東西には澹臺滅明、宓不齊以下の諸弟子漢、唐、宋、元の諸儒竝に新羅の薛聰、崔致遠及高麗朝鮮の諸士とを配享し其の略歷を記し次に啓聖祠圖、崇節祠圖等を揭け晋唐宋の大學生四人の略歷を附し以て古聖賢を崇尊するの意を表せり

金龜柱　字は汝範、慶州の人領敦寧金漢耉の子なり英祖の時筮仕し江西縣令となり癸未文科に登り舍人を經て官副提學大司憲に至り丙午に歿す

○國朝儒先錄　四册　柳希春編　印本

柳希春か宣祖の命に依りて編次したるものにして李後白の序文あり宣祖性理の學を好み一日提學柳希春に語るに李彥廸の文集は既に之を閱覽せり金宏弼、鄭汝昌、趙光祖等は皆不世出の賢者なり若し述作あらは予の爲に之を輯めよと因て希春諸儒と共に之か編纂に從事し宏弼に關しては景賢錄中より之を摘採し彥廸に關しては遺事中に就て其の要を抄錄し其の他

は多く聞見に徵して之を編成し以て國朝儒先錄と題せり金宏弼、鄭汝昌は佔畢齋金宗直の門人趙光祖は寒暄堂金宏弼の門人にして李彥廸と共に文廟に從祀せられたる名儒なり

○俎　豆　錄　二冊　李　萬　運編　寫本

太廟及文廟に配享したる者其の他各地の祠院に腏享、從配したる者の姓名小傳を一併に記錄したるものなり正祖の時李萬運之を編す

○成　仁　錄　一冊　尹　斗　壽編　印本

文天祥と鄭夢周との諸賛を集め二士の肖像及筆蹟をも添へたるものなり宣祖十四年の編成に係る

○三　仁　錄　一冊　李　尚　逸編　印本

慶尚北道善山郡に於ける金澍、河緯地及李孟專三士の事蹟を錄したるものなり金澍は籠巖と號し高麗亡ひて明に入り李氏に仕へす河緯地は端宗のために節を立て李孟專は耕隱と號し時事艱危を豫知し聾盲に托して仕へす後世之を三仁と稱す耕隱の後孫尚逸三人の事蹟を合錄し顯宗九年戊申江原道觀察使たりし時之を刊行す

李尚逸　字は汝休、碧珍の人老村約東の後なり宣祖丁酉に生れ仁祖庚午生員を以て文科に登り官監司に止まる

○佔畢齋門人錄　一冊　金　紐編　印本

佔畢齋金宗直の門徒止々堂、一蠹、寒暄堂、梅溪、秋江等五十人の姓名、官職、行略等を錄したるものにして其の孫紐の定本なり宣祖庚辰の刊出に係りしも歲久しくして刓弊せるを以て李太王乙亥嶺南儒林等之を改刊せり、蓋し嶺南か朝鮮の鄒魯と稱せられたるは實に佔畢齋か往を繼き來を開きし功なりと爲し追慕の餘鋟梓の擧に出たるものなるか如し

金　紐　は宣祖の時の人にして樸齋と號し司馬に中る

○己　卯　錄　一冊　金　堉著　印本

燕山君四年戊午の士禍より中宗十四年己卯に至る黨爭の殃に罹りたる諸儒を列記したるものにして其の出所、行狀、流竄、削罷、革科、訴寃等に類別し附傳には貴賤を論せす之に左袒せし者は皆之を錄せり而して目錄八賢傳の下に鄭光弼以下二百餘名を收め領議政以下の略傳を叙し事件に關聯したる前後

の事蹟を記せり金堉忠清道觀察使たりし時刊行す

○壺山外史　一冊　趙熙龍編　寫本

趙熙龍か常に耳目に觸れ感を興したる諸人の傳を編したるものなり憲宗甲辰に成る其の人名は朴泰星受天傳、金壽彭傳、庾世通傳、金神仙傳、李湘藻傳、崔北傳、李亶佃傳、金億林熙之傳、權孝子傳、李益成傳、金弘道傳、金鍾貴傳、朴永錫傳、金祐孫傳、金完喆傳、張友璧傳、金永冕傳、朴基淵傳、趙神仙傳、嚴烈婦傳、金琬傳、李陽馝傳、姜致祜傳、李興潤傳、千壽慶傳、張混傳、王漢相傳、李同傳、金亮元傳、李在寛傳、劉童子傳、張五福千興喆傳、嚴啓興傳、趙秀三傳、吳昌烈傳、申斗柄傳、田琦傳、聾山大師傳、朴允默傳等共三十九篇四十一人なり

趙熙龍　號は壺山又又峰と號す金秋史正喜の門人にして書畵を以て名あり

○熙朝軼事　二卷一冊　李慶民編　印本

學行名節其の他一善一藝の傳ふへきものにして史乘に載せす草莽の間に湮滅するものを闡揚するため諸家の記錄雜著に就きて博く之を蒐錄し主として孝友、忠義の傳記を列し次に文學、書畵、琴碁、醫卜及貞節の女流に至るまて其の實歷を編次して風敎の稗補に資したるものなり

李慶民　字は元會、雲岡と號す江陽の人なり純祖甲戌に生れ僉知中樞府事を拜し李太王癸未に歿す家世寒微にして吏曹の小吏たりしも文字を專業とし服役の餘暇書卷を廢せす公卿貴人皆高士を以て待てり

○溪下見聞　二卷一冊　金履脩編　寫本

金砥行の嘉言善行を其の子履脩か家庭に於ける聞見に隨ひて錄出したるものなり下篇に祭文墓誌等を附す正祖の時に成る砥行字は幼道、密庵と號す肅宗丙申に生れ官監役を除して就かす英祖甲午に歿す屛溪尹鳳九に學ひ學問精篤なり

金履脩　字は永叔、安東の人監司盛廸の曾孫なり英祖乙丑に生れ官奉事に止る正祖戊申に歿す

○景賢錄　六卷三冊　金夏錫編　印本

初め李楨金宏弼曹偉の事蹟を編輯して景賢錄上下卷を成せり其の後鄭逑は李氏の景賢錄中曹偉を省き金宏弼のみ取りて之

に增補を加へ景賢錄上下二卷と爲し又遺文、行狀、年譜等を編次して續錄上下二卷を作る然るに失火に遇ひ燒失す次て鄭逑の門人金夏錫其の草稿を得て校正編次し又補遺上下二卷を編輯し合せて六卷と爲し肅宗四十五年己亥刊行せしもの即ち本書なり

○新刊素王事紀　一冊　印本

孔子の事歴及歴代追崇の次第等を叙記したるものにして其の要目は魯司寇像、先聖紀年圖、先聖世系圖、廟宇、祠祭、行幸、正南面、賜袞冕、州縣學廟、設戟、二仲丁祀、祭用三獻、獻官法服、賜禮器、賜樂、設拜頒祝、賜贄、禁淫祀、賜書、賜田、蠲稅役、襲封、世官曲阜、墓給灑掃、墓禁樵採、拜謁泣政等なり附錄には大明會典祀儀の下に正壇陳設圖、四配、十哲、兩廡陳設圖等を載せ又孔子廟祀の下に釋典儀、迎神、送神及正配位陳設圖を載せ卷末に朝鮮の文廟享祀位、人名及啓聖祠を併錄せり

○文山詳傳　三卷三冊　洪啓禧編　印本

宋の文天祥の傳にして編者讀書の餘暇文山遺集及正史稗編等

に就き適意の事項を取り之を類成し別に義例を設けず年紀に準して之を記述し校書館の活字を假りて印刷に付したるものなり

○朱子行狀輯注　一冊　李　滉編　印本

南宋勉齋黄幹の編に係る朱子行狀を主體とし更に群書を涉獵し逐事分注を加へたるものなり

○文公先生紀譜通編　六卷三冊　印本

朱子の年譜、行狀、本傳を本とし更に群書を涉獵し逐事分注を加へたるものなり

○隋唐五代人物傳　四冊　嚴台永編　寫本

隋唐より後周に至る賢臣名士の略傳を抄蒐したるものなり

嚴台永　字は應三、寧越の人なり梧西齋の玄孫にして李太王乙亥に生れ甲午農商衙門主事に入仕し參書官を歴て大正二年に歿す官副贊議に至る

○先儒姓氏　一冊　寫本

経書に出てたる先儒の姓名を錄したるものにして周濂溪以下百六十一人漢儒は馬融一人のみを掲く

系譜類

○國朝譜牒　一冊　寫本

太祖以來の世系を編次したるものにして大王、王妃の尊號、誕生、昇遐、陵寢及王子女等順に隨ひ之を列書せり英祖の時に成り孝章世子（後に眞宗と追尊す）に止む

○國朝譜牒　一冊　寫本

李王家始祖以來の世系を編次したるものにして大王、王妃の尊號、誕降、昇遐、陵寢、誕生等男女の順序に隨ひ列書し憲宗の時に編成したる太祖以來の譜牒にして篇末に憲宗八高祖圖を附す

○國朝譜牒　一冊　寫本

哲宗の時に編成したる太祖以來の譜牒にして篇末に大王八高祖圖を附す

○璿源系譜紀略　八冊　印本

李王家の世譜にして總叙、凡例、先系、繼序圖、世系、八高祖圖等を編載せり肅宗の時始めて之を刊行し新王即位の都度重校補刊し李太王三十四年丁酉之を刊行す

○列聖王妃世譜　八卷三冊　寫本

穆祖より顯宗に至る歴代王妃の系譜を編次したるものにして行狀、神道碑銘等を附錄せり顯宗の時に成る

○列聖王妃世譜　二卷六冊　寫本

穆祖より哲宗に至る歴代王妃の系譜を編次したるものにして行狀、神道碑銘等を附せり哲宗の時に成る

○列聖皇后王妃世譜　五卷五冊　寫本

穆祖より李太王に至る歴代皇后、王妃の系譜を編次したるものにして行狀、神道碑銘等を附錄せり李太王の時に成る

○全州李氏世譜　八卷八冊　李容肅編　印本

朝鮮太祖の祖度祖の長子贈兵曹判書李子興の子孫を錄したるものなり子興十二代の孫司直萬翼之に着手し萬翼六代の孫容肅更に增補し哲宗戊午之を刊行す

李容肅 字は敬之、純祖戊寅に生れ官司譯正に至る

○全義李氏族譜　一〇卷一〇冊　李德容編　印本

高麗太師李棹の子孫錄にして舊譜は宣祖七年に編成し其の後屢次補修を行ひ肅宗三十七年之を大成す嘗て世宗之を手書して孝靖公李貞幹に與へたる家傳忠孝世守仁敬の八大字を卷頭に刊載せり

○龍仁李氏族譜　三卷三冊　李參鉉等編　印本

高麗大師李吉卷の子孫錄にして英祖壬子後孫宜顯か諸族と謀り創刊す癸巳の年宜哲其の族人と謀り前譜の訛舛を校正重刊し李太王己巳後孫參鉉更に博采精校し以て之を刊行す

李參鉉 字は台卿、鍾山と號す勿齋崇祜の孫にして純祖丁卯に生れ甲午司馬に中り憲宗辛丑文科に登り提學を歷て李太王の時に歿せり官禮判に至る

○慶州李氏族譜　二卷二冊　李裕元編　印本

慶州李氏の遠祖居明二十四世の孫白沙文忠公恒福の子孫を錄したるものなり編者は恒福九世の孫にして李太王戊辰に編次活印す卷首に世系分派圖を揭く

○陜川李氏世譜　二卷二冊　印本

陜川李氏の始祖謁平の後孫開の子孫等の合譜なり中宗二十三年己丑始めて譜牒を修めしも兵燹に罹り損失す李太王元年甲子之を補修して刊行す

○慶州金氏族譜　一九卷一九冊　印本

新羅敬順王の後裔たる慶州の金氏の合譜にして李太王十年癸酉諸後孫協力して之を編刊す

○淸風金氏世譜　四卷四冊　金在魯編　印本

淸風金氏高麗門下侍中大猷の子孫を合錄せし族譜なり英祖二十六年庚午後孫在魯之を輯刊す

○淸風金氏世譜　二〇卷二〇冊　金學性等編　印本

淸風金氏の系譜なり金氏舊と譜牒あり宣祖壬辰兵火に燒失せしを以て仁祖丁丑潛谷金堉譜牒を新修し英祖庚午淸沙金在魯之を增補し哲宗丁巳判書金學性諸族と與に之を續修す

金學性　字は景道、松石と號す雲溪鍾正の曾孫にして純祖丁卯に生れ戊子司馬に中り文科に登り待敎、副學、提學を歷て官兼吏判に至り李太王の時に歿せり諡を孝文と云ふ

○金海金氏族譜　四冊　金一永編　印本

金海金氏の世譜にして首露王を始祖とせり李太王辛巳後孫一永の編輯せしものなり第四卷に駕洛國の故地金海の古蹟及金氏の先世誌狀を附す

○延安金氏派譜　三卷三冊　金世基等編　印本

延興府院君金悌男兄弟の子孫譜なり李太王光武五年辛丑金悌男宗孫世基諸族と謀りて編刊す

金世基　字は大有、延安の人延興府院君悌男の宗孫なり哲宗壬子に生れ李太王甲戌司馬に中り蔭仕に補せられ壬午文科

に登り官資憲に至り李太王戊申に歿す

○東萊鄭氏派譜　五卷五冊　鄭元容等編　印本

東萊鄭氏中水竹鄭昌衍の子孫の系譜のみを編錄せるものにして哲宗己未鄭元容等の編に係る鄭氏の譜は曩に宣祖十八年乙酉鄭惟吉始めて編成し孝宗六年乙未鄭良弼之を補修し肅宗四十二年丙申鄭必東更に之を補し全譜を成せり丙申以後は卷帙浩繁にして全譜と爲し難きを以て各孫其の派譜を編輯せるものにして本書も其の一なり

○海州鄭氏派譜　二卷二冊　鄭冕錫等編　印本

海州鄭氏大司諫愼の族派を分ちて一譜を編成したるものなり其の一冊は附錄にして行狀、碑銘等を收む李太王光武四年庚子愼の後孫等相共に編輯上刊す

鄭冕錫　字は聖益、海州の人農圃文孚十世の孫なり憲宗己酉に生れ李太王庚寅文科に登り秘書院丞を歷たり

○慶州鄭氏世譜　一〇卷一〇冊　鄭寅奎等編　印本

新羅の初、六部長の一人觜山珍支部長智伯虎の子孫錄にして

智伯虎は儒理王二十九年壬子姓を賜はり鄭氏となれり鄭譜は英祖十年壬子創刊し正祖十六年壬子純祖三十四年甲午及哲宗八年丁巳に重刊す此の書は卽ち丁巳本なり

鄭寅奎　字は致協、慶州の人忠愍公撥十世の孫なり憲宗戊戌武科に登り官水使に至る李太王の時に歿す

○奉化鄭氏世譜　九卷九冊　鄭應哲等編　印本

奉化鄭氏高麗正議大夫公美以下の世譜なり鄭氏は英祖丁亥に譜牒を作り後李太王乙巳後孫應哲等之を增修刊印す鄭應哲は奉化の人にして三峰道傳の後なり憲宗癸卯に生れ李太王丁卯文科に登る

○潘南朴氏世譜　二〇冊　朴宗薰編　印本

潘南の人高麗戸長朴應珠の子孫を錄したる族譜なり純祖辛卯其の後孫朴宗薰の編輯上刊する所に係り合して九卷とし每卷或は上下編或は五六編に分ち墳墓圖を附す

○密陽朴氏世譜　一三卷一三冊　朴淵會等編　印本

密陽朴氏中端宗の時の忠臣朴審問の子孫の派譜にして李太王十年癸酉後孫淵會諸族と共に編刊す

○楊州趙氏世譜　七卷二冊　趙泰萬編　趙榮國增修　印本

楊州趙岑の子孫を合錄したるものにして岑十二世の孫泰萬之を編し景宗元年辛丑弟泰億慶尙監司たりし時刊出し英祖十九年癸亥再從孫榮國增修重刊せり

趙泰萬　字は濟博、古朴齋と號す楊州の人苔村嘉錫の子なり顯宗十三年壬子に生れ肅宗四十三年丁酉學行を以て登仕し官侍直に至り英祖三年丁未に歿す

趙榮國　字は君慶、月湖と號す楊州の人大憲泰東の子なり肅宗二十四年戊寅に生れ景宗三年癸卯進士に中り英祖六年庚戌文科に登り翰林を歷て官吏曹判書に至り同王三十六年庚辰に歿す靖憲と諡す

○豐壤趙氏世譜　三〇卷一〇冊　趙曮等編　印本

○豐壤趙氏世譜　三九卷一〇冊　趙寅永等補編　印本

○豐壤趙氏世譜　八〇卷三九冊　趙秉弼等補編　印本

高麗太祖の功臣趙孟の子孫三十七派の系譜にして三種あり顯

宗の時趙涑始めて之か編次に着手し英祖三十六年庚辰趙曮之を續成して三十卷とし後純祖二十六年丙戌趙寅永增補して三十五卷とし後又李太王光武四年庚子趙秉弼更に之を增補し八十卷とせり

趙曮　字は明瑞、永湖と號す鶴塘尙絅の子にして肅宗己亥に生れ英祖戊午司馬に中り壬申文科に登り提學を歴て官吏判に至る正祖丁酉に歿す謚して文翼と云ふ

趙秉弼　字は聖必、幹山と號す豐壤の人斗山龜永の子にして憲宗乙未に生れ李太王庚午文科に登り三司を歴て戊申に歿す宮內部大臣に至る

○白川趙氏世譜　三三卷三三冊　趙冕根編　印本

白川趙氏の譜牒にして左僕射趙之遴に始まり三十三世に至り京鄉の子孫を收錄す第一卷には先代の事蹟と墓道の文字とを輯錄せり李太王十七年庚辰後孫趙冕根之を上刊す

趙冕根　字は周伯、參判台祥の曾孫にして純祖壬午に生れ未た仕へすして歿す

○驪興閔氏族譜　三八卷三八冊　閔致序等補編　印本

驪興閔氏一族の系譜にして閔氏の譜は朝鮮國初太宗の妃元敬王后の本系を修するに當り始めて之を編し其の後司諫閔定命十餘卷を撰せしか兵燹に失し光海君十四年壬戌驪興君閔仁伯姓譜一卷を編輯し顯宗十二年辛亥閔鼎重旁搜博考して八編を成す肅宗三十九年癸巳閔鎭厚閔鎭遠復た改輯し純祖二年壬戌閔昌爀之を增修し李太王二十六年己丑閔致序等續成上刊せり

閔致序　字は景殷純祖十七年丁丑に生れ憲宗十年甲辰進士に中り十四年戊申蔭を以て判書となる李太王二十六年己丑に歿す

○驪興閔氏派譜　一冊　閔致序等編　印本

驪興閔氏中監司光勳の子大司憲蓍重左議政鼎重驪陽府院君維重三兄弟の子孫最も繁榮し之を三旁派と稱す本書は卽ち其の系譜なり

○海平尹氏世譜　一九卷八冊　尹堦編　印本

慶尙道海平縣（今善山郡）尹氏の世譜なり原譜は十九卷にして別編竝に古蹟、墓山圖等を附載す後孫堦之を編次し黃海監司たりし時に上刊す

尹　堦　字は泰升、霞谷と號す海平の人長洲暉の孫なり光海君壬戌に生れ孝宗庚寅進士に顯宗壬寅文科に登り官戸曹判書に至る肅宗己巳廢妃の時權貴に忤ひ竄せられて壬申に歿す翼正と贈謚す

○海平尹氏世譜　兲巻一四冊　尹致定編　印本

海平尹氏世譜の舊本は宣祖壬辰の兵燹に失し肅宗、正祖の兩時に於て屢改修を加へたるも訛誤遺漏を免れさるを以て哲宗二年尹致定舊本の五層圖を改めて六層となし遠派微族に至るまて一齊に之を網羅し始めて完成したるものなり

尹致定　字は士能、石醉と號す龍浦世紀五世の孫にして正祖庚申に生れ純祖己丑文科に登り提學を歷て官吏判に至る李太王の時に歿す謚して文貞と云ふ

○杞溪兪氏族譜　三巻三冊　兪命咸等編　印本

杞溪兪氏の族譜にして仁祖二十三年乙酉市南兪棨之を編刊し次て肅宗三十年甲申兪命咸兪命健二人更に之を增補編成し連山郡守兪命聃之を刊行す原八巻と別錄及附錄三巻一冊あり外に墳墓圖を併載す

兪命咸　字は士亨、著作樟の子なり顯宗壬寅に生れ肅宗丁卯司馬に中り丁亥文科に登り官持平に止まり辛卯に歿す

兪命健　字は仲强、大司憲櫶の子なり顯宗甲辰に生れ肅宗壬午司馬に中り官牧使に止まり景宗甲辰に歿す

○杞溪兪氏世譜　二巻二冊　兪致善編　印本

杞溪兪三宰の子孫錄にして初め肅宗三十年甲申の年に編刊し後李太王四年丁卯兪致善の京畿觀察使たりし時更に增補重刊す

兪致善　字は子慶、牧使漢葛の曾孫なり純祖癸酉に生れ辛卯司馬に中り蔭補を以て判官を拜し憲宗甲辰文科に登り官判書に至り李太王の時に歿す

○昌寧成氏族譜　四巻四冊　成　玹編　印本

昌寧の人成仁輔の子孫錄にして初め成宗二十四年癸丑に編し光海君八年丙辰之を重刊し後肅宗三十五年己丑之を重刊す成氏には元路上路下の別あり親族の關係なきものとせしか後舊墓の短碣を得て其の親族たること判明せり本書は兩派の合譜なり

○昌寧成氏思肅公派譜　一册　成道默編　印本

昌寧成氏思肅公世純以下一派の系譜なり世純十世の孫道默の編次したるものにして憲宗二年丙申之を上刊す

成道默　字は聖及、昌寧の人なり文簡公成渾八代の孫にして純祖甲子進士に登り乙丑入仕して慶州郡を典り官敦寧都正に至り哲宗甲寅に歿す

○海州崔氏世譜　五卷五册　崔尙鼎編　印本

海州崔氏の派譜にして英祖二十年甲子編者等諸族と謀り裒輯上刊す先祖文憲公沖以下の著述したる文字の遺佚せるものを收拾し家藏と題して附載す

崔尙鼎　字は君受、海州の人領議政奎瑞の子なり肅宗丁未に生れ己卯司馬に中り蔭仕に補し官參議に至る

○豐山洪氏族譜　六卷六册　洪象漢編　印本

豐山洪氏の一族を合錄したるものなり肅宗三十五年始めて之を上刊し英祖四十四年修補再版す

洪象漢　字は雲章、豐山の人吏參錫輔の子なり肅宗辛巳に生れ英宗丁未進士に魁たり甲寅禁府都事を授けられ乙卯文科に登り官判書に至り己丑に歿す

○大邱徐氏世譜　一〇卷九册　徐有偉等編　印本

高麗徐閈の子孫錄にして肅宗二十八年壬午初めて刊し英祖十二年丙辰五十一年乙未純祖十八年戊寅及哲宗三年壬子に重修す本書は卽ち壬子本なり全宗を九派に分ち癸編には墓表、神道碑銘、墓誌銘、補遺記、名字、行第圖等を收錄せり

徐有偉　字は可大、大邱の人大憲命九の從孫なり正祖癸卯に生れ哲宗癸丑假監役を歷て官監役に至る

○昌原黃氏族譜　六册　印本

高麗恭愍王の時に於ける檜山府院君黃石奇以下其の子孫の族譜にして二十七世に及へり李太王の時に印刊す

○綾城具氏姓譜　三卷一册　具仁等編　印本

具仁等か宣祖八年に編成し邊循の校訂を經て其の翌年に上板したるものなり全編を上中下三卷に分ち上は具氏歷代の墓誌類にして中、下は其の姓譜を載し附するに別譜を以てす

具 仁　字は大春、八松齋と號す綾城の人なり明宗の時經學を以て諸議に薦められしも仕へず學問に沈潛して後進を敎導し一時名流門下より出る者多し

○昌原孔氏族譜　一冊　孔胤道編　印本

昌原孔氏の族譜にして卷首に闕里圖、昌原府圖を揭く孔氏以後世代の順序に依り編輯し譜牒と爲す英祖の四十七年辛卯孔胤道之を上刊す

孔胤道　字は貫汝、休岩瑞麟九世の孫にして英祖壬子に生る

○新安朱氏世譜總卷　一冊　朱錫冕編　印本

清溪公朱潛の世譜にして朱潛字は景陶、朱熹の曾孫なり高麗高宗十一年七學士と共に朝鮮に來り遂に歸化せりと云ふ跋文は朱熹二十五世の孫伍の撰する所にして文中に潛の東來後六百八十餘年と記せり卷首に李太王の詔文あり編修の緣由を明にせり

朱錫冕　號は岡山、新安の人なりと云ふ李太王の時仕に入り協辨を歷たり

○潁陽千氏族譜　一〇卷一〇冊　千光祿編　印本

潁陽千氏の譜牒にして花山君千萬里に始り京鄕の五十三派を分ちて子孫を收錄せり李太王光武七年癸卯後孫光祿之を刊出す

千光祿　字は華善、花山君萬里の後孫にして哲宗辛亥に生れ李太王四十年癸巳文魁に登り持平に歷任せり

○御製孝章世子年譜　一冊　英祖編　印本

眞宗東宮に在り十歲にして昇遐す英祖其の夙就岐嶷なるを以て特に悲傷し戊申親ら其の年譜を作りて刊行す

○仁興君年譜　一冊　李偘編　印本

宣祖の第十二子仁興君瑛の年譜にして其の詩文若干を附錄せり瑛字は可韞、醉隱と號す宣祖三十七年甲辰に生れ仁興君に封せられ孝宗二年辛卯に歿す編者偘は其の子にして肅宗の二十五年之を上刊す

李 偘　字は和叔、最樂堂と號す全州の人靖孝公瑛の子なり仁祖庚辰に生れ朗原君に封せられ肅宗庚辰に歿す兄覲瀾朗

善君俱と倶に賢宗室と稱せらる

○冲菴年譜　二卷二冊　吳熙常編　印本

冲菴金淨の年譜なり上卷は年譜にして下卷は祭文、本傳、碑誌及諸家の記述と夫人宋氏の旌閭記曾孫聲遠の義士傳等を附す純祖三十一年辛卯其の嗣孫商協して之を裒輯し業を卒ふるに及はす子聖恭之を吳熙常に囑して完了し越えて四年乙未に刊行す

吳熙常　字は士敬、老洲と號す海州の人月谷瑗の孫なり英祖癸未に生れ正祖庚申薦を以て洗馬を拜し官贊善に至り純祖癸巳に歿す吏曹判書を贈られ謚を文元と云ふ熙常名家の孫にして其の兄寧齋允常の薫陶を膺け學問文章並に名あり

○霽峯年譜　一冊　高濟寅編　印本

高敬命の年譜にして附するに父子三人殉節の事蹟を以てせり敬命字は而順、霽峰と號せり中宗二十八年光州に生る才學俊秀殿試甲科に魁たり後文臣庭試第一名に中り官弘文館副校理司憲府持平に至る宣祖壬辰に壇を秋城館に設け香を焚き天に誓ひ勤王の義を倡へ轉戰して二子と與に陣歿す仍て光州に褒忠祠を建て忠烈公と謚す長子從厚は孝烈と謚し次子因厚は毅烈と謚す

○牛溪年譜補遺　五卷二冊　尹拯編　寫本

牛溪成渾の年譜中に遺漏せるものを諸家の文集、雜記、漫筆、野乘等より收拾し德行、出處、答問、雜錄、從享、疏章、年譜後說の七門に分ちて編纂したるものなり英祖五十年甲午牛溪の後孫光默之を刊行す卷末の師友門人錄は尹光紹の增補に係れり

○栗谷牛溪年譜　四卷四冊　宋時烈 尹宣擧編　印本

栗谷李珥及牛溪成渾の年譜を合編したるものにして栗谷年譜は尤菴宋時烈之を編次し牛溪年譜は美村尹宣擧之を編次す附錄として行狀、碑誌及祭祝文を收輯し更に兩氏に關する諸家の疏劄を合編す

尹宣擧　字は吉甫、魯西又美村と號す坡平の人八松煌の子なり光海君庚戌に生れ仁祖癸酉生員、進士に中り遺逸を以て薦められ諮議を授け執義に叙せられたるも就かす顯宗己酉に歿す特に領議政を贈り文敬と謚す仁祖丙子淸國僭號の書來到

の時進士を以て上疏し來使を斬らむ事を請ふ丁丑の後錦山に隱る嘗て愼獨齋金集の門に從學せり

○松 江 年 譜　二卷二冊　宋 時 烈編　印本

鄭澈の年譜にして顯宗十五年甲寅に編成す澈字は季涵、松江と號す延日の人松谷淵の玄孫なり中宗丙申に生れ明宗辛酉進士に中り壬戌文科に魁し銓郎を歴て官左議政に至り光國平難兩勳に錄せられ宣祖癸巳に歿し文淸と諡す文章淸名あり

○西 厓 年 譜　三卷二冊　印本

柳成龍の年譜にして全部三卷第一、二卷は世系表竝に年譜、記事第三卷は行狀、祭文、書院奉安文、輓詩等を附載す成龍字は而見、西厓は其の號なり豐山の人にして退溪李滉に學ふ甲子生員、進士に中り丙寅文科に及第し官領議政に至る壬辰の扈從功臣にして文忠と諡す

○沙 溪 年 譜　一冊　金鎭玉等編　印本

金長生の年譜なり長生字は希元、沙溪と號す光州の人にして業を栗谷李珥の門に受け博く禮學に通し學行を以て著はれ官祭判に至る丁卯淸軍東侵の際兩湖號召使となり義を擧け轉戰して功あり明宗三年に生れ仁祖九年八十四歲にて歿す文元と諡し文廟に從祀せらる外曾孫李氏初めて年譜の編纂に著手せしも業を卒へすして歿し玄孫金鎭玉、金鎭泰等遺命を承け補纂修潤を加へて上刊す

金鎭玉　號は韜齋、光州の人なり吏曹判書金益熙の孫にして英祖の時蔭途を以て江原監司に拜せらる

○旅 軒 年 譜　三卷一冊　印本

張顯光の年譜なり顯光字は德晦、旅軒と號す仁同の人にして明宗甲寅に生れ性理の學に通し官吏曹判書に至り文康と諡し洛東書院に享祀せらる著書頗る多し

○漢 陰 年 譜　四卷二冊　李 基 讓編　印本

漢陰李德馨の年譜なり三卷以下は誌狀、遺事、敎書、祭輓等の文字を錄す李太王己巳祀孫宜翼京畿觀察使たりし時印出す

李基讓　字は士興、號は茯菴廣州の人漢陰德馨の後なり英祖甲子に生れ正祖乙卯縣監を以て文科に登る

○八松年譜　二巻一冊　尹舜擧等編　印本

文正公尹煌の年譜にして遺事、挽章、祭文等を附せり煌の子舜擧諸兄弟之を起草し後孫憲圭及鳳鎭之を訂補し憲圭の子承鎭之を釐正し哲宗甲寅之を印行す煌字は德輝、八松と號す坡平の人大司成倬の玄孫なり宣祖辛未に生れ丁酉文科に登り官大司諫に至り仁祖己卯に歿す少より學業を修め聲譽蔚然たり牛溪成渾迎へて以て女婿と爲し是より學行愈進む仁祖丙子斥和の疏を作り竟に仕へす後領議政を贈り謚を文正と云ふ不祧の命あり

○愼獨齋年譜　二巻一冊　金箕洪等編　印本

愼獨齋金集の年譜なり金集は金長生の子にして道學を承襲し其の禮說と文集は旣に刊行せられたるも年譜は二百餘年未た成らさりしを以て 李太王八年辛未後孫箕洪、在謹等之を編成刊出す

○浦渚年譜　五巻二冊　尹拯等編　印本

趙翼の年譜なり翼字は飛卿、號は存齋其の先は豐壤の人なり門生尊稱して浦渚先生と云ふ宣祖十二年に生れ壬寅文科に登り官左議政に至り孝宗十七年七十七歲にして歿す文孝と謚す本書第一卷世系年譜は尹拯の編にして第二卷墓誌銘は尹宣擧神道碑銘は宋時烈誌狀は宋浚吉等の手に成り第四、五卷には諸儒の祭文、挽詞、祝文、辨疏等を附載す

○陽坡年譜　二巻二冊　鄭太和著　寫本

著者の日記にして宣祖三十五年壬寅より孝宗七年丙辰に至る五十五年間に互り公私の大小事を錄せり中に就き淸と始めて交際せしこと及相業に關すること等見るへきなり

鄭太和　字は囿春、陽坡と號す東萊の人濟谷廣成の子なり宣祖壬寅に生れ仁祖甲子進士に中り戊辰文科に登り史局に入り官領議政に至り 顯宗癸丑に歿す 翼憲と謚し 顯宗廟庭に配享す

○同春年譜　四巻二冊　印本

宋浚吉の年譜にして正祖四年庚子に上刊す浚吉字は明甫號は同春恩津の人宣祖三十九年漢城貞洞の寓居に生る仁祖甲子の生員、進士にして官叅贊に至る顯宗壬子に歿す歲六十七文正

と諡し文廟に配享す

○市南年譜　一冊　兪相基等編　印本

市南兪棨の年譜なり卷首に世系を錄し次に年譜事略に及ふ初め長孫相基之を編し半藁に止りしを五代の孫鑽柱之を補ひ其の友洪羣海、金奎五に托して修潤校正し英祖五十一年乙未に刊行す

兪相基　字は公佐、號は祈招齋、杞溪の人市南棨の孫なり孝宗辛卯に生れ蔭仕を以て縣令に至り肅宗戊戌に歿す嘗て尤菴宋時烈に學ひ又明齋尹拯に從遊す後尹拯と家禮源流の事を以て絶つ

○松谷年譜　二卷一冊　趙持謙編　印本

松谷趙復陽の年譜にして其の子持謙の編したるものなり卷尾に言行總略を附し且つ文集中に漏れたる檢閲時請勿送再師疏の一長篇を載す持謙歿後子孫之を印刊す復陽字は仲初、漢陽の人浦渚翼の子なり光海君元年己酉に生れ仁祖癸丑進士に中り戊寅文科に登り翰林待敎大提學を經て吏曹判書に至り顯宗辛亥に歿す文簡と諡す

趙持謙　字は光甫、迂齋又鷗浦と號す豐壤の人浦渚翼の孫なり仁祖己卯に生れ顯宗庚戌文科に登り選はれて湖堂に入り官副提學兼大司成に至り肅宗丙寅に歿す

○靜觀齋年譜　二卷一冊　李喜朝編　印本

李端相の年譜なり端相字は幼能、靜觀齋と號す延安の人仁祖六年戊辰に生れ戊子進士に魁し己丑文科に登り官副提學に至り顯宗十年己酉に歿し文貞と諡す越えて三年壬子子喜朝本書を編成し肅宗二十九年癸未に至り刊行す

○文谷年譜　二卷二冊　金昌協等編　印本

文谷金壽恒の年譜なり文谷歿後第二子農巖昌協年譜を草し第五子昌緝之を繼修し純祖二年壬戌に至り諸後孫公私文蹟を更考補纂し卷首に世系と子孫錄を載せ以て印行す

○明齋年譜　六卷三冊　尹光紹編　印本

明齋尹拯の年譜にして草本は初め門人の手に成りしか族曾孫光紹其の繁を刪り缺を補ひ訂正編次し英祖二十五年己巳の年刊行したるものなり各冊二卷、上冊を年譜、中を附錄、下を

後錄とせり

尹光紹　字は稚承、素谷と號す坡平の人八松煌の後なり英祖庚申蔭官を以て文科に登り官知敦寧府事に至り正祖の時に歿す

○南溪年譜附錄　四卷二冊　印本

南溪朴世采の年譜の附錄にして收むる所行狀、墓表、致祭文、東宮致祭文、御製祭文、門人祭文、書疏等なり

○寒水齋年譜　一冊　印本

寒水權尙夏の年譜なり卷首に世系を錄し年譜の末に追奪、復官、延論等を繼錄す門人の撰定したるものにして英祖三十七年辛巳慶尙監營に於て開刊す

○厚齋年譜　二卷一冊　金鐘正編　印本

金榦の年譜なり卷首に世系を錄し純祖辛未曾孫鐘正之を編成し戊寅之を刊行す金榦字は直卿、厚齋は其の號にして淸風の人なり仁祖丙戌に生れ遺逸に薦められ南臺を經て官參贊に至り英祖壬子に歿す領相を贈り文敬と諡す曾て學を玄石朴世采に受け學問淵博なり

金鐘正　字は伯剛、號は雲溪、淸風の人厚齋榦の曾孫なり英祖壬寅に生れ辛酉司馬に中り丁丑文科に登り官吏曹判書に至り正祖丁未に歿す諡を淸獻と云ふ

○艮齋年譜　七卷三冊　印本

崔奎瑞の年譜にして世系言行を錄し卷尾に遺戒、遺事を附す編者の名を署せすと雖五代の孫璜か哲宗の時刊行せしものなるへし崔奎瑞字は文叔、艮齋と號し海州の人孤竹慶昌の玄孫なり孝宗庚寅に生れ顯宗己酉司馬に中り肅宗庚申文科に登り英祖戊申大臣を以て致仕退居す李麟佐の亂を告け之を討平し一絲扶鼎の四字を書下せられ乙卯に歿す諡を忠貞と云ふ

○三淵年譜　二卷一冊　金洙根編　印本

金昌翕の年譜にして金洙根の編する所に係る昌翕字は子益、三淵と號す安東の人領議政文忠公壽恒の子なり孝宗四年癸巳に生れ顯宗癸丑進士に中り高文卓操を以て薦められ官進善に至り景宗二年壬寅に歿す後文康と諡す卷末に行狀、墓表を附せり

金洙根　字は晦夫、安東の人牧使麟淳の子なり正祖戊午に生れ純祖戊子進士に中り蔭仕を以て童蒙敎官を拜し甲午文科に登り文任を經て官吏曹判書に至り哲宗甲寅に歿す諡を正文と云ふ哲宗廟庭に配享す二子穎樵炳學、穎漁炳國倶に上相に至り炳學文衡を典る

○杞園年譜　一冊　魚命能編　寫本

魚有鳳の年譜にして憲宗四年戊戌玄孫命能の編成したるものなり有鳳號は杞園と稱し顯宗十三年壬子に生れ遺逸を以て官贊善に至る英祖二十年甲子に歿す

魚命能　字は而爽、愚堂は其の號なり咸從の人杞園有鳳の玄孫にして正祖丁卯に生る

○黎湖年譜　四卷二冊　印本

朴弼周の年譜なり弼周は肅宗六年漢城の太平館洞に生る字は尙甫、黎湖と號し文敬と諡す始祖は全羅道羅州潘南縣の人にして弼周は其の十七世の孫なり篤學力行名利に淡く英祖の時官議政府右贊成兼世子貳師に至りしも遺逸の禮を以て待遇せられ肅宗、景宗、英祖に歷事し年六十九にして歿す

○梧川年譜　二卷二冊　寫本

李宗城の年譜にして宗城字は子固、梧川と號す廣州の人鷺谷台佐の子なり肅宗の時進士に中り英祖の時文科に登り三代に歷事し官領相に至る初諡は孝剛、後文忠と改む六十八にして歿す

○荷棲年譜　一冊　印本

趙璥の年譜なり璥字は景瑞、荷棲は其の號なり豐壤の人牧使尙紀の子なり英祖三年丁未に生れ癸未文科に登り官は翰林を經て右議政に至り正祖丁未に歿す忠定と諡す

○桐漁年譜　二卷一冊　李敦宇編　印本

李相璜の年譜にして其の姪敦宇の編する所なり李太王十二年乙亥に印刊す相璜字は周玉、號は桐漁全州の人承旨得一の子なり英祖癸未に生れ正祖丙午司馬に中り文科に登り翰苑に入り官領議政に至り憲宗辛丑に歿す諡を文翼と云ふ憲宗廟庭に配享す學識淵博にして相業偉大なり

李敦宇　初名は敦榮、字は允恭、號は莘憩、桐漁の從子なり

純祖辛酉に生れ丁亥文科に登り文衡に圏し官輔國兼吏曹判書に至る李太王の時に歿す謚を文貞と云ふ

○洪翼靖公年譜畧　一冊　洪樂仁等編　寫本

洪鳳漢の略年譜にして釋褐以後の內外官歷と事務の施措とを記し及賜謚、賜祭に關したる大略を載錄せり

洪樂仁　字は大而、安窩と號す豐山の人翼翼齋鳳漢の子なり英祖己酉に生れ辛巳教傅を以て文科に登り官叅判に至り正祖辛亥に歿す

○冠巖紀年　七冊　洪敬謨編　寫本

冠巖洪敬謨自編の年譜にして英祖二十六年甲午に始り憲宗七年辛丑に至る六十八年間に於ける經歷事實を錄せり

○海石日錄　三〇卷一五冊　金載瓚編　寫本

編者出仕の初日より歿年に至るまで五十四年間の日記にして疏、劄、筵說、批答、書啓及附錄等を併載す

○清州韓氏世系　一冊　韓應疇編　寫本

清州の人韓應疇か其の始祖蘭より自己に至る歷世の字、號、生歿、官職、行事、誌狀等を錄したるものにして哲宗三年壬子の歲に成る

韓應疇　字は公範、清州の人縣監義新の子なり純祖乙亥に生る

○三陟沈氏世系　一冊　沈晋洙等編　寫本

三陟沈氏の始祖迪冲より二十四世の孫相哲に至る世系を寫錄したるものなり

○宋熙業十二世系　一冊　宋熙業編　印本

編者の內外曾祖以下父母に至る世系並に自己の前後妻の內外世系と共に十二家の先系を錄し之に十六祖圖を冠し又十二系中文科に登りたる各人の科榜及自己兩妻の八高祖圖を卷尾に附し仁祖の二十二年甲申に刊出す

宋熙業　は礪山の人順菴寅の曾孫なり官は縣令を經たり

○梁文襄公外裔譜　一冊　寫本

世祖の時の大提學文襄公梁誠之の奏議に據り奎章閣を創立し提學、直提學、直閣、待敎の官を設け文臣を峻選して之に任し

以來十六年凡て三十人皆梁誠之の外裔なり正祖之を賞歎し丁酉の年奎章閣に命し本書を編せしむ

○慕堂內外子孫錄　三冊　寫本

慕堂洪履祥の內外子孫を列錄したるものなり其の年間は慕堂の子婿より正祖十八年甲寅に現在せし人に及ふ

○金氏分貫錄　一冊　金昌熙編　寫本

金氏分派の族貫を地方別と爲し各其の祖系を正し同族の關係を昭にしたるものにして卷首に分貫收草事例を載せ次に搢紳有司、節目等の數例を擧く卷末には各道有司邑分掌記を揭け以て本支の所掌を詳にせり

○朴氏溯源錄　二卷二冊　朴世旭等編　印本

新羅始祖朴赫居世の後孫密陽の人世旭か其の始祖の事蹟及八君分派各貫の各人を彙錄したるものなり編成は英祖四十四年戊子にして刊行は正祖の十年戊午なり

○河忠烈公貫系辨誣錄　六卷三冊　朴光輔編　印本

端宗の時の忠臣河緯地の貫鄕に付或は丹溪なりとし或は晉州なりとし丹溪の河氏と互に爭ふこと數百年に及へり淵泉洪奭周禮曹判書たりし時丹溪の河始徹と晉州の河錫中とを對質し其の丹溪にして晉州に非さることを判定す編者は河緯地と事を共にしたる朴彭年の後孫にして丹溪河氏たることを證するため本書を編せり

○文　譜　四冊　寫本

純祖、憲宗、哲宗及李太王の四代間に於ける文科登第者の姓貫を分類し父祖以上八世の名と外祖妻父との姓名とを錄したるものにして編成は李太王の末年なり

○三班十世譜　六冊　寫本

純祖後哲宗の時に至る文蔭武の三班に登りたる人の十世を錄したるものなり

○縉紳五世譜　一冊　寫本

李、金、鄭、徐、尹、趙、洪、申、沈、閔、權、朴、韓、柳、俞、宋、吳、任、姜、南、林、黃、崔、具、蔡、丁、睦、魚、

元、呂、許、曹、安、成、盧、郭、愼、白、嚴、孟、奇、張、邊、羅四十四家五世の系譜なり下部に其の外祖及妻父の名を附書し官職を傍注せり

○名人號譜　三卷一〇冊　李容民編　寫本

羅、麗以來の別號を編錄せしものにして忠孝、節義、道德、勳業及詩文、書畫に至る迄凡そ一藝一能ありて別號ある人は緇悉蒐集し僧尼娼妓に至るまで備載せり

○號譜　六冊　寫本

聞人の別號を編輯したるものにして第一冊には堂、齋、菴、軒、山、川、溪、谷等を以て分類し第二冊以下は姓を類聚し略歷を載す而して官位の高低人格の賢否は之を問はす別號ある人は一切載錄せり

年表類

○皇極經世書東史補編通載　九卷九冊　申翊聖編　印本

宋の邵雍の皇極編に基き宣祖の時申翊聖か東史の事實を參酌して補撰したるものなり邵雍の記す所は周の世宗己未契丹を征するに止まり宋の太祖受禪以下を錄せす翊聖は丘濬の編次せし史綱に法り其の目を捨てて其の綱を取り專ら高麗史、東國通鑑、東國史略等の書を根基と爲し李彥迪、李滉の遺說を襲用して編次せり筆を檀君朝鮮に起し高麗廢王禑十年以降朝鮮太祖元年壬申に至りて止む

○經世指掌　一卷一冊　洪啓禧編　印本

英祖三十四年洪啓禧か邵康節の皇極經世書を本とし帝堯以來四千有餘年間一歲を一劃とし四千二百劃を作り之に支那及朝鮮に於ける歷史上の大事を記入したるものにして後編は明太祖洪武十七年卽ち高麗廢王禑十年より朝鮮英祖三十四年までの月の大小正閏及干支朔日を列記し元會運世を以て歲月日辰に比例し其の理數を說明せり

○皇極一元圖　二卷二冊　印本

英祖五十年癸巳戶曹判書徐命膺に命して編纂せしめたるものなり其の上卷は宋の邵雍の皇極經世書に則り元、會、運、世の各年を圖に表はし其の相當の年に支那及朝鮮の重要なる歷

史上の事實を記入し下卷は英祖卽位の初年甲辰より以後一百二十年を上元、中元に分ちて作成せる千歳曆なり

○歷代紀年　三卷二冊　寫本

正祖東宮に在りし時の編にして上は盤古三皇より下は明の永曆年間に至るまて享國の遲速、年月の長短、園寢の所在、后妃の姓氏等を備載し歷代の王統をして一目の下に瞭然たらしむ

○紀年兒覽　八卷五冊　李萬運編　寫本

英祖末年李萬運か學童の便覽に資するため博く史乘に取り歷代沿革皇王統系等を簡明に編次し正祖元年丁酉李德懋之を修潤し翌年戊戌李萬運更に訂正せるものなり其の內容は支那、朝鮮に分ち第一、二、三卷は支那上古紀より淸紀に終り第四卷は歷代の國都、世系圖第五卷は檀君朝鮮より高麗第六卷は古代より高麗に至るまての地界第七卷は朝鮮の紀事第八卷は八道地圖、三朝鮮の世次圖、四郡二府、三韓世圖等なり

○歷代總目　一冊　寫本

支那太古帝堯元年甲辰より明章宗に至る歷代帝王の帝都、在位年數、改元、生壽及陵墓其の他顯著の事蹟に就き簡略に之を記載し上下約四千年間の事蹟を擧けて一小冊子內に縮寫したるものなり

○亞細亞三國歷代　三冊　寫本

朝鮮を主とし日本、支那歷代の卽位及崩御の年時等を年代の順序に從ひ列記し又附するに傳授總圖、王都表、受弑君表、登極序次圖及譜系圖を合編したる一冊を以てす

○歷代帝王傳世之圖　一冊　印本

支那唐堯元年甲辰より明毅宗崇禎十六年癸未に至る約四千年間歷代帝王傳世の要略を圖したるものにして僭國及朝鮮の事歷を以て其の下に附記す而して朝鮮は漢の宣帝五鳳元年甲子卽ち新羅始祖赫居世元年より朝鮮仁祖二十一年に至る事蹟を記載す凡例を按するに本圖は紀年を主とし帝王の興亡、立廢、崩年、篡弑等は之を特書せり

○登壇年表　一冊　寫本

宣祖二十七年甲午より李太王十六年己卯に至る歷代各營の大將たりし登壇武將の姓名幷に叙任年月日等を記錄せしものなり登壇とは大將を拜したる者を云ふ

○東史年表　一冊　魚允迪著　印本

朝鮮國を創始したる檀君の元年戊辰より李王の隆熙四年併合の時に至る四千二百四十三年間の年表にして歷代の興廢及重大事實等を摘要記入し又同時幷興せし列國は層欄を設けて之を記存し其の下に日本、支那、西洋の紀年を附し參考に便し卷首に歷代一覽表を冠す

目錄類

○摛文院奉安摠目　一冊　寫本

摛文院に藏せし王室書類の目錄にして摛文院は昌德宮內に在り奎章閣學士の直所にして正祖五年辛丑に刱建す

○書香閣奉安總目　一冊　寫本

書香閣に藏せし歷代の御製、御筆、闕王廟碑文簇子、其の他

上尊號玉冊文、御製書冊等の總目錄なり

○奉謨堂奉安御書摠目　三卷三冊　寫本

奉謨堂に藏せし王室の譜牒、誌狀、寶鑑、遺敎大寶、御製、御筆、御書、御押の摠目にして奉謨堂は正祖の時歷代書品を藏するため昌德宮內に建設したるものなり

○寶文閣册目錄　一冊　寫本

寶文閣に藏置せし書籍の目錄にして寶文閣は王室藏書の所なり

○集玉齋書籍目錄　二冊　寫本

集玉齋に藏せし書冊の目錄にして第二冊は第一冊に漏れたる書冊を收錄し集玉齋目錄外書冊と名く

○春坊藏書總目　一冊　寫本

侍講院に藏置し王世子講學の用に供したる書籍の目錄なり春坊は侍講院の別稱にして王世子所屬官職の總稱なり

○奎章總目　四卷三冊　寫本

奎章閣に藏せし支那本を經、史、子、集の四に分類し各書に就き其の編著者名と所著義例とを標し或は序跋の文を節取して其の體樣の概略を示し或は評隲の言を援引して其の編摩の得失を明にせり正祖の時奎章閣諸員に命し之を編定せしむ

○奎章閣書目　五冊　寫本

奎章閣に藏置せし書籍の目錄にして閱古觀、隆文樓、隆武樓に藏せし書冊及新に內下せる書冊、奎章閣樓上庫、樓下庫及摛文院に在りし書冊の目錄を分別して記載したるものなり閱古觀は昌德宮後苑に在りし書閣の名にして隆文樓及隆武樓は景福宮內勤政殿東西の步廊に在りし樓名なり

○內閣訪書錄　二卷一冊　寫本

奎章閣に藏置せる支那本を經史類、子集類の二に分ち各書に就き編著者及義例評隲を略附せるものにして內閣は奎章閣の通稱なり

○隆文樓書目　一冊　寫本

隆文樓に藏置せし書籍の目錄にして書架に依り分錄せるものなり樓は勤政殿の東廊に在り

○承華樓書目　一冊　寫本

承華樓に藏置せし書冊、書帖、畵帖、書簇、畵簇等の目錄にして承華樓は昌德宮に在り憲宗此の樓を建て書畵を貯藏して常に披覽せりと云ふ

○大畜觀書目　一冊　寫本

大畜觀に藏置せし書籍の目錄にして大畜觀は昌德宮內に在りし書樓の名なり

○弘文館書目　一冊　寫本

弘文館に藏置せし書籍の目錄にして書名、部數、冊數、備考等に分ち閱覽に便せり館は景福宮內に在り經籍、文翰、侍講及代撰の事を掌れり

○芸閣册都錄　一册　寫本

校書館に藏置せし書册の種類、册數及册板の種類、板數を摠錄せる簿册なり芸閣は校書館の別稱にして奎章閣に隷し其の位置宮門外に在りしを以て外閣とも稱したり

○慶州府校院書册目錄　一册　寫本

慶尙北道慶州の龜崗書院、東江書院、仁川書院、梅月祠等に所藏せし書册の目錄なり

○編輯局書册目錄　一册　寫本

韓國學部編輯局に藏せし書籍の目錄なり

○奎章閣曝書目錄　一册　寫本

隆熙二年奎章閣所藏四庫の書籍を曝曬せし時に修正したる目錄なり書名、部數、册數及備考を記し尾に其の册數總計を表示せり

○緝敬堂曝曬書目總錄　一册　寫本

景福宮內緝敬堂に藏置せし書籍を曝曬し其の書目を經、史、子、集、書畵、韻、醫、算、新奇、雜著、試帖、小說の十二部に分ちて載錄せるものにして緝敬堂は宮內燕寢の傍に在り內藏せるものなるを以て內府祕藏とも稱したり

○實錄字藪　一册　寫本

實錄字と稱する銅活字の字種及字數を錄したる目錄なり此の活字は世祖及成宗の時に鑄造し又顯宗九年にも鑄造し本字藪には之を七欌に分藏し鑄字五萬四百三十四字木字二萬七千七百五十四字あることを記せり

○韓構字藪　一册　寫本

肅宗二十六年平壤の人韓構の書を字本と爲し銅活字を鑄造す之を名けて韓構字と云ふ後正祖六年及哲宗九年にも鑄造せり其の字種及字數を記したる目錄なり

○奎章字藪　一册　寫本

奎章閣の外閣卽ち校書館に在りし活字の目錄にして當時總數十五萬一百七十字大字十萬五千六百三十八小字四萬四千五百

三十二と記せり

○芸閣字藪　二部一册　寫本

校書舘所藏の衞夫人字と稱する大小活字を七欌に配置したるもの總て十三萬六千九百字を列錄せり

○芸閣唐字藪　一册　寫本

唐鐵字大小三萬七千一百八十六字七欌所貯の字數を錄したるものなり

○新訂字藪　一册　寫本

正祖壬辰に加鑄し旁字分類して七欌に納めたる活字を記載せり大字は舊三萬四千八百四十八字新六萬七千四百七十八字合せて十萬二千三百二十六字とし又小字は舊三萬九千五百八十二字新八百五十九字合せて四萬四百四十一字あることを示せり

○生生字譜　一册　印本

正祖十六年康熙字典を字本と爲し木活字を造り之を生生字と名く卽ち其の字譜にして康熙字典の例に依り字劃の順序に從ひ字種及字數を錄し終に計數を掲け原字一萬四千九百八十六字疊字十四萬四千二百六十字總て十五萬九千二百四十六字小字此に稱ふと記せり

○各道册板目錄　一册　寫本

憲宗六年庚子各道各郡に藏貢せる書籍の板木を錄したるものにして完全と刓缺とを註記し又一部に要する紙數を詳記せり

○三南册板目錄　一册　寫本

全羅、忠淸、慶尙三道各邑に在る册板を總錄せるものにして英祖三十五年己卯之を調査し册板の刓缺と册紙の枚數とを備錄せり

○嶺南校院書册目錄　一册　寫本

慶州府の鄕校と西岳玉山書院と崇烈祠とに藏したる書册の目錄なり安東の三溪虎溪泗濱書院尙州の道南玉成近巖書院星州の檜淵書院武屹書齋等の藏書目錄を附せり

子部

儒家類

○聖學十圖　一卷　李滉著　印本

李滉か宣祖の經筵に侍せし時聖學の大端を辨し心法の至要を明にするため濂洛以來諸儒の圖說に就き其の最も的確なるものを選擇し一卷と成し每圖の下に自己の意見を叙述し以て宣祖に進めたるものなり十圖とは第一太極圖第二西銘圖第三小學圖第四大學圖第五白鹿洞規圖第六心統性情圖第七仁說圖第八心學圖第九敬齋箴圖第十夙興夜寐箴圖是なり

○聖學輯要　十三卷七冊　李珥著　印本

宣祖八年李珥か弘文館副提學たりし時聖學に益し治道に補あらしむるため撰進したるものにして眞西山の大學衍義を以て簡要を缺きたるものと爲し直に大學の本旨に據りて次序を立て聖賢の言を引いて之を考證し更に說明を加へたり分ちて五篇と爲す第一篇統說第二篇修己第三篇正家第四篇爲政第五篇聖學道統是なり此の書は同人著擊蒙要訣と共に朝鮮に於て最も廣く讀まれたるものにして英祖三十五年刊行す

○聖學輯要贊　一冊　洪儀泳著　寫本

純祖十一年辛未弘文館校理洪儀泳か栗谷の聖學輯要を演繹して三十三贊を述へ乙覽に供したるものなり

○聖學要語　四卷一冊　寫本

聖經賢傳中修養に資すへき語類を集めたるものにして敬の工夫を以て終始せり

○天命圖說　一冊　鄭之雲著　印本

鄭之雲の著す所にして金慕齋、思齋等に就きて質し李退溪證正せり第一節に天命を論し第十節存省論を以て終る退溪の圖說序を並附せり仁祖庚辰全州尹韓興一鋟梓す

鄭之雲　字は靜而、秋巒と號す慶州の人なり慕齋金安國、思齋金正國兄弟の門に學ひ意を仕途に絕ち窮居道を樂しむ明宗己巳に生れ辛酉に歿す

○三峯心氣理篇　一冊　鄭道傳著　寫本

心難氣、氣難心、心問天答の三篇より成り心難氣は佛家修心の旨を述へて老氏を非とし氣難心は老氏養氣の法を擧けて釋氏を非とす要するに儒家は心理氣の三者を說き不偏不易なるか故に三敎中第一なりと云ふに歸着す心問は上天に對して善惡吉凶の報酬屢顚倒することを擧けて質問し天答は上天之に答ふる語にして天定りて人に勝つの意を發揮す蓋し鄭道傳は麗末上下佛老に浸淫せるを慨し排佛斥老尊儒の旗幟を樹てたるものなり陽村權近本書に序し又註を施せり

鄭道傳　字は宗之、三峯と號す奉化の人高麗密直云敬の子なり高麗忠愍王の時に生れ恭愍王の時文科に登り政堂文學に至り太祖開國壬申推戴の功を以て奉化伯に封せられ官判參軍事に至る戊寅太祖の子芳碩に附して太宗を害する事を謀りて誅せられ後文憲と追謚せらる少時牧隱李穡に業を受け文學を以て名あり又堪輿の術に明なりしと云ふ外に三峯集、心理氣三編、經濟文鑑等の著あり

○宋季元明理學通錄　二卷二冊　李滉著　印本

李滉の未定稿にして筐底に藏せしか歿するに及ひ門弟遺稿を檢して之を得宣祖九年安東府をして刊刻せしめたるものなり宋の朱子より以下明の蔡虛齋、鄒立齋に至る朱子派に屬する儒者の行狀、傳記及語錄を最も簡明に列記せり

○理學綜要　三卷一〇冊　李震相著　寫本

理學の宗要を綜說したるものなり首に天道の頭腦を明にし仍て性心の體用に及ひ而して深く氣質の利病を極め然る後之に繼くに學問の路脈を以てし涵養を窮究の本と爲し省察を擴充の要と爲し之を日用の彝倫に稽へ之を天下の事業に措き因て以て聖賢主理の旨に歸宿す蓋し闢異扶正の一助と爲さむと欲するなり李太王丁酉其の子承熙門人許愈等と謀り之を刊行す

李震相　字は汝雷、寒溯と號す星州の人判書源祚の子なり

○旅軒性理說　八卷六冊　張顯光著　印本

張顯光の集中性理に關する文を集めしものなり李退溪と同しく醇乎たる朱子派にして理本氣末太極卽理の理一元論を主張す而して四端七情に關しては退溪に反し却て奇高峯に合せり本書には圖書發揮篇題、易卦總說、太極說、諸說會通、經緯

說總論、經緯排說帖序、晩學要篇、宇宙說を收む

○性理遺編　一冊　李楨著　印本

明宗十九年甲子李楨か順天府使たりし時宋の熊節纂する所の性理群書及明の胡廣輯する所の性理大全中より贊、箴、說、銘、詩、文、論、序、記、賦、行實、行狀等を拈出し彙めて一帙と爲し以て遺忘に備へ後學を警省したるものなり

李楨　字は剛而、龜巖と號す泗川の人湛の子なり中宗壬申に生れ丙申文科に魁たり官副提學に止り宣祖辛未に歿す退溪李滉の門に游ひ大道を聽き始めて宋儒の道學書を刊行す宣祖の時屢召命ありしも起たす山中に居りて學徒を敎授し詩文を以て自ら娛しむ

○性理管窺　四卷二冊　蔡之洪著　印本

古經傳中の性理に關する諸說を收錄して之に著者の私見を附記せるものなり

蔡之洪　字は君範、三患齋と號す仁川の人寒水齋權尙夏の高弟なり顯宗壬寅に生れ官縣監に至る德行あり詩文を善くす別に天文集あり英祖壬子に歿す

○性理淵源撮要　一冊　柳崇祖編　印本

易の一陰一陽之謂道を初め儒家の性理篇及釋氏、老氏、楊墨等各派の性理說中殊に其の淵源を道破せるものを采據せるものなり叙述は極めて簡單なるも頗る要領を得たるものにして性理の學說を知るに便なり中宗六年辛未編輯刊行す

○退溪高峯往復書　三卷三冊　李滉 奇大升著　印本

退溪李滉と高峯奇大升との性情辨難往復書を集めたるものなり退溪と高峯とは其の太極に關する說と四端七情に關する說とに於て各意見を異にし數回書を往復して辨難せり本書には四端七情に關する部分は未た悉ささる所あるか如し詳しくは退溪集高峯集及四端七情分理氣往復書を看るへし

奇大升　字は明彥、高峯又存齋と號す幸州の人なり中宗丁亥に生る宣祖の時に登科し經幄に侍して屢嘉謀を進め官副提學大司憲に至り壬申に歿し文憲と諡す嘗て李退溪の門に遊ひ聲名あり高峯集五冊あり

○四端七情分理氣往復書　二卷二冊　李滉 奇大升著　印本

退溪李滉と高峯奇大升との四端七情に關する辨論書を集めたるものなり四端は孟子の所謂惻隱、羞惡、辭讓、是非にして七情は子思の所謂喜、怒、哀、樂、愛、惡、欲なり此の辨論の端は鄭之雲の天命圖說に對し李退溪か後叙を書して發表せるに起り退溪の主張は四端は理よりして發し七情は氣よりして發すと斷し四端七情に理氣を區別するに在り高峯の見地は四端七情は初より二義あるに非す要するに理氣の共發にして强ひて區別を立つへきに非すとするに在り而して二氏の論爭は結著を見すして終りたり末段に天命圖說十節を附せり

○四七續篇　一册　李滉 成渾 李珥 著　寫本

退溪李滉と高峯奇大升とか四端七情に關する辨論を開始してより端なく朝鮮學界の問題となり爾後歷代の鉅儒最も力を之に傾注せり本書は退溪の說に牛溪成渾、栗谷李珥の說を加へ明宗より宣祖に亘る三儒宗の說を一册中に網羅したるものなり附錄として英祖の時の人李東か林泳と趙聖期との理氣辨後に題するの文あり

成渾　字は浩源、牛溪と號す昌寧の人聽松成守琛の子なり中宗乙未に生れ年十餘にして文才あり遂に意を擧業に絕ち專ら力を道學に效し又休庵白仁傑に就きて學ふ宣祖戊辰遺逸を以て薦められ癸酉持平を拜し官左參贊に至り戊戌六十四を以て歿す謚して文簡と云ひ文廟に從祀す朝鮮の碩儒を論する者多く退、栗、牛を推す而して牛溪は栗谷に長すること一年相倶に道義の交を爲し最も親善なりしと云ふ

○四七辨證　一册　洪重寅著　寫本

四端七情の未發、已發等の說を辨證したるものにして退溪、栗谷等先儒の言を引證して辨說せしもの多し星湖李瀷篇末に題解せり

洪重寅　は豐山の人判書萬朝の子にして官都正を經たり

○百行源　一册　英祖撰　印本

英祖孝道を崇尙し孝は百行の本にして百姓必す行ふへき所以を說き別に諺文を以て譯を附し命して刊行せしめ之を諸道に頒賜す

○孝悌編　一册　英祖撰　印本

孝悌の大義を講述し人道の大綱を闡明したるものにして癸亥

の歳英祖春秋七旬に躋り先世追慕の念切なるより此の篇を撰し卷首に興懷の序を弁し以て上印せり

○御製勸世爲孝悌文　一冊　英　祖撰　印本

英祖癸巳孝悌を勸勉するため論語に孝悌爲仁之本の義を敷演し李溵の勸義歌に擬して此の文を撰し洪鳳漢等に命して校正せしめ芸閣をして刊頒せしむ

○敦孝須知　一冊　寫本

孝を以て德の總稱と爲し百行の本を孝に歸一し古來の孝に關する言說を據集し部門を分ちて排列す孝の本然孝の體より孝と各德目との關係を說き終に孝行の例を擧けたり

○永世追慕錄　一冊　英　祖撰　印本

英祖丁卯より丙子に至る十年の閒慈殿仁元王后に致したる頌祝の詞にして丁丑母后の喪に丁り追慕して已ます其の致詞を輯錄し甲申の年之を刊行す

○御製追慕錄　一冊　英　祖撰　印本

英祖庚寅の年仲秋小學立敎篇を講するに際り父王・母后及先王を追慕し之を撰述す元仁孫等命を承けて校正し全羅道觀察使之を開刊す

○續永世追慕錄　一冊　英　祖撰　印本

英祖庚寅季秋肅宗の明陵を展し追慕の情を述へたるものにして蔡濟恭等之を校正し芸閣活字を以て印出す英祖は其の三十三年丁丑仁元母后の喪に在りて永世追慕錄を撰し又庚寅の年仲秋肅宗及景宗を追慕して追慕錄を製し更に又本書を撰せり

○孝行錄　一冊　權溥 權準 編　印本

權溥老境に躋りし時其の子權準畫工に命し二十四孝の圖を描き益齋李齊賢に乞ひ之か贊を作らしめ之を父に獻し以て慰安に供す溥自ら三十八孝行を擇ひ又益齋をして贊を作らしむ前二十四贊は十二句後三十八贊は八句なり後權近之に註解を施し跋文を加へて剞劂に付し孝行錄と名け童蒙をして詠歌諷誦せしめ以て孝道鼓吹の資と爲す

權溥　字は齊萬、菊齋と號す高麗忠烈王の時の人官大提學政丞に至り永嘉府院君に封せらる

權準　字は平仲、松齋と號す忠宣王の時官贊成に至り吉昌府院君に封せらる

○孝　說　一冊　朴敦行著　印本

朴敦行年七十三の時の撰述にして事親の節を十三段に分ち古書を引用し之を說明し以て人子のために鑑戒を垂示したるものなり

朴敦行　字は愼吾、純祖の時に生れ李太王の時に歿す志を宦途に得さりしと雖至性篤孝の士なり

○敦孝錄　五七卷三冊　朴聖源編　印本

朴聖源か古今經史の中孝行に關する文を萃編したるものなり孝經、孝義、孝敎、生事、喪事、奉祭、孝感、顯美、繼述、廣孝の目あり正祖七年癸卯序を撰し嶺藩に命して入梓刊行せしむ

○廣孝錄　二卷一冊　印本

英祖四十一年既に高齡に達し世子諸臣屢進宴を請ふの疏を上り途に受爵の典を行ふに至りたる事實を錄せり傅敎、御製文、別單其の他廷臣の謝箋、上疏、劄子を列記す

○編註廣孝論　一冊　丁若鏞著　寫本

孝道の最も重き所以と悌、齊家、睦、祭儀とを論述し後世年少輩の遵守し違ふことなきを勸勉せしものなり

○童蒙先習　一冊　朴世茂著　印本

五倫の要義を簡短に叙述し而して之れか總論を附し更に支那朝鮮の歷代世系を錄し以て童蒙の諷誦に便にし德行の涵養に資せり中宗の時の著にして首に肅宗の序及ひ宋時烈の跋あり蓋し朝鮮に於ては兒童か書を學堂に學ふは初に千字文次に此の書なり其の廣く世に行はれたるを知るへし

朴世茂　字は景蕃、逍遙堂と號す咸陽の人成宗丁未に生れ中宗辛卯文科に及第し官檢閱獻納に至る史院に在る時直言を以て權貴に斥けられ邑倅となる識者目して吏隱と云ふ本書を著し子弟に授け明宗甲午年七十八にして歿す

○擊蒙要訣　二卷一冊　李珥著　印本

栗谷李珥か幼學のために讀書窮理と立心飭躬、奉親接物等の

事を編して一書と爲したるものなり立志、革舊習、持身、讀書、事親、喪制、祭禮、居家、接人、處世等十章に分ち祠堂圖、時祭圖、設饌圖、祭儀の出入儀、參禮儀、薦献儀、告事儀、時祭儀、忌祭儀、墓祭儀、喪服中行祭儀等を卷尾に附せり宣祖丁丑編輯刊行す

○童學初讀　一冊　寫本

童幼初學のために天地人道を略說し章句と爲したるものなり

○愚谷訓子格言　一冊　姜德後著　印本

姜德後か子弟敎訓のために編纂したるものにして統說、立志、收斂、格物、致知、誠實、矯氣質、養志氣、正心、檢身、恢德量、改過遷善、敦篤正家、事親、刑內、敎子、友兄弟、序長幼、信朋友、親親、御婢僕、待鄕黨摠論の二十三條に分說し卷尾に洪奭周の跋文あり

姜德後　字は懋叔、愚谷と號す晉州の人應敎克誠の曾孫なり宣祖丁未に生れ仕官を求めすして經傳を潜究す顯宗戊申に歿す

○夙惠記略　一冊　印本

初學者の矜式に資するため幼にして夙惠なる者の小傳を輯めたるものなり其の記す所始生として神農氏、帝嚳高辛氏、蒼頡幷に釋迦佛老子等を擧け次て七八月若は周歲の者又三歲より十五歲に至る者次下には總角十餘歲二十歲に至る少年の夙惠なる者の事歷を記述せり

○進修楷範　二卷二冊　柳雲編　印本

古書の中より修德に資する文句を拔萃して備忘と爲したるものなり中宗十四年之を刊行す事父母、處兄弟、撫宗族、御卑幼等の九門あり

柳雲　は文化の人なり燕山君の時に登科し官大司憲に至る己卯の士禍に黜けられ縱飮疾を成して歿す文敬と謚す別に文集あり

○古今士範　二卷二冊　寫本

支那古來の名士の言行を四字題を設け其の大要を抄錄したるものなり

○內訓　三卷三冊　昭惠王后撰　印本

德宗の妃韓氏の撰なり韓氏閫德夙に顯れ歷代后妃中其の比類を見す妃嬪のために內訓七篇を纂述手書して規箴と爲したるもの卽ち是なり

昭惠王后韓氏　は淸州の人左議政韓確の女にして世祖丁巳誕生し世祖乙亥粹嬪に冊し成宗を生む成宗辛卯德宗追崇の時妃に進封し春秋六十八敬陵に葬る

○女四書諺解　四卷三冊　印本

後漢曹大家の女誡唐宋若昭の女論語、明仁孝文皇后の內訓、明王節婦の女範都合四種の書を集め諺文の句讀及解釋を附したるものにして英祖の序あり

○小學諺解　六卷五冊　英祖命編　印本

小學諺解には舊本ありしも完全ならす英祖二十年甲子更に其の繁冗を删り精校を加へ以て刊行せしむ

○小學抄略　二冊　寫本

朱子小學の內則以下を略抄し之を內篇とし嘉言以下を略抄し之を外篇とせり

○小學抄略諺解　二冊　寫本

小學の要旨を抄略し內外二篇に分ち諺解を附したるものなり

○御製小學指南　二卷一冊　英祖撰　印本

英祖丙戌小學を重講したる時題辭と內外篇に就き訓義を作り俞拓基等に校正を命し活印せしめたるものなり

○小學問答　二卷一冊　朴準源著　印本

正祖二十年丙辰純祖東宮に在りて小學を講せし時著者小學の問目に從ひ答述し之を編次したるものなり純祖二年壬戌の刊行に係る

○小學校言　一冊　丁若鏞著　寫本

小學に據り各篇の諸節を列擧し其の下に字句及要旨を解釋して舊註を補ひたるものなり又大學講義一卷と心經密驗一卷とを合編す本書は與猶堂集第二百卷七十八冊に收む

○海東小學　六卷二冊　朴在馨編　寫本

高麗以來の名儒、碩輔、遺逸、義士、淑媛等の嘉言、善行を諸書より捃摭し朱子小學の篇目に依り彙分類別し以て範世陶俗の資と爲したるものなり

○心經釋疑　四卷一冊　李滉撰　印本

李滉か宋の眞西山の心經を講する際其の字句に就き解釋を下せるを門人李德弘、李咸亨等の手記せるものなり後此の書江湖に傳播し筆寫の際往往にして眞を失ひ謬を傳ふ孝宗最も心經を愛讀し顯宗亦之を喜ふ肅宗に至りて宋時烈等盛に宋學を皷吹するあり終に時烈、朴世采等に命して心經釋義を官刊せしむ時烈等因りて李德弘の子孫より古正本を獲て更に之を校正し繁雜を去り簡明にし以て定本と爲す字句の澁晦なるものは別に諺文を以て解釋を施せり

○心經發揮　四卷二冊　鄭述編　印本

編者西山眞德秀の心經に倣ひ特に條章を加へ程朱諸先輩の言を以て羽翼とし周濂溪太極圖說、伯程子定性書、程伊川好學論、張横渠西銘、朱子仁誠等の說及程朱行略を以て附錄とし之を心經發揮と名け宣祖の三十六年癸卯刊行す

○心經標題　二卷一冊　李咸亨著　寫本

李退溪の心經講義を本とし更に諸書を參考し難字句を註釋せるものなり

○心經質疑考誤　一冊　曹好益著　印本

心經質疑の誤謬を攷正せるものなり心經質疑は李退溪の門人受業質疑の際師の答を錄したりと稱するも曾て退溪の校閲を經たるものに非す往往誤謬を傳へたり是れ考誤の著ある所以なり

○心經密驗　一冊　丁若鏞著　寫本

心經は心を治むるの要書なるを以て著者研究を加へ各節に案說を附し以て體驗を警む大學講義小學枝言二書と合編し與猶堂集第二百卷七十八冊に收む

○心學至訣　二卷一冊　朴世采編　寫本

朴世采か肅宗の經筵に侍して心經を講せし時其の根本義たる居敬の工夫に最も力を注き心經中の諸文の外經傳中より居敬に關する語句を捃摭し之か次第を立て其の題目を分てるものにして敬之綱條、敬之工夫、敬之事義、敬之病痛、敬之地頭、敬之配合、敬之管攝、敬之功效の目あり

○近思錄釋義　一四卷四冊　鄭　曄著　印本

鄭曄か近思錄を以て聖學入門第一の書と爲し最も力を之に注き難解の箇處は諸儒の說を引き併せて自己の主見を加へ以て本書を編成す後改訂を加へて上梓す

鄭曄　字は時晦、守夢と號す草溪の人明宗癸亥に生れ宣祖十六年に及第し官參贊に至る栗谷の門人にして沙溪金長生と同學なり仁祖乙丑に歿す別に國朝寶鑑錄の著あり

○星湖近思錄疾書　一四卷一冊　李　瀷編　寫本

星湖李瀷か近思錄中より拔萃し之を十四卷に分ち箋解を加へ家塾子弟の講習に便せるものなり

○夙興夜寐箴註疏　一冊　盧守愼撰　印本

中宗の時盧守愼島配中に在りて宋の陳栢の夙興夜寐箴を讀み其の辭旨の簡切にして工夫の周密なる大に聖賢の學に效ありと爲し乃ち先儒の成說を摭取し逐條註疏を加へ宣祖の時に至り之を進獻す宣祖嘉納し校書館に命して印行せしめ僧杜渴更に醵財私刊せり後英祖の時本書に附するに聖學十圖中に在る箴圖を以てし校書館に命し印行せしむ

○敬齋箴集說　一冊　李象靖著　印本

李象靖か宋の朱子敬齋箴を正條とし程朱以下諸學者の敬に關する諸說を列擧し朝鮮にては李退溪の說を加へ而して按の一字を下して自家の意見を挿入せり卷首に宋の王魯齋の敬齋箴圖を揭け一目瞭然たらしむ

李象靖　字は景文、大山と號す肅宗辛卯に生れ密庵李栽の門に學ひ英祖乙卯及第し刑曹參議となる後安東に退いて帷を下し子弟を敎育す極めて正統なる退溪派の學者なりと云ふ正祖辛丑に歿す

○聖賢道學淵源　一冊　寫本

書經の精一執中人心道心の語を冒頭とし以下四書及程朱の語

に及ひ以て道學の淵源を示せるものなり

○兩賢傳心錄　八卷四冊　正祖命編　印本

正祖二十年朱熹の封事、奏文及賦詩に就き朱子の學說、政論及尤庵の封事、奏文、詩文中其の主張人物の見るへきものを集めしめ之を兩賢傳心錄と名け國內に行はしむ別に附錄あり朱熹及宋時烈の傳を載せり

○兩賢淵源錄　一冊　朴悗編　印本

新堂鄭鵬、松堂朴英二人の詩文及其の墓誌、行狀、弔祭文、挽詞等を收拾し一書と爲したるものにして新堂は性理の學に沈潛し松堂に就いて學ひ師弟の情甚た厚し金應祖の跋文に曰く新堂の學以て松堂を啓發するあり則ち淵源一脉概ね想見すへし云云肅宗四十六年庚子朴悗之を編次印行す鄭鵬字は雲程新堂と號す善山の人なり世祖丁亥に生れ成宗丙子進士となり壬午文科に登り燕山君の時弘文館校理を以て事を論し盈德に杖竄せられ中宗靖國後復叙して校理となりたるも辭して赴かす其の壬申に歿す朴英字は子實、松堂と號す密陽の人なり家世將種にして弓馬に習ひ豪邁不群武科に登り宣傳官に叙せられしも成宗殂落後燕山君の政亂るるを知り家を挈けて鄕に歸り一意讀書し大學を鄭新堂に受け沈潛講究遂に大義に通せり後官に就き累遷して慶尙左道兵使となり中宗庚子に歿す謚を文穆と贈らる

○學　顏　錄　一冊　朴吉應編　印本

顏子の言行及之に對する諸儒の評註を編集したるものにして卷首に其の師旅軒張顯光の宇宙要括十帖及標題要語等を載す

朴吉應　字は德一、眞靜と號す密陽の人縣監信の子なり宣祖戊戌に生れ仁祖甲戌蔭職察訪を以て文科に登り官承旨に至る

○警　心　箴　一冊　金光粹撰　寫本

撰者の心得せし十箴を作り以て自警としたるものなり事親、輔君、祭廟、正家、友愛、謹刑、廢讒、愼色、結友、安貧等十條の目を設く

金光粹　號は松隱、義城の人なり世祖戊子に生れ燕山君辛酉進士に中り明宗癸亥に歿す文學衍義を以て義城藏待書院に享す遺集あり世に行はる

○醒心錄　三卷一册　寫本

上卷は孔子より孟子に至り中卷は周濂溪より李燔に至り下卷は鄭圃隱より宋尤庵に至り言行の法るへきものを摘取編錄したるものなり

○儒學經緯　一册　申箕善著　印本

儒學を經緯より見て五門に分ち一に理氣二に天地形體三に人道四に學術五に宇宙述贊を述へ李太王三十三年丙申刊出したるものなり

申箕善　字は言汝、陽園と號す平山の人汾涯㬊七世の孫なり哲宗辛亥に生れ李太王十四年丁丑文科に登り甲申の政變に己島に流されしも甲午宥還せられ官叅政大臣に至り隆熙三年己酉に歿す

○仁經　二〇卷七册　沈能圭著　寫本

十三經及心經、近思錄、性理大全、小學、朱子大全、語類等の書より仁字に關する文句を摘取したるものなり卷首に五行人體性情圖、七性九位圖、仁說圖等を附せり

沈能圭　字は士龍、月浦と號す三陟の人漁村彥光の後孫なり正祖庚戌に生れ哲宗己未進士に中る

○求仁錄　四卷二册　李彥廸著　印本

李彥廸平安北道江界に配せられ勉學求道の志愈堅く泰然として講誦に從事す謂へらく仁、義、禮、智、信は五達德にして仁之か首たり所謂仁は萬善の本なり孔門の千萬語要は求仁を說けるに外ならすと因りて四書五經より程、朱、張、眞等宋儒の仁を說ける章句を摭集して之に註釋を加へ以て四卷と爲し求仁錄と名つく書の成りしは明宗五年に在り

○種德新編　三卷二册　金堉著　印本

著者金堉幼時小學を讀み感激する所あり遂に道德涵養の要項を主とし此の書を成せり仁祖の序文あり

○種德新編諺解　三卷二册　金堉著　印本

種德新編に諺文を以て解釋を附したるものなり

○古鏡重磨方　一册　李滉編　印本

支那の古書中上は湯の盤銘より下は朱晦菴眞西山の述作に至るまて苟も磨心の材料となる可き箴銘を摭錄したるものにして明鏡の本體玲瓏なれとも塵翳之を覆へは則ち曇る人心亦然り私欲之を蔽へは則ち其の本體を失ふ人人其の心を磨することと須らく古鏡を磨するか如くなるへしとの意に出つ宣祖四年後門人寒岡鄭逑之れを刊行す

○海東續古鏡重磨方　一冊　朴左馨編　寫本

李退溪の古鏡重磨方に倣ひ海東賢君名臣の箴銘を摭取して編次したるものなり卷首に正祖の詩朱子及退溪の詩を掲く

○自省編　二卷二冊　英祖撰　印本

○續自省編　一冊　英祖撰　寫本

前書は英祖二十二年後書は同三十五年に於て各內外二編を撰し李喆輔、元景夏、趙明履等をして校考せしめたるものなり其の內編は身心を以て主眼と爲し外編は鑑戒を以て要旨と爲し倶に自省に資せしものなり

○後自警編　六卷六冊　金昌集編　寫本

肅宗の時金昌集か宋の趙善璙著す所の自警編の例に倣ひ朝鮮古今人物の行誼事業の以て鑑戒と爲すへきものを集めたるものなり李頤命の序文正祖の跋文あり

金昌集　字は汝成、夢窩と號す安東の人仁祖戊子に生れ顯宗癸丑進士となり肅宗甲子登科し官右相に拜し尋て領議政に陞る景宗壬寅建儲の事に關し士禍に遇ひ巨濟島に竄謫せられ竟に死を賜ふ

○廣補自警編　五卷三冊　寫本

序文に採二本朝之退溪、栗谷、尤庵三先生之言一以附焉とあり又於二宋人自警本編一精抄二其格言至論一付二之篇末一合以名レ之曰二廣補自警編一とあり大體は漢士の學問事業行誼を主とし朝鮮先儒の言論をも採錄したるものにして宋の趙善璙著す所の自警編に倣ひ編纂したるものなり目を分つて修己、識量、出處、格君心、知人、爲政、安民、自警本編鈔等と爲す

○宇宙要括帖　一冊　張顯光著　印本

旅軒張顯光の著なり會眞、一原、俯仰、中立、傳統、載道、景慕、傍搜、遠取、反躬の十帖を首に掲け標題要語と方寸持

存法及劄記とを附す皆心性の學に補益せんと欲するに似たり

○宙衡　二五卷一四冊　李　縡編　寫本

父子、君臣、夫婦、兄弟、朋友、學術、治道、出處、應事接物、尚論人物等の十目に分ち經、史、子、集中より之に關する事類を抄錄したるものなり

○下學指南　二卷二冊　安鼎福編　寫本

論語の下學而上達の義を取りて讀書、爲學、心術、威儀、正家、處己、接人、出處の八條に分ち經傳の金科玉條及古人の嘉言、善行を援据し以て警省の資に供し又二六時中の行事を分別彙編し以て首卷とせり

○三先生遺書　三卷一冊　朴世采編　印本

退溪李滉の聖學十圖と牛溪成渾の爲學之方（後朱門旨訣と改む）と栗谷李珥の擊蒙要訣の三書を合編したるものなり肅宗乙丑安邊府使沈壽亮之を印板す

○書社輪誦　一冊　李　縡編　印本

陶庵李縡か濂洛諸賢の文字中最も學問に切要なるもの三十餘編を選取し從學の徒をして輪次迭誦せしめたるものなり英祖二十六年庚午門人洪啓禧之を刊行す

○九社學規　一冊　寫本

天命、物則、九容、九思、敬之全體、反隅、座右銘、愼獨、六種心、義利解の十科に分ち學規を作りたるものなり或は曰ふ茶山丁若鏞の撰なりと又皓堂李象秀の撰なりとの說あり尾に吳恒默の勸勉文及詩と孟鎭鶴の勸學論及詞を附す

○大東正路　六卷五冊　許　傳著　印本

李太王四十年許傳か古道の衰亡を嘆し世態人心を矯正せむとして編次したるものなり初に漢、唐、宋、明各代に於て儒敎を尊崇し國家の治平を致せし故實、沿革等を說明し之に次くに朝鮮古今の名臣巨儒の善言德行を附記す

○御製讀書錄　一冊　英　祖撰　印本

英祖沖歲講學年條と書名とを列錄し正祖の向學を勸勉したるものなり英祖四十三年丁亥刊行す

○日得錄　二冊　寫本

奎章閣臣等か正祖の言を記錄し程朱の語錄等の書に倣ひたるものにして政事、文學、人物、評論等あり

○課誦　一冊　寫本

古鏡重磨方中より拔萃したるものにして文祖の課誦に供したるものなり其の目次は成湯の盤銘武王の席四端銘、鑑銘、盤銘、杖銘、范蘭溪の心箴、朱晦庵の遊藝銘、書字銘、窓銘、敬齋箴、六先生畫像贊、書畫象自警、張南軒の主一箴、吳草廬の和銘、陳茂卿の夙興夜寐箴、禮記の九容、九思及張横渠の六有等なり

○讀書記　四卷四冊　朴世采著　寫本

朴世采か小學近思錄、大學、中庸を以て道に入るの無二門と爲し朱子の註釋中猶ほ未た曉り易からさる所ありとし普く朝鮮諸儒の說を參考し之に自見を加へ解釋せしものなり顯宗九年に成り肅宗三年丁巳更に數言を補記せり讀書の餘に成れるより之を讀書記と名く

○關西問答錄　一冊　李全仁編　印本

晦齋李彥廸明宗二年丁巳平安北道江界に謫せられ庶子全仁之に隨ひ朝夕側に侍し學問に關する問答を爲して敎益を受け之を記集して關西問答集と名け顯宗六年全仁の玄孫弘熙、月沙李廷龜の孫李端相に託して上梓す附錄として李全仁の進修八規疏を載す疏は全仁か宣祖に上りて父晦齋の忠義を辨明せるものなり

李全仁　字は子敬、潛溪と號す晦齋の庶子なり明宗の時に生れ篤學行義を以て聞ゆ官禮賓正に至る別に晦齋言行錄の著あり宣祖の時に歿す

○困齋愚得錄　三卷三冊　鄭介淸著　寫本

鄭介淸の筆錄にして多く道學修養に關する說を載せり其の他宣祖に上れる疏文及書牘を合編し卷末に行狀事蹟を附せり

鄭介淸　字は義伯、困齋と號す羅州の人中宗の時に生れ幼にして學に志あり易學律呂に至るまで研鑽遺す所なし中年京城に出てて開城の徐花潭に從學す晩年全羅南道務安の滝潭に卜居して道を講し遠近來り學ふ者甚た多し其の學は一に程朱

の規に從ひ稱して醇粹と爲す鄭澈と素と惡し澈の上卿となるに及ひ困齋に排節義說の著ありと稱して之を擠し慶源に謫せられ宣祖十一年其の地に歿す

○南冥學記類編　五卷二冊　曹植編　寫本

前賢言行の省察存養に有益なるものを鈔錄したるものにして一卷は道の體を論し二卷は學の要を論し三卷は致知存養を論し四卷は臨政敎人を論し五卷は異端を論し卷末に太極圖等の圖式を附す

曹植　字は楗中、南冥と號す昌寧の人なり中宗癸卯に生る少時豪氣絕倫奇才自ら負ふ二十餘歲にして學術大に進み知る所必す之を行はすんは已ます明宗宣祖の際屢遺逸を以て召されたるも起たす官判官に止まり光海君庚申に歿す領相を贈られ謚を文貞と云ふ

○溪山記善錄　一冊　李德弘著　寫本

李德弘か其の師事したる朱子學の泰斗李退溪の學問品性より日常瑣事に至るまで親炙指導を仰ぎたる問答體の隨筆にして外曾孫金萬烋之を編次し後進の訓戒に資す

○陶菴語錄　一冊　朴大陽編　寫本

陶菴李縡の語錄にして朴大陽の編成せるものなり李縡は肅宗の時に登科し官副提學に至り致仕して復た出てす帷を下して子弟を敎ふ朝鮮名儒の一人なり

朴大陽　字は聖中、東岡と號す陶菴の門人なり

○華西雅言　三卷三冊　金平默編　寫本

華西李恒老の門人金平默か華西の論道文字と語錄及家庭拾錄に散在するものを彙文類輯して三十六篇八百九十一條と爲したるものなり李太王十一年甲戌に成る

金平默　字は穉章、重菴と號す孕友堂湜の後孫にして華西李恒老の門人なり純祖己卯に生れ李太王の時入仕し官監役と爲る

○寒岡言行錄謬條辨破錄　一冊　印本

鄭寒岡逑の言行錄を刊行するに際し鄭家より張旅軒顯光を門人の首に錄したるより張家より確證を引據して辨駁したるものなり

道家類

○莊子辨解　一册　韓元震編　寫本

韓元震か其の友成君覺の請に應して撰述したるものなり莊子の學孔孟の道と異なる所を辨破して學者の迷徑を回さしめんとせしものなり內篇各章の大意を說くに止む肅宗四十二年丙申に成る

韓元震　字は德昭、南塘と號す淸州の人遂菴權尙夏の門人なり宣祖の時に生れ光海君の時官執義兼經筵官となる文章浩博嘗て李巍岩と本然氣質の性を論し往復爭辨せり孝宗の時に歿す文純と諡せらる

○句解南華眞經　一〇卷一〇册　印本

明林希逸の句解したる莊子の書を諺文にて口訣を述へたるものなり卷末に李士表の新添十論を附せり

○敬信錄諺釋　一册　印本

道敎の諸說及各種應報の事蹟を集めたる敬信錄を諺文を以て譯せるものなり道敎の說に據れは禍福は人の自ら招くものにして幽冥に諸神あり各人の行動を玉皇上帝に報し其の裁斷に依りて吉凶の果を下すものなり故に諸惡莫作諸善奉行を敎理の第一義とし經文、呪文を作りて善を勸め惡を懲すを方便とせり

○感應篇圖說　五卷五册　印本

善惡感應必然の理を圖說したるものなり經典は已に敬信錄に收めたるを以てこの感應篇は漢文に諺文の譯を附し且圖を加へて了解に便せり李太王の命刊に係る

○三聖訓經　一册　印本

關聖帝君（蜀漢の關羽）、文昌帝君（晋の張亞）、及孚佑帝君（唐の呂巖）の經文に諺文の譯を附したるものなり三聖共に生前の功德に因り仙果を成し天宮に陞り帝君の位を得て下界人間の善惡を監視し禍福を降すと是れ淸の時に至り俄に勃興せる道敎の一變態なり而して三帝中關帝最も强力にして至上至尊三界伏魔大聖關聖と稱す文昌帝君は擧科の司部神にして司祿職貢擧眞君と稱し孚佑帝君は諸願成就の神にして四生六道有

感必孚、三界十方無求不應と稱す

○過化存神　一冊　印本

關聖帝君の覺世眞經、救刼文、附對聯句、靈驗記等を編刊して八方に均布したるものなり李太王の命刊に係る

釋家類

○白花道場發願文略解　一冊　釋義相著　釋體元註釋　印本

新羅の僧義相の原著にして高麗忠肅王十五年戊辰釋體元原文各節の下に註釋を加へ甲戌鷄林府に於て開板したるものなり

釋義相　俗姓は金氏新羅眞平王甲申に生れ眞德女王庚戌の年唐に入りて終南山智儼尊者に從ひ華嚴經を受く既にして玄關に達し法界圖を製して尊者に進む尊者覽て嗟嘆し更に之か解釋を作らしむ義相乃ち筆を揮つて編を成し世に行はる義相洛山觀音窟に詣りて禮拜發願する時此の文を述ふ新羅孝昭王辛丑三月法齡七十八を以て坐脫す高麗に至り圓敎國師を追謚し制して海東華嚴の初祖と爲す

○華嚴經觀音品別行疏　二卷一冊　釋體元著　印本

釋體元の華嚴經觀音品註疏を覺華寺住持性之の校勘せしものなり

○看話決疑論　一冊　釋知訥著　印本

禪敎共に一實道に歸すとの旨意を以て禪門十種病其の他諸種の疑問を華嚴經、圓覺經等に涉り辨說せしものなり高麗高宗二年乙亥其の高足無衣子慧諶及太師崔沆の跋文あり光海君戊申順天の松廣寺に於て刊行す

釋知訥　別號は牧牛子高麗末の人にして元に入り順帝の國師となり普照と號す曹溪山十六祖師の中第一祖師なりと云ふ

○牧牛子修心訣　一冊　釋知訥著　印本

牧牛子の修心訣を慧覺尊者信眉か諺文を以て翻譯したるものにして中宗六年庚申慶尙南道陜川郡鳳棲寺に於て開板す

○禪宗唯心訣　一冊　釋延壽著　印本

禪宗唯心の心訣を叙述したるものにして中宗六年庚申慶尙南

道陜川郡鳳栖寺に於て開板したるものと光海君初年己酉慶尙北道聞慶郡圓寂寺に於て再板したるものとあり

○禪門拈頌集　三〇卷一〇册　釋慧諶編　印本

釋慧諶か高麗高宗十三年海東曹溪山修禪社に在りて編錄せしものなり由來禪門は不立文字と稱するも其の源を得むと欲すれは其の流を尋ねるに如かさるを以て諸佛祖の拈頌等に就いて凡そ千百二十五則を採集し以て悟宗論道の資と爲せり朝鮮仁祖十四年全羅南道寶城地大鳳山大原寺に於て開刊す

釋慧諶　は眞覺大師と稱し無衣子と號す高麗高宗の時の人佛日禪師の法嗣にして曹洞宗の智識なり

○禪門拈頌說話　三〇卷五册　釋覺雲著　印本

覺雲禪師か禪門拈頌集の拈中の語を摘擧し之に詳密なる說話を施したるものにして高麗にては廣く世間に行はれ禪門必讀の書となれるか如し然るに朝鮮に至り佛敎排斥せらるるや此の書亦世に出てす深く山寺に藏せられたるを天隱子別號三敎了父なる處士之に序を弁して肅宗甲子に開刊す

覺雲禪師　は龜谷と號し高麗高宗の時の人にして釋慧諶の門弟なり

○觀音現相記　一册　崔恒撰　印本

世祖七年壬午京畿に巡狩し砥平上院寺に駐蹕す其の日觀音菩薩現相し祥光朗耀として天地を燭照すること良や久ふして散す世祖大に歡慶し寺に優賞を與へ諸罪人を赦宥し政府以下奉觴稱賀し勳府は像を造り殿を營む仍て命して圖畫を國內に遍布し崔恒に命し現相記を撰せしめたるもの卽ち此の記なり

○佛事問答　一册　釋普雨著　印本

水月道場空華佛事如幼賓主夢中問答の名に據り客と道人とに託し佛事に付ての問答を記したるものにして解し易からしむるためあ諺文を以て句讀を附せしものなり

釋普雨　號は虛應又懶庵と稱す江原道麟蹄郡雪岳山百潭寺の僧なり禪旨に深く文詞に長し明宗朝禪敎兩宗を復立し佛敎を八道に弘布す明宗二十年臺諫及大學生等の連章に因り濟州に流され遂に殺さる

○念佛普勸文　一册　釋明衍譯　印本

肅宗三十年甲申慶尙北道醴泉郡龍門寺の僧明衍か諸佛經の說を摘取し次て念佛文と爲し之を諺文に譯解し一般に普勸したるものなり

釋明衍　は淸虛大師の後裔なり

○龍珠寺祈福偈　一冊　正　祖撰　搨本

正祖二十九年乙卯水原花山顯隆園の齋宮として龍珠寺を建立したる時偈語を作り之を手寫して報恩供養の誠意を表す

○濟衆甘露　二冊　釋普圓等編　印本

李太王九年壬申より十二年乙亥に至る四載に亘り三角山甘露庵主普月暨正觀か七所の法筵に臨み苦海慈雨品、十種圓信品、普光蓮花品、一切圓通品、如是偈讚品、妙現授記品、返本還源品、無盡方便品、不可思議品、轉不可說等を說きたる語錄にして十五年戊寅の春刊行したるものなり

○經文纂鈔　一冊　釋井幸編　印本

華嚴法華摠持序及大方廣佛華嚴經疏序、略纂偈、摠持門、妙法蓮華經釋題、陁羅尼天王呪等を鈔編したるものにして間間諺文を挿入せり李太王二十二年乙酉海印寺に於て開刊す

○三門直指　一冊　印本

佛門の眞訣にして卽ち念佛門、圓頓門、經截門の三門に分つ念佛門は念佛法及眞言偈頌等を載せ圓頓門は牧牛子の成佛論問答と義湘師四法界圖頌を載せ經截門は牧牛子決疑問答と休休菴坐禪文並精進圖說看堂規等を揭く間間諺文を以て譯を施したる個所あり英祖四十五年己丑安州隱寂寺に於て開板す

○禪家龜鑑　二卷一冊　印本

佛家の要語を摘取し諺文を以て註釋を施したるものなり

○山史畧抄　一冊　寫本

諸佛の出世及住世、袈裟、鉢具の制度緣起、其の他諸法の傳統等を編錄したるものにして哲宗癸亥に成る

○名僧集說　一冊　印本

牧牛子の誡初心學人文と元曉像の發心修行章、野雲像の自警序並に頌及佛說像法滅像經等を合編したるものにして李太王

二十年癸未海印寺に於て重刊す

○禪宗永嘉集諺譯　二卷二冊　世祖命編　印本

唐永嘉沙門玄覺之を撰し宋石壁沙門行靖之を註し晋水沙門淨源の修定科本にして世祖元年丙子口訣を親定し慧覺尊者信眉等諺文を以て之を飜譯し判教宗事海超、孝寧大君補等門に依り科を逐ひ叅詳讐校し之を刊行す後中宗庚辰安陰縣長水寺にて重刊せり

○大報父母恩重經諺解　一冊　印本

佛說大報父母恩重經を諺文を以て音義を附したるものなり正祖の時内閣に於て刊出す

○阿彌陀經諺譯　一冊　崔錫舜譯　印本

阿彌陀經を諺文にて飜譯したるものなり卷尾に淨土往生呪を附せり李太王光武九年乙巳崔錫舜等の刊板する所にして十一年丁未の年釋性月三角山安養菴に於て印出したるものなり附錄として往生記を載せり

○天地八陽神呪經　一冊　印本

三藏法師義淨の釋教文に諺文を以て句讀を附したるものなり竈王經、歡喜竈王經を附載す

○五大眞言　一冊　印本

德宗王妃か佛經の中五大眞言を諺文を以て飜譯せしめたるものなり附錄として靈驗略抄を載す

○眞言集　三卷三冊　釋朗奎編　印本

佛經中の眞言を蒐輯し梵文を漢字と諺文とを以て對訓したるものなり初め龍岩禪師其の高足白岩と與に刊行し和順郡萬淵寺に其の板を藏せしか回祿の災に遭ふ因て編者更に原本を修正し正祖二十四年庚申楊州道峯山望月寺に於て重刊す又別に肅宗十四年戊辰寧邊妙香山普賢寺に於て開板せるものあり

○請文　一冊　印本

佛家の眞言請文に關するものを蒐錄したるものなり曾て板本ありしも刓缺せしを以て肅宗四十五年己亥陜川郡伽倻山海印

寺に於て重刊し李太王二十年癸未更に七星請儀文を附して印出せり

○雲水壇歌詞　一冊　印本

佛偈眞言等を抄錄せしものにして孝宗己亥昆陽棲鳳寺の比丘僧敬熙之を刊印す

○釋門家禮抄　一冊　釋　眞一編　印本

釋門の吉凶二禮に就き仁祖の時釋懶菴眞一支那の慈覺大師禪院清規及應之大師五杉集並に釋氏要覽の中より要項を抄出したるものなり孝宗十年己亥に刊行す

○雲水僧家禮　一冊　印本

佛家の讃、偈、頌、供養に關するもの及送迎魂式の次第を記述したるものにして肅宗四十五年己亥海印寺に於て重刊す

○佛家日用集　一冊　釋　井　幸編　印本

李太王六年己巳釋井幸か佛家の禮節佛誦呪念佛心經及日用語點作法の要妙文句等を編錄したるものなり書中梵字又は諺文にて書したる所あり十九年壬午の年之を續刊す

○水陸無遮平等齋儀撮要　一冊　印本

水陸無遮齋の儀式を摘錄し間間印法圖及眞言等を載せり宣祖二十年甲戌忠清道恩津縣雙溪寺に於て開板したるものなり

○仔夔文節次條例　一冊　釋　聖　能編　印本

水陸齋供の儀文を潤盆し景宗四年甲辰海印寺に於て刊行したるものなり

○施　食　儀　文　一冊　釋　東　賓編　印本

佛家の迎魂儀式を編次したるものにして大刹四明日迎魂施食儀文と題せり肅宗三十六年の刊行に係る

○茶　毗　文　一冊　印本

茶毗の作法を詳述したるものにして李太王壬午秋淡堂井幸大師海印寺に於て重刊す

○西域中華海東佛祖源流　一冊　釋釆永編　寫本

印度、支那及朝鮮に於ける佛教の法嗣系統を記載せしものにして初に七佛名を書し西天は第一祖摩訶迦葉より菩提達摩に至り支那に在りては達摩を初祖とし及菴信に至り及菴より更に海東に傳はり平山處林懶翁、石屋淸珙太古に及ひ遂に太古を以て臨濟の正脉とし爾後の各法嗣及門派諸弟の名を其の系下に記し英祖時代に及ひ次に海東禪派正傳圖、高勾麗、百濟、新羅、高麗の祖師並に曹溪山十六師の名を錄せり卷初に釋迦如來成道應化事蹟記實を掲け卷末に行蹟塔銘及跋文あり英祖四十年全州終南山松廣寺に於て刊行す

○西域中華海東佛祖源流　一冊　釋畊妙編　寫本

僧畊妙か釋采永の編したる同名の書を抄錄編次したるものにして蘇東軾の序及李浩の跋あり

兵家類

○兵將說　一冊　世祖撰　印本

世祖は朝鮮歷代中最も兵事に心を用ひ性格剛毅果斷將略あり機に臨み事に應して諸將に訓示する所皆鑿鑿として肯綮に中れり然れとも其の言簡潔にして解し易からさるものあり因りて時の名臣申叔舟、鄭麟趾、姜希孟等之に註釋を施したるもの卽ち本書なり兵說、將說、兵法大旨あり簡にして要を得何れも兵家の箴と爲すに足る

○兵將圖說　一冊　印本

文宗の命撰に係る陣法書を修訂せるものなり陣法書は文宗元年初刊の後更に大字小字の二本あり小字陣法書は端宗三年に成り大字陣法書は世祖四年に成り概ね大差なしと雖節目に至りては互に出入不同あり成宗之を慽とし其の二十三年柳子光等に命し更に再訂して定本と爲さしめ之を印行す卽ち本書なり其の體裁を見るに項目內容は初板の陣法と異る所なく唯諸種の圖は卷末に載せしを此には初に收め文を後に載せたり

○續兵將圖說　一冊　英祖命撰　印本

成宗の時兵將圖說あり古今の陣法を說けり其の後制度變遷あり英祖二十五年己巳趙觀彬、朴文秀、具聖任、金聖應、金尙魯等五人に命し更に兵將圖說に續いて本書を成さしむ其の體裁及內容等兵將圖說と大差なし初に武旗を掲け次に九宮八陣

六花、圓陣、方陣、直陣、鋭陣、疊陣、鶴翼、曲陣、玄武陣等諸種の陣形終に形名、結陣、軍令を示せり就中軍令を說くこと最も詳し

○兵學通 二卷一冊 正祖命編 印本

正祖即位の初張志恒等に命し編輯せしめたるものにして大體は續兵將圖說及兵學指南に依り又之に現行練習の圖を加へたるものなり收むる所場操、別陣號令、分練、夜操、城操、水操、陣圖等にして皆當時實行せるものに係り今の操典に類せるものなり正祖九年に刊行す

○兵學指南 五卷一冊 正祖命編 印本

明人戚繼光の著、紀効新書中操鍊の法を撮要して編成せしものなり正祖十一年新に刊行す五卷より成り旗鼓定法、旗鼓總決、營陣正彀、營陣總圖、場操程式、城操程式、水操程式を收む

○肆陣總方 一冊 正祖命編 印本

武藝別監の諸種の作陣法を集錄したるものなり方陣、內陣、直陣、兌陣、曲陣、玄武陣、六花陣の圖を添ふ正祖五年辛丑の編成に係る

○武藝圖譜通志 四卷四冊 正祖命撰 印本

朝鮮當初の武藝は射の一技に止まりしか宣祖の時壬辰の事ありてより更に各種武技の必要を感するに至れり偶ま明人戚繼光の紀効新書を購ひ得て始めて棍棒を加へ十二般と爲し英祖の時に至り更に長鎗を加へて十八般と爲し正祖に至り騎藝の六技を加へて二十四般と爲す本書は此等の武藝を圖に描きて說明せるものなり收むる所長鎗、竹長槍、旗槍鋭鈀、騎槍、狼筅、双手刀、鋭刀、倭劍、提督劍、本國劍、双劍、馬上双劍、月刀、馬上月刀、挾刀、藤牌、拳法、棍棒、鞭棍、馬上鞭棍、擊球、馬上才の二十三技射を加へて卽ち二十四般なり

○武藝圖譜通志諺解 一冊 正祖命撰 印本

武藝圖譜通志に諺文を以て解を附したるものなり

○陣法 一冊 文宗命編 印本

太宗及世宗武を重んし河崙、卜季良等に命して陣法に關する

古來の諸說を選集せしめたり然るに其の書唯古文に據りて編述せるに過きす因りて文宗更に首陽大君、鄭麟趾、金孝誠等に命して新に陣法を編述せしむ即ち本書なり收むる所分數、形名、結陣、用兵、軍令、勇怯之勢、勝敗之形等にして卷末に各編の繪圖を添へて說明せり文宗元年に開刊す

○陣説　一冊　韓孝純編　印本

韓孝純か當時の武士專ら弓馬の餘技のみを學ひて兵書を講習し戰法を研究する者なきを慨し古今の兵書中陣法及行軍に關する部分を拔萃し又之に諸家兵を論するの語を加へ以て本書を作れり而して序に於て必す實際に行ふへきものなることを論斷せり

韓孝純　字は勉叔、月灘と號す中宗癸卯に生れ宣祖丙子文科に登り官左相に至る光海君の時廢母の議を庭請し仁祖立つに及ひ官爵を追削せらる

○東國兵鑑　二卷二冊　文宗命編　印本

前漢武帝の時より高麗廢王禑の時李太祖か女眞人拔都を擊退したるまて大凡そ朝鮮と支那との間に起れる戰役三十餘回の事略を列擧せるものなり

○歷代兵要　一三冊　李石亨等編　印本

李石亨か全羅道觀察黜陟使たりし時同僚趙枚、宋林明等と共に編纂せるものなり支那上代より朝鮮太祖に至る迄の史冊に出て兵略上趣味ある戰爭記事を拔萃せるものにして太祖女眞人拔都を大破するを以て終れり世祖元年光州に於て開刊す

○制勝方略　二卷一冊　金宗瑞著　李鎰增補　印本

太宗、世祖の時金宗瑞之を案出し宣祖の時李鎰之を增補修正せしものなり初に慶興鎭、慶源鎭、鍾城鎭、穩城鎭、會寧鎭、富寧鎭、吉州鎭、鏡城鎭等八鎭城の部落堡壘等の位置及攻守の要害と用意とを詳記し次に防邊隊の守るへき軍務二十九條禁令二十七條及穩城、鍾城、會寧、慶源、吉州、富寧六鎭の軍官の官名を書し終に宣祖の時の咸鏡北道兵馬節度使李鎰の諸行制勝方略狀と之に對する回狀とを附せり咸鏡道胡人の防備は朝鮮の重大軍政なりしを以て之に對して周到なる劃策を立て事あれは六鎭五衛協力して相救援するの制と爲せしものなり

金宗瑞　字は國卿、節齋と號す順天の人太宗乙酉文科に及第し世宗の時咸吉道都節制使となり文宗の時左議政に陞り几杖を賜ふ頗る智略あり時人目して大虎と爲す世祖癸酉に歿す

李鎰　字は重卿、龍仁の人なり明宗戊午武科に中り將略あり尼湯介か慶源、鍾城に亂を起せる時特に慶源府使となり防禦の任に當る宣祖壬辰東邊防禦使となり屢戰功あり辛丑に歿し左參贊を贈らる

○演機新編　三卷三冊　安命老編　印本

黃帝九軍、孔明八陣、李靖六花の諸法を推明し唐宋以來諸家の說を辨析し君德、將道、星象、太乙、奇門等の目を立つ顯宗元年庚子の編成刊行に係る

安命老　字は德叟、順興の人忠顯公弘國の孫なり光海庚申に生れ孝宗庚寅文科に登り官奉常正に止る肅宗庚申に謫せられ未た宥せられすして歿す

○行軍須知　一冊　金錫胄編　印本

宣祖壬辰以來兵學盛に講究せられ支那の兵書飜刻せらるるもの多し本書は肅宗の時の右相金錫胄か兵曹判書たりし時武經

摠要中より其の兵事に緊要なるものを抄出して以て刊行せるものなり正祖命編の兵學指南と相須ちて當時兵家の要書たり

○風泉遺響　一冊　宋奎斌著　寫本

正祖二年宋奎斌か壬辰の役、丙子の變に鑑み國防、陣形、兵器等に付き私見を縷述したるものなり

宋奎斌　は正祖の時の人官正憲大夫行同知中樞府事に至る

○民堡輯説　一冊　申觀浩編　印本

李太王三年丙寅佛國軍鑑江華島を攻撃し物情騒然たり申觀浩時勢に鑑み國を守るは人民個個をして守らしむるに如くなきを思ひ翌年此の書を作る伍甲、堡制、堡器、保約に分ち多くの古兵書より抄出せり

申觀浩　字は國賓、威堂と號す後に名を櫶と改む純祖辛未に生れ官兵曹判書に至り李太王戊子に歿す

○武經節要　七卷一冊　印本

武經總要全書の前後集中より節略纂輯せしものにして第一卷は選將以下十條第二卷は用騎以下二十三條第三卷は八陣法以

下七條第四卷は九地、六形、雜叙、戰地、攻城法等第五卷は水攻、水戰、火攻第六卷は守城以下六條第七卷は太乙占法にして圖式を並せ附せり

○紀効新書節要　一冊　印本

明人戚繼光の紀効新書に就き其の煩を刪り其の要を節し以て編輯せしものなり

○陰雨備　一冊　寫本

兵備を論したるものにして重關防、壯軍制、警荒嬉、修都城、惜財用、得將才の六條に分てり

○神器秘訣　一冊　韓孝純編　印本

韓孝純か宣祖三十六年咸鏡道巡察使たりし當時世に傳れる銃器、火藥の用法及製法を記せる書籍中實用に適切なるものを拔集し之に太公兵法、孫子兵法、尉繚兵法、戚繼光兵法を補添せるものなり神器と云へるは銃砲の他の武器に比し神妙の用あるかためなり

○臼砲裝放法　一冊　寫本

臼砲の制を說き藥丸を裝ひ火箭を放つの法を述へたるものにして諺文を交へて之を記せり

○新傳煮硝方　一冊　金指南著　印本

肅宗二十四年戊寅相臣南九萬の建白に依り譯官金指南か北京に於て學得せし煮硝方を軍器寺に命して刊行せしものなり然るに中間に廢して不用とせしも正祖二十年丙辰相臣尹蓍東の建白に依り更に軍器寺をして刊行せしむ

金指南　字は季明、廣川は其の號なり牛峯の人、肅宗の時官知事に至る

○馬經諺解　二冊　李曙著　印本

馬經を諺文に抄譯せるものにして仁祖の時の著に係る文中處處圖を挿入せり

李曙　字は寅叔、月峯と號す孝寧大君補の後なり武科に中り長湍府使となり光海君癸亥兵を募りて義を擧く仁祖親ら曙を延曙に迎ふ靖社元勳に錄し完豐府院君に封せられ忠定と諡

す摠戎使を以て南漢山築城を董し積瘁鬚髮盡く白し丙子北門を守り忽然地に倒れ寓舍に歸り婿蔡裕後に謂つて曰く會稽の恥雪かす吾瞑目する能はすと

農家類

○農家集成　一冊　申洬編　印本

世宗の命撰に係る農事直說、朱熹の勸農文、世祖の時姜希孟の作れる衿陽雜錄及四時簒要を集めたるものなり農事直說は朝鮮水土の支那と異る所あり支那の農書を直に朝鮮に實施する能はさるものあるを以て各道觀察使に命し其の地方老農に就きて實驗方法を尋ね錄して報告せしめ更に詮次を加へて一卷と爲したるものなり衿陽雜錄と四時簒要とは四時の農事及農作物に付き注意事項を集錄したるものなり孝宗六年乙未の編纂に係る

申洬　字は浩仲、二知堂と號す高靈の人仁祖の時登科し官通政牧使に至り年三十八にして歿す

○蠶桑輯要　一冊　寫本

養蠶の百姓に缺くへからさることを述へ其の方法を平易に說明し更に卷末に養蠶に要する器具の圖を描き其の用法を說明せり蓋し當時養蠶の必要を感し一般男女に周知せしむるため諺文を以て本書を作りたるものなり

○蠶桑撮要　一冊　李祐珪編　印本

李太王十九年壬午二十年癸未年間各國と通商條約を結ひし後魯桑栽種法、養蠶繅絲法等を外國書籍中より抄出し以て之を成書とし各種の器具圖樣を附載して二十一年甲申の年刊行したるものなり

李祐珪　字は聖天、韓山の人參判敎植の子なり哲宗甲寅に生れ李太王乙酉內務府主事に任し羅州郡守に至る

○種藷譜　一冊　徐有榘著　印本

純祖三十四年徐有榘か湖南巡察使たりし時甘藷栽培に關し著述したるものにして叙源、傳種、種候、土宜、耕治、種栽、壅節、移挿、剪藤、收採、製造、功用、救荒、麗藻の十四項に分ち諸書を涉獵し自家の意見を附し親切周詳に叙論せり

徐有榘　字は準平、楓石と號す大邱の人保晩齋命膺の孫な

り英祖甲申に生れ正祖丙午進士に中り庚戌文科に登り翰林待敎副學を歴て文衡に圏し官吏判に至り憲宗乙巳に歿す文簡と諡せらる文詞贍麗にして百家に旁通す楓石集、增補山林經濟等の著あり

○增補山林經濟　一六卷八冊　朴世堂著 徐有榘增補　寫本

卜居、治農、種樹、養花、養蠶、牧養、治圃、攝生、種德、治膳、救荒、辟瘟、辟蟲、家政、求嗣、養兒、救急、四時纂要、田家占候選擇、雜方、格物、淸齋位置、棋經、筆訣、山野樂、東國山水等の項に分ち著者の蘊蓄を記述せり山林經濟の名は田家に處する者の日常必須なる事項を收載せる意なり

朴世堂　字は季肯、西溪と號す潘南の人なり顯宗庚子生員文科に登り官判中樞府事に至る耆社に入り致仕す文節と諡す

醫家類

○東醫寶鑑　二五卷五冊　印本

許浚宣祖の知遇を受け其の二十九年支那朝鮮の醫書を裒聚して完備せる一書を成すへきことを命せらる是に於て編輯局を設け自ら主任となり他の醫官等と共に編輯に從事す偶ま丁酉の役起り諸醫星散し編輯の業も一時中止の已むを得さるに至り役後更に浚一人に命して撰せしむ既にして宣祖昇遐光海君三年辛亥に至り甫めて完成し其の五年癸丑板成り印行す朝鮮に於ける第一の醫書なり篇數二十三內景篇(卽ち內科學)四、外形篇(卽ち外科學)四、雜篇(卽ち流行病、霍亂、婦人病、小兒病)十一、湯液篇(卽ち藥方)三及鍼灸篇一にして各病下に處方を條記し體裁頗る整然たり且其の說明甚しき怪誕牽强の弊なく漢方の醫書に在りては翹楚を推すへし

許浚　字は淸源、明宗の時に生れ醫官となり光海君の時に歿す朝鮮杏林の扁倉なり

○濟衆新編　八卷五冊　印本

正祖の時侍醫康命吉に命し古今の醫書を參考して要を撮り繁を削り以て編集せしめたるものなり第一卷は風、寒、暑、濕、燥、火より起る諸病及藥方第二卷は內傷、虛勞、精、氣、神、血、夢、聲音、言語、津液、痰飮より起る諸症及藥方第三卷は五臟、六腑蟲、小大便、頭、面、眼、耳、鼻、口、舌、齒牙、咽喉の諸症及藥方第四卷は頸、項、胸、腹、手、足、

毛髮、生殖器、肛門、霍亂、咳嗽等の諸症及藥方第五卷は積聚、浮腫、消渇、瘧、疫、病、癰疽、諸瘡、解毒、急病の諸症及藥方第六卷は婦人病第七卷は小兒痘疹、痲疹、養老の諸症及藥方第八卷は藥性歌を載せたり就中第八卷の藥性歌は主要なる藥物の効用を四言四句に綴り記憶に便せり

康命吉　字は君錫、昇平の人なり英祖己巳に生れ醫官となり楊州牧使に至る

○壽民妙詮　四卷二冊　寫本

初に身形、精、氣、神、血等を古書より引きて說明し加ふるに道家の養生法を以てし次に五臓六腑、胞蟲、大小便、頭、面、手、足等の各機關に說及し其の病を惹起する原因及症狀を述へたり

○簡易辟瘟方　一冊　印本

中宗十九年甲申平安道に癘疫大に流行し終熄せす翌年醫官に命して其の病候、藥名、治法、辟禳等を簡明に記述せしめ各項に諺文の譯を附し印刊頒布したるものなり

○新纂辟瘟方　一冊　印本

光海君四年壬子咸鏡道に癘疫大に流行し八路に傳播す翌年簡易辟瘟方を印頒し尚ほ粗率を慮り更に東醫寶鑑の撰者許浚に命し本書を撰定し瘟疫の原因、脉理、形證、藥名、治法、禳法、辟法、不傳染法、鍼法、不治證、禁忌等を記述せしめ印頒す

○辟疫神方　一冊　印本

光海君五年癸丑春毒疫盛に行はれ民死するもの多きに因り許浚に命して毒疫の治法及藥方中行ひ易く又效驗あるものを選集せしめ官刻して廣く行はしめたるものなり毒疫の起原、症狀より治法及藥法に至る迄頗る簡にして要を得たり

○辟瘟新方　一冊　印本

孝宗四年癸巳黃海道に癘疫大に流行せしを以て醫官に命して其の病源、藥治、辟禳、禁忌等を簡明に記述せしめ各項に諺文の譯を附し校書館に於て印刊し中外に頒布したるものなり

○諺解胎產集要　一冊　許　浚著　印本

胎產に關する諸症及藥方を述へ之に諺文の解を施せり第一求嗣より始め男女の精力を强健にする藥方を說き次に孕胎に選り妊娠中の諸症、藥方、產前諸症及藥方次に產後の諸症と藥方及臨產豫備藥物を述へ次に產時の方位、避禁日等を述へ最後に附錄として初生兒の救急法を添へたり宣祖四十一年戊申內醫院に於て刊行す

○諺解臘藥証治方　一冊　印本

每年臘月藥房內醫院に於て年內に用ふへき各種の丸藥を調製し之を臘藥と稱したり本書は其の對症投劑の方法を諺釋し醫家をして知り易からしめたるものなり

○蔘芪小識　一帖　英　祖撰　搨本

英祖四十六年庚寅蔘芪性偏大小宜審八字を親書して內醫院に下し更に其の意を敷演して小識を親撰し都提調洪鳳漢に命して書せしめ刻して之を搨したるものなり

○鍼灸經驗方　一冊　許　任著　印本

仁祖の時の醫官許任か鍼灸の良書なきを憾み其の經驗せる諸方を基として著述し仁祖二十二年甲申白軒李景奭、湖南觀察使睦性善に囑し刊刻す其の內容は初に鍼灸諸穴の大體を述へ次に各症に涉りて鍼灸法を說き終に鍼灸に日を擇ふへき事を說けり

許任　字は仁叟、陽川の人清白吏晶の孫なり英祖丙午に生れ甲戌宣傳官に入仕し丙子武科に登り訓正を歷て官亞將に至る正祖丙辰に歿せり

天文類

○天東象緯考　一八卷八冊　崔　天　壁著　印本

凡そ天變地異は古代に於ける國家の大事件にして天帝之を以て國君を警むと信せられたりされは歷代の史官は必す之を史に記し後世の鑑と爲す崔天壁亦此の主旨に依り肅宗三十四年戊子高麗四百七十五年間の史に見えたる天地の異象を集めて本書を成せり天變、地變、日變、虹貫日月變、經緯星變、雜

變を收む

○諸家曆象集　四卷四冊　印本

世宗二十七年乙丑李純之に命し編纂せしめたるものにして古書を檢出し天文一卷曆法一卷儀象一卷晷漏一卷を蒐成せり世宗は朝鮮歷代中最も天文に趣味を有し本書の外其の製作に係る簡儀、日星定時儀、渾天儀及漏刻器等何れも精妙を極め曆も亦大明曆、授時曆、回回曆等の諸曆及曆法の諸書を參考して別に之を制定せりと云ふ

○國朝曆象考　四卷二冊　印本

正祖十九年曆官成周悳等に命し編纂せしめしものにして一部四卷曆法沿革、北極高度、東西偏度、更漏の五目より成れり蓋し朝鮮以前は曆象の制度備らさりしか世宗に至り最も意を曆に用ひ鄭麟趾等に命して曆書七政通軌を校正せしめ官刻し又簡儀器、仰儀器を鑄造し漢城の北極星及子午線を測定し以て季節及漏刻の標準を示せり後正祖の時に至り赤道儀地平器を製して眞時刻を示すの機と爲し其の算測は皆京城の北極星を標準とせり斯の如く朝鮮は歷代曆象に就きて深く意を用ひしかは其の曆法儀象の制度等見るへきもの多し

○新法步天歌　一冊　李俊養編　印本

隋の丹元子の著に係る舊本步天歌は年代久遠にして差忒甚た多し仍て編者は哲宗十三年壬戌燕京實測新書及清道光時星圖步天歌に據り推驗して紫微、太微、天市、分野及天漢界度等天文の星圖並に歌訣を校編せり觀象監に於て刊行す

○曆事明原註解　五卷二冊　曹震圭著　印本

正祖の時觀象監曆官曹震圭か曆事明原に註解を施し官刊したるものなり

○推步續解　四卷三冊　南秉哲著　印本

南秉哲か支那江愼修の著曆象考成に依り日躔、月離、交食及恒星を解したるものなり推日躔用數、推日躔法、推月離用數、推月離法、推月食用數、推月食法、推日食法及又法、推恒星用數、推恒星法の十目あり哲宗十三年に成る

南秉哲　字は子明、圭齋と號す宜寧の人にして壺谷龍翼の後太華有常の曾孫なり純祖丁丑に生れ純祖及憲宗に歷事し官

吏曹判書大提學に至り哲宗癸亥に歿す文貞と謚す

○授時曆捷法立成　一冊　姜　保編　印本

高麗忠烈王二十四年戊戌世子忠宣王元に入り授時曆法を見て之を朝鮮に傳へんと欲す時に書雲正姜保盡く其の法に通せしを以て之を傳寫せしめ書雲觀に置き後忠惠王四年に刊行す

○時憲紀要　二卷二冊　南秉吉著　印本

南秉吉は天文に於ける天才の稱あり當時天文曆法は科學の一科なれは中人の子弟之を學習する者多し曆法は清の時に西洋曆學をも參斟して時憲法となり從來の曆法に比し最も精緻完備を致せしも學習者其の難解に苦しめり仍て南秉吉本書を著して時憲法の精要を記述し後進に便す上卷は七政篇にして曆法沿革、天象、地體、黃赤道、經緯度、曆元、歲實、地半經差、清蒙氣差、恒星行度、恒星算例、太陽行度、日躔算例、太陰行度、月離算例、五星行度、土星算例、木星算例、火星算例、金星算例、水星算例、五星段目算例を載せ下篇は交食篇にして交食總論、月食算例、月食帶食算例、日食算例、日食帶食算例を載せたり哲宗十一年庚申に成る

南秉吉　後相吉と改む字は子裳、六一齋と號す圭齋秉哲の弟にして純祖庚辰に生れ哲宗庚戌文科に登り官禮判に至れり天文に精通すること當時第一と稱せらる別に時憲紀要推步捷例等の著あり李太王己巳に歿す

○四餘纒度通軌　一冊　印本

明の曆官順行周天したる紫氣星、月孛星、逆行周天したる羅睺星、計都星等卽ち四餘星の纒度を推算し其の餘の朔策に滿たさるものは閏餘の分に成る所以を說明して書と爲す世宗此等の推步は所在に據り同しからさるを以て漢城を標準とし李純之及金淡に命して校正を加へ甲子活字を以て刊行す其の顚末は跋文に在り

○七政算內篇　三卷三冊　印本

高麗より朝鮮の初に至るまて久しく唐の宣明曆法を遵用せるを以て其の差益々甚し世宗始めて曆法を釐正するや鄭欽之等に命し元代授時の法及明代通軌の法を講究せしめ更に李純之及金淡をして授時、通軌の法を參酌せしめ以て本書を作る七政は第一曆目第二大陽第三大陰第四中星第五交食第六五星第

七四餘星にして各一篇と爲し卷首に天行諸率、日行諸率、月行諸率及日月食の限度を冠せり卷尾に短跋あり日の出入は處に隨ひ各異り諸曆同しからさるを以て內篇は漢陽日至の晷に據り推求して本國の所用と爲すと記せり本書の成れるは世宗二十四年壬戌にして活印は同二十六年甲子なり

○七政算外篇　三卷五冊　印本

世宗曆法を釐正し李純之及金淡に命し元代授時曆及明代通軌の兩法を參酌して七政算內篇を撰し又回回曆經通經、假令の書に增刪補闕を加へて本書を成す其の內容は第一太陽第二太陰第三交食第四五星第五太陰五星凌犯にして內篇の七政とは異れり

○太陽通軌　一冊　印本

太陽の度數を推算したるものなり明の曆官の原著にして世宗の時李純之等に命し漢城を標準として校正せしめ甲子活字を以て刊行したるものなり

○太陰通軌　一冊　印本

太陰の度數を推算したるものなり明の曆官の原著にして世宗李純之等に命し漢城を標準として校正せしめ甲子活字を以て刊行したるものなり

○大統曆日通軌　一冊　印本

卷首に曆算の求法を示し次に大統立成卷を上とし太陽盈縮の分積を列記し次に太陰遲出疾度立成等の目を揭け太陰遲疾の限數を列記す明の曆官の原著にして世宗曆法を釐正するに際り李純之及金淡に命し校正を加へ甲子活字を以て刊行す校正の顚末は四餘纏度通軌の跋文に在り

○交食通軌　一冊　印本

明の曆官か日月の交食軌度を推算し其の法を區別して日食通軌及月食通軌と爲し用數目錄及陽食入交陰食入交を其の上に加へて一冊と爲し交食通軌と名く世宗の時李純之及金淡に命し漢城を標準として校正せしめ明傳來の授時曆各年交食を附し甲子活字を以て印出す其の本書校正の顚末は四餘纏度通軌の跋文に在り

○五星通軌　一冊　印本

世宗の時明の暦官か金、木、水、火、土、五星盈縮の度、損益の率及求法を説明したる書に據り李純之及金淡に命して漢城を標準として校正を加へしめ甲子活字を以て刊行す校正事實は四餘纏度通軌の跋文に在り

○月五星凌犯　一冊　印本

明宣宗宣德十年正月より十二月に至る間に於ける月五星相凌犯したる原本に就き世宗の時李純之及金淡に命し漢城を標準として校正せしめ甲子活字を以て刊行したるものなり校正事實は四餘纏度通軌の跋文に在り

○重修大明暦　二卷一冊　印本

金太宗天會五年司天官楊級始めて大明暦を作り金海陵王正隆年間司天官趙知微之を重修し元始めて之を襲用す世宗の時李純之及金淡等に命し漢城を標準として之を校正せしめ甲子活字を以て刊行す校正事實は四餘纏度通軌の跋文に在り

○庚午元暦　二卷一冊　印本

世宗暦法の大政なるを以て鄭欽之等に命し元の授時暦の法を講究せしめ更に李純之及金淡に命し漢城を標準として之を校正せしめ甲子活字を以て刊行したるものなり校正事實は四餘纏度通軌の跋文に在り

○交食推步法　二卷一冊　印本

暦法は古來帝王の政に重要なるものなり高麗以來朝鮮の初に至るまては唐の宣明暦及明の大統暦の法を循用したるを以て年代の久遠と地域の東西とに因り差謬極めて多し世宗始めて金の大明暦元の授時暦明の通軌等の諸法を推究し先つ朝鮮漢陽は北極出地三十八度少弱なることを測定し新術を推演して本書を撰し日月交食に付き盈縮の差、遲疾の差、加減の差、日の出入の分、晨昏の分、半晝の分及冬至の赤道日度と黃道日度との法を古法に依らすして直に推求し以て本書を成し其の法則の記誦に便ならしむるため算法歌詩を製し世祖三年戊寅李純之に命し金石梯と共に交食推步法及算法歌詩の假令及註解を作らしめ交食推步法を上下二卷とし又註解したる算法歌詩を算學發啓蒙と題して卷首に冠せり

○重修大明暦丁卯日食月食假令

一卷一冊　印本

世宗二十九年丁卯八月朔に日食あり同月望に月食ありたるより金代に用ひたる大明曆の法を以て之を推測し假令の實積を錄せしめたるものなり

○七政算內篇丁卯年交食假令　一冊　印本

世宗二十九年丁卯八月朔に日食望に月食あり世宗卽ち七政算法を以て曆日の遲疾を推算し假令を示せしものなり

○日月交解　一冊　寫本

天體の運行測度より日月蝕の推算を說けるものなり

○星鏡　二卷二冊　南秉吉編　印本

支那古來の天文書を本とし旁ら西人の說をも參照し星宿の圖譜を描きて其の說明を加へたるものなり二十八宿の外紫微垣、太微垣、天市垣、近南極星あり星數は一等星十六、二等星五十一、三等星百五十九、四等星三百四十九、五等星三百九十九、六等星三百四十三別に卷末に赤道儀圖及其の用法を載せたり哲宗十二年辛酉に成る

○遼海星宗　六卷六冊　寫本

數より易を論して天文、地理、方位及人事に及ひ天、地、人三才の關係密切なるを說き終に五福星に及ふ而して五福星の所在は自ら定則あり其の在る所は民壽福にして兵革の災なし卽ち支那河西の乾地、遼東の艮地、東夷の巽地、蜀川の坤地、洛邑の中宮の五地なりと爲す而して暗に朝鮮を以て遼東の艮地に當て福德星の所在に擬するか如し李太王二十一年に成る

○細草類彙　二冊　許遠編　印本

肅宗三十一年乙酉許遠に命し淸京に赴き曆官何錫に就き曆法を學はしむ遠悉く其の法を得し歸來一書を成し名けて細草類彙と云ふ三十六年庚寅の年之を刊行す

許遠　は肅宗の時の人なり官觀象監首任に至る

○七政細草　一冊　印本

觀象監曆官の編する所日月と五星とを推步して曆象を測候する要訣を示したるものなり

○海鏡細草解　三卷二冊　南秉哲編　印本

南秉哲の數理書にして勾股弦の理法を說き更に天體測量をも說けり編者の弟判書南秉吉之を刊行す

○災異考　一冊　寫本

仁祖二年甲子より丁卯、壬申、癸酉、丙子、丁丑、戊寅、己卯、庚辰、辛巳、壬午、癸未、甲申、乙酉、丙戌、丁亥、戊子、己丑、庚寅、辛卯、壬辰、癸巳、甲午、乙未まで二十四年間に亘る朝鮮各地の天變地異を實錄に依りて收錄せるものなり

○曆代妖星錄　一冊　金益廉編　寫本

古來妖星現れて國に大凶事起りたる事蹟を蒐集せるものなり春秋魯文公十四年の彗星より明の神宗萬星五年の彗星に至る而して著者の特に重を置けるは萬曆五年の彗星か明社の滅亡清軍入攻の兆なりと云ふに在り顯宗五年に成る

金益廉　字は遠明、宗谷と號す光州の人光海君壬戌に生れ孝宗の時に及第し官司諫に至り文名あり顯宗甲寅に歿す

○七政百中曆　四卷四冊　印本

一年十二月每日二十八宿と七曜の循環して節期の相合するを詳解して編成せし曆書なり英祖十二年丙辰より四十三年丁亥に至る凡て三十年間なり

○時憲七政百中曆　一冊　印本

七政百中曆を時憲曆法を以て編成せしものなり英祖四十八年壬辰に始り正祖五年辛丑に止む凡て十年間なり

○百中曆　一冊　印本

正祖四年より光武八年に至る曆本なり大統曆法、時憲曆法等を竝載す

○千歲曆　三卷三冊　印本

世宗二十六年朝鮮曆を製作し民間に配布せしか猶ほ精緻を缺き時に差異を生することあり正祖の時に至り更に精密なる支那の曆法を朝鮮に移し其の六年に至り千歲曆成れり第一冊は正祖元年丁酉より百十年丙戌に至る每歲の大小月及二十四節

氣、毎月の初一日十一日廿一日の日辰干支を時憲曆法を以て推算し第二冊は同一の內容に大統曆法を以て推算し第三冊は肅宗十九年癸酉より正祖十六年壬子に至る百年間の大統時憲を對擧したる中曆を附せり第一冊の巻頭に世宗二十六年甲子を上元とし推定せし元圖を冠せり

○大統萬歲曆　二冊　印本

正祖元年丁酉より光武一百七年癸未まで合せて二百二十七年間の陰曆干支と毎年十二朔の大小及二十四節候の日時を大統數を以て推算編纂せしものなり

○漏籌通義　一冊　印本

古代よりの漏刻通義を説明し併せて一年四季五更の各更に主たる星宿を擧けたり而して本書の説明する漏籌は十一箭より成り一年を十一に分ち各箭を之に配して一晝夜の比等せる前後二季節を主管せしむ例へは冬至初日より大寒後二日に至る間と小雪前四日より冬至前一日に至る間とは第一箭を用ひて時刻を計り大寒後三日より立春後二日に至る間と立冬前四日より小雪前五日に至る間とは第二箭を用ひて時刻を計るか如し

○法漏籌通義　一冊　金　泳著　印本

漏壺の法は初め一年二十四節氣に準して二十四箭を用ひしか正祖の時毎節氣を三候に細分し以て七十二候とし三十七箭を增し晝極長夜極短の冬至の初候には第一箭を獨用し晝極短夜極長の夏至の初候には第三十七箭を獨用し其の他は二候相對して共に一箭を用ひ毎箭を五更とし毎更を五點として丁東の響裡に時刻を表示せり

○儀器輯說　二卷二冊　南秉哲著　印本

古來朝鮮に於て使用せし天文に關する諸器の構造及理法と其の算法とを説明せるものにして渾天儀、渾蓋、通憲儀、簡平儀、驗時儀、赤道日晷儀、渾平儀、地球儀、勾陳天樞令儀、兩景揆日儀、量度儀等の十儀を收む

○量度儀圖說　一冊　南相吉著　印本

天文推步の算は斜弧三角の法最も簡捷なるも支那の梅勿菴圖を以て算に代ゆるの便法を案出せり然るに著者一弧度一角度

毎に一圖を要するの繁を憾み一歩を進めて量度儀器を製し天地の高大と日月の運行とを轉移して推測する新法卽ち器を以て圖に代ゆるの捷法を發明す仍て其の儀器を圖解し之に說明を加へ更に平儀加減法を附し哲宗六年乙卯活字を以て印行す

○算術管見　一冊　李尙爀著　印本

支那數理精蘊の闕を補ひ各等邊形拾遺、前人の未た發明せさる所の圜容三方互求、西人杜德算の割圓及弦矢の捷術を推演したる弧線求弦矢及弦矢求弧度等四編を詳述し編尾に不分線三率法解一編を附せり哲宗六年乙卯判書南相吉活字を以て印出す

李尙爀　字は志叟哲宗の時の人なり

○算學正義　三卷三冊　南相吉著　印本

算數の諸法を說けるものにして上中下三編に分ち上編は專ら立法比例の綱領を論し中下編は明理を論せり李太王四年丁卯の年編成刊行す

方術類

○選擇要略　三卷三冊　李純之著　印本

陰陽干支を說けるものにして干支の陰陽生剋より五行の配當に及ひ年、月、日、時刻の各干支か一一有意義なることを述へ一事を成さむとする必す適當なる干支の年、月、日、時刻を擇ふへしと爲し事の部門を分ちて之を詳說せり

○選擇紀要　二卷二冊　南秉吉著　印本

年、月、日、時刻の干支を選擇する法を說けるものなり南秉吉觀象監提調として生徒に天文曆法及干支術を敎ふるや適當なる敎科書なし仍て時憲紀要を著し天文曆法の敎科書と爲し本書を著して選擇干支術の敎科書と爲せり哲宗十三年に成る

○增補天機大要　二卷二冊　池日賓編　印本

首に太極八卦、河圖洛書及先天後天等の圖說より五行生剋、陰陽、順逆並に曆家秘訣を揭け次に喪葬、起造、婚姻の三門を主とし移居、上官、入學、祭祀、裁衣、求嗣、進人、出行、

興販、偃武教兵、造醤、伐木、養蠶等の宜日、忌日の選擇法と避凶、趨吉の方法とを記したるものなり英祖十三年丁巳編者の父日源、明の林紹周著す所の天機大要に増刪を加へ新増天機大要と名けて刊行し同三十九年編者又增補し觀象監に於て之を重刊せり

○協吉通義　二二巻一〇冊　正祖命編　印本

支那梅㲉成の協紀辨方と魏鑑の象吉通書の協字吉字とを取りて名けたるものなり協紀辨方及象吉通書は支那陰陽書中最も根據あり詳精なる二名著なり正祖十九年文臣に命して二書の繁雜を省き訛謬を正し以て進めしむ此の書是なり第一巻及第二巻は本原と稱し河圖、洛書、陰陽五行、干支納音、納甲を說き第三巻より第七巻は義例と稱し陰陽術の諸神を說き第八九巻は公規と稱し時候時刻を擇ひて諸神に祭享を致すことを說き第十、十一巻は用事と稱し天子より庶民に至るまて事に應して忌むへき月及宜しき日を說き第十三、十四巻は立成と稱し歳月日時の吉凶神殺を說き第十五巻より第十八巻は利用と稱し相山、定墓の法を說き第十九巻は總論第二十巻は辨論第二十一、二十二巻は附錄なり

○撮要新書　二巻二冊　朴興生著　印本

胎産、冠婚、上官、興造、出入、耕桑、祭病、喪葬、禳占等の方位、日時、宜忌、吉凶等を論したるものにして李太王三十一年甲午著者の後孫重浩刊行す

朴興生　字は敬夫、菊堂と號す密陽の人蘭溪堧の從弟なり世宗の時年十三にして進士に中り十七又生員に中り官縣令に止まる嘗て業を桑村金自粹に受け英敏の稱あり晩年學行頗る高し深く神術符緯を信す

○新刊詳註六壬斷經秘訣　五巻一冊　印本

六壬術の一書にして古來の斯術に關する諸秘訣を集めたり第一巻起課總例は卦を記すの範例を擧け第二巻相克相生は干支相克の理を述へ第三、四、五巻金鎖玉匙總訣は六壬術の術語を列記せり六壬術とは干支一巡六十中壬申、壬午、壬辰、壬寅、壬子、壬戌の六壬を最も重しとし之を以て吉凶禍福の占筮を爲すものなり朝鮮に於ては古來將帥の家に多く本法を傳ふと云ふ

○洪範衍奇　一冊　寫本

各術書を輯聚したるものにして洪範正宗變局、生氣法、八門卞、卞八門法、天時晴雨賦、助制詳細、朝鮮分野、年局歌、人品論、流年評、商賈篇、逃亡章、失物章、求財出行章、避亂圖生章、罡局月輪圖、人命章、占人壽算、卞六親章、洪範衍奇、水驗、旱驗、年國事、歷年經驗、軒轅制式及五音屬姓法等を收載せり

○洪範正宗　一冊　寫本

六十花甲子を首とし干支陰陽、五行相冲、八卦、九宮、遁甲等の法を載錄したるものなり

○秘扃玉匙　一冊　寫本

干支と星名とを以て推斷したる算命術書なり

譯學類

○吏文續集輯覽　二卷一冊　印本

曩に吏文抄あり其の語數多からす又時用に適せさるものあり崔世珍中宗の命に依り更に時用吏文を輯集し之に註解を加ふ續集の名は舊抄に對して言へるなり其の三十四年己亥の刊行に係る

○語錄解　一冊　南二星 宋浚吉 編　寫本

語錄は宋時の俚語を輯錄せるものにして宋の諸儒後學を訓誨するに用ひ又尺牘を往復するに用ひ曩に退溪の門人之を解釋せしも未た精ならす顯宗の時に至り翰林南二星等に命して更に考校を加へしめ宋浚吉亦之に干與し删定する所あり書成りて之を獻し語錄解と名く顯宗十年なり

南二星　字は仲輝、宜拙と號す仁祖乙丑に生れ顯宗の時に登科し官禮曹判書に至り肅宗癸亥に歿す章簡と諡す資性和厚詩に工なり

宋浚吉　字は明甫、同春堂と號す恩津の人にして淸坐窩爾昌の子なり宣祖丙午に生る少時沙溪金長生の門に遊ひ長生の歿後其子愼獨齋に學ふ仁祖二年進士となり遺逸を以て仁祖、孝宗、顯宗の三代に歷事せしと雖久しきに亘らす官大司憲に至り顯宗壬子に歿す諡して文正と云ひ文廟に從祀す

○老乞大　一冊　邊憲編　印本

漢語學を攻むるに必要なる書なり朝鮮に於て漢譯科の士を取るには此の書を以てしたり初め世宗の時之を命編せしか傳習久しうして訛舛亦尠からす仍て英祖の時に至り譯官邊憲等新に音義を釋し又方孝彥等之を補足して刊に付す

邊憲　字は德章、原州の人なり肅宗丁亥に生れ景宗壬寅譯科に選はれ官正憲同中樞に至る

○重刊老乞大　一冊　印本

正祖の時司譯院官人に命し老乞大に校讐を加へ重刊せしめたるものなり時に知中樞府事李洙等老譯官を以て專ら其の任に膺り其の十九年業を訖へ印行す

李洙　字は樂夫、金山の人なり景宗辛丑に生れ英祖辛酉譯科に選はれ官崇祿知中樞に至る

○老乞大諺解　二卷二冊　李洙著　印本

重刊せし老乞大に諺解を附したるものなり

○老乞大新釋　一冊　邊憲撰　印本

英祖の時判書洪啓禧使命を以て清京に赴くや譯官邊憲等をして老乞大の訛謬を正し新釋を作らしむ此の書是なり蓋し英祖の命に出つ其の三十七年書成りて官刊す

○朴通事諺解　六卷三冊　印本

成宗の時崔世珍の著せる朴通事諺釋一冊ありしも早く兵火に失はれ後周仲なる者老朴輯覽なる一書を發見す卽ち老乞大、朴通事二書の要語を集めて之を註解せるものなり附錄として單字解あり是れ亦崔世珍の撰したるものなり肅宗三年丁巳に至り司譯院都提調權大運、院正邊暹、朴世華等に命し此の書を取りて更に攷證修訂を重ねしめ朴通事諺解と名け原書の老乞大輯覽及單字解を附し以て官刊す

○華音啓蒙　二卷一冊　李應憲著　印本

朝鮮に於て支那語通譯の書は數多あるも古今音聲變して實用に適せさるを以て李太王の時譯官李應憲本書を著し常行實用の支那語を集む卷尾別に千字文、百家姓、十干、十二支、二

十八宿の文字を附し竝に支那音を以て之に註し二十年癸未に開刊す

李應憲　字は稚章、金山の人なり憲宗戊戌に生れ官通津府使に至る

○華音啓蒙諺解　二卷一冊　李應憲著　印本

諺文を以て華音啓蒙に解釋を加へたるものなり

○華語類抄　一冊　印本

支那恒用の物名を分類列記し之に諺文を以て支那音及朝鮮音を附したるものなり

○五倫全備諺解　八卷四冊　印本

漢語を攻むるに必要なる書にして五倫全、五倫備兄弟の對話に托し語學講習に便せんため二百有餘種の書中より好句を採り之を編し每字の下支那の雅俗音を諺文を以て譯注せしものなり肅宗二十二年丙子司譯院に於て其の撰修に著手せしか幾もなくして中廢し三十五年己丑に至り復た業を繼ぎ金昌集司譯院提調として特に其の功を董督し書成るや劉克愼財を捐て刊に付す景宗元年なり

○國漢會話　二卷二冊　李準榮 鄭玹編　寫本

漢語に諺文を以て發音を附したるものなり其の體裁は左に朝鮮の發音を書し右に漢語を書し朝鮮發音の種類に從ひ排列類聚せり李太王乙未に成る卷末に各國の名を書し英語にて對譯せしものを附す而して諺文解は李準榮、漢文釋は鄭玹、記錄は李珙榮、編輯は李明善、校訂は姜璡熙なり

李準榮　貞山と號す子爵夏榮の弟にして官學部協辦に至れり

鄭玹　字は太瑩、延日の人にして文忠公夢周の後孫なり哲宗甲寅に生れ李太王庚寅に文科に登れり

○蒙語老乞大　八卷八冊　印本

蒙古語を諺文を以て對譯し學者に便したるものなり

○蒙語類解　三卷三冊　方孝彥編　印本

蒙語を類聚し諺文を以て解したるものなり原編二卷補編一卷あり補編は原編中に漏れたる語を續輯す開刊は正祖十四年庚

成なり

○捷 解 蒙 語　四卷四冊　印本

英祖の時司譯院堂上李億成其の傳來の書に就き訛誤を正して之を刊行せしか年所を經る久しくして眞本泯ひたり仍て正祖十四年譯學方孝彥新に校讐して完本と爲し譯學金亨宇私財を捐てて鋟梓す

○同 文 類 解　三卷二冊　玄 文 恒編　印本

英祖の時清學訓長玄文恒に命し清語物名の訛舛を釐正せしめたるものなり語錄解を卷尾に附し官刊す

玄文恒　字は汝常、英祖の時の人なり

○譯 語 類 解　二卷二冊　印本

支那恒用の文字、言語中簡短なるものを取り諺文を以て清音及朝鮮音を附したるものなり

○八 歳 兒　一冊　印本

清語の學修書なり原本は字劃音義に多く訛謬あり仍て正祖元年行知中樞金振夏に命して嚴密に校訂を加へしめ司譯院判官張再成をして字を書せしめ同年刊行す

○小 兒 論　一冊　金 振 夏編　印本

清語を學ふの書には老乞大、三譯總解、八歳兒及本書等あり就中八歳兒及本書は編冊稀少なるを以て講習せすして殆と廢書となれること多し編者之を慨し本書を訂正して重刊せり

○三 譯 總 解　一〇卷一〇冊　崔厚澤等編　印本

肅宗六年閔鼎重司譯院提調たる時院僚崔厚澤等をして清書三國志を取り相共に講說せしめ之を編輯して三譯總解と名け二十九年朴昌裕、吳廷顯等之を刊行す後英祖五十年知中樞金振夏更に訛誤を刪り校正を加へ司譯院提調金尙喆之を刊行す其の字は卽ち張再成の書する所なり

○隣 語 大 方　一〇卷五冊　印本

明治以前に於ける日本の通俗語を平假名にて書し諺文を以て解釋を施せるものにして朝鮮司譯院に於ける日本語の學修書なり

○捷解新語　一〇卷三冊　崔鶴齡編　印本

司譯院に於て日本語を平假名にて記し諺文を以て讀方及意義を附したるものなり宣祖の時譯官康遇聖始めて之を編し仁祖五年丁卯譯官崔鶴齡釐正刊布し肅宗二年重刊せり

○捷解新語文釋　三卷四冊　印本

捷解新語に文釋を加へたるものにして司譯院に於て編す

類書類

○大東韻府群玉　二〇卷二〇冊　權文海著　印本

元の陰時夫の韻府群玉に倣ひ韻字に依り事實を分ちて記載し檀君以來宣祖に至る數千年間の一切の史實、人物、地理、文學、藝術等を網羅す其の引用書目を見るに朝鮮各方面の有名なる著書を涉獵して殆と遺す所なし蓋し朝鮮に於ける個人の著書中最も精力を盡せるものと謂ふへし

權文海　字は灝元、草澗と號す明宗の時に登科し官監司に至る甞て李退溪の門に遊ひ柳成龍、金誠一等と親交あり宣祖の時に歿す

○芝峯類說　二〇卷一〇冊　李睟光著　印本

李睟光の著にして天文、時令、災異、地理、諸國、君道、兵政、官職、儒道、經書、文字、文章、人物、性行、身形、語言、人事、雜事、技藝、外道、宮室、服用、食物、卉木、禽蟲の部門に分ちて多く古書古聞に採り間間一家言を加ふ奇事逸聞多し光海君六年に成る

李睟光　字は潤卿、芝峯と號す仁宗癸巳に生れ宣祖及光海君に仕へ官吏曹判書に至る人物閑雅詩文に名あり一時の清流たり

○星湖僿說　三〇卷三〇冊　李瀷著　寫本

李瀷か平生の隨錄を輯編したるものにして天地門、萬物門、人事門、經史門、及詩文門に分ち著者の蘊蓄を傾注せり其の聞見の博洽、考證の明確世人の稱賞する所なり

○星湖僿說類選　一〇卷一〇冊　安鼎福編　寫本

李瀷の星湖僿說より煩を删し要を取り更に分編せしものにし

て僿說の門を篇と改め毎篇を門に別ち天地篇を天文門、地理門、鬼神門、人事篇を人事門、論學門、論禮門、親屬門、君臣門、治道門、服食門、器用門、技藝門、經史篇を經書門、論史門、聖賢門、異端門、萬物篇を禽獸門、草木門、詩文篇を論文門、論詩門に分ち更に細目を設け類に依りて輯錄し自己の按說を小註として附記せり僿說に比し簡明にして考閱に便なり

○五洲衍文長箋散稿　六〇冊　李圭景著　寫本

支那、朝鮮及外方に於ける古今の事物に付き天文、時令、地理、風俗、官職、文事、技藝より宮室、器用、飮食、禽獸等に至るまで細大となく雅俗となく苟も疑義あるもの謬說あるものは見るに隨ひ筆に任せて考訂辨證せり

李圭景　字は伯揆、五洲又嘯雲と號す炯菴德懋の孫にして憲宗の時の人なり

○國朝彙言　三卷三冊　寫本

國朝寶鑑を根據とし其の他の諸書を引用して君道、臣道、六曹及人事等の大綱の下に各小目を分ち古今の事例を類記せしものなり

○東國彙言　一四冊　金時敏編　寫本

金時敏の編する所にして分ちて君道、臣道、吏部、戶部、禮部、兵部、刑部、工部、人事の九門と爲し朝鮮朝野の故事を蒐錄したるものなり

金時敏　字は士修、東圃と號す蕉窓金盛後の子肅宗辛酉に生れ蔭に依りて珍山郡守となる詩を善くし又文集あり英祖丁卯に歿す

○新補彙言　五九卷一五冊　金　揩編　印本

孝宗十年癸巳に成る乾道、坤道、萬物、人倫、儒道、君道、臣道、天官、地官、春官、夏官、秋官、冬官、四禮、百用、人事、服食の十七門に分ち各門に屬する字句を百餘家中より類聚して攷古に便せり

金揩　字は記仲、號は秋潭光山の人府使潤雨の子なり宣祖乙酉に生れ光海君庚戌司馬に中り文科に登り官牧使に至り孝宗の時に歿す

○文　彙　九巻九冊　寫本

編者讀書の際前人の語句を抄彙したるものにして天道、地道、人倫、君道、臣道、天官、春官、夏官、秋官、冬官、儒道、人事の十二門に分ち編次せり

○類 苑 叢 寶　四七巻三冊　金 堉編　印本

朝鮮に完全なる類書の編纂されしものなきより宣祖壬辰を經て書籍の焚滅せる後に當り藝文類聚、唐類函、天中記、山堂肆考、韻府群玉等の諸書を參考し互に補闕潤色して編成せしものなり天道、天時、地道、帝王、官職、吏部、戸部、禮部、兵部、刑部、人倫、人道、人事、文學、筆墨、銮印、珍寶、布帛、器用、飲食、冠服、米穀、草木、鳥獸、蟲魚、四夷、神鬼の二十七門に分てり仁祖二十一年癸未に成る

○萬 家 叢 玉　三巻八冊　印本

天道部、君道部、臣道部、政事部、道學部、吏部、戸部、禮部、兵部、刑部、工部、雜部等の十二門に分ち其の各部に關する字句を收錄したるものなり

○新 篇 玉 叢　四巻二冊　印本

古人の書に就き參考となるへき語句を拾集したるものにして天道、地理、人倫、君道、臣道、人事、朋友、宮室、邊塞、義忠、儒學、異端、僧道、仙道、草木、花木、蔬菜、飲食、遊賞、器用、寶貝、音樂、飛禽、走獸、鱗介、雜技、圖畫等の部門に分てり

○玉　纂　一九巻七冊　印本

天道、地道、人事に關する名物、度數竝に凡百の事爲を古書中より摘取し五十門に分ち合計八百五十餘條を成せり

○經 史 集 說　一五巻七冊　印本

天道、地道、祥瑞、災異、君位、君道、亂政、臣道、人倫、人品、官爵、外職、寶貨、音樂、道學、經籍、宴飮、飲食、喪禮、制闘、器械、器用、時事、人事、禽獸、花木、果實等二十四門に分ち經史中の語句を類集したるものなり

○經 書 類 抄　五巻三冊　印本

經書の語句を摘要し部分類聚したるものにして天道、地理、人倫、君道、后妃、卜筮、治化、臣道、用人、出處、賞刑、民生、農桑、貢賦、財貨、酒食、荒淫、音樂、祭祀、喪事、器用、宮室、軍旅、畜物、草木、異端及人事部等に分つ又類抄附錄として性行、進修、聖賢、道學、稽古等の目あり

○咫聞別集　三卷六冊　閔魯行著　印本

古書中名物度數に關する記事を摭取し之を名數咫聞と名け後更に綴拾して咫聞別集と稱したるものなり第一卷は人倫、交契、身體第二卷は陰陽二氣、名山川流峙、宮室、居處、舟車、器用、衣服、飮食第三卷は五穀、衆卉、鳥獸、昆虫第四卷は六畜、禽虫、雜辨、物理の怪第五卷は事物の別名、刱物の名文章緣起の名第六卷は碎事鉤沈、第七卷は人事の名上第八卷は人事の名下第九卷は古人の年壽第十卷は編年記覽第十一卷は人道雜事第十二卷は讀書好學等なり

閔魯行　字は雅顏、杞園と號す驪興の人用拙堂聖徽八代の孫なり正祖壬寅に生れ蔭補を以て官郡守に止まり哲宗の時に歿す

○古今事實類聚　四卷四冊　寫本

宋の祝穆の古今事文類聚中より百官に關する部分を類聚したるものなり

○策類　七冊　寫本

天道、地道、人倫、儒道、君道、臣道、人事、天官、地官、春官、夏官、秋官及冬官等十三門に分ち各門に關する古人賢の要語と朝鮮の故事とを錄せしものなり策類と稱するは科擧應試者のために編せしより題名とせしものなるへし

○片錦　一冊　寫本

天地萬物及人事に關する成語、別居等の文句を分類別錄し童蒙初學の考閱に便せしものなり

○隨錄　一冊　寫本

人事、人倫の兩門に分ち竝せて七十三目を列し經史子集中各目に關する事考を採摭類聚せしものなり

○攷事撮要　三卷三册　魚叔權等編 崔鳴吉增修　印本

事大交隣其の他各種の事項にして日用闕くへからさるものを取り以て編纂したるものなり此の書魚叔權の手に成るものは明宗九年甲寅に止り乙卯以後宣祖十八年乙酉に至る間は許篈の增補に係り朴希賢又之を續成して光海君壬子に訖る仁祖丙子崔鳴吉更に之を增減修正せり上卷は紀年中卷は中朝忌辰以下十三項下卷は接待倭人事例以下十七項附錄には朝鮮歷代の忌辰より八道官職總數に至る五十三項の雜記を載す

魚叔權　は也足堂と號す咸從の人西川世謙の孫なり官學官に止る

崔鳴吉　字は子謙、遲川と號す全州の人なり宣祖丙戌に生れ乙巳に登科し仁祖反正の時延平府院君李貴の大義を策するや謀劃多くは其の手に出つ遂に靖社功一等に錄せられ完城府院君に封せらる又文衡を典り官領議政に至り其の丁亥に歿す諡を文忠と云ふ

○攷事新書　一五卷七册　徐命膺編　印本

英祖の時藝文館に於て魚叔權等編する所の攷事撮要の舊本疎略なるを以て增删を謀り年を閱して成らさりしを藝文館提學徐命膺私業として其の繁冗を汰し緊要を補ひ又校理鄭忠彥に囑して參訂校勘せしめ領議政金陽澤亦損益する所あり凡て十五卷と爲し攷事新書と名く天道、地理、紀年典章、儀禮、行人、文藝、武備、農圃、日月、醫藥の十一部門あり出版は英祖四十七年辛卯に在り

○琬琰通考　六卷三册　金世均著　寫本

歷代帝王の廟號、尊號及年號等を議定するは邦禮の至敬至愼なるものなり然るに之を考據すへきの書無きを以て本書を著せり李太王之を善しとし更に博攷すへきを命し以て完成せしめたり其の載する所の項目第一卷は國朝尊號、建元及韻彙、附明諡、列朝殿廟考第二卷は歷代帝王譜、同追諡第三卷は歷代僭號僞諡、附外國及東國歷代第四卷は歷代帝王、尊王韻彙、諡號韻彙及年號重襲、改元、年號用字、年號竝稱第五卷は建元韻彙、附陵號第六卷は歷代諡法釋義、東國見行諡法等なり

金世均　字は公翼、晩齋と號す安東の人なり憲宗辛丑三十歲にして忠良應製文科に中り官藝文館檢閱、弘文館提學を經て吏曹判書に至り又屢次監司、留守たり己卯の年に歿す行年

六十八文貞と諡す

○琬琰同號抄　二卷一冊　李太王命編　寫本

前書と同一目的に因り李太王の命編に係り李氏歷代尊號の下に諡號、建元、殿廟號、宮園號、東國歷代諡號及建元、支那歷代諡號及建元、陵號等を記載し附錄として僭號、僞諡及外國傳等を載せり

○儒胥必知　一冊　印本

通編を上言、擊錚原情、所志類、單子類、告白類、文券類、通文套、吏頭彙編の八目に分ち其の書式熟語等を備載せり

○新式儒胥必知　一卷一冊　黃泌秀著　印本

儒胥必知に倣ひ新式に改成せしものなり李太王光武五年に成る

黃泌秀　號は惠菴、昌原の人都正道淳の子なり李太王の時入仕し官郡守に至り李王の時に歿す

○兒戲原覽　一冊　張混編　印本

古今の事文を類聚し童蒙初學の覽攷に便したるものにして純祖三年癸亥張混の編次に係る天地形氣より國俗、人事に至り備はらさるものなく附するに數彙及補遺を以てせり

張混　字は元一、而已广と號す竹軒友壁の子なり英祖己卯に生れ家世寒微なりしを以て科宦を得す正祖の時監印所司準となり御定諸書を校正し純祖戊子に歿す幼より孝を以て聞え長して博學强記なり著述に富む詩宗、唐律集英、蒙喩編、近取編、切用方、童習數方圖及本書は之を印行せしも箧段集二十卷及古文柯則、庭下至訓、大東故寔、騷壇廣樂、初學字彙、東民須知、文壇姓譜、祭儀圖式等は未た刊行せす

○寰瀛誌　二卷一冊　魏伯珪著　印本

天文、星緯、節序、運會、地理、疆域、國都、山川、帝王、國統、聖賢、道統、名物、度數、道釋、兵陣、官職、宮室、陵基等に付き類を分ち條を逐ひて之を誌し六十四の圖解あり英祖四十六年庚寅に成り純祖二十二年壬午其の族孫榮馥之を刊行す

魏伯珪　は存齋と號す長興の人なり

○才物譜　四冊　寫本

春夏秋冬の四集に分ち三才萬物の古名或は別稱を彙類し一一註脚を加へ間間諺解を施し又朝鮮歷代の制度文物を記せり

○雜同散異　五三冊　安鼎福編　寫本

經、史、子、集の文字を隨錄せしものなり又名物、度數、閭巷、稗說等をも記せり

○竹僑便覽　三冊　韓錫斅編　寫本

朱子の家禮と沙溪金長生の喪禮とを採取し又古今諸家の說を證として喪、祭二編を作り農書一編を添へ三編と爲し農書の末には養生術及科式を添附せり哲宗初年己酉に編す

○阮堂尺牘　二冊　寫本

金正喜の尺牘を輯めたるものにして南相吉之を刪定せり

金正喜　字は元春、阮堂と號し又秋史と號す慶州の人酉堂魯敬の子なり正祖丙午に生れ純祖己巳生員に中り己卯文科に登り奎章閣待敎を歷て官參判に至り哲宗丁巳に歿す學問深弘該博又金石鐘鼎に造詣あり當時詩書畫三絕を以て推さる遂に盛名の累する所となり奇禍に罹り再度流竄せらる

○寒暄劄錄　五卷三冊　印本

朝鮮公私萬般の消息文に關する用語、文例、書式を類記せるものなり

○簡牘精要抄　一冊　寫本

初學兒童の敎科用として抄集したるものにして其の載する所時令、物名、文學、書式、請謝、科擧、方閫、吊賀、婚禮、國忌、邑號、上言、詞訟、文券、單子、告目、吏讀、報狀、立案、關帖等なり

隨錄類

○谿谷漫筆　二卷一冊　張維著　寫本

主として谿谷張維の儒學文章に關する漫錄を集めたるものにして間間史實人物評を交へ經傳諸百家に對して縱橫に意見を述ぶ書の成りしは仁祖十三年乙亥なり仁祖戊寅に歿す

○西浦漫筆　二卷二冊　金萬重著　寫本

諸子百家の中に就き疑問のある處を辨析し卷末に新羅以降朝鮮に至る著名の詩を略評したるものを附せり

金萬重　字は重叔、西浦と號す忠烈公金益兼の子なり仁祖丁丑に生れ顯宗の時に登科し孝行卓異なるを以て閭に旌せられ官判書に至り肅宗壬申に歿す謚を文孝と云ひ肅宗廟庭に配享す

○賢谷隨筆　一冊　鄭宗愈編　寫本

古書及俚諺を聞見に隨ひ手抄したるものなり卷首に崔寔農家諺と書せり

鄭宗愈　字は愉如、賢谷と號す東萊の人翰林元淳の子なり英祖甲子に生れ正宗丁酉進士に中り敎官を授けられ官掌樂正に止り純祖戊辰に歿す平泉李匡呂の門人にして行義純篤學問贍博なり

○五龍齋錄　四卷一冊　南溟學著　印本

南溟學の手錄にして其の子陽龍之を上刊す蒙恩錄、廬憂錄、君親夢敎錄の三類に分ち附するに書五龍錄後、工曹佐郎南公墓表、五龍齋南先生忠孝追慕碑記の三編を以てす

南溟學　字は聖源、五龍齋と號す英陽の人爾赫の子なり英祖辛亥に生れ己卯進士に中り戊子蔭仕を以て顯陵叅奉を拜し官僉正に止り正祖戊午に歿す

○觀水漫錄　一冊　寫本

正祖の時水原に城を築き留營に陞したる後之か殷繁策を記述したるものに似たり

○雲樵漫錄　一冊　白榮洙著　寫本

白榮洙か官遊の時作れる所の詩及公牒文字を漫錄謄寫したるものにして憲宗六年庚子に始り李太王二十九年壬辰に至る

白榮洙　字は景留、雲樵と號す水原の人都承旨仁英の後なり純祖辛未に生れ武を以て進み官同知中樞に至り齡八十を踰ゆ

○三官通　三卷五冊　尹東哲等著　寫本

本書收むる所は易解說、家傳、輯稿、履考、附錄等なり三官

通と名けたるは耳官、目官、口官の三官に通するを云ふ

尹東晳　字は與叔、老耘と號す坡平の人左尹勉敎の子なり景宗壬寅に生れ英祖丙子に參奉となり錦伯を經て官判書に至り正祖己酉に歿す文學、政事を以て著はれ又隷書に工なり

○雅言覺非　三卷一冊　丁若鏞著　寫本

朝鮮流用俗語の原語原字の意義に戾り訛謬尠からさるより確證を擧けて之を訂正せるものなり

○晝永編　四卷四冊　鄭東愈著　寫本

純祖五年乙丑の年長夏消遣の一法として支那朝鮮の古書を渉獵し古事を研究して隨筆漫錄したるものなり

○孰遂念　一六卷七冊　洪吉周纂　寫本

棲遁修養及游戲娛樂は人々之を欲するも能く遂くる者なし著者亦得す故に之を空言に付し本書を成し孰遂念と名け一部を十干に分つ第一は家園の經營を記し甲癸居念とし次は使命の分職を錄し乙各授念とし家には禮儀を重しとし之を丙有秩念とし人學問せさるへからす之を丁五車念とし財産を儲蓄し貧窶を周卹し家具を鮮明せんかため戊三事念を作り身心を戒飭し放逸を防遏し交遊を謹愼せんかため己兢邁念を作り風物を玩賞し翰墨に優遊するを欲し庚式敖念を叙し旅行を規定し勝覽を紀存するを欲し辛動智念を叙し之に續くに壬居業念を以てし學問の程課を論し結ふに癸孰遂念を以てし本著の意義を論せり凡て十六觀とす古人は文字を竹に書し之を編と云ひ帛に書し之を卷と云ふ今紙に書す故に編又は卷と云ふは甚た謂れなし之を以て本書は觀と改め觀閱の意を記すとせり

洪吉周　字は憲仲、沆瀣と號す淵泉奭周の弟にして正宗丙午に生れ純祖丁卯司馬に中り蔭仕を以て進み官郡守に至り憲宗の時に歿す

○御賜棠溪寶硯記蹟　一冊　金錫臣編　印本

仁祖十四年丙子南漢圍城の時棠溪金華俊注書を以て宿直し硯石の賜與を受け之を家藏したる事蹟と之に關する詩文を編錄したるものにして李太王六年己巳棠溪の五代の孫金錫臣之を編刊す

○正祖手筆日記　九冊　寫本

正祖の日記にして二十一年丁巳一年間なり之を四課に類別し公務に關するものは課務とし讀書に關するものは課讀とし著述に關するものは課述とし射體に關するものは課射とせり

○荷谷朝天記　三巻三冊　許　篈編　印本

宣祖七年聖節使朴希立に從ひ書狀官として明京に赴きたる許篈の手に成れる旅中日記なり肅宗三十三年曾孫許墧之を刊行するに當り過江錄、年譜、荷谷集目錄を以て卷尾に附せり

許篈　字は美叔、荷谷と號す陽川の人草堂曄の子なり明宗辛亥に生れ宣祖戊辰生員に魁たり甲申文科に登り官典翰に止り戊子に歿す兄筬、第筠、妹蘭雪軒倶に詩名あり少時眉菴柳希春に從學し後疏を上り栗谷李珥を斥けしを以て甲山に竄せらる

○老稼齋燕行錄　六巻六冊　金昌業編　寫本

金昌業か肅宗三十八年伯兄冬至使兼謝恩使金昌集に從ひ清京に入りたる時の紀行にして往返一百四十六日行程六百餘里記文の外長短の詩什四百二篇を添へたり

金昌業、　字は大有、老稼齋と號す安東の人文谷壽恒の子なり孝宗戊戌に生れ肅宗辛酉進士に中り甲戌教官を授けられたるも就かす景宗辛丑に歿す幼にして英慧長して豪放、富貴功名を慕はす山林の樂を縱にし詩を以て自ら娯しむ景宗辛丑伯兄昌集遠竄せられたるを憤悒して歿す

○燕　行　錄　一冊　嚴　璹編　寫本

嚴璹か冬至副使として清京に赴程したる時の日記にして英祖四十九年癸巳十一月發行の日より翌年甲午の春返命の日に至るまで風雨陰晴、沿路の聞見、山川道里、風俗觀覽等を記載せり

嚴璹　字は孺文、梧西と號す寧越の人判書貞憲公緝の孫なり肅宗丙申に生れ英祖丁丑文科に登り正祖丙午に歿す官禮曹參判に至る謚して肅憲と云ふ

○燕　行　紀　四巻二冊　徐浩修編　寫本

正祖十四年庚戌清の乾隆帝八旬の萬壽節に當り徐浩修進賀副使を以て清京に赴きたる時の來往日記なり

徐浩修　字は養直、大邱の人文靖公命膺の子なり英祖丙辰に生れ乙酉文科に登り官吏曹判書に至り正祖の時に歿す謚を

文敏と云ふ

○薊山紀程　五卷五冊　寫本

純祖三年癸亥徐長補書狀官として淸京に赴く時隨行したる件倘の詩竝に略程記等を編したるものなり

○燕行日記　四卷四冊　寫本

憲宗十五年己酉十月一日より翌年庚戌二十五日に至る奏達文字を錄したるものなり蓋し當時朝鮮人か淸國に往留して毎日所見せる朝報より錄出したるものなり

○乘槎錄　三卷一冊　崔斗燦編　寫本

純祖十七年丁丑著者妻父大靜縣監に隨從し濟州に遊ひ翌年歸路海上惡風に遇ひ漂流すること十六日遂に支那浙江の地に着し淸の保護に依りて歸還するを得たり本書は其の日記なり

崔斗燦　字は應七、江海散人と號す正祖己亥に生る家は大邱に在り錄中に庚午試擧人と自稱せり

○海上日記草　一冊　朴定陽編　寫本

李太王二十四年丁亥朴定陽か米國公使として赴任したる時橫濱より航海中の日記を上達したるものなり卷尾に諺文電報を附す

○乙卯公私要錄　一冊　趙寅熙編　寫本

趙寅熙か注書たりし時の日記なり

趙寅熙　字は士羲、暘齋と號す楊州の人判書得林の子なり純祖壬午に生れ憲宗癸卯司馬に中り哲宗辛亥文科に登り事に因りて削られ癸丑に復し後翰苑に入り官吏曹恭判に至り李太王壬午に歿す

○龜菴擬政內外案　一冊　金濟學編　寫本

金濟學か朝鮮の各官職に漢、唐、宋、明、歷代の人物を擬したるものにして其の才行職任に近似する者を取りて之に八字の評語を附し內案、外案に分てり內案の首は議政府にして領議政には蜀漢の人諸葛亮を擬し外案の首は水原府にして留守に宋人文天祥を擬せり蓋し閒餘の戲作なるも朝鮮舊官制の考據には一助なしとせす

金濟學　字は文祥、龜岩と號す金海の人にして政格及官方

に慣熟したりと云ふ

○古　鑑　三巻三冊　寫本

支那歴代帝王羣臣の事歴に就き各名下に四字句の提題を掲けて其の大要を記述し間間著者の私見を加へたるものなり

○賢　巳　一冊　寫本

本書上半は典故の出處を随記し下半は喪禮備要を問目とし自己の所見を錄したるものなり

○存　筍　新　鈔　八巻六冊　寫本

本書は事物の人生日用生活及經濟衛生等に利効ありと認むるものを列錄せり

藝術類

○列　聖　御　筆　一帖　印本

太祖、文宗、世祖、成宗、仁宗、明宗、宣祖、元宗、仁祖、孝宗、顯宗、肅宗、景宗十三代の親筆を陰刻印搨して之を一帖に編粧せしものなり

○宣　廟　御　筆　二帖　搨本

宣祖か萬機の暇に揮灑したる筆蹟を第九子義昌君珖に寵賜し仁祖八年庚午珖の鋟梓搨印せしもの及義州駐駕中の詩を親書したるものの刻搨なり

○孝　宗　御　筆　一冊　搨本

孝宗の眞蹟にして書簡三通及零墨若干を收む書簡には辛巳及壬午の干支あり仁祖十九年辛巳及二十年壬午孝宗儲位に在る時の筆なるへし

○肅　宗　御　筆　一六幅　印本

肅宗萬機の暇を以て翰墨に留意し八疊屏風の書として二件を親書す其の一は畿甸山河、都城宮苑、列署星拱、諸坊碁布、東門教場、西江漕泊、南渡行人、北郊牧馬の八題を以て七言絶句を楷書し一は古人の五言絶句を草書したるものなり

○景　宗　御　筆　一〇枚　搨本

肅宗二十二年丙子景宗東宮に在り親ら「敬以直內義以方外」の八大字を揮灑し侍講院に下し板刻せしものなり侍講院說書閔鎭遠の跋文を附す

○宗簿寺揭板　一帖　搨本

英祖三十五年己卯の歲宗正寺に親臨し世譜を審閱し「昔年宗正本寺今日袞衣拜閣」の十二字を書し跋語數句を附し以て板に刻す其の搨本なり宗室綾昌君櫹に賜與したるものに係る

○敦寧府揭板　一冊　搨本

英祖三十五年己卯眞殿に酌獻禮を行ひ譜閣を奉審したる後此を書し敦寧府に揭けたるものの搨本なり

○書賜闡義昭鑑纂修諸臣　一冊　搨本

英祖闡義昭鑑纂修諸臣に下賜するため親ら數句を製し揮灑して之を板刻搨出したるものにして本冊は纂修郞廳洪準海に內賜せしものなり

○東宮寶墨　一帖　莊祖書

莊祖八歲にして東宮に在りし時之を書し掌樂僉正李益炆の子中得に與へたるものなり

莊祖　諱は愃、字は允寬、毅齋と號す英祖の子正祖の父にして李太王は其の玄孫なり英祖乙卯誕生し翌年世子に冊し已巳聽政し壬午昇遐す春秋二十八顯隆園に葬る光武三年莊祖懿皇帝と追尊し園を隆陵と號す

○萬川明月主人翁序　二帖　正祖撰　搨本

正祖二十二年戊午自ら萬川明月主人翁と號し其の序を作り一帖は楷字を以て書し一帖は篆字を以て書し之を刻搨したるものなり

○御筆懸板　一冊　李太王書　搨本

李太王の眞蹟にして湫芳齋、華岳亭等の大字なり

○六先生遺墨　一冊　尹師國編　印本

朴彭年、成三問、李塏、河緯地、柳誠源、俞應孚等六臣の斷篇遺墨を刊行したるものにて編者の跋文を附す

○醉琴軒千字文　一冊　朴彭年書　印本

朴彭年草體を以て千字文を書し瑢永豐君李瑔に與へたるを付刊せしものなり宋時烈の跋あり

朴彭年　字は仁叟、醉琴軒と號す世宗甲寅文科に中り官副提學、刑曹叅判に至り世祖の時端宗復位の獄に係り惡刑を受け獄中に歿す英祖戊寅吏曹判書を贈り忠正と謚す

○遯齋筆蹟　一冊　成世昌書　搨本

成世昌の書したる歸去來辭一篇を明宗十六年辛酉南平縣監沈鐩の搨刻したるものなり

成世昌　字は蕃中、遯齋と號す昌寧の人虛白堂俔の子なり成宗辛丑に生れ燕山君辛酉司馬に中り叅奉に補せられ中宗丁卯文科に登り湖堂に選せられ文衡を典し官左議政に至り奸臣の謡を被り竄死す寒暄金宏弼の門に出入し文章氣節あり

○自庵筆帖　一帖　金綵書　搨本

自庵金綵の筆蹟にして五言絕句八首を刻搨す詩は父母、君師、妻子、兄弟、朋友の道を詠したるものなり

金綵　字は大柔、自庵と號す光山の人なり生員、進士に中り中宗癸酉の文科出身にして官副提學に至る己卯の禍作るや趙靜庵及全冲庵と同しく捕へられしか首相鄭光弼に賴りて救はれ極邊に杖流せられ其の甲午に歿す宣祖の時吏曹判書を贈られ文懿と謚す書を善くし人多く之に倣ふ

○二家書法　一冊　金希壽 金魯書　搨本

金希壽及金魯の筆蹟を刻搨したるものなり

金希壽　字は夢禎、悠然齋と號す安東の人成宗乙未に文科に登り湖堂に選ばれ丁亥に歿す官大憲に至る

金魯　字は景魯、東皐と號す大憲希壽の子なり燕山君戊午に生れ中宗乙酉文科に登り湖堂、銓部、直學を經て癸酉に歿す官僉中樞に至る

○師任堂筆蹟　一冊　申氏書　印本

栗谷李珥の母申氏は太任を景慕して自ら師任堂と號す栗谷を生み婦德の餘文墨に嫺ふ本帖は姨孫女の懇囑に應し唐五絕六幅を揮灑せしものにして李太王六年己巳尹宗儀江陵に宰たりし時同邑崔家より眞本を得て繡鋟したるものなり申氏又梅花

○定齋農巖遺墨　一冊

定齋朴泰輔農巖金昌協等の遺墨を集めたるものなり

○李載恒書帖　一冊　李載恒書　印本

李載恒の筆蹟を木版となせるものなり

李載恒　字は君望、肅宗の時に生れ英祖の時に歿す能筆を以て名あり

○白下書帖　一冊　尹淳書

白下尹淳の墨蹟を一冊と爲したるものにして楷、行、草諸體悉く備り細字殊に多し

○古今歷代法帖　一冊　搨本

支那に在りては夏禹の篆より明代に至るまで百餘家の筆跡を載せ朝鮮に在りては新羅金生より李朝景宗の時に至るまで八十餘家の筆跡を收聚せり

○海東名賢筆蹟　一帖

草虫の畫を以て世に鳴れり

○河西筆蹟　一冊　金麟厚書　印本

河西金麟厚の筆蹟を木板としたるものにして行體を以て杜甫李白、韓愈、蘇軾及朱熹等の傳を寫せり

金麟厚　字は厚之、河西又湛齋と號す蔚山の人なり中宗庚午に生れ庚子に登科し選はれて湖堂に入り春坊を兼ぬ時に仁宗東宮に在り契遇尤も厚かりしか卽位未た幾もなくして昇遐す河西遂に志を世に絕ち山に入りて慟哭せりと云ふ明宗庚申に歿す後大官を贈られ文靖と謚し文廟に從祀せらる蓋し河西は全羅道に於ける學問の宗匠なり

○石峰書法　一冊　韓濩書　搨本

宣祖の時の名筆石峯韓濩か世說中の語を取り行體を以て書し板刻したるものなり

○石峰千字文　一冊　韓濩書　印本

石峯韓濩の書を板刻したるものなり初板は宣祖三十四年辛丑にして肅宗十七年辛未親序を卷首に冠し以て重刊す

金宗直、徐居正、李滉、鄭逑、申光漢、李珥、李敬輿、呉竣等の筆蹟を集聚したるものなり

○左海雙絕　一帖

中宗より宣祖に至る間の名家の詩札を蒐編したるものにして款識は存する原書は缺落したるもの多し惟た容齋李荇、企齋申光漢、聽天沈守慶、高峰奇大升、一松沈喜壽等五人の書する所あり詩格並に書法俱に美なりとし之を雙絕と云ふ

○志慶帖　一帖　　本

正祖元子冊晃禮の時盛儀に列したる者聯句を作り以て慶を志したるものなり

○恭默閣記　一帖　徐有隣書　搨本

恭默閣の記帖にして閣は昌德宮景春殿の東に在り英祖諒闇の時臣僚を晉接せし所なり正祖癸卯其の額扁を新書し之か記を製し徐有鄰に命して書せしめ刻搨したるものあり

○健元陵齋壁詩　一三一枚　鄭志儉書　搨本

正祖八年甲辰健元陵（太祖陵）の石役を親監し役畢りて後寧宣の壁上に詩を書し之を揭板と為す其の搨本にして奎章閣直提學鄭志儉書す

鄭志儉　字は平仲、澈齋と號す東萊の人蒼老齋和の玄孫なり英祖丁巳に生れ辛卯進士に中り癸巳洗馬を授けられ正祖丁酉文科に登り官奎章閣直閣を歷て文衡に圈點せらる禮曹參判に至り乙卯に歿す

○李提督祠堂記　一帖　李福源書　搨本

正祖十二年戊申明の提督李如松の祠堂記を製し大臣李福源をして之を書せしむ蓋し如松は宣祖壬辰朝鮮に對し靖難の功あり其の孫應仁朝鮮に徙居して歷代を經たり是に於て後孫に命し祠を立て不祧の典を施し記文を鐫立せしむ

○命書朱夫子詩　一冊

正祖二十四年庚申大臣閣臣抄啓文臣卿宰下大夫等凡て百二十四人に命し朱子詩全部を枚數を定めて大書せしめ親ら序を卷首に書したるものなり以上諸員の姓名及官銜を總目に書し每首に書者の名を標識す

○慈慶殿記　一帖　徐榮輔書　搨本

昌慶宮內の慈慶殿は正祖誕生の所にして又母嬪惠慶宮臨御の所なり純祖の時に至り惠慶宮は純祖の母妃孝懿后に付す純祖后の命を受け之か記を作り徐榮輔に命して之を書せしむ其の板刻の搨本なり

○景春殿記　一冊　沈象奎書　搨本

正祖昌慶宮の景春殿に誕生す純祖感を起し敬を起すの地と爲し戊辰親ら記文を作り沈象奎に命して之を書せしめ殿額に刻揭す其の搨本なり

○竹石奉敎書帖　一帖　徐榮輔書　搨本

純祖七年丁卯春塘臺に御し閣臣及承旨史官等と射禮を行ひたる時徐榮輔に命し謝箋文を書せしむ其の搨本にして竹石は榮輔の別號なり

○永柔學士臺詩帖　一帖　李敏采等書　搨本

平安南道永柔郡に學士臺あり顯宗辛丑李敏廸同郡に宰たり二弟敏叔、敏采隨往す敏采一詩を賦して此に題し敏叔其の韻に次す肅宗三十二年丙戌敏叔の子觀命亦同郡に宰たり弟健命隨行し前韻を賡き竝に石に刻す英祖壬申敏叔の孫徽之亦復た同郡に宰たり弟弘と倶に和韻して之を刻す其の搨本なり

○祠院諸處題額帖　一帖　搨本

各所の樓、祠、書院、齋、亭等の賜額の拓本を集編したるものにして白雲樓、愍忠祠、拜鵑樓、彰節祠、彰節書院及錦江亭は正祖十五年辛亥尹師國書し六臣祠は肅廟十八年壬申宋時烈書し尙義齋、休仁齋は正祖辛亥朴基正書せり

○淸虛樓重建記　一冊　搨本

江原道原州郡酒泉の淸虛樓は肅宗の題詠ある所にして鬱攸のため灰燼となりしを英祖戊寅牧使任璞重建し洪象漢文を撰し板刻して壁に揭く其の搨本なり

○奎章閣上樑文　一冊　搨本

奎章閣の上樑文にして正祖の時の人醇庵吳載純の撰文、徐有防の書なり

○漢南樓記　一帖　搨本

京畿道廣州に南漢山城あり仁祖十四年丙子駐蹕の地にして行宮を建つ正祖二十一年丁巳留守洪檏行宮門上に一樓を建て名けて漢南樓と云ふ二十二年戊午黃昇源之か記を作り刻して揭く其の搨本なり

黃昇源　字は允之、長水の人芝川廷彧の後なり英祖壬子に生れ辛卯文科に登り文任を經て官吏曹判書に至り純祖丁卯に歿す謚を文獻と云ふ

○華城北門樓上樑文　一冊　洪良浩書　搨本

水原北門樓上樑文の懸板を搨出したるものにして大提學洪良浩の撰文に係り書者亦同人なり

○觀風軒重修記　一帖　朴基正書　搨本

觀風軒重修記の搨本にして正祖十五年辛亥李命植敎を奉して撰文し朴基正之を書したるものなり觀風軒は端宗位を遜り寧越(江原道)に遷されたる時の寢室なり正祖其の頽敗を嘆し重修を命し又此の記を作らしむ

○六臣祠記　一冊　朴基正書　印本

世祖の時端宗の復位を圖り成らすして戮に遭ひたる六臣の祠記にして宋時烈の撰文に係り百七年の後正祖十五年辛亥に至り朴基正をして之を書せしめ改刊したるものなり六臣とは朴彭年、成三問、李塏、河緯地、柳誠源、俞應孚の六人なり帖末成李兩氏の臨命詩、權倘夏書する所の題六臣祠記後の文、朴泰輔記す所の六臣祠宇記及尹師國書する所の六臣祠宇上樑文等を附す

○寧越題詠　一帖　尹舜擧等書　印本

江原道寧越郡に在る錦江亭記、旨德庵重修記其の他曹倘治の次子規啼歌、李滉の錦江亭詩、曹夏望の越山志感詩等の板刻搨本を集めたるものなり亭記は宋時烈の作にして庵記は尹舜擧の撰竝に書に係る子規歌は曹允亨の書なり

○子規樓帖　一帖　尹師國書　李東郁書　搨本

江原道寧越郡の子規樓は端宗遷居の所にして正祖十五年辛亥道臣尹師國に命し之を重修せし後李福源の撰したる樓記を尹

師國書し蔡濟恭の撰したる上樑文を李東郁書し洪良浩の撰したる上樑文を尹師國書したるものを搨出して之を帖と爲せしものなり

李東郁　字は幼文、蘇巖と號す平昌の人知樞光溥の從子にして英祖己未に生れ丙戌文科に登り官參判に至り正祖の時に歿す

○子規樓上樑文　一帖　李東郁書　搨本

江原道寧越の子規樓上樑文にして蔡濟恭之を撰し李東郁之を書す

○玉山精舍記　一帖　南公轍書　搨本

玉山精舍記の搨本にして慶尙北道慶州郡玉山里に晦齋李彥迪讀書の精舍あり純祖壬戌金陵南公轍慶尙道觀察使を以て玉山を過ぎ晦齋の後孫希誠の請に因り此の記を撰す

○金陵詩帖　一帖　南公轍書　搨本

南公轍慶尙道の守令たり又監司たる時遊覽したる樓觀勝處に題詠したる詩を自書して板刻搨出し合粧したるものなり

○昌平客舍重修記　一冊　搨本

純祖二十五年乙酉趙曮か全羅道昌平縣の客舍龍洲館を重修し記文を板刻し憲宗庚子趙寅永更に記文を板刻して揭壁したる其の搨本なり

○鏡浦臺賦　一帖　寫本

江陵鏡浦臺の賦を書したるものなり

○荒山大捷碑閣懸板　一帖　搨本

荒山大捷碑は雲峰に在り其の碑閣懸板を印出して作帖せしものなり

○安氏家藏諸賢筆蹟　一冊　安琢編　搨本

中宗十三年戊寅博士安處順か求禮縣監となるや各流の餽贈したる詩文竝に往復したる書札等を明宗四年己酉其の子琢の上梓したるものなり

安琢　字は文瑞、號は竹巖順興の人にして思齋堂處順の子なり中宗戊寅に生れ宣祖辛未に歿す

○村隱故舊眞蹟　一冊

宣祖の時の名流南郭朴東說（字は說之）西垌柳根（字は晦夫）玄翁申欽（字は敬叔）稚川尹昉（字は可晦）月沙李廷龜（字は聖徵）松蘗堂李正臣（字は邦彥）柳川韓浚謙（字は益之）愚伏堂鄭經世（字は景任）芝峰李睟光（字は潤卿）谿谷張維（字は持國）淸陰金尙憲（字は叔度）等十一人か村隱劉希慶に寄せたる筆蹟を集め一帖と爲したるものなり

○諸賢簡帖　一冊　印本

宣祖の時の人房元震か當時の賢宰名流の遺札を蒐錄せしものにして月沙李廷龜以下尹雲衢に至る手札は板刻し沙溪金長生以下盧脊に至る手札は活字を以て印せり卷首に元震の芹宮蘭契と名くる交遊錄を附載す

房元震　字は而省、蓼溪と號す唐城の人なり宣祖丁丑に生れ官重林察訪に至る

○明將手簡帖　一帖　釋休靜編　印本

僧休靜曾て明提督李如松か贈れる詩一首都督李如栢か寄せたる書一片、李如松竝に其の幕下諸將聯名の尺牘一通を收めて帖を作り之に短跋を附す後に至り之を刻せしもの卽ち本帖なり帖中申維翰か演初（雪松）に寄せたる書翰あり

釋休靜　字は玄應、淸虛堂又西山と號す俗姓は崔氏名は汝信、光山の人なり中宗十五年庚辰に生れ幼にして父母を喪ひ伶仃流離して智異山に遊ひ忽ち悟る所あり法を靈觀大師に聽き遂に剃髮して名山を遍歷すること七八年明宗の時禪科に中り禪敎兩宗判事に至りしか幾もなくして歸山し復た出てす適ま壬辰の役起るや奮然蹶起軍門に詣り十六宗揔攝を拜し緇流を召集して之を高弟惟政等に付し戰功あり因て禪號を賜ひ扶宗樹敎普濟登階尊者と云ふ後數年を經て宣祖甲辰入寂す時に壽八十五休靜常に關西寧邊妙香山に居りしを以て又西山大師と呼ふ詩を善くす

○簡牘　四冊　金光國編

英祖の時葆光堂金光國か燕山君の時より肅宗の時に至る諸人の手束を拮据蒐集し總て四帖と爲したるものにして初冊に金光國の小叙を附し每簡筆者の小傳を錄す

金光國　字は大觀安東の人承旨俊元の玄孫なり肅宗己丑に

生れ英祖乙卯文科に登り官参判に至り正祖の時に歿す

○篆海心鏡 五巻二冊 金振興著 印本

篆書の辭典なり振興少時より東江呂爾徵に從ひて篆籀を學び終に善篆を以て名あり本書は玉筯體を以て四聲字を寫し各字下に楷體を附し以て後學に便したるものなり肅宗元年東江の子雲浦聖齊の咸鏡監司たる時之を刊行す

○古畫帖 一帖 鄭敾 金允謙 畫

鄭敾及金允謙の山水畫其の他款識なき山水蘭竹梅菊松蕉葡萄等の畫を以て作帖したるものなり

鄭敾 子は元伯、謙齋と號す光州の人にして官司導僉正に至る

金允謙 字は克讓、眞宰と號す安東の人老稼齋昌業の子にして官察訪に止る

○畫帖 一帖 尹程畫

花艸、折枝、翎毛、魚、虎等一種を畫き彩色を施したるものなり

尹程 字は景顏、惠泉は其の號にして坡平の人吏判絳の後孫なり憲宗朝司馬に中り官縣令に至る畫格高妙にして一世に名を擅にせり

○縉紳畫像帖 一帖

正祖の時に於ける縉紳の畫像にして判書尹師國等二十一人あり

○眞鍍金見本帖 三帖

太上老君、舜帝、僧侶、仙人等の圖像を描きたるものにして作像原圖の見本に用ひたるものなり

○寶印符信總數 一冊

朝鮮開國以後に用ひたる各種の寶印符信等の形を圖し總數を錄したるものなり

○外官印文 二冊

哲宗四年禮曹より八道四都に關飭して觀察使以下戶長に至るまで各其の印信の搨本を提出せしめ之を收聚貼付し以て後の

考査に供したるものなり

○縱横累黍古今尺圖說　一冊

累黍尺の度數を圖解したるものにして横黍古尺、縱黍今尺二種の圖を掲く

○鑄字事實記　一冊　金炳國書　搨本

從來懸板となしたるものを哲宗九年石搨法に依りて榻本に製したるものなり其の内容は太宗癸未の鑄字來歷及世宗庚子、庚寅正祖丁酉、壬寅、丙辰等に於ける鑄字の沿革より哲宗九年戊午に至る鑄成字數を記したるものにして附するに鑄字監事官の人名錄を以てす

○各樣巾製　一冊

各種頭巾の樣式を摸寫したるものなり

小說類

○花史　一冊　林悌著　寫本

各種の花卉を以て國家君臣の制度に擬し花に關する故事に依りて治亂興亡の歷史を假作したるものなり其の文章亦豪宕なり著者常に曰く『四夷八蠻皆爲二帝國一獨朝鮮不レ能三自立入二主中國一吾生何爲也吾死何恨也』と本書は其の拔越慷慨の意を託せり明人仲遵の撰したる花史二十七卷あるも花の品と候と友と器とを分說したるに止り本書とは大に其の體裁を異にす

林悌　字は子順、白湖又は謙齋、嘯痴と號す羅州の人なり明宗己酉に生る宣祖丁丑文科に出身し官吏曹正郎を拜し北評事に迄り其の丁亥に歿す享年三十九天才絕倫日に千言を誦し最も詩に長す好みて名山大澤に遊び嘗て俗離山に入り大谷成運に師事す李栗谷、李白沙等皆之を稱するに奇男子を以てす

○九雲夢　六卷　金萬重著　金春澤增訂　印本

金萬重か其の母を慰むる爲めに草せしものにして後從孫金春澤之を添修潤色せり人世の行樂は本來定緣あるも一夢に過きさることを比喩せるものなり

金春澤　字は伯雨、北軒と號す孝宗の時に生れ肅宗の時に歿す兵曹判書金鎭龜の子なり少より才氣燗發往々人を凌き自ら檢束を加へす遂に科擧に及第せす無官の秀才として終れり

○謝氏南征記　一冊　金春澤著　寫本

勸善懲惡を旨として作れるものにして妖妾が主婦を讒陷して之を逐出し其の家を覆亡せることを述へたるものなり

○倡善感義錄　一冊　金道洙著・寫本

勸善の意を寓したる說話にして善者惡者より搆誣を被り無限の苦難を受けたるも惡者に對して尙德を以て遇し惡者其の義に感じて屈服したりとの假搆事を叙せるものなり

金道洙　は春洲と號す淸風の人なり英祖の時官知禮縣監に止まる著す所春洲集あり

○帷幄龜鑑　一〇冊　寫本

漢高祖創業の史蹟を小說體に記述したるものなり當時張良帷幄の中に運籌せしを以て名けて帷幄龜鑑といふ

○雲英傳　一冊　寫本

靑坡の士人柳泳宣祖三十四年辛丑の春世宗の子安平大君瑢の舊宅壽聖宮に遊ひ醉夢の中安平宮女雲英及金進士に逢ひたることに假托し其の慘切悲劇なる情史及悍奴の報果を叙述したるものなり一に壽聖宮夢遊錄と名く

○春香傳　一冊　呂圭亨著　寫本

朝鮮倡優の演する春香歌を演繹し支那小說西廂記の體に倣ひて戲作したるものなり

○廣寒樓記　一冊　寫本

李桃隣と妓春香との情事を敍したる小說にして廣寒樓は二人邂逅の所なり

○王郎返魂傳　一冊　印本

吉州の人王思机なる者亡妻宋氏か冥司の王郎を捉ふることを知りて一夜王郎に魂譋し佛を念して厄を免かるへきを勸め遂に起死回生を得たる話柄を諺文を以て記したるものなり

○奇談隨錄　一冊　寫本

成宗の時に成りし鄭相國傳、高總角傳、閑良傳及陳砲手傳等を集輯し並に閭巷間の奇事異聞等を摘錄したるものなり

○選諺篇　一冊　寫本

朝鮮閭巷に流播する舊傳俚話を聞見に隨ひて寫錄したるものなり

○罷睡錄　一冊　寫本

朝鮮閭巷に流傳する俚話を筆に隨ひて叙したるものなり一事を叙する每に結尾に史斷を附せり

集部

別集類

○仁廟御製　一冊　印本

仁宗の製述を蒐輯し附するに批答を以てせり宣祖の時全羅監司權坱錦山郡守李翼賓と謀り之を刊行す

○御製集慶堂編輯　六卷三冊　印本

英祖か甲申、乙酉、丙戌、丁亥の四年間に於て子孫に訓諭せし文詞中慕先詒後述懷等の文を集慶堂に於て編輯したるものなり芸閣に於て印行す

○御製續集慶堂編輯　六卷　印本

英祖の集慶堂編輯の續編にして四十四年戊子より庚寅に至る三年間の慕先詒後述懷等を收め芸閣に於て印行す

○英祖御製續編　一〇卷五冊　印本

英祖三十四年戊寅其の製述を編成し具允明等に命し校正を加へしめ活字を以て印出す別に原編あり仍て續編と名く

○御製回甲編錄　一冊　印本

英祖三十年甲戌肅宗妃壽七十にして英祖華甲に恰當せしを以て此の書を作り回甲編錄と題し敬天、奉先、恤民、祛黨、抑奢等の五則を訓諭したる外特に容直言樂聞過の六字を自書して德器涵養の主要を簡明に垂示したるものなり

○御製抑箴　一冊　印本

英祖三十九年癸未詩經の衛武公抑章の義意を取り抑箴二篇を撰し之に諸臣の賡進を添附したるものなり

○祭保母文　一冊　寫本

肅宗二十三年丁丑英祖延礽君たりし時保母尙宮金氏の喪に際し此の文を撰す

○祭尙宮文　一冊　寫本

肅宗四十三年丁酉英祖の延礽君たりし時尙宮朴氏の喪に際し此の文を撰す

○凌虛關漫稿　七卷三冊　莊祖著　印本

莊祖の遺稿を輯めたるものにして詩賦、批判、書批、達批、敎論、令旨、答官僚故事、題、序、碑銘、陵誌、致祭文等あり凌虛關は莊祖の號なり

○弘齋全書　一八四卷一〇〇冊　印本

正祖の詩文、綸音、敎旨其の他編著の全集にして第一卷以下第七卷に詩、第八卷以下第十三卷に序引第十四卷以下第十六卷に記、碑、誌第十七卷に行錄第十八卷に行狀第十九卷以下第二十五卷に祭文、第二十六卷以下第二十九卷に綸音、第三十卷以下第三十六卷に敎第三十七卷に敦論、第三十八卷に論書第三十九卷以下第四十一卷に封書、第四十二卷以下第四十六卷に批、第四十七卷に判、第四十八卷以下第五十二卷に策問第五十三卷に說、贊、銘、第五十四卷以下第六十三卷に雜著、第六十四卷以下第百十九卷に經史講義、第百二十卷、第百二十一卷に鄒書、春記、第百二十二卷以下第百二十五卷に魯論復箋、第百二十六卷に僧傳秋錄、第百二十七卷、百二十八卷

に類義平例、第百二十九卷以下第百三十四卷に故實、第百三十五卷以下第百六十卷に審理錄、第百六十一卷以下第百七十八卷に日得錄、第百七十九卷以下第百八十四卷に群書標記を收む

○正祖草稿　五冊　寫本

正祖幼時の詩文を手錄したるものにして堯、舜、孔、孟、顏、曾等聖人の頌より漢代諸帝乃至歷代人物の贊頌評論等あり終に翫興府院君等の詩を附記す

○御製至德祠記　一冊　寫本

正祖の撰に係る讓寧大君至德祠の記なり讓寧大君は太宗の長子にして弟世宗の聖德あるを見佯狂自ら廢す太宗昇遐し世宗踐祚するに迨ひ大君を泰伯に比し之を頌す肅宗其の祠に命するに至德を以てし正祖十三年己酉是の記を刻揭す

○桂苑筆耕集　二〇卷四冊　崔致遠著　印本

新羅崔致遠唐より還り著す所の雜詩賦表集、覆簣集其の他合して八卷及本書桂苑筆耕集二十卷を進獻す表、狀、檄、書、委曲、擧牒、齋詞、祭文、疏、啓、狀、雜書、詩書等あり

○大覺國師文集　三三卷一冊　釋煦著　印本

元集二十卷には序、記、表、辭、狀、書、疏文、祭文、眞讃、示文、詩等を收め外集十三卷には國師に關する書、記、眞讃、詩、碑銘等を收む其の板慶尙南道陜川郡の海印寺に在り蓋し高麗時の刻板なり

釋煦　俗姓は王氏、字は義天其の名宋哲宗の諱を犯すを以て字を以て行ふ高麗文宗の第四子なり文宗乙未に生れ乙巳剃髮して靈通寺景德國師に受具し丁未敎書を以て祐世僧統師となる宣宗乙丑宋に入り華嚴有誠法師に摳衣し甲戌還國する時佛經四千卷を齎來し佛敎の書籍大に備はれりと云ふ肅宗辛巳に示寂す國師に冊し大覺と諡す

○南陽詩集　二卷一冊　白賁華著　印本

白賁華の詩を蒐輯したるものにして卷末に李奎報の撰したる墓誌一篇を附す其の板海印寺に在り高麗高宗の時の彫造に係る

白賁華　字は無外、南陽と號す藍浦の人翰林光臣の子なり

高麗明宗庚子に生れ神宗戊午省試に中り同年文科に登り閤門祇候を歴て官京山府副官に至り高宗甲申に歿す近臣を以て禪敎を主とし名衲法宗多く其の門より出つと云ふ

○東國李相國集　五三卷一四冊　李奎報著　印本

全集四十一卷、後集十二卷より成る共に高麗高宗二十八年辛丑其の子涵の編刊せしものなり然るに訛舛脫漏多きを以て三十八年辛亥大藏經の彫造を終るに際し分司大藏都監に命し改刊せしむ涵は當時隣郡河東の監務たり故に家藏本を以て讎校に充つるを得たり全集には賦、詩、上樑文、頌、讃、銘、韻語、語錄、說、序、雜文、記、牓文、雜書、書狀、表箋、敎書、批答、詔書、麻制官、誥、碑、銘、誌、誄、哀詞、祭文、道場、醮疏、佛道疏、釋道疏等を收め卷首に年譜を冠す後集は詩、贊、序、記、雜記、問答、書、表、雜著、墓誌等にして卷尾に誄書及墓誌銘を附せり

李奎報　字は春卿、白雲居士と號す高麗明宗庚戌登科し官平章事大學士に至る文章亦一代の大家たり朝廷の辭令は皆其の手に出て著述甚た多し

○梅湖遺稿　一冊　陳澕著　印本

陳澕の排律、古詩、絕句を主とし附錄として事實、評品、酬唱等を載す十五代の孫璟の裒集刊行せるものなり

陳澕　は梅湖と號す驪陽の人なり高麗神宗三年庚申に及第し官右司諫に至る詩を善くし少時李奎報と才名を齊うす不幸にして身世零落し其の傳記及著作の傳はらさるもの多く今存せるもの僅に本集一冊に過きす

○止浦集　三卷二冊　金坵著　印本

金坵の詩文集にて絕句、古詩、應製錄、表、箋、啓、疏、書、碑文等を載す朝鮮純祖元年後孫東灝の刊行する所に係る

金坵　字は次山、止浦と號す高麗熙宗辛未に生る高宗の時の文科出身にして吏部尙書政堂文學を經て寶文閣大學士となり平章事を拜し忠烈王戊寅に歿す文貞と諡す嘗て晦軒安裕と道義の交を爲し詩賦に長し稼亭李穀常に之を推稱す朝に在りて偉績多く而して佛法を排斥するの故を以て權臣に忤ふ讖者爲に益之を重せりと云ふ

○謹齋集　三卷二冊　安軸著　寫本

安軸の詩文雜著を集めたるものにして其の子宗源と宗源の孫純及純の子崇善の遺稿を卷尾に附す後孫慶運之を收輯編次し肅宗六年庚申濟州に於て刊出す

安軸　字は當之、謹齋と號す順興の人碩の子なり高麗忠烈王壬午に生れ忠肅王甲子元に入り甲科に登り盖州判官を歴て國に還り官三重大匡に至り忠穆王戊子に歿す諡を文貞と云ふ

安宗源　字は嗣清、雙清と號す忠肅王乙丑に生れ忠惠王辛巳文科に登り朝鮮太祖甲戌官集賢殿太學に至り是の年に歿す諡を文簡と云ふ

安純　字は顯之、別墅と號す恭愍王辛亥に生れ恭讓王己巳文科に登り朝鮮世宗庚申修文殿大提學に至り是の年に歿す諡を靖肅と云ふ

安崇善　字は仲止、雍齋と號す朝鮮太祖壬申に生れ太宗辛卯文科に登り官藝文舘大提學に至り文宗辛未に歿す諡を文肅と云ふ

○益齋亂稿　一〇卷四冊　李齊賢著　印本

李齊賢の詩文集なり就中詩最も妙境に入る其の子彰路及其の孫寶林の摭收する所なるも遺稿散佚して盡く錄するに至らず亂稿の名ある所以なり卷末櫟翁稗說、拾遺、年譜、墓誌等を附し高麗恭愍王十二年癸卯刊行し牧隱李穡の序文あり宣祖三十三年庚子其の後孫時發再刊し又肅宗十九年癸酉慶州府に於て重刊せり

○稼亭集　二〇卷四冊　李穀著　印本

李穀の詩文集にして朴尙衷の編纂上梓したるものなり年所を經て原板毀敗せしより仁祖十三年後孫基祚嶺伯在任の時之を重梓す載する所年譜、雜錄、雜著、記、碑、說、跋、銘、贊、書、啓、序、表、牋、疏、詞、祭文、墓誌、行狀、程文、詩、詞等なり

李穀　字は仲父、稼亭と號す韓山の人なり高麗忠烈王戊戌に生れ益齋李齊賢の門に遊び學業を成就し忠肅王庚申に登科し癸酉の歳元に入り進士出身を以て待ち國史院檢閱を授けられ中書郞中に上る歸來官都僉議贊成事に至り忠定王辛卯に歿す韓山伯に封せられ文孝公と諡す

○景濂亭集　五卷二冊　卓光茂著　印本

卓光茂の遺稿を蒐輯し又他人より寄贈せし詩文及古蹟等を編次したるものにして子愼の竹亭集及曾孫中の竹林亭集を附し卷末に世系を載せり哲宗元年庚戌後孫雲翰之を刊行す

卓光茂　字は謙夫、景濂亭と號す光山の人にして泉谷文位の子なり高麗忠惠王の時文科に登り官禮儀判書に至り壽八十一謚を文正と云ふ

卓愼　字は係危、竹亭と號す茂の子なり高麗恭讓王の時文科に登り朝鮮に及び參贊を拜し壽六十謚を文貞と云ふ

卓中　字は建正、竹林と號す愼の孫なり朝鮮世宗の時に生れ世祖の時文科に登り官直講に至る

○壄隱逸稿　六卷二冊　田祿生著　印本

壄隱田祿生の後孫萬英か十九史略補、高麗史、東國通鑑、東國史略其の他諸書凡そ四十八種に就き祿生の詩文を拾集し竝に家藏の諸牒を添入し以て編次せしものにして第一卷を原集とし批答、辭、疏等を收め第二卷以下を附錄とし本傳、姓貫、扈從錄、功臣錄、官跡、應製錄、遺事、世系圖、歷官略、家狀、尋墓錄竝に季弟耕隱遺事、孫尉節孝實記、旌閭、遺事家狀を集め以て全帙と爲せり卷首に陶谷李宜顯及黎湖朴弼周の序文を附す

田祿生　字は孟畊、壄隱と號す潭陽の人なり高麗忠肅王戊午に生れ忠惠王の時登科し大司憲等を歷て政堂文學となり兼ねて大君師傅を拜せしか適ま廢王禑元年鄭夢周、朴尙衷等と同しく杖配せられ路に歿す

○圃隱集　七卷四冊　鄭夢周著　印本

東方理學の開祖にして高麗殉國の忠臣たる鄭夢周著す所の詩文は家難に因り殆と遺失し盡せり其の子宗城諸家の所藏と門人の所錄等に據り蒐輯編次し朝鮮世宗二十一年己未初めて刊行し後中宗二十八年癸巳玄孫世臣新溪に宰たる時又開刊す宣祖十七年甲申柳成龍に校正を命し芸閣をして印行せしむ同四十年丁未永川郡守黃汝一臨皐書院儒生と共に又刊出し孝宗十年己亥後孫維城更に永川に於て重刊す英祖四十五年己丑續集を編成し原集と共に崧陽書院に於て開刊し光武四年庚子後孫煥翼等又崧陽書院にて重刊せし時續集に新增する所あり柳成龍の校正せし原集四卷には詩、雜著、拾遺、遺墨及年譜攷異

等あり年譜攷異に宅、墓碑、畫像、書院、本傳、行狀、碣陰等を附し附錄に文、詩、賦、龍飛御天歌、書、疏、議、祭祝、告辭、諸家記述等を收め續集三卷には歌、詩、疏、啓、墓誌銘、年譜、遺事、尙論、祠廟、褒典、陳情、讃述、記、題等を收め墓誌銘に祭儀及相思典を附す

鄭夢周　字は達可、圃隱と號す迎日の人なり高麗忠肅王七年に生れ恭愍王庚子科擧に應し三場に連魁して遂に甲科に擢てらる時に士大夫喪祭の禮紊亂し喪は百日にして終り祭は專ら佛式を用ふるを例とせしか圃隱自ら三年の喪に服し祭は朱熹の家禮を用ふ是より禮制舊に復するを得たり朝廷命して其の閭に旌表す嘗て大學に敎授するや經義講說人意に超出す牧隱李穡之を稱して東方理學の祖と爲す詩文豪放峻潔讀者をして忠烈高邁の氣に感せしむ太祖壬申創業の時圃隱豫め其の謀を知り恭讓王に告けて將に之を殺さんとし却て太宗の使趙英珪の爲に路に要擊せられて斃る官門下侍中に至り忠義伯に封せらる太宗の末年領議政を贈られ益陽府院君に封せられ謚を文忠と云ふ次いて中宗の時文廟に配享せらる

○牧隱集　五五卷二五冊　李　穡著　印本

李穡の遺稿にして初め孫季甸詩のみを選ひて六卷と爲し上梓せしか後又後孫德洙本集を刊行す詩稿三十五卷文稿二十卷あり文は記、序、說、表、箋、敎書、頌、讃、銘、箴、弁、答、問、題、跋、祭文、塔銘、墓文、傳等にして卷首に年譜、行狀を載せり其の詩文は李奎報と竝稱せられ人以て高麗の二大家と稱す

李穡　字は潁叔、牧隱と號す稼亭穀の子なり高麗忠肅王戊辰に生れ益齋の門に學ひ高麗恭愍王癸巳に登科し甲午の年元に往き文科に及第し翰林知製誥を授けらる高麗恭愍王の時官門下侍中に至る朝鮮に及ひ太祖屢徵せしも仕へす丙子韓山伯に封せられ文靖と謚せらる

○柳巷詩集　一冊　韓　脩著　印本

韓脩の詩集にして陽村權近の批點せしものなり宣祖三十五年八代の孫柳川浚謙湖南觀察使たりし時刊行す卷首に權近の序李穡の墓誌銘及高麗廢王禑の敎文あり

韓脩　字は孟雲、柳巷と號す淸州の人なり高麗忠肅王癸酉に生る幼より才名あり年十五にして登科し時人以て夙成と爲す又草隸を善くす官判府事大提學に至り廢王禑甲子に歿す謚

して文敬と云ひ清城君に封せらる

○陶隱集　五卷二冊　李崇仁著　印本

李崇仁の詩、序、記、傳、贊、狀、跋、表、箋等を收む、太宗四年丙戌權近に命し編輯刊行せしめたるものなり

李崇仁　字は子安、陶隱と號す高麗恭愍王壬寅に登科し官密直副使に至る朝鮮開國の初鄭圃隱に黨したるの故を以て削職杖流せらる當時圃隱、牧隱と文名を齊うす太宗經筵に臨み每に悼惜して措かす封を加へ爵を賜る

○三峰集　一四卷七冊　鄭道傳著　印本

鄭道傳の詩文集にして曾孫文烱慶尙觀察使たる時始めて開刊し其の板久しく散逸せしか正祖の時內閣に命し更に印行せしむ本集載する所賦、詩、詞、疏、書、啓、序、記、說、跋、傳、行狀、墓表、祭文、策、題、銘、贊及經國文鑑、經國典、佛氏辨、心氣理篇、心問天答、經濟文鑑、別集、陣法、拾遺、附錄等なり。

○陽村集　四〇卷一〇冊　權近著　印本

權近の詩文集にして四十卷中、詩十卷　文三十卷、記、序、說、傳、跋、銘、讚、祭文、表、箋、批答、劄、啓、疏、語、靑詞、敎書、上書、玉冊、哀冊、謝書、願文、㫖、策問、東國史略傳、東賢事略、碑銘、墓誌、行狀等あり顯宗十五年甲寅十世の孫濤の嶺南監司たりし時晉州牧師南夢賚と協力刊行す。

○冶隱續集　三卷一冊　吉再著　印本

吉再の詩文集なり但詩五首文六首のみにして其の餘は附錄なり歷代諸王の賜祭文、傳敎、諸名士の祭文、初堂記等を收載し哲宗九年戊午孫晃周、宋來熙の編校上刊せしものなり

吉再　字は再父、冶隱は其の號なり善山の人高麗恭愍王癸巳に生れ廢王禑丙辰登科し官門下注書に至る朝鮮太祖開國の初太常博士に拜し屢徵したるも應せす嘗て鄭圃隱に從ひ性理の學を極め老境に及ふまて實踐彌篤く門に學ふ者甚た多し諡して忠節と云ふ

○厖村集　一冊　黃喜著　印本

黃喜の遺稿にして後孫秩の蒐輯に係り詩、箋、疏、劄、行狀、

墓表、實記、補錄若干篇を收む卷首に年譜卷末には附錄あり憲宗戊申に刊行す

○春亭集　三卷五冊　卞季良著　寫本

卞季良の詩文を集めたるものなり世宗の時嶺營に命し板刊せしか年久うして壞破せしを以て純祖甲申居昌の儒生等之を更刊す收むる所詩、序、記、說、封事、策、表、箋、青詞、祭文、玉冊、謚冊文、碑文、題、跋其の他雜著なり

卞季良　字は巨卿、春亭と號す密陽の人判中樞院事玉蘭の子なり高麗恭愍王己酉に生れ辛禑壬戌進士に中り癸亥生員に中り乙丑文科に登り朝鮮太宗の時大提學を拜し庚戌に歿す謚を文肅と云ふ幼より聰明人に絕す圃隱鄭夢周及牧隱李穡の門に遊ひ後文衡を典ること二十餘年名士多く其の門に出つ

○騎牛子集　三卷一冊　李行著　印本

李行の詩文集にして收むる所詩、疏、墓誌及附錄等なり李太王壬申十六代の孫鍾述之を刊行す

李行　字は周道、騎牛子又一可道人と號す高麗恭愍王壬辰に生れ辛亥文科に登り翰林、長銓を歷て朝鮮太宗壬子に歿す官藝文館大提學に至り謚を文節と云ふ麗末の名臣なり朝鮮の初病を謝して歸隱し騎牛遊賞以て晦迹自靖せり享年八十一直節淸名あり

○別洞集　三卷一冊　尹祥著　印本

尹祥の詩文集にして其の子季殷遺稿を收拾し後孫三徵に至り始めて刊行せるものなり載する所詩、表、箋、疏、陳言、書、序、說、祭文、策、跋、歌謠等なり

尹祥　字は實夫、別洞と號す高麗恭愍王癸丑に生れ朝鮮太祖丙子に登科し官藝文提學に至る久しく大司成を以て國子監に居り經學に精通し世宗乙亥に歿す

○蘭溪遺稿　一冊　朴堧著　印本

朴堧の詩文集にして後孫心學之を收拾刊行したるものなり載する所詩、疏、雜著等なり謚狀、神道碑銘等を附す全集中三十九篇の上疏は樂律に關するもの多し

朴堧　字は坦父、蘭溪は其の號なり高麗廢王禑戊午に生れ乙丑に登科し朝鮮世宗の時講幄に出入し特に音樂に精通するを以て國樂を整理す官藝文館大提學に至り文獻と謚せらる

○泰齋集　五卷一冊　柳方善著　印本

柳方善の詩文を收錄せるものにして世宗三十二年庚午に上刊す第一卷に賦、記、序、祭文及雜著等を收め他は皆詩を收む

柳方善　字は子繼、泰齋と號す瑞山の人思菴淑の曾孫なり高麗愼王禑戊辰に生れ朝鮮太宗乙酉司馬に中り世宗癸亥に歿す

○憂堂集　三卷一冊　朴融著　印本

朴融の詩文集にして後孫星默之を蒐輯し李太王乙亥之を刊行す詩九篇、祭文、居家誡、對策各一篇を載す其の他附錄あり卷末に榜目を載せり

朴融　字は惟明、憂堂と號す密陽の人松隱翊の子なり太宗戊子生員に中り其の年文科に登り典翰を歷て官郡守に止まり世宗甲辰に歿す圃隱鄭夢周の門人なり

○不憂軒集　二卷一冊　丁克仁著　印本

丁克仁の歿後三百餘年後孫孝穆其の故藁を收拾印行したるものなり第一卷に詩第二卷に文及歌曲を收め行狀、家狀、墓文等を卷首に載す黃景源及黃胤錫の序あり

丁克仁　字は可宅、不憂軒又茶軒、茶角の號あり太宗元年辛巳に生る世宗十九年太學進士たる時佛に歸依するの非を陳疏し將に罪せられんとして宰相黃喜に救はれ纔に事なきを得たり文宗の時逸を以て擧けられ端宗の時全州府敎授成均館主簿、司諫院正言等を歷て獻納に至り成宗十二年辛丑に歿す年八十一

○敬齋遺稿　二卷一冊　南秀文著　印本

南秀文の詩文集にして九代の孫熙錫及十一代の孫國煥之を編輯す收むる所詩、序、記、跋、墓誌銘、墓表、雜著、敎書、箋、書契、祭文、祝文、告由文、解怪文、附錄等なり純祖四年甲子之を刊行す

南秀文　字は景質、敬齋と號す固城の人道菴琴の子なり太宗戊子に生れ世宗丙午進士及文科に中り丙辰重試に魁たり文章を能くし高麗史の初草は大抵皆其の手に出つと云ふ官集賢殿直提學に止まり壬戌に歿す世宗の時湖堂を新設し文學の士を拔選せし時首選の榮を得たり位卑しと雖死後禮葬致祭の特典を受く

○太虚亭集　三巻二冊　崔　恒著　寫本

崔恒の詩文集にして其の妻弟徐居正成宗丙午に之を編次刊行し後宣祖二年己巳曾孫崔興源慶尙道都事たる時重刊し後又仁祖三年乙丑七代孫蘊三度之を刊印せるものなり第一巻に古詩律を收め第二巻に序、記、跋、書、表、箋等を載す

○訥齋集　六巻三冊　梁誠之著　印本

梁誠之の詩文集にして孫大樹か錦山郡守たる時刊板し正祖十五年辛亥奎章閣に命して改印せしむ載する所奏議及雜著、古今詩あり附錄として嬰時金守溫、徐居正等の詩文數篇を載す又遺事墨蹟等を收む

梁誠之　字は純父、訥齋と號す南原の人なり太宗乙未に生れ世宗辛酉に登科し五世に歷事して官吏曹判書に至り又文衡を典り南原君に封せらる成宗壬寅に歿し文襄と諡す其の官に在るや贊劃建白甚た多く奏議稿、五朝實錄、日記、麗史節要等著作亦擧けて數ふへからす

○金文節逸稿　三巻二冊　金　淡著　印本

金淡の詩文集にして仁祖二十二年六代の孫正郎遂の刊行する所なり詩、疏、策等を收め附錄に御書行狀等を載す卷首に世系年譜あり

金淡　字は巨源、禮安の人縣令小良の子なり太宗丙申に生れ世宗乙卯文科に登り官吏曹判書に至る世祖甲申に歿す諡を文節と云ふ

○保閑齋集　十七巻四冊　申叔舟著　印本

申叔舟の詩文集にして成宗特に命して之を登梓し仁祖二十三年孫渢更に改板重印せしものなり其の載する所詩及遼海編、家訓、策、記、序、跋、祭文、疏、文、誄、贊、說、銘、頌、箋、狀、奏、議、書、行狀、墓誌、表、碑、補遺等にして諸人記述碑狀等の附錄あり遼海編には明使倪謙の唱酬詩文を全載す

○成謹甫集　四巻一冊　成三問著　印本

成三問は忠節比なく文章亦最特異なり而も禍亡の餘遺稿の存するもの幾となし後尹裕後遺佚せる詩文若干を集めて刊布せり本書即ち是なり其の載する所詩、賦、序、跋、引、說、頌、

銘、碑銘、箋、策及附錄等にして附錄に宋時烈の遺墟碑文、神主記、朴泰輔の六臣祠記、金尙憲の六臣遺稿の跋あり

○檜軒逸稿　一冊　柳義孫著　印本

柳義孫十二代の孫範休か故藁を輯纂したるものにして收むる所詩、敎書、序、記、跋、碑銘各若干あり卷首に鄭宗魯の序を附す

柳義孫　は檜軒と號す全州の人にして直提學濱の子なり世宗元年己亥生員となり丙午登科し翰林より集賢殿に入り丙辰重試に擢せられ直提學を拜し辛酉世子侍講院左輔德を兼ね官吏曹叅判に至り端宗の時全州黃方山中に笑臥亭を築きて退居す世祖元年召に背きて赴かす旌義に謫せられて歿す

○漁溪集　二卷一冊　趙旅著　印本

趙旅の遺稿を集めたるものにして其の孫績等之を登梓し後孫榮祐英祖十八年に之を改刊せり收むる所詩及附錄なり

趙旅　字は主翁、漁溪と號す咸安の人なり端宗癸酉進士に中り端宗遜位の後鄕曲に隱遯し遂に復た出てす時に金時習、元昊、李孟專、成聃壽、南孝溫と俱に生六臣と稱せらる正祖の時吏曹判書を贈られ諡して靖節と云ふ

○佔畢齋集　二五卷七冊　金宗直著　印本

金宗直の詩文集にして絕句、律詩、排律、古詩、賦、謠、樂府、冊文、祭文、書、序、說、跋、記、銘等あり

○篠叢遺稿　二卷一冊　洪裕孫著　印本

洪裕孫の詩文集にして純祖十年庚午後孫益九之を收拾刊行したるものなり載する所文二十餘篇詩四十餘首附するに其の子至誠の詩集佛頂稿を以てす

洪裕孫　字は餘慶、篠叢又狂眞子と號す世宗辛亥に生る家世寒微なりしも才思絕倫にして五歲早く斯文の先輩に遍謁し異器を以て遇せらる中宗の時進士の試に中りしも意を仕途に絕ち專ら詩文に耽り秋江南孝溫と友とし善し中宗己丑に歿す

○逍遙齋集　二卷一冊　崔淑精著　印本

崔淑精の詩文にして純祖十三年癸酉に刊行したるものなり收むる所詩各體及記、序、跋等あり附錄に交遊諸人の唱酬したる詩文及墓銘、記實を收む

○梅月堂集　一七卷九冊　金時習著　寫本

金時習の詩文集にして宣祖の時命して登梓せしめ仁祖の時之を改刊せり載する所詩、雜著、贊、傳、說、辨、序、義、銘、箴、記、誥天地篇、書、賦、補遺等にして就中古今帝王國家興亡論を初め人主、天形、性理、修眞外數十篇は其の抱負を窺ふに足る

金時習　字は悅卿、梅月堂と號す、又淸寒子、贅世翁、東峯、雪岑等の別號あり江陵の人世宗乙卯に生れ年五歲神童の稱あり世宗召見し其の才を試み大に褒賞を加ふ弱冠山中に讀書し端宗位を遜ると聞き落髮して僧となり佯狂自放し國內の山川足迹殆と印せさるなく佳境に遇へは輒ち吟詠す年四十七髮を長し妻を娶り幾もなくして妻死す復た山中に入り放浪舊の如し宣祖癸丑に歿す儒臣栗谷李珥に命して傳を作らしむ正祖の時吏曹判書を贈り淸簡と謚す

○止止堂詩集　一冊　金孟性著　印本

金孟性の詩集にして燕山君七年辛酉金應箕嶺南に府伯たる時刊行せしものなり

金孟性　字は善源、止々堂と號す善山の人なり世宗丁巳に生る早歲孝を以て聞え遺逸を以て薦めらる成宗丙申文科に中り官銓郞に止り丁未に歿す

○靑坡文集　二卷一冊　李陸著　印本

李陸の詩文集にして子𥡴之を編輯す第一卷は詩、雜著第二卷は劇談にして劇談を睿鑒、記實、摭異、度量等の十五類に分つ卷末に附錄あり哲宗三年壬子之を刊行す

李陸　字は放翁、靑坡と號す固城の人容軒原の孫なり世宗戊午に生れ世祖甲申文科に魁し重試及拔英試俱に中りて官吏曹叅判に至り燕山君戊午に歿す群書に博通し詩文に名あり別に靑坡劇談の著あり

○大峰集　四卷二冊　楊熙止著　印本

楊熙止の詩文集にして外裔孫李天燮の蒐輯したるものなり收むる所詩、疏、劄、書、序、祭文、墓碣記、科製、附錄等にして十世の孫濼正祖丁未に刊行す

楊熙止　字は可行、大峰と號す中和の人郡守孟淳の子なり世宗己未に生れ世祖壬午生員、進士に中り成宗甲午文科に登

り翰苑に入り銓郎を歴て湖堂に選せられ官大司憲に至り中宗甲子に歿す登科の後成宗の命を以て名を稀枝、字を楨父と改めしか後本名に復せり

○虚白堂集　二五巻八冊　成　俔著　寫本

成俔の詩文集にして其の子世昌編次刊行せり詩集十四巻は律絶古近各體を載せ文集十三巻は賦、辭、記、序、跋、論、說、書、表、箋、箴、銘、賛、頌、傳、雜著、祭文等なり補集五巻は詩風雜錄二巻は歌行、樂府等拾遺一巻亦詩なり末に行狀を附す

○懶齋集　二巻一冊　蔡　壽著　印本

蔡壽の詩文集にして賦、記、碑、疏、行狀、策、誌、詩等を收む顯宗十五年後孫之沆の刊行したるものなり

蔡壽　字は耆之、懶齋と號す仁川の人なり世宗己巳に生れ睿宗己丑に登科し讜直を以て聞ゆ燕山君の時奸臣を糾摘し死地に置かれたるも毫も意とせす中宗靖難後仁川君に封せられ官知事に至り其の乙亥に歿し襄靖と諡す

○眞一齋集　一冊　柳崇祖著　印本

柳崇祖の詩文集にして後孫時享等の蒐輯したるものなり詩、疏各一篇及年譜、附錄を載す八世の孫綗之を刊行す

○錦南集　五巻四冊　崔　溥著　印本

崔溥の詩文集にして宣祖の時外孫柳希春之を刊行す載する所疏、記、碑銘等若干篇あり

崔溥　字は淵淵、錦南と號す耽津の人なり端宗甲戌に生る成宗壬寅文科に中り選れて湖堂に入り公務を以て濟州に赴き風波の爲支那浙江省に漂到し誤つて寇賊と認められ僅に生還し命に依り漂海錄を撰す嘗て佔畢齋文集を藏せしより燕山君戊午の史禍に遭ひ杖流せられ甲子殺害せらる官司諫に止まり中宗反正の後承旨を贈らる

○秋江集　五巻五冊　南孝溫著　印本

南孝溫の詩文集にして賦、詩、論、記、書、序、祭文、雜著等を收め冷話を附せり宣祖十年丁丑外曾孫兪泓刊行せしも壬辰兵火に燒失し肅宗三年丁巳泓の曾孫兪枋改刊す

南孝温　字は伯恭、秋江と號す生六臣の一人にして宜寧の人なり端宗甲戌に生る嘗て佔畢齋金宗直に從學す宗直之を視るに弟子を以てせす名を呼はすして號を稱したりと云ふ成宗の時疏請し昭陵を復せんとして用ひられす遂に意を科宦に絶ち文酒自放し成三問、朴彭年等六臣の傳を述ふ庚子に至り母命に依り勉めて進士に中り成宗壬子に歿す後燕山君の時復昭陵疏の事を以て禍泉壤に及ひ其の子忠世亦禍に死す正祖の時に至り特に吏曹判書を贈られ文貞と謚す

○風月亭集　二巻二冊　李　婷著　印本

李婷の詩文集にして原集一巻補遺一巻あり初め成宗命して上梓せしも兵火に燒失し景宗辛丑後孫夏祖居昌に守たる時更に刊行す

李婷　字は子美、風月亭と號す成宗の兄なり端宗甲戌に生る賢にして才あり時人漢の河間王德と東平王蒼とを以て之に比す成宗卽位するや之に事へて尤も謹み唱和甚た多く湛樂の情を極む其の作る所の詩支那に流播せるものあり富林君湜と翰墨の友なりしか成宗戊申に歿せり謚して文孝と云ふ

○月軒集　五巻三冊　丁壽崗著　印本

丁壽崗の詩文集にして子玉亨の蒐輯したるものなり收むる所賦、詩、祭文、傳、記、論、書、序、表、箋、制、奏、頌等あり卷首に父子伋の遺詩四篇を載せ卷末に兄壽崑の詩文と孫應斗の遺稿若干篇を附す後孫時潤順天府使たる時刊行し癸巳の年英祖十字を卷首に加へ全羅道臣に命して改刊す

丁壽崗　字は不崩、月軒と號す羅州の人なり端宗甲戌に生れ成宗丁酉文科に中り官大司成に至る兄壽崑と倶に才名あり子玉亨、孫應斗皆當時に名あり

○花山遺稿　一冊　權　柱著　印本

權柱の詩文集にして玄孫渠の蒐輯に係る詩、序、書、雜著、遺墨、附錄等あり正宗二十二年戊午後孫等之を刊行す

權柱　字は支卿、花山と號す安東の人縣令邇の子なり世祖丁丑に生れ成宗甲午進士に中り庚子文科に登り都承旨となり燕山君甲子の士禍に罪を以て平海郡守に左遷せられ翌年死を賜ふ直節清名を以て一世に推重せらる

○四雨亭集　二巻二冊　李　湜著　寫本

李湜の詩集にして燕山君六年其の子道安副正李轍之を裒輯刊行す

李湜　字は浪翁、四雨亭と號す世宗の孫なり世祖戊寅に生れ富林君に封せらる王孫の貴を以て天性淡泊惟た文字を喜ふ尤も詩詞に工にして往往警句絶唱あり年三十にして歿す

○山堂集　五巻二冊　崔忠成著　印本

崔忠成の詩文集にして後孫鍾翼之を編輯す收むる所雜著、書、序、記、墓誌、疏、傳、附錄等なり李太王丙寅後孫秉潤之を刊行す

崔忠成　字は弼卿、山堂と號す全州の人烟村德之の孫なり世祖戊寅に生れ成宗辛亥に歿す寒暄堂金宏弼の門に入り學に淵源ありと雖年僅に三十に過きす處士を以て終れり

○鄭文翼公遺稿　一冊　鄭光弼著　印本

鄭光弼の詩二十三首墓碣銘二首世系、神道碑銘の實錄、野乘中に散出したる事蹟等を以て成れり肅宗二十八年子孫等の裒集開刊せしものなり曾孫昌衍の上疏一首を附載す

鄭光弼　字は士勛、守夫と號す東萊の人にして東萊君蘭宗の子なり世祖壬午に生れ成宗壬子の文科出身たり官領議政に至る諡して文翼と云ふ中宗廟庭に配享す

○二樂亭集　一五巻三冊　申用溉著　印本

申用溉の詩文集にして其の原板ありしも兵亂に遭ひて散失し肅宗の時に至り六代の孫醒齋翼相全羅監司たる時之を重刊す詩、賦、箴、贊、記、序、跋、論、議、狀、祭文、行狀、墓記、碑銘、墓碣、附錄等あり

申用溉　字は溉之、二樂亭又松溪と號す高靈の人保閒齋申叔舟の孫なり世祖癸未に生れ成宗戊申の文科出身たり成宗龍山に讀書堂(湖堂)を刱設し文學の士を精選し以て修養の所と爲すや用溉首として其の選に入る一時之を榮とす中宗の時文衡を典り士林の領袖たり遂に相國を拜し能く姦黨を斥退す中宗己卯に歿し文景と諡せらる

○濯纓集　六巻二冊　金馹孫著　印本

金馹孫の詩文集にして顯宗の時搢紳學者相議して刊行せるも

のなり載する所賦、雑著等にして拾遺一巻は詩、一巻は世系及祭文等なり

金馹孫　字は季雲、濯纓と號す金海の人なり世祖甲申に生れ成宗丙午文科に中り官銓郎に至る燕山君戊午の史禍起るや佔畢齋金宗直の弟子として其の義帝を弔ふ文に賛し以て忠憤を寓す云々の語あり之か爲に亂逆の罪に問はれ極刑に處せらる中宗の初め承旨を贈らる

○訥齋遺稿　二巻二冊　朴增榮著　印本

朴增榮の詩文集にして後孫廷龍の蒐集刊行し憲宗八年壬寅後孫永文之を續刊す收むる所詞、賦、操、詩、疏、應製文、表、祭文、書、墓碣、禮辭及附錄等にして附錄に訥齋、江叟の二稿及年譜を載す

朴增榮　字は希仁、訥齋と號す密陽の人存誠齋楣の子なり世祖甲申に生れ成宗丁酉進士に中り癸卯文科に登り丙午重試し湖堂に入り壬子に歿す年僅に二十九なり文行を以て一世の盛名を負ふ明使董越其の詩文を賞揚し成宗硯を與へて其の才を推奬す

○睡軒詩集　三巻二冊　權五福著　印本

權五福の詩稿にして從孫文海燕山君禍後に之を拾集す附錄として文十餘篇及柳子光傳竝に柳西厓の戊午史禍事蹟、戊午黨籍等を載せり

權五福　字は嚮之、睡軒と號す安東の人なり世祖十二年丁亥に生れ成宗十七年丙午司馬試に中り尋て登科し翰苑を歷て弘文館に入り燕山君二年丙辰校理に至り便養を乞ひ出てて野城に宰たること三年戊午の禍起るや佔畢齋金宗直の門下たるの故を以て鞫庭に拿致せられ金馹孫、權景裕と共に栲殺せらる時に年三十二中宗の時承旨を贈らる學行高潔交遊する所は皆當世の清流にして特に金馹孫と最も莫逆の交あり倶に極禍に罹りて終る行義一世に推重せらるるのみならす文章亦著名なり

○聾巖集　五巻二冊　李賢輔著　印本

李賢輔の詩文集にして顯宗六年外孫金啓光之を開刊す詩、書、錄、記、跋、序、酒禮、祭禮竝に圖式歌等あり附錄として行狀、碑銘、祭文及詩等を收む

李賢輔　字は棐仲、聾巖と號す永川の人なり世祖丁亥に生る燕山君戊午の文科出身にして官知中樞事に至り謚して孝節と云ふ嘗て正言たる時事を論し燕山君の怒に觸れ獄に投せらるるに際し彼れ鐵面而髯者と錄せられたるより時人號して燒酎陶瓶と爲す蓋し外暗にして内烈なるを云ふなり晩に鄕里に退きて親を養ひ農を勗む士大夫其の行を高しとせさるなし明宗乙卯に歿す

○慵齋遺稿　一册　李宗準著　印本

李宗準の遺稿にして後孫昌郁及權思浹、李野淳等の蒐輯したるものなり詩、疏、雜著、附錄等を收め附するに李弘準の詩文集、訥齋遺稿を以てす純祖甲申之を刊行す

李宗準　字は仲鈞、慵齋と號す慶州の人琴湖時敏の子なり成宗丁酉進士に中り乙巳文科に登りて湖堂に選せられ官檢詳に止り燕山君戊午史禍に死し肅宗己巳副提學を贈らる佔畢齋金宗直の門下にして詩、文、書、畫を以て名あり

李弘準　は訥齋と號す宗準の弟にして進士たり

○忘軒集　一册　李冑著　寫本

李冑の詩集にして宣祖四年辛未其の姪孫軾之を登梓す

李冑　字は冑之、忘軒と號す固城の人にして左相原の曾孫なり世祖の戊子に生る蚤歲より才名あり又詩を能くす成宗戊申の文科出身にして官正言に至る燕山君戊午史禍起るや絕島に杖流せられ甲子に殺さる

○李評事集　三卷一册　李穆著　印本

李穆の遺稿にして仁祖の時曾孫久澄之を刊行せり收むる所賦詩、策、記、解、祭文等なり附錄に金馹孫の舊遊賦序、南袞の柳子光傳、戊午史禍事蹟、戊午黨籍等を收む

李穆　字は仲雍、寒齋と號す完山の人なり少にして佔畢齋金宗直に學ひ成宗の時生員の試に魁たり性硬直峻烈時流の推す所となる嘗て大學に遊ひし時成宗病み大妃巫をして禱らしむ穆諸生を率ゐ杖して之を逐ふ尹弼商相臣たる時天會ま大に旱す穆上疏して曰く弼商を烹れは乃ち雨降らんと燕山君乙卯に登科し北評事に至る戊午の史禍起るや金宗直に黨するの故を以て斬らる中宗の初特に吏曹判書を贈られ貞簡と謚す

○松齋集　五卷三册　李堣著　印本

李堣の詩文集にして從子李滉之を蒐輯す原集二卷拾遺一卷は詩、疏、年譜、墓銘等を收め續集二卷は詩、序、記、附錄等を載す原集は宣祖十七年甲申外曾孫吳澐忠州牧使たりし時刊行し續集は李太王庚子從後孫中麟刊行す

李堣　字は明仲、松齋と號す眞寶の人府使禎の孫なり睿宗己丑に生れ成宗壬子生員に中り燕山君戊午文科に登り檢閱を歷て官戶曹叅判に至り中宗丁丑に歿す學問淵博なり

○灌圃詩集　一冊　魚得江著　印本

魚得江の詩集なり明宗十三年戊午慶尙監司吳謙之を編次す退溪の跋を附す

魚得江　字は子游、灌圃又渾沌山人と號す咸從の人なり明宗丙辰の文科出身にして官大司諫に至る後冠を挂けて鄕に還り屢徵するも起たす特に嘉善を加へらる詩文を善くし尤も詩律に長す明宗庚戌に歿す

○三可集　一冊　朴遂良著　印本

朴遂良の遺稿にして後孫時赫か詩、簡牘、雜著、附錄及遺筆等を收拾刊行し從叔朴公達の四休堂遺稿及從子朴億秋の嚳軒事蹟を附す

朴遂良　字は君擧、三可亭と號す江陵の人なり成宗庚寅に生れ中宗の時孝行を以て閭に旌せられ遺逸を以て縣監を拜す己卯の士禍起り官を罷めて歸鄕し詩酒自ら樂む時に其の從叔四休堂公達亦倶に嘉遯し唱和多し明宗辛亥餘年を終る其の從子億秋字は德叟、嚳軒と號す郡守となり時望あり

○安分堂詩集　二卷一冊　李希輔著　寫本

李希輔の詩集にして古詩、賦、歌、律、絕等を收む

李希輔　字は伯益、安分堂と號す平壤の人にして成宗癸巳に生れ燕山君辛酉の文科出身たり選はれて湖堂に入り官大司成に至る明宗戊申に歿す

○十淸集　四卷二冊　金世弼著　印本

金世弼の遺稿にして明宗の士禍に際し文書を搜索沒收せし時此の遺稿亦其の中に在り殘す所僅に二卷に過きす英祖の時後孫光岳宗族と相議し之を刊行す詩、序、說、墓碣、墓表、行狀、附錄等あり

金世弼　字は公碩、十淸軒又知非翁と號す慶州の人なり成

宗癸巳に生る燕山君丙辰の文科出身にして中宗の初選はれて湖堂に入り官吏曹叅判に至り謚して文簡と云ふ嘗て經幄に侍し周易に精しと稱せらる己卯の士禍に當り靜庵趙光祖を匡救したるを以て遠竄せられ中宗癸巳に歿す

○訥齋集　一六卷六冊　朴祥著　印本

朴祥の詩文集にして明宗二年丁未弟祐の編輯刊行したるものなり肅宗甲子金壽恒續集附集を編刊し正祖乙卯全羅觀察使に命して重刊せしか憲宗辛丑燒失し癸卯改刊す原集七卷は詩にして續集四卷は詩、序、記、跋、祭文なり別集一卷は賦、詩文にして附錄二卷あり又附集二卷は兄禎、弟祐、子敏中、從子溉の詩を錄せり

朴祥　字は昌世、訥齋と號す忠州の人なり成宗甲午に生れ燕山君丙辰司馬辛酉文科に第し嘗て潭陽府に在り冲庵金淨と倶に上疏して愼妃を復せんことを請ひ因て竄逐せられ中宗庚寅に歿す後學行を以て特に吏曹判書を贈られ謚を文簡と云ふ

○憂亭集　六卷五冊　金克成著　印本

金克成の詩文集にして雜著及附錄あり雜著には四書疑、殿策、謝箋、日本書契、墓碣、後識等、附錄には敎書、行狀の後識、祭文等を收む卷末に系譜を載す

金克成　字は成之、蘿軒又憂亭と號す光州の人なり成宗甲午に生れ燕山君戊午の文科出身にして文武兼備を以て稱せらる中宗の靖難に因り靖國功を策せられ光城府院君に封せらる官右議政に至り中宗庚子に歿す謚を忠貞と云ふ

○容齋集　一二卷七冊　李荇著　印本

李荇の遺稿にして仁祖十二年其の孫眉江景曾か淸州牧使たる時開刊したるものなり收むる所各體の詩大部分を占め僅に數文あり外集一卷は全部賦のみにして卷首に行狀を載せり

李荇　字は擇之、容齋と號し別に滄澤漁叟、靑鶴道人の號あり成宗戊戌に生れ燕山君乙卯年十八にして登科す直情徑行を以て屢竄謫に遭ふ中宗反正の後召還せられて經幄に在り相府に入りて直節嘉謨甚た多し始め金安老と相善かりしか後其の奸を知り鄭光弼等と其の惡を發く安老局に當るに及ひ咸從縣に貶せられ病を得て謫所に歿す中宗甲午の年なり官大提學左議政に至り謚して文獻と云ふ

○慕齋集　一五卷七冊　金安國著　印本

金安國の詩文集にして宣祖の時眉庵柳希春、玉溪盧禛、黃岡金繼輝、榮川許忠吉、義城盧從元等相謀りて之を開刊し後肅宗十三年相國金構龍岡縣に宰たる時之を重刊せり辭、賦、詩、表、箋、奏、敎書、諭書、傳旨、書、疏、狀、書契、策題、記、序、題、跋、箴、銘、頌、祝、祭文、神道碑、墓碣、墓表、墓誌及附錄等を收む

金安國　字は國卿、慕齋と號す義城の人成宗戊戌に生れ燕山君癸亥の文科出身たり官大提學左贊成に至り中宗癸卯に歿す文敬と謚し仁宗廟庭に配享せらる弟思齋と共に業を寒暄堂金宏弼に受け兄弟竝に儒林の宗匠たり

○冲齋集　九卷五冊　權　橃著　印本

玄孫霂の蒐輯したるものにして顯宗辛亥の刊行に係り後肅宗乙酉五代の孫斗經之を重刊す詩、啓、辭、書、祭文、墓碣、墓表、對策、雜著、日記、朝天錄、遺墨、附錄等を收め卷首に世系圖及年譜を載す

權橃　字は仲虛、冲齋と號す安東の人なり成宗戊戌に生れ中宗丁卯の文科出身たり官叅判に至り北門の禍作るに及び罷めて歸り明宗乙巳左贊成を以て柳灌を力救し朔州に謫せられ遂に歿す宣祖の初特に左相を贈られ忠定と謚す

○冲齋逸稿　一冊　權　橃著　印本

權橃の詩文集なり遭禍の時文稿多く散佚し僅に詩、啓、辭、祭文、策等若干篇を存す顯宗十一年宗孫霂同堂諸族及金秋吉、南亨會等と共に裒集編刊す

○挹翠軒遺稿　四卷二冊　朴　誾著　印本

朴誾の遺稿にして李荇之を收錄刊行せしも後刻板損滅し吳竣趙錫胤等相議して之を重刊し統制使鄭弘佐、判書俞得一等更に之を改刊せり收むる所詩、記、祭文、行狀等にして附錄あり正祖十九年乙卯更に慶尙道監司に命し刊行せしむ

朴誾　字は仲悅、挹翠軒と號す高靈の人なり成宗己亥に生れ燕山君丙辰の文科出身たり風神異常にして當時の文壇に馳騁す經筵に在るや事に遇ふて言はさるなく直聲宮廷に振ふ燕山君之を憚り甲子の史禍起るや東萊に竄し尋て擊殺を加ふ刑に臨み顏色を變せさりしと云ふ時に年僅に二十六中宗の初都

承旨を贈る

○逍遙堂逸稿　五巻二冊　朴河淡著　印本

朴河淡の詩文集にして後孫時默、廷瑛等の蒐輯したるものなり賦、詞、詩、書、序、記、跋、箴、銘、贊、上樑文、祭文、碑銘、附錄等あり憲宗四年戊戌之を刊行す

朴河淡　字は應千、逍遙堂と號す密陽の人忠順公承元の子なり成宗己亥に生れ中宗丙子生員に中り己卯賢良に薦せられて赴かす明宗庚申に歿す

○陰崖集　四巻二冊　李耔著　印本

陰崖李耔の詩文集にして後孫道興及族孫彝章の蒐輯編次する所なり首尾に年譜と狀誌を附す英祖三十年甲戌の刊行に係る載する所詩、賦、策、疏、書、記、跋、箴、上樑文、碑文、雜著、附錄等なり

李耔　字は次野、號は陰崖、韓山の人大司諫禮堅の子なり成宗庚子に生れ燕山君辛酉司馬に中り甲子文科に登り官刑曹判書に至り中宗癸巳に歿す謚を文懿と云ふ中宗癸巳廢錮を以て終る

○靜庵集　一五巻五冊　趙光祖著　印本

趙光祖の詩文集にして原集五巻附錄六巻續集四巻なり舊本嶺板、完板共に刓缺甚しきに至り李太王二十九年綾州の儒林等相議して重刊せり載する所賦、詩、對策、疏、啓辭、書、箴、誌、辭、經筵、陳啓、拾遺等二百餘編附錄は遺墨、事實、語類及傳旨、敎文、伸寃、褒贈、從祀、疏、啓、祭文、祝文、世系、年譜、碑狀等なり

趙光祖　字は孝直、靜庵と號す漢陽の人なり成宗壬寅に生る年十七八にして父元綱の魚川の任所に隨往し適ま寒暄堂金宏弼の熙川に謫居せるを以て往いて之に學ひ經術行誼一時の冠冕たり中宗の時遺逸に擧けられ文科に登り幾もなくして官大司憲に至りしか竟に群奸の爲に誣構せられ己卯十月北門の禍に遇ひ領相鄭光弼泣諫力救し幸に死を減せられ綾州に謫せられしも光弼亦逐はるるや遂に死を賜はる後特に上相を贈られ謚を文正と云ひ文廟に從祀せらる

○企齋集　一四巻一〇冊　申光漢著　印本

申光漢の遺稿なり賦及詩を十二巻に收め附錄二巻は文集にし

て三卷は辨、記、志、說、論、序、劄、狀、碑、誌、祭文、雜著、表、箋、銘、歌謠等を載し別集七卷は詩を收む

申光漢　字は漢之、企齋又駱峰、石仙齋と號す高靈の人なり成宗甲辰に生る中宗庚午の文科出身にして文衡を典り官左贊成に至り明宗乙卯に歿す謚を文簡と云ふ文章を能くす

○思齋集　四卷二冊　金正國著　印本

金正國の詩文集にして宣祖の時孫堯立の永柔縣に宰たる時平安道伯尹斗壽助力して之を刊行し縣令尹孝先其の誤を正せり載する所詩、跋、序、記、書、諭書、疏、親祭文、靑詞、祭文、辨、說、約條、雜著、箋、題、論、墓碑、墓碣、墓誌、贊、箴、銘、擬言、答書、己卯黨籍等なり

○冲庵集　七卷七冊　金淨著　印本

金淨の詩文集にして明宗の時其の從姪天宇牧使許伯琦と力を併せて刊行し後仁祖の時曾孫聲發錦山郡守たる時重刊せり收むる所詩、祭文、墓碣、銘、跋、序、辨、書、敎書、風土錄、疏、亂藁、書札、附錄、年譜等なり

金淨　字は元冲、冲庵と號す慶州の人なり成宗丙午に生る

十歳にして四書に通し弱冠文科に魁たり時に中宗初年なり中宗愼妃を廢し章敬后を立つ章敬后逝去の後冲菴上疏して愼妃を復せんと請ひ罪を獲て報恩縣に配流せらる己卯の獄起るに及ひ將に構殺せられんとし領相鄭光弼の爲に救はれ濟州島に杖配せられしか翌年竟に死を賜ふ官刑曹判書に至り宣祖の初謚して文簡と云ふ

○自庵集　二卷一冊　金絿著　印本

金絿の詩文集にして孝宗十年外玄孫安應昌義城に宰たる時刊行せしものなり收むる所詩、賦、長、頌、策、疏、記、書牘、歌曲、附錄等なり

○學圃遺集　五卷二冊　梁彭孫著　印本

梁彭孫の詩文集にして、憲宗の時後孫纘永之を輯刊す所詩、賦、辭、贊、銘、碣、文、雜著、疏等を二卷に收め餘は皆附錄なり

梁彭孫　字は大春、學圃と號す濟州の人なり成宗戊申に生れ中宗丙子の文科出身にして己卯の士禍に趙靜庵を救ひて黜けられ末路爲に振はす校理に終る後特に吏曹判書を贈られ謚

を惠康と云ふ

○花潭集　一册　徐敬德著　印本

徐敬德の遺稿にして原理氣。理氣說。大虛說。鬼神生死論。復共見天地之心。溫泉辨。聲音解。跋前聲音解未盡處。皇極經世數解。六十四卦方圓之圖解。卦變解及擬疏。序。書。字詞、銘、詩等若干篇を收む附錄に碑銘、遺事等あり

徐敬德　字は可久。花潭又復齋と號す唐城の人なり成宗己酉に生る世世開城に居り中宗の時嘗て母命を以て司馬試に赴き後復た科擧に應せす心を道義に潛め窮理の學を修む中宗の時奈奉に擬せられたるも起たす明宗丙午遺逸を以て終る遊門の弟子頗る多し宣祖の時特に右相を贈られ文康と諡す

○湖陰雜稿　八卷八册　鄭士龍著　印本

鄭士龍の詩文集にして第一卷より第六卷までは詩、第七卷は墓碣銘、第八卷は劄、記、表、箋等なり

鄭士龍　字は雲卿。湖陰と號す東萊の人府使光輔の子なり成宗辛亥に生れ中宗己巳文科に登り丙子重試に登り湖堂に選はれ文衡を典り宣祖辛未に歿す官領經筵に至る文章豪邁、風流跌宕。名塗に穩歩し大耋を躋享して太平宰相の稱あり

○晦齋集　四卷五册　李彥迪著　印本

李彥迪の遺稿にして其の孫浚の編刊せしものなり第一卷より第四卷は詩第五卷は賦、雜著。書。序。論。第六卷は箴、銘、記。祭文、行狀、碣銘。第七卷及第八卷は疏（一綱十目疏 進修八規疏）第九卷以下は箋、狀、劄。大學章句補遺序。中庸九經衍義序。求仁錄序。奉先雜儀序等を收め附錄には世系圖、年譜、行狀（李滉撰）神道碑銘（奇大升撰）墓誌（李恒福撰）玉山書院記（法嘩撰）江界府祠廟記（朴承任撰）等を載せり仁祖七年玉山書院に於て重刊す

○聽松集　一册　成守琛著　印本

成守琛の遺稿にして收むる所但た詩詞數篇のみ附錄には其の弟守琮の節孝先生稿を載す

成守琛　字は仲玉、聽松と號す昌寧の人にして思肅公世宗の子なり成宗癸丑に生る業を趙靜庵に受け學行大に進み中宗の時遺逸を以て薦められ屢縣官に除せられしも就かす明宗甲子に歿す專ら力を實學に用ひ著作を喜はす故に遺集は詩詞數篇に過きす而も皆是れ有道者の言なり又書を以て世に名あり

成守琮　字は叔玉、中宗己卯の文科出身にして士禍に遭ひ削科の後意を世に絕ち兄と共に孝養に勗め誠を盡し學を講して倦ます慕齋金安國其の墓面に題し節孝先生と云ふ

○立巖集　六卷三冊　閔齊仁著　印本

閔齊仁の詩文集にして光海君二年孫汝任の興海郡守たりし時刊行せしものなり詩、賦、辭、銘、雜文等を收む

閔齊仁　字は希仲、立巖と號す驪興の人なり成宗癸丑に生る中宗庚辰の文科出身にして官左贊成に至る嘗て乙巳の僞勳に參し後に削らる

○龍巖集　四卷二冊　朴雲著　印本

朴雲の詩文集にして正祖三年後孫之を收拾し鄭幹之を編刊す載する所詩、賦、書、雜著、序、祭文、墓表、行狀、擊蒙篇、紫陽心學至論等なり

朴雲　字は澤之、龍巖と號す密陽の人なり成宗癸丑に生る少にして松堂朴英に學ひ晩に李退溪の門に遊ひ學問益進む中宗の時進士に中り明宗壬戌師に先ちて歿す

○璧齋逸稿　二卷一冊　李彥适著　印本

李彥适の遺稿にして十一代の傍孫能燮同族と謀りて刊行したるものなり僅に詩文若干篇を載す

李彥适　字は子容、璧齋と號す驪州の人晦齋彥廸の弟なり成宗甲寅に生れ中宗辛丑蔭仕を以て叅奉を拜し官察訪に止まり明宗癸丑に歿す正祖甲辰持平を贈らる

○獨菴遺稿　一冊　趙宗敬著　印本

趙宗敬の遺稿にして宣祖二十年丁亥其の子廷樞溫陽郡守たりし時始めて印出し仁祖二十一年重刊せしか歲月を經て刊本傳はらす英祖三十六年後孫曮慶尙道に觀察たる時舊本を採り猶ほ墓文及遺蹟の家に藏せしものを附し以て三たひ鋟梓す收むる所詩數百首なり

趙宗敬　字は孝伯、獨菴と號す豐壤の人なり燕山君元年乙卯に生れ中宗十一年丙子司馬に就き其の十五年庚辰別試に登科し弘文館に入り淸官を歷て其の名愈顯はれ世の推許する所となりしか二十五年金安老の事を論して彈劾せられ致仕して果川の青溪山下に居り田夫村翁と遊ひ三十年乙未病みて其の

地に歿す享年四十一

○潛菴逸稿　五卷二冊　金義貞著　印本

金義貞の遺稿にして賦、詩、辭、書、雜著、祭文、頌、策、附錄等を收め純祖三十三年癸巳後孫等之を刊行す

金義貞　字は公直、潛菴と號す豐山の人虛白堂楊震の子なり燕山君乙卯に生れ中宗丙子進士に中り丙戌文科に登り官修撰に止まり明宗丁未に歿す哲宗に至り吏曹判書を贈り李太王甲子文靖と追謚す文學行義を以て河西金麟厚と名を齊うす

○武陵雜稿　一六卷九冊　周世鵬著　印本

周世鵬の詩文集にして原集別集あり宣祖の時其の子博之を編次登梓せしか兵火に失せしを以て哲宗の時に至り後孫秉恒族人相炫と力を協せて更に收輯刊行せり收むる所賦、辭、詩、封事、書、雜著、序、記、跋、祝祭文、墓誌碣、拾遺、附錄等なり

○石川集　五卷五冊　林億齡著　寫本

林億齡の詩文集にして載する所律詩、絕句、古詩、歌、碑銘、賦、排律、記等なり

林億齡　字は大樹、石川と號す善山の人なり燕山君丙辰に生る中宗乙酉の文科出身にして官監司に至る文章行誼俱に世に稱せらる

○大谷集　三卷一冊　成運著　印本

成運の遺稿にして宣祖三十六年門人金可幾之を收輯し可幾の子德民、柳根等と謀り之を刊行す載する所詞、賦、說、記、書、遺事、疏、墓碣、祭文、文疏、銘等なり

成運　字は健叔、大谷と號す昌寧の人なり明宗乙巳兄遇の士禍に寃死せるより以後意を世途に絕ち門を杜ちて道を求め造詣精深屢徵せられたるも起たす官司贍正に至り宣祖己巳に歿す承旨を追贈せらる

○龍門集　六卷三冊　趙昱著　印本

趙昱の遺稿にして正祖三年其の後孫時簡の刊行したるものなり載する所賦、詩、辭、書、雜著、年譜等にして附錄あり

趙昱　字は景陽、愚菴又葆眞庵と號す平壤の人なり燕山君戊午に生る早歲趙靜庵に師事し中宗己卯靜庵禍を被るや遂に

意を科擧に絶ち其の兄養心堂晟と龍門山中に隱れ道義を講修し從學する者日に多し遺逸を以て屢官を授けられ長水縣監に至る明宗丁巳に歿し後吏曹參議を贈らる

○圭菴集　四卷二册　宋麟壽著　印本

本書は宋麟壽の詩文集なり甞て兵火を經て散佚したるも三百年の後十三代の孫台憲士友の家に就き舊稿を理し詩、疏、書、墓誌、墓表若干篇を收拾して之を編輯し附錄、年譜等を合せ李太王丁未の年刊行せり

宋麟壽　字は眉叟、圭庵と號す恩津の人にして逍遙堂順年の後なり燕山君己未に生れ中宗壬午文科に登り翰苑に入り湖堂に選はれ官吏曹叅判に至る明宗丁未奸小輩の構誣を被り禍死し宣祖の初伸寃して官を加へ文忠と諡す學行忠節を以て著る

○一齋集　一册　李恒著　印本

李恒の詩、書、雜著若干篇を收む玄孫星岔の編する所なり顯宗十四年癸丑に刊行し碣銘、遺事、祭文、輓詞を附錄とす

李恒　字は恒之、一齋と號す驪州の人なり少にして弓馬を事とす年三十にして節を折り書を讀み深く經術に通す明宗の初經明行修の士を擧くるや恒其の首たり經幄に入り郡守を超授せられ後掌樂正に至る

○葛川集　四卷二册　林薫著　印本

林薫の詩文集にして顯宗の時曾孫之を刊行せり收むる所詩、賦、疏、銘、狀、記、雜著等にして一卷を附錄とす

林薫　字は仲成、自怡堂又枯查翁と號す平澤の人なり世稱して葛川先生と云ふ燕山君庚申に生れ明宗及宣祖の時遺逸を以て屢徵召せらる進言して修身正心を勸め且李滉を去る勿れと請ふ官判決事に至り宣祖甲申に歿す

○孝廉齋集　三卷一册　李拏桂著　印本

李拏桂の文集にして第一卷は年譜第二卷は詩、賦、箴、銘、贊、說第三卷は附錄なり

李拏桂　字は石楚、孝廉齋は其の號なり慶州の人にして燕山君庚申に生れ延豐縣監に歷任し宣祖丁酉に歿せり燕山君の時避けて嶺南山陰縣に寓居し經學を以て屢道剡に登る嘗く一縣に赴きしか棄歸して終老す年九十八

○北匪詩稿　一冊　李　增著　印本

李增の詩文は盡く兵火に失ひ僅に其の子慶深の誦得せし詩八首あり金玄成之を書し孝宗十年孫檀曾孫廷夔又詩二十九首を得李景奭之を書し以て登梓す附錄に碑銘、祭文、誌文及司馬榜目、文科榜等を載す

李增　字は可謙、北匪と號す韓山の人なり燕山君辛酉に生れ明宗庚申の文科出身なり官參贊に至る宣祖庚寅平難の功を錄せられ鵝川君に封せらる其の庚子に歿し謚を懿簡と云ふ

○退溪集　六六卷三一冊　李　滉著　印本

原集四十九卷別集一卷外集一卷續集八卷年譜三卷言行錄六卷より成る收むる所詩、敎、疏、劄、經筵講義、啓、儀、辭、狀、啓、辭、書契修答、書、襍著、序、記、跋、箴、銘、表、箋、上樑文、祝文、祭文、墓碣、誌銘、行狀等にして宣祖三十二年己亥陶山書院に於て開刊す

○長吟亭遺稿　一冊　羅　湜著　印本

羅湜の遺稿にして士禍の餘草稿の存するものなく祇た詩、賦數十篇あり肅宗四年に至り五世の傍孫良佐收拾刊行せり

羅湜　字は正源、長吟と號す羅州の人なり早歲趙靜庵の門に遊ひ性理の學を窮め時人大儒と稱す遺逸を以て薦められ參奉を授けらる明宗乙巳弟副提學淑と倶に慘禍を被りて死す

○溪堂遺稿　一冊　崔　興霖著　印本

崔興霖の草稿は多く逸して傳らす純祖の時に至り後孫學洙家藏の文字及諸家の文集中に散見する詩、銘、祭文、遺事若干篇を蒐輯し之を刊行す附錄あり

崔興霖　字は賢佐、溪堂と號す中宗丙寅に生る夙に時事の憂ふへきを見て報恩郡金積山に隱遯し竟に仕へす嘗て大谷成運の門に遊ひ東洲成悌元、南溟曹植と交通し宣祖辛酉に歿す

○河西集　三二卷一〇冊　金　麟厚著　印本

金麟厚の詩文集にして賦、古詩、律詩、絶句、劄、雜著、家禮、考誤、書、序、箋、記、啓、跋、文、贊、銘、墓誌、頌等を載せ別集に賦、詞、古詩、律、挽、墓銘等を收む正祖二十年丙辰金麟厚の文廟に從享したる後士林遺稿を裒輯し戊午之を刊行す

○龜　岩　集　六卷三冊　李　楨著　印本

李楨の詩文集にして原集二卷は仁祖庚辰士林之を刊行し續集二卷は英祖戊辰田禹基等之を刊行し別集二卷は李太王壬寅後孫泰煥等之を刊出す原集二卷には詩、記、啓、辭、疏、劄、箋、祭文、贊、附錄等續集二卷には詩、賦、書、記、箋、雜著、祭文、墓碣、跋、附錄等別集二卷には詩、書、跋、附錄等を載せり

○寓　菴　遺　集　七卷一冊　金　澍著　印本

金澍の詩文集にして六代の孫稑の蒐集に係る詩、序、記、銘、墓誌銘、論、策、教書、表等を收め遺事、諡狀等を附す英祖五年己酉の刊行に係る

金澍　字は應霖、寓菴と號す安東の人安原君公亮の子なり中宗壬申に生れ辛卯進士に中り己亥の別試に文科壯元に登り湖堂に選せられ官禮曹叅判に止まる明宗癸亥に璿系辨誣の事を以て明に使し命を辱しめす病みて燕京の館舍に歿す宣祖庚寅光國勳に策せられ花山君に封せらる文章言議を以て退溪李滉、河西金麟厚、錦湖林亨秀と友とし善し

○守　菴　遺　稿　二卷一冊　朴　枝　華著　印本

本書は英祖甲子金構か龍岡に守たる時守庵朴枝華の遺集の謄本を得て之を愛玩し遂に上梓せしものなり詩、墓碣、墓表、行狀、書牘、附錄等を收む其の詩は格調清高にして雅醇誦すへきものあり西河李敏叙序を弁し其の他の追悼詞を附す

朴枝華　字は君實、守菴と號す旌善の人なり中宗癸酉に生る家世世寒微なり嘗て吏文學官を拜したるも就かす花潭徐敬德に從ひて學ひ專ら禮律を窮め詞藝群を拔き明宗宣祖の時其の名一世に高く諸老の敬する所たり年八十にして壬辰の役に値ひ避けて楊根に在りしか一日水濱に至り木を斫りて杜詩白鷗元水宿、何事有餘哀の二句を書し水に投して死す好事者以て水仙と稱す

○眉　巖　集　六卷三冊　柳　希　春著　寫本

柳希春の詩文雜著を集めたるものなり諸家の祭文、輓詞、行諡狀、請額、疏等の文字を附錄とす李太王丙寅後孫廷植の刊出する所なり

○錦湖遺稿　二卷一冊　林亨秀著　印本

林亨秀の遺稿にして肅宗七年外玄孫柳應壽の收輯に係り金壽恒之を編次し李敏叙之を登梓す載する所絶句、律詩、古詩、排律、歌、冊文、詩、雜著等にして附錄あり又附するに從子林檜の觀海遺稿を以てす

林亨秀　字は士遂、錦湖と號す中宗甲戌に生れ乙未の文科出身にして才文武を兼ねたりと稱せらる明宗の初黜せられて濟州に牧使たりしか罷歸の後丁未の士禍に死す從子檜字は公直、觀海と號す光海君の時文科に出身し仁祖甲子李适の難に廣州の牧使たりしか賊の爲に執へられ屈せすして死す

○林塘遺稿　二卷一冊　鄭惟吉著　印本

鄭惟吉の遺稿にして其の詩文は兵火の爲に大抵亡失せしか外孫仙源金尙容、淸陰金尙憲等の誦記せしもの及家中存餘のものを合して二卷と爲し仁祖の時曾孫太和忠淸道伯たりし時之を刊行す應制錄、酬唱錄、題咏錄、東槎錄、儐接錄、傷悼錄、雜吟錄、表箋文の九門に分類し以て各體の詩文を收む儐接錄は集中生色の文字なり

鄭惟吉　字は吉元、林塘又尙德齋と號す文翼公光弼の孫なり中宗乙亥に生れ弱齡を以て戊戌の文科に魁たり選はれて湖堂に入り文衡を典ること二十餘年宣祖の時相に拜せられ老を以て几杖を賜ふ明使屢至るに際し每に其の接伴使たり文章風標時人の推す所たり宣祖戊子に歿す

○汲古遺稿　三卷二冊　李洪男著　印本

李洪男の遺稿にして光海君九年丁巳孫廷紳の嘉山郡守たりし時刊行せしものなり原集二卷は皆詩にして餘一卷は詩及賦一首、文七篇を收む卷首に世系を載せり

李洪男　字は士重、汲古子と號す廣州の人樽巖若氷の子なり中宗乙亥に生れ文科に登り選はれて湖堂に入り父若氷の竄死に際し之に坐して寧越に竄せらる弟洪胤と隙あり叛を謀ると譖し洪胤遂に斬せらる洪男其の功を以て召還せられ工曹參議となる人痛憤せさるなし宣祖の時事蹟初めて分明となり職を削らる

○蘇齋集　三卷八冊　盧守愼著　印本

盧守愼の詩文集にして原集十卷に賦、詩、箴、贊、祝、敎書、

序、跋、記、祭文、科製、疏、劄、箋、行狀、墓文等を收め附錄一卷に年譜、行狀を載し內集上下篇に侍講錄、草創錄、懼塞錄、問答錄、養正錄、庶幾錄を收む孝宗三年曾孫峻命之を編輯し景命奉化に宰たる時之を登梓す

○聽天堂詩集　一冊　沈守慶著　寫本

沈守慶の詩集にして守慶は詩作に耽りしと雖其の稿甚た少く今は唯本書一冊あるのみ

沈守慶　字は希安、聽天堂と號す豐山の人なり中宗丙子に生れ明宗丙午の文科出身にして八道の方伯を歷て官右議政に至る嘗て湖堂に入り淸白吏に選せらる宣祖壬辰義兵を倡起し已亥に歿す

○潛溪遺稿　一冊　李全仁著　印本

李全仁の遺稿にして收むる所詩、箴、序、疏、附錄等なり憲宗十三年丁未後孫等之を刊行す

○東湖集　二卷一冊　邊永淸著　印本

邊永淸の詩文集にして後孫正錄、以度等之を蒐輯す詩百餘篇、祭文一篇を收め哲宗十一年庚申後孫疇建、鏞夔等之を刊行す

邊永淸　字は開伯、東湖と號す原州の人原州府院君安烈の後孫なり中宗丙子に生れ明宗丙午進士に中る乙酉文科に登り官尙衣院正に至り宣祖庚辰に歿す

○頤庵遺稿　三卷四冊　宋寅著　印本

宋寅の遺稿にして詩集、文集、詩續集、文續集、外集、附錄及補遺に分ち詩、歌詞、墓文、行狀、祭文、跋、序、禮說、簡牘等を收む仁祖十二年甲戌曾孫熙業之を編刊す

○土亭遺稿　二卷一冊　李之菡著　印本

李之菡の詩文集にして肅宗四十六年庚子玄孫楨翊の慶州府尹たりし時開刊したるものなり詩、辭、說、疏等を收め附錄に遺事、朝野諸名士の祭文、墓碣銘、諡狀等を載す

李之菡　字は馨仲、土亭と號す韓山の人なり中宗丁丑に生る少時徐花潭に從ひ性理の學を窮む諸家雜術通曉せさるなく其の言往々人の意表に出つるものあり時人之を目して異人と云ふ宣祖の初牙山縣監を拜し良吏を以て稱せらる戊寅に歿す

○嘯皐集　一〇卷五冊　朴承任著　印本

朴承任の詩文集にして原集四卷、續集四卷及附錄上下二卷に分ち收むる所賦、詩、序、跋、記、書、雜著、祭文、墓文、疏、劄、啓、策、箴及玉冊文等なり

朴承任　字は重甫、嘯皐と號す潘南の人なり中宗丁丑に生れ早く文科に出身し官大司諫に至る幼時史略を讀み問ふて曰く武王天下の爲に暴紂を伐つ何ぞ殷宗室に於ける賢微子の如きを擇ひ之を立てすして乃ち自ら取るやと父大に之を異とす宣祖丙戌に歿す別に孔門心法、洞目心法等の著あり

○蓬萊詩集　三卷一冊　楊士彥著　印本

楊士彥の詩集にして賦、策、跋、祭文及書數篇を附し又其の二弟士俊、士奇の楓皐詩、青溪詩等を附載せり

楊士彥　字は應聘、蓬萊と號す能詩、能書を以て鳴り仙風道骨と稱せらる中宗丁丑に生れ明宗丙午文科に登り官府使に止まる一代の奇傑を以て落拓振はす宣祖甲申に歿す弟士俊字は應擧、楓皐と號す官僉正に至り次弟士奇字は應遇、青溪と號す文科に登り官府使に至る皆詩を能くす

○錦溪集　五卷一冊　黃俊良著　印本

黃俊良の詩文集にして宣祖十七年甲申黃應奎之を證正す詩、記、書、祭文、疏、辨、上樑文、跋等を載し尾に行狀と李滉の祭文を附せり

黃俊良　字は仲擧、錦溪と號す平海の人なり中宗丁丑に生れ庚子の文科に出身し官牧使に至る嘗て李退溪の門に學ひ明宗癸亥退溪に先して歿す退溪爲に其の行を述へ祭るに文を以てせり曹郞たるの時闢佛の疏を進め是より名益重し

○瞻慕堂集　三卷一冊　林芸著　印本

林芸の詩文集にして絕句、律詩、排律、古詩、賦、記、策問等を載し中一卷は狀誌なり

林芸　字は彥成、瞻慕堂と號す葛川薰の弟なり中宗丁丑に生る兄と俱に學行を以て名あり又俱に孝を以て旌閭せらる宣祖の時薦められて厭荼奉を授けられ壬寅に歿す

○玉溪集　七卷四冊　盧禛著　印本

盧禛の詩文集にして初め子熖之を抄錄し以て鋟梓せしか兵火

に罹り逸したるもの多し孫脊仁祖十年壬申之を增補して重刊す載する所詩、賦、表、箋、祭文、行狀、碑誌、疏、啓、狀、書、雜著、奏、論、記、序等にして別集に世系、年譜、誌狀等を收む

盧禛　字は子膺、玉溪と號す豐川の人なり中宗戊寅に生れ明宗の初に登科し宣祖の時官吏曹判書に至り戊寅に歿す內外に歷官すること三十餘年なるも實際に公事を視しは三年に滿たすと云ふ幼より孝を以て聞え謚を文孝と贈らる

○習齋集　四卷一冊　權擘著　印本

權擘の詩稿にして子韠之を收輯刊行するに際し偶ま禍に遭ひ稿本散逸せしか孝宗四年曾孫諿星州に牧使たる時更に之を刊行せり

權擘　字は大手、習齋と號す陽村權近五世の孫なり詩を以て名あり中宗庚辰に生れ其の癸卯に登科し官禮曹參判に至り宣祖癸巳に歿す政治に恬淡にして唯詩作を喜ひしと云ふ

○淸虛堂集　四卷二冊　釋休靜著　印本

僧休靜の詩文集にして上佐鍾峯之を蒐輯し光海君四年壬子上下二卷を刊行し仁祖八年庚午徒弟葆眞等之を重刊し正祖の後更に增補して四卷と爲し刊行す收むる所詩、書、記、碑銘、行蹟、讚、疏、募緣文、偈語、雜著及附錄等なり卷首に宣祖御賜墨竹詩一首正祖撰畫像堂銘並序及酬忠祠賜祭文を冠す

○德溪集　八卷五冊　吳健著　印本

吳健の詩文集にして詩、賦、表、敎書、祝文、祭文、疏、箚、啓、狀、日記、書、序、論、策、題、行狀、遺事、祝文 祭文、輓詞等あり別に年譜と神道碑銘を合部し純祖二十七年丁亥後孫思德之を刊行す

吳健　字は子强、德溪と號す寧越の人なり中宗辛巳に生る明宗戊午文科に登り官典翰に至る嘗て南冥曹植に從學し後經幄に居り啓沃甚た多し詮郎となり身を持する謹嚴公直にして世に容れられす官を棄て鄕里星州に歸り子弟を敎え復た出てて仕へす宣祖甲戌に歿す

○思庵集　六卷三冊　朴淳著　印本

朴淳の詩文集にして歿後六十年を經て徐必遠等之を刊行す載する所詩、啓、書、賜祭文、雜著、書、序、記、碑誌、表及

附錄等なり憲宗八年丁巳に重刊す

朴淳　字は和叔、思菴と號す忠州の人なり中宗癸未に生れ明宗の時甲科に中り文衡を典り領相に至る文學行義一代の賢相と稱せられ宣祖己丑に歿す謚して文忠と云ふ甞て學を花潭徐敬德に受け釋褐して尹元衡を彈劾す

○松塘集　四卷二冊　俞泓著　印本

俞泓の詩集にして仁祖の時孫伯曾遺稿を收拾し梓に付するに際し其の父大逸の慵隱集を卷末に附す

俞泓　字は止叔、松塘と號す景安公汝霖の孫なり中宗甲申に生れ明宗癸丑文科に登り官左議政に至り光國平難二勳に策せられ杞城府院君に封せらる宣祖甲午に歿し忠穆と謚す甞て明に使し國譜辨誣の功あり又宣祖壬辰西幸を力贊し世子に隨行す季子大逸字は德林、慵隱と號す官參判に至る伯曾は大逸の子なり

○月川集　六卷三冊　趙穆著　印本

趙穆の詩文集にして顯宗七年子錫朋遺稿を收集し禮安縣監李碩寬之を刊行す載する所詩、疏、書、雜著、跋、祭、祝文、祭文、誌碣等にして末に荀彧論朔蜀洛三黨論を竝載す

趙穆　字は士敬、月川と號す橫城の人なり中宗甲申に生る幼にして穎悟五歲既に大學を受け長して科擧の業を廢し李退溪に就き學術を研鑽せり其の著困知雜錄等學者の矜式たるものあり明宗壬子司馬に中り宣祖の時參判に至り其の丙午に歿す

○龍庵集　五卷一冊　馬應房著　印本

馬應房の詩文集にして憲宗十一年馬龍煥編次し後孫祥麟等の刊出する所に係る自序一編龍城園中口號一首竝約誓其の他は附錄とし行狀、墓碣、碑銘、傳及諸家の序、跋等を載錄し族曾孫果齋の墓誌銘と七代の世孫釣巖の行狀を附せり

馬應房　字は靖叔、龍菴と號す宣祖の時蔭仕を以て縣監たりしか壬辰の役に値ひ義を倡へて旅を募り丁酉西原に戰歿し特に參判を贈らる

○柏潭集　一〇卷四冊　具鳳齡著　印本

具鳳齡の詩文集なり顯宗十一年後學金啓光豐基郡守たりし時鋟梓せしものにして載する所詩、律、絕句、類、疏、啓、文、

書等なり擬弘文館陳弊疏一篇は編中出色と稱せらる

具鳳齡　字は景瑞、柏潭と號す清城の人なり中宗丙戌に生る明宗甲申文科に登り官藝文提學に至る幼時風采既に成人の如し長して李退溪の門に學ひ其の高足たり

○高峯集　五卷五册　奇大升著　印本

奇大升の詩文集にして仁祖七年趙纘韓の嶺南善山に守たる時遺稿を收得して登梓す載する所詩、表、疏、辭、記、文、銘、序、行狀、跋等にして論思錄上下二卷を附錄とす

○鰲峰集　三卷三册　金齊閔著　印本

金齊閔の詩文集にして詩、墓文、跋、記等を一卷に編し更に保邦要務疏四十二條を兩卷に分編す曾孫道器の刊行に係る

金齊閔　字は士孝、鰲峰と號す義城の人校理運秋の曾孫なり中宗丁亥に生れ明宗戊午進士に中り宣祖癸酉文科に登り官承旨に止まる己亥に歿す少時一齋李恒の門に遊ひ經學を受け宣祖壬辰戰功多し

○桃灘集　三卷三册　邊士貞著　印本

邊士貞の詩文集にして七代の孫穗の蒐輯に係る詩、雜著、策、祭文、疏、書、附錄等を載し英祖戊子之を刊行す

邊士貞　字は仲幹、桃灘と號す長淵の人水亭處厚五世の孫なり中宗己丑に生れ宣祖癸未學行を以て薦められ衿奉を授けらる丙申に歿す宣祖壬辰義兵大將として功勞あり丙午宣武原從勳に錄し掌令を贈らる

○喚醒堂逸稿　三卷一册　朴演著　印本

朴演の逸稿を集編したるものにして詩、書、雜著及附錄あり

朴演　字は濟仲、喚醒堂と號す中宗己丑に生る父巖學行を以て稱せられしか演能く之を繼述せり宣祖辛卯に歿す

○龜峯遺集　二卷一册　權德麟著　印本

權德麟の遺稿にして詩文及策僅に八首を上卷となし附錄を下卷とせり後孫致福の收拾編次する所なり

權德麟　字は君瑞、龜峰と號す安東の人僉正繼中の子なり中宗己丑に生れ明宗癸丑文科に登り官郡守に止まり宣祖癸酉に歿す

○虚菴遺稿　三巻一冊　鄭希良著　寫本

鄭希良の詩集にして中宗六年辛未其の友李堣江原觀察使たりし時刊行す

鄭希良　字は淳夫、虚菴と號す海州の人參議忱の孫なり中宗己丑に生れ燕山君乙卯生員を以て文科に登り湖堂に選はれ翰林に入る戊午史禍に遭ひ江に沈めりと託し以て世を遯れ年三十四にして歿す

○八谷集　五巻三冊　具思孟著　印本

具思孟の詩文集にして長子宬之を編次し次子宏之を上梓す然るに未た製本に至らす丙子の難に値ひ原板散失せしか仁祖二十六年外孫沈長世榮川に守たる時重刊せり載する所詩、辭、頌、疏、箚、祭文、墓誌、序、箋、表、論、策及附錄等なり第三子容の竹窓遺稿を末に附す

具思孟　字は景時、八谷と號す中宗辛卯に生る明宗戊午文科に登り官左贊成に至り宣祖甲辰に歿す仁祖の外祖たるを以て綾安府院君を贈られ謚を文懿と云ふ宮禁に連姻すと雖富貴の氣なく文識餘あり其の子容字は大受、竹窓と號す

○芝川集　六巻三冊　黄廷彧著　印本

黄廷彧の遺著を集めたるものにして仁祖十年外孫李厚源之を開刊す載する所詩、敎書、疏、箚、箋、序、記、銘、跋、哀辭、祭文、墓文、附錄等なり書契には答日本書契、擬與日本關白書、擬進日本檄書其の他日本に關するもの數篇あり

黄廷彧　字は景文、芝川と號す長水の人にして翼成公喜の後なり中宗壬辰に生る明宗戊午に登科し宣祖の時光國勳に錄せられ長溪府院君に封せらる官大提學判中樞に至り宣祖丁未に歿す詩を以て一代に鳴り湖陰鄭士龍、蘇齋盧守愼等と名を齊うす

○溪東集　二巻一冊　全慶昌著　印本

全慶昌の詩文集にして門人孫處訥の蒐輯したるものなり賦、詩、跋、雜著等僅に七篇に過きす李太王二十年癸未傍從孫致賢之を刊行す

全慶昌　字は季賀、溪東又晩悟と號す慶山の人文平公伯英五代の孫なり中宗壬辰に生れ明宗乙卯進士に中り宣祖癸酉文科に登りて翰院に入り官正郎に止まり乙酉に歿す嘗て國系辨

誣の事に對して功勞あり原從勳に錄し應敎を贈らる

○梧陰遺稿　四卷三冊　尹斗壽著　印本

尹斗壽の遺稿にして長子昉之を刊行せしものなり收むる所詩序、跋、記、上樑文、墓文、祭文、題後、劄書、啓辭、雜說等にして附錄一卷あり宣祖壬辰文事を以て明の諸將と交り其の詩文當時の事に關するもの尠からす

○峒隱集　三卷一冊　李義健著　印本

李義健の遺稿にして迂齋李厚源、申欽及鄭弘溟に刪定を請ひ印行したるものなり收むる所五七言古詩、近體、絕句、排律三百餘篇外に誌、銘等を附錄とす

李義健　字は宜仲、峒隱と號す全州の人廣平大君李璵の後孫なり中宗癸巳に生る少時任俠後節を折りて道に志し名利を見ること糠粃の如く恬憺沖雅親に事へて至孝なり年三十二母の命に從ひ始めて試に赴き明宗十九年甲子進士となるや當時廟堂諸卿頻に推薦せしも謝して就かす晩に敦寧府直長となり精勵甚た力む幾もなく親の喪に遇ひて任を致し復た仕官を思はす光海君十三年辛酉齡八十九にして歿す

○孤潭逸稿　五卷二冊　李純仁著　印本

李純仁の詩文集にして十代の孫鎭玉の蒐輯したるものなり詩疏、敎文、祭文、科體、賦、詩、表、策、附錄等を收む李太王二十八年辛卯鎭玉の從弟鎭琦等之を刊行す

李純仁　字は伯生、孤潭と號す全義の人縣令弘の子なり中宗癸巳に生れ甲子進士に中り宣祖壬申文科に登りて翰院に入り官都承旨に止まり壬辰に歿す弱冠より栗谷李珥及南溟曹植の門に遊ひ壬辰西幸に扈從し功勞多く病死するや宣祖震悼して衣を脫し襚を作れりと云ふ後一等衛聖の勳に追錄し全陵君に封し又吏曹判書を贈る

○霽峯集　六卷六冊　高敬命著　印本

高敬命の詩文集にして光海君九年丁巳季子用厚南原府に宰たる時之を登梓す載する所古詩、律詩、絕句、賦、銘、誌、說等にして元集五卷の次に遺集又續集あり遺集には賦、記、論、書、表、柳根の檄等諸篇を收め續集には詩四十餘首を載す

高敬命　字は而順、霽峯又苔軒と號す長興の人なり中宗癸巳に生る明宗戊午甲科に擢てられ東萊府使となる後宣祖壬辰

子從厚、因厚と共に義旅を倡へて起ち檄を四方に馳せ竟に錦山に戰歿す後贊成を贈られ謚して忠烈と云ふ

○龜峰集　二卷五冊　宋翼弼著　印本

宋翼弼の詩文集にして初め門人沈宗直詩集を刊出し金長生の後孫金相聖又其の全集を合編改刊す收むる所賦、詩、雜著、玄繩篇、禮問答、家禮註說、附錄及弟翰弼の雲谷詩集等なり

宋翼弼　字は雲長、龜峰と號す中宗甲午に生る祀連の子にして雜科出身なり家世世微賤士大夫の間に齒する能はすと雖七八歲の頃筆を下せは輒ち人を驚かし長するに及ひ學識富贍を以て知られしか賤流不可赴擧を論する者あり遂に停擧せられ科宦を得すして宣祖己亥に歿す李山海、崔慶昌、白光弘、崔岦、李純仁、尹卓然、河應臨と共に八文章家の稱あり金長生父子及徐渻、鄭曄の輩皆其の門に出つ英祖の時持平を贈られ隆熙四年正卿を加贈し文敬と謚す弟翰弼字は季鷹、雲谷と號す亦兄と名を齊うす

○桑楡集　二卷一冊　柳思規著　印本

柳思規の詩文集にして光海君十年其の子參判舜翼黃海道觀察使たる時遺稿を收輯して刊行せるものなり

柳思規　字は汝憲、桑楡と號す晉州の人なり中宗甲午に生れ明宗壬戌文科に登り官參議に至る屢出てて州牧となり治行第一と稱せらる性恬憺惟た吟詠を喜ふ

○牛溪集　三卷六冊　成渾著　印本

成渾の詩文集にして原集六卷は詩、章疏、簡牘、雜著等を收め續集六卷は亦詩、章疏、簡牘、雜疏等を收め純祖己巳七代の孫肯柱密陽府使在任の時門人等之を重刊す

○栗谷全書　四四卷三八冊　李珥著　印本

李珥の詩集、文集、續集、外集を合編したるものにして英祖十八年壬戌陶菴李縡刪定し五十五年己巳之を印行し後純祖十四年甲戌拾遺六卷を合せ栗谷全書と名け以て重刊す收むる所第一卷以下第十八卷は辭、賦、詩、疏、箚、啓、議、書、應製文、序、跋、記、贊、銘、祭文、雜著等第十九卷以下第二十七卷は聖學輯要第二十八卷以下第三十卷は經筵日錄第三十一卷及三十二卷は語錄とし第三十三卷以下を附錄及續編とせり世系圖、年譜、院享錄、門人錄、行狀、謚狀、神道碑銘、

墓誌銘、墓表記、追記、紫雲書院廟庭碑、賜祭文、御製歌、祭文、教書、祭文、哀詞、挽詞、諸家記述、雜錄等を倂載す

○松　江　集　二卷七冊　鄭　澈著　印本

鄭澈の詩文集にして子宗溟之を蒐輯す原集一、二卷は詩、雜著、祭文、書、疏、劄等を收め長子起溟の華谷遺稿を附し續集一二卷には詩、雜著、疏、啓、祭文等を收め別集七卷には詩、賦、墓碣、祭文、書、雜著、世系、年譜及附錄を收む仁祖十年壬申の刊行に係る

鄭澈　字は季涵、松江と號す迎日の人なり中宗丙申に生る早歲河西金麟厚に從ひて學ひ長して栗谷李珥、牛溪成渾と親善なり明宗壬戌甲科に擢てられ持平となる時に東西の黨論大に熾にして鄭澈深く東人を憎み宣祖己丑の獄に崔永慶を誤殺せしより東黨最も之を仇視す官左相に至り宣祖癸巳に歿し謚を文靖と云ふ長子起溟字は鵬擧、華谷と號す才ありて夭す

○拙　翁　集　一〇卷四冊　洪　聖　民著　印本

洪聖民の詩文集にして仁祖十年壬申其の孫命耉安東府に宰たる時之を梓行す載する所多くは詩文にして六卷以下に對說、論、策、序、錄、後記、叙、書、疏、誌、碑銘等を收む

洪聖民　字は時可、拙翁と號す南陽の人なり燕山君丁巳に生る明宗甲子の文科出身にして官吏曹判書、大提學に至り益城君に封せられ明宗戊申に歿す文貞と謚す石壁春卿の子にして栗亭天民は其の弟なり七世文科に連中し綸旨の起草を掌り父子兄弟倶に選はれて湖堂に入る

○清　江　集　四卷二冊　李　濟　臣著　印本

李濟臣の詩文集にして光海君二年庚戌其の子潛裔命俊之を編刊す收むる所詩、辭、贊、銘、辨、對說、序、跋、記、書、疏、誌、狀、箋、祝祭文等なり卷首に世系及附錄を載す

李濟臣　字は夢應、清江と號す全義の人なり中宗丙申に生る明宗戊午司馬に中り甲子文科に登り官咸北兵使に至り宣祖癸未に歿す後領議政を贈らる幼にして學を龍門趙昱に受け長して尙震の門に遊ひ尙震大に之を器重す乙巳士禍の後官に在るを樂ます詩酒に放情して世を終る

○月　汀　集　二卷七冊　尹　根　壽著　印本

尹根壽の詩集にして孫廷之の蒐集に係る收むる所詩、劄子、

收儀、啓辭、疏、玉冊文、樂章、傳、論、辨、題、跋、朝天錄、序、記、書、碑銘、墓誌、祭文、哀詞、附錄等なり後朱陸論難、韓文吐釋、漫錄等を別集四卷とせり文學淵博著述亦多かりしも概ね兵火に失ひ仁祖二十五年に至り孫丹陽郡守廷之、從孫咸鏡監司履之と相謀り殘稿を開刊す後英祖四十九年六代の孫得覲遍く遺文を拾收して四卷と爲し之を別集と名く

○聚遠堂集　二卷一冊　曹光益著　印本

光益の詩文集にして八代の孫緯文の蒐輯したるものなり詩、書、記、科製、遺錄、年譜、附錄等を收む李太王の時後孫漢奎刊行す

曹光益　字は可晦、竹窩又聚遠堂と號す昌寧の人持平孝淵の孫なり中宗丁酉に生れ明宗戊午生員進士の兩試に中り甲子文科に登り官平安都事に止まり宣祖戊寅に歿す文學あり孝行を以て旌閭せらる

○鶴峯集　一六卷一〇冊　金誠一著　印本

金誠一の詩文集にして原集七卷續集五卷附錄四卷より成る原集は仁祖二十七年己丑に編し詩、賦、詞、辭、劄、啓、狀、招諭文、書、雜著、祭文、墓文、行狀等を收め續集は正祖六年壬寅に編し詩、教文、疏、劄、啓、狀、公移、書、雜著、記、祭文、墓誌等を收め附錄は哲宗二年辛亥に編し世系圖、年譜、行狀、墓文、言行錄、祝祭文、教書等を收む同年文集と共に重刊す

金誠一　字は士純、鶴峰と號す義城の人なり中宗戊戌に生れ早歲にして李退溪に學ひ宣祖戊辰文科に出身す選はれて湖堂に入り副提學を經て日本に使し亢直を以て稱せらる宣祖壬辰慶尚右道兵馬使を以て招諭使を授けられ慶尙監司を拜し列邑に召募し成功を期せしも癸巳遂に任所に歿す正卿を贈られ謚を文忠と云ふ

○柏谷集　四卷四冊　鄭崑壽著　印本

鄭崑壽の詩文集にして外曾孫沈櫟之を蒐輯す詩、表、贊、辭、序、記、跋、說、祭文、疏、劄、啓狀、啓、呈文、揭帖、赴京日錄、書、碑誌、行錄、附錄等を收め卷首に世譜、年譜を加へ肅宗三十六年庚寅玄孫鍵之を刊行せり

鄭崑壽　字は汝仁、號は柏谷、清州の人大護軍承門の子なり中宗戊戌に生れ宣祖丁卯進士に中り壬申大學館薦を以て義禁

府都事を授けられ癸酉文科に登り宣祖壬辰明に使し請兵を得たる功を以て一等勳に錄し官贊成に至り壬寅に歿す領議政を追贈し忠翼と謚す

○月篷集　二卷三冊　柳永吉著　印本

柳永吉の遺稿を集めたるものにして仁祖二十四年其の子恒の輯刊する所なり全部律詩絶句の類にして卷末記す所に據れば猶ほ著述幾百ありしも壬辰の兵燹に失ひ唯人口に膾炙するものを刊行するに止めたりと云ふ

柳永吉　字は德純、月篷と號す全州の人、春湖永慶の兄なり中宗戊戌に生れ明宗己未文科に登り官叅判に至り宣祖己亥に歿す才氣甚た高く詩に於て最も工なり子恒亦文科に出身して竄謫十餘年に及ひ官監司に止まる

○鵝溪遺稿　六卷三冊　李山海著　印本

李山海の遺稿にして箕城錄以下律詩、古詩、絶句、雜著、疏類等を載す多くは宣祖壬辰陣中の手記に係る

李山海　字は汝受、鵝溪と號す中宗己亥に生る五歲已に神童の稱あり明宗辛酉に擢科せられ文名大に振ふ文衡を典り官領議政に至る光國平難の二勳に策し箕城府院君に封せられ宣祖己酉に歿す謚を文忠と云ふ宣祖壬辰西幸を力賛し爲に遠竄に處せらる當時東西二黨あり山海は東人の主たり常に西人に忌疾せられ屢彈劾に遭ふ或は云ふ陰に宮禁に連結し爲に淸議に譏らると

○謙菴集　八卷四冊　柳雲龍著　印本

柳雲龍の詩文集にして弟成龍の編次せしもの水害に漂失し六代の孫泳更に之を蒐集し英祖十八年壬戌に刊行す後宗孫宗陸純祖三年癸亥に重刊せり收むる所詩、疏、書、雜著、記、論、識、跋、祭文、遺事、世系錄、行年記、年譜、附錄及遺墨等なり

柳雲龍　字は應見、謙菴と號す豐山の人立菴中郢の子なり中宗己亥に生れ宣祖丙子蔭仕を以て禁府都事を拜し光國原從功臣に錄せられ官通政牧使に止まり宣祖辛丑に歿す扈聖原從功臣を追錄し吏曹叅判を贈らる退溪李滉の高足にして經學行義共に一世に推重せらる

○簡易集　九卷九冊　崔岦著　印本

崔岦の詩文集にして載する所奏、封事、院誥、辭、疏、箋、表、書、掲帖、謡讃、祭文、上樑文、檄、策、評、説、碑、記、序、識、跋、錄等なり雄篇大作尠からす

○述古齋集　一冊　金寶著　印本

金寶の詩文集にして詩、墓誌、銘、雜著、世系、年譜及附錄等を收む後孫永祚之を刊行す

金寶　字は邦彦。述古齋と號す龍宮の人にして中宗己亥に生れ宣祖壬申孝行を以て薦められ厚陵叅奉を拜し光海君乙卯に歿す

○孤竹遺稿　一冊　崔慶昌著　印本

崔慶昌の詩集にして孫振海收輯し振海の櫟村遺稿を附し肅宗九年癸亥に上刊す

崔慶昌　字は嘉運、孤竹と號す中宗己亥に生れ宣祖戊辰に登科し官府使に至る天資豪爽器識絶高詩を以て世に鳴り又弓矢の法と琴笛の律に精妙なり宣祖嘗て文武の才ありとし大に用ひんとせしも物議の阻する所となり竟に振はす癸未の年に歿す孫振海櫟村と號す亦詩を善くす

○東岡集　十九巻九冊　金宇顒著　印本

金宇顒の詩文集にして載する所詩、詞、賦、箴、疏、箚、啓、辭、書、雜著、祭文、誌、行狀、經筵講義等なり第十八巻以下は補遺にして詩、賦、疏、啓、箚子、書、祭文、行錄、雜著、附錄等を收む

○柏巖集　七巻四冊　金玏著　印本

金玏の詩文集にして英祖壬辰六代の孫銓郎瑋之を刊行す辭、賦、詩、教書、疏、箚、啓辭、狀啓、呈文、書、雜著、序、箋、祭文等を收め年譜及附錄上下あり

金玏　字は希玉、柏巖と號す禮安の人なり中宗庚子に生る少時李退溪に學ひ宣祖丙子の文科出身たり宣祖壬辰嶺南右道觀察を拜し勞動甚た多く官參判に至り光海君丙辰に歿す後に宣武勳に錄せられ又吏曹判書を贈らる諡を敏節と云ふ

○四留齋集　三巻五冊　李廷馣著　印本

李廷馣の詩文集にして孫聖龍黄海道觀察使たりし時鋟梓せるものなり載する所詩、疏、箚、雜著、祭文、書牘、世系譜錄、

行年日記、海西結義錄。義兵約束。書狀。狀啓。牒關、倭變錄等にして附錄二卷あり

李廷馣　字は仲薫、四留齋又退憂堂と號す慶州の人なり中宗辛丑に生る明宗辛酉明經を以て登科し屢權臣の前に仕路を塞かれ出てて延安府使となり民望あり壬辰の役母に陪して難を避け路延安を過く延安の民驚喜して迎へて曰く是れ我使君なりと遂に檄を傳へ數千人を招集し城に據りて死守し機に隨ひ變に應したるを以て宣武勳に錄せられ月川府院君に封せらる官知中樞事に至り宣祖庚子に歿す謚を忠穆と云ふ

○松厓集　四卷二冊　朴汝龍著　印本

朴汝龍の詩文集にして憲宗十二年丙申後孫之を刊行す第一卷に石潭語錄第二卷に疏。序等數篇を收む第三第四卷は附錄にして閔鼎重、李敏輔、趙寅永、洪直弼其の他の撰に係る年譜、行狀、謚狀。墓碣銘、神道碑銘、祭文等を集め終に洪祐健の跋を載せり

朴汝龍　字は舜卿。松厓と號す沔川の人なり中宗辛丑海州の立巖村に生る栗谷李珥石潭に在りて學徒を教養す乃ち就いて學ひ栗谷の歿するや其の文集編成に力むること數年遂に之を完成し又其の祠宇建設に力を盡せり宣祖の時參奉を拜し尋いて正郎に至り光海君辛亥に歿す吏曹判書を贈られ文溫と謚す

○鳳溪逸稿　二卷一冊　洪世恭著　印本

洪世恭の遺稿にして十二代の孫學鍾の蒐輯に係り詩。啓。狀、書、雜著、附錄等あり李太王庚子之を刊行す

洪世恭　字は仲安、鳳溪と號す南陽の人郡守偁の子なり中宗辛丑に生れ明宗丁卯生員に中り宣祖癸酉文科に登り官平安道調度使に止まり戊戌に歿す丁未に扈聖宣武功一等を錄し領議政を贈り唐城府院君に封す

○南窓雜稿　一冊　金玄成著　印本

金玄成は學識淹雅にして詩文並に善くし草隸又絕妙なり自著の五七言律絕百餘篇を手寫し天坡吳䎘に遺贈し以て異日の面目を施さむことを託せり其の後仁祖十二年甲戌吳䎘黃海道觀察使たりし時之を登梓す

○西厓集　二四卷三冊　柳成龍著　印本

柳成龍の詩文集にして原集二十卷別集四卷より成る原集には詩、奏文、疏、劄、書、狀、啓、辭、呈文、書牘、雜著、序、記、論、跋、箋、銘、祭文、誌狀等を收め別集には詩、疏、劄、啓文、呈文、書、雜著、備邊、雜錄、奏議、記事、跋、書後、銘、祭文等を收む仁祖十一年癸酉孫袗陜川郡守たりし時刊行せり

○芹曝集　一冊　寫本

柳成龍の懲毖錄中第三卷より第七卷に至る軍國機務十條及疏劄若干篇を拔編したるものなり

○洛涯遺稿　二卷一冊　金安節著　印本

金安節の詩文集にして後孫濟默の上梓したるものなり賦、詩、序、祭文、行狀、雜著等を收む附錄一卷あり行狀、墓表等を載す

金安節　字は子亨、洛涯と號す尙州の人なり明宗壬寅に生れ幼時健齋朴守一に學ひ稍長して業を板谷成允諧に受く宣祖の時進士に中りしも光海君廢母の事に値ひ學業を廢して野に處り仁祖壬申に歿す

○萬竹軒集　二卷一冊　徐益著　印本

徐益の詩文集にして曾孫六谷必遠の蒐集に係り載する所詩、科體、疏、墓銘、疑、附錄等なり正祖庚戌七代の孫鎭恒之を刊行す

徐益　字は君受、萬竹軒と號す扶餘の人進士寬の孫なり中宗壬寅に生れ明宗甲子生員に中り宣祖己巳文科に登り舍人を歷て官府尹に止まる平生栗谷李珥と友とし善し北路に宣撫たる時十二策を建議せしことあり

○浮休堂集　一冊　釋善修著　印本

釋善修の詩を上佐覺性、熙玉等の蒐輯したるものにして光海君己未に之を刊行す

釋善修　は浮休堂と號し中宗癸卯に生れ光海君乙卯に示寂す

○南冥集　四卷八冊　曹植著　印本

曹植の詩文集にして絕句、律、古詩、賦、銘、書、跋、疏、誌、記、論、雜著、學記、言行錄、敎旨等を載す第三卷及第

四卷に載する致知、存養、治道、治法等の十有餘篇は悉く著者の心血を灑きたる大作なり其の七八冊は別集にして行狀及師友錄を載す

○寒岡集　三卷九冊　鄭逑著　印本

鄭逑の詩文集にして原集十二卷續集六卷別集三卷より成る收むる所原集は詩、疏、劄、啓、辭、書、雜著、序、記、跋、祝祭文、墓文、行狀、年譜續集は詩、賦、論、疏、書、雜著、序、祝祭文、行狀別集は書、雜著、祭文、詩、答問等なり

○四溟堂集　七卷一冊　釋惟政著　印本

僧松雲の詩集にして光海君四年門徒惠球等始めて裒萃印出し孝宗の時公案山人性一等更に舊本に就いて重刊したるものなり收むる所詩數百首文十篇に過きす蓋し兵燹の殘篇を集めたるものなり終に海眼の撰に係る行蹟を載す

○重峯集　二〇卷一〇冊　趙憲著　印本

趙憲の詩文集にして原集十三卷に詩、賦、疏、啓、書、雜著、日記、記、題、跋、表、狀、文、檄、辭、告諭文等を收め附錄七卷には世德、年譜、狀錄、碑表、遺事、褒典、贊述、哀悼、祠院、宅里、義徒等を收む

○息庵集　五卷二冊　黃暹著　印本

黃暹の詩文集にして肅宗三十五年甲景濟の刊する所なり收むる所詩、批答、疏、書、雜著、序、記、跋、銘、贊、箋、冊、祝文、祭文、行狀等にして附錄一卷あり

黃暹　字は景明、息庵又遯庵と號す昌原の人なり中宗甲辰に生る宣祖の時甲科に登第し壬辰兵曹叅知を以て義州に扈從し又世子に江界に從ふ歸還の後將に大に用ひられんとせしか時事日に非なるを見て豐基の舊居に退き終に官大司憲を以て光海君丙辰に歿す

○芝山集　九卷五冊　曹好益著　印本

曹好益の詩文集にして收むる所賦、詩、書、祝文、祭文、墓誌、箋、序、記、跋、雜著等なり雜著には太極論、妙香山遊錄、遊香楓山錄等あり卷首に世系を載せ年譜及附錄あり

○村隱集　三卷三冊　劉希慶著　印本

劉希慶の詩集にして孫自勗之を集收し金昌協をして選定せしめ自勗の子泰雄湖南萬戶たりし時上梓せしものなり詩を一卷に收め酬唱、傳記、墓表等を附錄とす

劉希慶　字は應吉、村隱と號す江陵の人なり仁宗乙巳に生る其の家世微賤なりしと雖至孝天性に出て長するに及ひ讀書を好み特に禮學に精通したり光海君廢母の時節を守りて屈せす仁祖初年嘉義に陞されしか退きて枕流臺に居り唱酬以て自ら娛み其の丙子に歿す

○鳴　皐　集　八卷一冊　任　鍈著　印本

任鍈の詩集にして肅宗三十年甲申外玄孫朴權故藁を拾收して編刊したるものなり

任鍈　字は寬甫、鳴皐と號す豐川の人なり仁宗の時に生れ牛溪成渾に從ひて學ふ宣祖壬辰明李如松の從事となり二十韻排律を草して歎賞せらる而も仕路塞りて申ふるを得す不平の氣一に之を詩に發して自ら慰む官僅に參奉に止りて歿す

○李忠武公全書　一四卷八冊　李　舜　臣著　印本

李舜臣の遺稿全書なり正祖二十年乙卯尹行恁に命して之を編次せしむ卷首に正祖の綸音を揭け敎諭、圖說、世譜、年表、詩、雜著、狀啓、亂中日記及附錄等を收む

李舜臣　字は汝諧、德水の人にして文靖公邊五世の孫なり明宗乙巳に生れ宣祖丙子武科に及第し造山萬戶となり反胡を擊て功あり時の領相柳成龍と里閈を同うす仍て僉使に陞し尋て全羅水軍節度使に擢す宣祖壬辰水軍統制使を拜し龜甲船を操して閑山島前洋に奇功を奏す宣祖戊戌露梁の役飛丸に中りて斃る宣武功臣に錄し領議政を贈り德豐府院君に封し忠武と諡す

○沙　村　集　四卷二冊　張　經　世著　印本

張經世の詩文集にして純祖二十四年甲申後孫烒收輯上刊す詩歌、詞、記、書、說、序、跋、行狀、祭文、墓文、誄辭、附錄等を載せり

張經世　字は秉善、沙村と號す明宗丁未に生れ宣祖乙丑文科に登り官縣令に至り光海君乙卯に歿す

○梧　里　續　集　六卷三冊　李　元　翼著　印本

李元翼の文集にして肅宗十七年辛未に成る後十五年乙酉玄孫

存道佚編を裒收刊行せり

李元翼　字は公勵、梧里と號す太宗の子益寧君袳の玄孫なり明宗丁未に生れ宣祖の時文科に出身す宣祖壬辰吏曹判書を以て平安都巡察使を兼ね勳勞顯著なりしより完城府院君に策封せられ遂に相國を拜す光海君廢母の時に際し直諫して斥けられ仁祖反正の時領揆に召用せらる仁祖甲戌に歿し謚を文忠と云ふ

○久　菴　集　二巻一冊　韓　百　謙著　印本

韓百謙の詩文集にして上卷には箕田遺制說、深衣說、四端七情說、東史纂要後跋、潮汐弁、接木說、勿移村久菴記下卷には題、跋、序、記、疏及行狀等を收む

○沙　溪　遺　稿　四巻六冊　金　長　生著　印本

金長生の遺稿にして肅宗十一年乙丑校書館に命し刊行せしめたるものなり載する所疏、啓辭、奏草、狀啓、書、辨、說、序、記、跋、祭文、詩、墓誌銘、行狀、筵席對問、語錄等にして別稿と題し近思錄釋義十四卷を收む

○一　松　集　九巻五冊　沈　喜　壽著　印本

沈喜壽の詩文集にして仁祖二十七年孫儒行の刊行したるものなり詩、書、劄、封事、議、祭文、墓誌等を載す一卷は補遺にして詩及雜著を收む

沈喜壽　字は伯懼、一松と號す青松の人なり明宗戊申に生る宣祖壬申に登第し選はれて湖堂に入り文衡を典り相國を拜し光海君壬戌に歿す廉謹吏に錄せられ謚を文貞と云ふ嘗て盧守愼海島に謫居する時鯨濤を冒し往いて學ふ後に館閣の領袖を以て稱せらる

○海　狂　集　二巻一冊　宋　齊　民著　印本

宋齊民の遺稿にして正祖七年後孫益中之を刊行す上卷は召募文、萬言疏及上李體察書下卷は附錄にして遺事、輓詩、祭文、墓誌銘、傳、墓表、祭文、行狀、記文等を收む

宋齊民　字は士役、海狂と號す洪州の人なり土亭李之菡に從學し宣祖壬辰萬言疏を呈し容れられす遂に世と絕ちて山中に入り壬寅の年に歿す

○林白湖集　四卷二冊　林悌著　印本

林悌の詩文集にして李恒福の選次したるものなり收むる所詩賦、箋、表、文、誌等にして光海君十四年從弟愭咸陽郡守たりし時之を刊行す

○西坰集　八卷三冊　柳根著　印本

柳根の詩文集にして外孫吳挺緯か憲宗三年壬寅忠清道觀察使たりし時刊行したる詩集四卷と外曾孫金震標か憲宗六年己巳三陟府使たりし時刊行したる文集四卷とを合成せり敎、表、箋文、雜著、序、記、跋、書、碑銘、行狀、疏劄等あり

柳根　字は晦夫、西坰と號す晉州の人なり明宗己酉に生る宣祖壬辰忠清監司より五道共馬副體察使を拜し尋て運餉檢察使を拜し明軍に糧百萬石を運送し特に勦勞を賞せられ扈聖功に策し晉原府院君に封せらる官文衡贊成に至り仁祖丁卯に歿す謚して文靖と云ふ

○勿巖集　五卷二冊　金隆著　印本

金隆の詩文集にして正祖元年五世の孫尙建の收輯刊行する所なり收むる所詩文各體及家禮、太極圖說、通書、小學、古文眞寶の講錄等あり附するに年譜及附錄を以てす

金隆　字は道盛、勿巖と號す咸昌の人なり明宗己酉に生る早歲嘯皐朴承任に從學し弱冠又李退溪の門に遊ひ尤も禮に深し壬辰の役列邑に檄し以て忠憤を激發す翌年參奉を拜したるも仕へす尋て甲午に歿す孝宗の時承旨を贈らる

○樂齋集　一〇卷四冊　徐思遠著　印本

徐思遠の詩文集にして收むる所詩、書、墓碣、碑文、祭文、祝文、雜著、年譜、附錄等なり門人等之を蒐集し憲宗癸卯後孫宅烈之を刊行す

徐思遠　字は行甫、樂齋と號す達城の人典敎洽の子なり明宗庚戌に生れ宣祖甲申敎官を授けられ官司禦に止まり光海君甲寅に歿す寒岡鄭逑の門下にして經學行義を以て著はる。

○鶴巖集　二卷一冊　朴廷璠著　印本

朴廷璠の遺稿にして九代の孫時源、造源等の蒐集したるものなり僅に詩、祭文等十一篇及附錄、補遺等を收む李太王七年庚午の刊行に係る

朴廷璠　字は君信、鶴巖と號す高靈の人樂文堂澤の子にして判官湓の後を繼く明宗庚戌に生れ宣祖の時行誼を以て薦められ禮賓主簿を拜す官郡守に止まる學問を以て一時の名賢碩儒と交遊し宣祖壬辰の功に因り仁祖丙子承旨を追贈せらる

○獨石集　一冊　黃赫著　印本

黃赫の詩文集にして附錄に賜祭文及墓碣銘を收む正祖十一年丁未後孫璿慶尙道觀察使たりし時刊行す

黃赫　字は晦之、獨石と號す芝川廷彧の子なり明宗辛亥に生れ宣祖の時文科に出身し官承旨に至る宣祖壬辰戰功あり光海君壬子誣ひられて獄に下り遂に死す仁祖の初左贊成を贈り長川君に封せらる

○荷谷集　四冊　許篈著　印本

許篈の遺稿にして朝天記上中下は明に使せし時の日錄なり

○靑陸集　六卷三冊　金德謙著　印本

金德謙の詩文集にして詩凡四百五十餘首外に記、說、論、傳、跋、帖、封事、箴、詞、賦、箋、文、啓、上樑文等三十三篇あり其の子尙收輯し仁祖二十五年丁亥慶州府尹たりし時刊行せり

金德謙　字は景益、靑陸と號す商山の人明宗壬子に生れ宣祖癸未に登科し丁酉重試を經て終に壽職を以て嘉善に陞り同中樞府事となり仁祖癸酉に歿す仕路振はさりしと雖其の弟醒翁德誠と俱に行義を以て聞え仁祖の初屢封事を採納せらる

○苔泉集　八卷二冊　閔仁伯著　印本

閔仁伯の詩文集にして後孫璣容の編輯に係る收むる所賦、詩、表、頌、疏、祭文、跋、碑銘、師友錄、討逆日記、頒敎文、龍蛇日錄、龍蛇追錄、朝天錄、邦禮同異、家史、擴言記聞、遊賞等なり附するに其の子垶の龍巖實記二卷を以てし李太王十一年甲戌之を刊行す

閔仁伯　字は伯春、苔泉と號す驪興の人副正思權の子なり明宗壬子に生れ宣祖癸酉進士に中り甲申文科に魁たり驪陽君に封せられ官知中樞府事に至り仁祖丙寅に歿す左贊成を贈られ謚を景靖と云ふ牛溪成渾の門下にして文學を以て盛名あり

閔垶　字は載萬、龍巖と號す苔泉仁伯の子なり仁祖丙子江都に入り丁丑全家十三人皆節に殉す一門忠烈古今に稀なりと云ふ正祖己酉戶曹判書を贈られ庚戌忠愍と謚す

○忘憂集　二卷一册　郭再祐著　印本

郭再祐の詩文集にして宣祖壬辰に於ける疏啓及王旨を往復したる關文、書牘等あり首に世系年譜及傳を載せり

郭再祐　字は季綏、忘憂堂と號す玄風の人にして監司越の子なり明宗壬子に生れ早く擧業を棄て仕宦を欲せす宣祖壬辰家財を散し鄕兵を募り自ら天降紅衣將軍と稱し挺身して各地に戰ひ後右兵使を授けらる嘗て朋黨の弊を論して靈巖に謫せられ光海君の時上疏し永昌大君の死を救はんとして得す遂に山中に入り方術を學ひ火食を絕ち其の九年丁巳に歿す後壬辰功臣の策勳に錄し正卿を贈られ謚して忠翼と云ふ

○晩翠逸稿　二卷一册　金盖國著　印本

金盖國の詩文集にして英祖五十年甲午五代の孫相玄之を收刊す載する所詩、祭文、日記、附錄等なり

金盖國　字は公濟、晩翠と號す延安の人なり明宗壬子に生る少時業を嘯皐朴承任に受く宣祖の時文科に登第し官郡守に止まる幼にして至孝の名あり宣祖壬辰義兵を募り承旨を追贈せらる

○健齋逸稿　二卷一册　朴遂一著　印本

朴遂一の遺稿にして肅宗四十六年宗孫思沃收拾刊行す載する所詩、書、祭文、雜著、附錄等なり

朴遂一　字は純伯、健齋と號す龍巖雲の孫なり明宗癸丑に生る早歲退溪李滉と經義を辨論す後宣祖壬辰敬菴盧景任と義を結ひ兵を募り參奉を授けられ丁酉に戰死す

○青溪集　五卷二册　梁大樸著　寫本

梁大樸の詩文集にして光海君十一年己未子慶遇の編する所なり律詩、絕句、古詩、書、文、記、論、金剛山紀行、頭流山紀行、附錄等を收む

梁大樸　字は士眞、青溪又松巖と號す南原の人にして葵軒巘の子なり明宗の時に生れ官學官に止まる宣祖壬辰首として義を倡へ遂に兵馬の間に死す然れとも外家微なるの故を以て追錄の典なし其の詩文は明人に贊揚せられ熊化序を作りて贊嘆を極む子慶遇亦文名あり

○玉峯詩集　三卷二册　白光勳著　印本

白光勳の詩集にして光海君二年辛亥其の子振南の編纂刊行せしものなり世人蓀谷李達、孤竹崔慶昌及玉峯の詩を以て三唐と稱す

白光勳　字は彰卿、玉峯と號す海美の人なり明宗の時に生る宣祖の時明使來るあり蘇齋盧守愼接伴たり最も詩を善くする者を選び之と倶にせんとし白光勳を上請す光勳白衣を以て製述官となり詩名此より重し又筆藝に工なり官參奉に止まり光海君の時に歿す

○悠然堂集　四卷二冊　金大賢著　印本

金大賢の詩文集にして收むる所詩、書、疏、論、序、記、跋、雜著、祭文、上樑文及附錄等なり

金大賢　字は希之、悠然堂と號す豐山の人潛庵義貞の孫なり明宗癸丑に生れ宣祖壬午進士に中り乙未薦を以て察訪を授けられ官縣監に止り壬寅に歿す後吏曹參判を贈らる文學行義を以て盛名あり子九人皆善く繼述す世人金氏九龍と稱す

○孤松遺稿　一冊　崔瓚著　印本

崔瓚の詩集にして後孫興翰、基正等か遺稿を蒐輯編次したるものなり哲宗癸亥七代の孫承翰九代の孫碩鉉等門中と謀りて之を刊行す

崔瓚　字は伯承、孤松と號す水原の人三洲希說の子なり明宗甲寅に生れ仁祖甲子に歿す光海君の時永昌大君の害に遭ふや哀大君歌を作りて之を傷み爲に久しく縲絏の中に在り仁祖改玉の後禮賓直長を授けられしも敎旨下るの前既に屬纊せり

○旅軒集　三卷一〇冊　張顯光著　印本

張顯光の詩文集にして原集十一卷には詞、賦、詩、疏、書、問答、雜著、序、記、跋、論、銘、文及行狀を收め續集十卷には詞、賦、詩、疏、書狀、祝祭文、誄文、上樑文、雜著、碑狀、附錄等を收む

○百拙齋遺稿　二卷二冊　韓應寅著　印本

韓應寅の遺稿にして肅宗二十八年曾孫聖佑湖南觀察使たりし時之を刊行す詩、疏、表の外附錄あり

韓應寅　字は春卿、百拙齋又柳村と號す淸州の人なり明宗甲寅に生る宣祖丁丑の文科に出て平難光國兩勳に策せられ淸平府院君に封せらる官右相に至り光海君甲寅に歿し忠靖と諡

せらる居常事に臨みて明敏の稱あり素と漢語を學ひしを以て明李如松の來るや漢陰李德馨と共に接伴使たり

○近始齋集　四卷二冊　金　垓著　印本

金垓の詩文集にして詩、書、雜著、表、箋、啓、遺事、墓誌、附錄等あり正祖七年癸卯後孫之を刊行す

金垓　字は達遠、號は近始齋、光州の人挹清亭富儀の子なり明宗乙卯に生れ宣祖丁亥薦を以て參奉を授けらる是歲司馬に中り己丑文科に登り翰苑に入る宣祖壬辰義を倡へ兵を募り癸巳軍中に歿す嶺南望士の稱あり

○白沙集　三〇卷一五冊　李恒福著　印本

李恒福の詩文集にして初め蒼谷李顯英、潛窩李命俊及錦南鄭忠信等の上刊せし江陵本及晉州本あり內容を一にせす英祖の時五代の孫梧川宗城兩本を合せ更に逸詩凡そ四十首文凡そ十五編を追收して全集と爲したるもの卽ち本書なり其の收むる所詩、劄、啓、儀、箴、銘、序、記、跋、雜著、墓文、行狀、遺事、祭文、書牘、朝天記聞、朝天日乘等にして附錄に年譜、家狀、神道碑銘、墓表、賜祭文、挽詞、畫像、贊、書院上樑文、其の他知友後人等の撰述記識等を收む

○五山集　八卷四冊　車天輅著　印本

車天輅の詩文集にして歿後久しく刊行せさりしか正祖之を惜み平安監司洪良浩に命して遺文を蒐集校讎せしめ箕營に於て印出せしむ附するに車氏世系圖、車氏三世文章錄及滄洲集を以てす原集には賦、詩、序、記、跋、書牘、雜著、疏章、碑銘、墓誌、祭文、敎書、告由文、啓、歌、謠、箋、表、上樑文、引、勸善文、露布等を收め三世文章錄には其の祖廣運の詩父軾の詩文、兄殷輅の詩を載せ滄洲集には弟雲輅の詩文を收む洪良浩の跋あり印行の始末を記せり

車天輅　字は復元、五山と號す延城の人頤齋軾の子なり明宗丙辰に生れ宣祖丁丑文科に登り光海君乙卯に歿す官奉常僉正に至る文章敏給にして當時の使介酬應竝に交隣の文字は多く其の手に出つと云ふ

○東川集　四卷二冊　李尙吉著　寫本

李尙吉の詩文集にして九代の孫斗和十代の孫愚晃等の編次したるものなり詩、疏、箚、書、論、表、賦、行狀、祭文、墓

誌、朝天日記、附錄等を收む

李尙吉　字は士祐、東川と號す星州の人敎官喜善の子なり明宗丙辰に生れ宣祖乙酉進士を以て文科に登る明の毛文龍椵島に駐兵したる時儐使と爲り仁祖甲子李适の亂に平安監司となり竝に功勞あり丙子の歲廟社を江華に移すに方り之に隨行し丁丑に殉節す官工曹判書に至り左議政謚忠肅を贈らる

○柳川遺稿　二卷一冊　韓浚謙著　印本

韓浚謙の遺稿なり其の著述は多く兵火に罹り仁祖十七年其の子會一林川郡守たりし時若干篇を餘燼中より收拾し以て刊行す收むる所雜著、祭文、碑、誌、墓、表、行狀及詩等なり附するに年譜を以てす

韓浚謙　字は益之、柳川と號す淸州の人なり世宗丁巳に生る仁祖の舅にして久庵百謙の弟なり光海君の時都元帥を拜し後に西平府院君に封せられ仁祖丁卯に歿す

○水北亭集　一冊　金興國著　印本

金興國の詩集にして後孫浩喆、秉度、載錬等の蒐輯したるものなり純祖三十二年壬辰の刊行に係る行狀及申象村の八景詩を附す

金興國　字は景仁、水北と號す順天の人平陽府院君承霔六代の孫なり明宗丁巳に生れ宣祖己丑文科に登り南床を歷て官副提學に止り仁祖癸亥に歿す文行を以て沙溪金長生、秋浦黃愼、象村申欽、藥峯徐渻と交游し仕へすして節義の名甚た高し

○於于集　六卷五冊　柳夢寅著　寫本

柳夢寅の遺集にして收むる所詩、序、記、敎書、不允批答、祭文、呈文、書、題、跋、碑陰記、墓碣銘、墓誌銘、墓表、傳、哀辭、雜著等なり

柳夢寅　字は應文、於于堂又艮菴と號す興陽の人にして忠寬の孫なり明宗己未に生れ宣祖癸丑登科し官吏曹參判に至る仁祖反正の後老寡婦の詩を作りて曰く七十老孀婦、端居守閨閫、傍人勸之嫁、有郞顏如槿、白首作春容、寧不愧脂粉と此を以て獄に投せられて死す兄弟父子叔姪倶に才名あり多く顯要に登りしか皆連坐し或は遠竄せられ或は死を賜はる

○楸灘稿　三卷二冊　吳允謙著　印本

吳允謙の詩文集にして孫道一の編刊したるものなり絕、律、

古詩、疏、劄、啓辭、議、呈文、書、祭文、策等を收め附錄に墓碣銘、年譜、祭文、賜祭文、不允批答等を載せり

吳允謙　字は汝益、楸灘と號す海州の人にして監役希文の子なり晩に廣州の先塋下に居り因て又土塘と號せり明宗己未に生れ既に冠して牛溪成渾に學ひ科擧を以て意と爲さす宣祖壬午司馬試に中り尋いて丁酉別試に登り光海君癸丑廢母に際し力爭して屈せす丁巳通信使を以て日本に入り仁祖の初年官領議政に至り後耆社に入り丙子に歿す謚して忠貞と云ふ

○龍溪遺稿　四卷二冊　金止男著　印本

金止男の詩集にして外孫李觀夏遺篇を收拾し肅宗二十三年外曾孫李善溥の印刊したるものなり

金止男　字は子定、龍溪と號す光州の人にして縣監彪の子世愚の孫なり明宗己未に生れ宣祖辛卯登科し正言を以て經筵に侍し名諫官の稱あり官監司に至り仁祖辛未に歿す

○橘屋集　三卷三冊　尹光啓著　印本

尹光啓の詩文集なり肅宗二年丙辰曾孫承厚か文谷金壽恒に刪定を請ひ純祖二十九年己丑後孫正殷之を刊行す收むる所詩、記、疏、書、序、說、傳、誌、銘、哀辭、祭文、雜著等にして逸稿を後に附す

尹光啓　字は景說、橘屋と號す海南の人拙齋行の孫なり明宗己未に生れ宣祖己丑司馬を以て文科に登り官正郞に止まり光海君の時に歿す

○石溪集　四卷二冊　閔昱著　印本

閔昱の遺稿にして八代の孫致鍾の蒐輯したるものなり收むる所詩、疏、雜文、銘、贊、序、記、祭文、日記、附錄等なり李太王辛未に刊行す

閔昱　字は晦叟、石溪と號す驪興の人文兵使安迪の玄孫なり明宗己未に生れ仁祖乙丑に歿す重峰趙憲及沙溪金長生の門に從遊し學問深淵又直聲を以て稱せらる

○知退堂集　十五卷六冊　李廷馨著　寫本

李廷馨の詩文集にして玄孫縉基の蒐輯したるものなり詩、朝天錄、疏、劄、墓碣、勝捷碑文、永慕錄、祭文、書牘、殿策、雜著、壽春雜記、東閣雜記、黃兎記事及世譜、年譜、附錄等を收む

李廷馨　字は德薫、知退堂と號す慶州の人社稷令宕の子なり明宗己酉に生れ丁卯進士、生員に中り宣祖戊辰文科に登り副提學を歴て官吏曹參判に至り丁未に歿す

○逸翁集　二卷一冊　崔希亮著　印本

崔希亮の詩文集にして五代の孫翊東の編輯に係り收むる所詩及雜著若干篇なり憲宗十二年丙午五代の孫齊東及從姪光億、族孫麟國等相謀りて之を刊行す

崔希亮　字は景明、逸翁と號す水原の人濟用監正樂窮の子なり明宗庚申に生れ宣祖甲午武科に登り宣傳官を歴て官縣監階嘉善に止まり孝宗辛卯に歿す武人にして詩名あり壬辰李舜臣の幕下に屬し戰功多く英祖甲午兵曹判書を贈らる

○蒼石集　一八卷一〇冊　李埈著　印本

李埈の詩文集にして收むる所詩、敎書、揭帖、疏、劄、啓辭、呈文、書、雜著、序、記、跋、表、箋、啓、箴、銘、上樑文、祝文、祭文、碑碣、墓誌、行狀等なり

○漢陰文稿　一三卷六冊　李德馨著　印本

李德馨の詩文集にして孫象鼎之を編刊す收むる所詩、表、敎書、疏、劄、啓辭、狀、議、呈文、書、雜著、祭文、墓誌銘等なり顯宗十四年戊申の印行に係る

李德馨　字は明甫、漢陰又雙松と號す廣州の人にして民望の子領議政克均五代の孫なり明宗辛酉に生れ十一歳辭を吐きて人を驚かしむ宣祖庚辰登科し湖堂に入り辛卯三十一歳にして大提學を拜す壬辰の歳東西に馳驅して功あり尋て右議政を拜し又左相に陞す時に年三十八なり壬寅領議政となり癸卯策勳に方り辭して許されず光海君の時正を守りて變せず竟に其の鄕廣州の龍津に退歸し癸丑に歿す年五十三文翼と諡す

○仙源遺稿　二卷二冊　金尙容著　印本

金尙容の遺稿を集めたるものにして子光燦、光炫等の印出したるものなり收むる所五絕、長律、古詩、雜著、墓銘、祭文、議、疏、劄、記等にして寛懷錄の序あり光海君十四年壬戌の作にして交遊相識六十餘人の姓名を載せり

○梧峰文鈔　一冊　申之悌著　寫本

申之悌の文にして劄子一篇、書一篇なり

申之悌　字は順甫、梧峯と號す鵝洲の人にして明宗壬戌に生れ宣祖戊子文科に登り仁祖甲子に歿す官承旨に至る

○醒翁遺稿　四卷二冊　金德諴著　印本

金德諴の詩文集にして肅宗三十二年丙戌孫演の收拾印出したるものなり原集を第一、二卷と爲し詩、賦、儷文、雜著、疏劄、啓辭等を收め別集を第三、四卷と爲し筵中奏事、醒翁年譜、行狀、神道碑銘、墓誌銘、墓表陰記、賜祭、諡狀、祭文、挽詞等を收む

金德諴　字は景和、醒翁と號す青陸德謙の弟にして其の先は商山の人なり明宗壬戌に生れ宣祖戊子進士となり翌年己丑拔かれて成均館に入る光海君丁巳廢母の事に關し李恒福、鄭弘翼等と齊しく直言して明川に流され尋て極北の穩城に又極南の南海島に移配せらる仁祖初年放還せられ執義となり尋て大司成に陞り副提學、吏曹參議を歷て大司憲に至り丙子に歿す年七十五清白吏に選錄せられ諡して忠貞と云ふ

○體素集　三卷三冊　李春英著　印本

李春英の詩文集にして仁祖二十五年丁亥子時材、時楷等之を編刊す載する所詩、賦、記、書、序等にして補遺あり詩を收む

李春英　字は實之、體素齋と號す全州の人にして宗室の出なり明宗癸亥に生る宣祖庚寅に登科し官僉正に止まり丙午に歿す人と爲り疎豪放逸にして詩詞も亦激烈慷慨の語多し故を以て時人に擯斥せられ振展することを得さりしと云ふ

○五峯集　一六卷八冊　李好閔著　印本

李好閔の歿後三年子景嚴及姪景義か遺文を收拾印出したるものにして第一卷以下六卷に五七絕、五七律、古詩等第七卷以下に賦、表、疏、論、策文、序、記、跋、說、贊、銘、書、疏、劄、敎書、啓、議、奏、咨、揭、呈文、碑、誌、碣銘、祭文等を收め附錄に諡狀及墓誌銘を載せり

李好閔　字は孝彥、五峯又睡窩と號す延安の人なり明宗癸丑に生れ宣祖己卯進士壯元たり癸未殿試に赴き翌甲申擧けられて成均館に入り尋て注書を拜す壬辰の歲宣祖義州に在るの時禮曹判書を以て經幄に參し絲綸を代草す奏請、訓諭、檄其の他諸軍門往復書の如き大抵皆其の手に成らさるはなし後扈聖功に策せられ延陵府院君に封せらる壬寅兩館大提學となり尋て致仕し仁祖甲戌に病歿す諡して文僖と云ふ

〇愚伏集　三三卷一六冊　鄭經世著　印本

鄭經世の詩文集にして初め孝宗八年丁酉上刊し憲宗六年甲辰重刊し光武三年後孫夏默更に別集を追刊す原集二十卷には辭詩、奏文、教書、咨帖、疏、劄、議、啓辭、呈文、書、雜著、序、記、疏、表、箋、啓、檄、上樑文、祝祭文、墓文、誌狀等を收め別集十二卷には詩、教書、咨帖、疏、劄、辭、狀、啓辭、書、序、論、思問錄、養生篇、經筵日記等を收め第四卷以下を附錄と爲し年譜、言行錄、墓誌銘、神道碑銘、墓表、行狀、諡狀、賜祭文、挽詞、奉安文、常享祝文等を載す

鄭經世　字は景仁、愚伏堂と號す晉州の人なり明宗十八年癸亥に生れ早く西厓柳成龍に就て學ひ宣祖十五年壬午進士となり其の十九年丙戌登科し湖堂に入る光海君の時陳疏して旨に忤ひ禍將に身に及はんとして李恒福の進言に依り解職に止まりて事なきを得たり仁祖初年大提學を拜し其の十一年癸酉に歿す謚して文肅と云ふ後文莊と改む

〇水色集　八卷四冊　許穡著　印本

許穡の詩文集にして詩、賦、記、祭文、疏、劄、挽詞等を收む孝宗九年の刊行に係る眉叟許穆の跋あり

許穡　字は子賀、水色又尙古齋と號す陽川の人埜堂錦七世の孫なり明宗癸亥に生れ宣祖丁酉登科す柳孝立の隱謀を告發せるを以て寧社功臣に策し陽陵君に封せられ官判尹に至る仁祖庚辰に歿す最も詩に工にして當時宗匠の稱ある東岳李安訥石洲權韠等も猶ほ且之を名家としたり

〇芝峯集　三四卷一〇冊　李晬光著　印本

李晬光の全集にして仁祖十一年癸酉子聖求、敏求等の編次上梓したるものなり載する所衆體詩及安南唱和錄 琉球贈答錄、朝天錄、東槎錄、鶴城錄、洪陽錄、皇華集次韻、禁中錄、續朝天錄、新恩唱和錄、昇平錄、別錄、雜著、采薪雜錄、讀書錄解、題辭、秉燭雜記、警語雜篇、剩說餘論等なり又附錄三卷あり

〇鳳村集　五卷　朴東說著　印本

朴東說の詩文集にして從孫朴世采の蒐輯したるものなり收むる所詩、教書、呈文、啓辭、啓、疏、書、跋、祭文、行狀、雜文等にして肅宗丁巳に刊行す附錄鳳洲稿は弟朴東亮の詩文

集なり

朴東說　字は說之、南郭又鳳村と號す潘南の人拙軒應福の子なり明宗甲子に生れ宣祖甲午進士を以て文科に魁たり官大司成に止まり光海君壬戌に歿す

朴東亮　字は子龍、寄齋、鳳洲、梧窓等の號あり潘南の人拙軒應福の子なり宣祖己巳に生れ己丑生員に中り庚寅文科に登り史局に選せられ扈聖の功を錄し錦溪君に封せられ官戶曹判書に至り仁祖乙亥に歿す謚を忠翼と云ふ

○月沙集　六十三卷二十三冊　李廷龜著　印本

李廷龜の詩文集にして門人崔有海編刊し肅宗十四年戊辰孫㴒相、從姪喜朝等重刊す收むる所詩、講語、辨誣錄、奏、呈文、咨、啓、揭帖、啓事、講義、啓辭、議、疏、劄、雜著、簡帖、書牘、記、序、跋、上樑文、碑銘、墓碣、墓誌、墓表、碑陰記、行狀、謚狀、祭文、哀辭、表、箋、冊文、敎命文、敎書、樂章、敎謠、書契、露布、朝天紀事、附錄等なり

○農圃集　六卷四冊　鄭文孚著　印本

鄭文孚の詩文集にして閔鼎重及李端夏の蒐輯したるものなり收むる所詩、賦、箋文、儷文、狀啓、附錄等なり詩は北路の風光を錄し文は當時の狀勢を窺ふに足るもの多し玄孫之を刊行し李太王二十七年庚寅九代の孫奭教重刊す

鄭文孚　字は子虛、農圃と號す海州の人にして府使愼の子彦慤の孫なり明宗乙丑に生れ戊子に登科し辛卯出てて北評事となり鏡城に在り宣祖壬辰儒生李鵬壽、崔配天等と兵を起して吉州に戰ひ功あり因て吉州牧使に陞る仁祖甲子將に重用せられんとし其の詩句を訐き獄案を爲し捕へられて鞫梏に死す後北人等寃を雪き祠を鏡城に立て彰烈の號を賜ひ謚して忠毅と云ふ

○象村集　六十三卷二十冊　申欽著　印本

申欽の詩文集にして收むる所辭、賦、風體、樂府、古今體詩、序、記、墓誌、墓表、碑碣、碑銘、行狀、哀辭、祭文、雜著、疏、劄、啓、說、書牘、題跋、應製錄、內集雜著、外集棄言、山中獨言、求正錄、先天窺管、志、詔使姓名記、晴窓軟談、附錄等なり子翊聖の編輯する所にして原集、後集、續集に分ち原集は直に上刊し尋て後集續集を出せしも未た以て遍く傳ふるに足らす仁祖十四年丙子從弟翊亮と謀り更に刪定を加へ

泰仁縣監たりし時湖南の詩山に於て鋟梓す

申欽　字は敬叔、象村と號す平山の人にして玦の孫なり明宗丙寅に生る幼にして聰慧人に絕し經傳子史既に遍覽して象緯、律曆、算數、醫卜の書亦悉く涉獵せさるなし宣祖乙酉進士となり翌丙戌登科し頗る推重せられしも光海君の時志を得す春川の昭陽江上に退居す仁祖癸亥吏曹判書を以て召され尋て文衡を典り相府に入り戊辰に病歿す謚して文貞と云ひ仁祖廟庭に配食す學行純醇能文を以て知られ月沙李廷龜、谿谷張維、澤堂李植と竝に文章四家と稱せらる

○聞灘集　四巻二冊　孫　遴著　印本

孫遴の詩文集にして後孫廷煥の編次したるものなり收むる所詩、書、記、祭文、年譜、附錄等なり

孫遴　字は季進、聞灘と號す一直の人副尉德雲の子なり明宗丙寅に生れ丙午文科に登り官禮曹正郎に至り仁祖戊辰に歿す寒岡鄭逑の門下にして强直を以て著はる

○遯峰集　三巻二冊　金　寧著　印本

金寧の詩文集にして後孫等の蒐輯したるものなり收むる所詩賦、疏、書、奉安文、祝文、祭文、銘、墓碣、年譜、附錄等なり純祖九年己巳に刊行す

金寧　字は汝和、遯峰と號す善山の人習該崇烈の子なり明宗丁卯に生れ光海君庚戌進士に中り壬子文科に登り官副護軍に止まり孝宗庚寅に歿す寒岡鄭逑及旅軒張顯光の門に遊ひ經學あり光海君の時權奸の勢焰を顧みす再ひ上疏して事を論す

○睡隱集　六巻四冊　姜　沆著　印本

姜沆の詩文集にして孝宗九年尹舜擧收輯せり詩、賦、箋、啓、上樑文、祭文、銘、疏、文、序、記、書、雜著、行狀、墓誌、墓碣等を四巻とし看羊錄一巻附錄及別集一巻あり看羊錄は宣祖壬辰日本に拘留せられし時の日記にして別集は課製文なり

姜沆　字は大初、睡隱と號す晋州の人にして希孟五世の孫なり明宗丁卯に生れ宣祖癸巳に登科し官佐郎に至る丁酉父と俱に李舜臣の營に赴かんと欲し二船を艤して到るや適ま風伯の襲ふ所となり船相失し遂に拿へられて日本に至り大阪を歷て伏見城に送られ居ること四年輿地官號及强弱の勢を錄し密に之を宮廷に致せり宣祖見て嘉賞すと雖終に大に用ひられす光海君戊午に歿す

○竹窓集　一〇卷二冊　姜　溍著　印本

姜溍の詩文集にして子栢年の蒐輯したるものなり詩、賦、序、記、說、敎書、祭文等を收め附錄として神道碑銘、墓誌銘等を載す孝宗五年甲午の上刊に係る

姜溍　字は師古、竹窓と號す晋州の人雲祥の子なり明宗丙寅に生れ宣祖乙酉進士に中り丙申文科に登り翰苑に入り光海君の時仕へすして官僉知中樞府事に止まり孝宗庚寅に歿す子雪峰栢年文名あり

○市隱集　二卷一冊　韓舜繼著　印本

卷の一は詩各體及記一篇を載せ卷の二は附錄として各人の撰に係る遺事、狀、碣及褒贈祠享に關する顚末を收む趙有善之を編輯し英祖二十五年癸巳印行す

韓舜繼　字は仁淑、交河の系なり花潭徐敬德に學ふ栗谷李珥、牛溪成渾等常に來り見る當時の人士亦其の篤行を慕ひ市隱と號せり宣祖の時年五十九にして歿す英祖己未行誼を以て持平を贈り鄕賢祠に享す

○蓀谷集　六卷一冊　李　達著　印本

李達の詩集にして光海君十年許顒之を編輯し肅宗十九年に印出す

李達　字は益之、蓀谷と號す洪州の人なり雙梅堂詹の庶裔にして宣祖の時の人なり家世世寒微にして終に官に就かす然れとも詩名一世に振ひ孤竹崔慶昌、玉峰白光勳と友とし善し時人之を呼ふに三唐を以てす其の詩數篇明の尙書牧齋錢謙益の撰中に收むるものあり

○蘭雪軒集　一冊　許　氏著　寫本

金誠立の妻許氏の詩集にして弟筠之を裒輯したるものなり收むるに詩各體を以てし終に廣寒殿白玉樓上樑文を附す卷首の序は明使翰林梁有年の撰に係る

許氏　は蘭雪軒と號し宣祖の時の人草堂許曄の女にして岳麓篈、荷谷篈、蛟山筠と兄弟たり倶に詩を以て名あり而も許氏女流を以て之か冠たり出てて西亭金誠立に嫁せしも早折せり

○慕夏堂集　三卷一冊　金忠善著　印本

金忠善の遺稿にして憲宗八年壬寅編刊し李王隆熙二年戊申更に之を重刊せり第一卷に疏、狀、書、記、雜著第二卷に年譜第三卷附錄に諸家寄稿の詩及書並に行錄、行狀、墓誌、碣、傳其の他祭文等を載す

金忠善　字は善之、慕夏堂と號す大邱の三聖山下友鹿村に住し李适の變に出てて功あり仁祖丙子清軍京城に入るや勇氣老ひて衰へす晝夜兼行して京に上る時に王既に南漢城に遷り乃ち雙嶺に至り大に戰ひ殺傷無數南漢に達する時和議已に決せり是に於て大に哭して曰く豈に禮義の邦を以て膝を醜酋に屈すへけんやと劍を投して友鹿村に歸り堂に扁して慕夏と云ひ其の壬午に歿す

○石樓遺稿　四卷四冊　李慶全著　印本

李慶全の遺稿を集めたるものにして收むる所律詩、絕句、疏、祭文、記、跋、說、銘、歌、謠、敎書、上樑文、序等なり

李慶全　字は仲集、石樓と號す韓山の人にして鵞溪山海の子なり宣祖庚寅文科に出身し選はれて湖堂に入り官判中樞に至り韓平君に封せらる

○霽湖集　三卷二冊　梁慶遇著　印本

梁慶遇の遺稿にして仁祖二十五年丁亥孫熹の編刊せしものなり原集十一卷續集二卷にして詩、詩話、雜著、紀行、誌銘等を收め子進士振翮の伊村集を尾附せり

梁慶遇　字は子漸、霽湖又は點易齋と號す南原の人なり梁大樸の子にして宣祖丁酉文科に登り丙辰重試に中り官奉常僉正に止る

○浣亭集　八卷四冊　李彥英著　印本

李彥英の詩文集にして詩、書、疏、呈辭、啓、狀啓、雜著、說、論、殿策、祭文、墓誌、墓碣、狀錄、遺事、年譜、附錄等を收む

李彥英　字は君顯、浣亭は其の號にして碧珍の人佐郞鄧林の子なり宣祖戊辰に生れ辛卯司馬に中り癸卯文科壯元に登り仁祖己卯に歿す官判決事に至る

○石潭集　六卷四冊　李潤雨著　印本

李潤雨の詩文集にして詩、書、劄、啓、辭、箋文、呈文、銘、序、記、跋、祭文、碣、墓誌、行錄、雜著等を收め附錄として實記、年譜、家狀、輓章等を載せり

李潤雨　字は茂伯、號は石潭廣州の人遁村集の後なり宣祖己巳に生れ辛卯進士に中り丙午文科に登り翰林に歷任し靖社原從功に錄し官參議に至り仁祖甲戌に歿す丙戌吏曹參判を追贈せらる寒岡鄭逑に從遊して文學行義當世に推重せられたり

○南坡相國集　六卷三冊　沈　悅著　印本

沈悅の詩文集にして顯宗六年乙巳趙遠期、任義伯等之を編刊す主として疏、劄を收め第一卷に詩若干を載す

沈悅　字は學而、南坡と號す青松の人なり四養堂忠謙の子にして出て府使禮謙の後を繼けり宣祖己巳に生れ癸巳登科し史局に入り三司を歷て仁祖の初年戶曹判書となり尋て右相を拜し領議政に至り耆社に入る丙戌に歿す謚して忠謙と云ふ

○石　洲　集　三卷五冊　權　韠著　印本

權韠の詩文集にして仁祖十年癸酉參判洪霙公州に尹たりし時上刊せしものなり初め原集八卷外集一卷ありしか顯宗甲寅其の友李東稷全羅觀察使たる時別集二卷外集一卷を編し又子侃の松庵遺稿を附す

權韠　字は汝章、石洲と號す習齋擘の子にして宣祖己巳に生る壬辰行在に上書して李山海竝に柳成龍を斬らんことを請ふ敎官を拜して仕へす光海君の時妃兄柳希奮か事を用ひ任疏庵を削科せるを傷み詩を以て之を諷し獄禍を被り壬午に歿す

○敬　菴　集　七卷三冊　盧景任著　印本

盧景任の詩文集にして正祖八年後孫澺之を編刊す收むる所詩、辭、書、雜著、序、記、說、辨、識、遺事、祭文等なり附錄に行狀、墓誌銘、祭文、詞等を收め續集に詩、書、雜著、遺事、祭文、墓誌等を載す

盧景任　字は弘仲、敬庵と號す旅軒張顯光の甥なり宣祖己巳に生る早歲旅軒に學ひ西厓柳成龍の姪女を娶る宣祖辛卯文科に登り翌年壬辰義を唱へ旅を募り南方の鎭たり官校理に止まる又扈從の勞を以て承旨を贈らる

○惺所覆瓿稿　四卷二冊　許　筠著　寫本

許筠の詩文集にして光海君三年自ら編次せしものなり第一卷

より二十二卷に賦、詩、記、傳、書、論、説、辨、雜文、跋、箴、銘、頌、贊、誄、哀辭、祭文、行狀、碑、表、誌、紀行、尺牘等を收め外に惺翁識小錄及閑情錄十七卷あり序、跋、目錄を合せて四十二卷なり、閑情錄は隱遁、高逸、閑適、退休、游興、雅致、崇儉、任誕、曠懷、幽事、名訣、靜業、玄賞、清供、攝生、治農の十六門に分ち別に詩、賦、雜文及瓶花史觴、書畵金湯等を附せり

許筠　字は端甫、蛟山と號す陽川の人なり宣祖己丑生員に中り甲午文科に登り官判官に至る詩文を善くし名國中に轟し常に無據の言を幻作して朝野をして顚倒せしむ晩年李爾瞻の手足となり力を光海君廢母の事に盡し戊午誅せらる

○龜村遺稿　二冊　李　溟著　寫本

李溟の遺集にして收むる所詩若干篇、上疏、附錄等なり

李溟　字は子淵、龜村又已百堂と號す全州の人吏郎廷賓の子なり宣祖庚午に生れ辛卯進士に中り丙午文科に第し官戶曹判書に至り仁祖戊子に歿す

○敬亭集　三卷四冊　李民宬著　印本

李民宬の詩文集にして詩、記、賦、序、啓、辭、論、題、跋、表、祭文、襍著、上樑文、銘等を收む論に東海無潮汐論、守道不如守官論、孟子不尊周論、階伯論等あり顯宗五年甲辰子廷機之を刊出す

李民宬　字は寬甫、敬亭と號す永川の人にして鶴洞光俊の子なり詩文に長し曾て使を奉して燕京に入り文墨の名を馳す宣祖丁酉登科し湖堂に入り宣祖、仁祖兩代に歷事して官承旨に止まる

○淸陰集　四〇卷一四冊　金尙憲著　印本

金尙憲の詩文集にして詩、表、箋、敎書、冊文、哀辭、祭文、銘、贊、頌、國書、疏、劄、啓、議、碑碣、誌狀、記、序、題、跋、書牘、雜著等を收輯す

○北渚集　九卷三冊　金　瑬著　印本

金瑬の詩文集にして孝宗九年孫震標か淸州に宰たる時編刊せしものなり詩、祭文、疏、劄、碑銘、雜著等を收め別集として箋、敎書、樂章、議、啓辭數編を載す

金瑬　字は冠玉、北渚と號す順天の人にして坡妻汝岉の子

なり宣祖辛未に生れ丙申登科し光海君の時私親追崇の議に赴かす仁祖癸亥默齋李貴、谿谷張維等と義を擧け反正に依りて靖社功臣一等勳に錄せられ昇平府院君に封せらる官右相を拜し尋て領議政に至り後文衡を典り耆社に入り戊子に歿す謚して文忠と云ひ仁祖廟庭に配食す

○九畹集　四卷二冊　李春元著　印本

李春元の詩集にして雜著、附錄及補遺あり

李春元　字は元吉、九畹と號す咸平の人にして縣監允宇の孫なり初名を信元、字を玄之と云ふ宣祖辛未に生れ庚寅進士となり丙申登科し光海君に歷事し直節を以て著はれしか官監司に至りて罷められ仁祖甲戌に歿す

○松竹堂集　四卷二冊　鄭文翼著　印本

鄭文翼の詩文集にして後孫基永の蒐輯せしものなり收むる所詩、策、疏、啓、書、文、附錄等にして首に系譜年譜を載す李太王光武二年戊戌之を刊行す

鄭文翼　字は衞道、松竹堂と號す草溪の人吏判應鐸の子なり宣祖辛未に生れ丙午進士に中り光海君辛亥文科に登り湖堂に選はれ仁祖甲子李适の亂に戰功あり振武原從勳一等に策し官吏曹叅判に至り癸卯に歿す

○東岳集　三〇卷一三冊　李安訥著　印本

李安訥の詩文集にして載する所北塞錄、遠征錄、朝天錄、東槎錄、湖西錄、端州錄、洪陽錄、萊山錄、潭州錄、錦溪錄、月城錄、江都錄、關西後錄、關西續錄、東遷錄、江都後錄、咸營錄、朝天後錄、湖營錄、拾遺錄、集字體其の他賦鈔、雜著鈔等なり又續集別錄及附錄あり仁祖十八年庚辰姪㮊全州判官たりし時之を刊行す

李安訥　字は子敏、東岳と號す德水の人にして容齋荇の曾孫なり宣祖辛未に生る幼時神童を以て稱せられ宣祖己亥登科し官兩館提學禮曹判書に至る適ま仁祖甲子李适の獄に坐し慶源に配せられ居ること二年にして洪州に移配せられ其の五年宥されて還る壬申使して燕京に入り還りて正憲に陞り丁丑に歿す謚して文惠と云ふ詩を以て當時に知らる

○潛窩遺稿　四卷二冊　李命俊著　印本

李命俊の詩文集にして子顯基等の蒐輯したるものなり收むる

所年譜、詩、疏、箋、書、祭文、策、序、雜著等にして附錄あり

李命俊　字は昌期、潛窩と號す全義の人淸江濟臣の子なり宣祖壬申に生れ辛丑進士に中り癸未文科に魁たり官刑曹叅判に止まり仁祖庚午に歿す

○鶴湖集　四卷二冊　金奉祖著　印本

金奉祖の詩文集にして收むる所詩、疏、賦、啓、箋、書、記、祭文、殿策、祝文、宗訓、行狀、附錄等なり、首に世系及年譜を載す

金奉祖　字は孝伯、鶴湖と號す豐山の人悠然堂大監の子なり宣祖壬辰に生れ辛丑進士に中り光海君癸丑文科に登り官持平に止まり仁祖庚午に歿す

○鶴谷集　八卷四冊　洪瑞鳳著　印本

洪瑞鳳の詩文集にして詩、疏、劄、啓、議、碑碣、誌、祭文、應製文、科表等を收む又附錄上下二卷あり子命一の葆翁遺稿を附せり

洪瑞鳳　字は輝世、鶴谷と號す南陽の人にして栗亭天民の子なり宣祖壬申に生れ庚寅進士甲午文科戊申重試に中り湖堂に入る仁祖癸亥靖社功三等竝に寧社功二等の兩勳に錄し益寧府院君に封せられ又大提學を拜す丙子右議政となり尋て領議政に至り耆社に入り乙酉に歿す謚して文靖と云ふ

○菊潭集　二冊　朴壽春著　印本

朴壽春の遺稿にして第一冊は三卷に分ち其の一卷には詩、賦、疏、檄、序、箴、銘等を收め二卷には文と雜著三卷には附錄として諸人の讃詠を載す而して第二冊は世系圖、追先錄と諸人の遺墨を編し附錄には神道碑銘を載せり英祖元年乙巳後孫履周の刊行する所なり

朴壽春　字は景老、菊潭と號す密陽の人無盡齋愼の子なり宣祖壬申に生れ孝宗壬辰に歿す文行あり戶曹叅議を贈らる

○海峯集　三卷三冊　洪命元著　印本

洪命元の詩文集にして詩各體及書牘、呈文、議、記、祭文等を收む仁祖丙子の胡亂に際し數度明に使し外患の切迫を陳へ救援を採ひたる呈文七八篇あり

洪命元　字は樂天、海峯と號す南陽の人なり宣祖癸酉に生

れ丁酉に登科し官京畿監司に至る石壁春卿の曾孫にして家世世文學を崇尙し弟無適堂命亨と共に名聲あり仁祖癸亥に歿す

○潜冶集　一〇卷五冊　朴知誠著　印本

朴知誠の詩文集にして英祖四十二年元景淳全羅觀察使たりし時刊行す載する所疏、書、祭文、雜著、墓碣、禮、辨、劄錄、附錄等なり

朴知誠　字は仁之、潜冶と號す咸陽の人にして逍遙堂世茂の孫なり宣祖癸酉に生る幼より至孝長して學問に篤く山林に隱棲して承旨の徵に就かす仁祖乙亥に歿す文穆と諡し牙山書院に配享せらる

○隱峰全書　三六卷一五冊　安邦俊著　印本

安邦俊の全集にして收むる所詩、疏、書、墓文、行狀、遺事、記事、祭文、序、記、跋、銘、箴、雜著、遺蹟、編錄及附錄等なり李太王元年甲子刊行す

○愼獨齋遺稿　一五卷五冊　金集著　印本

金集の遺稿を集めたるものにして原集に詩、疏、經筵奏辭、書及沙溪、月塘、臨汀等の行狀、附錄に賜祭文、孝宗廟庭配享敎書、諡狀、神道碑銘、墓誌銘、墓表、遺事等を收む

○茶山集　二卷二冊　睦大欽著　印本

睦大欽の詩集にして肅宗十一年猶子存善の編刊したるものなり

睦大欽　字は湯卿、茶山又竹塢と號す泗川の人參判詹の子にして梅溪叙欽及孤石長欽の弟なり宣祖乙亥に生れ乙巳登科し仁祖に事へて官承旨に至り戊寅に歿す詩を以て名あり

○湖洲集　七卷三冊　蔡裕後著　印本

蔡裕後の詩文集にして肅宗三十一年乙酉從孫胤之を刊行す

蔡裕後　字は伯昌、湖洲と號す平康の人なり宣祖乙亥に生る仁祖癸亥生員を以て文科に登り官吏曹判書に至り文衡を典り顯宗甲子に歿す諡して文惠と云ふ

○簡齋集　一冊　邊中一著　印本

邊中一の詩文集なり後孫道新正基等之を收輯し哲宗十一年庚申之を刊行す收むる所詩、書、記、祭文、附錄等なり

邊中一　字は可純、簡齋と號す原州の人東湖永清の孫なり宣祖乙亥に生れ顯宗庚子に歿す薦を以て參奉を授けられしも仕へす肅宗丙寅按廉使其の忠孝實蹟を以て聞し閭に旌す

○晩雲遺稿　二冊　鄭忠信著　寫本

鄭忠信の遺稿にして世系、年譜、日記、事蹟及贊揚の文字を收載す

○歸休堂集　三巻一冊　李培元著　印本

李培元の詩文集にして一、二巻は詩文三巻は附錄なり後孫慶一等之を編定し哲宗二年辛亥後孫敦興等之を刊行す載する所詩、記、說、墓誌等にして附錄は遺事、行狀、致祭文、序、記、詩、別錄等なり

李培元　字は養伯、歸休堂と號す咸平の人咸川君良の玄孫なり宣祖乙亥に生れ辛丑司馬に中り壬子文科に登り官參議に至り仁祖癸巳に歿す左議政を贈らる

○竹陰集　一六巻六冊　趙希逸著　印本

趙希逸の詩文集にして孫景望之を編刊し肅宗十一年曾孫正萬更に重刊す收むる所賦、辭、詩、應製文、上樑文、啓、表、箋、剳、策、祭文、記、序、跋、雜著、墓碣、墓誌、行狀等にして附錄に神道碑銘、祭文等を載す宋時烈、金壽恒、李敏敍等の序あり

趙希逸　字は怡叔、竹陰と號す林川の人にして雲江瑗の子なり宣祖乙亥に生れ辛丑進士壯元に捷ち翌壬寅登科し尋て復た戊申重試に中る官禮曹參判に至り戊寅病に歿す少時家庭に學ひ長して淸陰金尙憲、守夢鄭曄等の推許する所となり時望籍甚たりしも官途振はすして終る詩文の外經史質疑の著あり

○震峰集　二巻一冊　權宏著　印本

權宏の遺稿にして純祖三十二年壬辰六代の孫勳の蒐輯刊行したるものなり

權宏　字は仁甫、震峰と號す安東の人忍齋大器の子なり宣祖乙亥に生れ仁祖丁卯行儀を以て薦められ尙方別座を授かる仁祖丙子の江都に扈駕し戊辰昭武寧社兩勳に原從を以て錄せられ官副率に至り南漢下城の後復た仕へす孝宗壬辰に歿す

○疎菴集　八巻三冊　任叔英著　印本

任叔英の詩文集にして原集拾遺及附錄あり原集には詩、賦、序、制箋、啓書、碑銘、墓誌、上樑文、疏等拾遺には五七絕、五七律詩、記、序等附錄には應酬の詩及祭文等を收む

任叔英　字は茂叔、疏菴と號す豐川の人にして竹里說の曾孫なり宣祖丙子に生れ辛丑擧に赴き進士に中りしも科擧を以て意と爲さす光海君辛亥別試對策に宮閫の弊を指陳すること數千言考官沈喜壽之を奇とし擢して甲科第一と爲すや同列聽かす之を丙科の末に置く光海君亦試官を峻責し且叔英の名を削るへきを命す領相李德馨等切諫纔に其の名を復することを得たり壬子承文院に入りしか癸丑廢母の議に赴かす仍て職を罷められ家居すること十年仁祖癸亥反正の時未た擢用を得すして歿す官脩撰に止まる

○化　堂　集　五卷三冊　申敏一著　印本

申敏一の詩文集にして肅宗の時曾孫銋之を編次し後湖南按察使たる玄孫思喆に送本して上梓せしむ收むる所賦、詩、銘、箴、上樑文、序、記、論、說、跋、書、疏、劄、封事、啓辭、行狀、墓誌、別稿、雜著等なり

申敏一　字は功甫、化堂と號す平山の人なり宣祖丙子に生れ光海君乙卯文科に登第し官大司成に至る嘗て牛溪成渾の門に遊ひ牛溪其の學問夙就を愛し孫女を以て之に娶はす潛谷金堉、浦渚趙翼と莫逆の交あり孝宗庚寅に歿す

○溪　巖　集　六卷三冊　金　坽著　印本

金坽の詩文集にして英祖四十八年大山李象靖の付梓刊行する所なり收むる所詩、書、疏、祭文、表、箋、雜著、附錄等なり

金坽　字は子峻、溪巖と號す光州の人にして雪月堂富倫の子なり宣祖丁丑に生る父富倫退溪李滉に學ひ踐履篤實なりしか坽亦庭訓に濡染して操守堅確なり光海君の時文科に出身し官司諫に至る仁祖中興の後遭斥せられし者及自避せし者を召用するに際し堅く執りて應せす英祖その樹立を嘉尙し歿の三仁に比す仁祖辛巳に歿す

○休　翁　集　一冊　沈光世著　印本

沈光世の詩集にして仁祖十三年乙亥子摠等之を刊行す

沈光世　字は德顯、休翁と號す青松の人義謙の孫なり宣祖丁丑に生れ辛丑登科し應敎を拜し光海君己未固城に竄せられ

しか癸亥反正に當り校理を以て召還せらる仁祖甲子李适の反するや行在に赴かんとして途に歿す

○月峰集　九卷一冊　高傅川著　印本

高傅川の詩文集にして玄孫萬紀之を蒐輯し六代の孫時佐叉之を編次す詩、程文、疏、劄、啓辭、應製錄、祭文、祝文、敎書、墓碣、附錄及年譜等を收め哲宗十一年庚申後孫勉鎭之を刊行す

高傅川　字は君涉、月峰と號す長興の人霽峰敬命の孫、鶴峯因厚の子なり宣祖戊寅に生れ乙巳進士に中り光海君乙卯文科に登りて靖社原從一等勳に錄せられ官掌令に止まり仁祖丙子に歿す傅川一家三節の門に出て布衣の時より正言直諫を以て盛名あり文章は特に其の餘事なり

○丹圃遺稿　一冊　趙希進著　印本

趙希進の遺稿にして孫德常之を輯集し詩、賦、策、墓碣等を收む英祖三十七年辛巳に刊行す

趙希進　字は與叔、丹圃と號す林川の人承旨瑗の子竹陰希逸の弟なり宣祖己卯に生れ丙午進士に中り光海君丙辰文科に登り官掌樂正に止まる仁祖甲申に歿す

○浦渚集　三五卷一八冊　趙翼著　印本

浦渚趙翼の遺稿にして詩、疏、劄、啓、辭、書、雜著、序、記、跋、箴、銘、敎文、敎書、箋、呈文、移咨、策問、祝文、祭文、墓文、行狀等を收む

○朽淺集　八卷四冊　黃宗海著　印本

黃宗海の詩文集にして子鵠立の蒐輯したるものなり詩、疏、書、國家喪禮、冠婚喪祭禮、雜禮、祭文、序、說、跋、墓表、誌錄、行狀、雜著、附錄等を收む肅宗三十九年癸巳族孫燦固城郡守たる時之を刊行す

黃宗海　字は太進、號は朽淺、懷德の人德休の子なり宣祖乙卯に生れ仁祖戊辰蔭仕に補せられ官別提に止まり壬午に歿す鄭寒岡に親炙し尤も禮學に邃にして孝友の稱あり

○潛谷遺稿　二卷一〇冊　金堉著　印本

金堉の遺稿にして收むる所詩、賦、疏、劄、啓辭、書、應製錄、墓誌、表、箋等百篇に上る附するに別稿及補遺一冊を以て

し別稿には表、箋、賦、策、補遺には疏、劄、錄、策、題、詩を載す

○月　塘　集　一〇卷五冊　姜碩期著　印本

姜碩期の詩文集にして英祖四十八年壬辰後孫命逵之を裒聚刊行す收むる所詩、疏、劄、議、筵對、應製文、祭文及附錄等なり又別集として疑禮問解二卷を附せり

姜碩期　字は復而、月塘と號す衿川の人にして東郭燦の子なり宣祖庚辰に生る少にして沙溪金長生の門に學び最も禮說に嫺熟す光海君丙辰文科に登第し未た幾もなくして廢母の事作り爲に世と絕ちしか仁祖反正の初庶事草創に際し主として整理に鞅掌し其の功多きに居る官右相に至り甲戌に歿す文貞と謚す

○痴　巖　逸　稿　二卷一冊　裵尙益著　印本

裵尙益の遺稿にして後孫漢奎、漢周、永協等之を蒐集し成鏞震に托して編次したるものなり李太王八年辛未之を刊行す附錄あり

裵尙益　字は益哉、痴巖と號す達城の人牧使應の子なり宣祖辛巳に生れ光海君丙辰生員に中り仁祖甲子文科に登りて官判官に止まり辛未に歿す丁卯淸亂の時江都に扈從し史官を以て權臣李貴の闕失を直書したるため怒に觸れ官途振はす

○畸　菴　集　三卷四冊　鄭弘溟著　印本

鄭弘溟の詩文集にして孝宗四年癸巳子涖及姪湊の編刊する所なり原集十卷には詩、賦、表、箋、敎書、上樑文、檄、疏、祭文、哀辭、誌銘、書、跋、記、辨を收め續錄二卷には疏、書、啓、揭帖、遺事、陰記、誌銘、祭文、記、雜著、問目、漫述等を收め附錄として墓誌銘及祭文、挽詞を載せり

鄭弘溟　字は子容、畸菴と號す松江澈の子なり宣祖壬午に生る少にして龜峰宋翼弼に從學し長して沙溪金長生の門に遊ふ光海君の時登科し官大提學に至る谿谷張維、白軒李景奭と文章の交を爲し互に相推許す

○秋　山　集　二卷一冊　朴弘中著　印本

朴弘中の詩文集にして七代の孫東奎の蒐輯したるものなり詩序、記、疏、書、墓誌、祭文、雜著、傳、表、啓、策等を收め憲宗丙午之を刊行す

朴弘中　字は子建、秋山と號す慶州の人松溪好謙の曾孫な

り宣祖壬午に生れ庚子進士に中り戊申蔭仕を以て洗馬を拜し仍て抄選せられ官掌令に止まり孝宗丙戌に歿す文章器局を以て一時の名碩と交遊し光海君の時李爾瞻を疏擊し又沈饋、金振直と潜に西宮に粮を納めしため再度遠島に流さる

○時菴集　七卷三冊　趙相禹著　印本

趙相禹の詩文集にして憲宗乙巳六代の孫橡圭の纂輯したるものなり古詩絶律、乙丑封事、丁卯封事、書、雜著、序、箴、贊其の他を收め附錄に行狀、遺事、誌銘を收む

趙相禹　字は夏卿、時菴と號す楊州の人なり宣祖壬午溫陽の梅谷に生る少時至孝を以て聞え稍や長して沙溪金長生に師事し又學行の譽あり孝宗の時參奉に除せられたるも就かす其の八年丁酉に歿し特に閭に旌せらる

○琴巖集　一冊　宋夢寅著　印本

宋夢寅の遺稿にして詩百五十餘篇と啓一篇あり光海君七年乙卯夫人閔氏之を收拾し內舅李晬光に托して編校し翌年丙辰友人李時稷之を刊行す李太王二十七年庚寅後孫炳俊等更に琴巖の墓銘、遺事及閔夫人の輓詞を附して重刊せり

宋夢寅　字は文炳、琴巖と號す恩津の人贈承旨玲の子なり宣祖壬午に生れ乙巳司馬に中り光海君壬子に歿す

○孤青遺稿　一冊　徐起著　印本

徐起の詩を集めたるものにして英祖二十六年庚午洪啓禧か遺稿を散佚の餘に集めしものなり其の詩は纔に數首に止まり全卷殆と附錄より成る而して附錄には守菴朴枝華撰墓碣銘、屛溪尹鳳九撰行狀、頤菴宋寅、重峯趙憲、西溪李得胤其の他門人等の祭文並に晦谷申悆の墓文等を載し洪啓禧の跋を附せり

徐起　字は待可、孤青、頤窩、龜堂の號あり利川の人にして家寒微なり宣祖癸未に生る百家諸書を涉獵し特に釋氏を好みて大乘を究めたり又山水を愛し各地を周遊し名勝殆と歷訪せさるなし晩に公州の孤青峯下に卜居して身を講學に委ね竟に仕へす孝宗辛卯に歿す

○南礀集選　一冊　羅海鳳著　印本

羅海鳳か仁祖十二年甲戌の歲第二子休に命し其の詩集を裒集繕寫せしめ正祖の時に至り六世の孫學愼か鉛槧酬唱と共に上梓したるものなり收むる所詩、檄、序、記、傳、上樑文、箴

等にして遺事を末に附せり

羅海鳳　字は應瑞、南磵と號す羅州の人にして忠烈公德憲の從子なり宣祖甲申に生れ仁祖の初年遺逸を以て參奉に除せられたるも就かす後別提に至り戊寅に歿す睡隱姜沆に就學し文辭甚た優婉なり

○澤堂集　三四巻一七冊　李　植著　印本

李植の詩文集にして憲宗十五年甲寅全羅監司李東植之を刊行す收むる所原集は詩、敎書、咨文、呈文、揭帖、疏、劄、序、引、跋、記、墓誌、碑銘、墓碣、墓表、續集は各體詩別集は奏文、咨文、揭帖、冊文、敎書、批答、箋、啓、檄、國書、疏、劄、啓辭、序、引、跋、記、墓誌、碑銘、墓碣、墓表、行狀、行錄、志、傳、說、箴、銘、賦、祭文、上樑文、募緣文、經筵日記、執策問、殿策問、雜著、書等なり

○白江集　一五巻八冊　李敬輿著　印本

李敬輿の詩文集にして肅宗十年子敏叔の裒輯印行したるものなり詩、疏、劄、啓辭、收議、呈辭、祭文、碑誌、行狀、策問、表、箋、敎書、雜書等を收む宋時烈の序あり

李敬輿　字は直夫、白江又鳳巖と號す牧使綏祿の子にして世宗の別子密城君琛五世の孫なり宣祖乙酉に生れ辛丑に進士となり光海君己酉登科し仁祖の時相府に入り尋て領議政に至りしか世子冊立に關して旨に忤ひ遂に遠配せらる孝宗登極の後召されて咨遇を承け耆社に入り丁酉に歿す謚して文貞と云ふ子敏叔は西河と號し官に登り且文名あり

○白石遺稿　五巻二冊　柳　楫著　印本

柳楫の遺稿にして後孫光德の裒輯に係り純祖三十二年壬辰光德の子命基之を上梓せり詩、文、書、疏、序、說、墓銘等を收め官職、除拜、狀誌、書牘等を附錄とせり

柳楫　字は用汝、白石と號す沙溪金長生の門人なり宣祖乙酉に生れ光海君丙辰生員となり仁祖の初年其の師沙溪の推薦に因り察訪に拜せられたるも幾許もなくして官を棄て鄕に歸り己丑に歿す

○澗松集　七巻四冊　趙任道著　印本

趙任道の遺集にして本集五巻別集二巻あり本集には詩、疏、書、襍著、序、記、跋、箴、銘、祭文、祝文、碑誌、行狀等

を收め卷首に世系年譜を冠し別集には序、說、記、錄及附錄等を收む英祖二十年甲子玄孫弘燁之を刊行す

趙任道　字は德勇、澗松と號す生六臣漁溪旅の五世孫にして宣祖乙酉に生れ仁祖甲戌恭陵參奉を拜し顯宗戊申に歿す官工曹佐郞に至る

○伊　溪　遺　稿　二册　李　賓　國著　寫本

李賓國の遺稿にして尾に四隱居士李樟撰する所の墓誌銘を附せり

李賓國　字は欽卿、號は伊溪、全義の人宣敎郞萬春の子なり宣祖丙戌に生れ仁祖の初才行の選を被り參奉に補せられ官縣監に至り孝宗癸巳に歿す

○龍　洲　遺　稿　二三卷三册　趙　絅著　印本

趙絅の遺稿を集めたるものなり載する所絕句、律詩、古詩、疏、箚、啓辭、跋、說、記、辨、褉著、文、敎書、誄、墓文、行狀及東槎錄等なり

○遲　川　集　一九卷八册　崔　鳴　吉著　印本

崔鳴吉の詩文集にして孫錫鼎、錫恒と共に編刊したるものなり載する所詩、疏、箚、啓辭、收議、雜著、祭文、記、序、箴、書、跋、行狀、碑碣、墓誌等なり

○谿　谷　集　三六卷一八册　張　維著　印本

張維の詩文集にして原集三十四卷漫筆二卷より成り仁祖二十一年癸酉子善徵之を刊行す詞、賦、表、箋、敎書、册文、箴、銘、贊、雜著、說、序、記、祭文、碑、誌狀、疏、啓、奏、咨、檄帖及詩各體を收む

○孤　山　遺　稿　六卷六册　尹　善　道著　印本

尹善道の遺稿を集めたるものにして多く詩、歌、賦、辭、書、疏、序、記類を載せ別集に俗歌を錄せり

尹善道　字は約而、孤山と號す海南の人にして駱村毅中の孫なり宣祖丁亥に生れ光海君の壬子進士となり權臣李爾瞻等を疏斥し極邊に竄せられ仁祖反正後始めて赦され麟坪大君の師傅となる癸酉遂に文科に登り官叅議に至る禮議を以て北邊に竄せられ有還未た幾ならすして顯宗辛亥に歿す正卿を贈られ忠憲と諡す

○竹南堂集　三巻三冊　呉竣著　印本

呉竣の詩文集にして粛宗十五年外孫李鳳朝か杆城に守たる時刊行せるものなり詩、疏、劄、祭文、銘、雑著等を收む附錄あり

呉竣　字は汝完、竹南と號す同福の人にして默齋百齡の子なり宣祖丁亥に生る光海君の戊午に登科し官判中樞事に至る詩文は當時名匠の推許する所にして又筆翰を善くす顯宗丙午に歿す

○鶴沙集　一〇巻五冊　金應祖著　印本

金應祖の遺稿にして英祖の時曾孫牧使僉之を勘訂し郷人合力して之を鋟梓す本集外集及附錄あり本集には詩、敎書、疏、劄、啓、書、雜著、序、記、跋、銘、箋、上樑文、祭文、閭表、墓碣銘、墓誌、碑銘、行狀等を收め外集には墓碣、碑銘、附錄には世系、年譜、行狀其の他誌、詞、祭文等を載せり

金應祖　字は孝徵、鶴沙と號す豐山の人虛白堂楊震の玄孫なり肅宗の時に生る業を旅軒張顯光の門に受け又西厓柳成龍愚伏堂鄭經世に親炙し學問一時に秀て嶺南士林の宗匠たり仁

祖癸亥に登科し官左尹に止まり英祖の時に歿す

○樂全堂集　一五巻七冊　申翊聖著　印本

申翊聖の詩文集にして孝宗五年子晸及最之を蒐集し選定を東洲李敏求に請ひ以て上印したるものなり收むる所詩各體、小傳、序、記、傳、雜著、跋、疏、劄等あり

○玄谷集　七巻三冊　鄭百昌著　印本

鄭百昌の遺著を集めたるものにして孝宗元年子善興之を上刊す詩集五巻に各體の詩を收め文集二巻に批答、敎書、箋、表、上樑文、壽啓、序、疏、墓文、祭文等を編し墓誌を巻末に附載す

鄭百昌　字は德餘、玄谷又谷口と號す晉州の人にして誠謹の玄孫なり宣祖戊子に生れ孝を以て閭に旌せらる光海君の時文科に出身し廢母の時諫臣多く禍を被るに際し百昌復た免かれす官を奪れて退去し澤堂李植、疎菴任叔英等と山水の間に娛遊せしか仁祖卽位の後召用せられ湖堂に入り官觀察使に至り乙亥に歿す

○釣　隱　集　四卷二冊　韓　夢　參著　印本

韓夢參の遺集にして收むる所詩、書、序、跋、祭文、行狀、碑誌、雜著及附錄等なり正祖四年庚子後孫應益之を編刊す

韓夢參　字は子變、釣隱と號す清州の人奉事誠の子なり宣祖己丑に生れ光海癸丑司馬に中り仁祖己卯學行を以て薦められ察訪を拜し顯宗壬寅に歿す

○東　州　集　四卷三冊　李　敏　求著　印本

李敏求の詩文集にして仁祖十九年子元揆の編輯したるものなり宣慰、從軍、嶺南、嘉林、卯酉東游關東西の諸錄、鐵城、牙城、西湖、覲輪の諸錄及敎、劄、書、序、記、跋、說、祭文、哀辭、上樑文、箴、銘、傳、賦、行狀、墓文等を收む

○雪　汀　詩　集　六卷二冊　曹　文　秀著　印本

曹文秀の詩集にして詩各體を收む

曹文秀　字は子實、雪汀と號す昌寧の人判書光遠の孫なり宣祖庚寅に生れ仁祖甲子蔭縣監を以て文科に登り官戶曹參判に止まり承襲して夏寧君に封せられ乙酉に歿す詩筆を以て盛名あり

○翠　微　集　一冊　釋　守　初著　印本

僧守初の詩、雜著、序、書等を集めたるものなり附錄に行狀を載す

釋守初　字は太昏、翠微と號す俗姓は成氏昌寧の人梅竹軒三問の旁孫なり宣祖庚寅に生れ雪嶽敬軒に依りて落髮し後浮休大師より受具し仁祖己巳玉川靈鷲寺に開堂す學徒日に增す嶺外禪學の盛なりしは翠微に濫觴すと云ふ肅宗戊申示寂す翅に禪學に深きのみならす當時碩儒潛谷金堉、澤堂李植、東岳李安訥等諸人と交遊し其の推奬する所となる

○寒　沙　集　七卷四冊　姜　大　遂著　印本

本書は姜大遂の詩文集にして七代の孫秉和の蒐輯に係る收むる所賦、詩、挽詞、不允批答、敎書、疏、劄、啓、辭、書、箋、啓、序、記、跋、上樑文、雜著、祭文、碑碣銘、墓誌、行狀、附錄等なり李太王七年庚午諸族相謀りて之を刊行す

姜大遂　初名は大進字は學顏、秋磵又寒沙と號す晋州の人慧龍翼文の子なり宣祖辛卯に生れ光海君庚戌生員及進士に中

り王子文科に登り官承旨に止まり孝宗戊戌に歿す光海君の時永昌大君の殺さるるに當り直諫する所あり世人之を三代遺直と云ふ

○天坡集　四巻四冊　呉翽著　印本

呉翽の詩文集にして仁祖二十四年弟翻晋州牧使たる時刊行す載する所詩、銘、序、記、說、雜文、疏、劄、祭文、敎書、啓、跋等なり

呉翽　字は肅羽、天坡と號す海州の人なり宣祖壬辰に生る幼にして神童の稱あり光海君の時文科に出身す榮達を欲せす山中に讀書せしか仁祖反正の後選はれて湖堂に入り官黃海道觀察使に止まり甲戌に歿す

○晩沙稿　六巻一冊　沈之源著　印本

沈之源の遺稿にして孫廷最の蒐輯したるものなり疏、劄、啓、議、表、箴、祭文、家狀、墓誌、墓碣銘、諡狀、詩、燕行日乘、附錄等を收む英祖三十五年己卯の刊行に係る

沈之源　字は源之、晩沙と號す青松の人竹西宗直の從孫なり宣祖癸巳に生れ光海君丁巳進士に第し庚申文科に登り翰林銓郎を歴て官領議政に至れり德量雅望を以て名相と稱せらる

○東溟集　二巻七冊　金世濂著　印本

金世濂の詩文集にして子弼相之を收輯し曾孫一基之を刊行す載する所詩、雜著、疏劄、啓辭、狀、敎書、祭文、序、說、跋、碑銘、誌表、海槎錄及附錄等なり

金世濂　字は道源、東溟と號す善山の人にして省菴孝元の孫なり宣祖癸巳に生る幼にして才藝煥發し光海君の時登科し湖堂に入り官戶曹判書に至り仁祖丙戌に歿す謚を文孝と云ふ光海君廢母の時諫者多くは逐竄せられ世濂亦禍に遭ふ嘗て日本に使し贐を辭して受けす關西、海西の兩道に按察使となり治績克く著はる

○謙齋集　三巻六冊　河弘度著　印本

河弘度の詩文集にして收むる所詩、賦、辭、書、祭文、奉安文、祝文、疏、墓表、墓碣銘、遺愛碑、銘、行狀、上樑文、倡義文、序、跋、記、說、雜著、附錄等なり首に師友錄を載す英祖十五年己未後孫大觀之を編輯す

河弘度　字は重遠、號は謙齋晋州の人觀察使自淸六世の孫

なり宣祖癸巳に生れ仁祖の時遺逸として累召せられたるも至らす顯宗丙午に歿す南冥曹植に私淑して實踐篤行を以て稱せらる

○晴峰集　六卷二冊　沈東龜著　印本

沈東龜の詩文集にして詩、表、箋、批答、敎書等あり附するに賦、頌、銘、贊、説等を以てす

沈東龜　字は微號、勝峯と號す青松の人南匡詡の子なり宣祖甲午に生れ光海君乙卯に進士に第し仁祖甲子文科に登り翰林銓郎を歴て官舍人に至る

○冶谷集　一〇卷五冊　趙克善著　印本

趙克善の詩文集にして曾孫敬熙之を蒐集し八代の孫鍾灝李太王癸巳に刊行す收むる所詩、疏、書、序、記、識、論、箴、説、雜著、祝文、祭文、墓碑、記、行狀、三官記等なり

趙克善　字は有諸、冶谷と號す漢陽の人漢川府院君溫八代の孫なり宣祖乙未に生れ仁祖の時遺逸を以て童蒙敎官を拜し孝宗己丑經學精明を以て薦められ掌令を拜し戊戌に歿す病褥に在る時特に毛衣を賜ひ內醫を遣し診せしむ哲宗の時吏曹判書を贈られ文穆と諡せらる潛冶朴知誠及浦渚趙翼に師事し學問淹博なり

○白洲集　二〇卷九冊　李明漢著　印本

李明漢の詩文集にして仁祖丁亥子一相の編する所に係り詩、記、文、應制錄、帖、冊文、書、疏、序、跋、銘、狀等を收む

李明漢　字は天章、白洲と號す月沙廷龜の子なり宣祖乙未に生れ天縱の才を以て兼て家庭の訓を受け夙歲にして聲譽蔚然たり光海君丙辰に登科し史局に入り湖堂に選はれ官大提學吏曹判書に至り仁祖乙酉に歿す諡を文靖と云ふ子一相亦文衡を繼く

○記言　九三卷二五冊　許穆著　印本

許穆の全集にして自ら纂定したるものなり原集四十六卷續集十六卷拾遺二卷自序續集二十卷別集二十六卷より成る學禮、文學、儒林、圖像、鬼神、人物、淸士別傳、族氏、壽考、棟宇、田園、居、祠、墓、遺事、羈旅、善行、戒懼、記行、妖祥、世變、山川、書畫、邊塞、治體、經説、東事、陟州、記事、東序、記言、碑文、四方、論事、政弊、灾異、四時、慶賀、

乞骸、妖孽、節行其の他詩文、雜著等に細分せり

○四友堂集　九巻四冊　宋國澤著　印本

宋國澤の詩文集にして後孫之を蒐輯せり載する所詩、疏、啓、書、雜著、跋、祝文、祭文、行狀、墓誌、賦、疑、附錄等なり李太王庚寅八代の孫寅植等之を刊行す

宋國澤　字は澤之、四友堂と號す恩津の人雙淸堂愉七世の孫なり宣祖丁酉に生れ光海君己未生員に中り仁祖甲子文科に登り翰苑に入り官禮曹參議に止まり孝宗己亥に歿す贊成を贈られ諡を孝貞と云ふ

○商　谷　集　三巻一冊　姜瑜著　印本

姜瑜の詩文集にして六代の孫弼健、弼著等の蒐輯したるものなり收むる所詩、疏、銘、祭文、附錄等なり附錄に遺事及行狀等を載す正祖戊午之を刊行す

姜瑜　字は公獻、商谷と號す晉州の人翰林居禮五代の孫なり宣祖丁酉に生れ光海君壬子進士に第し仁祖甲子文科に登り忠清、黃海兩監司を歷て官戶曹參議に至り顯宗戊申に歿す吏曹判書を追贈し諡を忠宣と云ふ

○家　州　集　六巻一冊　李尙質著　印本

李尙質の詩文集にして肅宗の時子蕙の收輯する所に係り鄭斗卿之を删定し孫鼇之を刊行す末に子蕙の道村遺稿を附せり

李尙質　字は子文、家州と號す李氏の宗室なり宣祖丁酉に生れ仁祖の時登科し湖堂に入り玉堂に在りしか元宗追崇の事に値ひ上劄極諫して邊地に竄せられ乙亥宥を蒙り未た還るに及はすして途に歿す子蕙道村と號す

○吳忠烈公遺稿　二巻二冊　吳達濟著　印本

吳達濟の遺稿を集めたるものにして肅宗二十三年丁丑孫遂一輯刊す上卷は詩、賦、表、對策、疏、雜著、簡牘を收め下卷は附錄にして事蹟を載す

吳達濟　字は季輝、秋潭と號す海州の人にして楸灘允謙の姪なり宣祖丁酉に生れ仁祖甲戌文科に登第し仁祖丙子の難に校理たり斥和の故を以て翌年尹集、洪翼漢と共に清人に捕へられ瀋陽に害せらる時に年二十九諡して忠烈と云ふ世達濟の節を知るも其の能文を知る者鮮し

○東溟詩集　一卷三冊　鄭斗卿著　印本

鄭斗卿の詩集にして古今各體の詩を載せり

○騏峰集　四卷二冊　李時省著　印本

李時省の詩文集にして崔錫鼎の删定したるものなり收むる所詩、序、記、說、書、論、策、附錄等なり正祖十九年乙卯後孫箕煥之を刊行す

李時省　字は子三、騏峰と號す慶州の人白沙李恒福の從孫なり宣祖戊戌に生れ蔭參奉を以て孝宗庚寅文科に登り官僉知中樞府事に止まり顯宗戊申に歿す幼にして從祖白沙の薫陶を承け文行を以て稱せらる

○玄洲集　七卷二冊　李昭漢著　印本

李昭漢の詩文集にして顯宗の時子殷相の刊行する所なり收むる所詩各體及應製錄雜著等なり

李昭漢　字は道章、玄洲と號す月沙廷龜の子にして白洲明漢の弟なり宣祖戊戌に生る幼より神童の稱あり克く父兄の美を趾く世人三蘇を以て之に比せり光海君の時登科し仁祖の初湖堂に入り儐使北渚金瑬の從事たり當時北渚の幕下多士濟濟を以て稱せられ玄谷鄭百昌、畸庵鄭弘溟、霽湖梁慶遇等と與に唱酬徵逐す官參判に至り仁祖乙酉に歿す

○道村遺集　三卷一冊　吳次久著　印本

吳次久の遺稿にして七代の孫泰圭之を蒐輯し詩、雜著、賦、誌文、附錄等を收む哲宗十一年庚申に刊行す

吳次久　字は徵甫、道村と號す羅州の人昭樂正希の子なり宣祖戊戌に生れ孝宗乙未に歿す一代の名流と交遊し詩を以て名を著せり

○漁隱遺稿　五卷二冊　吳國獻著　印本

吳國獻の遺稿にして八世の孫麟善の蒐輯に係り辭、詩、書、箴、銘、序、記、說、雜著、祭文、附錄、子姓、墓文、傳記等を收む李太王十年癸酉に刊行す

吳國獻　字は仲賢、漁隱と號す海州の人同中樞府事山立の子なり宣祖己亥に生れ肅宗壬子に歿す壬辰戶曹佐郎を贈らる沙溪金長生の門下にして孝行を以て一鄕に譽あり

○松坡集　七巻二冊　李海昌著　印本

李海昌の詩文集にして肅宗の時孫必相及必重の刊行する所なり文、序、記、墓銘、教書、批答、詔、箋、疏、詩、賦等を收む

李海昌　字は季夏、松坡と號す韓山の人なり宣祖己亥に生る仁祖の時登科し官舍人に止まる性硬直にして古諫臣の風あり是を以て時に容れられす嘗て業を疎菴任叔英に受け詩文富艶にして尤も騈儷に長す孝宗乙未に歿す

○雲岩逸稿　一冊　李興浡著　印本

李興浡の五七律絶及碑銘一篇を收め別に附錄あり李太王七年庚午全羅道兵馬使李承淵か盧沙奇正鎭に請ひ校正を加へて刊行したるものなり

李興浡　字は沛然、號は雲岩韓山の人進士克誠の子なり宣祖庚子に生れ仁祖甲子司馬に中り戊辰文科に登り官執義に至り顯宗癸卯に歿す丙子講和以後官を棄てて鄕に隱遁し歿後吏曹參議を贈らる

○晩悔集　一四巻一〇冊　權得己著　印本

權得己の詩文集にして子諰及曾孫以鎭の蒐輯したるものなり前九巻は詩、銘、雜著、誌、行狀、書、拾遺、附錄、殿策等を收め後五巻は晩悔集僭疑と題し論語、近思錄、孟子、家禮の疑義に關する意見を載す肅宗三十八年壬辰以鎭慶州府尹たりし時之を刊行す

權得己　字は重之、晩悔と號す安東の人吏曹判書克禮の子なり宣祖庚午に生れ己丑進士に中り光海君庚戌文科に登り官禮曹佐郎に至り壬戌に歿す文學行義を以て盛名あり光海君母妃を西宮に遷居せしめたる後復仕へす

○龍西文集　五巻二冊　尹元擧著　印本

尹元擧の詩文集にして從姪尹拯の刪定したるものなり詩、跣、祭文、雜著、表碣、科體、拾遺、詩、附錄等を收め英祖五十一年乙未之を刊行す

尹元擧　字は伯奮、龍西と號す坡平の人後村烇の子なり宣祖辛丑に生れ仁祖癸酉生員進士兩試に中り孝宗癸巳叅奉を授け顯宗庚子遺逸を以て薦められ持平を拜し官進善に止まり壬

子に歿す

○琴川集　二卷一冊　鄭時修著　印本

鄭時修の詩文集にして首に世系年譜を掲け尾に附錄あり李太王光武九年乙巳後孫圭東か傍孫載善に校正を請ひ刊行せしものなり

鄭時修　字は敬叟、琴川と號す東萊の人雪壑齋矩の後なり宣祖辛丑に生れ仁祖癸酉司馬に中り丙子清兵の至る時義旅を倡へ講和の後遂に擧業を廢し隱遁して詩を賦し自ら傷み丁亥に歿す

○童土集　六卷二冊　尹舜擧著　印本

尹舜擧の詩文集にして弟宣擧の子拯の輯次せしものなり收むる所詩、序、記、跋、說、祭文、書、墓誌、墓碣、行狀及附錄等あり就中學問時事に關する質問應答の書多し附錄に拯の撰に係る行狀等を載す

○陽坡遺稿　一五卷七冊　鄭太和著　寫本

鄭太和の詩文集にして收むる所詩、啓、疏、箚、呈辭、啓辭、密啓、祭文、表、跋、家狀、曝史日記、己亥日記、西行記、飮水錄、不允批答、寧陵御札、附錄等なり

○西歸遺稿　一〇卷五冊　李起浡著　印本

李起浡の遺稿を集めたるものにして詩、記、疏、書、序、雜書、墓誌銘、祭文、問答等あり附錄に家狀、行狀、墓表、墓誌銘、年譜等を收め兄興浡の雲巖逸稿を附す李太王九年壬申の刊行に係る

李起浡　字は沛然、西歸と號す韓山の人なり宣祖壬寅に生れ癸亥鄕試に應し翌甲子生員となり名聲京華に振ふ丁卯文科に登第し越えて己巳成均館博士を拜す丙子仁祖の南漢に圍まるるや兄興浡及梁曼容、崔蘊、柳楫等と檄を飛し義兵を礪山に集め南漢を距る五里に前進せり後居を全州の黄方山下にトし堂に扁するに西歸の二字を以てし屢召されたるも竟に起たす顯宗壬寅に歿す兄興浡字は沺然、雲巖と號す亦節義の士なり仁祖の時仕へて司諫に至り丙子官を棄てて鄕に還る

○鶴洲全集　一五卷六冊　金弘郁著　印本

金弘郁の遺稿にして初め肅宗四十四年戊戌に上印し李太王十

宗癸酉七代の孫萬載逸詩を收拾し且附錄を補ひ之を重刊せり收むる所詩、疏、劄、啓辭、致書、箋文、書牘、墓碣、墓表、行狀、祭文、序、記、箴、上樑文、論を收め碑、行狀、致書、尊周彙編、年譜等を附錄とす

金弘郁　字は文叔、鶴洲と號す慶州の人なり宣祖壬寅に生れ仁祖甲子進士に、乙亥文科に登り官翰林三司を歷て孝宗甲午黃海監司となり上疏して蒙咎し鞫栲に死す後吏曹判書を贈られ文貞と諡す

○棠溪集　一冊　金華俊著　印本

金華俊の詩文集にして五代の孫錫臣の蒐輯したるものなり賦表、詩、義、策、書、雜著、銘、頌、贊、祭文、附錄等を收め李太王六年己巳に刊行す

金華俊　字は士元、棠溪と號す光山の人秋浦式南の子なり宣祖壬寅に生れ仁祖癸酉進士に中り同年文科に登り丙子仁祖南漢に播遷の時注書を以て扈從す官說書に止まり甲申に歿す

○雪峰集　三〇卷八冊　姜柏年著　印本

姜柏年の詩文集にして詩二十一卷其の他應製文、及上樑文、勸善文、賦、序、跋、說、記、論、箴、銘、傳、祭文、策、題、疏、劄、啓、墓碣、誌表、碑銘、諡狀等を收む附錄あり

○東村遺稿　二卷一冊　柳帶春著　印本

柳帶春の詩文集にして後孫曾て之を刊行し後純祖七年丁卯信川郡守趙鎭球重刊せり收むる所詩、書、疏、祭文、附錄等なり

柳帶春　字は榮叔、東村と號す瑞山の人僕正堰の子なり宣祖癸卯に生れ仁祖癸酉生員、進士に中り壬午蔭仕を以て禮賓奉事に拜せしも仕へす肅宗辛未に歿す牛溪、栗谷に學ひ孝を以て旌閭せらる

○炭翁集　三卷七冊　權諰著　印本

權諰の詩文集にして收むる所詩、疏、收議、經筵講義、書、雜著、閒居筆舌、祭文、墓碣銘、附錄等なり

權諰　字は思誠、炭翁と號す安東の人晩悔得己の子なり宣祖甲辰に生れ仁祖丙子遺逸薦を以て大君師傅を授けられたるも仕へす孝宗己丑召されて侍講院諮議を命せられ掌令、進善、贊善等を歷て官左尹に至り顯宗壬子に歿す後議政府叅贊を追

贈せらる

○漫浪集　九巻四冊　黄　㦿著　印本

黄㦿の詩文集にして顯宗九年戊申子應老の收拾に係り沈梓の刊行する所なり絶句、古詩、律詩、排律、賦、辭、表、箋、教書、批答、玉冊文、疏、劄、雜著、行狀等を載す

黄㦿　字は子由、漫浪と號す昌原の人なり宣祖甲辰に生る仁祖甲子に登科し官左尹に止まる少にして聰明人に絶し藻譽嘖嘖たり釋褐の後日本に使し又燕京に至り到る處に釋才を揮ふ嘗て文衡に薦められしか拜するに及はす孝宗丙申に歿す

○台溪集　八巻四冊　河　溍著　印本

河溍の詩文集にして詩、賦、疏、啓、策、論、辨、銘、奏、書、序、跋、祭文、墓碣銘、墓表、附錄等を載す李太王光武四年庚子許愈等校刊す

河溍　字は溍伯、台溪と號す兵判百宗の七世の孫なり宣祖甲辰に生れ仁祖癸亥生進倶に中り甲子文科に登り孝宗戊戌に歿す官執義に至る

○南坡集　一三巻七冊　洪宇遠著　印本

洪宇遠の詩文集にして正祖六年壬寅玄孫福全か白峰書院に於て印出したるものなり各體詩、疏文、行狀、謚狀、講義、啓、說、書、策、題其の他を集め附錄に世系、年譜、祭文、遺事等を載す

洪宇遠　字は君徵、南坡と號す南陽の人にして晩全可臣の孫なり宣祖乙巳に生れ仁祖乙酉登科し吏曹判書となり後禍を被り謫所に歿す謚して文簡と云ふ

○東江遺集　一九巻三冊　申　翊全著　印本

申翊全の遺稿にして子晸の蒐輯せしものなり收むる所辭、賦、序、記、墓誌、行狀、哀辭、祭文、疏、劄、啓、辭、雜著、教書、不允批答、別錄、志、附錄等なり顯宗四年壬子晸の全羅道觀察使たりし時之を刊行す

申翊全　字は汝萬、東江と號す象村欽の子なり宣祖乙巳に生る沙溪金長生嘗て象村を往訪す時に翊全僅に十歲應對成人の如し沙溪之を歎異せりと云ふ仁祖丙子に登科し官禮曹叅判に至り孝宗辛卯に歿す翊全文藝に夙就し兼て筆翰に工なり

○樂靜集　一四卷七冊　趙錫胤著　印本

趙錫胤の詩文集にして肅宗の時門人等裒輯刊行す絶句、律詩、排律、冊教文、批答、箋文、疏劄、啓等を收む

趙錫胤　字は胤之、樂靜堂と號す白川の人にして南溪廷虎の子なり宣祖丙午に生れ仁祖戊辰に登科し湖堂に入り文衡を典り吏曹判書に至り淸白吏に錄せられ孝宗乙未に歿す謚して文孝と云ふ嘗て直言を以て屢斥竄に遭ふと雖諱避せり謨猷風采共に一時の典型たり

○同春堂集　三六卷一八冊　宋浚吉著　印本

宋浚吉の詩文集にして玄孫明欽の蒐輯したるものなり疏劄、啓辭、書啓、獻議、書、祭文、祝文、雜著、記、題、跋、碑、墓碣、墓表、墓誌、行狀、謚狀、年譜、詞、詩等合せて二十八卷經筵日記附錄等八卷あり英祖四十四年戊子之を刊行す

○石湖集　八卷四冊　尹文擧著　印本

尹文擧の詩文集にして收むる所詩、疏、書、祭文、哀辭、墓表、附錄等なり附錄に世系圖、年譜等を載す

尹文擧　字は汝望、石湖と號す坡平の人八松煌の子なり宣祖丙午に生れ仁祖庚午進士に中り癸酉文科に登り副提學を歷て官吏曹判書に至り肅宗壬子に歿す英祖丙子特に左贊成を贈り謚を忠敬と云ふ

○晚洲遺集　八卷三冊　洪錫箕著　印本

洪錫箕の遺稿を集めたるものにして正祖癸丑曾孫天瑞　泰垕等之を輯刊す尊周錄、檄、露布、絶句、律詩、應製文、序、記、祭文等を收載し祭文、輓詞、墓碣銘、家狀等を附錄とせり

洪錫箕　字は元九、晚洲又後雲と號す南陽の人なり仁祖丁卯進士となり辛巳庭試に魁たり年七十五にして肅宗庚戌に歿す

○市南集　二七卷一二冊　俞棨著　印本

俞棨の詩文集にして肅宗二年其の孫相基之を編刊したるものなり詞、賦、詩各體、教書、疏、劄、啓、書、雜著、序、記、說、上樑文、表、箋、祭文、墓誌銘、行狀等を集め附錄には俞棨の行狀、墓表陰記、神道碑銘、墓誌銘、祭文、挽詞等を載す

○宋子大全　二一五卷一〇二冊　宋時烈著　印本

宋時烈の全集にして其の歿後二十八年肅宗四十三年丁酉命して遺稿を蒐集刊行せしめたるに始まり別集經禮問答、附錄、年譜等次第に追錄印出し遂に卷帙完備するに至れり之を舊本とす後舊本を本とし之に黃江本を合せて抄刪據添し憲宗十三年丁未に印行す是れ新本なり黃江本とは肅宗丁酉刊行の原集以前に門人權尙夏か裒粹繕寫したるものなり舊本は編次の法を南軒文集に取り新本は朱子大全の例に倣ひ力めて攷閲の便を圖れり收むる所賦、詩、封事、疏、箚、啓、書啓、獻議、書、雜書、序、記、跋、銘、箴、贊、上樑文、祝文、祭文、哀辭、碑文、草稿、墓碣、墓誌、墓表、諡狀及行狀、傳等にして附錄には權尙夏、金榦、金鎭玉、崔鎭等の語錄、記述、雜錄を載す

○尤庵集　一九八卷五三冊　宋時烈著　印本

宋時烈の遺稿にして肅宗四十三年丁酉校書館に命し活字を以て印刷せしめたるものなり收むる所賦、詩、疏、箚、奏、議、書、序、記、跋、雜著、箋、銘、狀、誌、傳、贊、碑文、祭文等なり後宋子大全に合收す

○尤庵後集　四〇卷四〇冊　宋時烈著　寫本

宋時烈の遺稿中尤庵集に逸したるものを收輯せり第一卷は詩疏、箚、書啓第二卷以下第二十八卷は書、雜書、呈文、序、記、跋、銘、祝文、祭文、辭、碑、墓碣、墓誌、墓表、諡狀、行狀、傳等なり

○宋書百選　六卷三冊　李勝愚編　印本

李勝愚か朱子百選の例に倣ひ宋子大全中の書牘に就き學問、義理、時事に關するもの總て一百篇を抄出し之を註解したるものなり勝愚少時より宋子大全を讀み高山景行の念遂に此の編を爲すに至れりと云ふ

李勝愚　字は復汝、石耘と號す延安の人なり蔭仕を以て官郡守に止まる

○宋書節要　二〇卷一〇冊　李宜哲編　寫本

朱書節要に倣ひて宋子大全中の書のみを選出したるものなり

○草廬集　二六卷一四冊　李惟泰著　印本

李惟泰の詩文集にして任聖周、金砥行等之を叅校訂正し金正默更に之を刪定したるものなり疏、書、啓、獻議、登對、禮辨、詩、祭文、墓誌、墓表、雜著、祝文、納幣文、經義問答、易說、別集、附錄等を載す李太王乙丑七代の孫鏡之を刊行す

李惟泰　字は泰之、草廬と號す慶州の人司議鄭の曾孫なり宣祖丁未に生れ仁祖甲戌學行を以て薦められ叅奉を拜し丁亥諸議に除せられ官大司憲に至り肅宗甲子に歿す謚を文憲と云ふ愼獨齋金集の弟にして同門同春宋浚吉、尤庵宋時烈と名を齊うす別に四書註辨疑四卷、四禮笏記一卷、敎書二十一首、批答五十首及年譜等の著あり

○晦谷集　一二卷四冊　曹漢英著　印本

曹漢英の詩文集にして肅宗二十年甲戌孫女婿林泳の編次上梓したるものにして收むる所詩、雜著、祭文、疏、啓、附錄等なり

曹漢英　字は守而、晦谷と號す昌寧の人夏寧君文秀の子にして澤堂李植及沙溪金長生の門人なり宣祖戊申に生れ仁祖丁卯進士となり丁丑庭試に擧けらる仁祖丙子和を絕つことを上疏して金尚憲と偕に清人の拿捕する所となり送られて瀋陽に幽せらるるや日に尚憲と唱和し積みて巨帙を成す尚憲之に題して雪窖集と云ふ居ること三年放たれて還り顯宗庚戌に歿す官參判に止まる謚して文忠と云ひ夏興君に封せらる

○楓巖集　一冊　金終弼著　印本

金終弼の詩集にして仁祖の十三年乙亥傍孫潛谷堉遺稿を收拾して刊行す

金終弼　字は諧中、楓巖と號す清風の人なり宣祖の時に生れ少年進士となり尤も詩を善くす仁祖の時に歿す

○汾西集　一六卷四冊　朴瀰著　印本

朴瀰の詩文集にして肅宗八年壬戌孫泰斗の編刊せしものなり原集十五卷附錄一卷あり詩、序、記、墓文、行狀、頌、贊、銘、辨、說、書、策、題、祭文、跋等を收む

朴瀰　字は仲淵、汾西と號す潘南の人にして冶川紹の曾孫なり少より敏達にして業を白沙及玄軒に受け長して宣祖の駙馬となり因て錦陵尉に封せられ仁祖三年に歿す

○青霞集　七卷一冊　權克中著　印本

權克中の詩文集にして肅宗三十年弟子金遇澄か全羅監司閔鎭遠に囑して開刊せしめしものなり載する所序、記、祭文、讀書錄、上樑文、露布文、遺事、書、詩等なり

權克中　字は擇甫、靑霞又花山と號す安東の人にして鰲峰權克中と同名異人なり宣祖の時に生れ十九歲の時論語を讀み感發する所あり後牛溪成渾に就いて道を學ひ刻苦勵精光海君の初洗馬に除せられしも旬日ならすして官を棄て專ら經典に沈潛し復た出てす詩名あり孝宗の時に歿す

○魯西遺稿　二六卷三冊　尹宣擧著　印本

尹宣擧の遺稿にして子拯之を編次せり原集二十卷續集三卷別集一卷附錄二卷收むる所原集は詩、疏、狀、書、雜著、祭文、哀詞、墓文、行狀續集は詩、疏、狀、書、雜著別集は詩、書日記附錄は世系、年譜、狀、碣、祭挽及書院祝祭文等なり

○滄洲遺稿　一八卷七冊　金益熙著　印本

金益熙の詩文集にして肅宗三十四年戊子孫鎭玉龍潭に宰たる時刊行す載する所應制錄、古詩、律詩、排律、絕句、封事、疏、劄、啓、行狀、雜著及附錄等なり

金益熙　字は仲文、滄洲と號す沙溪長生の孫なり光海君庚戌に生る幼にして詩禮の家敎を承け又谿谷張維、畸菴鄭弘溟に從ひ古文を學ふ仁祖癸酉に登科し經幄に在り啓沃する所多し丙子の後春秋の大義を講し孝宗の眷遇益厚く文衡を典り官吏曹判書に至る其の丙申四十七歲にして歿す謚して文貞と云ふ

○南谷集　六卷二冊　權尙吉著　印本

權尙吉の詩文集にして純祖二十六年丙戌玄孫の收拾印布したるものなり弟尙任の序に尙吉の詩文合して一千餘篇別に虎書集ありしも不幸火に失し此の詩僅に數百篇を存するのみと見ゆ詩、疏、書、雜著、箴、序、記、祭文、墓誌、拾遺、論、策、附錄等を收む

權尙吉　字は子貞、南谷又近裏齋と號す光海君庚戌に生れ乙亥進士に中り仁祖丙子の難崔鳴吉和を主とするを聞き之を斬らんことを上疏し阻せられて果さす顯宗甲寅南谷の精舍に歿す純祖の時特に正卿を贈らる

○竹堂集　一〇巻三冊　申濡著　印本

申濡の詩集にして時期及地名等に依り分類せり

申濡　字は君澤、竹堂と號す高靈の人にして叔舟七代の孫なり光海君庚戌に生れ仁祖庚午進士となり丙子登科し昭顯世子に陪して瀋陽に入り復た使して日本に往く官叅判に至り能文の名あり顯宗乙巳に歿す

○八斯遺稿　二巻一冊　裵幼華著　印本

裵幼華の遺稿なり七代の孫相善之を編次し李太王二十六年己丑に刊行す詩、書、雜著、祭文、附錄等を收む

裵幼華　字は葆隱、八斯軒と號す達城の人痴巖尙益の子なり光海君辛亥に生れ顯宗丁未蔭仕を以て察訪を拜し官主簿に止まり癸丑に歿す文學あり

○松潭集　二巻二冊　李榮仁著　寫本

李榮仁の詩文集にして賦、詩、銘、襍著、傳、疏、書、記、序、祭文等を收む附錄あり行狀を載す

李榮仁　字は汝安、松潭と號す吏判後白の曾孫なり光海君辛亥に生れ顯宗己酉に歿す官宣教郎に止まる經學あり

○久堂集　二〇巻一八冊　朴長遠著　印本

朴長遠の詩文集にして收むる所詩七百八首、疏、箚、啓、辭、箋、敎書、墓誌、行狀、書、論、策問、劄錄、記聞等なり附錄に神道碑銘、諡狀、行狀、言行錄、祭文、挽詞等を載す英祖六年庚戌達城館に於て開刊す

朴長遠　字は仲久、久堂と號す高靈の人なり光海君壬子に生れ幼時外祖沈誢に就いて學ひ神才を以て稱せらる仁祖丁卯生員となり丙子に登科し吏曹、禮曹判書を歷て顯宗辛亥に歿す諡して文孝と云ふ天性純孝にして屢閭に旌せらる又深く性理禮學を究め文章を以て能と爲さす而も其の詩文皆典雅にして誦すへく又著述に富む

○磨鏡軒集　一冊　洪九淵著　印本

洪九淵の詩集にして仁祖十三年父茂績之を開刊し墓誌を附錄とす李植の序あり

洪九淵　字は而靜、磨鏡軒と號す南陽の人にして北汀處亮の子なり光海君壬子に生る幼にして奇才あり仁祖乙亥齡二十

四を以て夭す

○六　谷　遺　稿　六巻五冊　徐　必　遠著　印本

徐必遠の遺稿にして六代の孫榮智の編輯に係る收むる所詩、表、碣、銘、跋、書例、啓辭、疏章、年譜、附錄等なり李太王乙丑に刊行す

徐必遠　字は載邇、六谷と號す扶餘の人萬竹軒益の曾孫なり光海君癸丑に生れ仁祖癸酉進士に中り癸未蔭仕を以て忝奉を拜し戊子文科に登り翰苑に入り銓郎を歴て官兵曹判書に至り顯宗辛亥に歿す謚を貞毅と云ふ清名直節あり

○葵　窓　集　五巻三冊　李　健著　印本

李健の詩文集にして子洮の蒐輯したるものなり第一巻より第四巻に詩第五巻以下に疏、序、跋、墓誌、行狀、雜著等を載す肅宗三十八年壬辰之を刊行す巻尾に附錄あり

李健　字は子强、葵窓と號す仁成君珙の子宣祖の孫なり光海君甲寅に生る仁祖戊辰仁城君罪を以て珍島に謫せらるる時坐して濟州に流配せられ丁丑宥を蒙り海原君に襲封し顯宗壬寅に歿す綺紈公子を以て學を好み詩に巧なり

○明　谷　文　集　三巻二冊　具　崟著　印本

具崟の詩文集にして七代の孫鶴祖、瑾祖等の編輯したるものなり詩、記、箋、表及附錄等を收め李太王光武六年壬寅之を刊行す

具崟　字は次山、明谷と號す綾城の人綾城君淳の玄孫なり光海君甲寅に生れ仁祖戊子進士に中り孝宗壬辰文科に登り官承旨に止まり肅宗癸亥に歿す嘗て澤堂李植の門に入り文學政術を兼ね

○藏　六　堂　集　二巻一冊　趙　龜　錫著　印本

趙龜錫の詩文集にして肅宗戊午子泰東の印布したるものなり詩、祭文、疏、啓、書、簡牘等を收む其の執義時辭職仍陳時弊疏の如き龜錫平日の志節を窺ふに足る尾に南九萬の墓表、陰記及姨弟朴世采の跋を附せり

趙龜錫　字は禹瑞、藏六堂と號す楊州の人にして藥泉啓遠の子、象村申欽の外孫なり光海君乙卯に生れ仁祖乙亥生員となり戊子に登科し顯宗の初年執義を以て脩德行政十一條を疏陳し出てて全羅監司となる後幾もなく事に坐して罷め歸り其

の乙巳に歿す

○歸溪遺稿　二卷二冊　金佐明著　印本

金佐明の遺稿にして收むる所詩、疏、劄、啓辭、敎書、致祭文、序、跋、書後、記事、書、墓表、誌銘、行狀、祭文及自家世系考等なり

金佐明　字は一正、歸溪と號す淸風の人にして潛谷堉の子なり光海君丙辰に生れ幼にして聰明强記倫を絶つ仁祖癸酉進士となり甲申登科し孝宗の時重試に魁たり官輔國吏曹判書に至り顯宗壬子に歿す謚して忠肅と云ふ顯宗廟に配享せらる

○閒隱集　四卷二冊　高汝興著　印本

高汝興の詩文集にして曾孫漢德之を蒐輯し正祖十六年壬子に刊行す收むる所聞見錄、大學輯要、家禮釋義、詩、附錄等なり

高汝興　字は賓擧、閒隱と號す濟州の人なり光海君丁巳に生れ肅宗戊午に歿す魯西尹宣擧の門人にして經學行義を以て稱せられたりと雖處士を以て終れり

○東里集　一六卷五冊　李殷相著　印本

李殷相の詩文集にして肅宗二十八年壬午外孫金鎭華の上梓したるものなり收むる所詩文各體を以てす卽ち詩、疏、劄、辭、表、箋、不允批答、敎書、諭書、序、跋、上樑文、策問、祭文、哀冊文、行狀、墓碣、別稿等なり首に金昌協の序を冠す

○春沼子集　九卷四冊　申最著　印本

申最の詩文集にして門人金錫冑編次し英祖九年癸丑曾孫致謹の印行したるものなり收むる所辭、賦、詩、原、序、記、說、論、傳、疏、書牘、雜著、祭文、誄、墓誌、碣、表、行狀、策、附錄等にして子儀華の四雅子遺稿を尾に附せり

申最　字は季良、春沼と號す平山の人にして樂全翊聖の次子象村欽の孫なり光海君己未に生れ弱冠にして文名あり仁祖戊子大君師傅に薦められ尋て登科し官南床翰林に至り孝宗戊戌に歿す長子儀華字は端明、四雅と號す仁祖十五年喬桐の寓舍に生れ孝宗甲午進士に中り顯宗壬寅槐院に登り權知副正字となり其の年を以て歿す年僅に二十六亦才名あり

○梧灘集　一四卷七冊　沈攸著　印本

沈攸の遺著にして收むる所詩、表、箋、敎書、賀狀、疏、啓、

辭、序、跋、祭文、挽辭、祝文、策、題、行狀等なり

沈攸　字は仲敏、梧灘と號す青松の人にして晴峯東龜の子なり光海君庚申に生れ孝宗庚寅登科し官副提學に至り肅宗戊辰に歿す

○**木齋集**　一三卷七冊　洪汝河著　印本

洪汝河の詩文集にして第一、二卷は詩第三、四卷は疏第五卷は書第六卷は說、論、記事、辨、雜文、傳、策、題、序第七卷は記、跋、箴、銘、頌、贊、上樑文第八卷は祭文、碣銘、墓誌、墓石陰記、墓表第九卷は行狀第十卷は讀書劄記、雜著第十一卷は東史提綱凡例にして第十二、三卷は附錄等なり

○**生老堂遺稿**　三卷一冊　吳孝錫著　印本

著者六代の孫泰圭の蒐輯したるものにして收むる所詩、祭文、表、記、贊、附錄等なり哲宗十一年庚申に刊行す

吳孝錫　字は善詒、生老堂と號す羅州の人道林以久の子なり光海君庚申に生れ肅宗丁丑に歿す明亡ひし後春秋の大義を守りて羅州大明洞に隱居し以て終る尤庵宋時烈大明處士と號す

○**淸溪集**　八卷二冊　洪葳著　印本

洪葳の詩文集にして子天叙の編次したるものなり收むる所詩敎書、不允批答、表、箋、疏、劄、啓、雜著、附錄等にして附錄に金壽恒、金壽興、洪命夏等の祭文を收む肅宗二十一年乙亥之を刊行す

洪葳　字は君實、淸溪と號す南陽の人なり光海君庚申に生れ孝宗庚寅に登科し湖堂に入り後廟薦を以て嶺南伯に任せられ顯宗庚子年四十にして歿す少時舅氏樂靜趙錫胤に就いて學ひ嘗て時弊を疏陳して朋黨を打破せんことを企て將に重用せられんとして果さず

○**歸巖集**　一〇卷五冊　李元禎著　印本

李元禎の詩文集にして所載は詩、疏、狀、書牘、雜著、序、記、跋、文、誌、狀及附錄等なり肅宗戊戌後に刊行す

李元禎　字は士徵、歸巖と號す廣州の人洛村道長の子なり光海君壬戌に生れ仁祖戊子司馬に中り孝宗壬辰文科に登り文任を歷て官吏曹判書に至り肅宗庚申に獄死す

○松溪集　八卷三冊　李 濬著　印本

麟平大君李濬の詩文集なり英祖四十九年癸巳玄孫鎭翼に命して遺稿を進めしめ校書館に於て刊行す收むる所詩、疏、劄、書啓、呈文、祭文、雜著及燕途紀行日錄等にして附錄一卷あり

李濬　字は用涵、松溪と號す仁祖の子孝宗の弟なり光海君壬戌に生れ麟坪大君に封せらる偶ま國家多難清の壓迫日に加はるに臨み屢使命を膺け功を社稷に樹つ且詩律清麗貴人の口氣に似す才藝の超倫を窺ふへし孝宗戊戌に歿す諡して忠敬と云ふ

○西巖遺稿　一卷一冊　李 震 白著　印本

李震白の詩文集にして子澤沆等の蒐輯したるものにして收むる所詩、儷文、哀詞、雜著、科製詩、科製表、附錄等なり

李震白　字は太素、西巖と號す全州の人宣城君茂生七世の孫なり光海君壬戌に生れ孝宗丁酉進士に中り顯宗甲辰蔭仕を以て叅奉に拜し官同知中樞府事に止まり肅宗丁亥に歿す詩名あり筆法又一家體を成す居官の時清白を以て稱せらる

○虛白堂詩集　三卷一冊　釋 明 照著　印本

明照禪師の詩文を輯錄したるものにして詩三卷文六篇あり門下南印顯宗十年己酉に之を刊行す

釋明照　虛白堂と號し仁祖丁卯丙子の際僧軍四千餘を領し義粟數百餘石を募り軍餉を優にし嘉善大夫義僧都大將の牒を受く顯宗辛丑の年に寂す

○泛翁集　三卷三冊　洪 柱 國著　印本

洪柱國の詩文集にして肅宗十二年丙寅子萬選か農巖金昌協に刪定を乞ひ上梓したるものなり收むる所詩、應製錄、附錄等にして子萬選の臨湖遺稿を附せり

洪柱國　字は國卿、泛翁又竹里と號す豐山の人にして慕堂履祥の孫月沙李廷龜の外孫なり仁祖癸亥に生れ戊子進士に中り顯宗壬寅登科し掌令となり尋て禮曹叅議に至る仁祖大妃國恤の事に關し奏議して劾せられ久しく錮籍に罹りしか肅宗己未安岳縣監となり肅宗庚申に歿す幼にして穎悟類を絕ち鄭畸翁に就いて學ひ特に詩を以て聞えたり其の子萬迪字は士吉、臨湖と號す亦能く文事に長す

○谷雲集　六卷三冊　金壽增著　印本

金壽增の詩文集にして其の歿後十七年從子三淵昌翕輯印す各體詩、家記、書、祭文、狀、誌、雜著等を收む雜文中に法性傳、武金事實等あり

金壽增　字は延之、谷雲又雲水居士と號す安東の人にして壽興の兄なり仁祖甲子に生れ孝宗庚寅進士となり官工曹叅判に至る肅宗乙卯弟壽恒宋時烈と共に竄せらるるや禍に坐す後俗塵を避けて春川の谷雲に卜居し文墨を友とし年七十二にして歿す

○暘谷集　四卷二冊　吳斗寅著　印本

吳斗寅の詩文集にして英祖二十二年子泰周、女婿李綍と謀り之を刊行す收むる所詩、疏、劄、文、應製文、記、祭文、襍著附錄等なり

吳斗寅　字は元徵、暘谷と號す海州の人天坡翽の子なり仁祖甲子に生れ戊子司馬に中り己丑文科に登り官判書に至る肅宗己巳閔妃を廢するや李世華、朴泰輔と共に諫めて栲せられ遠竄の途に歿す後領議政を贈られ謚して忠貞と云ふ

○畏齋集　二卷六冊　李端夏著　寫本

李端夏の詩文集にして各體詩、疏、劄、應製文、序、記、跋、書、墓文、行狀、謚狀、言行錄、遺事、祭文、雜著等を收む

○松月齋集　七卷三冊　李時善著　印本

李時善の遺集にして荷華兩篇は其の自編に係る戊辰孫仁求仁堂仁山等か李光庭に編次を託して刊行せしものなり詩、書、祭文及雜篇を收め行狀、墓碣銘、墓誌等を附錄とす

○竹西集　四卷二冊　李敏迪著　印本

李敏迪の文集にして肅宗十年甲子子師命か湖南を按する時刊出せしものなり收むる所疏、劄、家狀、程文等なり

李敏迪　字は惠仲、竹西と號す白江敬輿の子にして宗室の系に出つ仁祖乙丑に生れ丙戌進士となり孝宗丙申殿試壯元に捷ち官大司憲に至り顯宗癸丑に歿す

○退憂堂集　一〇卷五冊　金壽興著　印本

金壽興の詩文集にして肅宗三十六年庚寅女婿李喜朝之を收輯

し子昌說之を刊出す載する所詩、疏、劄、啓、議、書牘及雜著等なり

金壽興　字は起之、退憂堂と號す安東の人淸陰尙憲の孫なり仁祖丙寅に生れ戊子進士となり孝宗乙未登科し翌年重試に中り弟壽恒と聯璧の稱あり顯宗癸丑右相を拜せしも其の昇遐と共に春川に謫せらる肅宗の初年釋放せられて還り庚申復官せしも己巳尤庵か元子冊立に關して濟州に竄せらるるや之に坐して長鬐に貶せられ翌年庚午其の地に歿す 諡して文翼と云ふ

○月洲集　五卷三冊　蘇斗山著　印本

蘇斗山の詩文集にして五世の孫洙憲之を蒐輯し裔孫等刪定刊行す收むる所詩、疏、書、雜啓、附錄等なり李太王丙寅に刊行す

蘇斗山　字は望如、月洲と號す晉州の人同知中樞府事東鳴の子なり仁祖丁卯に生れ孝宗壬辰進士に中り顯宗庚子文科に魁し官平安兵使に止まり肅宗癸酉に歿す

○老峯集　三卷六冊　閔鼎重著　印本

閔鼎重の詩文集にして英祖十年甲寅従子丹巖鎭遠之を編す辭賦、詩、疏、劄、書、行狀等を收め附錄として筵中說話、啓牒、狀啓、祭文、墓表、遺事等を載す

閔鼎重　字は大受、老峯と號す驪興の人監司光勳の子なり仁祖戊辰に生れ少時學を市南俞棨に受け戊子進士となり己丑文科に魁たり三司吏郎を歷て官左相に至る諡して文忠と云ふ孝宗の時宋浚吉宋時烈と齊しく重用せられ時烈の禍に遇ふや每に之に同坐し肅宗己未長興に己巳碧潼に貶謫せられ遂に壬申碧潼の配所に歿す

○壺谷集　一八卷九冊　南龍翼著　印本

南龍翼の詩文集にして詩各體及扶桑錄、詩文、燕行錄、課製錄、儷文、疏、劄、啓、序、記、跋、祭文、行誌、墓誌、碣表、雜著等を收む十一、十二卷扶桑錄には日本に關する詩文多し

南龍翼　字は雲卿、壺谷と號す宜寧の人なり仁祖戊辰に生れ丙戌進士となり戊子庭試に登り選はれて湖堂に入る孝宗丙申重試壯元に擧けられ肅宗の時元子冊立に關して抗言し其の己巳西人の黨禍に遇ふや明川に遠竄せられ壬申に歿す諡して

文憲と云ふ官吏曹判書大提學に至る

○靜觀齋集 二四卷一〇冊 李端相著 印本

李端相の詩文集にして肅宗八年壬戌子喜朝か北伯尹趾善に編次を請ひ印出したるものなり原集は詩及應製文、疏、啓、書、序、跋、祭文、公移、行狀、碑銘、墓表等を收め別集は詩、書、附錄、世系圖、年譜等を載す

李端相 字は幼能、靜觀齋と號す延安の人にして月沙廷龜の孫、白洲明漢の子なり仁祖戊辰に生れ戊子進士となり己丑登科し選はれて湖堂に入り三司を歷て副提學に至り顯宗己酉に歿す文貞と謚し正卿を贈らる文獻の家に生れ幼にして警穎絕倫長して學行愈進み時望愈著れしも天壽を完うせす

○汾厓集 三卷二冊 申晸著 寫本

申晸の詩文集にして收むる所詩、疏、劄、啓、辭、行狀、誌銘、碑銘、墓表、祭文、應製文、賦、雜著、附錄等なり

申晸 字は寅伯、汾厓と號す平山の人東江翊全の子なり仁祖戊辰に生れ戊子生員、進士に中る顯宗甲辰文科に登り銓郎を歷て官禮判に至り肅宗丁卯に歿す象村欽の子東淮翊聖の孫にして幼より家學を承繼し文學政事を以て一世に推重せらる

○明齋遺稿 五一卷二六冊 尹拯著 印本

尹拯の遺稿にして英祖八年壬子從孫東洙之を編成す原集四十六卷二十三冊別集四卷二冊目錄一卷一冊合せて五十一卷二十六冊あり第一卷以下第四卷に辭、賦、詩第五卷以下第八卷に疏、狀、書、啓第九卷以下第二十九卷に書第三十卷及第三十一卷に雜書第三十二卷以下第四十六卷に銘、序、記、跋、祝告文、書院祝文、墓表其の他を收め別集には專ら宋時烈と往復せし書を收む

○文谷集 二六卷一四冊 金壽恒著 印本

金壽恒の詩文集にして子昌集及昌協之を刪定し肅宗二十二年壬午芸閣活字を以て印行し越えて三年壬午安世徵靈光に宰たりし時增刪して上梓せり載する所詩、疏、劄、啓、議、碑銘墓表、行狀、祭文、頒教文、冊文、教命文、傳旨、表、箋、上樑文、序、記、題、跋、雜著、書牘等なり

○楓溪集 三卷一冊 李景華著 印本

李景華の詩文集にして六代の孫東奎の蒐輯に係り李太王五年戊辰に刊行す詩、疏等の外附錄あり

李景華　字は汝夏、楓溪と號す振威の人愛日堂宗彥の孫にして尤庵宋時烈の門下なり仁祖己巳に生れ顯宗庚子生員に中り肅宗丙戌に歿す

○錦江集　六卷二冊　張　璒著　印本

張璒の詩文集にして英祖四十八年朴履章等協力刊行せしものなり載する所詩、書、記、疏、祭文、狀誌、附錄等なり

張璒　字は仲溫、錦江と號す仁祖己巳に生れ肅宗の時學行を以て薦められ忝奉を拜し官縣監に至る居常孝友鄕黨の矜式たり官に居るや亦實心直行苟も本領を曲けす辛卯に歿す

○霽月堂集　七卷四冊　宋奎濂著　印本

宋奎濂の詩文集にして玄孫基鼎の蒐輯したるものなり收むる所辭、詞、詩、疏、啓、行狀、墓誌、墓碣、祭文、序、上樑文、銘、雜著、附錄等にして純祖己卯に刊行す

宋奎濂　字は道源、霽月堂と號す恩津の人松潭柟壽の曾孫なり仁祖戊午に生れ戊子進士に中り孝宗甲午文科に登りて翰苑に入り官禮曹判書に至り肅宗己丑に歿す經術文行を以て同春宋浚吉、尤庵宋時烈と名を齊うし三宋と謂ふ

○南溪集　一三五卷五六冊　朴世采著　印本

朴世采の詩文集にして正集八十七卷外集十六卷續集二十二卷あり詩、疏、劄、啓、議、書啓、書、答問、雜著、史論、序、記、跋、銘、箴、昏書、上樑文、祝文、祭文、碑、碣、表、誌、行狀、傳、年譜、公移等を收む

○德浦遺稿　四卷二冊　尹　搢著　印本

尹搢の遺稿を集めたるものにして玄孫憲圭之を編次し純祖三十三年癸巳に刊行す收むる所詩、疏、書、雜著、祭文、科體論、策、附錄なり

尹搢　字は子敬、德浦と號す坡平の人童土舜擧の子なり仁祖辛未に生れ孝宗壬辰生員に中り顯宗壬寅蔭仕を以て氷庫別提を拜し丙午文科に魁たり官副提學に止まり肅宗戊寅に歿す

○損菴集　八卷四冊　趙　根著　印本

趙根の詩文集にして英祖己巳從子榮祏の編刊したるものなり

疏、雜著、詩等を集め附錄として年譜、遺事、祭文等を收む

趙根　字は復亨、損菴と號す咸安の人初名は之藺字を謙仲と云ふ漁溪旅の後にして同知逢源の子なり仁祖辛未に生れ庚寅生員となり顯宗丙午文科に登第して校理に擧けらる嘗て尤庵宋時烈に師事す肅宗五年宋尙敏の獄事に坐して慶興に遠竄せられ幾もなく釋放を受け歸途に病死す

○南岳集　六卷三冊　趙宗著著　印本

趙宗著の詩文集にして肅宗六年甲申子儀徵、儀祥等の編次刊出したるものなり載目は詩、序、記、書、祭文、疏、墓文、敎書、上樑文、對策、賦、雜著等にして墓誌銘一篇を尾に附す

趙宗著　字は斐叔、漢陽の人なり初め艮齋と號す晩に終南山下の靑鶴洞に卜居し因て南岳と改む仁祖辛未に生れ顯宗の時登科し官淮陽府使に止まり肅宗庚午に歿す記性人に過ぎ特に史學に長し歷代の沿革、典故、法律より山川の狀態險易等に至るまで悉く通曉せざるなし

○琴湖遺稿　五卷一冊　李志傑著　印本

李志傑の遺稿にして南九萬及崔錫鼎の抄定に係る收むる所詩各體、奮筮錄、百年錄、丙舍錄、芹宮錄、擢提錄、靑坡錄、西湖錄、拾遺等なり

李志傑　字は季夫、琴湖と號す碧珍の人忠肅公尙吉の從孫なり仁祖壬申に生れ進士を以て蔭仕を授けられ外職を經て官僉知中樞に至り肅宗辛巳に歿す文行を以て盛名あり其の子世瑾官參判に至る

○芝湖集　十三卷六冊　李選著　印本

李選の詩文集にして收むる所詩、疏、劄、啓辭、書啓、獻議、書、雜著、序、跋、贊、祭文、墓誌、行狀、行錄、遺事、傳等なり哲宗七年丙辰に刊行す

○西河集　十七卷八冊　李敏敍著　印本

李敏敍の詩文集にして辭、賦、詩、律、疏、劄、辭、箋、冊文、敎書、批答、祭文、序、跋、策、題、上樑文、記、雜著、銘、表、傳、行狀、書牘等を載せ尾に家狀を附せり

李敏敍　字は彝仲、西河と號す全州の人にして白江敬輿の子なり仁祖癸酉に生れ孝宗壬辰に登科し兄竹西敏廸と迭に詩

名あり官吏曹判書に至り文衡を典り肅宗戊辰に歿す謚して文簡と云ふ

○瑞　石　集　一六卷九冊　金萬基著　印本

金萬基の詩文集にして肅宗二十七年辛巳孫春澤の檢校印出したるものなり收むる所詩、序、記、跋、祭文、雜文、箴、箋、批答、敎書、上樑文、哀冊文、告祭文、致祭文、策文、書、啓、疏、謚狀、誌碣、表、附錄、敎書、祭文、碑銘、家狀等なり

金萬基　字は永叔、瑞石又靜觀軒と號す光州の人にして沙溪長生の曾孫なり仁祖癸酉に生れ五歳の時父益兼淸人の難に殉節して孤となり外祖尹塤に就きて學ひ孝宗壬辰進士となり翌年登科し領敦寧府事兼大提學を拜す國舅たるを以て肅宗の初光城府院君に封せらる庚申の變訓鍊大將となり軍門に入りて功あり許堅等誅に伏するや保社功臣に錄せられ丁卯に歿す謚して文忠と云ふ領相を贈られ顯宗廟庭に配享せらる

○敝　帚　遺　稿　四卷二冊　任弘亮著　印本

任弘亮の遺稿にして六代の孫聖模の蒐輯に係る收むる所詩、書、雜著、序、跋、上樑文、祭文、行狀等なり李太王五年戊辰に刊行す

任弘亮　字は士寅、敝帚と號す豐川の人司藝義の孫なり仁祖甲戌に生れ孝宗丁酉進士に中り顯宗壬寅文科に登り官牧使に止まり肅宗丁亥に歿す

○一　峰　集　一三卷七冊　趙顯期著　印本

趙顯期の遺稿にして收むる所詩、錄、銘、書、序、雜著、祭文、疏、論、行狀、行錄、封事、別集等なり附するに子正緯の一默軒遺稿、行狀、雜著等を以てす

趙顯期　字は揚卿、一峰と號す林川の人郡守時馨の子なり仁祖甲戌に生れ肅宗丙辰薦を以て義禁府都事に除せられ官府使に止まり乙丑に歿す

趙正緯　字は象之、一默軒と號す一峰の第一子なり孝宗己亥に生れ肅宗辛酉進士に中り甲戌文科に登りて翰苑に入り官正言に止まり癸未に歿す

○息　庵　遺　稿　一三卷三冊　金錫冑著　印本

金錫冑の詩文集にして肅宗二十三年丁丑門人洪璛之を編刊す

收むる所詩、書、序、記、傳、說、跋、疏、箚、啓辭、收議、書、狀、祭文、應製錄、雜著、誡、銘、策、日錄、誌狀、碣、表、碑、賦、箋、殿策、執策等なり

○楓厓遺稿　三卷一冊　金必振著　印本

金必振の遺稿を集めたるものにして詩各體、序、祭文、言行錄、科體賦、附錄等あり

金必振　字は大玉、楓厓と號す慶州の人野塘南重の子なり仁祖乙亥に生れ孝宗丁酉進士に中り顯宗己酉蔭仕を以て氷庫別檢を拜し官府使に止まり肅宗辛未に歿す文識淹博にして又筆名あり

○雩沙集　一〇卷三冊　李世白著　印本

李世白の詩文集にして詩、疏、箚、啓、議、行狀、墓表、記、跋、表、箋、敎書、祭文、祝文等を收む肅宗三十八年壬辰に刊行す

李世白　字は仲庚、雩沙と號す龍仁の人なり仁祖乙亥に生れ孝宗八年丁酉進士となり肅宗元年乙卯文科に登第し吏曹判書を經て戊寅右相を拜し尋て左議政に陞され癸未に歿す謚を忠正と云ふ己巳一時退きて楮島に處り優遊漁釣し觀復齋金崇謙の風を慕ふ後京に還るに及ひ追懷の情禁する能はす竟に雩沙を以て號と爲す

○竹室集　四卷二冊　任弘望著　印本

任弘望の詩文集にして憲宗十年甲辰七代の孫憲晦之を編刊す詩、疏、啓、跋、祭文、墓表、墓誌、行錄、雜書及年譜、行狀等を收め雜書は甲己錄、先蹟雜記等にして甲己錄は經筵日記なり憲晦附言して云ふ本書の外に全集ありしと雖回祿の災に罹りて餘すなし無名傳、築城設鎭方略等の作傳ふへくして傳はらすと

任弘望　字は德章、竹室居士と號す豐川の人なり仁祖乙亥に生れ丁酉生員會試を歷て丙午別試文科に登第し槐院に入る庚申通政大夫を拜して濟州牧使となり乙丑禮曹叅議となりしか尋て黃海監司を拜し後忠淸監司及慶州府尹となり出てて牧民に力むること數年乙未知中樞府事を拜し耆社に入り肅宗乙未に歿す

○鰲亭逸稿　二卷一冊　金邦翰著　印本

金邦翰の文集にして上巻は疏、策、襍著、序、記、祝文、哀辭等下巻は附錄なり明治四十四年辛亥後孫時駿之を刊行す

金邦翰　字は公瀚、鰲亭と號す月城の人なり仁祖乙亥に生れ肅宗丙辰司馬に中り丁丑に歿す

○寬谷集　五巻二冊　金起泓著　寫本

金起泓の詩文集なり第一、二巻は文第三巻は詩第四五巻は實記等にして北咸に關する記事多し李太王三十二年乙未傍孫英哲等之を編成す

金起泓　字は元潛、寬谷と號す完山の人なり仁祖乙亥に生れ肅宗の時に歿す

○葵亭集　七巻二冊　申厚載著　印本

厚載の詩文集にして一巻より六巻に詩七巻に雜著、序、記、辭、贊、箴、頌、祭文、敎書、表、箋、疏、劄、碣銘等を收む丁範祖刪定し正祖二年戊戌孫思爽の刊行したるものなり

申厚載　字は德夫、葵亭と號す平山の人正郎恒耆の子なり仁祖丙子に生れ顯宗庚子進士を以て文科に登り官判尹に至り肅宗乙卯に歿す

○西浦集　一〇巻二冊　金萬重著　印本

金萬重の詩文集にして子鎭華か義城縣令たる時刊行す載する所詩、疏、劄、啓、祭文、樂章、批答、敎書、玉冊文、表、箋、序、跋、記錄、行狀等なり

○恬軒集　三五巻一〇冊　任相元著　印本

任相元の詩文集なり第一巻以下第二十五巻を詩集とし第二十六巻以下は文集にして疏、劄、啓、論、記、序、雜著、碑銘、墓表、墓誌、行狀、祭文等を收む

任相元　字は公輔、恬軒と號す豐川の人にして竹厓說の後なり仁祖戊寅に生れ顯宗乙巳文科狀元に捷ち肅宗の時重試に登り累官禮曹判書に至り丁丑に歿す詩を以て知らる

○泛虛亭集　七巻二冊　宋光淵著　印本

宋光淵の詩文集にして詩三百七十首と文九十五首とを收む孫寅明の編次印行したるものなり

宋光淵　字は道深、泛虛亭と號す礪山の人にして雪村時喆の子なり仁祖戊寅に生れ顯宗丙午文科に登り官吏曹參判に至

りて致仕し室を高陽の杏湖に築き亭に泛虚の二字を扁して優遊風月を樂しむ肅宗乙亥に歿す

○拙修齋集　三卷六冊　趙聖期著　印本

趙聖期の詩文集にして詩、書、辨、說、行狀、祭文、論文、附錄等を收載し末に庚寅奉化縣刊太白山覺華寺藏と附記す蓋し肅宗庚寅なるへし雜著中に退溪、栗谷四端七情人道理氣說、後辨理氣說等あり

趙聖期　字は成卿、拙修齋と號す林川の人知足堂之瑞六世の孫にして一峰顯期の弟なり仁祖戊寅に生れ孝宗の時進士となり文科に登第す學問深遠常に心を格物致知に竭せり肅宗己巳に歿し司憲府執義を贈らる

○止觀齋遺集　一冊　朴銑著　印本

朴銑の遺稿にして子師漢の蒐輯したるものなり詩、雜文、附錄等を收む

朴銑　字は晦叔、止觀齋と號す高靈の人久堂長遠の子なり仁祖己卯に生れ孝宗丁酉進士に中り顯宗甲寅洗馬を授けられ官郡守に至り肅宗丙子に歿す名家の肖子にして文學行義を以て稱せらる

○迂齋集　二卷五冊　趙持謙著　印本

趙持謙の詩文集にして詩、疏、啓辭、序、記、頌、箋、教書、供辭、勸善文、上樑文、祭文、誌狀等を收め附錄あり

○楓溪集　三卷一冊　釋明詧著　印本

僧明詧の詩文集にして肅宗三十六年庚寅其の高足聞侑の蒐輯刊行したるものなり詩、上樑文、記、說、序、祝詞、疏、銘、祭文、行狀等を收む

釋明詧　字は醉月、楓溪と號す姓は朴氏密陽の人判書季賢の曾孫なり仁祖庚辰に生れ十一歲にして出家し春川清平寺義天大師より受具し十三歲金剛山に入り義諶大師に就き修道し肅宗戊子伽倻山白蓮菴に於て示寂す

○直齋集　一〇卷五冊　李箕洪著　印本

李箕洪の詩文集にして李太王丁亥七代の孫承根の蒐輯刊行したるものなり詩、疏、書、序、記、跋、雜著、祭文、墓誌、墓碣、墓表、行狀、附錄等を收む

李寅洪　字は汝九、直齋と號す全州の人龜川君晬の曾孫なり仁祖辛巳に生れ肅宗丁卯參奉を拜し甲戌遺逸を以て薦められ侍講院諮議を歷て官執義に止まり戊子に歿す宋時烈に師事し時烈罪竄の時屢抗疏して匡救する所あり北道會寧に竄せられ幾もなく宥を蒙る

○博泉集　三三巻五冊　李沃著　印本

李沃の遺稿にして肅宗四十六年庚子子萬維編次刊行す文集八巻に賦、疏、劄、啓、序、記、說、論、行狀、謚狀、碑銘、祭文等を收め附錄一巻補遺二巻あり詩集は北匿錄より上洛錄に至る十八巻にして又補遺二巻あり而して別集二巻には修省便覽、務本圖說等を收む

李沃　字は文若、博泉と號す延安の人芹谷觀徵の子なり仁祖辛巳に生れ顯宗辛丑文科に登り官大司憲に至る

○寒水齋集　三四巻二四冊　權尙夏著　印本

權尙夏の詩文集にして英祖三十七年辛巳門人韓元震、尹鳳九等遺稿を校讐し外曾孫黃仁儉之を刊行す載する所詩、疏、書啓、收議、書、雜著、通文、呈文、語錄、序、記、題、跋、贊、祭文、告文、祝文、哀辭、碑碣、誌狀等なり

權尙夏　字は致道、遂菴又寒水齋と號す安東の人なり仁祖辛巳に生る尤菴宋時烈の高弟にして顯宗壬寅進士に中り後遺逸を以て薦められ官右議政に至り謚を文純と云ふ天姿高明學問醇篤にして師傳の正統を繼ぎ晩に黃江の下に卜築して學徒と講討す故に世人黃江先生と稱す

○壺隱集　六巻二冊　洪受疇著　印本

洪受疇の詩文集にして子禹哲の編輯したるものなり一巻より四巻は詩、疏、不允批答、敎書、箋、致祭文、祭文、雜著五巻は科體詩、科體表及科策等を收め六巻は附錄にして諸家の挽詞、致祭文を載し景宗二年壬寅從姪禹傳慶尙道觀察使たる時に刊行す

洪受疇　字は九言、壺隱と號す南陽の人安分齋處尹の子なり仁祖壬午に生れ蔭仕を以て縣令を拜し肅宗壬戌文科に登り官兵曹參判に止まり甲申に歿す詩と四六文を以て盛名あり明齋尹拯人言に遭ひし時上疏して救護する所あり北道慶興に謫せられしか幾もなくして宥さる

○遁翁集　七卷三冊　韓汝愈著　印本

韓汝愈の詩文集にして詩、箴、銘、雜著、經史、記疑、雜圖辨解、題後、論等を收め世系、年譜、行狀等を附錄とす純祖の時後孫弼悌之を刊行す

韓汝愈　字は尙甫、遁翁と號す嶺南の人なり仁祖壬午に生れ夙に徐花潭、宋尤庵の道を悅ぶ易に於て最も造詣あり肅宗己丑に歿す英祖の時特に持平を贈らる

○鶴庵集　六卷三冊　崔愼著　印本

崔愼の遺集にして七代の孫擎祖の蒐輯したるものなり詩、疏、供辭、序、書、聞見錄、祭文、附錄等を收め李太王二十一年甲申九代の孫秉鎭之を刊行す

崔愼　字は子敬、鶴菴と號す海州の人知中樞府事山厚の子なり仁祖壬午に生れ肅宗庚申に叅奉を授けられ縣監を經て己丑に歿す李太王壬午吏曹判書を贈り謚を文簡と云ふ

○禮谷集　二卷一冊　具文游著　印本

具文游の詩集にして李太王光武五年辛丑六代の孫然升之を刊行す

具文游　字は士雅、禮谷と號す綾城の人明谷垈の子なり仁祖甲申に生れ肅宗庚午進士に中り四山監役を授けられ官翊贊に止まり戊戌に歿す

○懶隱集　一〇卷六冊　李東標著　印本

李東標の詩文集にして玄孫漢膺の蒐輯したるものなり收むる所詩、疏、劄、啓、書、序、記、雜著、上樑文、祝文、祭文、行錄等なり李太王庚辰之を刊行す

李東標　字は君則、懶隱と號す眞寶の人參奉三馨の孫なり仁祖甲申に生れ肅宗乙卯生員に中り癸亥文科に魁たり舍人を歷て官承旨に止まり庚辰に歿す英祖辛酉吏曹判書を贈られ謚を忠簡と云ふ退溪李滉の旁孫にして經學文章の外正意直諫を以て一世に推重せられ小退溪の稱あり

⊙西坡集　三〇卷一五冊　吳道一著　印本

吳道一の詩文にして英祖五年己酉第三子遂煒永柔郡守たる時鐵字を以て印出す詩賦八卷、疏劄、奏議八卷、序、記、雜著二卷、祭祝文二卷、書二卷、狀、銘、表、誌二卷、館閣文一卷、

雜識一巻、困得編二巻外に附錄二巻あり

吳道一　字は貫之、西坡と號す海州の人なり仁祖乙酉に生れ顯宗癸丑文科に及第し官大提學に至り肅宗癸未に歿す

○睡谷集　一九巻一〇冊　李　畬著　印本

李畬の詩文集にして詩及疏劄、筵奏、冊文、敎文、樂章、祭文、序、記、跋、論、雜著等を收載す

李畬　字は治甫、睡谷又浦陰と號す德水の人澤堂植の孫なり顯宗壬寅生員となり肅宗庚申に登科し文衡を典りて官左議政に至り戊戌に歿す諡して文敬といふ

○養窩集　一三巻一三冊　李世龜著　寫本

李世龜の詩文集にして收むる所詩、疏、書、說、祭文、墓誌、墓表、家狀、跋、題書後、識、傳、贊、序、銘、雜著等なり

李世龜　字は壽翁、養窩と號す慶州の人白沙恒福の曾孫なり仁祖丙戌に生れ顯宗壬子進士に中り蔭仕を以て官牧使に至り遺逸を以て薦められ掌令となり肅宗庚辰に歿す經術文行を以て盛名あり其の子雲谷光佐は一代の名相にして世人之を山河間氣と稱す

○絅菴集　八巻四冊　申　琓著　印本

申琓の遺稿にして孫暻の蒐輯に係る收むる所賦、辭、詩、疏、劄、啓、議、家狀、諡狀、墓誌銘、墓碣銘、祭文、哀辭、雜著、書牘等なり英祖四十二年丙戌之を刊行す

申琓　字は公獻、絅菴と號す平山の人領相景禛の曾孫なり仁祖丙戌に生れ顯宗壬子文科に登り副提學を歷て官領相に至り平川君に襲封せられ肅宗丁亥に歿す諡を文莊と云ふ文章を以て當時に推重せらる

○厚齋集　五〇巻二五冊　金　榦著　印本

金榦の詩文集にして原集四十六巻は詩、疏、奏、劄、啓、議、書、經義、禮疑、經書劄記、雜著、序、記、跋、銘、箴、贊、婚書、上樑文、祝文、祭文、碑文、墓誌、碣、行狀、諡狀、傳等別集四巻は疏、書、雜著等なり

金榦　字は直卿、厚齋と號す清風の人正郎沙川克亨の孫なり仁祖丙戌に生れ肅宗甲戌學行薦を以て氷庫別提を拜し諸議進善、贊善、都憲を歷て英祖壬子に歿す官右叅贊に至り諡を文敬と云ふ南溪世采の門に入り學問贍博にして壽は九耋に至

り一時の墓道文字多く其の手より出つ

○是窩遺稿　八卷三冊　韓泰東著　印本

韓泰東の詩文集にして英祖五十一年乙未孫德弼の編刊したるものなり載する所賦、詩、疏、啓、序、記、跋、雜著、教書、批答、祭文、策問、上樑文、墓誌、行狀及科體義、賦、策、附錄等なり

韓泰東　字は魯瞻、是窩と號す淸州の人掌令續の子なり仁祖丙戌に生れ顯宗丙午生員となり己酉文科壯元に捷ち官應教に止まり肅宗丁卯に歿す

○東岡遺稿　八卷二冊　崔是翁著　印本

崔是翁の遺稿にして一卷は詩二卷は書三卷は禮說四卷は序、記、贊、辨五卷は祭祝文六、七卷は墓文、行狀八卷は附錄なり哲宗戊午後孫之を刊行す

崔是翁　字は漢臣、號は東岡、朔寧の人鰲洲徽之の子なり仁祖丙戌に生れ年三十を過ぎ遂に擧業を絕ち明齋尹拯の門に遊學す南溪朴世采之を見て經行を以て薦し持平を特授せられ官僉知中樞事に至る英祖庚戌に歿す

○明谷集　三四卷一七冊　崔錫鼎著　印本

崔錫鼎の詩文集にして景宗元年辛丑門人趙泰億慶尙道觀察使たる時刊行す載する所詩、賦、序、引、記、騈儷、祭文、箴、銘、贊、雜著、題、跋、書牘、疏、箚、收議、誌狀等なり

○游齋集　二四卷八冊　李玄錫著　印本

李玄錫の詩文集にして第一卷より第十一卷に坡西錄、隨城錄、舟橋錄、禁中錄、北征錄、東征錄、鐵城錄、優錄遊、南征錄、花山錄、嶺南錄、南隱錄、聞韶錄、東遊錄、寒暑錄、築城錄、閑居錄、鶴城錄等の詩第十二卷以下第二十四卷に疏、書、序、跋、祭文、記、說、雜著、易義窺斑、讀書雜錄、觀省雜錄等を收む

○藥圃集　二卷二冊　鄭吾道著　印本

鄭吾道の遺稿にして玄孫東璉之を蒐輯し純祖甲子に刊行したるものなり

鄭吾道　字は一貫、藥圃と號す河東の人孝友齋績の曾孫なり仁祖丁亥に生れ肅宗庚寅才行を以て薦められ特に僉知中樞府事を授けらる英祖丙辰に歿す尤庵宋時烈の門下にして肅宗己

巳廢妃の時上疏し直聲を獲たり

○芸齋遺稿　二巻一冊　李坪著　印本

李坪の詩文集にして詩一巻文一巻附するに家乘と諸人の誌狀遺事、記述を以てし尾に從弟埴の魯谷遺稿を添ふ英祖四十六年庚寅族弟孫瀜慶尙觀察使たりし時編刊す

李坪　字は對山、號は芸齋或は芸谷と稱す德水の人縣監喜相の子なり仁祖戊子に生れ肅宗甲子司馬に中り戊寅恭奉に補せられ官縣監に止まり癸巳に歿す

李埴　字は載叔、魯谷と號す李坪の從弟にして亦詞才あり

○丈巖集　二六巻一五冊　鄭澔著　印本

鄭澔の遺稿にして子義河之を編輯し孫宗之を刊出す詩、疏、劄啓、議、書、經義問答、讀書漫錄、誌、碑、碣、表、諡狀、行狀、祭文、序、記、跋、雜著等を收む

鄭澔　字は仲淳、丈巖と號す延日の人にして松江澈の玄孫なり仁祖戊子に生れ肅宗壬戌進士となり甲子登科し景宗辛丑の士禍に罹りて翌壬寅楚山に謫せられ放釋歸還し夢窩金昌集を祭る文を作りて復た薪智島に流さる英祖乙巳右相を拜し尋て領議政に至り上劄して壬寅士禍に罹りし諸士の伸寃に力めたり其の丁未又事に坐して榮川に竄せられしか謫に在ること一年有餘己酉耆社に入り丙辰に歿す諡して文敬と云ふ

○夢窩集　一〇巻五冊　金昌集著　印本

金昌集の詩文集にして洪鳳漢の出捐に依り英祖三十四年戊寅子濟謙の次子元行の編刊したるものなり辭、詩、疏、劄、議等を收め濟謙の詩文若干を附す

○滄溪集　二七巻一四冊　林泳著　印本

林泳の詩文集にして詩、疏、書、教書、箋、祭文、記、序、跋、雜著、上樑文、墓文、行狀、經筵錄、劄錄、日錄等を收む附錄に祭文、挽詞等を載せり

林泳　字は德涵、滄溪と號す羅州の人なり正祖己丑に生れ顯宗辛亥登科し選はれて湖堂に入り官大司憲に至り肅宗丙子に歿す學行醇篤にして文章亦博雅なり

○槎川詩集　二巻一冊　李秉淵著　印本

李秉淵の詩集にして洪樂純の跋あり秉淵の手抄せしもの若干

首を増し合せて五百餘篇と爲し之を刊行したるものにして其の全集の行はるるは後の君子を俟つと云へり正祖二年戊戌の出版なり

李宗淵 字は一源、槎川と號す仁祖の時の人なり詩を以て一世に鳴り享年八十餘英祖の時に歿す

○養正齋集 一册 金道凝著 印本

金道凝の詩文集にして詩各體及四六文數編を蒐輯す哲宗の時七代の孫顯龜之を編校刊行す

金道凝 養正齋と號す金海の人左尹守玄の子なり

○白谷集 一册 釋聖能著 印本

僧聖能の文集にして收むる所疏、序、記、說、跋、書、行狀、碑銘、祭文、諭善文等なり

○龜厓集 六卷三册 李琓著 印本

李琓の詩文集にして收むる所詩、書、雜著、銘、上樑文、祝文、祭文、哀辭、墓誌、行狀、行蹟、記聞、附錄等なり

李琓 字は粹彥、龜厓と號す全州の人縣監成立の曾孫なり孝宗庚寅に生れ英祖壬子に歿す學行を以て一鄕に推されしと雖山林に老死して當世に用ひられず

○農巖集 三六卷二〇册 金昌協著 印本

金昌協の遺稿にして原集三十六卷に賦、詩、疏、劄、啓、議、講義、書、序、記、題、跋、敎書、箋、狀、上樑文、贊、銘、祝辭、婚書、雜著、墓文、行狀、祭文、哀辭、雜識等を收め續集二卷に行狀、書、墓誌、說等を收む原集は門人金時保之を裒輯し肅宗三十五年己丑始めて上刊す英祖の時安東府使趙暾重刊を企て甲戌に至り年譜を合せて重刊し續集は五代の孫洙根哲宗五年甲寅に之を刊行せり

○遂初堂集 七卷三册 權忭著 印本

權忭の詩文集にして英祖二十五年己巳五代の孫思健の印行したるものなり賦、詩、疏章、書牘、行狀、墓文、序、跋、箴、銘、雜著等を收め遺事、狀誌等の附錄あり末に玄孫躋敏の淵西遺稿を附す

權忭 字は怡叔、遂初堂と號す安東の人執義讓の子なり孝宗辛卯に生れ肅宗辛酉司馬兩試に中り己巳登科せしも適ま搖

華の變あり忤義を引きて仕官を絶ち連りに除命せられしも辭して就かす晩に工曹叅議、大司諫、副提學、同副承旨等を拜し英祖乙巳嘉善に陞り尋て弘文館提學大司憲に至り丙午に歿す謚して文貞と云ふ

○無用堂遺稿　二卷一冊　釋秀演著　印本

僧秀演の遺稿にして弟子釋若坦等之を蒐輯して景宗四年甲辰に刊行したるものなり詩、書、序、記、募緣文、說、疏、啓等を收む

釋秀演　字は無用、仍りて號と爲す龍安の人府使應弼の孫なり孝宗辛卯に生れ丁未出家して曹溪の惠寬に依り後慧空に受具し壬子枕肱の門に遊ひ丙辰柏庵に謁して問難し禪機愈熟す肅宗己亥に示寂す

○晩靜堂集　一六卷九冊　徐宗泰著　印本

徐宗泰の詩文集にして騷、賦、詩、疏、劄、啓、議、故事、應製序、記、識、說、跋、策問、書牘、祭文、哀辭、傳紀、表、碣、誌、狀、雜著等を收む

○約軒集　一四卷七冊　宋徵殷著　印本

宋徵殷の詩文集にして、詩、疏、劄、講義、奏事、啓、辭、書、序、記、跋、雜著、奏、箴、頌、上樑文、箋、策、應製文、祭文、哀辭、誌、表、行狀、謚狀等を收む

○六化集　五卷一冊　梁居安著　印本

梁居安の詩文集にして從孫在慶之を蒐輯し李太王六年癸卯之を刊行す收むる所賦、詩、書、雜著、箋、序、記、跋、祝文、祭文、墓誌、行狀、遺事、傳等にして諸人の贈酬一卷を附し又弟居易の六峰稿と從弟居雄の遺文並に子井維の遺文を合して一卷を附せり

梁居安　字は遷伯、六化と號す濟州の人杏村禹圭の子なり孝宗壬辰に生れ進士に中り英祖辛亥に歿す西溪朴世堂及明齋尹拯の門に入り經學に深し

○瓶窩集　一六卷九冊　李衡祥著　印本

李衡祥の詩文集にして英祖二十六年甲午孫晩松の編刊したるものなり收むる所詩、樂府、箴、銘、頌、贊、箋、疏、書、

物則篇、子集考異、雜著、說、策問、序、記、跋、上樑文、祝文、祭文、墓誌、碣、誄、狀牒等にして行狀を附す

李衡祥　字は仲玉、瓶窩又順翁と號す全州の人孝寧大君の後なり肅宗丁巳司馬に中り庚申別試に登り或は濟州に牧となり或は慶州に尹となり嘉善に陞りて致仕し英祖癸丑に歿す朋黨の弊を慨歎して之を打破せんことを期し又其の子孫を戒む故に嘗て黨禍の累なし晩に永川に退き浩然亭を築き優遊自適するもの三十年を以て天壽を終る

○東　溪　集　一〇卷五冊　朴泰淳著　印本

朴泰淳の詩文集にして詩、箴、銘、頌、贊、敎書、箋、狀、上樑文、序、記、題、跋、祭文、告文、疏、啓、行狀、墓誌、碣、表、碑等を收む孫師緝之を編寫し英祖十二年丙辰女婿宋成明咸鏡監司たる時之を鋟梓す

朴泰淳　字は汝厚、號は東溪、潘南の人懦軒潢の孫なり孝宗癸巳に生れ肅宗壬戌司馬に中り丙寅文科に登り官大司成に止まり甲申に歿す

○南忠壯公詩稿　一冊　南延年著　印本

南延年の詩稿にして洪啓禧之を編輯し英祖二十三年丁卯に刊行す附錄に致祭文、行狀、神道碑、挽章等を載せり

南延年　字は壽伯、宜寧の人贈承旨斗明の子なり孝宗癸巳に生れ肅宗丙辰武科に登りて宣傳官を拜し官清州營將に止まる英祖戊申李麟佐の亂に清州營將を以て屈せずして殺さる兵曹判書を贈られ謚を忠壯と云ふ武人にして詩名あり

○三　淵　集　三六卷一八冊　金昌翕著　印本

金昌翕の詩文集にして詩、書、序、記、題、跋、說、贊、雜著、上樑文、墓誌、神道碑、墓碣、墓表、行狀、行錄、祭文、哀辭、雜錄、日錄、漫錄等を收む其の名山、大川、樓臺、寺刹等に關する吟詠は當時盛に傳誦せられたるものなりと云ふ

金昌翕　字は子益、三淵と號す文谷壽恒の子なり孝宗癸巳に生れ仲兄農巖昌協と倶に文名あり農巖は文に勝り三淵は詩に勝る遺逸を以て官進善に至り景宗壬寅に歿し謚を文康と云ふ

○碁　峰　集　四卷二冊　南正重著　寫本

南正重の遺集にして收むる所詩、疏、劄、啓、辭、議、敎書、

批答、致祭文、箋、行狀、雜著、附錄等なり

南正重　字は伯珍、碁峰と號す宜寧の人壺谷龍翼の子なり孝宗癸巳に生れ肅宗辛酉進士に中り己巳文科に登り銓郎を歴て官觀察使に至り甲申に歿す名家の肖子として文學行義甚た盛名あり

○柳下集　一四卷六冊　洪世泰著　印本

洪世泰の詩文集にして景宗四年甲辰自ら編次印行せるものなり

○洞虛齋集　一冊　成獻徵著　印本

成獻徵の詩文集にして從孫宇柱、國柱等の蒐輯したるものなり收むる所詩、書、記、策、雜著等にして英祖四十五年己丑に刊行す

成獻徵　字は文式、洞虛と號す昌寧の人聽竹灠の玄孫なり孝宗甲午に生れ肅宗丙辰に歿す幼より聰悟八九歲にして辭を吐き人を驚かす年僅に二十三にして夭す

○晦隱集　五卷二冊　南鶴鳴著　印本

南鶴鳴の詩文集にして子夢贇克寬之を輯編す收むる所詩、賦、記、序、題、跋、祭文、書、雜文、行狀、遺事、墓文、雜說等なり

○定齋集　一五卷七冊　朴泰輔著　印本

朴泰輔の詩文集にして原集、別集、附錄及後集に分つ原集九卷には詩、賦、箋、狀、箴、銘、贊、祭文、雜著、跋、傳、墓表、行狀、序、記、論、劄、疏、啓、議、奏書、簡牘等別集五卷には狀牒、斷訟案、增損投壺儀、追尤錄及坎流編上下附錄一卷には行狀後集六卷には詩、疑、義、策、箴、箋、表、奏、祭文、記、疏、啓、上言、表、行狀、墓表及己巳愍節錄等を收む

○芝村集　三二卷一五冊　李喜朝著　印本

李喜朝の詩文集にして英祖三十年子亮臣先人の門下と俱に之を編次し李台重の平安道觀察使たる時開刊廣布したるものなり收むる所詩、疏、書啓、書、祝祭文、序、記、題、跋、論告、碑、誌、傳、狀、雜記、語錄、劄、記、雜著等なり

〇玉吾齋集　一八卷九冊　宋相琦著　印本

宋相琦の詩文集にして英祖三十六年庚辰子必煥之を編次し孫載禧の印出したるものなり編を分ちて詩四卷文十二卷と爲し附するに漫錄一卷附錄一卷を以てす載する所辭、詩、疏、箚、啓、議、敎文、册文、致書、箋、狀、上樑文、樂章、序、記、跋、墓文、諡狀、行狀、祭文、遺事、南遷錄等にして附錄に祭文、碑銘、諡狀等を載せり

〇老稼齋集　五卷三冊　金昌業著　印本

金昌業の詩集なり昌業嘗て兄夢窩に隨ひて燕京に遊ぶ故に集中當時の作少からす其の刊役に當りしは玄孫祖淳にして純祖二十年庚辰なり

〇茅洲集　一〇卷五冊　金時保著　印本

金時保の遺集にして收むる所詩、書、序、記、跋、墓誌、行狀、祭文、哀辭及附錄等なり正祖十四年庚戌孫履復編次刊行す

金時保　字は士敬、茅洲と號す安東の人水北光炫の曾孫なり孝宗戊戌に生れ官都正に至り英祖甲寅に歿す農巖三淵等と往來して詩名あり

〇玉川集　一八卷九冊　趙德隣著　印本

趙德隣の詩文集にして第一、二卷は詩三、四卷は疏狀五、六卷は書牘七卷は雜著八卷は記、跋、銘九卷は祭祝、上樑文卷十より十七卷は誌、狀、文字十八卷は附錄なり

趙德隣　字は宅仁、玉川と號す漢陽の人將仕郎碩の子なり孝宗戊戌に生れ肅宗丁巳司馬に中り辛未文科に登り官承旨に止まる英祖卽位の初一疏を呈し時弊を捄ふ此に因りて搆誣を被り謫せられ途に死す

〇竹泉集　三五卷一三冊　金鎭圭著　印本

金鎭圭の詩文集にして英祖四十九年子陽澤之を刊行するに臨み英祖奎章閣に命して其の業を助けしめ序を卷首に弁す收むる所賦、詩、記、題、雜著、奏、策、敎文、致書、書啓、册文、樂章、箋、序、祭文、書、疏、箚、啓、墓表、墓誌、行狀、碑銘等なり

金鎭圭　字は達夫、竹泉と號す光山の人瑞石萬基の子なり

孝宗戊戌に生る肅宗丙寅に登科し魁に居る文衡を典り官禮曹判書に至り丙申に歿す文靖と謚せらる少にして宋尤庵の門に遊ひ文學に名あり且藻鑑に明なり掌試公平と稱せらる

○疎齋集　二〇巻一〇冊　李頤命著　印本

英祖三十五年己卯洪鳳漢か李頤命の遺著後世に傳はらさるを歎き稿餘の散帙を掇拾印出したるものにして賦、詩、疏、議、故事、教書、批、箋、序、記、跋、贊、銘、箴、雜著、誌、碣、狀、祭文、哀辭、書牘等あり後序は孫鳳祥の撰に係り本書印出の顚末竝に頤命進退屈伸の事實を記す

○釆眞子遺稿　一冊　金聖甲著　印本

金聖甲の遺稿にして弟范甲之を釆輯し三淵金昌翕之を刪定したるものなり收むる所詩、科體詩、表等なり附するに從弟致甲の惺齋遺稿を以てす

金聖甲　字は時中、釆眞子と號す安東の人なり孝宗の時に生る其の從弟致甲字は用極、惺齋と號す共に詩才あり肅宗己丑相尋て夭死す

○北軒集　二〇巻七冊　金春澤著　印本

金春澤の詩文集にして初め自ら選輯し囚海、鷲山、恩歸、拾遺の四編と爲し後蘆山錄を加へ九冊と爲し孫斗秋更に選擇して七冊と爲し刊行す收むる所詩、書、序、記、辨、錄、祭文、論、疏、終事、志、憾、誌文、言行錄、散藁、說、策、問答等なり

○晩隱遺稿　一冊　洪胄華著　印本

本書は洪胄華の遺稿にして曾孫宗善之を蒐輯し純祖壬戌に刊行す收むる所詩、疏、祭文、雜著、附錄等なり

洪胄華　字は君實、晩隱と號す南陽の人牧使錫武の孫なり顯宗庚子に生れ肅宗戊戌に歿す尤庵宋時烈の門下にして孝行を以て聞ゆ

○二憂堂集　六巻三冊　趙泰釆著　印本

趙泰釆の詩文集にして載する所詩、疏、劄、啓、辭、收議、祭文、不允批答、墓文、銘等なり

趙泰釆　字は幼亮、二憂堂と號す楊州の人藥泉啓遠の孫な

り顯宗庚子に生れ肅宗丙寅に登科し官右議政に至る景宗壬寅建儲の事を以て死を賜はる英祖の初伸寃を得て忠翼と謚せらる

○壽谷集　一三巻六冊　金柱臣著　印本

金柱臣の詩文集にして原集に序、説、跋、辨、書、疏、劄、墓文、行狀、祭祝文、哀辭、居家、紀聞、隨事、劄錄、散言上下篇を收め別稿には、詩、賦、策、銘、經義、雜著を載せ附錄に行狀、遺事、賜祭文等を載す英祖三十六年庚辰孫孝大之を上梓す

金柱臣　字は廈卿、壽谷又洗心齋と號す慶州の人野塘南重の孫なり顯宗辛丑に生れ肅宗丙子生員となり庚辰工曹郎より出でて順安縣監となる壬午肅宗の舅たる故を以て官領敦寧府事に進み景宗辛丑に歿す謚を孝簡と云ふ、甞て一牛重荷を負ひ嶺を踰ゆるに會ひ喘息の狀を見るや惻然として曰く既に其の力を食ふ何ぞ其の肉を食ふに忍ひむやと遂に終身牛肉を食はす又不殺耕牛辨を作る載せて本集にあり

○屛山集　一五巻八冊　李觀命著　印本

李觀命の詩文集にして收むる所詩、疏、劄、啓、書啓、議、應製文、策題、上樑文、序、題、跋、雜著、行狀、謚狀、墓碣、墓誌、墓表、神道碑、祭文、哀辭等なり

○圃陰集　六巻三冊　金昌緝著　印本

金昌緝の詩文集にして兄昌翕裒編し英祖二年丙午門人兪拓基活字を以て印行す收むる所詩、書、雜著、序、記、行狀、墓誌、銘、祭文、哀辭、年譜及諸人の祭文、附錄等なり

金昌緝　字は敬明、圃陰と號す安東の人壽恒の第五子にして夢窩、農巖、三淵、老稼齋等皆其の兄なり顯宗壬寅に生れ歳十三趙逢源に就いて學ひ二十歳の時澄懷錄を輯す肅宗甲子生員に中り敎官を拜したるも就かす癸巳に歿す

○后溪集　八巻四冊　趙裕壽著　印本

趙裕壽の詩文集にして英祖二十三年丁卯江陵府に於て印刊す收むる所詩、行狀、墓誌、墓表、墓碣、祭文等なり

趙裕壽　字は毅仲、后溪と號す豐壤の人翠屛珩の孫なり顯宗癸卯に生れ肅宗癸亥進士に中り官判決事に至り英祖辛酉に歿す

○寒圃齋集　一〇巻五冊　李健命著　印本

李健命の詩文集にして收むる所詩、疏、箚、啓辭、收議、箋、課製、敎書、不允批答、哀冊文、序、記、題、跋、雜著、墓銘、墓表、行狀、祭文、哀辭、書等なり

李健命　字は仲剛、寒圃齋と號す全州の人西河敏敍の子なり顯宗癸卯に生れ肅宗丙寅文科に登り銓郎を歷て官左相に至る景宗壬寅に罪死し英祖乙巳に復官し忠愍と謚せらる

○朴正字遺稿　一五巻一〇冊　朴泰漢著　印本

朴泰漢の遺稿にして弟師漢之を輯編す收むる所學則、治法、章疏、書牘、賦、詩、序、說、祭文、雜著、科製、讀書、箚記、附錄等なり

朴泰漢　字は喬伯、高靈の人久堂長遠の孫なり顯宗甲辰に生れ肅宗甲戌文科に登り官承文副正字に止まり丙子に歿す明齋尹拯の門下にして經術文章を以て當時に盛名ありしも年僅に三十四にして夭す

○園翁集　二巻一冊　李宜繩著　印本

李宜繩の詩稿にして從子普赫の蒐輯したるものなり英祖五年己酉に刊行し哲宗七年丙辰に至り曾孫在沆茂朱府使たる時重刊す

李宜繩　字は繩兮、園翁と號す龍仁の人白痴後天の曾孫なり顯宗乙巳に生れ肅宗戊寅に歿す詩を以て盛名あり當時文苑の宗匠たる西坡吳道一の褒奬せる文字に徵するも以て其の才調學識を推知すへし享年僅に三十餘

○遯窩遺稿　三巻三冊　任守幹著　印本

任守幹の遺稿にして子珖英祖の時に編刊せり收むる所詩、疏、記、序、跋、論、儷文、賦、墓誌、哀辭、祭文等なり

任守幹　字は用譽、號は遯窩、豐川の人恬軒相元の子なり顯宗乙巳に生れ肅宗庚午司馬に中り甲戌文科に登り湖堂に選はれ官承旨に至り景宗辛丑に歿す家世世文名あり肅宗辛卯通信副使を以て日本に往き聲譽あり子珖、珣倶に文を能くし第に登る

○松巖集　六巻三冊　李載亨著　印本

李載亨の詩文集にして收むる所疏、狀、書、雜著、祭文、墓表、

家狀、詩、附錄等なり雜著に性命圖說等あり英祖戊寅に刊行す

李載亨　字は嘉會、松巖と號す定宗の別子德泉君厚生の後なり顯宗己巳に生る七代の祖世良事に坐して鏡城に謫せられ子孫遂に其の地に住す稍や長するに及ひ適ま農巖金昌協鏡城に至るあり仍て就いて學ふ肅宗庚申持平を以て召されたるも至らす英祖辛酉に歿す學術高明規模嚴正平生の用工は自得に出つるもの多し

○德村集　一〇卷五冊　梁得中著　印本

梁得中の詩文集にして子舜諧の蒐輯に係る收むる所疏、登對筵話、論、賦、記、說、序、題、跋、通文、詩若干編、祭文、祝文、書等なり純祖丙寅外曾孫尹仁基之を刊行す

梁得中　德村と號す濟州の人克復堂禹疇の子なり顯宗乙巳に生れ肅宗甲戌經行を以て別薦せられ丁丑參奉を授けられ六品主簿に超遷し堂令を經て官承旨に至り英祖壬戌に歿す

○朴靈恩遺稿　一冊　朴恒漢著　印本

朴恒漢の詩文を弟師漢の蒐輯したるものにして詩、自警文、書、祭文、附錄等を收む

朴恒漢　字は道常又の字は德一と云ふ止觀齋銈の子なり顯宗丙午に生れ肅宗戊寅に歿す子文秀兵判に官し奮武功臣に錄勳せられたるため推恩して靈恩君左贊成を贈らる家學を善繼し文行を以て一世に推重せられたるも早く歿し布衣を以て終る

○澤齋遺唾　一冊　金昌立著　印本

金昌立の古體詩、律詩等八十餘首を集めたるものなり附錄に行狀、墓表、墓誌銘、傳、哀章等を載す

金昌立　字は卓爾、澤齋と號す文谷壽恒の末子なり顯宗丙午に生れ年十八肅宗癸亥に歿す人と爲り沈勇特に詩に長す

○芸窩集　六卷三冊　洪重聖著　印本

洪重聖の詩文集にして正祖八年孫良浩之を編輯し明浩之を印行す收むる所詩、序、記、跋、上樑文、啓、說、書、誌銘、行狀、祭文、哀辭等なり

洪重聖　字は君則、芸窩と號す無何堂永安尉柱元の孫なり顯宗戊申に生る幼にして神童と稱せられ長して文詞を善くす三淵金昌翕許すに知音を以てし昆侖崔昌大と文契最も深し肅

集

宗丙子進士に中り洗馬を拜し官江華經歴に止まる英祖乙卯に歿す

○影海大師詩集抄　一冊　釋若坦著　印本

僧若坦の詩抄にして純祖辛酉法孫敎萍の上刊したるものなり

釋若坦　字は守吶、影海と號す本姓は金氏光山の人通政中生の子なり顯宗戊申に生れ年十八にして出家し英祖甲戌に示寂す

○陶谷集　三二卷一六冊　李宜顯著　印本

李宜顯の詩文集にして英祖四十二年丙戌申國晦之を編刊す詩疏、劄、啓、議、應製錄、神道碑、墓碣、墓誌、墓表、紀錄、諡狀、紀狀、序、記、傳、題、跋、祭文、雜著、燕行襍識、書牘、紀年錄等を收む燕行雜識は長篇にして二卷に亘れり

○希菴集　二九卷一四冊　蔡彭胤著　印本

蔡彭胤の詩文集にして英祖五十一年乙未從孫濟恭の刊行したるものなり收むる所賦、詩、疏、書、序、記、碑、碣、誌、上樑文、募緣文、續山書、祭文、誄、辭、告文、題、跋、論、說、雜著、遺事、狀、祈雨文、贊、銘、策、箋、誥等なり

蔡彭胤　字は仲耆、希菴と號す平康の人湖洲裕後の從孫なり顯宗己酉に生れ肅宗丁卯進士となり己巳登科し兄明胤と倶に薦められ檢閲を歴て官參判提學に至り英祖辛亥に歿す詩名あり

○昆侖集　二〇卷　崔昌大著　印本

崔昌大の詩文集にして賦、詩、記、疏、劄、上書、書啓、書、雜著、敎書、箴、頌、贊、祭文、哀辭、碑、墓誌、墓碣、墓表、行狀、遺事等を收む正祖九年乙巳に刊行す

崔昌大　字は孝伯、昆侖と號す全州の人明谷錫鼎の子なり顯宗己酉に生れ肅宗甲戌登科し官副提學吏參に至り肅宗庚子に歿す資性正直簡亢にして文學盛名あり著述に富む

○虛靜集　二卷二冊　釋法宗著　印本

僧法宗の詩文集にして詩、記、碑銘、勸文、疏、跋、金剛錄、香山錄等を收む正祖壬子門下明顯等寧邊妙香山普賢寺に於て開刊す

釋法宗　號は虛靜と稱し俗姓は傳らす秋鵬禪師雪菴の衣鉢

を傳へ詩に尤も工なり

○屛谷集　一〇巻五冊　權榘著　印本

權榘の詩文集にして子緷の蒐輯したるものなり詩、書、雜著、序、跋、銘、祭文、墓誌、行狀、遺事、附錄等あり正祖二十一年丁巳外孫柳一春之を刊行す

權榘　字は方叔、屛谷と號す安東の人宣教郞愷の子なり顯宗壬子に生れ英祖己巳に歿す經學行義ありしと雖曾て一官をも得す

○杞園集　三巻一六冊　魚有鳳著　寫本

魚有鳳の遺稿にして詩、疏、啓、書、序、記、跋、雜著、贊、銘、墓誌銘、神道碑銘、墓碣銘、墓表陰記、行狀、祭文、哀辭、散錄、語錄等を收む

魚有鳳　字は舜瑞、杞園と號す咸從の人監司震翼の孫なり顯宗壬子に生れ肅宗己卯に進士壯元に中り同年教官に拜し學行を以て薦せられ南臺承旨贊善を經て英祖甲子に歿す學を農巖金昌協に受け一世の儒宗として標式重望あり

○和隱集　八巻四冊　李時恒著　寫本

李時恒の詩文集にして載する所辭、賦、詩、疏、儷文、序、記、跋、說、雜錄、書、祭文、行狀、碑碣、附錄等なり英祖十三年丁巳時恒歿するの翌年其の妻金氏臧獲を賣り遺稿を刊行す

○耐齋集　五巻二冊　洪泰猷著　印本

洪泰猷の詩文集にして英祖六年庚戌の開刊なり詩、書、序、記、跋、雜著、論、墓誌、哀辭、祭文等を收め從祖弟濟猷の愛懶子稿を附す

洪泰猷　字は伯亨、耐齋と號す南陽の人懶齋の玄孫なり顯宗壬子に生れ肅宗乙未に歿す少にして豪縱科擧に應せす好みて詩文を作る奇才あり歿後持平を贈らる

洪濟猷　字は仲經、愛懶子と號す耐齋泰猷の從弟なり肅宗己巳に生れ丁酉進士に中る

○弼雲遺稿　九巻九冊　金令行著　寫本

金令行の遺稿にして子履健の蒐輯したるものなり詩、祭文、

家狀、遺事、雜著、科策、日記等を收む

金令行　字は子裕、弼雲翁と號す安東の人蘭谷時傑の子なり顯宗癸丑に生れ蔭仕を以て郡守となり僉知中樞府事に至り英祖乙亥に歿す

○退谷集　二卷一冊　洪萬績著　印本

洪萬績の詩文集にして憲宗戊申後孫之を編次す收むる所詩各體なり

洪萬績　は南陽の人忠正公翼漢の從孫にして莊陵叅奉を授けらる

○兼山集　二〇卷一〇冊　俞肅基著　印本

俞肅基の遺稿にして子彥傅之を蒐輯し英祖五十一年乙未門人金载順慶尙道觀察使たりし時之を刊行す收むる所詩、書、序、記、題、跋、說、祝辭、賛、銘、傳、雜著、祭文、哀辭、行狀、墓表、墓誌、墓碣、劄、疑等なり

俞肅基　字は子恭、兼山と號す杞溪の人竹里命弘の從子なり嘗て三淵金昌翕の門に游ひ蔭仕を以て官判官に止まる

○月渚集　二卷二冊　釋道安著　印本

僧道安の詩文集にして肅宗四十二年丙申弟子勝益等編次刊行す一卷は詩にして二卷は賛、偈、雜著等なり

釋道安　號は月渚、肅宗の時の人にして士夫の間に從遊す

○觀瀾齋集　八卷二冊　高晦著　印本

高晦の詩文集にして六代の孫命麟の蒐輯に係り書、序、記、告文、行狀、祭文、附錄等あり哲宗壬戌之を刊行す

高晦　字は汝根、觀瀾齋と號す長興の人なり肅宗の時侍直を拜す同春宋浚吉及尤庵宋時烈の門に學ふ

○兢齋編錄　四卷二冊　魚有龜著　印本

魚有龜の疏劄、啓辭、所懷、書啓、奏事、博考、日記及漫錄を輯め附するに行狀、賜祭文及輓詞を以てす正祖六年壬寅子判書錫定之を刊行す

魚有龜　字は聖則、兢齋と號す咸從の人にして漢城右尹史衡の子なり肅宗乙卯に生れ己卯生員進士に中り丁亥文科に登り玉堂を歷て江華留守に至る景宗の國舅たるを以て咸原府院

君に封せらる性篤實にして文學あり英祖庚申に歿す謚して翼獻と云ふ

○順　菴　集　六卷三冊　李　秉　成著　印本

李秉成の詩文集にして子度重の蒐輯したるものなり收むる所詩、書、序、記、題、跋、祭文、哀辭、壙誌、附錄等にして附錄に兄秉淵の手に成りし遺事を載す英祖十七年辛酉姨姪柳儼黃海道觀察使たりし時之を刊行す

李秉成　字は子平、順庵と號す韓山の人鳴谷山甫五代の孫なり肅宗乙卯に生れ稍や長して農巖に師事し壬午進士となり官郡守を歷て後に工部郞に除せられ英祖乙卯に歿す詩才あり

○寄　翁　集　六卷三冊　南　漢　紀著　印本

南漢紀の詩文集にして詩、序、記、祭文、哀辭、狀、誌、雜著等を收め附するに孫公輔の省齋零稿を以てす

南漢紀　字は國甫、寄翁と號す宜寧の人にして壺谷龍翼の孫基峯正重の子なり肅宗元年乙卯に生れ三十六年庚寅進士となり官同知に至り英祖二十四年戊辰に歿す

○謙　齋　集　四五卷二〇冊　趙　泰　億著　印本

趙泰億の詩文集にして收むる所賦、詩、疏、劄、書啓、啓辭、議、墓碣、墓誌、墓表、行狀、諡狀、祭文、告文、諫、序、跋、題後、箴、銘、贊、不允批答、敎書、玉冊文、頒敎文、箋、狀、上樑文等なり

○斗　室　寤　言　六冊　李　煥　模著　寫本

李煥模の詩文集にして詞、賦、詩、書、序、說、跋、論、策、經義、雜志、箴、銘、贊、上疏、呈書、通文、雜著、祭文、行狀、遺事、墓誌等を收む

李煥模　號は斗室又打乖子と稱す德水の人睡隱溤の子なり肅宗乙卯に生る

○拙　隱　遺　稿　八卷四冊　李　漢　輔著　印本

李漢輔の遺稿にして子德胄之を蒐輯せり收むる所賦、詩、序、記、箴、銘、跋、祝祭文、上樑文、狀、碣、禮說及雜著等なり

李漢輔　拙隱と號す全州の人景淵堂玄祚の子なり肅宗乙卯に生れ英祖戊辰に歿す芝峯李晬光より世世文學行義を以て稱

せられ漢輔亦善く遺業を繼述す

○月 獄 書 疏　一冊　韓　祉著　印本

韓祉の書疏にして英祖三十九年癸未子德一の星州牧使たりし時上刊す

韓祉　字は錫甫、月嶽と號す清州の人是裔泰東の子なり肅宗乙卯に生れ己卯進士に中り乙酉文科に登り官監司に至る名家の肖子にして文學政事を以て盛名あり又淸白吏に薦めらる

○巍 巖 遺 稿　一六卷八冊　李　柬著　印本

李柬の遺稿にして詩、疏、書、雜著、序、記、祭文、行狀、墓銘、公牒等數百篇を載せり

李柬　字は公擧、巍巖と號す禮安の人にして水使璞の孫なり肅宗丁巳に生れ三十四歲の時參奉を拜したるも就かす後六年侍講院諮議となり懷德縣監を拜し又經筵官となり英祖丙子忠淸都事海運判官翊衛等に叙せられ丁未に病歿す謚して文正と云ふ學行あり

○節 谷 集　四卷二冊　金時觀著　印本

金時觀の遺稿にして玄孫彥根之を蒐輯し李太王二年乙丑に刊行す收むる所詩、書、序、記、跋、雜著、祭文、行狀、附錄等なり

金時觀　字は莊叔、節谷と號す安東の人晩休壽昌の孫なり肅宗丁巳に生れ農巖金昌協に從學す英祖庚申に歿す

○正 庵 集　一〇卷一〇冊　李顯益著　印本

李顯益の詩文集にして孫商進の蒐輯に係り收むる所詩、書、序、記、跋、雜著、祭文、誌銘、雜識等なり英祖四十九年癸巳に刊行す

李顯益　字は仲謙、正庵と號す全州の人郡守泓の子なり肅宗戊午に生れ戊子生員に魁たり遺逸を以て諮議を拜し官縣監に止まり肅宗丁酉に歿し祭酒を贈らる

○竹 軒 集　五卷二冊　金民澤著　印本

金民澤の詩文集にして子善材の編輯したるものなり收むる所詩、書、疏、啓、不允批答、序、記、傳、識、行狀、祭文、附錄等にして末に從姪楚材の默齋遺稿を合附し英祖三十六年庚辰之を刊行す

金民澤　字は致仲、竹軒と號す判書鎭龜の子にして瑞石萬基の孫北軒春澤の第四弟なり肅宗戊午に生れ兄春澤に學ひて己亥別試に登り尋て殿試に擧けられ官校理に至り景宗壬寅士禍に罹りて獄中に歿す年四十五性豪爽闊達にして文章贍敏なり

○圃巖集　三卷二冊　尹鳳朝著　印本

尹鳳朝の詩文集にして詩、疏、劄、啓、議、書、序、記、說、箴、應製文、雜著、祭文、祝文、哀辭、碑銘、墓碣、墓誌、墓表、行狀、諡狀等を收む

尹鳳朝　字は鳴叔、圃巖と號す坡平の人竹齋仁涵五世の孫なり肅宗庚申に生れ乙酉生員を以て文科に登り銓郎を歷て文衡を典り官判敦寧府事に至る英祖辛巳に歿す

○夢悟齋集　四卷二冊　沈尚鼎著　印本

沈尚鼎の詩文集にして友尹淳、李巨源等之を蒐集し英祖十一年乙卯に刊行す收むる所詩、疏、啓、祭文、附錄等なり

沈尚鼎　字は聲凝、夢悟と號す青松の人府使檝の子なり肅宗庚申に生れ己卯進士に中り己丑文科に登りて官正言に至り景宗辛丑に歿す詩名あり

○陶菴集　五〇卷二五冊　李縡著　印本

李縡の詩文集にして收むる所詩、疏、書啓、講義、書、序、記、跋、雜書、敎書、上樑文、箴、銘、告祝文、祭文、哀辭及誌狀等なり

○恕菴集　一六卷八冊　申靖夏著　印本

申靖夏の詩文集にして賦、詞、詩、疏、書、尺牘、序、記、題、跋、雜著、行狀、神道碑、墓碣、墓表、墓誌、祭文、哀辭、雜記等を收む

申靖夏　字は正甫、恕庵と號す平山の人綗菴琓の子なり肅宗辛酉に生れ乙酉登科し翰林を歷て官修撰に止まる農巖金昌協の門下にして官低く又閑職なりしを以て專ら文事を娛み丙午に歿す

○青泉集　六卷三冊　申維翰著　印本

申維翰の遺集にして收むる所詩、賦、書、序、記、跋、傳、贊、碑銘、祭文、哀辭、雜著等なり

申維翰　字は周伯、青泉と號す寧海の人なり肅宗辛酉に生れ乙酉進士に中り癸巳文科に登り己亥製述官を以て修信使南泰耆に從ひ日本に入り海遊錄の著あり官奉常僉正に至る文名あり

○東圃集　八卷四冊　金時敏著　印本

金時敏の詩文集にして子勉行蒐輯し英祖三十七年辛巳に刊行す詩、程詩、書牘、雜著、祭文、家乘、附錄等を收む

○觀復庵詩稿　一冊　金崇謙著　印本

金崇謙の詩稿を集めたるものにして叔父昌翕之を刪選して三百餘首を爲し肅宗三十五年己丑に刊行し英祖十五年己未復た之を重刊す昌翕の序あり

金崇謙　字は君山、觀復庵と號す農巖昌協の子なり肅宗壬戌に生る天性高邁にして童丱の時より已に詩を以て聞えしも壽を得す庚辰纔に十九にして夭折す

○西州集　八卷四冊　曹夏望著　印本

曹夏望の詩文集にして曾孫鳳振の蒐輯したるものなり疏、序、記、書、雜著、祭文、祝文、哀辭、行狀、墓文、遺事、附錄等を收む曾孫乙卯玄孫錫雨慶尙道觀察使たる時之を刊行せしも黨派のために毀板し大正元年辛亥に至り宗孫采鐸有志と共に梓費を醵出して重刊す

曹夏望　字は雅仲、西州と號す昌寧の人晦谷漢英の孫なり肅宗壬戌に生れ辛卯進士に魁たり景宗壬寅參奉を授けられたるも仕へす癸卯敎官を拜し英祖丙辰文科に登り官大司諫に至り丁卯に歿す

○崧岳集　四卷二冊　林昌澤著　印本

林昌澤の詩文集にして詩各體、海東樂府、書、序、祭文、記、銘、養親論、雜著、行狀、墓文及傳を收め李德壽の撰に係る墓碣銘を附す

林昌澤　字は大潤、崧岳と號す貫は羅州にして僉樞英儁の子なり肅宗壬戌に生れ同辛卯進士に中り景宗癸卯に歿す英祖壬子學行を以て持平を贈り崧南祠に享す

○屛溪集　六〇卷三〇冊　尹鳳九著　印本

尹鳳九の詩文集にして收むる所詩、疏、議、啓、狀、書、雜

著、講義、講說、序、記、題、跋、箴、銘、贊、婚書、祝文、告文、祭文、哀辭、碑碣、墓誌、墓表、行狀、家狀、行錄、遺事、傳等なり

尹鳳九　字は瑞膺、屏溪と號す坡平の人參判飛卿の孫なり肅宗癸亥に生れ甲午進士に中り遺逸を以て諸議贊善に歷任し參贊に至る文獻と諡す

○老村集　一〇卷五冊　林象德著　印本

林象德の詩文集にして收る所詩、疏、箚、記、序、跋、論、辨、傳、箴、銘、贊、說、雜著、誄、碑、行狀、祭文、策、題、儷文等及經筵錄、讀書箚錄等なり書中に文論、佛論、老子論、莊周論、原性辨、伍員復讐辨、淡婆姑傳、太極圖、近世錄等あり

○鳳巖集　一七卷八冊　蔡之洪著　印本

蔡之洪の詩文集にして正祖七年子百休之を剞劂に付せり收むる所詩、疏、講義、書、雜著、記、題、跋、箴、銘、贊、祝辭、上樑文、祭文、哀辭、告文、祝文、墓表、行狀等にして附するに世系、年譜、誌狀等を以てす

○悔窩集　八卷四冊　安重觀著　印本

安重觀の遺稿にして六代の孫鍾學之を蒐集し李太王光武六年壬寅之を刊行す詩、序、題、跋、記、論、說、雜著、行錄、行狀、贊、銘、頌、書、祭文、哀辭等を收む

安重觀　字は國賓、悔窩と號す順興の人なり肅宗癸亥に生れ進士に中り蔭仕を以て桂坊に入り官察監に止まり英祖壬寅に歿す

○杜陵集　四卷二冊　李濟兼著　印本

李濟兼の遺集にして詩、書、祭文、記、跋、策、家狀、附錄等を收む

李濟兼　字は善卿、杜陵と號す延安の人惺隱東標の子なり肅宗癸亥に生れ甲午進士に中り景宗甲辰薦を以て童蒙敎官を授けられ英祖乙巳文科に登り官察訪に止まり壬戌に歿す名家の子にして文學に富みしも仕宦振はす

○清冷子遺稿　二卷一冊　崔守哲著　印本

崔守哲の遺稿にして肅宗の時に至り詩若干篇を蒐めたるもの

なり附錄として從祖錫鼎の撰に係る墓誌銘及祭文を載す

崔守哲　字は伯幾、清冷子と號す全州の人にして遲川鳴吉の玄孫明谷錫鼎の孫なり肅宗癸亥に生れ家學を承け早歲より文名ありしも短命にして壬辰に歿す享年僅に三十

○夢囈集　二卷一册　南克寬著　印本

南克寬自編の詩文集なり乾卷は詩七十九首及端居日記、雜著十首にして坤卷は隨筆百九十二則なり

南克寬　字は伯居、謝施子と號す宜寧の人英祖の時に生る藥泉南九萬の孫にして晦隱南鶴鳴の子なり聰明人に絕す二十六歲にして夭折す

○鳳巖集　五卷二册　韓夢麟著　印本

韓夢麟の詩文集にして詩、銘、祝、疏、書、序、學則、說、雜著、誌狀、附錄等を收む中に學則、性命理氣說等あり

韓夢麟　字は泰瑞、鳳巖と號す清州の人なり肅宗甲子に生る鍾城に世居し學問高く松庵李載亨と與に稱せられ北方の科第多く其の門に出つ官參奉を拜して就かす經傳及程朱全書を講究し英祖壬午に歿す年七十九

○一菴遺稿　六卷二册　尹東源著　印本

尹東源の遺稿にして疏、經筵講義、附書筵問目書、雜書、墓誌、碣、家狀及行狀を收め附錄には年譜等を收め尾に諸人の狀誌、祭輓等を附す其の歿後門人の編刊する所なり

尹東源　字は士正、一菴と號す坡平の人大憲行敎の子なり肅宗乙丑に生れ景宗壬寅學行を以て薦められ洗馬を拜し官進善に至り英祖辛酉に歿す幼時より學を祖明齋拯に受け擧業を廢し實學を修めたり

○老隱集　四卷二册　任適著　印本

任適の詩文集にして正祖三十年甲寅子靖周靑山在任の時之を編刊せり收むる所詩、書、序、記、跋、說、議論、雜著、祭文、申牒、策、附錄等なり

任適　字は道彥、老隱と號す豐川の人にして竹厓說六世の孫今是義伯の曾孫なり肅宗乙丑に生れ早く孤となりて力學し權尙夏に就きて質疑し庚寅進士となり參奉を授けられ官判官に止まり英祖戊申に歿す年四十六女允摯堂淑德學行並ひ具はり朝鮮閨秀詩家の一人として名あり

○屯庵集 八巻四冊 申昉著 印本

申昉の詩文集にして弟暻の蒐輯したるものなり詩、書、劄、啓、書、尺牘、序、記、題、跋、雜著、致文、樂章、墓誌、行狀、祭文、哀辭、傳、雜識等を收む英祖三十四年戊寅婿洪麟漢全羅監司たる時之を刊行す

申昉 字は明遠、屯菴と號す平山の人絅庵琓の孫にして玄石朴世采の外孫なり肅宗丙寅に生れ丁酉生員試に魁たり己亥文科に登り翰林を經て官吏曹參判に至り英祖丙辰に歿す

○西齋集 八巻四冊 任徵夏著 印本

任徵夏の詩文集にして五代の孫憲晦の蒐輯したるものなり詩疏、啓、供狀、書、記、雜著、祭文、告文、哀辭、墓誌、墓表、行錄、附錄等を收め憲宗甲辰に刊行す

任徵夏 字は聖能、西齋と號す豐川の人竹室弘望の孫なり肅宗丁卯に生れ癸巳生員進士竝に中り甲午文科に魁す官吏曹令に至り英祖戊申より獄に在ること三年竟に瘦死す正祖丙申特に復官し純祖己巳吏曹參判を贈る

○觀水齋遺稿 二巻一冊 洪啓英著 印本

洪啓英の遺稿にして詩、科體詩、銘、詞等を收む附錄に誄、輓等を載す

洪啓英 字は汝豪、觀水齋と號す南陽の人なり肅宗丁卯に生れ僅に十九歲乙酉に夭す

○花溪集 二巻五冊 柳宜健著 印本

柳宜健の詩文集にして詩、歌、詞、箴、銘、贊、上樑文、書、叙、記、跋、傳、論、雜說及附錄を收む李太王二十年癸未後孫基澤、祥燁等之を鋟梓す

柳宜健 字は順兼、花溪と號す瑞山の人府尹種禮の後なり肅宗丁卯に生れ英祖乙卯進士に中り庚辰に歿す

○牧谷集 一〇巻五冊 李箕鎭著 印本

李箕鎭の詩文集にして英祖四十三年侄潭の印布したるものなり載する所詩、疏、劄、樂章、箋、上樑文、序、記、跋、襍著、記事、祭文、墓誌、墓碣、墓表、家狀等なり

李箕鎭 字は君範、牧谷と號す德水の人澤堂植の曾孫にし

て遂庵權尙夏の門下なり肅宗丁卯に生れ丁酉進士及文科に連捷し翰苑を歷て吏曹判書に至りしも幾もなく砥平の山中に遁れ室を牧谷松楸の下に築き文事を以て樂しみ絕えて知聞を世に求めす英祖乙亥其の地に歿す

○華谷集　四卷一冊　黃宅厚著　印本

黃宅厚の詩文集にして正祖十八年甲寅子德諄之を裒輯刊行す收むる所詩を主とし文は僅に行狀一篇雜著四篇のみ

黃宅厚　字は子和、華谷と號す昌原の人なり肅宗丁卯に生れ初名を宅中と云ふ家微賤にして禁衞營の書吏たりしか讀書を喜ひ昆侖崔昌大に師事す英祖戊申淸州の變起るや海恩吳命恒に從ひ畫策して功あり事平きて策勳一等に錄せられ年五十一丁巳に歿し漢城左尹を贈らる嘗て梧川李宗城の幕下に在り最も翊贊に力め當時應酬の吟詠亦少からす名けて瀛幕鳴酬錄といふ

○黃皐集　八卷三冊　愼守彝著　印本

愼守彝の詩文集にして曾孫必祐の編輯せしものなり詩、書、序、跋、記、說、上樑文、祭文、哀辭、告祝文、雜著、墓碣銘、墓表、行狀等を收む附錄あり

愼守彝　字は君叙、黃皐と號す居昌の人樂水權五代の孫なり肅宗戊辰に生れ陶菴李縡の門に遊ひ英祖己巳敎官を授けられたるも就かす官僉知中樞に至り戊子に歿す

○鄭進士遺稿　一冊　鄭錫慶著　寫本

鄭錫慶の遺稿にして收むる所詩律のみ末に祭文一篇あり

鄭錫慶　字は士膺、東萊の人陽坡太和の曾孫なり肅宗己巳に生れ己亥生員に中り英祖己酉に歿す

○棄棄齋集　五卷二冊　金尙埏著　印本

金尙埏の詩文集にして六代の孫述鉉之を蒐輯し李太王己亥五代の孫在定諸族と謀りて之を刊行す收むる所詩、書、行狀、墓誌、遺事、序、記、銘、祭文、雜著、附錄等なり

金尙埏　字は汝和、棄棄齋と號す光山の人艮谷用兼の子なり肅宗己巳に生れ英祖戊子に壽職を以て通政に陞り官同知中樞府事に至り甲午に歿す

○一菴集　二卷一冊　李器之著　印本

李器之の詩文集にして詩、書、序、記、祭文、哀辭、告文等を收め末に墓表を附せり英祖四十四年戊子子鳳祥之を校正活印す

李器之　字は士安號は一菴全州の人疎齋頤命の子なり肅宗庚午に生れ乙未司馬に魁たり景宗壬寅獄に死す

○菊圃集　三巻六冊　姜樸著　印本

姜樸の詩文集にして英祖五十一年乙未蔡濟恭等之を蒐輯鋟梓したるものなり詩、疏、劄、書、序、記、說、墓誌、碣銘、行狀、遺事、祭文、哀辭、跋、雜著等を收む

姜樸　字は子淳、菊圃と號す晋州の人東皐紳の玄孫なり肅宗庚午に生れ乙未登科し三司を歷て堂上府使に止まり英祖壬戌に歿す

○歸鹿集　二〇巻二〇冊　趙顯命著　寫本

趙顯命自ら編次したるものにして賦、詩、疏、啓、劄、碑誌、表、碣、書、行狀、謚狀、遺事、序、記、贊、跋、議、祭文、哀辭、箴、銘、敎諭書、通文、節目、箋、上樑文、册文、紀年等あり

○知守齋集　一五巻八冊　俞拓基著　印本

俞拓基の詩文集にして李太王十四年後孫致益平壤庶尹たる時印行す詩、疏、劄、啓、議、箋、應製文、祭文、哀辭、書、碑、碣誌、表、行狀、謚狀、序、記、題、跋、雜著等を收む

俞拓基　字は展甫、知守齋と號す杞溪の人醉翁檄の孫なり肅宗辛未に生れ甲午に登科す景宗壬寅建儲の事を以て海島に竄せられ英祖初年放還せらる官議政に至り戊子に歿す謚を文翼と云ふ器局文識あり

○悔軒集　二〇巻一〇冊　趙觀彬著　印本

趙觀彬の詩文集にして賦、詩、書、序、記、跋、說、箴、銘、贊、雜著、上樑文、應製文、祭文、哀辭、碑碣、誌、表、行狀、謚狀、遺事等を收む中に遊漢拏山記及鷺梁六臣墓碑銘等あり

趙觀彬　字は同甫、悔軒又東湖と號す楊州の人二憂堂泰采の子なり肅宗辛未に生れ甲午登科す景宗辛丑建儲の事に關し父泰采死を珍島の謫所に賜はるや觀彬亦濟州に流されしか後放還せられ英祖の時三司吏郞を歷て文衡を典し兼禮判に至り

丁丑に歿す

○杜機詩集續　五巻　崔成大著　印本

崔成大の詩諸體一百十二首を蒐輯す

崔成大　字は士集、杜機と號す全州の人正郎守慶の子なり肅宗辛未に生れ蔭仕別提を以て英宗壬子文科に登り官大司諫に至る

○喜懼齋遺稿　二巻二冊　李道翼著　寫本

李道翼の遺稿にして孫章玉之を編次し家に藏して未た刊行せさるものなり収むる所詩、賦、記、祭文、書、雜識等を收む

李道翼　字は原明、喜懼齋と號す延安の人畏庵栻の子なり肅宗壬申に生れ英祖丙子薦を以て蔭仕に補せられ官主簿に止まり壬午に歿す左承旨を贈らる

○東谿集　三巻六冊　趙龜命著　印本

趙龜命の詩文集にして英祖辛酉同族之を纂輯す序、記、墓誌銘、墓表、行狀、傳、說、銘、贊、跋、雜著、日錄、靜諦、論禪諸篇、焚香試筆、祭文、哀辭、書牘、論、策、賦、詩等を收め附するに趙啓命の南谷遺稿、趙九鎭の聽凉軒遺稿及各人の小傳を以てす

趙龜命　字は錫汝、東谿と號す豐壤の人泰壽の子東岡相愚の孫翠屏珩の曾孫なり一字を寶汝といふ肅宗辛卯生員となり英祖壬寅參奉を拜し尋て別提、工曹佐郎、泰仁縣監等に除せられしも皆就かす後翊衛司に入り侍直翊衛となり丁巳に歿す始め性理の學を修め既にして老佛に汎濫し世故に於て泊然累する所なし文章又妙悟玄解脫俗の稱あり

趙啓命　字は士心、南谷と號す東谿の再從弟なり肅宗戊子に生れ英祖乙卯生員となり丁巳三十歳を以て東谿に先ちて歿す

趙九鎭　字は汝重、聽凉軒と號す東谿の三從孫なり景宗癸卯に生れ英祖丁巳十五歳を以て夭死す

○虛舟窩遺稿　六巻二冊　金錫一著　寫本

金錫一の遺稿にして收むる所詩、祭文、哀辭、行狀、疏、傳、記、題後、雜著、附錄等なり

金錫一　字は壽彥、虛舟窩と號す清風の人晩香堂斗明の子なり肅宗甲戌に生れ乙未進士に中り英祖辛亥文科に登り官府

使に止まり壬戌に歿す

○貞庵集　一六卷八册　閔遇洙著　印本

閔遇洙の詩文集にして詩、疏、書、序、記、跋、銘、箋、上樑文、墓誌、碣、表、行狀、祭文、哀辭、雜識、附錄等を收む

閔遇洙　字は士元、貞庵又蟾村と號す驪興の人趾齋鎭厚の子なり肅宗甲戌に生る少より文名あり業を農巖金昌協の門に受け遺逸を以て官大司憲に至り英祖丙子に歿す謚して文元と云ふ

○易安堂集　四卷二册　趙天經著　印本

趙天經の詩文集にして正祖壬子曾孫述堯の刊行する所なり詩及書狀、雜著、序、上樑文、祭文、哀辭等を收む尾に誌狀を附す

趙天經　字は君一、號は易安堂豐壤の人黔澗靖の後なり肅宗乙亥に生れ庚寅司馬に中り英祖丙申に歿す夙に科業を廢し鄕谷に閑居し著述甚た多し

○月波集　一册　釋兌律著　印本

僧兌律の詩文集にして詩は五言律、絕、七言律、絕、文は香山誌一篇及自述行蹟一篇なり英祖四十七年辛卯釋道一之を編刊す

釋兌律　本姓は金、名は從建全州の人なり肅宗乙亥に生れ年十五平安北道寧邊郡妙香山佛智庵三下長老を師とし號を月波と稱し英祖の時に示寂す

○太華子稿　四卷二册　南有常著　印本

南有常の遺稿にして收むる所詩、祭文、書、序、跋、記、雜著、附錄等なり英祖十二年丙辰友閔遇洙、李天輔、吳瑗等之を刪定し弟有容之を刊布す

南有常　字は吉哉、太華と號す宜寧の人壺谷龍翼の曾孫にして寄翁漢紀の子雷淵有容と兄弟なり肅宗丙子に生れ癸巳進士となり英祖丁未殿試乙科に擧けられ纂輯部に入り肅宗實錄編纂に從事す既にして事を以て竄謫に遇ひ幾もなく歸還す翌戊申に歿し弘文館副修撰を贈らる

○苄亭集　八卷四册　李德冑著　印本

李德冑の詩文集にして本集拾遺各四卷なり詩文雜著を收む

○雷淵集　三〇卷一五冊　南有容著　印本

南有容の詩文集なり正祖師禮を重んし奎章閣諸員に命して之を編刊せしむ詩、疏、劄、啓、辭、應製、序、跋、記、書、祭文、哀辭、碑銘、墓誌、墓碣、墓表、行狀、謚狀、遺事、襍著、講義、雅言等あり附錄には譜、致祭文等を併載す

南有容　字は德哉、寄翁漢紀の子、太華有容の弟なり肅宗戊寅に生れ初に少華と號し晩に雷淵と改む景宗辛丑進士初試に壯元となり尋て會試二等に擧けらる長く正祖の師傅となり刑曹判書大提學を以て致仕し英祖癸巳年七十六にして歿す謚して文靖と云ふ

○燕超齋遺稿　五卷二冊　吳尙濂著　印本

吳尙濂の遺稿にして英祖二十一年乙丑甥李益炡の刊行する所なり收むる所詩、詞、賦、騈儷、箴、銘、贊、記、序、跋、論、說、祭文、襍著等なり

吳尙濂　字は幼淸、燕超齋と號す同福の人なり肅宗の時に生る吳氏は晩翠億齡、默齋百齡より以來世々文名あり尙濂は默齋の孫を以て才慧あり英祖初年年二十八にして夭す

李德胄　字は直心、苧亭と號す全州の人拙隱漢輔の子にして芝峰晬光五代の孫なり肅宗丙子に生れ英祖辛未に歿す

○蒼霞集　一〇卷五冊　元景夏著　印本

元景夏の詩文集にして詩、疏、劄、書、序、記、碑誌、表碣、行狀、謚狀、遺事、祭文、哀辭、論、說、跋、雜著、應製錄等を收む

元景夏　字は華伯、蒼霞と號す原州の人參判萬里の曾孫なり肅宗戊寅に生れ景宗辛丑進士となり英祖丙辰文科に登第し兵曹判書を以て致仕し戊辰に歿す謚して文忠と云ふ

○晉菴集　八卷四冊　李天輔著　印本

李天輔の詩文集にして收むる所詩、疏、劄、啓、議、書、序、記、跋、論、祭文、哀辭、墓碣、誌、表、行狀、頌、敎文、敎命文、冊文、箋等なり從兄鼎輔及從弟益輔之を輯次し內弟金陽澤及友黃景源之を刪定し英祖三十八年壬午に刊行す

李天輔　字は宜叔、晉菴と號す延安の人靑湖一相の曾孫なり肅宗戊寅に生れ英祖己未文科に登第し壬申兵曹判書より右相に進み遂に領議政に至り辛巳に歿す謚を文簡と云ふ

○月　谷　集　一四卷七册　吳　瑗著　印本

吳瑗の詩文集にして詩、疏、應製、序、跋、記、書、誌、狀、表、遺事、祭文、哀辭、雜著等を收め附するに從姪載弘の白雲遺稿を以てす

吳瑗　字は伯玉、月谷と號す海州の人醉夢軒泰周の子にして暘谷斗寅の孫なり肅宗庚辰に生れ戊申登科し三司を歷て參判に至り庚戌に歿す天資聰明にして文章亦警拔なり

○桐　江　遺　稿　五卷二册　李　澳著　印本

李澳の遺稿にして子奎彬之を蒐輯す收むる所書牘、墓表、墓誌、銘、行狀、祭文、雜著、詩等なり

李澳　字は子浩、桐江と號す德水の人芸齋坪の孫なり辛巳に生れ英祖己卯に歿す澳實踐の學あり又文章に長し禮說に深し然れとも少より擧業を廢し處士を以て終れり

○渼　湖　集　二〇卷一〇册　金　元　行著　印本

金元行の詩文集にして詩、疏、啓、議、書、序、記、跋、雜著、贊、銘、志狀、祭文、表、辭、傳等を收輯せり

金元行　字は伯春、渼湖と號す安東の人竹醉濟謙の子にして出てて農巖金昌協の養孫となる英祖の時遺逸を以て擧けられ官贊善に止まり壬辰に歿す文簡と諡す

○松　湖　集　六卷三册　俞　彥　述著　印本

俞彥述の詩文集にして子漢緯等之を蒐輯し純祖壬辰孫秉柱の尙州牧使たりし時刊行す收むる所辭、詩、疏、啓、辭、箋、文、序、記、跋、墓表、行狀、雜著、附錄等にして燕京雜識は嘗て使命を帶ひ燕京に到りし時の紀事なり

俞彥述　字は繼之、松湖と號す杞溪の人府尹命一の孫なり肅宗癸未に生れ英祖己酉進士に中り丙辰文科に登り官知敦寧府事に至り癸巳に歿す諡を靖憲と云ふ彥述文學あり吏治を以て著はる性剛介にして簡默言笑苟にせす淸貧に安し富貴を思はす官を退くや城外僻巷に卜居し扁ずるに知書堂の三字を以てす

○櫟　泉　集　一九卷九册　宋　明　欽著　印本

宋明欽の詩文集にして收むる所詩、書、疏、啓、議、書、雜著、序、記、跋、論、箴、銘、上樑文、祝文、祭文、碑碣、

誌狀、遺事、傳等なり年譜を附錄とす

○好隱集　四卷一册　釋有璣著　印本

僧有璣の詩文集にして詩、序、記、疏、碣、上樑文、雜著等を收む

釋有璣　好隱と號す本姓は柳、文化の人なり肅宗丁亥に生れ十六歲にして出家し八十餘にして示寂す

○鳳谷遺集　三卷五册　桂德海著　印本

桂德海の遺集にして孫南龜之を蒐輯刊行せり諸經說、山海經、爾雅天文等說及賦、詩、文、供辭、啓、辭、雜著、雜錄等を收め附するに言行錄、行狀、事蹟及京中諸公酬和詩、送序等を以てす

桂德海　字は元涉、鳳谷と號す宣川の名族なり肅宗戊子に生れ英祖癸亥文學拔群を以て禮賓寺參奉に薦除せられ甲午道科壯元に及第す世稱して桂壯元と云ふ成均典籍を拜し尋いて禮曹佐郎に遷り翌年乙未幽谷丞に除し又靑丹に換除し乙未官に歿せり

○滄匡集　四卷二册　李重光著　印本

李重光の遺集にして詩、書、雜著、序、記、識、跋、箴、銘、祭文、墓碣、附錄等を收む

李重光　初の名は坦、字は平仲、滄匡と號す眞寶の人懶隱東標の孫なり肅宗己丑に生れ英祖壬戌叅奉を授けられ洗馬に止まり正祖戊戌に歿す善く家學を繼述し一時盛名あり

○活山集　八卷五册　南龍萬著　印本

南龍萬の遺稿にして子景采、景羲等之を蒐輯す收むる所賦、詩、疏、書、雜著、說、論、序、記、跋、銘、上樑文、祝文、祭文、碑銘、墓誌、隨錄、附錄等にして正祖癸丑之を刊行す

南龍萬　字は鵬路、活山と號す英陽の人なり肅宗己丑に生れ英祖丙子生員に中り正祖戊戌に禧陵叅奉を授けられたるも仕へす甲辰に歿す龍萬經學文行を以て一鄕の師表たるのみならす殊に經濟の學に深し

○江漢集　三卷一五册　黃景源著　印本

黃景源の遺集にして收むる所賦、詩、敎諭、册文、箋、疏、

啓、狀、書、序、記、雜著、墓文、狀述、祭文、哀辭、跋、傳等なり

○寬窩遺稿　二卷二册　趙炳彬著　寫本

趙炳彬の遺稿を編したるものにして詩、銘、祭文、雜著等あり

趙炳彬　字は豹如、寬窩と號す楊州の人謙齋泰億の子なり肅宗庚寅に生れ英祖己未文科に登り乙亥正言に至る父泰億景宗辛壬の事を以て追奪を被り爲めに坎坷身を終れりと云ふ

○閒靜堂集　八卷四册　宋文欽著　印本

宋文欽の詩文集にして從子時淵之を蒐輯し正祖十二年戊申女婿金光默慶尙道觀察使たる時之を刊行す收むる所詩、書、雜著、序、記、跋、銘、贊、頌、祭文、哀辭、墓誌、行狀、傳述等なり

宋文欽　字は士行、閒靜堂と號す恩津の人櫟泉明欽の弟なり肅宗庚寅に生れ英祖癸丑進士に中り己未蔭仕を以て叅奉となり侍直を歷て官縣令に止まり壬申に歿す高祖同春浚吉の學問を繼述し又櫟泉の薰陶を受け經明行修の名あり

○雲坪集　一〇卷四册　宋能相著　印本

宋能相の詩文集にして多く學問時事に關するものを收む詩、疏、書、序、記、祭文、告文、雜著等あり

宋能相　字は士能、雲坪と號す恩津の人尤庵宋時烈の玄孫にして南塘韓元震の門下なり肅宗庚寅に生れ英祖の時遺逸を以て召され官掌令に止まり戊寅に歿す

○晩翁集　四卷一册　徐命瑞著　印本

徐命瑞の遺稿にして曾孫晩輔之を裒輯し李太王光武三年に上木せしものなり詩、賦、文以外初學圖、學約圖等問學工夫の楷梯を示し附錄に王世孫進講日の進對筵話二三を載す

徐命瑞　字は伯五、晩翁と號す大邱の人達城尉景霱の玄孫なり肅宗辛卯に生れ蔭仕を以て官知中樞府事に至り英祖及正祖の時儒を以て名あり正祖乙卯に歿す

○陋室集　四卷二册　李重延著　印本

李重延の詩文集にして六代の孫鍾岱の蒐輯したるものなり詩、書、序、記、祝文、祭文、墓誌、附錄等を收め李太王癸卯に刊行す

李重延　字は希愿、陋室と號す眞實の人懶隱東標の孫なり肅宗辛卯に生れ正祖庚戌年八十にして僉知中樞府事を授けられ甲寅に歿す

○大山集　三巻一七冊　李象靖著　印本

李象靖の詩文集にして詩、疏、書、雜著、序、記、跋、箴、銘、贊、上樑文、哀辭、祝祭文、誌狀等を收む理氣、四端、七情、心動靜出入の諸篇あり

○鹿門集　二六巻一三冊　任聖周著　印本

任聖周の詩文集なり收むる所書、雜著、序、記、跋、論、說、銘、箴、贊、祝文、祭文、墓誌、表、碣、行狀、遺事、公移、詩等にして論語、中庸、儀禮、周易、尙書、大學等の述義、寒泉語錄、玉溜講錄、書筵講義及附錄あり

任聖周　字は仲思、鹿門と號す豐川の人なり肅宗辛卯に生れ晩に公州の鹿門に卜居す老隱適の子にして士元の孫なり適五男二女あり鹿門は其の仲なり季弟雲湖靖周、妹允摯堂偕に文名あり年七十八を以て正祖戊申に歿す二十四歲の時中庸を携へて獨り華陽山に入り靜坐五十日反復研精し疑義一巻を成す

○在澗集　六巻三冊　任希聖著　印本

任希聖の詩文集にして詩を土木奮崔重純に文を族子窮悟天常に刪定せしめ純祖癸酉孫百禧沃溝縣監たりし時之を刊行す載する所詩、辭、書、記、序、題、跋、箴、銘、雜著、祭文、哀辭、壙銘、墓誌、墓碣、墓表、行狀等なり

任希聖　字は子時、在澗と號す豐川の人應教珖の子なり肅宗壬辰に生れ英祖辛酉生員に中り己丑孝陵叅奉を拜し官直長に止まり癸卯に歿す

○石北集　一六巻八冊　申光洙著　印本

申光洙の詩文集にして李太王十年丙午五代の孫觀休之を刊行す內十巻は皆詩にして其の餘は書、疏、上樑文、祭文、序、陰記、傳、儷文、雜著等なり又附錄あり

申光洙　字は聖淵、石北と號す高靈の人僉知澔の子なり肅宗壬辰に生れ英祖壬辰漣川縣監を以て耆老科に魁たり官承旨に止まり乙未に歿す功令文を以て名を著はし尤も詩に工なり

○旅庵集　八巻四冊　申景濬著　印本

申景濬の遺稿にして詩は古體、近體に文は家乘、塚刻、堂宇、寺刹、雜文に大別し文には墓文、行狀、祭文、哀辭、旌閭碑、禪師碑、序、記、跋、識、傳、贊、銘、功令策等を收む

○鳳麓集　四巻二冊　金履坤著　印本

金履坤の詩文集にして正祖二年戊戌弟履復平壤庶尹たる時刊行す載する所詩、書、序、贊、墓誌、銘、墓表、行狀、祭文、哀辭、禖議等にして墓文一篇を附す

金履坤　字は原哉、鳳麓と號す安東の人茅州時保の孫にして仙源の後なり肅宗壬辰に生れ英祖甲午六十三歲にして始めて新溪に令たり後數月にして歿す

○尼溪集　三巻五冊　朴來吾著　印本

朴來吾の詩文集にして收むる所詩、書、序、記、雜著、跋、祭文、哀辭、行狀、碣銘及附錄なり李太王癸巳後孫圭浩之を編刊す

朴來吾　字は復初、尼溪と號す密陽の人松月堂好元の後なり肅宗癸巳に生れ正祖乙巳に歿す

○梨湖遺稿　三巻一冊　金時鐸著　印本

金時鐸の遺稿にして詩各體、書數十篇及雜著を收め附錄に言行錄、行狀、墓碣銘及贈詠、輓詞等を收む英祖四十七年辛卯之を印行す

金時鐸　字は子木、梨湖と號す貫は海豐にして僉樞德峻の子なり肅宗癸巳に生れ業を陶菴李縡に受く英祖辛未に歿す學行を以て梨湖祠に享す

○石雲集　二巻一冊　尹顯東著　寫本

尹顯東の文集にして收むる所書と序のみなり

尹顯東　字は誠中、石雲と號す海平の人四休堂得和の子なり肅宗癸巳に生れ正祖壬寅に歿す

○農叟遺稿　一冊　崔天翼著　印本

崔天翼の詩文集にして正祖八年甲辰の刊行に係る各體詩及書十餘篇を收む

崔天翼　字は晋叔、農叟と號す興海の人なり肅宗甲午に生

る其の先は世世郡の小吏なりしか天翼に至り儒を以て家を成さんと期し刻苦學を力め進士に擧けらるるに及ひ則ち曰く吾分足れりと遂に復た試に應せす家居門生を敎ふること三十年正祖己亥に歿す年六十八

○有心齋集　六卷三冊　李和甫著　印本

李和甫の文集なり和甫平生實學を務め詩詞を喜はす故に集中に詩なし書及經義問答、禮疑問答、雜著、告文、行狀、誌文及附錄を收む

李和甫　初の名は濟甫字は汝施次て醇甫字は大和と更め後に和甫字は大醇と改む有心齋は其の號なり太宗の別子讓寧大君禔の後にして肅宗甲午に生れ少にして陶庵李縡に學ひ篤志力學遂に科官を求めす英祖及正祖の際連に叅奉を授けられたるも受けす正祖辛丑に歿す

○韋庵集　六卷三冊　李最中著　印本

李最中の詩文集にして收むる所辭、詩、疏、劄、箋、書、尺牘、記、祭文、祝文、墓表、墓碣、墓誌、行狀、諡狀、遺事、雜著等なり

李最中　字は季良、韋庵と號す全州の人鹿川濡の孫なり肅宗辛未に生れ英祖辛未直長を以て文科に登り弘文館提學を歴て官吏曹判書に至り正祖甲辰に歿す謚を文貞と云ふ

○保晩齋集　十六卷八冊　徐命膺著　印本

徐命膺の詩文集にして憲宗四年戊戌孫楓石有榘の編印せしものにして正祖の序あり收むる所辭、樂歌、詩、疏、劄、啓、書、序、記、題、跋、雜著、玉竹冊、頌頌文、箋文、上樑文、祭文、誌狀及蠡測編等なり

○警弦齋集　四卷二冊　姜世晋著　印本

姜世晋の詩文集にして子鳳欽の蒐輯したるものなり詩、書、雜著、序、記、傳、儷文、哀詞、丘墓文、行狀等を收む外孫鄭象履等之を刊行す

姜世晋　字は嗣源、警弦と號す晋州の人慕軒必愼の子なり肅宗丁酉に生れ英祖癸酉進士に中り正祖丙午に歿す

○青川子稿　三卷一冊　任敬周著　印本

敬周の遺稿にして正祖三十年甲寅季弟靖周の印出に係り詩、

書、序、記、跋、論、說、傳、雜著、祭文、哀辭、墓誌、行狀及附錄を收む

任敬周　字は直中、靑川子と號す老隱適の第三子にして鹿門聖周の弟なり肅宗戊戌に生れ年二十八にして英祖乙丑に夭す

○晩慕遺稿　六卷三冊　鄭基安著　印本

鄭基安の遺稿にして賦、詩、疏、啓、議、講義、書、記、跋、行狀、告祭文、雜著等を收む純祖三十四年甲午子晩錫之を編刊す

鄭基安　字は安世、號は晩慕初名は思安溫陽の人相臣順朋の後なり肅宗己亥に生れ英祖戊申文科に登り官知中樞府事に至り丁亥に歿す諡を孝憲と云ふ子晩錫官丞相に至る

○性堂集　五卷二冊　鄭赫臣著　印本

鄭赫臣の遺稿を集めたるものにして外孫金博淵之を釐正し顯宗乙巳六年孫浩幹之を印行せり收むる所詩、書、序、祭文、行狀、呈文、雜著等にして終に門人退記の行狀を附す

鄭赫臣　字は明峻、性堂と號す保寧の隱士なり名を德耆と改めしか後初名に復せり肅宗己亥に生れ淸に事ふるを恥ちて科擧に赴かす窮居書を讀むこと五十年正祖の時恭奉を拜せしも就かす後老を以て通政を授けられ癸丑に歿す

○艮翁集　二十四卷十二冊　李獻慶著　印本

李獻慶の遺稿を集めたるものにして正祖の時織湖の有志嶺南諸儒に移文し協力刊行せしものなり收むる所詩、疏、書、祭文、碑誌、碣、陰記、諡狀、行狀、祝文、哀辭、序、記、跋、辨、傳、論、奏、贊、銘、說、雜著等にして家庭見聞を附錄とせり

李獻慶　字は夢瑞、艮翁と號す坡谷誠中の後なり肅宗己亥に生る六七歳にして旣に能く章を成す英祖甲子に登科し官途振はさるもの三十年爲に文學愈進み著述益富む正祖の初驟に正卿に至り辛亥に歿す

○樊巖集　五十九卷二十七冊　蔡濟恭著　印本

正祖二十四年庚申凡例を授け李鼎運等に命して校正せしめ五十九卷に至り純祖二十四年甲申始めて開刊せり收むる所詩、疏、劄、書啓、獻議、啓辭、序、記、書、祭文、哀冊、哀辭

誌狀、傳、跋、碑塔文、銘、贊、敎文、箋、狀文、上樑文、說、雜著等にして卷首上下二卷あり綸綍を載す

蔡濟恭　字は伯規、樊巖と號す平康の人希菴彭胤の從孫なり肅宗庚子に生れ英祖癸亥に登科し正祖の初陞擧に契遇して官領相に至り己未に歿す謚を文肅と云ふ英祖世子を廢する時濟恭始終泣諫せしを以て正祖位に卽き殊眷を加へらる詩文傑氣あり恰も其の人の如し正祖其の稿に題して傑氣驅來筆力到と云ふ

○丹陵遺集　三卷一册　李胤永著　印本

李胤永の遺稿にして正祖三年友金鍾秀平安監司たる時之を裒輯し俸を捐てて上梓したるものなり辭、詩、雜文等を收む

李胤永　字は胤之、丹陵と號す韓山の人なり肅宗の時に生れ隱居して仕へす故に其の事蹟傳らす但た金鍾秀の跋に胤之天性峻潔自ら世と合はさるを知り蚤く擧業を謝し自ら山水文墨に放情すとあり

○凌壺集　四卷二册　李麟祥著　印本

李麟祥の遺稿を集めたるものにして英祖三十三年丁丑子英章之を刊行す收むる所詩、書、序、記、跋、議、哀辭、祭文、雜著等にして金鍾秀の跋あり

李麟祥　字は元靈、凌壺と號す完山の人白江敬輿の孫なり肅宗の時に生れ英祖に仕へて官縣監に止まる長身瘦癯垢の氣なく出つれは則ち朗詠して傍ら人なきか如く之を望めは宛も鶴に似たり學藝の外書畵に巧にして特に篆書に長し當時三絕の稱あり正祖の時に歿す

○戒懼菴集　一四卷七册　尹衡老著　印本

尹衡老の遺稿にして曾孫守淵之を裒輯上梓す載する所詩、書、辨、箴、祭文及論語、中庸劄錄、尊性、家訓等なり

尹衡老　戒懼菴と號す坡平の人なり肅宗の時に生れ水原郡に隱居し英祖の時隱逸の士を以て祭奉を授けられたるも就かす窮居して道を樂しみ壽を以て世を終る

○遜齋集　八卷四册　朴光一著　印本

朴光一の詩文集にして賦、詩、疏、書、雜著、序、跋、記、祭文、墓誌、行狀及尤菴語錄、近思錄劄記等を收む正祖六年壬寅孫夏鎭の輯刊に係る

朴光一　字は士元、遜齋と號す肅宗の時に生る順天の人寓軒尙玄の子にして尤庵宋時烈の門下なり深く窮理の學を修め內侍官翊衞、王子師傅侍講院諮議等を拜したるも皆就かす智異山下に卜築して山水を樂しみ講討嘯詠して英祖の時に歿す諡を文肅と云ふ

○南塘集　五〇卷二六冊　韓元震著　印本

韓元震の詩文集にして辭、賦、詩、疏、議、說、書、序、記、題、跋、銘、贊、祭文、哀辭、誌狀、雜著等を蒐輯す中に經義記聞錄、朱子言論及同異攷あり南塘は其の號なり元震同門の李柬と持說相反し此に湖洛の分派を開けり本書は以て其の所說を窺ふに足る

○冠峰遺稿　一〇卷五冊　玄尙壁著　印本

玄尙壁の詩文集にして收むる所詩、書、雜著、序、記、跋、祭文、行狀、銘等なり

玄尙壁　字は彥明、冠峯と號す寒水齋權尙夏の門下なり肅宗の時に生る少時專ら性理の書を學ひ又禮記を窮めたり英祖の時官纔に洗馬に至りて致仕す

○東溪遺稿　四卷二冊　李英輔著　印本

李英輔の遺稿にして子廣源、逊源等之を蒐輯す收むる所詩、書、序、記、雜著、行狀、祭文、哀辭等にして末に弟文輔の大觀遺稿を附し英祖三十五年己卯に刊行す

李英輔　字は夢與、東溪と號す延安の人なり肅宗の時に生れ甲午進士壯元となり官金城縣令に止まり英祖の時に歿す

○霽軒集　六卷三冊　沈定鎭著　印本

沈定鎭の文集にして收むる所詩、序、記、題、跋、書、雜著、祭文、哀辭、行狀、遺事、墓誌銘、墓碣銘、講說、語錄等なり正祖十年丙午趙瑍平安監司たりし時刊行す

沈定鎭　字は一之、霽軒と號す肅宗の時に生れ英祖の時進士に中り官郡守に止まる甞て副率となるや會ま正祖東宮に在り甚た之に敬事し學術高明にして講說精好なりと稱す然れとも終に大に用ひらるるに至らすして止む

○雨念齋詩稿　一冊　李鳳煥著　寫本

李鳳煥の近體詩五七律及七絕若干篇を收めたるものなり

李鳳煥　字は聖章、雨念齋と號す全州の人なり英祖の時縣監に至り庚寅寃獄に死す

○雲溪漫稿　三五巻一五冊　金鍾正著　寫本

金鍾正の詩文稿にして定本に非す故に往往塗改存拔したるものあり內容は詩各體、疏、劄、啓、辭、議、箋、書、序、記、跋、說、雜著、祝文、祭文、哀辭、墓文、行狀、遺事、劄錄、家範等にして拾遺及附錄あり

○三山齋集　一三巻六冊　金履安著　印本

金履安の詩文集にして收むる所詩、疏、書、啓、儀、序、記、題、跋、行狀、墓文、祭告文、哀辭、雜著等なり

金履安　字は元禮、三山齋と號す安東の人渼湖元行の子なり景宗壬寅に生れ正祖の時閔彝顯、金斗默、曹霖等と齊しく經筵官となり祭酒に至り辛亥に歿す謚を文獻と云ふ

○玉局齋遺稿　一〇巻五冊　李運永著　寫本

李運永の遺稿にして詩、詞、序、記、跋、書、祭文、傳、雜著、日記、墓表、遺事、壙誌及附錄を收む子羲淵の編次したるものなり

李運永　字は健之、玉局齋と號す韓山の人丹陵胤永の弟なり景宗壬寅に生れ英祖己卯司馬に中り官同知中樞府事に至り正祖甲寅に歿す文名あり

○恭命齋稿　三冊　金德行著　寫本

金德行の詩文稿にして序、祭文數篇の外皆詩なり

金德行　字は顯道、恭命齋と號す安東の人竹所光煜の玄孫なり景宗壬寅に生れ官縣監に止まり正祖己酉に歿す

○石堂遺稿　六巻三冊　金相定著　印本

金相定の遺稿にして子箕應の蒐輯したるものなり一巻より三巻は諸體の文を收め四巻より六巻は各體の詩を錄す純祖四年甲子に刊行す

金相定　字は稚五、石堂と號す光山の人沙溪金長生六代の孫なり景宗壬寅に生れ英祖辛卯縣監を以て文科に登り官承旨に止まり戊申に歿す

○海左集　三九巻一九冊　丁範祖著　印本

丁範祖の詩文集にして李太王四年に刊行す收むる所賦、詩、疏、書、序、記、誌狀、題、跋、說、論、雜著、傳、上樑文、箋、狀、贊、勸緣文、銘等にして年譜及行狀を附す

丁範祖　字は法世、海左と號す押海の人なり景宗癸卯に生る愚潭時翰の後にして儒學の世家たり英祖、正祖の間に名を馳せ官弘文館提學に至り純祖辛酉に歿す謚を文憲と云ふ

○章菴詩錄　三卷一冊　金相岳著　印本

金相岳の詩集にして子箕晋の編次したるものなり詩各體六百四十餘首を收む李太王十六年己卯曾孫尙鈫之を刊行す

金相岳　字は舜咨、章菴と號す光山の人光南君益勳の曾孫なり景宗甲辰に生れ蔭仕を以て官知中樞府事に至り純祖乙亥に歿す文簡と謚す易理に深く山天易說の著あり

○耳溪集　五〇卷三冊　洪良浩著　印本

洪良浩の詩文集にして憲宗九年癸卯孫敬謨之を刊行す原集初卷より十八卷までは良浩晩年自ら選輯せしものにして以下二十卷は敬謨の追輯せしものなり卷首に淸の禮部尙書紀昀の序を載す收むる所辭、賦、歌謠、詩、序、記、書、題、跋、銘、頌、贊、辨、論、解、傳、雜著、疏、劄、啓、議、敎命文、頒敎文、箋文、致詞、敎書、上樑文、進香文、祭文、哀辭、神道碑、墓碣、墓誌、墓表、謚狀等にして外集十二卷には講說、易象翼傳、群書發悱、萬物原始、六書經緯、牧民大方、北塞紀略等を收む耳溪は其の號なり

○雲齋遺稿　四卷二冊　李重慶著　印本

李重慶の遺稿にして子鎭紘之を編次す收むる所詩、書、祭文、雜著、附錄等なり

李重慶　字は志彥、雲齋と號す眞寶の人懶隱東標の孫なり景宗甲辰に生れ英祖甲戌に歿す杜陵の子陋室の弟にして善く學を繼述す

○荊庵文略　三卷一冊　崔昭著　寫本

崔昭の文集にして孫性學之を編次す一卷は焚餘藁二卷は讀史漫論三卷は雜著にして荊庵は其の號なり

○修井集　五冊　鄭景淳著　寫本

鄭景淳自編の詩文集にして收むる所詩文、雜著等なり

鄭景淳　字は時晦、修井と號す東萊の人陽坡太和の玄孫なり

○松穆館集　一巻一冊　李彦瑱著　印本

李彦瑱の詩文集にして歿後九十餘年を經て哲宗二年庚申孫鎭學之を捜索し刪定印行せしものなり詩及贊、銘、尺牘等數篇を收む

李彦瑱　字は虞裳、松穆館又湘藻と號す英祖の時に生れ惠寰李用休に師事し詩才あり家世世象胥を業とす癸未譯官を以て通信使に隨ひ日本に往き歸りて後幾もなくして歿す年三十有餘なり

○允摯堂遺稿　一巻一冊　任氏著　印本

申光裕の妻任氏の遺稿を集めたるものにして正祖二十年丙辰季弟任靖周及夫弟申光祐等の編刊したるものなり跋に曰ふ遺稿は初め四十篇なりしも刪りて三十篇と爲し又五篇を追入し總て三十五篇と爲すと收むる所傳、論、跋、說、箴、銘、贊、祭文、引、經義等にして允摯堂は其の號なり

○直菴集　一〇巻一〇冊　申暻著　印本

申暻の詩文集にして子大傅の蒐輯したるものなり詩、疏、收議、書啓、問答、序、跋、雜著、祭文、墓誌、行狀、遺事、語錄、傳等あり純祖辛未外孫金會淵慶尙道觀察使たりし時之を刊行す

申暻　は直菴と號す平山の人絅菴琓の孫にして英祖の時の人なり

○本菴集　一三巻六冊　金鍾厚著　印本

金鍾厚の詩文集にして弟鍾秀の裒集に係り門人任焴羅州に宰たりし時之を印行す載する所詩、疏、議、書、雜著、序、記、題、跋、銘、箴、詞、贊、上樑文、祭文、哀辭、碑銘、墓碣、墓誌、行狀、傳、劄錄等にして本菴は其の號なり

○退軒集　七巻三冊　趙榮順著　印本

趙榮順の詩文集にして子元喆の編次上梓したるものなり收むる所詩、疏、書、祭文、告文、雜著等なり

趙榮順　字は孝承、退軒と號す楊州の人二憂堂泰采の孫な

り英祖乙巳に生れ二十七年文科に登り諸官に歴任したるも黨論に强硬なりしを以て屡英祖の怒に觸れ諸處に貶竄せらる乙巳備局に除し西樞に除せられたるも拜せす是の歲遂に歿せり

○忍　菴　集　五卷二冊　趙載道著　印本

趙載道の詩文集にして子良鎭の姪尙鎭の蒐輯したるものなり詩、賦、序、記、書、論、傳、雜著、雜記、雜錄、附錄等を收め正祖五年辛丑之を刊行す

趙載道　字は文之、忍菴と號す豐壤の人舍人大壽の孫なり英祖乙巳に生れ丁卯進士に中り己巳に歿す八歲にして採薇論を作り人之を神才と稱す二十五歲早く歿せしも學贍文麗を以て盛名あり

○臥　雲　遺　稿　三卷三冊　宋煥經著　寫本

宋煥經の遺稿にして收むる所詩、賦、書、序、記、論、祭文、上樑文等なり

宋煥經　は臥雲と號す恩津の人なり

○梧　山　集　七卷四冊　徐昌載著　印本

徐昌載の文集にして收むる所詩、書、襍著、序、跋、箴、銘、上樑文、祭文、行狀、墓誌等なり內一卷は附錄一卷は別集にして冠禮考定等を載す從孫徐幹發之を刊行す

徐昌載　字は尙甫達城の人なり英祖丙午に生れ正祖辛丑に歿す嶠南に於ける禮學家の一人なり

○雲　湖　集　六卷三冊　任靖周著　印本

任靖周の遺稿にして其の子杰之を蒐輯し英祖丁丑從子照靑山縣監たりし時之を刊行す收むる所書、雜著、告文、祭文、墓誌、行狀、遺事等なり

任靖周　字は穉共、雲湖と號す豐川の人老隱適の子にして鹿門聖周の弟なり英祖丁未に生れ壬午進士に中り蔭仕を以て官縣監に止まる

○燕　齋　稿　一冊　李光顯著　寫本

李光顯の詩稿にして成るに隨ひ手錄したるものなり

李光顯　字は晦叔、號は燕齋全州の人任城君好臣の後なり英祖丁卯に生れ正祖丁酉司馬に中り戊午蔭仕に補せられ官縣監に止まり純祖の時に歿す

○荷棲集　二卷六冊　趙璥著　印本

趙璥の詩文集にして子鎭球の刊行したるものなり詩、疏、劄、書啓、議、箋、書、序、記、跋、論、祭文、哀辭、墓文、行狀、謚狀、雜著、講說。漫錄等を收む別に附錄一卷あり荷棲は其の號なり

○最窩集　八卷四冊　金奎五著　印本

金奎五の詩文集にして子耳鉉の蒐輯したるものなり收むる所詩、疏、書、雜著、記、跋、婚書、字說、祭文、告文、墓誌、行狀、附錄等なり純祖三十二年壬辰從孫貞健門人李氣貞と與に之を刊行す

金奎五　字は景休、最窩と號す咸昌の人西溪守堅の玄孫なり英祖己酉に生れ正祖辛亥に歿す

○安窩遺稿　六卷三冊　洪樂仁著　印本

洪樂仁の遺稿にして正祖十一年丁未內府に命して刊行せしむ正祖の序あり收むる所詩、書、序、記、跋、祭文、應製文、雜著等にして安窩は其の號なり

○默山集　四卷二冊　南基萬著　印本

南基萬の詩文集にして從玄孫皋の蒐輯したるものなり收むる所詩、疏、書、祭文、上樑文、箴、跋、雜著、墓誌、附錄等にして李太王十一年甲戌之を刊行す

南基萬　字は伯溫、默山と號す英陽の人なり英祖庚戌に生れ甲午大小科に中り正祖丙辰に歿す經學に深く又星曆度數、參同契、納甲の法に通曉せり

○蘿山集　三卷四冊　趙有善著　印本

趙有善の詩文集にして哲宗己未の刊行に係る收むる所詩、書、經義、序、記、跋、引、雜著、上樑文、祭文、告文、祝文、哀辭、傳、附錄及拾遺等なり

趙有善　字は子淳、蘿山と號し開城に居る稷山の人松村翼周の曾孫なり英祖辛亥に生れ正祖戊申經行を以て薦められ參奉を拜し官郡守に止まり純祖己巳に歿す渼湖金元行の門人なり

○天隱亂稿　一冊　趙宗鉉著　寫本

趙宗鉉自編の詩文集にして収むる所詩、記、説、識、遺事、題、傳、解、序、花月令、祭文等なり中に北征詩あり北關の風俗を寫せり

趙宗鉉 字は元玉、天隱と號す楊州の人忠簡公雲逵の子なり英祖辛亥に生れ丙子進士に中り戊子蔭仕を以て文科に登り官禮曹判書に至り正祖庚申に歿す諡を孝憲と云ふ

○五龍齋遺稿 一冊 南溟學著 印本

南溟學の遺稿にして正祖二十四年庚申子陽龍之を上梓す收むる所詩、書、祭文、漫錄、北說、講奏、殿策等にして五龍齋は其の號なり

○修山集 一四卷七冊 李種徽著 印本

李種徽の詩文集にして收むる所詩、騷、賦、序、記、說、贊、銘、東史、論、策、行狀、碑、誌、傳、祭文、哀辭、雜著、書、題、跋、靑丘古史、東輿雜記、漫筆等なり

李種徽 字は德叔、修山と號す全州の人判府事廷喆の子なり英祖辛亥に生れ蔭仕を以て官公州判官に止まり肅宗の時に歿す

○靑城集 一〇卷五冊 成大中著 印本

成大中の詩文集にして子海應之を蒐集す收むる所詩、書、序、記、傳、論、說、題、跋、行狀、墓誌、碑、銘、祭文、哀辭等にして憲宗六年庚子孫憲曾之を刊行す

成大中 字は士執、靑城と號す昌寧の人なり英祖壬子に生れ癸酉生員となり丙子文科に登り曾て通信使趙曮に隨ひ日本に入りたることあり官府使に止まり純祖壬辰に歿す

○魯村集 四卷二冊 鄭東煥著 印本

鄭東煥の遺集にして詩、書、序、記、跋、狀、祝祭文及行狀を收む李太王九年壬申從曾孫斗永之を編次刊行す

鄭東煥 字は洛瞻、號は魯村、烏川の人師夏の子なり英祖壬子に生れ正祖庚申に歿す

○松窩集 四卷二冊 金相卨著 印本

金相卨の詩文集にして曾孫謹行之を蒐集し李太王十八年辛巳に刊行す收むる所賦、詩、說、論、辨、經義、序、祝文、墓誌、銘、上樑文、辭、演義、附錄等なり

金相禹　字は而洽、松窩と號す慶州の人監司羲の後孫なり英祖壬子に生れ正祖丁酉智陵別檢に入仕し純祖丙寅に歿す官殿令に至る

○近齋集　三巻一六冊　朴胤源著　印本

朴胤源の詩文集にして玄孫定陽之を編刊す收むる所賦、詩、書、序、記、題、跋、銘、箴、贊、傳、論、説、雜著、祭文、告文、哀辭、行狀、墓誌、墓表、墓碣、遺事、家錄及渼湖金元行の語錄等なり

朴胤源　字は永叔、近齋と號す潘南の人判官師錫の子なり英祖甲寅に生る聰穎絶倫經學を以て鳴る家貧にして風雨を蔽ふ能はさるも晏然として學徒と講討し終身仕へす正祖己未に歿す

○菊軒集　二巻一冊　蘇始萬著　印本

蘇始萬の詩文集にして孫煥述之を蒐輯し純祖八年戊辰に刊行す數理、著說、書、策及詩二篇を收む附錄あり

蘇始萬　字は元甫、菊軒と號す晉州の人月洲斗山の玄孫なり英祖甲寅に生れ乙酉に歿す三歳にして書を讀み十二歳學文を以て大に鳴り易象皇極の數、律曆醫卜の學洞徹せさるものなし後に意を四書に専にして四書剳類を著す年僅に三十二にして夭す

○自齋遺稿　一冊　尹東燁著　印本

尹東燁の遺稿にして子光演の蒐輯したるものなり詩、書、說、銘、附錄等を收め純祖三十年庚寅之を刊行す

尹東燁　字は德輝、自齋と號す坡平の人克齋三星の孫なり英祖甲寅に生れ正祖癸丑に歿す卓犖不羈の志を抱き山水の間に放浪して終れり

○百一集　一冊　沈翼雲著　寫本

沈翼雲自編の詩文集にして收むる所詩、序、記、題、跋、墓誌、祭文、告文、誄、書、雜著、說、銘、贊等なり

沈翼雲　字は鵬如、芝山と號す青松の人晩沙之源五代の孫なり英祖甲寅に生れ進士を以て已卯文科に登り官持平に止まり流されて謫所に歿す

○宛丘遺集　一〇巻二冊　申大羽著　印本

申大羽の詩文集にして雜著、書、序、記、墓文、行狀、祭文等あり詩なし純祖の時三子縉、緯及絢之を校正編次す全卷隷體を以て之を書し木板を以て之を刻す

申大羽 字は儀父、號は宛丘、平山の人直長晠の子にして紫霞申緯の從叔なり英祖乙卯に生れ正祖の初蔭仕に補せられ官叅判に至り純祖己巳に歿す

○玉溪遺稿　二卷一冊　姜鳳文著　印本

姜鳳文の遺稿にして孫周福之を蒐輯し純祖己丑に刊行す收むる所詩、書、序、記、祭文、附錄等なり

姜鳳文 字は周瑞、玉溪と號す晋州の人なり英祖乙卯に生れ純祖乙亥に歿す其の門地寒微なりと雖文學に勤め又孝行を以て稱せらる

○燕巖集　九卷三冊　朴趾源著　印本

朴趾源の詩文集にして光武五年金澤榮之を編刊す詩、表、議、書、序、題、辭、記、論、說、農說、祭文、哀詞、神道碑、墓碣、墓誌、塔銘、事狀、尺牘、熱河日記等を收む

朴趾源 字は仲美、燕巖と號す英祖丁巳に生る潘南の人にして文章に卓絶す正祖文學を崇尙し重用せられしも當路の嫉視する所となり文科に第せす官僅に府使に止まり純祖乙丑に歿す當時朝鮮人にして泰西地球の說を知る者なかりしか趾源入燕使に隨ひ熱河に至り淸儒と交遊し書籍を博覽し地球一日一轉の說を倡道し問者をして驚服せしむ獨り文章の大家たるのみならす最も經濟の學に深邃なりしは其の著農政書に見るへし後に正卿を贈られ文度と謚せらる

○德峯集　六卷三冊　李鎭宅著　印本

李鎭宅の詩文集にして玄孫圭一の蒐輯せしものなり詩、疏、啓、書、雜著、識、說、祝文、祭文、碑文、行狀、傳、上樑文、附錄等を收載し李太王光武六年壬寅に刊行す

李鎭宅 字は叅重、德峰と號す慶州の人益齋齊賢の後孫なり英祖戊午に生れ正祖庚子文科に登り官掌令に至り純祖乙丑に歿す莊祖昇遐の事に關し直言極諫して流竄を蒙り遂に任官せすして終れり李太王庚子莊祖進崇の後秘書丞を贈る

○儉巖山人詩集　二卷二冊　范慶文著　印本

范慶文の詩集にして純祖十四年甲戌子潤行之を剞劂に付す徐

榮輔の序あり

范慶文　字は孺文、儉巖と號す英祖戊午に生れ年十七八既に能く辭を屬し嶄然頭角を見はす純祖辛酉に歿す

○錦石集　一三卷五冊　朴準源著　印本

朴準源の遺稿にして純祖十六年從子宗興及俞漢雋の校印せしものなり收むる所賦、詩、書、序、記、跋、贊、銘、上樑文、雜著、祭文、哀辭、誌狀等なり

○菑野集　六卷三冊　韓敬儀著　印本

韓敬儀の詩文集にして孫永熙の蒐輯に係り收むる所詩、書、序、記、跋、雜著、祭文、行狀、墓碣、墓誌、墓表、附錄等なり

韓敬儀　初名は光祐字は伯慄、菑野と號す清州の人草堂世琦の曾孫なり英祖己未に生れ純祖辛巳に歿す開城に世居し經學深邃且孝行を以て一鄕に稱せらる

○柯汀遺稿　一〇卷五冊　趙鎭寬著　印本

趙鎭寬の遺稿にして憲宗十三年丁未子寅永之を印出す收むる所詩、疏、啓、議、序、記、跋、揭、玉冊文、上樑文、樂章、辭、祭文、表、碣、誌、碑、諡狀、傳、狀、易問等なり

○青莊館全書　七一卷三五冊　李德懋著　寫本

李德懋の全集にして子光葵の蒐輯したるものなり而して幼時の詩文は嬰處稿と名け禮記に付ての論述は禮記臆と題し詩文の各體は雅亭遺稿と名け宋史の論述は編書雜稿と名け支那朝鮮歷代の編撰は紀年兒覽と名け士典婦儀童規に關する所說は士小節と名け人物の小傳は磊々落々書、群書の讀抄は耳目口心書、隨筆は盎葉記、黃海道の紀行は西海旅言、諸人の尺牘筆談は天涯知己書、北京の紀行は入燕記、漫錄は寒竹堂涉筆と題せり年譜を附錄とし正祖十九年乙卯內賜金を以て之を刊行す

李德懋　字は懋官、雅亭と號す完山の人府使必益の孫なり英祖辛丑に生れ正祖己亥奎章閣檢書官となり官縣官に止まり癸丑に歿す百家に汎濫せるのみならす行義亦醇篤なり

○雅亭遺稿　八卷四冊　李德懋著　印本

李德懋の詩文集にして歿後三年丙辰正祖旨を孤子光葵に傳へ

て遺稿を徴し内帑を下して剞劂の費を助け奎章閣諸員をして刪定刊行せしめたるものなり歌詩三百三十二篇書牘一百篇策論五篇序、記、雜書一百三十一篇を收む

○鏡巖集　三卷一冊　釋應允著　印本

僧應允の詩文集にして詩、書、序、記、襍著等を載せり純祖四年甲子門人八關之を刊行す

釋應允　初名は慣拭俗姓は閔、號は鏡巖なり英祖癸亥に生れ丁丑入山して薙髮し秋波の門に歸し開堂化象せり純祖甲子に寂す

○古道菴遺稿　四卷一冊　李心永著　印本

李心永の遺稿にして詩及序、說、告文、跋、記、贊、銘、呈書、弔祭文等を收む子泰魯之を編次し哲宗庚戌に刊行す

李心永　初名は禧錫、字は國瑞、一字は大有、古道菴と號す牙山の人牙州伯邕の後なり英祖甲子に生れ正祖庚戌司馬に中り純祖丙戌に歿す

○太湖集　八卷四冊　洪元燮著　印本

洪元燮の詩文集にして哲宗の初年孫鍾遠の編刊せしものなり收むる所詩、疏、啓、狀、書、序、記、題、跋、上樑文、雜著、行狀、墓誌銘、墓表、碑銘、祭文等にして附するに子顯圭の參三齋詩百選を以てす

洪元燮　字は太和、太湖と號す南陽の人北谷致中の玄孫なり英祖の時に生れ早く孤となる其の母之を敎ふるに嚴なり司馬試に中り蔭仕を以て進み官參議に至る正祖の時水原判官となり命を承け上樑文を製進す蔭官を以て文苑黼黻に入りし者惟り元燮あるのみ純祖の時に歿す子顯圭字は公晦、參三齋と號す詩才ありしも夭折す

○華泉集　一六卷八冊　李采著　印本

李采の詩文集にして曾孫鎬翼の忠州に牧たりし時印出せしものなり收むる所詩、疏、書、講義、序、記、傳、跋、銘、雜著、策、箋、上樑文、告文、祭文、哀辭、碑碣、表、誌狀等なり

李采　字は季良、華泉と號す牛峰の人陶庵縡の孫なり英祖乙丑に生れ進士に中り祭奉に任せられ戸曹參判に至り純祖庚辰に歿す李太王の時特に贊成を贈る謚を文敬と云ふ

○龜巖集 一六卷八冊 李元培著 印本

李元培の詩文集にして歿後純祖二十一年庚辰門人玄翊洙及族子恂等之を輯刊す收むる所詩、經義、禮、疑、書、序、記、跋、論、說、雜著、狀、碣、祭文、哀辭、日錄、附錄等なり

李元培 字は汝達、龜巖と號す鏡城の人なり英祖乙丑に生れ世世北路の大族として學行を以て聞ゆ其の先は公州の人にして十一代の祖謙事に坐して謫せられ因て終に鏡城に住す天資聰穎經傳を貫穿し百家を涉獵し悉く究通せさるなし正祖二十二年上問に應へて九經疑義六十二條を釋明し仍て褒賞を受く純祖辛酉義禁府都事に除せられ尋て尙衣院別提となり莊陵令に移り翌壬戌に歿す

○醇庵集 一〇卷五冊 吳載純著 印本

吳載純の詩文集にして久しく登梓せす正祖上梓を命し純祖八年子熙常等相謀りて遺稿を删定し活字を以て印行せり

吳載純 字は文卿、醇庵と號す海州の人月谷瑗の子なり英祖丁卯に生れ壬辰に登科し兵曹判書を經て文衡を典る正祖甲寅に歿し文靖と諡せらる

○拱白堂集 八卷三冊 黃德壹著 寫本

黃德壹の遺集にして弟德吉の蒐輯したるものなり收むる所詩書、雜著、序、跋、祭文、哀辭、行狀、附錄等なり

黃德壹 字は莘叟、拱白堂と號す昌原の人巴麓汝耆五代の孫なり英祖戊辰に生れ正祖辛酉に歿す順菴安鼎福の門下にして早歲より擧業を廢し學問に勤む著述あり

○泊翁詩鈔 九卷四冊 李明五著 印本

李明五の詩稿にして哲宗十年子東獒晩用の收集刊行したるものなり

李明五 字は士緯、泊翁と號す全州の人雨念齋鳳煥の子なり英祖庚子に生る家世世詩を以て聞ゆ父雨念齋の寃獄に罹るを痛み藁を薦し衣を換へさること數年純祖の時に至り纔に寃を伸ふることを得始めて世に出て從事官として日本に隨往し歸りて蔭官となり老ひて三品に躋り憲宗丙申に歿す

○淵庵遺迹 三卷一冊 金若淵著 印本

金若淵の詩文若干篇並に妻洪氏の死節本末、臨終告決書、行

狀、旌門始末、旌門後記等を載す光山の人金相肅の批點せしものなり

金若淵 字は淵淵、淵菴と號す清風の人夢梧鍾秀の子なり英祖庚午に生れ甲午年二十五にして歿す妻は南陽洪氏の女なり夫に殉して死し閭に旌せらる

○華山集 六卷三冊 鄭奎漢著 印本

鄭奎漢の詩文集にして長子秀麟の蒐輯したるものなり收むる所詞、賦、詩、書、疏、序、記、跋、雜著、箴、銘、頌、箋、策、上樑文、祭文、哀辭、祝文、行錄、墓文、傳、附錄等にして純祖三十年庚寅に刊行す

鄭奎漢 字は孟文、華山は其の號なり長鬐の人にして賓文閣直提學天龍の後孫なり英祖辛未に生れ正祖庚子に司馬に中り純祖甲申に歿す性潭文敬公宋煥基の門に執贄して經傳に勵志し性理の諸書を熟讀せさるなく同門の諸人推服す

○靜軒瀛海處坎錄 四卷二冊 趙貞喆著 印本

趙貞喆濟州謫居の時の詩を收む故に瀛海處坎集と云ふ純祖二十四年甲申自ら編し活字を以て印出す

趙貞喆 字は成卿、靜軒と號す楊州の人叅判榮順の子なり英祖辛未に生れ乙未文科に登り正祖の初濟州に竄せらる後官刑曹判書に至る

○知非軒詩稿 一冊 尹善大著 寫本

尹善大の詩稿にして鄭仲藩の批評あり

尹善大 字は仁之、知非軒と號す坡平の人判書憲柱の曾孫なり英祖癸酉に生れ正祖乙卯司馬に中り蔭官に補せらる官縣監に止まり純祖の時に歿す

○窮悟集 八卷四冊 任天常著 寫本

任天常の詩文集にして詩、序、記、教書、書、銘、題、跋、雜著、祭文、墓誌銘、墓表、遺事、行狀等を收む

任天常 字は玄道、窮悟と號す豐川の人邇窩守幹の曾孫なり英祖甲戌に生れ正祖丁酉進士に中り甲寅文科に登り官校理に止まる

○薑山初集 四卷一冊 李書九著 寫本

李書九自編の詩集にして詩各體を收む初集と名けたるは後集

を期したるものなるへし

○足睡堂集　六卷三冊　洪仁謨著　印本

洪仁謨の詩文集にして奭周之を編次し純祖甲申の年刊行せしものなり載する所詩、辭、書、叙、雜著、祭文、經義等にして妻徐氏の令壽閣稿を附す

○廣瀨集　三卷七冊　李野淳著　印本

李野淳の詩文集にして收むる所辭、詩、書、雜著、序、記、跋、銘、上樑文、祝文、奉告文、誄、哀辭、祭文、墓文、行狀、遺事、傳及附錄等なり

李野淳　字は健之、廣瀨と號す眞寶の人李退溪九世の孫なり英祖乙亥に生れ純祖己巳薦を以て祭奉を授けられたるも仕へす壬午掌樂主簿を超授せられたるも亦仕へす辛卯に歿す

○一广遺稿　三卷一冊　金相日著　印本

金相日の遺稿にして子憲之を蒐輯し哲宗癸丑孫在直之を刊行す收むる所詩、序、記、跋、說、箴、銘、祭文、雜著、附錄等にして子憲の小安齋遺稿を附す

金相日　字は子山、一广と號す光山の人沙溪六世の孫なり英祖丙子に生れ純祖壬子に歿す子憲字は肅心、小安齋と號す正祖癸卯に生れ哲宗庚戌に歿す父子儒門に出て能く家學を繼述せり

○弦窩集　七卷四冊　尹東野著　印本

尹東野の詩文集にして收むる所詩、書、序、記、跋、雜著、箴、銘、上樑文、祝文、家狀、墓表、哀詞、祭文、附錄等なり族孫宅逵等之を編輯し炳恒等刊行す

尹東野　字は聖郊、號は弦窩、坡平の人碩老の子なり英祖丁丑に生れ純祖丁亥に歿す文行を以て一鄕に稱せられたるも展施せす

○陶溪遺稿　四卷二冊　尹弘圭著　印本

尹弘圭の遺稿にして一卷は詩二卷は書三卷は誌狀、雜著四卷は附錄にして祭文を收む李太王十年癸酉後孫の刊する所なり

尹弘圭　初名は斗基字は毅甫、號は陶溪、坡平の人後村烇の後なり英祖庚辰に生れ正祖壬子司馬に中り丁巳經行を以て薦められ庚申洗馬を拜し官郡守に至り純祖丙戌に歿す學を家

庭に承け尤も朱子書に嫺へり

○歸恩堂集　一〇巻五冊　南公轍著　印本

南公轍自編の詩文集にして收むる所詩、應製文、箋、議、啓、疏、劄、書、序、記、題、跋、雜著、祭文、碑銘、墓碣、墓誌、行狀、謚狀、年譜等なり純祖甲午に刊行す

○金陵集　二四巻三冊　南公轍著　印本

南公轍か自己の詩文各體を編次し生前に刊行せしものなり集中多く古書畫の題跋あり唐、宋、元、明、清に渉れり

○潁翁續稿　五巻二冊　南公轍著　印本

○潁翁再續稿　三巻一冊　南公轍著　印本

南公轍の詩文續集にして亦生前純祖二十二年壬午の印行に係る續稿及再續稿共に自題の小引を附す前書收むる所詩、應製文、啓、疏、劄、議、序、記、祭文、言行錄、神道碑銘、誌碣、謚狀等にして後書載する所詩、應製文、啓、疏、劄、議、序、記、跋、祭文、誌碣、墓表、謚狀等なり

○晩村稿　一冊　朴宗喜著　寫本

朴宗喜の文稿を編したるものにして書、序、記、說、論、雜著、祭文等を收む

朴宗喜　字は汝受、晩村と號す潘南の人錦石準源の子にして純祖の時の人なり

○壽齋遺稿　八巻二冊　李崑秀著　印本

李崑秀の遺稿にして皆弱冠の作なり載する所詩、賦、表、箋、詔、制、誥、策、義、序、箴、銘、講義等にして之を應製錄、恩課錄と稱す又聖語錄、公車錄及拾遺錄を並載し外に附錄あり

李崑秀　字は星瑞、壽齋と號す延安の人湖隱性源の子なり英祖壬午に生れ正祖壬寅庭試に擧けられ奎章閣待敎となりしも纔に二十六歲にして丁未に歿す壽齋は正祖の賜號なり

○老洲集　二六巻一三冊　吳熙常著　印本

吳熙常の遺文を集めたるものにして子致成の蒐輯に係り李太王壬辰曾孫俊泳之を刊行す收むる所疏、上書、書啓、達辭、議、書、祭文、告文、祝文、哀辭、序、記、跋、墓誌、墓銘、墓碣、墓表、碑、行狀、謚狀、遺事、雜著、讀書隨記、雜識等なり

○海隱遺稿　三卷三冊　姜必孝著　印本

姜必孝の遺稿にして歿後四十七年子孫及弟子等相謀りて刊行す収むる所詩、疏、書、雜著、箴、銘、贊、序、記、跋、祝文、祭文、墓碑、碣、誌、銘、行狀、附錄等なり

姜必孝　字は仲順、海隱又法隱と號す晋州の人英祖甲申に生る嶺南安東郡に居り經學を講明して聲譽四方に聞ゆ純祖世子の時洗馬に徵せしも起たす益育英に勗め弟子日に進就す官敦寧都正に止まり憲宗戊申に歿す

○楓皐集　十六卷八冊　金祖淳著　印本

金祖淳の詩文集にして哲宗五年甲寅季子左根の鋟梓せしものなり哲宗の序あり詩、疏、劄、奏、啓、應製文、祭文、書、碑銘、墓碣、墓誌、墓表、行狀、諡狀、序、記、跋、箴、銘、頌、贊、傳、雜著等を載す

○冷泉遺稿　七卷三冊　朴宗輿著　印本

朴宗輿の遺稿にして収むる所詩、書、銘、上樑文、祈雨文、祭文、告文、雜著、言行錄、遺事、行蹟、壙誌、附錄等なり李太王光武二年戊戌曾孫定陽之を刊行す

朴宗輿　字は元得、號は冷泉、潘南の人近齋胤源の子なり英祖丙戌に生れ純祖癸亥叅奉を拜し官府使に至り乙亥に歿す李太王丁亥大司憲を追贈す

○石見樓詩鈔　二卷二冊　李復鉉著　印本

李復鉉の遺稿にして曾孫應寅の蒐輯せしものなり収むる所詩各體及上樑文一篇にして哲宗八年丁巳に刊行す

李復鉉　字は見心、石見樓と號す全州の人綾原大君俌五世の孫なり英祖丁亥に生れ正祖丙午叅奉を授けられ官僉知中樞府事に止まり哲宗癸丑に歿す詩を以て一代に推奬せらる

○雲谷文艸　一冊　李羲發著　寫本

李羲發の文草にして應旨陳十條、時務疏、農政議、鄕飲酒記、硯銘、墨銘等なり

李羲發　字は右文、雲谷と號す永川の人叅判民寏六世の孫なり英祖戊子に生れ正祖乙卯文科に登り抄啓文臣に選はれ哲宗庚戌に歿す官刑曹判書に至り謚して僖靖と云ふ

○警修堂全藁　五八巻一六冊　申　緯著　寫本

申緯の遺稿にして子命衍の蒐輯したるものなり書名全藁と稱するも其の載する所唯詩のみなり

申緯　字は漢叟、紫霞と號す平山の人參判大升の子なり英祖己丑に生れ幼より神童の稱あり十四歳未た冠せさるに正祖宮中に召し文學に叅列するの寵榮を蒙れり己未文科に登り官都承旨を歴て吏曹叅判に止まり憲宗丁未に歿す當時詩、書、畫三絶の名あり朝鮮開國以來詩稿の多き其の儔を見ず百年以後の詩人皆此を學ひ推して法門の初祖と爲す又筆法、畫品俱に神境に入り寸墨片紙も寶として世に傳へらる別に焚餘錄四卷の著あり子命衍藕春と號す亦三絶の譽あり

○蘭菊齋集　四巻二冊　李禮煥著　印本

李禮煥の詩文集にして子基鎭の蒐集せしものなり賦、詩、書、附錄等を收む

李禮煥　字は致和、號は蘭菊齋慶州の人益齋齊賢の後孫なり英祖壬寅に生れ正祖丁酉に歿す剛齋宋穉圭に從遊して經明行修道臣の剡薦あるも一命の官を得すして終る

○伽山藁　四巻一冊　釋戒悟著　印本

僧戒悟の遺稿にして徒弟喜謙の收集したるものなり收むる所詩、祝文、讃、書、記、序、上樑文、碑銘等にして哲宗四年癸丑に刊行す

釋戒悟　俗姓は權、安東の人慕賢の子なり十一歳の時慶州八公山に入り髮を祝して僧となり字を鵬擧、號を月荷と云ふ正祖癸巳に生れ伽智山に居りしを以て遺稿を伽山藁と稱す

○好古窩文集　二九巻一五冊　柳徽文著　印本

柳徽文の詩文集にして原集十九卷には詩、書、序、記、識、跋、說、銘、辭、狀、祝文、祭文、墓誌、行錄、雜著等を收め別集八卷には雜著を收め附錄二卷あり原集は李太王三十三年丙申に刊行し別集は光武二年戊戌に刊行す

柳徽文　字は公晦、好古窩と號す全州の人大諫正源の孫なり英祖癸巳に生れ純祖庚寅原陵叅奉を拜し壬辰に歿す文章學問を以て嶠南に盛名を負ひしも官一命に止まる

○淵泉集　四四巻二〇冊　洪奭周著　寫本

洪奭周の詩文集にして外孫韓章錫の蒐輯せしものなり收むる所賦、歌操、詩、疏、劄、啓、議、箋、應製文、應試文、故事、抄啓故寔、書、尺牘、序、記、傳、題、跋、頌、箴、銘、贊、上樑文、進香文、祭文、哀辭、雜著、碑銘、墓碣銘、墓誌銘、墓表、行狀、諡狀、家狀、讀易雜記、春秋備考、傳重服斬考、講書問答、訂老、家言及附編にして首に散書目錄と題し永嘉三怙集三卷、續史略翼箋二十一卷、象藝薈粹四卷、福壽双會二卷等四部の既刊書と尙書補傳十卷、戴記志疑八卷、鶴圖散筆八卷、東史世家四卷、洪氏讀書錄二卷、記里經一卷、易說一卷、載載錄十三卷、北行錄二卷等九部の未刊書及三漢名臣錄前集十五卷、後集十八卷、續集二卷、諸子精言七卷、明文選二十卷擬古詩集一卷、大東文雋、元史略、十三省道里圖、東國八路程塗圖等八部の佚書の略解を載せり

○耘石外史　三卷二冊　洪敬謨著　寫本

洪敬謨の詩文集にして前編十八卷には風騷、辭賦、耳溪岩棲志、西京有聲書帖、竹院閒趣、雜體、尺牘、序、記、題後、告文、祭文、哀辭、墓誌、上樑文、儷文、雜著及志を收め後編四卷には榴窓代話、雜體、記等を收む清人紀樹蕤、陸慶頤等の序あり

○初菴全集　一四卷七冊　金憲基著　印本

金憲基の遺稿全集にして子中錫及門人等の蒐輯したるものなり收むる所詩、書、雜著、序、記、跋、銘、贊、字辭、婚書、祝文、祭文、墓誌銘、墓表、墓碣、行狀、遺事、言行錄、傳、附錄等にして李太王辛巳金澤榮等之を刊行す

金憲基　字は稚度、初庵と號す熊川の人佐郎就行の子なり英祖甲午に生れ憲宗己亥敎官を授けられたるも仕へす壬寅に歿す哲宗己未承旨を贈られ開城男山祠に享す

○臺山集　二〇卷一〇冊　金邁淳著　印本

金邁淳の詩文集にして賦、詩、疏、劄、啓、辭、書、序、記、跋、雜著、誌銘、表碑、行狀、祭文等十二卷家史二卷及闕餘散筆六卷あり李太王十六年子善根活字を以て印行す

金邁淳　字は德叟、臺山と號す安東の人三淵昌翕の玄孫なり英祖丙申に生れ正祖乙卯に登科し抄啓文臣に選せられ官叅判に至る李太王の時族孫炳學相となり臺山斯文扶翼の功を上聞し上卿を贈られ諡して文淸と云ふ

○百弗菴集　八卷四冊　崔興遠著　印本

崔興遠の詩文集にして収むる所詩、狀、書、雜著、箴銘、祝文、祭文、碑碣、行狀等なり

崔興遠　字は太初又汝浩、百弗庵と號す慶州の人なり隱居篤學世呼んで漆溪先生と稱す正祖戊戌莊陵叅奉に除し壬寅掌樂主簿となり世子冊封の際左翊贊となり孝行を以て閭に旌す

○頤齋遺稿　二六卷一三冊　黃胤錫著　印本

黃胤錫の遺稿にして純祖二十九年己丑孫秀瓊繁を刪し要を選ひ剞劂に付したるものなり収むる所辭、賦、詩、書、序、說、跋、銘、箴、疏、婚書、上樑文、祝祭文、哀辭、諸碣、狀、傳及雜著等にして雜著中には深衣會通新制、婦人緇頭制度說、孔子生卒弁、證斛石說、錢貨輕重說、華音方言、字義解、字母弁、國朝葬禮補篇後本尺圖說等なり

黃胤錫　字は永叟、頤齋又越松外史と號す英祖の時に生る醉隱世基の孫にして正祖の時の儒者なり少にして渼湖金元行の門に入り詩文を以て知らる

○點菴集　三卷一冊　釋宬吶著　印本

釋宬吶の詩文集にして純祖初年辛酉弟子敎萍の蒐輯刊行したるものなり詩、書、疏、論、引、序等を收む

釋宬吶　字は耳食、默庵と號す密陽の人にして興陽に世居す年四十にして出家し戒を澄光寺の萬里大師に受け經を曹溪の楓岩和尙に承け禪は明眞大師に叅す正宗庚戌に示寂す

○竹下集　四卷四冊　金時和著　印本

金時和か自己の詩を編輯したるものにして收むる所詩、記、序、回文、雜著、行狀、上樑文、傳說等なり哲宗四年癸丑孫漢永之を刊行す

金時和　竹下と號す江陵の人勉實齋一字の玄孫なり武科を以て官府使に止まる

○李叅奉集　四卷二冊　李匡呂著　印本

李匡呂の遺稿を集めたるものにして純祖五年乙丑に刊行す載する所詩各體及雜著等なり

李匡呂　字は聖載、月巖と號す全州の人にして西澗眞洙の

子なり英祖の時に生れ文章學問悉く家庭に受け士林の冠たり文獻公李晩秀文集に叙して云ふ國朝三百年の文敎を受けて李忝奉先生を生むと其の門人にして成就したる者甚衆く宛丘申大羽最も典型を得たり

○悅菴集　五卷三冊　夏時贊著　印本

夏時贊の詩文集にして從孫正益等之を編校し憲宗二年丙申に刊行す收むる所詩、書、記、序、跋、雜著、祭文、哀辭、上樑文、行錄等なり

夏時贊　は悅庵と號す英祖庚午に生る大邱の人大都督欽の後なり

○俛菴集　四卷七冊　李堣著　印本

李堣の詩文集にして詩、書、雜著、說、序、記、跋、上樑文、告由文、祭文、碑碣、墓誌、行狀等を收め別錄二卷は正祖十六年壬子英祖壬午の事變に付き討逆の義を以て上疏し純祖六年丙寅流配せられたる顚末竝に其の日記等なり

李堣　號を俛庵と稱す韓山の人大山象靖の姪なり正祖壬子忝奉を授けらる父叔の經學に濡染し文行を以て一時嶺下に推重せらる

○三留齋遺稿　一冊　金義行著　寫本

金義行の詩文未定稿にして詩、書、墓誌、祭文、雜著等あり

金義行　は三留齋と號す金海の人同知中樞事順侃の子にして正祖の時の人なり外閣官赦文差使等を歴たり

○梅山集　五二卷二六冊　洪直弼著　印本

洪直弼の遺稿にして李太王三年丙寅の印行に係り賦、詩、疏、啓、議、書、雜著、序、記、跋、銘、箴、贊、箋、祝詞、婚書、祭文、哀辭、誌狀、遺事、傳、雜錄、年譜等を收む

洪直弼　字は伯應、梅山と號す南陽の人なり正祖丁酉に生れ少時業を近齋朴胤源及老洲吳熙常等に受け學を鷺梁の江畔に講せしか甲戌翊衛司洗馬に叙せられ經筵官祭酒を歴て刑曹判書となり哲宗壬子に歿す謚して文敬と云ふ

○襟溪集　八卷六冊　李鳳秀著　寫本

李鳳秀の詩文集にして第一卷には詩五十餘首二卷、三卷は皆往復書なり四卷より六卷に至るは序、記、誌狀及雜著にして

別集を上下に分ち往復書を收む哲宗八年丁巳に其の子勉愚か友人任翼常に請ひ校正を經たるも未た定本に至らす

李鳳秀　字は子岡、襟溪と號す延安の人判書始源の子なり正祖戊戌に生れ純祖乙丑司馬に中り癸酉洗馬を拜し官掌樂正に至り憲宗の時に歿す

○重山齋集　八卷四冊　李趾秀著　印本

李趾秀の詩文集にして第一卷は詩第二卷は、疏、劄、筵說、第三四卷は各體文、第五卷は雜著、第六七卷は祭文、誌狀、八卷は附錄なり哲宗九年戊午活字を以て刊出す

李趾秀　字は季麟、重山齋と號す延安の人玄洲昭漢の後なり正祖己亥に生れ純祖己巳司馬に中り癸酉文科に登り官承旨に至り憲宗壬寅に歿す

○活水翁遺稿　四卷二冊　尹大淳著　印本

尹大淳の遺稿にして鳳柱の蒐輯せしものなり收むる所詩、書、祭文、墓道文、雜著、功令文、附錄等にして李太王壬午に刊行す

尹大淳　字は子輝、活水翁と號す坡平の人節制使汝莘六世の孫なり正祖己亥に生れ憲宗丙申薦を以て智陵叅奉を授けられ官僉知中樞府事に止まり李太王乙丑に歿す乙亥吏曹叅判を贈らる關北に住し學行を以て一鄕の師表たり

○畏窩集　四卷七冊　崔琳著　印本

崔琳の遺稿にして孫世顯の蒐輯せしものなり收むる所詩、哀辭、書、序、記、跋、箴、上樑文、祭文、雜著、附錄等にして李太王己亥曾孫任壽之を刊行す

崔琳　字は贊夫、畏窩と號す慶州の人貞武公震立六世の孫なり正祖己亥に生れ憲宗庚子道臣の薦を以て繕工監役に除せられしも仕へす辛丑に歿す剛齋宋穉圭の門下にして經學行義を以て稱せらる

○花谷逸稿　一冊　柳鼎漢著　印本

柳鼎漢の遺稿にして從孫在浩之を蒐輯し李太王庚辰に刊行す收むる所詩、書、雜著若干篇にして尾に行狀を附す

柳鼎漢　字は聚汝、花谷と號す瑞山の人東村帶春七世の孫なり正祖庚子に生れ憲宗戊戌に歿す性潭宋煥箕の門下にして經學孝行あり

○屯塢集　二卷五冊　林宗七著　印本

林宗七の遺稿にして李太王九年門人金璣衡等裒集刊行す詩、書、序、記、跋、墓文、行狀、雜著、雜誌、日籍、行事、行狀、誌碣等を收む

林宗七　字は來卿、屯塢と號す吉州に住せり正祖辛丑に生る關北の地嘗て松巖李載亨あり農巖金昌協の學を得て之を龜巖李元培に傳へ龜巖は之を屯塢に傳ふ屯塢憲宗の時薦を以て黍奉主簿を授けられ子翊會て侍從たるを以て通政に恩陞せられしも就かす哲宗戊午に歿す

○雲石遺稿　二〇卷一〇冊　趙寅永著　印本

趙寅永の遺稿にして嗣子秉夔之を蒐輯したるも淨寫未た成らすして歿す因りて寅永の女婿金學性之を整理し孫寧夏李太王五年に刊出す收る所詩、疏、劄、啓、奏、議、序、記、跋、雜著、應製文、箋文、上樑文、祭文、碑銘、墓碣、墓表、誌文、行狀、家狀、諡狀等なり

○鋤漁遺稿　三卷三冊　金鼎均著　寫本

著者の遺稿にして載する所詩、序、墓誌、記、狀、箋、上樑文、祭文、瓚文、祝文、賀箋、進香文、傳、疏文、經筵文義、啓、行狀等なり

金鼎均　字は台叟、鋤漁と號す安東の人仙源尙容十世の孫なり正祖壬寅に生れ純祖癸酉司馬に中り庚辰文科に魁し憲宗丁未に歿す官大司憲に至る

○靜修齋遺稿　四卷一冊　金應夏著　印本

金應夏の遺稿にして子日炯蒐輯し李太王十五年戊寅孫奎書之を刊行す載する所詩、書、序、記、跋、說、贊、雜著、祭文、經義問答等なり

金應夏　字は時卿、靜修齋と號す清道の人なり正祖癸卯に生れ純祖乙丑進士に中り庚寅に歿す子日炯亦能文なり

○原泉稿　三冊　李驥秀著　寫本

李驥秀の遺稿にして雜文及詩若干篇と平生の寒暄書札等を蒐輯す

李驥秀　字は子埜、原泉と號す延安の人心齋太源の孫なり正祖癸卯に生れ純祖乙丑進士に中り己巳文科に登り官文學に

至り丙子歿す

○經　山　集　三巻二冊　鄭元容著　印本

鄭元容の詩文集にして李太王三十三年丙申孫範朝編刊す收むる所賦、詩、疏、劄、奏啓、議狀、應製文、上樑文、書、序、記、跋、祭文、雜著、誌狀等なり

○果　齋　集　八巻四冊　成近默著　印本

成近默の遺稿にして孫斗鎬の蒐輯せしものなり收むる所辭、詩、疏、啓、收議、書、雜著、序、記、跋、祝告文、祭文、墓誌銘、墓碣、行狀、事實、遺事等にして李太王癸未の刊行に係る

成近默　字は聖思、果齋と號す昌寧の人縣令鼎柱の子なり正祖甲辰に生れ純祖甲子進士に中り壬申蔭仕を以て北部都事を拜し府使を歷て憲宗戊戌に抄選せられ經筵官を拜し官刑曹叅議に止まり哲宗壬子に歿す吏曹判書を贈られ諡を文敬と云ふ牛溪成渾の後孫にして家學を承け學問行義近世の醇儒と稱せらる

○阮　堂　集　五巻五冊　金正喜著　寫本

金正喜の詩文集にして南相吉、閔奎鎬二人の删定したるものなり文二巻尺牘一巻問答一巻詩一巻あり文は疏、書、問答、序、記、祭文、上樑文、攷、辨、說、銘、書後等にして李太王五年戊辰に刊行す

○晚　義　集　三巻六冊　梁進永著　印本

梁進永の遺稿にして從曾孫在慶の蒐輯せしものなり收むる所賦、辭、詩、疏、書、雜著、序、記、跋、箴、銘、頌、制誥、贊、上樑文、祝文、祭文、傳、論、隨錄、附錄等にして李太王乙未に刊行す

梁進永　字は景遠、晚義と號す濟州の人酒隱居正の玄孫なり正祖戊申に生れ哲宗己未進士に中り庚申に歿す蓋し挽近百年の間全羅に於て經學文章蘆沙奇正鎭に亞く者獨り梁晚義あるのみ而も學業を廢し又遺逸を以て薦められす一進士に終る

○錦　谷　集　一八巻一〇冊　宋來熙著　印本

宋來熙の詩文集にして詩、疏、啓、議、書、雜著、序、記、跋、祭文、祝文、碑、誌狀、傳等を收め末に年譜及家狀を附す隆熙元年丁未孫鍾奎の活印する所なり

宋來熙　字は子七、錦谷と號す恩津の人同春浚吉の後なり正祖辛亥に生れ憲宗乙未蔭仕に入り戊戌經筵官に選はれ官工曹判書に至り李太王丁卯に歿す

○溫裕齋集　六卷三冊　尹鍾燮著　印本

尹鍾燮の詩文集にして詩、文、經義、雜識、行狀、傳、祭文等を裒輯せり李太王十六年己卯門人金性翼之を刊行す

尹鍾燮　字は陽伯號は溫裕齋、坡平の人處士德祚の子なり正祖辛亥に生れ憲宗丁酉文行に薦し叅奉を授けられ官通政に至り李太王庚午に歿す梅山洪直弼に就學し關北の望士と稱せらる

○月浦集　四卷二冊　李佑贇著　印本

李佑贇の詩文集にして收むる所詩、書、序、記、跋、上樑文、奉安文、祭文、雜著、墓碣銘、行狀、行錄、遺事、附錄等なり李太王三年丙寅孫道郁之を刊行す

李佑贇　字は禹爾、號は月浦、星州の人永慕堂楓の孫なり正祖壬子に生れ純祖壬午進士に中り哲宗乙卯に歿す

○凝窩集　三卷三冊　李源祚著　印本

李源祚の詩文集にして第一、二、三卷は詩第四卷は賦、箴、銘第五、六卷は疏、箋第七、八、九、十卷は書牘第十一、十二卷は雜著第十三卷より十六卷は序、記、跋第十七卷より二十二卷は祭、誄、誌狀等なり

李源祚　字は周賢、凝窩と號す星山の人正言奎鎭の子なり正祖壬子に生れ純祖己巳文科に登り官判書に至り李太王己巳文科回榜に入り辛未に歿す謚を定憲と云ふ

○又玄齋詩鈔　一冊　安晋錫著　印本

安晋錫の詩稿にして子鴻述之を蒐輯し李太王八年辛未に刊行す

安晋錫　字は孝升、又玄齋と號す順興の人五衞將時喆の子なり正祖癸丑に生れ哲宗己未に歿す門地寒微なりしも文學に勤め名あり

○思窩集　四巻二冊　柳宜貞著　印本

柳宜貞の詩文集にして詩、疏、箚、書、序、記、跋、雜著、祭文、墓表、年譜、附錄等を收め李太王の時孫穩秀之を編次刊行す

柳宜貞　字は元用、思窩と號す晋州の人密直使藩の後なり正祖甲寅に生れ純祖壬午文科に登り官校理に至り哲宗辛酉に歿す憲宗の時直疏を呈し慶興に竄せらる

○薌隱集　六巻三冊　李章贊著　印本

李章贊の詩文集にして收むる所詩、辭、傳、箴、銘、跋、論、說、序、記、易學源流、大學經義、書、祭文、祝文、行狀、上樑文、雜著、疏、箋及附錄等なり子承赫之を校正し光武元年丁酉に刊行す

李章贊　字は襄叔、薌隱と號す韓山の人硯西若采の子なり正祖甲寅に生れ哲宗庚申に歿す

○蓮士遺稿　七巻二冊　李祖憲著　印本

李祖憲の遺稿にして詩、書牘、序、記、識、狀、祭文、雜著、墓文等あり附錄に言行錄を收む金學性之を校讐し光武四年庚子孫命坤之を印行す

李祖憲　字は繡卿、蓮士と號す貫は河濱にして進士秉衡の子なり正祖丙辰に生れ憲宗丙午進士に中る

○德隱遺稿　三巻一冊　朴雲壽著　印本

朴雲壽の遺稿にして第一巻は詩第二巻は書、序、記、祭文、告文、祈雨文及行錄第三巻は附錄なり李太王三十一年甲午孫定陽之を刊行す

朴雲壽　字は景龍、德隱は其の號にして近齋胤源の孫なり正祖丁巳に生れ純祖壬午泰陵叅奉に入仕し憲宗辛丑に歿す官順興府使に至る

○勉菴集　五巻二冊　安英老著　印本

安英老の詩文集にして子銓之を蒐輯し李太王庚子之を刊行す收むる所詩、辭、書、序、記、論、通文、箴、銘、贊、說、跋、祝文、祭文、行狀、附錄等なり

安英老　字は晦叟、勉菴と號す耽津の人觀瀾齋處信の子なり正祖丁巳に生れ憲宗丙午に歿す六世七孝の家聲を繼き學行

を以て聞ゆ

○碧蘆齋集　四卷二冊　金進洙著　寫本

金進洙燕京遊歷の時人物、風俗及景色を賞咏せしものにして古今の事蹟を援據すること縱横該博なり前集、後集、別集に分ち概ね燕京雜詠のみを錄せり

金進洙　字は稚高、蓮坡又碧蘆齋と號す慶州の人なり正祖丁巳に生る平生作る所の詩文十餘冊あり蓮坡集と稱す

○農廬集　一〇卷五冊　姜獻奎著　印本

姜獻奎の詩文集にして子鋧の蒐輯せしものなり賦、詩、書、雜著、序、記、跋、祭文、上樑文、墓表、墓誌、行狀、家狀、傳、附錄等を收む李太王三十二年乙未之を刊行す

姜獻奎　字は景受、號は守素齋又農廬と稱す晋州の人海隱必孝の子にして系は大諫必魯より出つ正祖丁巳に生れ純祖壬午進士に中り庚申に歿す海隱の肖子にして克く家學を承け著述贍富なるも竟に布衣を以て終る

○性齋續集　三卷六冊　許傳著　印本

著者の門人朴致馥等が五道の士林と協同して編刊したるものなり原集及續集六卷あり詩、疏、書、雜著、序、記、跋、銘、箋、上樑文、祝文、致祭文、墓碣、行狀、遺事、傳等を收め附錄六卷に世系圖、師訓、年譜、諡狀、諭書、賜祭文、輓章、言行總錄等を收む李太王二十七年庚寅之を刊行す

○蘆沙集　三二卷一〇冊　奇正鎭著　印本

奇正鎭の詩文集にして詩、疏、書、雜著、序、記、跋、箴、辭、上樑文、祝文、祭文、碑、墓碣銘、墓誌銘、墓表、行狀、遺事等を收む

奇正鎭　字は大中、蘆沙と號す幸州の人高峰大升十代の孫なり正祖戊午に生れ純祖辛卯進士に魁し壬辰參奉を授けられ遺逸を以て官戸曹叅判に至る

○肅齋集　二六卷一三冊　趙秉悳著　印本

趙秉悳の詩文集にして諸子及門人等之を編次し李太王三十一年甲午之を刊行す載する所詩、疏、書、啓、議、雜著、序、記、跋、祝祭文、碑、碣、誌狀、行錄、傳等なり

趙秉悳　字は孺文、肅齋と號す楊州の人判書榮進の玄孫な

り正祖庚申に生れ哲宗壬子蔭官に補せられたるも仕へす遺逸に薦められ官戸曹參判に至り李太王庚午に歿す謚を文敬と云ふ嘗て老洲呉熙常、梅山洪直弼に從遊し學行あり

○紫閣漫稿　一冊　任百經著　寫本

任百經の疏、章、箋、表、應製詩等を收錄したるものなり其の居紫閣山下に在りしを以て紫閣漫稿と云ふ

任百經　字は文卿、號は荷漪、豐川の人疏庵叔英の後なり正祖庚申に生れ純祖丁亥文科に登り文任を經て官右議政に至り李太王甲子に歿す謚を文貞と云ふ

○夢觀詩稿　三卷一冊　李廷柱著　印本

李廷柱の詩稿にして從姪商建の訂選したるものなり哲宗十年己未に刊行す

李廷柱　字は石老、夢觀と號す牛峯の人なり

○景蘇居士詩藁　二卷一冊　金周鉉著　印本

金周鉉の詩各體二百四十餘首を收む弟曾鉉之を蒐輯し李太王十六年己卯子永穆之を刊行す

金周鉉　字は洛元、景庵と號す光山の人韋菴相岳の曾孫にして純祖の時の人なり

○邵亭稿　六卷三冊　金永爵著　印本

詩稿二卷文稿四卷より成れり詩は古今體にして文は疏、議、書、序、記、跋、雜著、祭文、墓誌、行錄、經筵講義等なり李太王二十九年子弘集之を編輯し墓表を附し活字を以て印行す

金永爵　字は德叟、邵亭と號す慶州の人壽谷柱臣の玄孫なり純祖壬戌に生る憲宗の時蔭官を以て登科し文任を經て官吏曹參判に至る清人雨帆李伯衡邵亭作る所の貨喩篇を見て寄するに詩を以てし交を萬里に結ふと云ふ後副使を以て清に往き文境更に進めり詩稿の序は清人張午橋の撰なり李太王戊辰に歿す

○晦亭集　八卷五冊　閔在南著　印本

閔在南の詩文集にして收むる所辭、賦、詩、書、記、序、跋、論、說、雜著、上樑文、祭文、箴、銘、哀辭、行狀、墓碣銘、墓表、碑陰記、附錄等なり

閔在南　字は謙吾、晦亭と號す驪興の人竹齋禎坤の曾孫なり純祖壬戌に生れ李太王丁卯御史の薦に因り獻陵參奉に除授せられしも就かす其の年に歿す

○休齋遺稿　三卷二冊　金鼎大著　印本

金鼎大の遺稿にして孫斗南蒐輯したるものなり收むる所詩、書、序、記、傳、說、墓誌、祭文、雜識等にして尾に行狀を附し李太王二十三年丙戌之を刊行す

金鼎大　字は啓重、休齋と號す光山の人寺正孝宗の後なり純祖壬戌に生れ李太王甲戌に歿す

○透山稿　三冊　李承元著　寫本

李承元の詩集にして憲宗十三年丁未子東稙之を收拾編次し諸人の挽詞祭文を附せり

李承元　字は公一號は透山韓山の人丹陵胤永の曾孫なり純祖癸亥に生れ辛卯司馬に中り官參奉に止まり憲宗の時に歿す

○恩誦堂集　二四卷四冊　李尙廸著　印本

李尙廸自編の詩文集にして正續二篇に別つ收むる所詩、賦、序、記、啓、書後、墓誌、傳、銘等なり憲宗十三年丁未に上刊す

李尙廸　字は惠吉、藕船と號す牛峯の人なり純祖甲子に生れ蔭仕を以て溫陽郡守となり知中樞府事に至り李太王乙丑に歿す世世象譯の家にして文名あり十二回淸に遊ひ淸人と唱酬す憲宗召して其の詩を口誦したるため集に冠するに恩誦の二字を以てせり

○篔谷集　三卷一冊　鄭宗悳著　印本

鄭宗悳の詩文集にして一卷は詩第二卷は銘、閒居雜錄第三卷は附錄なり大正元年孫圭興之を刊行す

鄭宗悳　字は悳膺、篔谷と號す東萊の人雪壑齋矩の後孫なり純祖甲子に生れ林樊に讀書せしか李太王戊寅に歿す

○天游集古　二卷一冊　朴文逵著　印本

朴文逵の詩集にして作る所多く古人詩中の句を取れり大正七年崔文鎬之を編輯して印行す

朴文逵　字は霽鴻、天游又は雲巢子と號す貫は淳昌にして純祖乙丑に生れ李太王丁亥文科に登り官兵曹參議に至り光武

一二年戊戌に歿す

○對山集　四卷二冊　姜溍著　印本

姜溍の詩稿にして李太王五年子龜秀及鴻秀之を蒐輯し活字を以て印行せるものなり

姜溍　字は進汝、對山と號す晉州の人豹庵世晃の曾孫なり純祖丁卯に生る憲宗の時奎章閣檢書官を拜し官安峽縣監に止まる曾祖豹庵の餘韻を襲き詩、書、畵を能くし時人三絶と稱す詩は最も其の長する所なり哲宗戊午に歿す

○瓛齋集　二卷五冊　朴珪壽著　印本

朴珪壽の詩文集にして載する所詩、雜著、序、祭文、誌狀、奏疏、咨文、書啓、書牘、雜文等なり金允植之を編校し大正三年に刊行す

○皎亭詩集　五卷二冊　玄鎰著　印本

玄鎰の詩集にして灊館收草、楸舍雜詠、圻北游草、日下詩存の四篇に分つ子濟普之を校し孫鑾之を編し光武十年丙午に刊行す

玄鎰　字は萬汝、皎亭と號す延州の人知中樞府事在明の子なり純祖丁卯に生れ蔭仕を以て漣川郡守を歷て官知中樞府事に止まり李太王十三年丙子に歿す

○石世遺稿　三卷一冊　金鼎集著　印本

金鼎集の遺稿にして子石菱昌熙の蒐輯せしものなり詩、疏、敎令、祭文、進香文、箋文、上樑文、墓表、家傳等を收め光武三年己亥孫敎獻之を刊行す

金鼎集　字は九如、石世と號す慶州の人敬献公思穆の孫なり純祖戊辰に生れ乙酉生員に中り丁亥文科に登り翰林待敎直閣を歷て官禮曹判書に至り哲宗己未に歿す謚を文貞と云ふ子昌熙文を善くす

○雲皐集　五卷二冊　金在堉著　印本

金在堉の詩文集にして詩、書、序、記、箴、銘、說、辨、雜著、祭文、哀誄、傳、行錄、墓碣等あり從孫瑢昊之を裒收編輯し光武三年己亥に刊行す

金在堉　字は宇洪、號は雲皐金海の人贈參判埦の子なり純祖戊辰に生れ李太王三十年癸巳に歿す

○夢關集　四巻二冊　崔惟允著　印本

崔惟允の詩文集にして子鏻輪之を蒐輯す収むる所詩、書、序、記、雜著、附錄等にして光武六年壬寅之を刊行す

崔惟允　字は誠進、夢關と號す慶州の人副諫軍應斗の玄孫なり純祖己巳に生れ李太王十四年丁丑に歿す

○鼓山集　二四巻三冊　任憲晦著　印本

任憲晦の詩文集にして原集二十巻に賦、詞、詩、詩餘、疏、啓、書、褉著、序、記、題、跋、銘、贊、婚書、上樑文、告祝祭文、神道碑、墓碣、墓誌、墓表、諡狀、行狀、遺事、語錄、傳等を收め續集四巻に詩、疏、書、雜著、序、記、跋、箴、銘、贊、祭文、墓文、狀、傳等を收む門人田愚之を編刊す

任憲晦　字は明老、鼓山と號す豐川の人聾翁泰春の孫なり純祖辛未に生れ遺逸を以て官吏曹參判に至り李太王十三年丙子に歿す諡を文敬と云ふ

○橘隱齋集　四巻二冊　金瀏著　印本

金瀏の詩文集にして第一二巻は詩第三四巻は雜著、序、記、跋、銘、祭文、家行錄及附錄等なり光武五年辛丑族孫道熙及朴泳漢、金志一等之を刊行す

金瀏　字は士亮、橘隱と號す慶州の人海上老樵志權の子なり純祖甲戌に生れ李太王二十一年甲申に歿す嘗て蘆沙奇正鎭に師事し科業を廢し實學を修む

○斗南詩選　四巻二冊　趙寅奎著　印本

趙寅奎自編の詩集にして李太王十八年辛巳門人金錫九之を刊行す

趙寅奎　字は伯三、斗南と號す咸安の人なり純祖甲戌に生る

○仁山集　一七巻八冊　蘇輝冕著　印本

蘇輝冕の遺稿にして孫鎭衡、鎭恒及門人權憲洙等の蒐輯せしものなり收むる所詩、雜著、序、記、題、說、銘、婚書、告祝祭文、碑、墓碣銘、墓表、行狀、行錄、傳、附錄等あり

蘇輝冕　字は純汝、仁山と號す晉州の人月洲斗山七世の孫なり純祖甲戌に生れ李太王十八年辛巳遺逸を以て薦められ繕工監役を拜し全羅都事を歷て官持平に止まり己丑に歿す洪直

弼に師事し經學に深し

○圭齋遺稿　六卷三冊　南秉哲著　印本

南秉哲の遺稿にして李太王元年弟秉吉之を蒐集印刊す詩、疏、啓、議、應製文、祭文、碑銘、序、記、跋、書後、銘、說等を收む

○櫟菴遺稿　三卷六冊　姜晋奎著　寫本

姜晋奎の遺稿にして詩、書、祭文、哀辭、序、記、說、論、疏、策、私議、遺事、家訓、雜著等を收む

姜晉奎　字は晋五、櫟菴と號す晋州の人松西標の孫なり純祖丁丑に生れ憲宗乙巳文科に登り官禮曹叅判に至る文學富贍にして行義正直曾て奇禍に罹りて海島に流さる

○敬菴遺稿　四卷二冊　朴齊近著　印本

朴齊近の遺稿にして詩、書、序、記、論、策、箋、上樑文、祭文、告文及行錄等あり附錄に祭文、家狀、墓誌銘、墓表、年譜を收む李太王三十二年乙未子定陽校編して活印に付す

朴齊近　字は淑道、敬菴と號す潘南の人にして近齋胤源の曾孫なり純祖己卯宗廟執事を拜し官牧使に至り李太王乙酉に歿す

○峿堂集　二四卷一二冊　李象秀著　印本

李象秀の詩文集にして載する所賦、詩、書、疏、啓、序、記、跋、論、說、雜著、銘、箴、贊、婚書、上樑文、祭文、哀辭、神道碑銘、墓表、墓碣銘、墓誌銘、行狀、傳等なり光武四年庚子門人尹秉綬等之を刊行す

李象秀　字は汝人、峿堂と號す全州の人にして同異堂惕然の後なり純祖庚辰に生まれ哲宗己未司馬に中り李太王己卯に假監役を拜し同壬午に歿す官經筵官に至り謚を文簡と云ふ

○小石遺稿　二卷一冊　趙秉虁著　印本

趙秉虁の遺稿にして子寧夏之を蒐輯す收むる所詩、疏、箋、文、記、序、祭文等にして李太王五年戊辰に刊行す

趙秉虁　字は景冑、小石と號す豐壤の人雲石寅永の子なり純祖辛巳に生れ憲宗乙巳文科に登り副提學を歷て官兵曹判書に至り哲宗戊午に歿す謚を孝獻と云ふ

○冬郎集　三巻一冊　韓致元著　印本

韓致元の遺稿にして子鎭昌の蒐輯せしものなり收むる所詩、序、說、論、啓、記、上樑文、敎書、祭文、進香文、進箋、疏等にして光武三年己亥に刊行す

韓致元　初名は致堯、字は冬郎、字を以て號と爲す淸州の人叅判益相の子なり純祖辛巳に生れ武科を以て官龍驤衛副護軍に止まり李太王十八年辛巳に歿す一代の文名あり又詩に工なり

○蓉山私藁　二巻二冊　鄭健朝著　寫本

鄭健朝の疏、劄、筵說、啓、儀、文儀、上樑文、序、敎書、敎旨、箋文、祝文、祭文、進香文等を編次したるものなり

鄭健朝　字は致中、蓉山と號す東萊の人竹下基一の子なり純祖癸未に生れ憲宗戊申文科に登り奎章閣直閣を歷て官吏曹判書に至り李太王の時に歿す

○絅堂集　四巻二冊　徐應淳著　印本

徐應淳の詩文集にして大正三年友人金允植之を編輯印行す收むる所詩、書、序、記、跋、策、論、雜著、吊祭文、狀誌等あり行狀及墓誌を附錄とす

徐應淳　字は汝心、絅堂は其の號なり大丘の人達城府院君宗悌の後なり純祖甲申に生れ李太王庚午文學を以て蔭仕に補せられ官郡守に至り庚辰に歿す學を鳳棲俞莘煥に受く

○方山集　三巻一冊　安基遠著　印本

安基遠の遺稿にして子鍾知の蒐輯せしものなり各體詩の外書數篇文一篇を收む又補遺一篇あり尾に附せり李太王三十三年に刊行す

安基遠　字は善浩、方山と號す廣州の人楓厓敏學の後孫なり純祖乙酉に生れ李太王丙申に歿す基遠早歲より學業を廢し山水の間に吟哦し以て詩情を娯めり

○克齋集　八巻四冊　盧佖淵著　印本

盧佖淵の詩文集にして子相益の蒐集したるものなり收むる所詩、書、雜著、序、記、上樑文、祭文、墓文、狀錄、附錄等にして首に系譜を載せり光武元年丁酉之を刊行す

盧佖淵　字は漢若、克齋と號す光州の人持平逸璋の後孫な

り純祖丁亥に生れ李太王二十二年乙酉に歿す固窮讀書し科第に志なくして性齋許傳の門に遊ひたりと云ふ

○痴　史　集　七卷三冊　安　鑽著　印本

安鑽の遺稿にして子英濟の蒐集せしものなり收むる所詩、書、序、日記、記、跋、後序、說、箴、雜著、上樑文、祭文、哀辭、墓誌、遺事、附錄等にして李太王己亥に刊行す

安　鑽　字は景顏、痴史と號す耽津の人花亭莘老の子なり純祖己丑に生れ李太王四年丁卯進士に中り二十五年戊子に歿す

○景　齋　集　一四卷五冊　禹成圭著　印本

禹成圭の詩文集にして詩、書、襍著、記、跋、銘、箴、贊、箋、上樑文、祝文、祭文、墓碣文、行狀等を收め附錄一卷あり

禹成圭　字は聖錫、景齋と號す養浩堂玄賓の後孫にして純祖庚寅に生れ李太王戊寅假監役に入仕し六郡を典り乙巳に歿す官敦寧都正に至る

○梅　石　遺　稿　一冊　金光柏著　印本

金光柏の七言律詩を集めたるものなり隆熙二年戊申子然雨、然灝等編次刊行す

金光柏　字は度根、梅石と號す金堤の人なり純祖癸巳に生れ哲宗癸亥武科に登り官五衛將に至り李太王二十三年丙戌に歿す

○自　慊　窩　集　五卷一冊　柳大源著　印本

柳大源の詩文集にして賦、詞、詩餘及詩、疏、書、襍著、序、記、跋、論、箴、贊、婚書、祭文、墓誌銘、壙誌、行狀、傳及附錄あり光武八年甲辰子秉蔚之を刊行す

柳大源　字は子遠、自慊窩と號す文化の人なり純祖甲午に生れ李太王四十年癸卯に歿す經學の士として行誼著名なり

○大　溪　遺　稿　七卷四冊　黃在英著　印本

黃在英の遺稿にして從子炳欽の蒐輯に係り收むる所詞、詩、疏、書、序、記、跋、雜著、傳、祭文、碑銘、墓表、墓碣、墓誌、行狀、遺事等なり

黃在英　字は應護、大溪と號す昌原の人承旨仁夏の子なり憲宗乙未に生れ李太王癸未監役を授けられたるも仕へす嶺南

の地學者に乏しからすと雖實踐家に至りては蓋し在英の如き罕なりと云ふ

○新　菴　集　二卷一冊　朴應漢著　寫本

朴應漢の詩文集にして子徇の編輯したるものなり各體詩、功令策、擬疏、序、記、識、論、祭文、書牘等を收め墓碣銘を附す

朴應漢　字は元七、新菴と號す貫は蔚山にして都正鍹の子なり憲宗乙未に生れ嘗て薇西金在顯、皷山任憲晦等に從遊す蔭仕により官敬陵令に至り光武八年甲辰に歿す

○兢　齋　集　七卷三冊　鄭趾善著　印本

鄭趾善の詩文集にして子圭興の蒐輯せしものなり收むる所詩書、楪著、序、記、跋、上樑文、祭文、家狀、墓表等なり大正元年之を刊行す

鄭趾善　字は若仲、兢齋と號す東萊の人なり憲宗己亥に生れ李太王丁酉に歿す嶠南に居住し終生經史を玩繹し進取の志なし仁禮類解の著あり

○雲　養　集　一六卷八冊　金允植著　印本

金允植の詩文集にして自ら選輯したるものなり第一卷より第六卷は各體の詩を載せ第七卷より第十六卷までに賦、辭、策、傳、論、議、說、疏、啓、對、告、布、公函、代選、序、記、跋、箴、銘、箋、書、誌、碑狀、錄、遺事、祭文、哀辭、告由文、雜著等を收め大正二年癸丑石板を以て印出す

○竹　圃　集　六卷二冊　金禹鉉著　印本

金禹鉉の詩文集にして子河璿の蒐輯したるものなり收むる所詩、疏、筵說、書、公牒、雜著、附錄等なり

金禹鉉　字は子洪、竹浦と號す金海の人贈吏參衡玉の孫なり憲宗丁酉に生れ李太王丁卯文科に登り屢郡邑を典して官承旨に至り乙未に歿す遐土寒蹤の人となりしも吏治を以て名あり

○石　菱　集　一三卷三冊　金昌熙著　印本

金昌熙の遺稿にして光武二年戊戌子敎獻の刊行せしものなり收むる所疏、書、說、序、記、題、跋、家狀、雜著、會欣穎、六

八補、譚屑、月城家史等なり

○覆瓿初藁　二卷一冊　權　韠著　寫本

詩律各體の原稿にして羈旅集、塞上唱酬錄、北征錄、西湖錄等の目を設け編を成せり

權韠　字は幼翔、小隱と號す安東の人兵判睡隱權韐六代の孫なり李太王の時春川に隱居して仕へす

○陶山記　一冊　李　滉撰　印本

李滉慶尙北道禮安郡陶山に居宅を卜築し山川の形勝と室堂の經營と竝に自家の寓情を記述せしものにして自筆の題詠を附載す

○玄軒和陶詩　一冊　申　欽著　印本

李命俊か申欽の象村集中より和陶詩のみを分離して改刊したるものなり欽の子翊聖の跋あり

○樂全堂歸田錄　一冊　申翊聖著　印本

申翊聖歸田後の詩を集めたるものにして樂全堂集に收めす肅宗十五年己巳外孫金錫冑一卷と爲し以て印出せり收むる所古律各體なり

○御屛十六幅贊　一冊　李玄逸撰　寫本

肅宗十七年辛未古昔聖王の法るへきもの庸君の戒むへきもの十六條を取り王堂諸臣に命して十六幅圖を描かしめ屛風を製す儒臣李玄逸之か贊を作りて呈進したるもの是なり

李玄逸　字は翼升、葛菴と號す載寧の人石溪時明の子なり仁祖丁卯に生れ肅宗の初學行を以て薦められ持平を超拜し官吏曹判書に至り甲申に歿す謚を文敬と云ふ景宗己巳閔后の廢せらるる時上疏し文中不諱の語句ありしを以て追奪に遭ひしも後に伸寃を得たり

○滄洲閒詠　一冊　趙宗鉉著　寫本

趙宗鉉か自作の詩を輯錄したるものにして天隱亂稿の一部なり

○山水影　二冊　趙宗鉉著　寫本

趙宗鉉咸鏡監司たりし時の詩稿なり間間諸人の唱酬を挿記す

○談叢外記　一册　朴趾源著　寫本

朴趾源の文中數篇を抄輯したるものにして殊に周興嗣千字文、曾先之史略、江鎔通鑑節要等の不可讀説三篇は朝鮮兒童を敎授するの誤りなるを駁正したる頂針の文なり

○學海　一七册　洪奭周著　寫本

洪奭周の詩文稿にして少時よりの述作を編したるものなるも定本に非す

○梅山書贍　四卷二册　洪直弼著　寫本

洪直弼か世俗の靡靡に馳せ實學の寥寥に趣くを慨し從遊の人に寄贈したる書札を門人等の輯錄したるものなり凡て九十三篇忠信を以て主意と爲す門人任憲晦の跋あり

○新谷隨纂　二卷一册　宋琦鼎著　印本

宋琦鼎の詩文集にして族人宋來熙之を編次す收むる所心學叙、心圖説、散錄、論説、詩等若干篇なり哲宗己未孫鶴仁之を刊行す

宋琦鼎　字は玉鉉、新谷と號す恩津の人なり

○斐然箱抄　三卷一册　張之琬著　印本

張之琬の詩文集にして友人崔理煥の蒐訂したるものなり詩、賦、序、記、題、跋、銘、贊、箴、雜著、碑碣、行狀、哀辭、傳、祭文等を收め哲宗八年丁巳に刊行す

○嘉梧藁略　一册　李裕元著　寫本

李裕元の全集中謚狀のみを蒐集したるものなり

○太白山墻史兩閣重修上樑文　一册　南廷哲撰　寫本

太白山史庫に璿源閣及實錄閣あり光武九年乙巳掌禮卿南廷哲命を受け史を攷する時兩閣を重修し秘書郎李文求是の役を主管す廷哲文求の囑に依り上樑文を作る

南廷哲　字は穉祥、號は霞山、宜寧の人縣監弘重の子なり憲宗庚子に生れ李太王の時司馬に中り蔭官に補せらる壬午文科に登り官内部大臣に至り明治四十三年男爵を授けられ大正五年に歿す

○一何翁文集別錄　一冊　寫本

哲宗二年辛亥碧珍の人李某擧に赴き京に往復したる日記にして風雨陰晴、諸人との交渉及詩句唱和等を鈔載し名けて文集別錄と云ふ一何翁は其の號なり

○分類杜工部詩諺解　二五卷一七冊　印本

成宗十二年辛丑弘文館典翰柳允謙等に命し杜甫の詩に諺文を以て解釋を加へたるものなり紀行、述懷、疾病、懷古、時事、邊塞、軍旅、宮殿、居室、皇族、宗族、外族、婚姻、仙道、隱逸、釋老、寺觀、四時、節序、晝夜、雨雪、雲雷、山嶽、江河、都邑、樓閣、眺望、園林、池沼、舟楫、橋梁、燕飮、文章、書畫、音樂、器用、食物、鳥獸、蟲魚、花草、竹木、投贈、寄簡、酬寄、惠貺、送別、慶賀、傷悼、雜賦等五十二部に分類せり後仁祖十年壬申吳翽慶尙監司たる時重刊す

柳允謙　字は亨叟、瑞山の人泰齋方善の子なり世宗庚子に生れ世祖壬午進士文科に登り官副提學に至り成宗の時に歿せり

○杜律分韻　五卷二冊　印本

杜詩五七律を韻字の次第に依り分類したるものにして正祖の命により摛文院に於て彙編し二十二年戊午活字を以て印行せるものなり

○陸律分韻　三九卷三冊　印本

陸放翁の詩五七律を韻字の次第に依り分類したるものにして正祖の命に依り考文館に於て彙編し二十二年戊午活字を以て印行す

○雅誦　八卷二冊　印本

正祖か朱子の詩文を選定し二十三年己未活字を以て刊行したるものなり詞、賦、琴操、古近體詩、銘、贊、題、辭、勸學文等を收む

○朱書百選　六卷三冊　印本

正祖十八年親ら朱子全集に關し師友門下と往復せし書札七十一篇を選定したるものなり內閣に於て活印す

○朱子書節要　二〇卷一〇冊　李　滉著　印本

朱子か門人知舊と往復せし尺牘にして朱子大全中に收めたるもの四十八卷あり特に入學の便に資すへきものを選拔し二十卷と爲せり內第十九卷は續集第二十卷は別集なり明宗十三年戊午著者の門人之を刊行す

○朱子書節要記疑　一五卷二冊　李　滉著　寫本

朱子書節要の難字、難句、難義を拾集し漢文或は諺文を以て註釋せしものなり

○朱子書節要講錄　二卷一冊　李德弘編　寫本

李滉の朱子書節要の講義を門人李德弘の記錄せるものなり或は漢文を以てし或は諺文を以てせり

○朱書講錄刊補　六卷三冊　李　栽著　印本

朱書中間間難解の語句あり退溪門の著として朱書講錄あるも李栽更に本書を編す概ね講錄を蹈襲し諸書を博涉し而も臆斷を加へす講錄の所記に疑しきあれは恐記誤と記し或は當詳之

と記入せり肅宗三十九年癸巳に成り安東虎溪書院に於て刊印す

李栽　字は幼材、密菴と號す載寧の人葛菴李玄逸の子なり家庭の訓を受け篤行躬學肅宗の時官主簿に至る

○朱文酌海　一六卷八冊　鄭經世編　印本

朱子大全中學者に切要なるものを選抄したるものにして宋時烈の跋あり

○朱子大全箚疑　一三卷一七冊　宋時烈著　印本

李退溪朱子書節要二十編を作り又記疑一冊を著し其の後又鄭曄酌海八卷を作りて朱子書節要を補ひ學者をして朱子全集を讀むの勞を省かしむ宋尤菴更に記疑に繼きて朱子大全中の難字、難句及疑義あるものを逐卷拾集し金壽興、金壽增、金壽恒等と相質議して之を註解す本書是なり仁祖七年に成る

○朱子大全拾遺　六卷二冊　朴世采編　寫本

朱學の朝鮮に行はれしより其の著者の編刊せられたるもの極めて多し朱子大全及續大全、別大全等何れも宣祖より顯宗の

間に刊行せらる而も以上三書中に撰錄せさりし詩文猶ほ少なからさるを以て別に此の書六卷を作りて收載せり其の成りしは顯宗十三年なり

○朱子大全箚疑問目　三卷三册　寫本

尤菴宋時烈朱子大全箚疑を著し朱子大全中の難語句を註釋せり著者更に疑問を擧け尤菴と見を異にする所を說述せり

○朱書分類　五十卷五十册　姜浩溥編　寫本

朱子全集を集注、章句、或問、語錄、語類等の種目に分類せしものなり

姜浩溥　字は養直、晋州の人にして寺正錫圭の子なり肅宗庚午に生れ英祖甲戌文科に登り官知中樞府事に至り正祖の初に歿す

○朱文抄選　四卷二册　印本

朱子の文を抄選したるものなり編者年代共に詳ならず

總集類

○列聖御製　一册　李珖編　印本

朝鮮太祖、太宗、世宗、文宗、世祖、成宗、仁宗及宣祖の詩、書、論、賦、箋、疏、祭文等を蒐編す仁祖九年辛未義昌君珖の手書する所なり

○列聖御製補遺　一册　李楨編　印本

李珖の編に係る列聖御製に漏れたるを補ひ太祖以下顯宗に至る歷世の詩文を收編す肅宗五年己未義昌君の嗣子福昌君楨に命し繕寫入梓せしめたるものなり

○列聖御製　八卷四册　李俁編　印本

仁祖の時義昌君珖太祖以降宣祖に至る歷代の詩文を編集し始めて開刊す仁祖命して之を史庫に藏め肅宗五年己未福昌君楨之を增補し又仁祖、孝宗、顯宗三代の製述を繼刊せり其の後朗善君俁更に廣搜博採年を經て八編を完成す

○列聖御製　一七卷八册　印本

太祖より肅宗に至る各代の詩文を編錄す卷一より八に至るまては李俁の編に係り卷九以下は皆肅宗の作にして宋相琦、李觀命二人の編したるものなり原編十六卷肅宗別編一卷なり

○列聖御製　一八卷二册　李様　洪錫輔編　印本

太祖以下景宗に至る歷世の詩文を編錄したるものにして英祖二年丙午宗簿寺の開板なり

洪錫輔　字は良臣、睡隱と號す豐山の人にして判書萬容の孫なり顯宗壬子に生れ顯宗丙戌文科に登り官吏曹叅判に至り英祖己酉に歿す

○列聖御製　一〇四卷九九册　印本

太祖以下哲宗に至る歷代の詩文を編次したるものにして李太王の時鄭元容等之を校正して印行せり

○列聖御製別編　一一卷二册　印本

肅宗及英祖の製述を別に編輯せしものなり

○列聖御製別編　一册　印本

純祖及翼宗の製述を編輯せしものなり

○射候御製詩　一册　印本

世祖二年丁丑群臣と射禮を行ひ幼時箭匣に題せし詩韻を以て群臣に命し賡進せしめ又新に射候詩一首を箭匣に題し群臣をして賡進せしむ後承政院に命し之を編輯せしむ

○內宴御製詩　一册　印本

成宗十三年壬寅元日內三殿獻壽の時詩三篇を製し三殿に進め當日侍宴の諸臣蓬原府院君鄭昌孫、月山大君婷、德原君曙、河城府院君鄭顯祖、右議政洪應、宣城府院君盧思愼、領中樞府事李克培等之に賡和す本書は其の詩を上刊したるものなり

○庚寅賡韻帖　一帖　寫本

宣祖二十三年庚寅尹根壽明に使し宗系を辨誣し功を以て光國勳に錄せらる英祖庚寅其の三周甲に當るを以て諸功臣の後孫を召入し親ら二句を製して慶を紀し左議政韓翼謩等十九人亦

賡進す仍て之を帖と爲す

○御製北苑帖　一冊　印本

北苑に大報壇を設け明帝を祀る庚寅の年英祖二句の詩を大書し徐命膺跋を題し鐫刻搨出す

○南殿親享詩　一冊　寫本

英祖四十一年癸巳永禧殿に享禮を行ひ億成の二字を押して二句詩を製し王世孫及侍從諸臣之に賡進したるものなり

○御製香祝祗迎詩　一冊　寫本

英祖四十九年癸巳廟享香祝を祗迎し意迎の二字を押して二句詩を製し侍從諸臣の之に賡和したるものなり

○臨門宣諭詩　一冊　寫本

英祖四十一年癸巳臨門宣諭し好生の德を布き見生二字を押して二句詩を作り侍從諸臣亦賡進したるものなり

○耆科賡載錄　一冊　印本

英祖四十八年壬辰耆老科を設け唱榜の式を行ひたる後七言二句を製し世孫先つ之を賡進し次いで群臣亦賡進したるもの凡そ六十七首を上刊したるものなり

○慶運宮賡載錄　一冊　印本

英祖四十九年癸巳慶運宮に臨み群臣と唱和したる作を錄したるものなり壬辰の年宣祖義州に播遷し翌年癸巳慶運宮に還りてより四癸巳に値ひ追慕に勝へす其の年慶運宮に臨み賀を受け宴を設け四言二十四句を製し世孫正祖並に群臣亦賡進し徐命膺其の事を述へ且つ天眷詩九章を賦す仍て芸閣に命し印行す

○甲午賡韻帖　一帖　寫本

甲午の歳英祖患候あり十餘月を經て癒ゆ群臣陳賀を請ふも許さす仍て詩一首を示す李昌壽等三十六人賡進の作あり以て帖と爲す

○賡進帖　二五帖　寫本

英祖五十一年乙未より翌年丙申の間に於ける御詩を書下し諸

臣に賡進を命す因て當日入侍したる諸臣の賡進したる詩を精書し之を帖と爲せしものなり正祖の初奎章閣に於て編す

○賡載聯韻軸　三冊　印本

正祖賜宴の際閣臣等の製進せる聯韻を纂輯せしものにして乙卯華城奉壽堂進饌賡載軸、同將臺閱武賡載軸、同洛南軒養老賡載軸、同慈宮周甲誕辰賡載軸を合せて一冊と爲し戊申內苑賞花賡載軸、壬子、癸丑、甲寅、乙卯各年に於ける同聯軸、辛亥、壬子、甲寅、乙卯各年に於ける洗心臺聯韻軸を合せて一冊と爲し辛丑寶鑑纂輯賡載軸、辛丑南殿齋宵賡載軸、癸卯燕射賡載軸、癸卯望闕樓齋宵賡載軸、甲辰永陵鞏路賡載軸、甲辰德水川聯韻軸、同眞殿展謁賡載軸、同誠正閣夜對聯韻軸、丁未高嶺里祈穏閣聯韻軸、同高陽郡行殿賡載軸、壬子瓊林讌聯韻軸、同光陵行幸日聯韻軸、同食堂日聯韻軸、同雪中龍虎聯韻軸、癸丑李提督侑祭日賡載軸、同元陵展省日聯韻軸、同奎選文臣製射日聯韻軸、同耆社賡載軸、甲寅人瑞錄獻御日聯韻軸、乙卯桓廟八回甲志慶聯韻軸を合せて一冊と爲せり

○摛文院賡載帖　一冊　搨本

哲宗太廟に親祭のため摛文院に齋宿したる時親製の詩に侍臣等の賡和したるものの搨本なり

○溫幸陪從錄　一冊　印本

庚午の年英祖溫陽の離宮に臨みたる時扈從の諸臣と唱和したる詩什を蒐錄し上木したるものにして尾に陪從諸臣の姓名員數を詳錄し翌年辛未忠淸監司李益輔之を刊行す

○迎恩慶喜錄　一冊　印本

英祖甲申肅宗の明陵を展し回鑾の際世孫正祖迎恩門外に祇迎せるを嘉悅し四言四句を製し世孫及群臣亦賡進し洪鳳漢其の事を述ふ後命して刊行す

○受爵賡韻軸　一冊　印本

乙酉の歲英祖七十二歲に躋る世孫(正祖)群臣を率ひ壽を獻す英祖深字の韻を押し四言二句を製し又原韻に依りて七十五首を賦し陪宴諸臣に與ふ仍て世孫竝に群臣の賡進したるものを合錄し芸閣に命して印行す

○續光國志慶錄　一冊　印本

明史に李氏の宗系を誣錄せるあり宣祖二十一年戊子使を遣し誣を辨し宗廟に告け詩を賦し群臣をして賡和せしめ之を合刊し名けて光國志慶錄と云ふ然るに英祖四十七年辛卯に至り淸國文獻又訛を承け謬を襲きたるを以て再ひ使を遣し改正を請ひ準許を得たり玆に前例に倣ひ宗廟に告け二句詩を製し世孫及群臣をして賡進せしめ名けて續光國志慶錄と云ふ

○耆耉宴會錄　一冊　印本

癸巳の年英祖齡八旬に滿ちたるを以て世孫(正祖)慶を稱し宴を進め次に養老の宴を行ふ英祖自ら六句歌を製し世孫竝に群臣賡進す遂に諸作を合し芸閣に命して刊行す

○湖堂製進　一帖　寫本

英祖の末年題を湖堂諸臣に下し製進を命す因て丁範祖、朴相甲の二人命を承け製進の詩を謄載す本帖なり

朴相甲　(後宗甲と改む)字は同甫潘南の人文衡泰尙の玄孫なり英祖壬戌に生れ英祖庚寅文科に登り湖堂に選はれ提學を歷て正祖己未に歿す官刑判に至り謚を文貞と云ふ

○太學志慶詩　一冊　印本

正祖十四年庚戌世子生誕の一百日に當り生員進士九十八人幼學十五人を會して志慶の宴を丕闡堂に設けたる時皆詩を賦す本書は之を輯錄したるものにして齒を以て順と爲し猶ほ入直諸郎の和詩を併錄す總て一百二十首なり

○太學恩杯詩集　五卷二冊　印本

戊午の年正祖太學に臨み親試の時宴を設け仍て孝宗の故事に依り杯心に詩經鹿鳴章の我有嘉賓の一句を鐫刻したる銀杯を太學に藏することと爲し時の太學生等上箋稱謝したるを後裒輯して剞劂に付したるものなり首に正祖の詩竝に序觧を載せ勸學奬勵の意を示す

○壽進寶酌帖　一帖　搨本

李太王二年乙丑彰義門外石瓊樓下に井を穿ちし時古銅器を得たり其の盖に壽進寶酌の四字と絕句一首あり句中獻身東方國太公の語あり是れ卽ち大院君に應するの讖書なりと爲し當日

人侍の承旨史官閣臣等に命して記銘等を作らしめ板刻したるものなり

○全城世稿　九巻六冊　寫本

全義の人李宗文及其の子孫七人の詩文合稿にして詩文の下に各其の行蹟、誌狀等を附し卷首に追先錄及附篇を載す內容は洛浦集、水月堂集、茶圃集、積城公集、隱窩集、江皐集、霞翁集等にして附錄あり李太王光武元年丁酉宗文の後孫等之を編次す李宗文字は學可、號は洛浦、贈叅判慶斗の子なり明宗丙寅に生れ宣祖戊子司馬に中り官縣監に至る李之英字は子實、號は水月堂、洛浦の子なり宣祖乙酉に生れ光海君癸丑文科に登り官縣令に至り仁祖己卯に歿す李之華字は而實、號は茶圃、洛浦の子なり宣祖戊子に生れ庚戌司馬に中り光海君癸丑兄之英と同しく文科に登り官參議に至り顯宗丙午に歿す李時格字は正叔、號は江皐、茶圃の孫なり仁祖戊寅に生れ肅宗丙辰武科に登り官郡守に至り戊寅に歿す李之馨字は汝薰、慶斗の曾孫なり宣祖丁酉に生れ仁祖癸酉進士に中り乙酉蔭仕を以て官縣監に至り顯宗癸卯に歿す李球字は大玉、號は隱窩、水月堂の子なり光海君庚申に生れ仁祖丙戌司馬に中り孝宗壬辰文科に登り官牧使に至り肅宗甲子に歿す李益馝字は聞遠、號は霞翁、江皐の子にして隱窩の嗣なり肅宗甲寅に生れ癸未武科に登り英祖戊申李麟佐の亂を平けて功あり全陽君に封せられ官兵使に至り辛未に歿す兵曹判書を贈る

○淸風世稿　四巻二冊　金鍾厚編　印本

金克亨及其の子澄、孫構三代の遺稿を集めたるものにして後孫鍾厚之を合編し正祖三年己亥に刊行す第一卷は沙川集第二第三卷は坎止堂集第四卷は觀復齋集なり沙川集は雜著に過きさるも他は疏劄啓議多し克亨字は泰叔、號は沙川淸風の人宣祖乙巳に生れ仁祖庚午進士に中り學行を以て薦められ官正郎に至り顯宗癸卯に歿す澄字は元會、號は坎止堂仁祖癸亥に生れ孝宗庚寅進士、壬辰文科、官監司に至り肅宗丙辰に歿す構字は士肯、號は觀復齋、仁祖己丑に生れ顯宗己酉進士、肅宗壬戌文科、官六曹判書を經て右相に至り甲申に歿す忠憲と謚す

○臨瀛世稿　三巻一冊　崔明秀編　印本

崔致雲其の子應賢及應賢の孫壽峸の遺稿を裒輯したるものにして各卷の末に誌狀を附せり臨瀛は江陵の古名なり致雲字は

伯卿、鏡湖釣隱と號す江陵の人なり高麗恭讓王庚午に生れ朝鮮太宗戊子進士、丁酉文科、官提學に至り世宗庚申に歿す應賢字は賓臣、睡軒と號す世宗戊申に生れ戊辰司馬兩試に中り端宗甲戌文科に登り官大司憲に至り中宗丁卯に歿す壽峸字は可鎭、猿亭と號す正祖丁未に生れ中宗辛巳南袞等靜菴趙光祖の黨なりと稱し之を殺す後領議政を贈り文正と諡す

○耽津世稿　四卷二冊　安思龍等編　印本

耽津の人安遇及其の曾孫克家の詩を後孫思龍等の蒐輯刊行したるものにして系譜、行狀、師友錄、墓銘、挽詞等を附載せり遇字は時叔、蘆溪と號す耽津の人參軍重光の子なり世宗己巳に生れ中宗戊寅賢良薦を以て典牲主簿を拜し官縣監に至り丁亥に歿す佔畢齋金宗直の門下にして經學行義を以て名あり克家字は宜之、磊谷と號す蘆溪の曾孫なり明宗丁未に生れ宣祖己亥社稷叅奉を授けられ縣監に至り光海君甲寅に歿す家學を善繼し宣祖壬辰義旅を倡へて功あり

○西原世稿　四卷二冊　韓楨國編　寫本

韓哲冲及其の後孫克昌、克昌の曾孫必壽等の詩文を合集せしものにして祭、挽、誌狀、褒揚等を附載せり光武七年癸卯必壽の後孫楨國之を輯編す哲冲字は弘道、號は夢溪、清州の人判書希迪の子なり高麗忠肅王辛酉に生れ辛巳司馬に中り恭愍王癸巳文科に登り官典法判書に至り朝鮮に仕へす以て終る克昌字は裕伯、號は鰲洲、夢溪八代の孫なり宣祖庚子に生れ仁祖甲子司馬に中り癸酉文科に登り丙子の難に斥和を唱へ官察訪に至り孝宗庚寅に歿す必壽字は仁甫、號は忍默齋、鰲洲の曾孫なり肅宗丁丑に生れ英祖辛未に歿す

○豐山世稿　六卷三冊　洪奭周編　印本

豐山洪氏舍人洪厓文敬公慕堂履祥、叅判秋巒霙、永安尉文懿公無何堂柱元、貞簡公金華萬容、僉正晦溪重箕、叅判睡隱錫輔、靖惠公象漢、孝安公恒齋樂性、文淸公新齋樂命、樂三、樂敢、孝獻公何愚堂義謨、承旨足睡堂仁謨及其の配大邱徐氏等十五人の詩文を蒐輯し卷末に別集及附錄を載す出版は純祖二十四年甲申なり

○咸從世稿　三卷四冊　魚有鳳等編　印本

咸從の人魚變甲、孝瞻、世謙三世の詩文稿を孝瞻の外孫尹金

孫慶尙監司たりし時其の外族魚得江及魚泳濬と與に謀りて裒輯校正し中宗庚午に刊行し景宗癸卯孝瞻の後孫杞園有鳳其の弟兢齋有龜と共に之を重刊し仍て得江の稿を續編と爲し又變甲の父淵の遺詩と變甲、孝瞻、世謙の逸稿、世謙の弟世恭の遺詩、得江の逸稿及泳濬の遺詩を蒐輯して原編に附刊せしものなり淵は月亭と號す三司左尹伯滸の子なり高麗忠穆王丙戌に生れ恭愍王甲辰生員となり朝鮮に及び遺逸に薦せられ官大邱縣令に止まり世宗庚戌に歿す變甲字は子先、綿谷と號す淵の子なり高麗廢王禑辛酉に生れ定宗己卯生員となり太宗戊子文科に登り集賢殿直提學となり官を棄てて歸養し世宗乙卯に歿す孝瞻字は萬從、龜川又は仁峯と號す變甲の子なり太宗乙酉に生れ世宗癸卯生員に中り己酉文科に登り翰林、吏曹判書を經て判中樞府事に至り成宗乙未に歿す文孝と諡す嘗て通鑑訓義及高麗史を參修し禮記日抄を撰進す世謙字は子益、西川と號す孝瞻の子なり世宗庚戌に生れ文宗辛未生員に中り世祖丙子文科に登り文衡を典り翊戴功臣に策し咸從府院君に封せられ左議政に至り燕山君庚申に歿す謚して文貞と云ふ世恭字は子敬、松西と號す世謙の弟なり世宗壬子に生れ端宗癸酉生員進士に中り世祖丙子文科に登り李施愛亂を起すや咸吉道觀察使を以て功あり敵愾功臣に策し牙城君に封せられ兵曹、戶曹判書を經て成宗丙午に歿す謚を襄肅と云ふ泳濬字は彥深、松亭と號す淵の玄孫なり成宗癸卯に生れ燕山君甲子生員進士に中り中宗丁卯文科に登り官執義に止まり己丑に歿す

○晋山世稿　八卷一冊　姜裕後編　印本

姜希孟及晋暉の詩文集にして姪裕後淸州牧使たりし時上印せしものなり詩、賦、記、書、雜著、碑銘等を收む晋暉字は子舒、壺溪と號す梅壑の子なり蔭仕を以て官叅奉に止まる

姜裕後　字は汝垂、玉溪と號す晋州の人縣令晋昭の子なり宣祖丙午に生れ仁祖己丑文科に登り官監司に至り顯宗丙午に歿す淸白吏に選せらる

○杜皐世稿　四卷一冊　權致福等編　印本

權應生及其の子悳、悳の從孫慶命等三人の詩文稿を合編したるものなり應生の稿には遺事、詩、書、祭文、雜著、附錄悳の稿には書、狀、附錄慶命の稿には詩、附錄等を收む後孫致福等純祖六年丙寅に刊行す權應生字は命世、魯軒と號す安東の人叅奉士毅の子なり宣祖辛未に生れ乙巳進士に中り光海君

壬子叅奉を授けられ官縣監に至り仁祖丁亥に歿す係字は和叔退庵と號す應生の子なり宣祖庚子に生れ仁祖乙酉叅奉を授けられ孝宗甲午に歿す慶命字は來吉、江東と號す應生の曾孫なり顯宗癸丑に生れ英宗乙卯に歿す

○聯芳世稿　八巻三冊　金龍普編　印本

金璡の青溪逸稿、其の子克可藥峯文集、守一の龜峰逸稿、明一の雲巖逸稿、誠一の鶴峯文集補遺、復一の南嶽逸稿を合編せり李象靖之を校正し璡九代の孫龍普正祖二十一年丁巳に刊行す璡字は瑩仲、燕山君庚申に生れ中宗乙酉進士、宣祖庚辰に歿す克一は中宗壬午に生れ明宗丙午文科、官密陽府使、宣祖乙酉に歿す守一は中宗戊子に生れ明宗乙卯生員、遺逸に薦せられ察訪を拜し宣祖癸未に歿す明一は中宗甲午に生れ明宗甲子生員、宣祖庚午に歿す復一は中宗辛丑に生れ庚午文科、官刑曹佐郎、辛卯に歿す

○陽川許氏世稿　三巻三冊　許傳編　印本

陽川許氏文敬公珙、版圖郎冠、大提學富、文正公伯、提學埜堂錦、牧使梅軒愭、慈山郡事樞、右相尙友堂琮、左相頤軒琛、靖簡公輯、正字磐、判書澄窩硡、贊成東厓磁、奉事澣、叅贊洽、別提橿、大司成草堂曄、知中樞寒泉潛、潭陽府使僘、府使杏塢僩、判書岳麓箴、典翰荷谷篈、篈の妹蘭雪軒、判尹水色禴、大司憲晋、縣監龍門泂、左相負暄堂頊、逸掌令覩雪厚、右相眉叟穆、領相默齋積、正言攖寧實、判書退菴徽、滄海格、副護軍市隱爚、進士蘇峯愍、叅議白石稷、生員嶙、咸昌縣監屹、叅判醒愚啓、都事銘、進士錀、正字耐叟錘、叅奉鉡、同中樞梅窩堤、進士疎隱奎、持平恍、承旨珽、都事球、知中樞桂洲琉、生員友巢巢是、承旨氷湖頴、叅奉杏湖極、牧使源、叅奉梅鶴堂宜、生員梨翁澮、司諫松隱集、掌令礱窩采、生員鶴洲檠、掌令湖隱彙、生員醉軒偹、進士烟客伛、郡守弋春佐、進士翠南熼、進士笑笑齋僲、正言明厓霳、生員石泉蘙、生員三守齋嵒、正言一川珩等六十八人の詩を合編したるものなり初め許洽編輯し許篊增補し又許璧、許思欽增修し許采繼いて修し遂に許傳に至り始めて大成せり前集、後集、別集に別ち李太王五年戊辰に刊行す

○光山卓氏世稿　二巻一冊　印本

卓光茂及其の子卓愼の詩を蒐輯し附錄世譜等を合せ刊行した

るものなり

○高靈世稿續編　三巻三冊　印本

高靈申氏世稿の續編にして申潛一人の詩集なり潛字は元亮、靈川と號す高靈の人參判從護の子なり成宗辛亥に生れ中宗の時進士に中り己卯文科に登り翰林を歷て官牧使に止まり辛巳に杖流せらる後治行第一に薦め敍用せらる明宗甲寅に歿す

○潘南朴氏五世遺稿　六巻三冊　朴宗慶編　印本

潘南の人朴煥其の子世城、孫泰遠、曾孫弼履、玄孫師錫等五世の詩文を編輯したるものにして各巻に誌狀を附し純祖十六年丙子に出版す煥字は汝述、守愚又は鶴皐と號す宣祖甲申に生れ官同中樞に至り顯宗辛亥に歿す世城字は萬基、光海君辛酉に生れ仁祖戊子進士、孝宗辛卯文科、官承旨に至り亦顯宗辛亥に歿す泰遠字は景久、悔窩又は松潭と號す顯宗庚子に生れ肅宗己巳進士、官牧使に至り景宗壬寅に歿す弼履字は禮卿、肅宗乙丑に生れ英祖壬申に歿す後判書を贈らる師錫字は聖虞肅宗癸巳に生れ英祖戊午進士、官判官に至り甲午に歿す後贊成を贈らる

○潘陽二先生遺稿　六巻八冊　朴世采編　印本

朴尙衷及朴紹の遺編を後孫世采の蒐輯したるものなり收むる所尙衷の詩、疏、序若干篇紹の詩、疑義、對策若干篇及附錄等あり肅宗四十五年己丑後孫弼明全羅道觀察使たる時之を刊行す尙衷字は誠夫、潘南の人高麗密直副使秀の子なり忠肅王壬申に生れ恭愍王癸巳文科に登り官成均博士、典校令を歷し右文館直提學に至り辛禑乙卯に歿す紹字は彥胄、冶川と號す尙衷六代の孫なり成宗癸丑に生れ中宗己卯進士に中り仍りて文科に登る銓郎を歷て官舍人に至り甲午に歿す

○崔氏五世遺稿　五巻一冊　崔文鈙編　印本

編者の九代祖繼林、八代祖齋華、七代祖命三、六代祖進大及五代祖星景等の詩文を編次し大正七年戊午に印行したるものなり繼林字は子述、貫は陽川にして逍遙齋淑精の後孫なり宣祖戊申に生れ仁祖庚午生員に中り顯宗戊申に歿す齋華字は聖觀、仁祖甲子に生れ孝宗辛卯生員に中り肅宗庚午に歿す命三字は錫兼、龍菴と號す顯宗甲辰に生れ肅宗乙未進士に中り景宗壬寅に歿す進大字は昌叔、慕先堂と號す肅宗乙亥に生れ英

祖己酉進士に中り孝廉を以て叅奉を拜せしも就かす英祖庚辰に歿す星景字は慶伯、肅宗癸巳に生れ英祖丙子進士に中り正祖乙巳に歿す

○趙氏三世遺稿　四巻三冊　趙弼鑑編　寫本

趙應祿の遺稿に子邦直孫光享の遺稿を合附したるものなり應祿の竹溪稿には詩及附錄を載せ邦直の倏竹稿には詩、尺牘、附錄を載せ光享の樂叟稿には詩、序、墓誌文、祭文、及附錄を收む並に竹溪八代の孫弼鑑の蒐輯に係る應祿字は景綏、竹溪と號す豐壤の人察訪續期の子なり中宗戊戌に生れ宣祖癸酉進士に中り己卯文科に登り官通政階に至る仁祖癸亥に歿す邦直字は叔清、倏竹と號す應祿の子なり宣祖甲戌に生れ光海君己酉に文科に登り官承旨に至り仁祖丁丑に歿す光享字は君實樂叟と號す邦直の子なり宣祖丙午に生れ仁祖丙子敎官を授けられたるも仕へす肅宗壬戌に歿す

○海州崔氏家藏　一冊　印本

海州崔氏の始祖文憲公冲より後孫弼亭に至る諸人の詩文及其の誌狀等を蒐合し李太王二十八年辛卯に刊行したるものなり

○掇感錄　五巻二冊　李之運編　印本

李行の遺稿及附錄李逖、李迹の遺稿李曾碩、李遠の遺績李迨の遺稿及附錄李光輅の遺蹟李光軫の遺稿及附錄李慶弘の實記を後孫之運の合編したるものにして李太王九年壬申に刊行す逖字は平虜、行の子にして高麗恭讓王庚午文科、官直提學に至る迹は逖の弟にして太宗辛巳文科、官觀察使に至る曾碩字は直之、逖の孫なり世宗丁未に生れ蔭仕を以て中和郡守に至り成宗庚戌に歿す遠字は孤雲、曾碩の孫なり成宗己亥に生れ燕山君辛酉進士、中宗乙酉に歿す迨字は仲豫、月淵と號す遠の弟なり成宗癸卯に生れ中宗丁卯生員進士、庚午文科、官翰林に至り丙申に歿す光輅字は希殷、遠の子なり中宗庚午に生れ辛卯生員進士、丁酉文科、己亥直赴を以て歿す光軫字は汝任、今是堂と號す光輅の弟なり中宗癸酉に生れ庚子生員明宗丙午文科、官翰林を經て承旨に至り丙寅に歿す慶弘字は伯兢、謹齋と號す光軫の子なり中宗庚子に生れ宣祖庚午進士、官叅奉に至る

李之運　は柏谷と號す騎牛子行の後孫なり

○鐵城聯芳集　二卷一冊　李　陸編　印本

李岡及其の子原の遺詩を合編したるものなり岡字は思果、平齋と號す固城の人杏村嵒の子なり高麗忠肅王癸酉に生れ忠穆王三年丁亥文科に登り官密直副使に至り恭愍王戊申に歿し文敬と謚す原字は次山、容軒と號す平齋の歿年に生れ十五歳にして進士、十七歳にして文科に第し朝鮮世宗の時右議政に至り己酉に歿す成宗七年外孫尹壕の慶尙監司たりし時刊行す

○白麓丫湖稿　六卷三冊　辛喜季等編　印本

辛應時の白麓遺稿と其の子慶晋の丫湖拾稿とを取り慶晋の子喜季之を合編し靈岩郡守たりしとき登梓せり英祖辛丑後孫致復、更に應時、慶晋の詩文及各人の誌狀を收輯し之を刊行す應時字は君望、白麓と號す寧越の人なり中宗戊子に生る明宗己未文科に登り選はれて湖堂に入り副提學に至る嘗て李栗谷成牛溪に從學し時望甚た高し其の子慶晋字は用錫、丫湖と號す明宗甲寅に生れ宣祖甲申文科に登り翰林を歷て官大司憲に至り淸白吏に選はれ壬辰都體察使柳成龍の幕下に在り獻策頗る多し光海君己未に歿す

辛喜季　字は士佳、松西と號す丫湖慶晋の子なり宣祖丙午に生れ仁祖癸酉文科に登り官通政郡守に至る

○眉山酬唱錄拾遺　一冊　李萬維編　印本

李沃か其の子弟と酬唱したる詩を編次し肅宗四十五年庚子に刊行せしものなり

李萬維　字は持國、博泉沃の三子なり顯宗甲寅に生れ肅宗癸酉進士に中り乙酉文科に登り官執義に至る

○嘉林四稿　一五卷八冊　李德胄等著　印本

李德胄及其の二弟惠胄三弟憲胄族弟瑞胄四人の合稿にして卷首に系圖を載す原集九卷拾遺六卷あり惠胄字は子順、杞園と號す全州の人拙隱漢輔の子、芝峰晬光五代の孫なり肅宗戊寅に生れ英祖辛未に歿す憲胄字は思季、苄圃と號す杞園の弟なり肅宗壬午に生れ英祖乙未に歿す瑞胄字は敬輯、義湖と號す全州の人懶隱玄亮の孫、芝峰晬光五代の孫なり肅宗癸酉に生れ英祖癸丑に歿す李氏四兄弟は名家の肖孫にして竝に文名ありと雖皆處士を以て終れり

○西　原　家　稿　六巻一冊　韓　東　赫編　印本

韓錫祜及其の三子在洙、在濂、在洛及在濂の子晩植等の詩文を編次し李太王十八年辛巳に印行せしものなり錫祜字は惠仲、薫畹と號す貫は清州にして監察大勳の子なり英祖庚午に生れ正祖丁酉進士に中り純祖戊辰に歿す在洙字は希源、藕堂と號す英祖己丑に生れ正祖戊午進士に中る在濂字は霽園、心遠堂と號す英祖乙未に生れ純祖丁卯進士に中る在洛字は鼎元、藕舫と號す晩植字は菊老、近翠閣と號す編者は在濂の曾孫なり

○樊　悠　合　稿　二巻一冊　金　尚　鉉編　印本

李太王十六年己卯金尚鉉か其の仲父在華及父在崑の詩稿を編摩し活字を以て印出したるものなり金在華は樊泉と號す光山の人光南君益勳六代の孫にして英祖の時の人なり金在崑は悠悠翁と號す在華の弟なり

金尚鉉　字は渭師、經臺と號す沙溪長生九代の孫なり純祖辛未に生れ丁亥司馬に中り哲宗己未文科に登り文衡を歴て李太王庚寅に歿す官吏判に至る謚を文獻と云ふ

○心適堂松巖敬勝齋遺稿合編

一冊　金　生　海編　印本

編者八代の祖履祥七代の祖鍊光及叔父斗文の詩文を編輯し英祖七年辛亥に刊行したるものなり履祥字は仲吉、心適堂と號す貫は金海にして司勇守連の子なり燕山君戊午に生れ中宗己卯生員に中り庚子文科に登り官司藝に至り宣祖丙子に歿す學行を以て開城の男山祠に享す鍊光字は彥精、松巖と號す履祥の子なり中宗甲申に生れ明宗己酉司馬に中り乙卯文科に登り宣祖壬辰淮陽府使を以て戰亡す開城崇節祠に享す斗文字は季章、敬勝齋と號す鍊光六代の孫なり顯宗甲辰に生れ明齋尹拯に學ひ肅宗丙戌に歿す開城男山祠に享す

金生海　字は子育、肅宗乙亥に生れ英祖丙午進士に中れり

○北窓古玉兩先生詩集　一冊　鄭昌順編　印本

鄭磏、鄭碏兄弟の遺篇を編輯せしものなり仁祖八年庚午軍威縣に於て刊行し正祖九年乙巳鄭磏七代の孫昌順其の逸稿及北窓墓記を集めて之を增補し磏の弟礌、磌、磧及礌の子之升等の遺稿を附錄し嶺營に於て重刊す磏字は士潔、北窓と號す溫

陽の人なり幼より攝心通神遠近の事を豫知し年十四にして明に入り能く其の語に通し天文、地理、醫藥、計數等討究せさるなし十九にして進士に中り更に擧業に應せす中宗の時抱川縣監を拜し忽ち官を棄てて楊州掛蘿里に卜居し其の地に終る碏字は君敬、古玉と號す北窓の第三弟なり詩を善くし書に巧なり其の詩文多く東文選中に在り礩字は可獻、十竹軒と號す北窓の第四弟なり明宗の時登科し官都事に止まる礥字は景舒、萬竹と號す北窓の第二弟なり官府使に至り乙巳の僞勳に叅す磧字は士淸、琴松堂と號す北窓の第五弟なり鄭之升字は子愼叢桂堂と號す十竹軒の子なり

○敬亭紫巖文草　一冊　李民宬 李民寏 著　寫本

李民宬、民寏兄弟の遺文草にして民宬の劄、記民寏の建州聞見錄、鄉會講信約條、題鄉規後等を收む

李民寏　字は而壯、號は紫巖にして民宬の弟なり宣祖の癸酉に生れ庚子文科に登り乙巳に扈從功として原從二等勳に錄し官叅判に至り仁祖の己丑に卒す吏判を贈し謚は忠簡なり文集ありて世に行はる朝聞錄、博約集等ありて家に藏す兄弟竝に藏待書院に享せらる

○李氏聯珠集　七卷二冊　南龍翼編　印本

延安李氏一相、嘉相、萬相、端相、殷相、弘相、有相、翊相等從兄弟八人の合稿なり壺谷南龍翼曾て李氏諸兄弟と交遊せしを以て乃ち各人の詩を選ひ肅宗八年壬戌關東伯宋昌に囑して刊行す七卷には附錄諸家の序跋多し嘉相字は會卿、氷軒と號す一相の弟なり仁祖丙子文科に中り胡亂に害せらる萬相字は相如、琴谷と號す嘉相の弟なり仁祖壬午司馬に中り夭死す弘相字は濟卿、東郭と號す殷相の弟なり孝宗壬辰登科し官承文權知副正字に至る有相字は世卿東苍と號す弘相の弟なり顯宗庚子登科し官應敎に止まる翊相字は弼卿、梅澗と號す有相の弟なり孝宗辛卯進士に魁たり顯宗庚子登科し官吏曹判書藝文提學に至り文僖と謚す

○三隱合稿　四卷二冊　田愚編　印本

田祿生貴生及祖生等兄弟三人の詩文を集めたるものにして皆隱字を以て號と爲す故に三隱合稿と名く祿生十六世の孫愚の蒐集に係り李太王二十七年に開刊す貴生字は仲耕、耒隱と號す壄隱の第二弟なり時事の非なるを見て開城杜門洞より逃れ

て海に入り終る所を知らず祖生字は季耕、耕隱と號す藝隱の第三弟なり高麗忠肅王五年に生れ文科に登る忠惠王曾て王子二人を託し霍光、諸葛の任を以てせり元、江陵大君(恭愍王)を冊して王と爲し忠定王乃ち位を江華に遜るるに及び祖生時に贊成たり朴思愼、李岡、韓脩、申德麟等と共に扈して江華に抵り遂に死す恭愍王四年なり

○六先生遺稿　三卷三冊　朴崇古編　印本

端宗の時の六忠臣朴彭年、成三問、李塏、河緯地、柳誠源、兪應孚等の詩文を裒輯して一書と爲したるものなり卷末に六人の筆跡及小傳を附す出版は李太王十五年戊寅なり李塏字は淸甫、一字は伯高、白玉と號す韓山の人世宗丙辰文科、丁卯重試し直提學となる詩文共に精絕なり世祖丙子端宗復位を謀り事露はれて殺さる後吏曹判書を贈り謚を忠簡といふ河緯地字は中章、一字は天章、丹溪又は赤村と號す晋州の人世宗戊午文科壯元に選はれ直提學となる世祖受禪の際禮曹叅判を拜し丙子端宗復位を謀り事覺はれ刑せらる後吏曹判書を贈り忠烈と謚す柳誠源字は太初、文化の人、世宗甲子進士、文科丁卯重試に選はれて集賢殿に入り丙子端宗の復位を謀り事覺はれて自刎す後吏曹判書を贈り忠景と謚す兪應孚字は信之、一に善長といふ杞溪の人武科に登り官兵使に至る丙子端宗の復位を謀り事覺はれて刑せらる後兵曹判書を贈り忠穆と謚す

朴崇古 は順天の人醉琴軒彭年の七代の孫なり肅宗の時蔭仕を以て官翊贊に至る

○生六臣合集　九卷三冊　趙基永編　寫本

生六臣は李耕隱、趙漁溪、元觀瀾、成文斗、金梅月、南秋江の六人にして端宗遜位の後彝倫の大義を守り或は盲聾に托し或は漁釣に混し或は杜門屛居し或は放曠慟哭し其の孤忠持節死六臣と異跡同心なる者なり本書は漁溪の後孫基永の蒐輯に係り第一卷は耕隱遺稿詩若干篇第二卷は漁溪遺稿詩若干篇第三卷は觀瀾遺稿詞一篇のみ第四卷は文斗遺稿詩若干篇第五卷第六卷は梅月堂集、樂章、琴操、辭、賦、調詞、詩、書、箴、銘、贊、語、文、論、說、辨、雜著、第七卷は秋江集、賦、詩、疏、書、文、記、傳、雜著、第八卷第九卷は附錄なり純祖壬辰金陽淳慶尙道觀察使たる時刊行す孟專字は伯純、耕隱と號す星州の人兵判審之の子なり太祖壬辰に生れ世宗丁未文科に登り翰林を歷て官正言に至り金叔滋、金宗直と道義の交を爲し淸德

直聲を以て一世に振耀し端宗遜位の後聾瞽となりたりと托辭終生仕へす成宗庚子に歿す正祖辛丑吏判を贈られ諡を靖簡といふ昊は觀瀾と號す原州の人宗簿令廣明の曾孫なり世宗癸卯文科に登り官集賢殿直提學に至り端宗遜位の後復仕へす正祖壬寅貞簡と贈諡せらる成聃壽字は耳叟、文斗と號す昌寧の人仁齋熺の子なり世祖の初成三問の子を以て忝奉を授け向背を測りしも竟に仕へす正祖壬寅吏判を贈られ諡を靖肅と云ふ

○三節遺稿　一〇卷三冊　尹以明編　印本

南原の人尹暹の詩、策其の孫檠の詩、教書、疏、劄、啓、辭、策、說及集の詩、疏、劄、辭、策、說等を檠の子以明の編次したるものなり鄭斗卿の序、宋浚吉の跋あり顯宗十三年靈山郡に於て開刊す暹字は汝進、號は果齋、校理を以て宣祖壬辰巡邊使李鎰の從事となり戰死す檠字は信伯、號は薪谷、仁祖丙子南陽府使を以て戰死す集字は成伯、林溪と號す丙子斥和臣となり清のために殺さる

尹以明　は南原の人薪谷檠の子なり孝宗の時蔭仕を以て官縣監に至る

○四忠合集　四六卷三冊　金昌集等著　印本

夢窩金昌集、疎齋李頤命、二憂堂趙泰采、寒圃齋李健命四相臣の文集を合編せしものにして四忠と云ふは景宗元年辛丑英祖を王世弟に冊封したる功勞ありしを以てなり夢窩集は十卷五冊疎齋集は二十卷十冊二憂堂集は六卷三冊寒圃齋集は十卷五冊にして英祖三十四年戊寅洪鳳漢自ら任して印出せり而して夢窩集の卷末に金濟謙の竹醉藁一冊を附載せり

○韓客巾衍集　一冊　柳琹編　寫本

李德懋、柳得恭、朴齊家、李書九等四人の各體詩を選抄したるものにして遣清されたる使徐浩修に隨行し當時の文人西蜀李調元雨村及杭州潘庭筠德園の兩人の評定を得たるものなり

柳琹　字は彈素、幾何主人と號す文化の人柳得恭の叔父なり

○六家雜詠　一冊　印本

仁祖の時の醫官鄭枏壽（字は子久、杏林と號す）崔奇男（字は英叔、龜谷と號す）南應琛（字は子貢、松坡と號す）鄭禮男（字は子和、西疇と號す）金孝一（字は行源、菊潭と號す）崔大立（字は秀夫、蒼崖と號す）等六人の雜詩を蒐錄したる

ものなり顯宗九年庚子の刊出に係る

○海 東 遺 珠　一冊　洪世泰編　印本

朴繼姜以下四十八人の詩二百三十餘首を蒐集編成したるものなり自序に曰ふ金農巖甞て余に告けて曰く東詩を刊行して世に問ふ者多しと雖而も閭巷の詩獨り闕け泯滅して傳はらさるは惜むへし子其れ之を採輯せよと是に於て廣く之を捜訪し十餘年を積みて編成る名けて海東遺珠と云ふと以て本書の內容を知るへし

○昭 代 風 謠　九卷二冊　蔡彭胤撰　印本

閭巷匹庶の詩を蒐集せしものにして世祖の時より英祖の時に至る一百餘人の古今體詩及詩話を編次し末に拾遺、別集并に別集補遺を附し英祖十三年丁巳に刊行し哲宗八年丁巳之を重刊す

○風 謠 續 選　七卷三冊　千壽慶編　印本

英祖丁巳昭代風謠成りたる後に於ける三百三家の詩七百二十三首を集めたるものなり前編は五七言古體近體等詩體に依りて類選せるも續編は閲覧の便を圖り作者を主とし各體を併載せり正祖丁巳に刊行す

千壽慶　字は君善、松石道人と號す錦溪の人なり能詩を以て知らる

○風 謠 三 選　七卷三冊　劉在建 崔景欽編　印本

英祖丁巳蔡彭胤閭巷の逸詩を採集し之を昭代風謠と名け刊行す後六十年正祖丁巳松石千壽慶之に繼いて風謠續選を編す更に六十年哲宗丁巳に至り劉在建、崔景欽等續選以後の逸詩を採集し風謠三選と名け以て刊行す

劉在建　字は德初、兼山と號す江陵の人王川府院君儆の後孫なり正祖癸丑に生れ李太王の時官上護軍に至り庚辰に歿す幼より聰明にして神童の稱あり詩禮に篤く又篆楷に工にして久しく奎章閣に供奉し列聖御製を編摩したる功勞多くために屢恩典を被る然れとも家世寒微なりしを以て官胥吏に止まる法語、兼山筆記等の著あり

○東 文 選　一百四十卷四十四冊　徐居正 申用漑等編　印本

新羅より朝鮮の初期に至る諸家の詩文を聚めたるものにして

正續二編あり正編は成宗九年徐居正等に命して之を選輯せしめ續編は中宗の時申用漑等に命し正編成りし後四十餘年間の製述を選輯せしめたるものなり

○文苑黼黻　四五巻三冊　印本

正祖十一年丁未の編に係り收むる所玉冊文、頒敎、慰諭、敎文、敎命文、竹冊文、祭文、哀冊文、上樑文、賜祭文、敎書、國書、露布等にして多くは館閣諸臣の製進に係れり國書中に答日本書、回琉球書、露布に破平壤城假賊露布等あり

○文苑黼黻續編　一〇巻六冊　印本

正祖十一年丁未館閣諸臣の文章を選聚して文苑黼黻と名く哲宗三年壬子に至り復た奎章閣諸臣に命し正祖以後に於ける館閣諸臣の作を揀摭し之を編成して文苑黼黻續編と名け金興根等に命して考訂せしめ活字を以て印行したるもの是なり

○文苑大方　三〇巻三〇冊　寫本

朝鮮歷代の事實を例證したるものなるも正祖、純祖、憲宗に關するもの最も多し全部三十巻に分ち第六巻以上に頒敎文第七巻に樂章、哀冊文、箋文、批答第八巻に玉冊文、竹冊文、敎命、致祭文第九巻に告由、親祭、致祭、賜額、賜祭文第十巻に敎書、配享、几杖、致仕第十一、二巻に內閣敎旨、敎書、外任第十三巻に迎勅、頒敎文、奏文、表、咨文第十四、五、六、七、八巻に上樑文第十九、二十巻に箋文第二十一巻に四六各體、賀序、賀啓第二十二巻に大殿春帖第二十三巻に帖規第二十四巻に輓章、進香文第二十五、六、七巻に列聖誌狀第二十八巻に綸綍第二十九巻に笏記、軍令、祀典、祀式第三十巻に公移占錄を收載せり

○詞垣英華　六巻六冊　寫本

正祖春邸にありし時朝臣の製進せし頒敎文、敎命文、祭文等を編成し詞垣英華と題す弘齋全書群書標記に收む

○大東文粹　一冊　張志淵編　印本

編者か私立徽文義塾編輯部に在りし時敎科の用に供するため箕子朝鮮、三韓、新羅、高句麗、百濟、高麗、朝鮮三千年間の文章を選ひ光武十年丁未に刊行したるものなり

○大東詩選　三卷六冊　寫本

箕子の麥秀歌、洌水歌、高勾麗琉璃王の黃鳥歌、新羅眞德女王の大唐太平頌等古歌謠を初とし其の他孤雲崔致遠、圃隱鄭夢周、牧隱李穡、陶隱李崇仁、近思齋俁遜、眞逸齋成侃、退溪李滉、栗谷李珥、月沙李廷龜、澤堂李植、東溟鄭斗卿、尤庵宋時烈、息菴金錫胄、谷雲金壽增、文谷金壽恒、農巖金昌協、三淵金昌翕、圃陰金昌緝、茅洲金時保、北軒金春澤、陶菴李縡、圃岩尹鳳朝、樣川李秉淵、悔窩安重觀、檜巢金信謙、貞菴閔遇洙、梅月堂金時習、秋江南孝溫、睡隱姜沆、重峰趙憲、老村林象德、僧休靜、雪谷鄭誧、愚伏鄭經世、一峰趙顯期、閨秀李淑媛等の各體詩を分類蒐輯せしものなり

○海東詩選　一九卷一九冊　趙琮燮編　寫本

新羅高麗以後朝鮮純祖の時に至る歷代の製と諸家の詩を選錄す

趙琮燮　字は穉宗、楊州の人應敎濟魯の孫なり

○續青丘風雅　七卷一冊　寫本

青丘風雅を續選したるものにして五絕は金淨等十六人七絕は姜渾等六十一人五律は金安國等三十九人五排は鄭士龍等四人七律は姜渾等五十二人五古は金安國等十三人七古は洪裕孫等二十人編して七卷と爲せり

○青丘詩鈔　一冊　印本

大正四年京城に施政五年記念物產共進會を開設したる際總督府に於て檀君以後高麗以前の詩詞の優雅なるもの若干首を選鈔し衞夫人活字を以て朝鮮紙に印出し同好に頒ちたるものなり總督寺內正毅伯千告文華の四字を卷首に題せり

○律選　四卷四冊　寫本

唐、宋、明及朝鮮諸家の七言律詩を選取編次したるものなり

○古今詠物近體詩　三卷一七冊　劉在建編　寫本

古今の詠物詩を選錄したるものにして天道、地道、人事、樓臺、飲食、花木、魚鳥等に付き唐、宋、元、明及朝鮮の詩を蒐集せり

○選　賦　一巻二冊　印本

文選中より離騷以下の賦を揀取し唐、宋諸家の賦を併せ更に高麗李崇仁、李奎報、朝鮮徐居正、金馹孫等の賦を采錄したるものなり

○海東辭賦　一巻二冊　印本

高麗の李奎報、李穡、李達衷、李崇仁及朝鮮の徐居正、金宗直、成侃、南孝溫、金馹孫、李胥、閔齊仁、金麟厚、李春英、李安訥、趙纘韓、趙希逸、申最等の詩賦を蒐輯したるものなり

○皇華集　五〇巻二五冊　英祖命編　印本

世宗三十二年庚午明使倪謙及司馬恂來り景帝の登極を報す接伴諸人其の唱酬の詩文を編刊し詩の皇皇者華の義を取り皇華集と名く嗣後例を成し世祖二年丁丑陳鑑、高閏來り英宗の復辟を報し四年己卯陳嘉猷來り五年庚辰張寧來り又九年甲申金湜及張城來り憲宗の登極を報し成宗七年丙申祁順及張瑾來り冊儲を報し十九年戊申董越及王敞來り孝宗の登極を報し二十三年壬子艾璞來り冊儲を報し中宗元年丙寅徐穆來り武宗の登極を報し十六年辛巳唐皐及史道來り世宗の登極を報し三十二年丁酉龔用卿及吳希孟來り儲子の誕生を報し三十四年己亥華察及薛廷寵來り上號冊儲を齎し仁宗元年乙巳張承憲來り中宗の諡賻を齎し明宗元年丙午王鶴來り仁宗諡賻を齎し同二十二年丁卯許國、魏時亮來り穆宗の登極を報し宣祖元年戊辰歐希稷來り明宗の諡賻を齎し同年成憲、王璽來り冊儲を報し同六年癸酉韓世能、陳三謨來り神宗の登極を報し同十五年壬午黃洪憲、王敬民來り儲子の誕生を報し同三十五年壬寅顧天埈、崔廷健來り冊儲を報し同三十九年丙午朱之蕃、梁有年來り元孫の誕生を報し光海君元年己酉熊化來り宣祖の諡賻を齎し仁祖四年丙寅姜曰廣、王夢尹來り儲子の誕生を報し同十一年癸酉總兵程龍、島衆を安撫せんとして海路より來り廣州に駐節せり前後の使節二十四回並に皇華集一卷乃至六卷なり英祖四十九年癸巳之を合して一部と爲し以て刊行す

○世宗庚午皇華集　一冊　印本

世宗三十二年庚午明使倪謙、司馬恂來り景泰登極を報したる時館伴諸人の沿路題咏と唱酬諸什とを編輯したるものなり

○世祖丁丑皇華集　一冊　印本

世祖三年丁丑明使陳鑑、高閏來り英祖復辟の事を報す世祖書局に命して兩使の題詠唱酬したる詩文を編次刊行したるものなり

○世祖己卯皇華集　一冊　印本

世祖四年己卯明使陳嘉猷事を竣り還る世祖儒臣に命し其の題詠唱酬したる誌文を輯し館伴諸臣の和章を附し之を印刊せしむ

○世祖庚辰皇華集　一冊　印本

世祖五年庚辰明使張寧の題詠唱酬詩文を編輯刊行せしめたるものなり

○世祖甲申皇華集　一冊　印本

世祖九年甲午明憲宗の卽位頒詔使金湜、張珹等の紀行隨錄を有司に命し纂輯し任元濬等の酬唱を竝附したるものなり

○成宗丙申皇華集　二卷二冊　印本

成宗七年丙申明憲宗儲嗣を冊立し正使祁順、副使張瑾を遣す成宗兩使の所製詩文を印傳し徐居正に命して序文を撰せしめ和韻の詩と共に之を印刊す

○成宗戊申皇華集　二卷二冊　印本

成宗十九年戊申明孝宗登極し正使董越、副使王敞來報す成宗命して兩使の紀行と詩文若干とを取集し魚世謙序文を作り酬唱諸作を竝附して印刊せしむ

○成宗壬子皇華集　一冊　印本

成宗二十三年壬子明孝宗儲位を冊し頒詔使艾璞來り報す伴接使盧公弼、艾使の詩藁を輯進し宣祖鋟梓を命し丙寅正使徐穆の詩若干篇を竝附して印刊す

○中宗辛巳皇華集　二卷二冊　印本

中宗十六年辛巳明世宗卽位し頒詔使唐皐、史道來る仍て書局に命し紀行詩文若干篇を纂次印出し李荇、蘇世讓等の和詩を竝附す

○中宗丁酉皇華集　五卷五冊　印本

中宗三十二年丁酉明世宗生子の慶に因り頒詔正使龔用卿、副使呉希孟の來りし時紀行詩文を命編し伴接諸臣の唱酬を並附刊行したるものなり

○中宗己亥皇華集　五卷四冊　印本

中宗三十四年己亥明世宗上號冊儲頒詔使華察、薛廷寵等の題詠を命編し諸臣の唱酬を並附刊行したるものなり

○仁宗乙巳皇華集　一冊　印本

仁宗元年乙巳明使張承憲中宗の賻諡を致し歸還の時伴送使申光漢其の唱酬詩稿を進め仁宗有司に命して編次上梓せしむ

○明宗丙午皇華集　一冊　印本

明宗元年丙午明使王鶴來り仁宗の諡祭を致す仍て鄭士龍に命し其の唱酬詩文を編輯刊行せしめたるものなり

○明宗丁卯皇華集　一冊　印本

明宗二十二年丁卯明使許國、魏時亮來り隆慶登極の報を齎し境に抵る明宗昇遐して宣祖即位し游賞酬唱すること能はす亟に還る伴接使朴忠元其の紀行詩若干を得て進む宣祖乃ち洪暹に命して之を編刊せしむ

○宣祖戊辰皇華集　一冊　印本

宣祖元年戊辰明使歐希稷來り明宗の諡賻を致す宣祖有司に命して其の詩文を輯め上梓す

○宣祖戊辰皇華集　一冊　印本

宣祖元年戊辰明穆宗儲嗣を冊立し成憲、王璽來り報し伴送使朴淳兩使の沿途の題詠及別詩を錄呈す宣祖書局に付して釐次摹印せしむ

○宣祖癸酉皇華集　一冊　印本

宣祖六年癸酉明使韓世能、陳三謨來り神宗登極の報を齎す宣祖即ち沿途吟咏の詩章及伴接諸人の酬唱を編し書局に付して印せしむ

○宣祖壬午皇華集　一册　印本

宣祖十五年壬午明神宗生子の慶に因り詔使黄洪憲、王敬民來り報す宣祖乃ち有司に命し其の唱酬の詩文を編輯刊行せしむ

○宣祖壬寅皇華集　一册　印本

宣祖三十五年壬寅明神宗儲嗣を册立し詔使顧天埈、崔廷健來る宣祖其の唱酬詩文を書局に命し印出せしむ

○宣祖丙午皇華集　六卷五册　印本

宣祖三十九年丙午明神宗孫男誕生の慶に因り頒詔正使朱之蕃副使梁有年來る宣祖書局に命し其の唱酬詩文を編印せしむ

○光海君己酉皇華集　一册　印本

宣祖戊申に昇遐し明年己酉明神宗行人熊化を遣し弔禮を修む伴送使柳根、熊使の詩文を將て乙覽に供す光海君卽ち命して鋟梓せしむ

○仁祖丙寅皇華集　四卷三册　印本

仁祖四年丙寅明熹宗生子の慶に因り頒詔使姜曰廣及王夢尹來る仁祖書局に命して唱酬の詩文を鋟梓せしむ

○仁祖癸酉皇華集　三卷二册　印本

仁祖十一年明總兵程龍海路より來り廣州に駐節せし時の唱酬詩文頗る多し仍て刊行せしむ

○東　槎　錄　一册　寫本

中宗三十四年己亥明使薛廷寵を義州に迎接したる蘇世讓か從事官正郎嚴昕、輔德崔演、修撰林亨秀等三人と相唱和したる詩を收錄したるものなり

○集　慶　堂　頌　一册　寫本

英祖慶熙宮集慶堂に常御し癸巳の年不豫に遭ひしも卽時に平癒し此の堂に於て賀儀を受く仍て原任大臣近密の臣及承旨史官等に命して撰せしめたる賀頌を載錄したるもの是なり

○健　陵　輓　詞　二册　寫本

正祖國葬の時に於ける諸臣の輓詞を蒐集したるものなり

○館閣類集　一册　寫本

李太王の初景福宮重刱の時に於ける闕內の各殿各門の上樑文と議政府政本堂重建記、協宣堂重修記、佐成堂記、夙夜堂記、石畫堂記、政本堂、佐成堂上樑文等を收錄したるものなり

○東省校餘集　二卷一册　鄭元容編　印本

純祖十七年正祖御製及弘齋全書の校正監印に從事したる奎章閣臣金載瓚、金祖淳、沈象奎、南公轍、徐榮輔、朴宗慶、李存秀、金履喬、朴宗薰、李魯益、李龍秀、李光文、李元容、朴綺壽、李鶴秀等か公務の暇日に唱酬往復したる詩を收集編成し印行したるものなり

○百歲榮壽帖　一册　李喜臣編　印本

李太王乙丑全羅道南原府の李容華なる者齡百一歲に達し特に知中樞府事を授けられ便殿に引見し賞賜甚た優にして興宣大院君一詩を賦贈し擧朝大官以下皆之に賡和せしか其の子孫之を收編刊行す

李喜臣　は全州の人敬寧君の後孫にして僉中樞容華の姪なり

○淵谷書院講會韻　一册　寫本

全羅南道長興郡に淵谷書院あり老峰閔鼎重此の地に謫居し學を興し俗を化す邑士追慕の餘院を建て之を享祀す老峰の後孫閔致成同郡に宰たり將に還らんとし講會を淵谷書院に開き絕句一首を賦す邑儒韻に次し之に和したるもの卽ち是なり

○浮碧樓觴詠錄　一册　黃澄編　印本

宣祖十七年林悌か黃澄、李仁祥、金溟翰、盧大敏、金璽玉其の他の諸人と平壤浮碧樓に遊ひし時の酬唱を集めたるものなり

○咸山板題　一册　寫本

咸鏡南道咸興に在る亭閣樓臺等の題詠を集編したるものなり

○楊御史頌德詩稿　一册　印本

宣祖壬辰明の御史楊鎬經理を以て朝鮮に駐紮せし時李德馨等三十餘人の贈りし頌德詩を集編したるものなり

○農淵挽別　一冊　寫本

金昌協及金昌翕兄弟の詩集中より挽詞と別章とを揀取したるものなり

○晩德唱酬錄　一冊　朴光一編　印本

宋時烈濟州に流配せられたる時弟子朴光一等か途次に唱酬したる詩を裒錄し日記と聳珍唱酬錄とを附したるものにして純祖辛酉光一の孫夏鎭之を刊行す晩德は海南縣の寺名なり

○癸巳兪尹往復書　一冊　兪相基編　印本

肅宗三十九年癸巳左相李頤命の奏請に依り故副提學兪棨の作に係る家禮源流を全羅監司に命して開刊せしむ時に棨の孫相基龍潭縣令たり仍て自ら其の校正に當れり明齋尹拯は其の初本を市南兪棨及父尹宣擧と共に編し十中の四五は尹宣擧の改定せしものなりと主張し遂に兪尹兩家の論辨を生す其の往復書翰を兪家に於て編輯刊行したるものなり

○儷文程選　一〇卷五冊　李植編　印本

六朝及唐宋諸家の制、詔、表、啓、狀、書、詞、榜、露布、牒、檄、致語、上樑文、序、碑誌、祭文、連珠等を類收し又別集として賦、碑、頌を選輯し後學の儷文肄習のためにせるものなり朝鮮中葉以後一時盛に行はれ苟も科業に志す者にして本書を讀まさるはなかりしと云ふ

○儷文集成　一八卷六冊　金鎭圭編　印本

明人其の他諸家の儷文を集成したるものにして詔、赦、冊、制、批答、表、狀、議、啓、露布、檄、牒、序、碑、連珠、判賦、致語、上樑文、勸農文、靑詞、疏、祝祭文、諡議、墓誌等の各體あり序に曰ふ典翰趙仁奎の類編は繁にして精ならす澤堂の程選は偏に失し息庵壺谷の抄する所は略に病む云云と肅宗壬辰の年なり

○唐律廣選　七卷六冊　李敏求編　寫本

唐の律詩を分類選輯したるものにして序に曰ふ初唐盛唐は十に其の九を擧け中唐は五に其の三を擧け晩唐は三に其の一を存し杜甫の如きは此に竝錄せすと仁祖甲戌の刊行なり

○全唐近體選　二〇卷五冊　申　緯編　寫本

文祖東宮に在りし時江華留守申緯に命し抄選せしめたるものなり唐詩近體五七律絶數百首を收む

○杜陸千選　八卷四冊　印本

杜律五七言、陸律五七言各五百首を拔萃し活字を以て印出したるものなり

○唐宋八子百選　六卷三冊　印本

唐宋八家文の中百篇を選輯したるものにして第一卷に表、上書、劄子第二卷に論、策第三卷に書、序第四卷に記第五卷に雜著第六卷に碑、墓誌、墓表、傳、祭文等を按排す

○程書分類　三〇卷三冊　宋時烈編　印本

伯叔二程子の全書中より五經四書に關する句語と理氣、性理學、聖賢、歷代、治道、異端等に關する句語とを節錄して分類し又明道文集として銘、詩、奏、疏、表、書、記、祭文、行狀、墓誌、賦、論、策等を收め伊川文集として奏、疏、表、學制、雜著、書啓、禮、葬說、祭禮、行狀、墓誌、祭文、家傳、頌、詩、序、銘、書等を收めたるものなり

○文史咀英　八卷四冊　印本

憲宗東宮に在りし時誦習に便するため歐陽修及蘇軾の文章各若干篇を選定し釐めて八卷と爲し上木したるものにして出版は純祖二十九年己丑なり

○己百編　二卷二冊　徐耕輔編　寫本

徐耕輔か漢の司馬遷、班固、唐の韓愈、柳宗元、李翺、宋の蘇洵、蘇軾、蘇轍、王安石、曾鞏等の文を選抄したるものなり

徐耕輔　字は任世、卯翁と號す達城の人大提學有臣の子なり英祖辛卯に生れ蔭補を以て郡守となり純祖乙酉文科に登り文任を歷て官行吏曹判書に至る筆名あり

○玩樂編　一冊　寫本

論語、孟子、詩經及古文中に就き所好の箇所を抄出したるものなり

○古今詩律精選　一〇巻一〇冊　寫本
唐より清に至る諸家の五七言律詩を選錄したるものなり

○三大家詩集　一〇巻一〇冊　金　堉編　印本
孝宗九年戊戌金堉か唐の杜甫、李白、韓愈三家の詩を蒐輯し註釋を附したるものなり

○選文掇英　三巻三冊　印本
蕭統の文選中より英華を掇取したるものなり

○大明律詩　二巻一冊　印本
明諸家の七律を選取したるものなり

○皇明正嘉八才子文鈔　八巻三冊　印本
明の徐禎卿、唐寅、王廷陳、黃省、曾田汝、成陳束、袁袠、皇甫汸等八家の文を鈔出刊印せしものなり張治道、鄭曉、胡侍、王維楨、童承叙、陳德文、何良俊七家の文若干篇を卷尾に附す

○明五大家律詩鈔　八巻三冊　印本
明の李夢陽、何景明、李攀龍、王世貞、吳國倫等五家の詩律を鈔出刊印したるものなり

○鹿門弇州文抄　三巻三冊　申　最編　印本
申最か外姪金錫冑に古文を授くるため明の鹿門茅坤、弇州王世貞二家の文章を選輯したるものなり

題評類

○破閑集　三巻一冊　李仁老著　印本
高麗の人李仁老名儒詞釋の題詠湮沒し傳はらさるを慨し之を收錄したるものにして詩話あり文談あり又紀事あり自作あり元宗元年庚申子世黃之を刊行す

李仁老　字は眉叟、雙明齋と號す平章事顥の曾孫なり高麗毅宗壬申に生れ明宗庚子文科に登り官翰林を經て左諫議大夫寶文閣學士に至り能文善書を以て名あり高宗庚辰に歿す

○補　閑　集　三卷一冊　崔　滋著　印本

李仁老曾て東方古今諸家の名章秀句を採り破閑集の著あり著者之を續けて更に優麗なる近體若干句及俚巷の瑣言乃至趣味ある史實、浮屠、妓女輩の談柄を收拾補足す本書是なり高麗高宗四十一年甲寅に成る

崔滋　字は樹德、東山と號す文憲公沖の後なり高麗明宗戊申に生れ康宗の時文科に登り官翰林學士を經て守太師平章事に至り元宗庚申に歿す謚を文淸と云ふ

○東　人　詩　話　二卷一冊　徐　居　正撰　印本

新羅より朝鮮國初に至る詩話を編輯したるものにして成宗五年甲午に刊行し仁祖十七年己卯李必榮之を重刊す

○杜　詩　批　解　二六卷一四冊　李　　植著　印本

唐の杜甫の詩五七律を註解せしものにして著者の曾孫箕鎭慶尙道觀察の時之を刊行す英祖十五年己未なり

○四　部　手　圈　二五卷一三冊　　　　　印本

正祖文學を嗜み常に經史百家を繙き會心の處に至らは手圈を附す後之を掇收して一本と爲し四部手圈と名く經に於ては儀禮、周禮、禮記史に於ては史記、漢書、後漢書子に於ては周、程、張、朱を採り集に於ては陸宣公、韓文公、柳州、王臨川、歐陽廬陵、蘇老泉、蘇東坡、蘇潁濱、曾南豐を採れり純祖元年辛酉に刊行す

詞　曲　類

○小　華　詩　評　一冊　　　　　寫本

高麗及朝鮮の名詩を品評したるものにして或は全首を載錄し或は聯句のみを選鈔し各其の下に作者の名を錄せり

○龍飛御天歌　一〇卷五冊　　　　　印本

世宗二十七年乙丑權踶、鄭麟趾、安止等太祖の化家爲國の事蹟を百二十五章の歌詩に作り諺文を以て記し漢字にて之を解し上進して管絃に和せしめ鄕國に用ひんことを期せり世宗之を嘉歎し更に崔恒、朴彭年、姜希顏、申叔舟、李賢輔、成三問、李塏、辛永孫等に命し註解を加へ世祖十二年丁亥に出版

す序は鄭麟趾跋は崔恒の撰なり

○國朝樂章　一冊　印本

英祖の時洪啓禧徐命膺等をして編刊せしめたるものにして宗廟樂章、文昭殿樂章、列朝樂章、列朝上尊號樂章、列朝追上尊號樂章、進豐呈樂章、朝會禮宴儀通用樂章、親耕樂章、觀刈樂章、親蠶樂章、大射禮樂章等を收む

○觀刈樂章　一冊　趙觀彬撰　印本

英祖丁卯親臨觀刈の時趙觀彬の製進せしものにして樂章二首あり

○慈宮樂章　一冊　印本

正祖乙卯慈宮獻敬后の回甲に當り華城(水原)行宮に臨駕し進饌す此は其の時の樂章にして長樂五章、觀華五章、老萊衣五章、萬年五章共に諺文を以て解釋せり長樂觀華の二章は御製慈宮臨華城行宮進饌時樂章と首題し老萊衣萬年二章は御製慈宮周甲日進饌樂章と首題し別に單行本あり

○圓鑑國師歌頌　一冊　釋沖止著　印本

海東曹溪宗第六世圓鑑國師の歌頌を集めたるものにして高麗忠烈王二十三年丁酉に上鋟したるものなり

釋沖止　初の名は法恒、宓庵と號す俗姓は魏氏定安の人なり魏紹の子にして高麗高宗丙戌に生れ年十九壯元に登第し日本に使す其の後僧となり禪源社に於て主法し直造堂を師として具を受け四十歲金海縣甘露社に住す忠烈王風を聞き德を嘉し使を遣して之を迎へ賓主の禮を以て遇し金襴袈裟、碧繡長衫、白拂一雙を與ふ其の壬戌に寂す行年六十七圓鑑と謚し塔を寶月と稱す

○海東樂府　一冊　沈光世著　印本

明李東陽の西崖樂府の體に倣ひ兒童敎訓のために作れるものなり光世の序に曰く予偶ま西崖樂府を讀み其の辭剴切にして引事、比類能く人をして感發奮起せしめ初學を補ふ甚た大なるものあるを愛す仍て東史を閱し其の中に就き贊詠鑑戒となるへきもの若干を採りて歌詩と爲し名けて海東樂府と云ふと光海君九年丁巳の刊行なり

○江南樂府　一冊　趙顯範著　寫本

正祖八年甲辰の著なり江南は全羅南道順天郡の別稱にして郡中忠孝義烈の欽慕すへきもの風土俗尙の詠歌すへきもの其の他奇事、異蹟の傳稱すへきものに付き高麗より朝鮮英祖に至るまての事蹟を採摭し海東樂府の體に倣ひ題目を分ちて纂述し以て勸戒の意を寓せり

趙顯範　字は聖晦、淳昌の人にして虔谷瑜の後なり

○詞曲源流　一冊　寫本

朝鮮の俗歌音曲及昔人の作に係る歌詞を諺文を以て記したるものなり

○勸善懲惡歌　一冊　寫本

郡民に勸めたる歌謠にして諺文を以て繙譯し婦女孩兒に至るまて能く讀解し易からしむ孝を以て主旨と爲せり

○古歌　一冊　寫本

上古より東漢に至るまでの古歌を蒐輯して謄草したるものなり

功令類

○科文規式　一冊　寫本

科文製述の規式を載錄したるものにして賦の三十句と表の詩、謝、進、賀、辭、乞六體及詔、制、策、箴、銘、頌、論並に詩の製作に就ての程式を示せり

○科儷規式　一冊　寫本

科文中表の賀、進、謝、請、辭、乞の六體及詔、制、誥、箴、銘、頌、贊、進奏文等述作の文體を收錄し附するに字會三韻相通し平仄通用の字類其の他二十八宿六甲六十四卦歷代國名、州名、色類、四時類、數類等各字の對偶、儷句の頭字、中字、末字等の用例を以てす又殿策套あり

○震表　三卷三冊　寫本

仁祖以前の科表を編輯したるものにして賀、進、請、謝、乞の五體あり震表は東國科表の謂なり

○科表集抄　一冊　寫本

肅宗十六年甲午より癸卯に至る科試入格の四六文を蒐寫したるものなり

○頌引箴銘集抄　一冊　寫本

科文中頌引箴銘等を編成したるものにして英祖正祖兩代間に亘れり末に肅宗の銘を寫載す

○科試詩抄　三卷三冊　寫本

科詩を抄錄したるものにして或は名を錄し或は錄せす大抵肅宗及英祖の時の人なり

○表私集　一冊　寫本

肅宗の時科表を私習し之を集錄したるものなり

○東策　二卷二冊　寫本

肅宗及英祖の時に於ける登第諸人の對策文を收錄したるものなり李光佐等の甲戌別試を初め洪啓禧等の丙申別試、會試其の他翰林召試等四十餘人の治術捄弊に關する策文を收む

○科試箴銘頌　一冊　寫本

肅宗及英祖の時に於ける文科入格の箴六首銘二十八首頌十四首を收載したるものなり

○庚寅七夕製科作　一冊　寫本

英祖十年庚寅七夕製を設行し殿策として題を懸く時に李赫冑李會遂、李尚履對策に入格す此は其の科作なり李赫冑は全州の人判書晬光の後孫にして官縣監に至る李會遂字は有秋、全州の人判尹彥衡の子なり英祖甲子に生れ癸巳文魁に登り官校理に至る李尚履は廣州の人なり

○庚寅九日製科作　一冊　寫本

英祖十年庚寅九日製を設行せし時朴道翔及鄭國仁の殿策に入格したる科文を錄せり朴道翔字は鸞斯、西園と號す密陽の人弼善胤東の孫なり英宗戊申に生れ庚寅文科に登り官承旨に至る儷文製述に嫺し當時朴表の稱あり鄭國仁は延日の人右相維城の後孫にして官府使に至る

○兩儒對策　一冊　寫本

英祖三十一年乙亥殿庭に於て策を試みたる際優等を以て入格せし進士鄭粹德、生員任希曾等の文と策題とを收錄したるものなり鄭粹德後弘德と改む字は原明、河東の人士人益泰の子なり肅宗三十六年庚寅に生れ英祖三十九年癸未司馬より文科に登り官縣監に止まる任希曾字は孝彥、豐川の人承旨珣の子なり肅宗三十九年癸巳に生れ英祖二十年甲子司馬に中り癸未文科に登る官判敦寧に至り正祖の初に歿す

○辛卯式功令文　一冊　寫本

英祖四十七年辛卯東堂試科に入格せし表、疑、賦、論、策、題等を收錄したるものなり

○泮庠科詩集　一七卷一七冊　寫本

朝鮮の科擧中陞補の一目あり成均館大司成試官となり之を考試す此は其の壯元に中りし者の詩を蒐羅し英祖二十年甲子より李太王十二年乙亥に及へり

○鎖院程式　一冊　寫本

正祖卽位の初年丙申庭試の初試を設け多士を試みたる時入格したる策四篇論一篇箋一篇を謄寫合編せしものなり鎖院とは試所を謂ふなり

○臨軒功令　七八冊　寫本

應製文字を蒐輯したるものにして外道より試取したるものを附載す蓋し王親臨し文臣儒生を考試するを臨軒と云ひ其の親試したる箴、銘、頌、詩、賦、表、策、義、疑等を功令と云ふ收むる所正祖元年丁酉に始まり李太王十二年乙亥に終れり

○瓊林聞喜錄　三卷一冊　印本

正祖十五年辛亥題を成均館に下し館學諸生及諸蔭官をして賦表、古詩、長律四體を製進せしむ其の應製實に三千人に達せり正祖親しく考して九十人を選ひ越えて二日臨軒更試して表詩賦の三體より十五人を選す此は其の優等の科作を印頒したるものなり

○奎華名選　三巻六冊　印本

正祖十七年癸丑奎章閣に命し抄啓文臣の應製文字を刊行せしめたるものにして抄啓文臣の設置竝に經綸と抄啓座目及講製程式を卷首に揭け編を甲乙に分ち甲編は辛丑選洪履健等十五人乙編は壬子選沈晋賢等十六人の詩文を錄し謝箋は卷尾に附せり

○正始文程　三卷一冊　印本

正祖屢敎を下して科擧應製の文甚た善からさるを戒飭す其の十九年乙卯に至り抄啓文臣試券と泮儒應製試券とを考し奎章閣に命して入格の表、賦、詩諸篇を印行せしむ

○賓興錄　三冊　奎章閣編　印本

正祖の時に編刊したる瓊林聞喜錄三卷嶠南賓興錄二卷關東賓興錄五卷耽羅賓興錄一冊正始文程三卷豐沛賓興錄三卷を合編したるものなり賓興の二字は周禮の大司徒以卿三物賓興の義に取れり

○嶠南賓興錄　二卷一冊　奎章閣編　印本

正祖十六年壬子李彥迪の玉山書院（慶州）と李滉の陶山書院（禮安）とに閣臣李晩秀を遣し祭を致し祭畢りて儒生を試取し試券を親考し姜世白等二人を文科に擢し金象九等二十七人に賞賜す仍て奎章閣に命し前後傳敎、致祭祭文、閣臣の狀啓、榜目、科作等を編輯せしめ道に命して刊印せしめたるものなり

○關東賓興錄　五卷二冊　奎章閣編　印本

正祖十七年癸丑江原道觀察使沈晋賢に命し道內儒生の功令生及經工生を抄選し殿庭に試し功令生申在和等四人を文科に擢し經工生優等朴師轍等三人は竝に分敎官に除す仍て奎章閣に命し入格の賦、策、講義及ひ前後傳敎、道啓、榜目等を編輯せしめ翌年甲寅江原監營に於て刊行す

○耽羅賓興錄　一冊　奎章閣編　印本

正祖十七年癸丑御史沈樂洙を濟州に遣し人民を慰諭し翌年甲寅儒生を試取し邊景鵬等六人を文科に擢し奎章閣に命して六人の魁選したる科作を印出す閣臣金在瓚等之を校正し李存秀

等之を監印し民人に曉諭したる綸音と沈樂洙の狀啓とを文武科榜の巻首に載す

○豊沛賓興錄　三巻一冊　奎章閣編　印本

正祖十九年乙卯桓祖大王八回甲を以て本宮に躋享し大臣李秉模を遣し酌獻禮を擧行し咸興、永興兩郡儒生の文武科を設け試券を收上し殿庭に於て試取し武科は大臣之を試射し入格者の姓名を狀聞し魏光肇等二人を文科に擢し鄭益勳等七十八人を次第施賞し申德彬等二十五人を武科に擢し金兌運等百七十六人に賞賜を分等し奎章閣に命し優等の科作を印行す其の前後の筵說、傳敎、御製詩及諸臣の賡載、榜目等を並載したるものなり

○關北賓興錄　二冊　奎章閣編　印本

正祖二十一年丁巳承旨李益運を咸鏡道に遣し儒生を試取し入格者八十人を漢城に召至し親臨更試し李㙉等九人を文科に擢し其の餘は賞を施し又經工生李元培は經義の問對を以て分教官を授け入格の詩文と經義の條對とを奎章閣に命し印出せしむ

○關西賓興錄　三巻二冊　奎章閣編　印本

正祖二十二年戊午楚山府使宋祥濂に命して經義の題を賫去し平安監司閔鍾顯之を考試し金道游等三人の條對したるものを上送せり考を經て並に叅奉を授け庚申の年其の條問と條對の文字を道に命し刊印せしむ

○御製策問　一冊　印本

正祖乙卯還穀と軍餉の制度に關し利害を講究するの意を以て策問を製し多士を試む此れ其の策問なり

○科表私集　三巻三冊　寫本

正祖の時に於ける科表を集錄したるものなり

○京外題錄　一冊　寫本

正祖元年丁酉より壬寅に至る京外試士の科題を錄したるものなり弘齋の印章あり

○忠清左道監試科作　一冊　寫本

純祖元年癸酉の增廣試に於ける忠淸左道監試の科作にして詩賦、疑、義各一篇ある京試官金鉀試官たり

○晋州公都會科作　一冊　金思羲編　寫本

純祖元年癸酉晋州牧使金思羲か公都會に於て試取したる詩賦中其の撰に中りたる科作なり

金思羲　字は逸如、慶州の人守禦使器大の子なり英祖癸酉に生れ癸巳司馬に中り蔭途に進み慶州郡を典し官羅州牧使に至る

○海州東堂科作　一冊　寫本

純祖元年癸酉の增廣試に於ける黃海道東堂の科作にして論、疑、賦、表、策各一篇あり都事俞理煥試官たり

○水原公都會科作　一冊　寫本

純祖二十四年甲申水原公都會の科作にして詩、賦各三篇あり留守金履陽試官たり

○平安南北道公都會科作　二冊　寫本

純祖二十四年甲申平安南北道公都會に於て考試したる試、賦の科作にして南道試官は金敎根北道試官は李是遠なり

○平壤都會科作　一冊　金敎根編　寫本

純祖二十四年甲申平安南道觀察使金敎根年例陞補を考試し賦詩各三人を取る其の被選者の科作なり

金敎根　字は孟汝、安東の人領相昌集五世の孫なり英祖丙辰に生れ純祖乙丑文科に登り三司を歴て憲宗甲辰に歿す官吏曹判書に至る

○定州都會科作　一冊　李是遠編　寫本

純祖二十四年甲申平安北道定州牧に於て年例陞補を試取し泰川縣監李是遠試官となり賦、詩各三人を取る此は被選者の科作文なり

李是遠　字は子直、沙磯と號す全州の人根園忠翊の孫なり正祖己酉に生れ純祖乙亥魁科に登り官吏曹判書に至る李太王丙寅江華に在り洋船の侵境するを見て憂憤に勝へす飲藥自ら殞す仍て領相を追贈し忠貞と諡す

○廣州公都會科作　一冊　寫本

純祖二十五年乙酉廣州公都會の科作にして詩賦各三篇あり留守金在昌試官たり

○科題各體　一冊　寫本

純祖二十八年戊子より癸巳に至る科題を分類抄錄したるものにして賦、詩、策、表、義、疑、論及排律各體なり

○科詩二選　一冊　寫本

朝鮮科詩中歌詞に上り妓伶輩の多く唱傳せる申光洙の關山戎馬詩一首及李締の竹枝詞一首を寫したるものなり

○時儷　一冊　寫本

科表の魁作を選取し進、賀、請、謝、辭、乞の六體を備へたるものなり

○疑東　一冊　寫本

朝鮮の科制は四書中の疑義を摘出し題を揭け多士の對卞を考試す科儒輩仍て之か豫習を爲す此れ其の草稿なり而して朝鮮の科文は朝鮮人特有の體裁を具ふるを以て東人の名を附せり疑東の名亦此に出つ

○還餉策文　一冊　寫本

還米の弊に關し文科に還餉二字を以て親策したる時對策せる文章を集めたるものなり

○親試科作　一冊　寫本

親臨試取せし科製文の中策、論、頌、銘、箴等數篇を謄寫したるものなり

○表題目錄　一冊　寫本

朝鮮科擧四六文の題を集めたるものにして賀、謝、請、進、乞、詔の六體に分類せり

（竪一尺七寸九分横一尺二分）

太祖康獻大王實錄卷第一

太祖康獻至仁啓運聖文神武大王姓李氏諱旦字君晋古諱成桂號松軒全州大姓也有司空諱翰仕新羅娶太宗王十世孫軍尹金殷義之女生侍中諱自延侍中生僕射諱天祥僕射生阿干諱光禧阿干生司徒三重大匡諱立全司徒生諱兢休兢休生諱廉順廉順生諱承朔承朔生諱充慶充慶生諱景英景英生諱忠敏忠敏生諱華華生諱珍有珍有生諱宮進宮進生大將軍諱勇夫大將軍生內侍執奏諱隣隣執奏娶侍中文公諱克謙之女生將軍諱陽茂將軍娶上將軍李公諱康濟之女生諱安社是爲

穆祖性豪放有志四方初在全州時年二十餘勇略過人山城別監入館因官妓事與州官有隙州官與按廉議上聞發兵圖之

穆祖聞之遂徙居江陵道三陟縣民願從而徙者百七十餘家嘗造舡十五隻以備倭既元也窟大王兵侵諸郡

世宗莊憲大王實錄卷第三

元年己亥[太宗十九年]春正月丙午朔日[illegible]宮拜[illegible]上以冕服率群臣遙
遙賀[illegible]御仁政殿受群臣朝賀[illegible]使人[illegible]各道
爭獻方物○上以冕服率群臣詣[illegible]王[illegible]行賀禮[illegible]于大妃初
議政府啓恭妃今在父服不宜進賀[illegible]康宮上王曰雖在父服進于帕賀何
害於義至是恭妃亦以表裏于帕殿上又遣人以[illegible]對一襲衣于帕殿[illegible]上
上壽○上王宗親議政府參贊六曹判書以上及大[illegible]六代言侍宴酒酣上王
起舞群臣以次上壽進舞爭進賦韵上王有[illegible]長[illegible]以敬慎爲戒
群臣亦益[illegible]爲樂極夜深乃罷○宴上王語[illegible]等曰後殿眞勺其
音[illegible]其辭不[illegible]問也思誠等曰上旨允當今[illegible]用其調不用其詞眞勺有
是調有平調[illegible]忠惠王頗好淫聲與[illegible]在後殿作新聲淫詞以自娛時人
謂之後殿[illegible]調亦不可用○[illegible]日冠[illegible]○上御[illegible]○杖任龜年
七十[illegible]長[illegible]義州[illegible]人[illegible]護送軍故
[illegible]上命[illegible]百官[illegible]日[illegible]馬[illegible]戶左衛門太

(竪一尺八寸橫九寸八分
染蠟紙銅活字(實錄字))

宣宗昭敬大王實錄卷之第一

宣宗昭敬正倫立極盛德洪烈至誠大義格天熙運顯文毅武聖睿達
孝大王諱昖
中宗恭僖大王之孫德興大院君岹之第三子也母河東府夫人
鄭氏贈領議政世虎之女嘉靖三十一年壬子十一月十一日己
丑
誕王于仁達坊之私第天資岐嶷氣度英毅人皆異之初封河城君丁
卯六月二十八日辛亥
明宗大王疾大漸是日夜半宣召大臣領議政李浚慶在都堂冠帶以
俟承召以入升
御床執上手上已不能言浚慶泣請
中殿仁順王后定大計中殿敎曰欲依乙丑年所定先是乙丑明宗大王有疾世子暊既卒儲嗣未定大臣建議請預選於諸王子中上遂令河城君入侍醫藥因令別擇儒士爲師傅敎導之眷愛特厚國內人心咸屬焉故有是敎浚慶曰國事大定更無可啓之言兩司長官並
命入叅聽何如高聲啓于
上曰臣等退去矣
上欲言而不得左右不覺失聲已而上覺大臣以

（竪一尺四寸一分横一尺四分木活字）

憲宗經文緯武明仁哲孝大王實錄卷之一

大王諱[redacted]字[redacted]翼宗大王子丁亥(純宗二十七年)七月十八日辛酉誕降庚寅冊封王世孫甲午十一月十八日己卯即位己酉六月六日壬申昇遐在位十五年春秋二十三有睟容三本(丙午圖寫)辛亥奉于璿源殿有一女(宮人金氏出○早卒)無嗣景陵(在楊州健元陵西岡酉坐卯向己酉十月二十八日葬有表石)

妃孝顯王后金氏(籍安東)領敦寧府事永興府院君贈領議政祖根女戊子(純宗二十八年)三月十四日癸丑誕降丁酉冊封王妃癸卯(憲宗九年)八月二十五日乙丑昇遐春秋十六景陵(在楊州健元陵西岡庚坐甲向癸卯十二月二日葬有表石)

繼妃大妃殿下洪氏(籍南陽)領敦寧府事益豐府院君在龍女辛卯(純宗三十一年)正月二十二日丙子誕降甲辰冊封王妃己酉六月九日進號大妃

純宗三十四年(清道光十四年)十一月己卯上即位于崇政門奉王大妃行垂簾聽政禮于興政堂受朝賀頒教大赦○王大妃教曰主上既登大位追崇應行典禮該曹擇日舉行○以朴宗薰為告訃兼奏請使李羲準為副使成遂默為書狀官○命監軍巡將公除前仍番○庚辰議大行大王謚曰文安武靖憲敬成孝大王魂殿曰孝成廟曰純宗陵曰仁陵追崇孝明世子謚曰敦文顯武仁懿孝

(竪一尺六寸七分横一尺四分)
(銅活字(實錄字))

天啓三年癸亥三月十二日壬寅

[illegible]旨 李德泂　[illegible] 崔夢亮

左承旨 兪晉曾　[illegible]

右承旨 鄭岦　[illegible]

左副承旨 一

右副承旨 權盡己　[illegible]

同副承旨 閔聖徵

上在昌德宮○夜二更期會于洪濟院金瑬爲大將

上率親兵至延曙驛迎李曙軍長湍兵七百餘人金瑬李貴沈器遠崔

鳴吉金自點宋英望申景禛所領諸軍亦六七百人夜三鼓至彰義

門斬關而入過宣傳官[illegible]門前軍斬之遂鼓譟而進直至昌

德宮李興立陳於闕門[illegible]兵不動[illegible]李沆開敦化門義兵直

入闕內衛士皆散光海由後苑門出走義兵入宮殿燃炬搜覓火

延[illegible]因燒諸殿　上坐[illegible]床於仁政殿階上禁中直宿之官皆竄

伏摘都承旨李德泂[illegible]知故至而入初皆不拜[illegible]知義[illegible]

(竪一尺二寸七分橫八寸八分)

(竪一尺一寸五分横八寸)

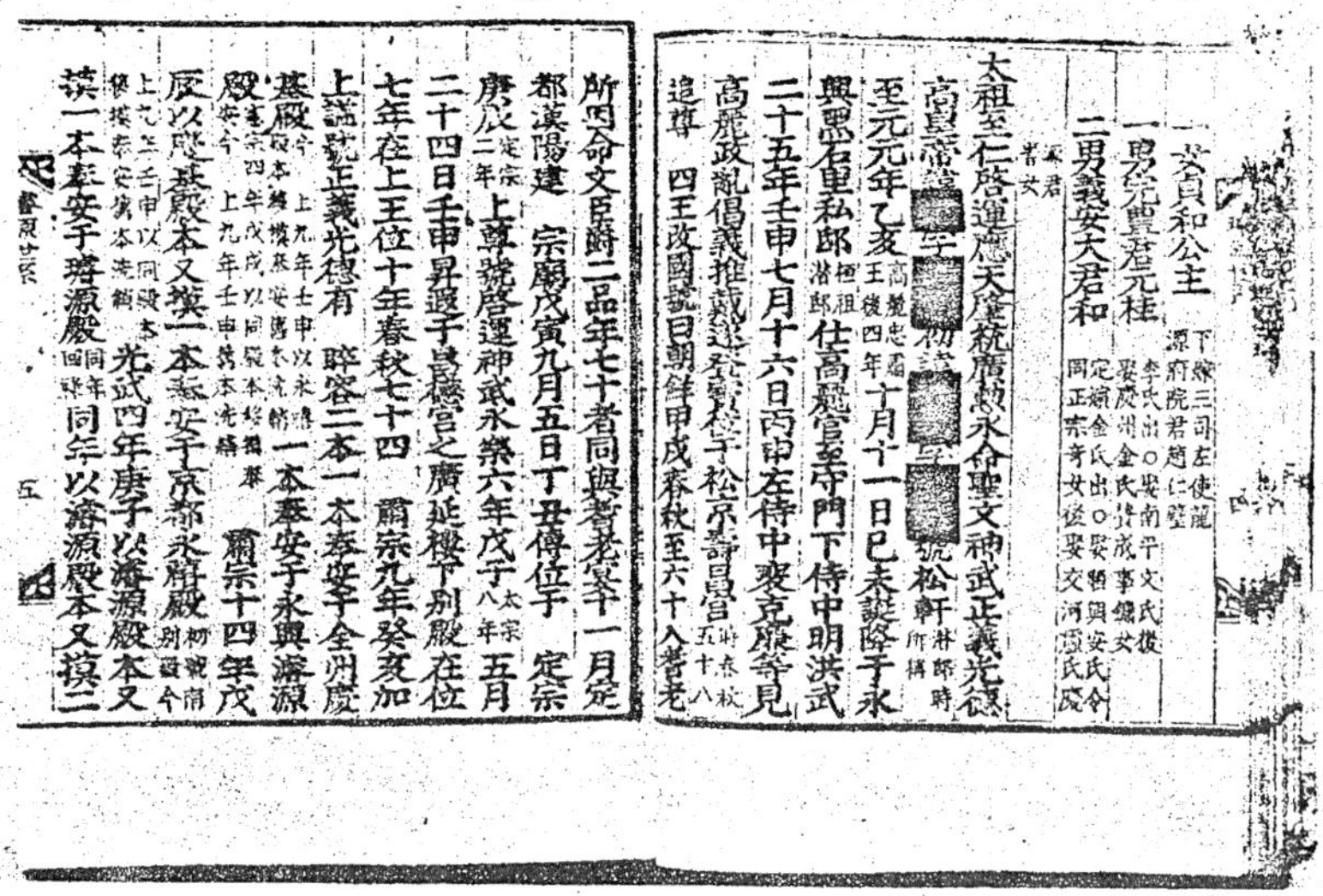

一女貞和公主 下嫁三司左使龍源府院君趙仁璧
一男完豐君元桂
二男義安大君和
太祖至仁啓運應天肇統廣勳永命聖文神武正義光德
高皇帝諱[redacted]字[redacted]初諱[redacted]字[redacted]號松軒
至元元年乙亥 高麗忠肅王後四年 十月十一日己未誕降于永
興黑石里私邸 潛邸 桓祖 仕高麗官至守門下侍中明洪武
二十五年壬申七月十六日丙申左侍中裵克廉等見
高麗政亂倡義推戴遂登寶位于松京壽昌宮
追尊 四王改國號曰朝鮮甲戌 至六十八耆老
所因命文臣爵二品年七十者同與耆老 十一月定
都漢陽建 宗廟戊寅九月五日丁丑傳位于 定宗
庚辰 定宗二年 上尊號啓運神武永樂六年戊子 太宗八年 五月
二十四日壬申昇遐于昌德宮之廣延樓下別殿在位
七年在上王位十年春秋七十四 肅宗九年癸亥加
上諡號正義光德有 睟容二本一本奉安于全州慶
基殿 一本奉安于永興濬源
殿 肅宗十四年戊
辰以慶基殿本又摸一本奉安于京都永禧殿
光武四年庚子以濬源殿本又
摸一本奉安于璿源殿 同年以濬源殿本又摸二

璿源紀略 五

璿源系譜紀略

(竪八寸六分横六寸一分)

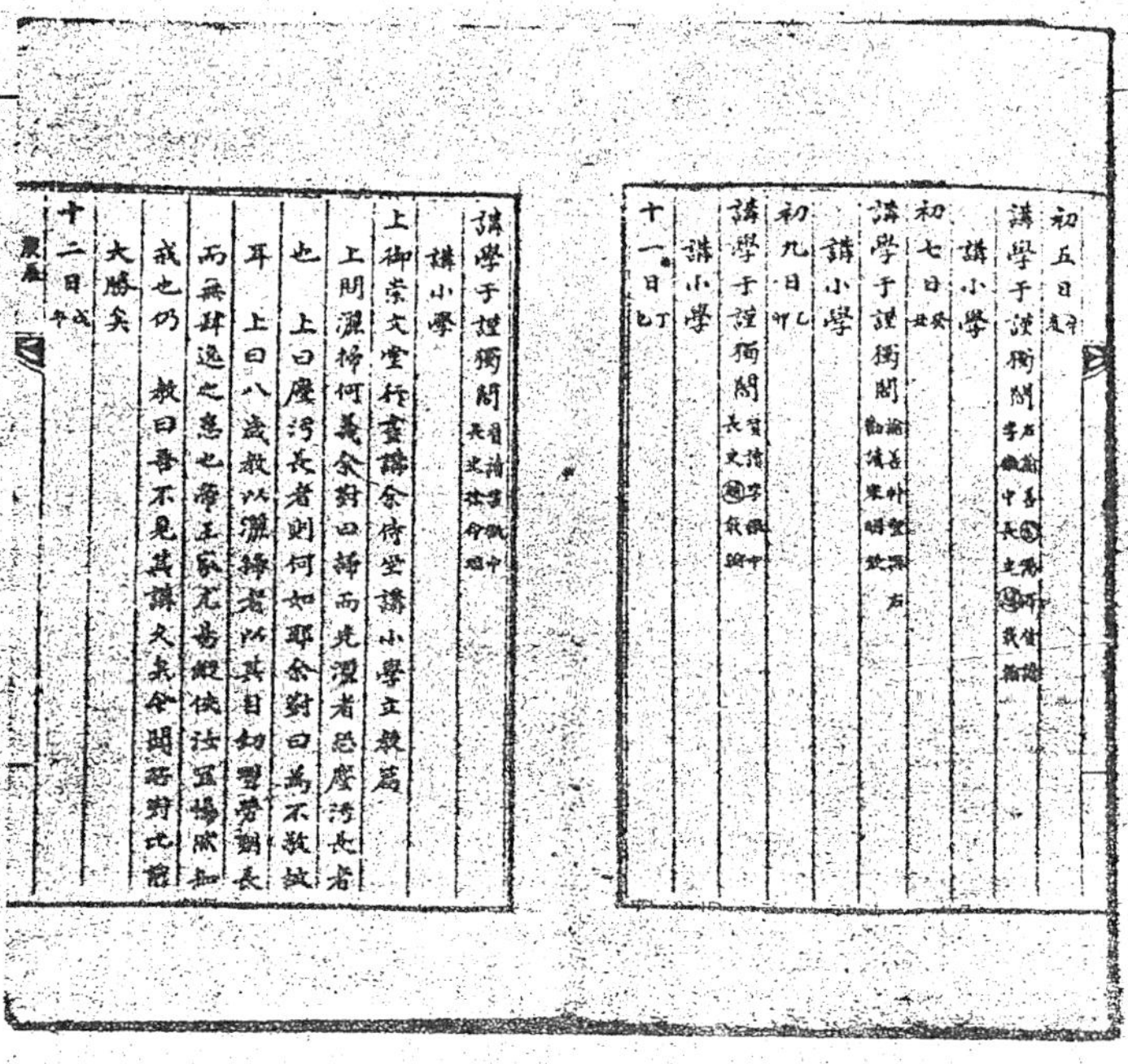

初五日
講學于謹獨閣
講小學
初七日
講學于謹獨閣
講小學
初九日
講學于謹獨閣
講小學
十一日
講學于謹獨閣
講小學
上御崇文堂行書講余侍坐講小學立敎篇
上問灑掃何義余對曰掃而洒灑者恐塵汚長者
也 上曰塵汚長者則何如耶余對曰爲不敬故
耳 上曰八歲敎以灑掃者以其自幼習勞謝長
而無肆逸之意也帝王家尤當戒佚法宜場成知
戒也乃 敎曰吾不見其講文者今聞而對亦能
大勝矣
十二日

日省錄

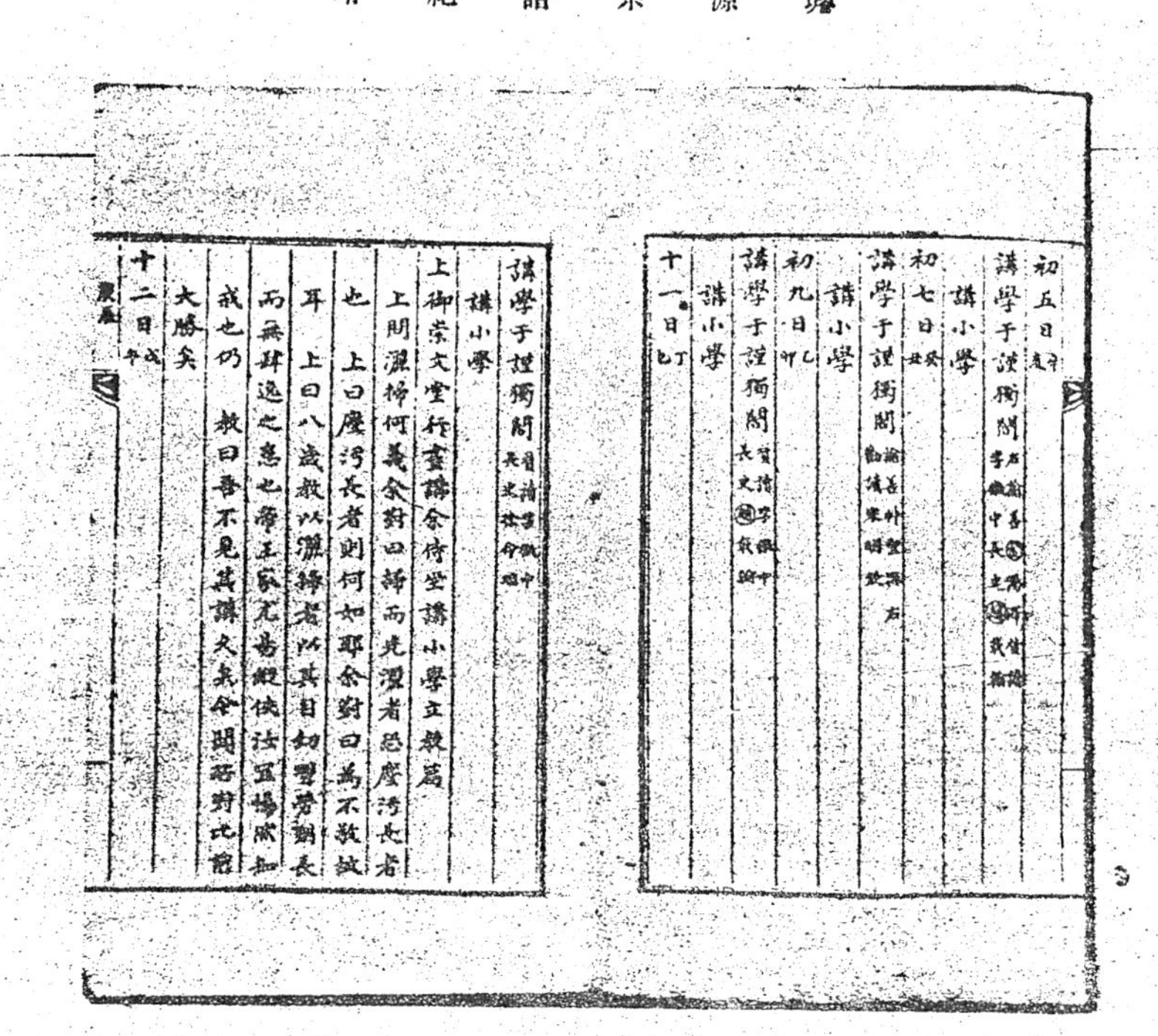

國朝寶鑑卷之一

太祖 在位七年 壽七十四

太祖康獻至仁啓運聖文神武大王

元年秋七月丙申即位于壽昌宮初高麗

政散民離

上勳德旣隆中外仰慕人皆歸心或於稠人

廣衆中揚言曰天命人心已有所屬何不

亟爲勸進

太宗與同知密直司事南誾定計誾密與吏

曹判書趙仁沃判三司事趙浚忠義君鄭

七

（竪一尺一寸二分五厘 横七寸）
（銅活字（衛夫人字））

仁顯王后追上尊號玉冊文 肅宗癸巳

坤承乾而體順至德難忘月儷日而增輝遺烈宜闡式崇懿號用昭彝章恭惟性稟柔嘉姿凝淵靜膺慈聖之妙選繼陟中宸獲元吉於艱貞再正內治陰敎穆宣於遐邇燃事協贊於宗祧齋明之誠蓋本於愉婉深憂謹畏之念恒切於儆戒相成惟徽音不替始終顧休稱寧閒幽顯肆當縟禮之新舉庸申玉冊之加隆臣等不勝大願謹奉冊寶上尊號曰孝敬伏惟冀回淵靈俯賜歆光流芳彤史永垂百代之耿光衍慶瑤圖尚賴二南之風化

大提學宋相琦製

(竪一尺四分 横六寸四分
銅活字(韓構字))

園幸乙卯整理儀軌卷首

擇日

乙卯閏二月初九日　大駕陪　慈宮詣　顯隆園時駕梁龍驤鳳翥亭晝停始興縣行宮宿所（時刻見單合條下同）

同月初十日肆覲坪行宮晝停華城府行宮宿所

同月十一日謁華城　聖廟還臨洛南軒設文武科仍行放榜（文科放榜於于華觀）親臨奉壽堂行進饌習儀

同月十二日　大駕陪　慈宮詣　顯隆園展謁還詣華城行宮親臨西將臺行城操夜操

同月十三日奉壽堂進饌

同月十四日親臨新豐樓四民賑民賜米親臨洛南軒行養老宴

（竪一尺一寸七分五厘 橫七寸六分）
（銅活字（整理字））

嘉禮都監儀軌 (竪一尺五寸二分橫一尺一寸)

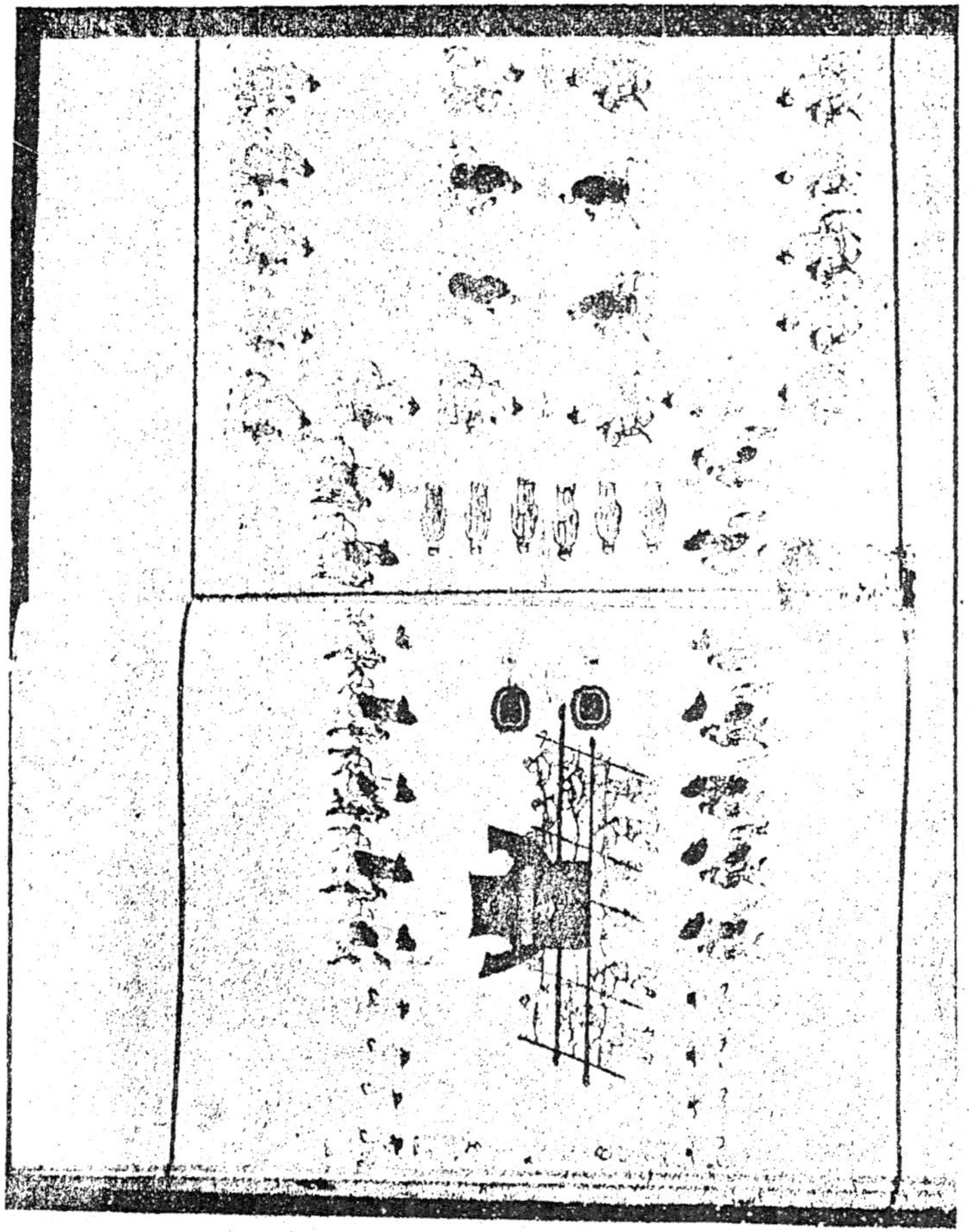

國葬都監儀軌 (竪一尺四寸五分橫一尺一寸)

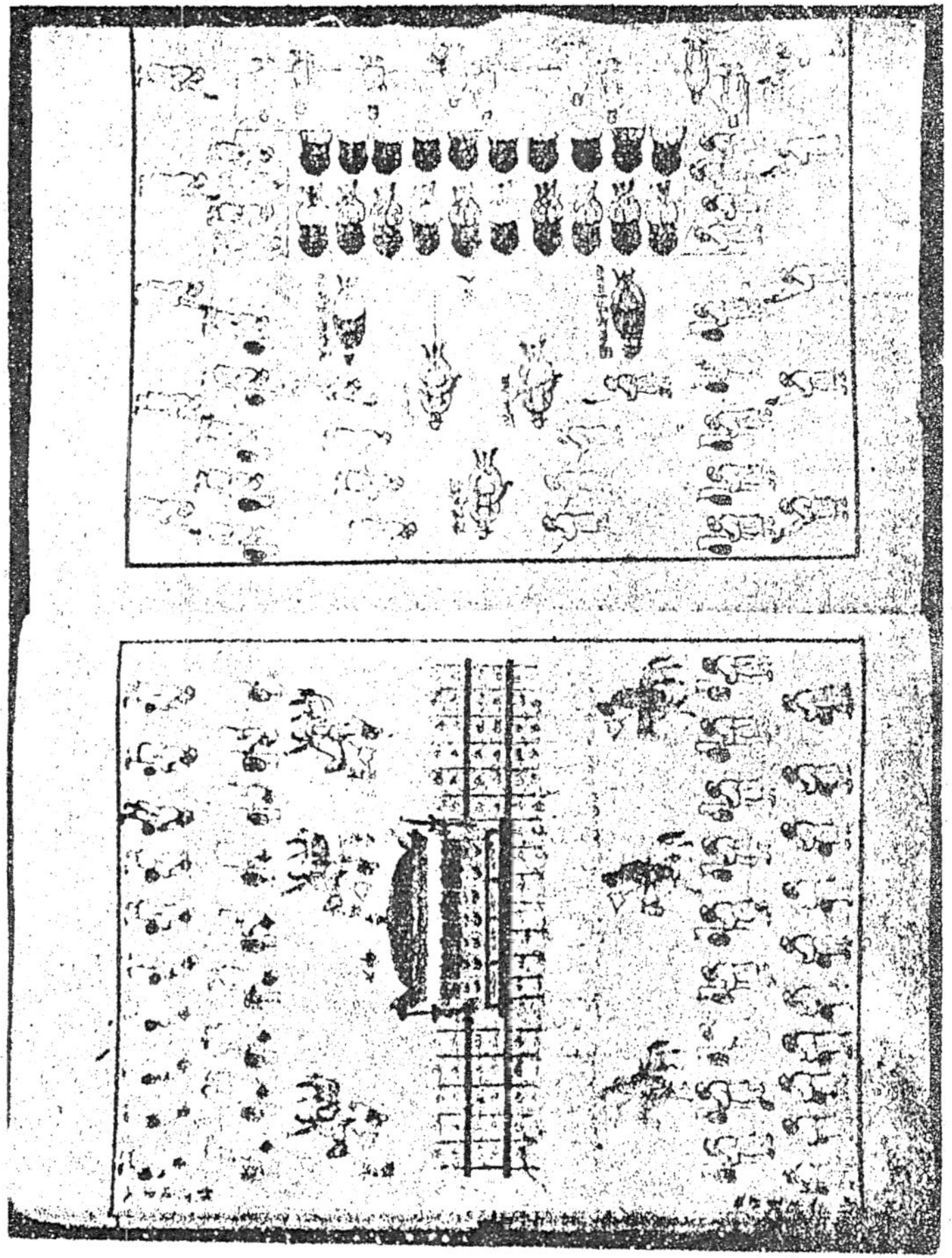

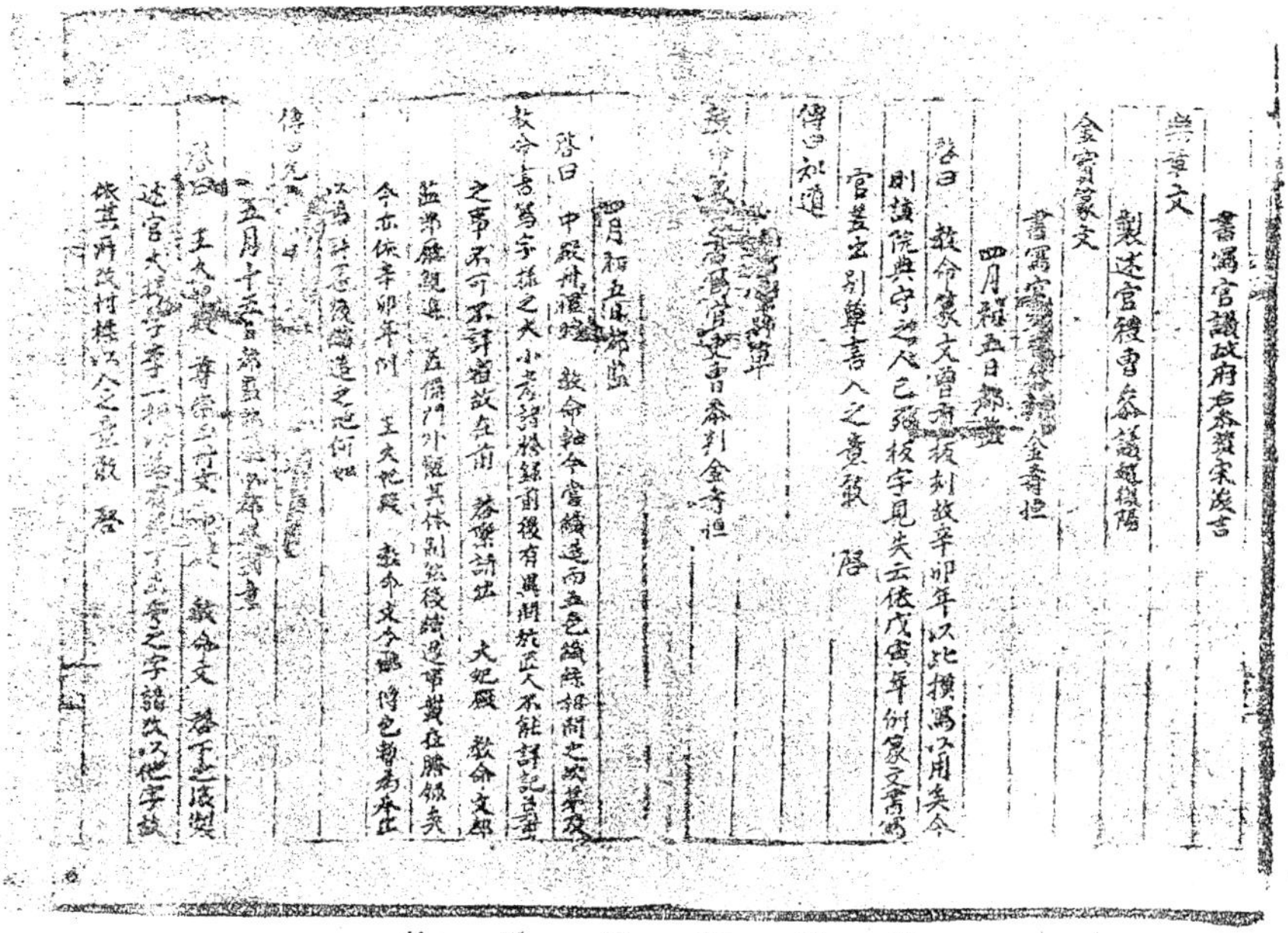

(竪一尺四寸一分橫一尺八分)

册禮都監儀軌

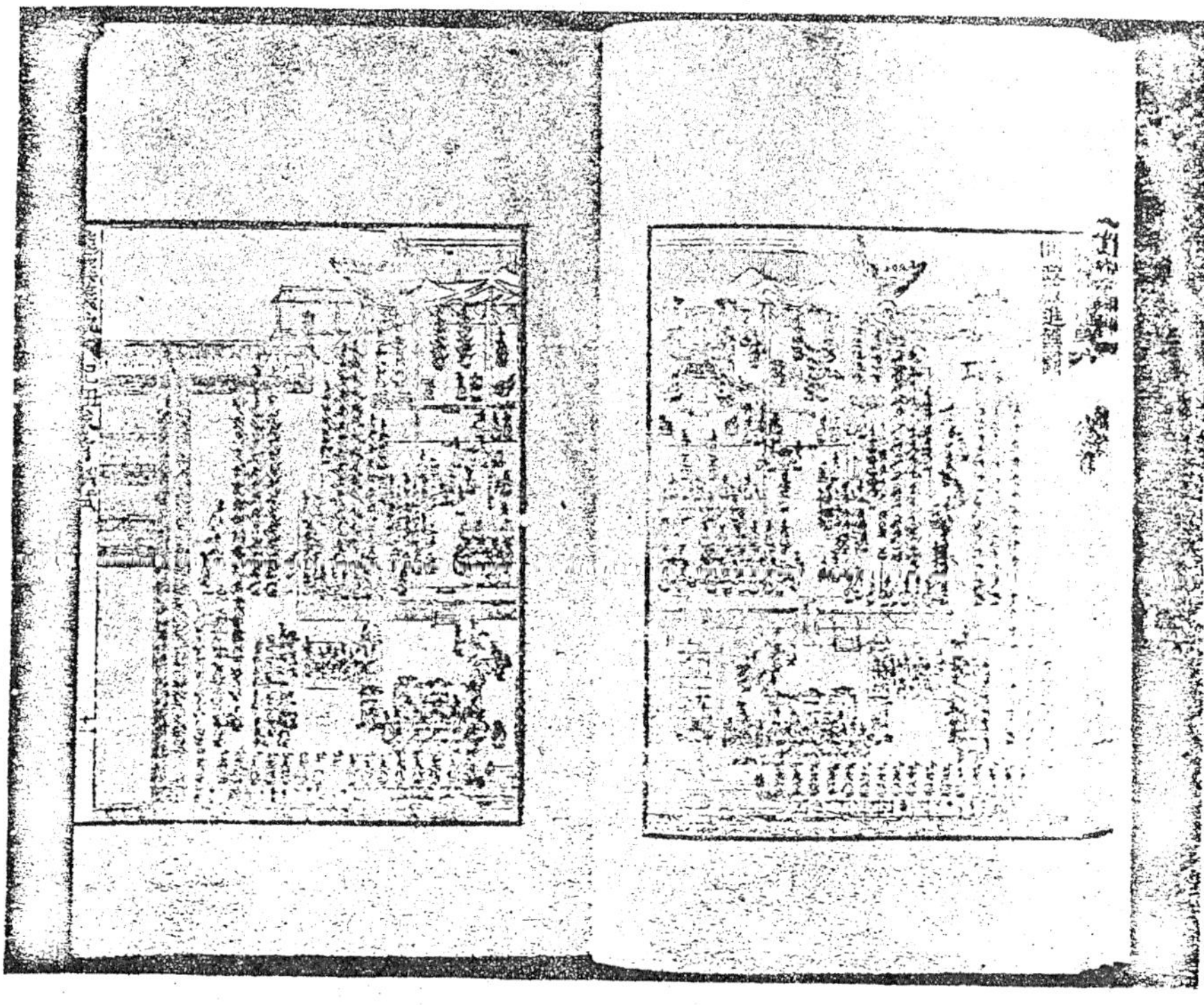

(竪一尺二寸一分五厘橫七寸九分)

進饌儀軌

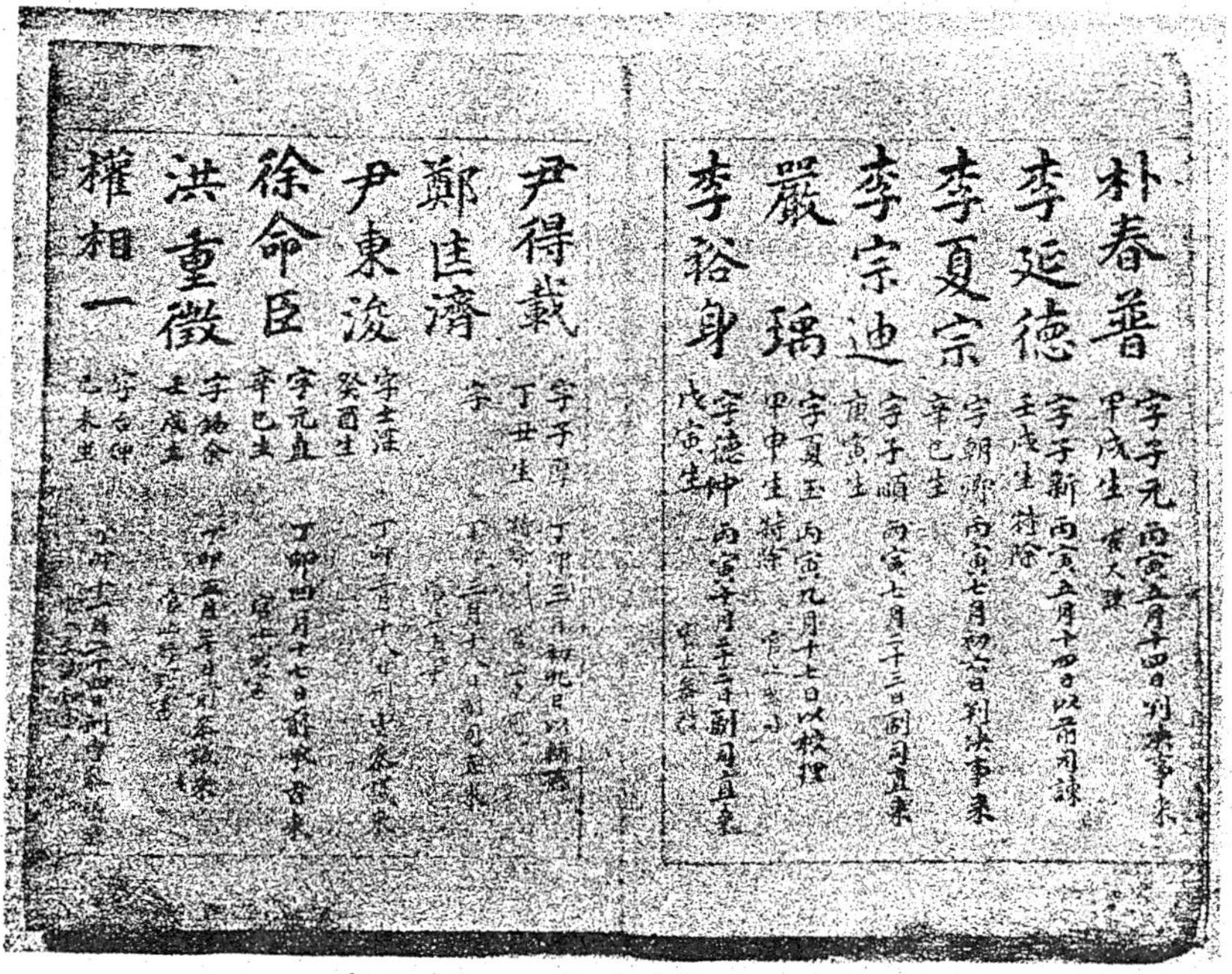
朴春普
李延德
李夏宗
李宗迪
嚴璘
李裕身
尹得載
鄭佳濟
尹東浚
徐命臣
洪重徵
權相一

(竪一尺六寸六分橫一尺二寸一分)

銀臺先生案

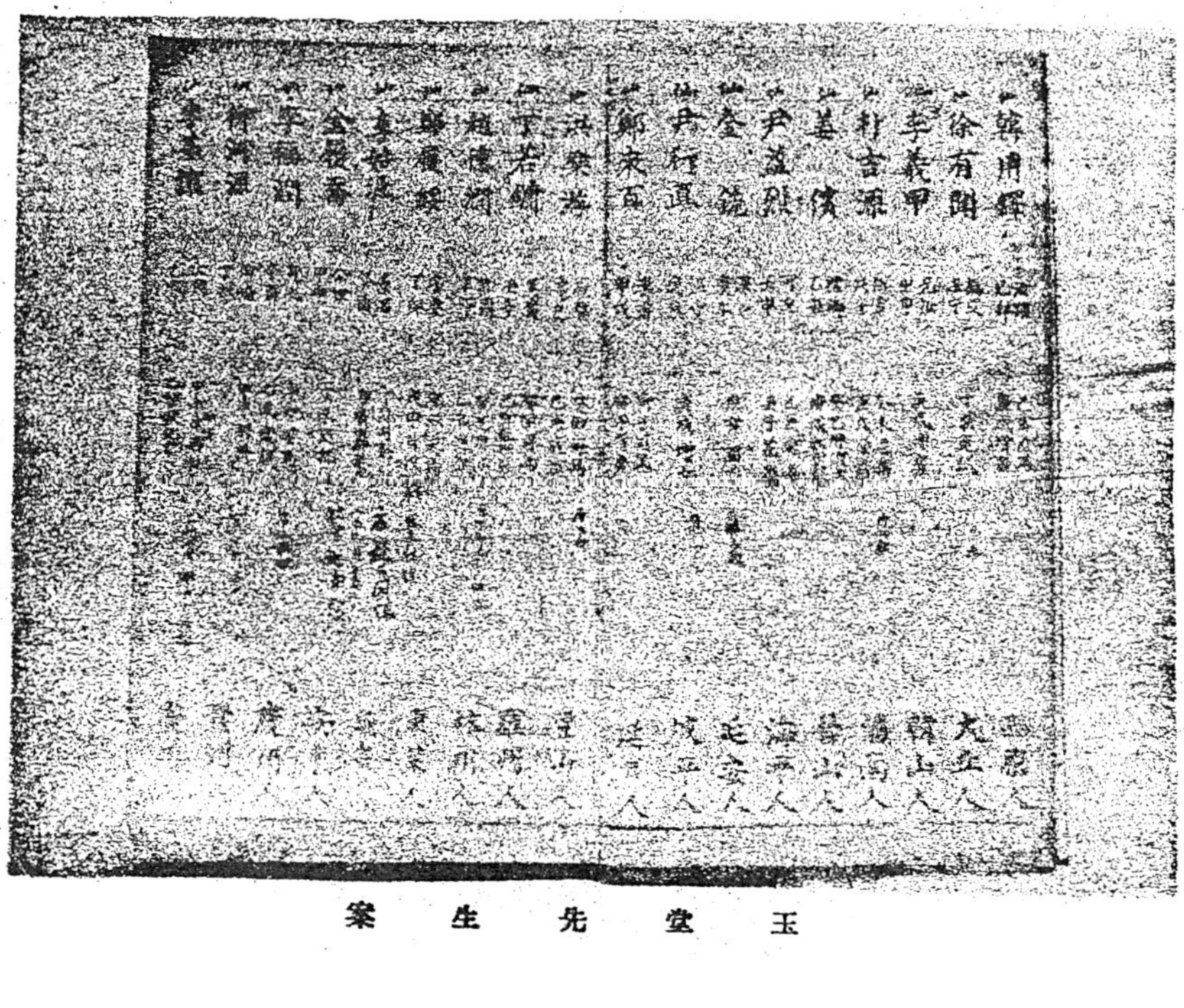

(竪一尺五寸五分橫九寸六分)

玉堂先生案

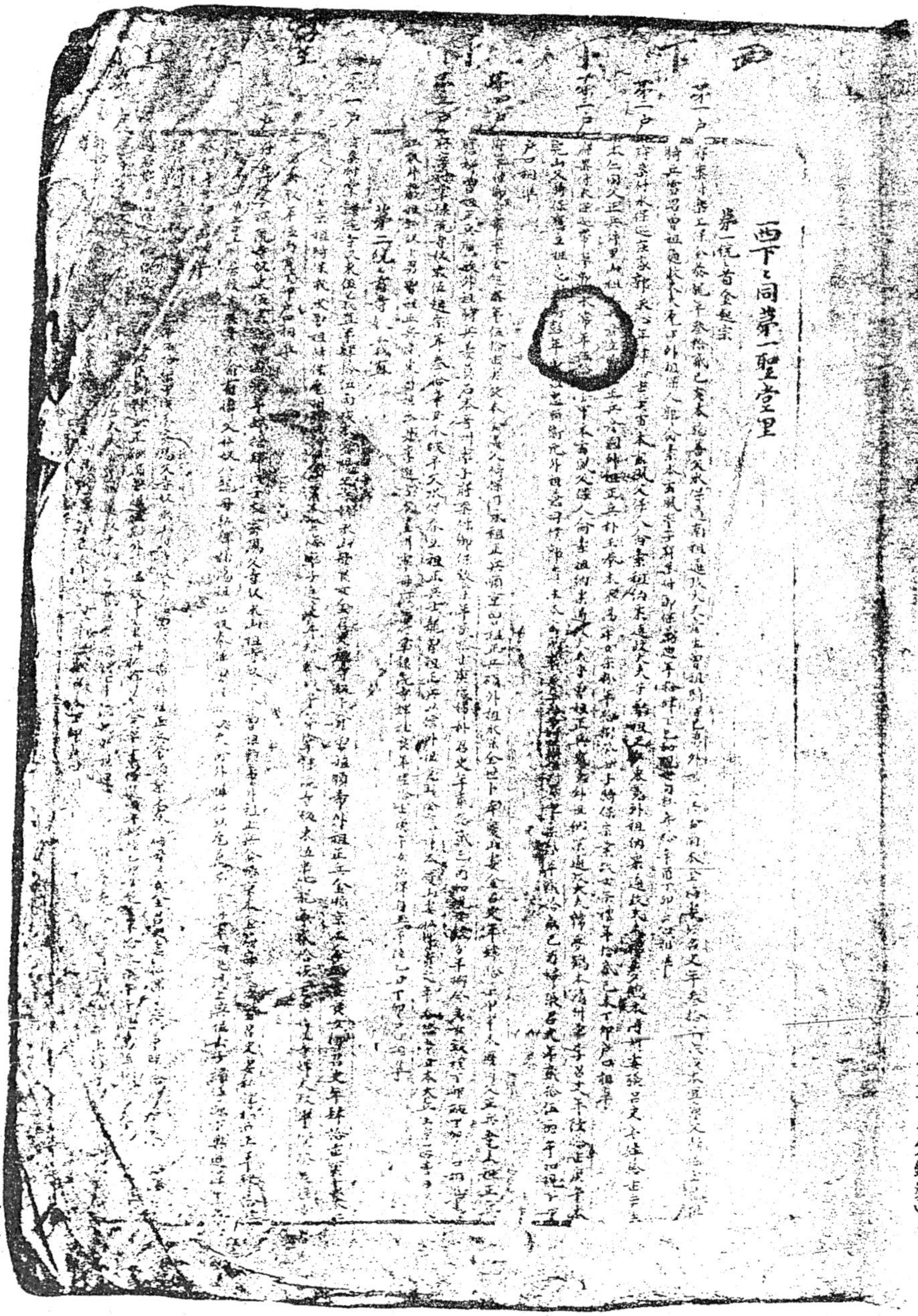
西下ミ同第一聖堂里
第一統首金起宗

(竪二尺六寸一分橫一尺九寸八分錢裝)

肅宗十六年庚午年大丘帳籍

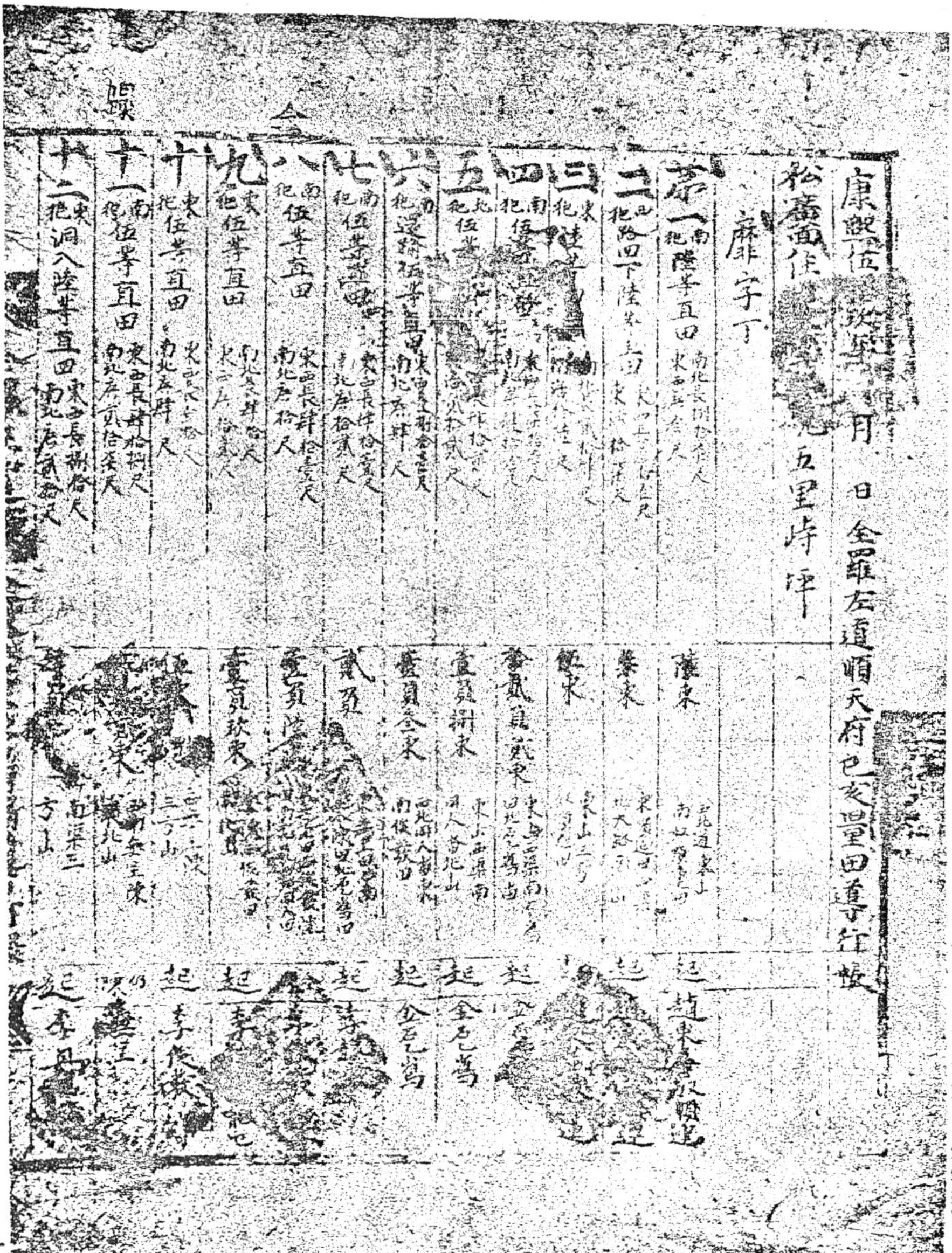

（竪一尺九寸八分橫一尺六寸四分鐵裝）

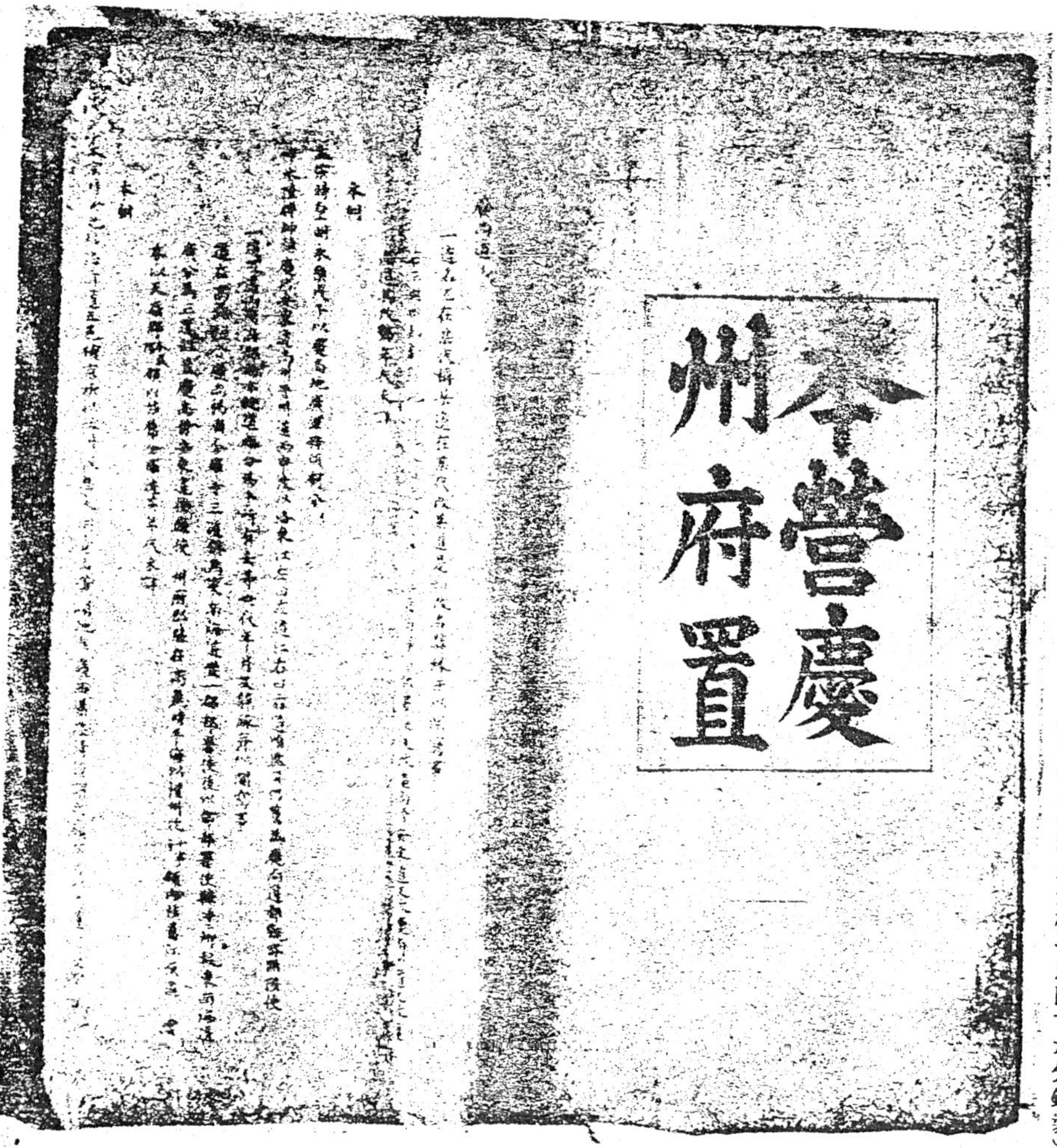

（竪二尺七寸九分橫一尺四寸六分綫裝）

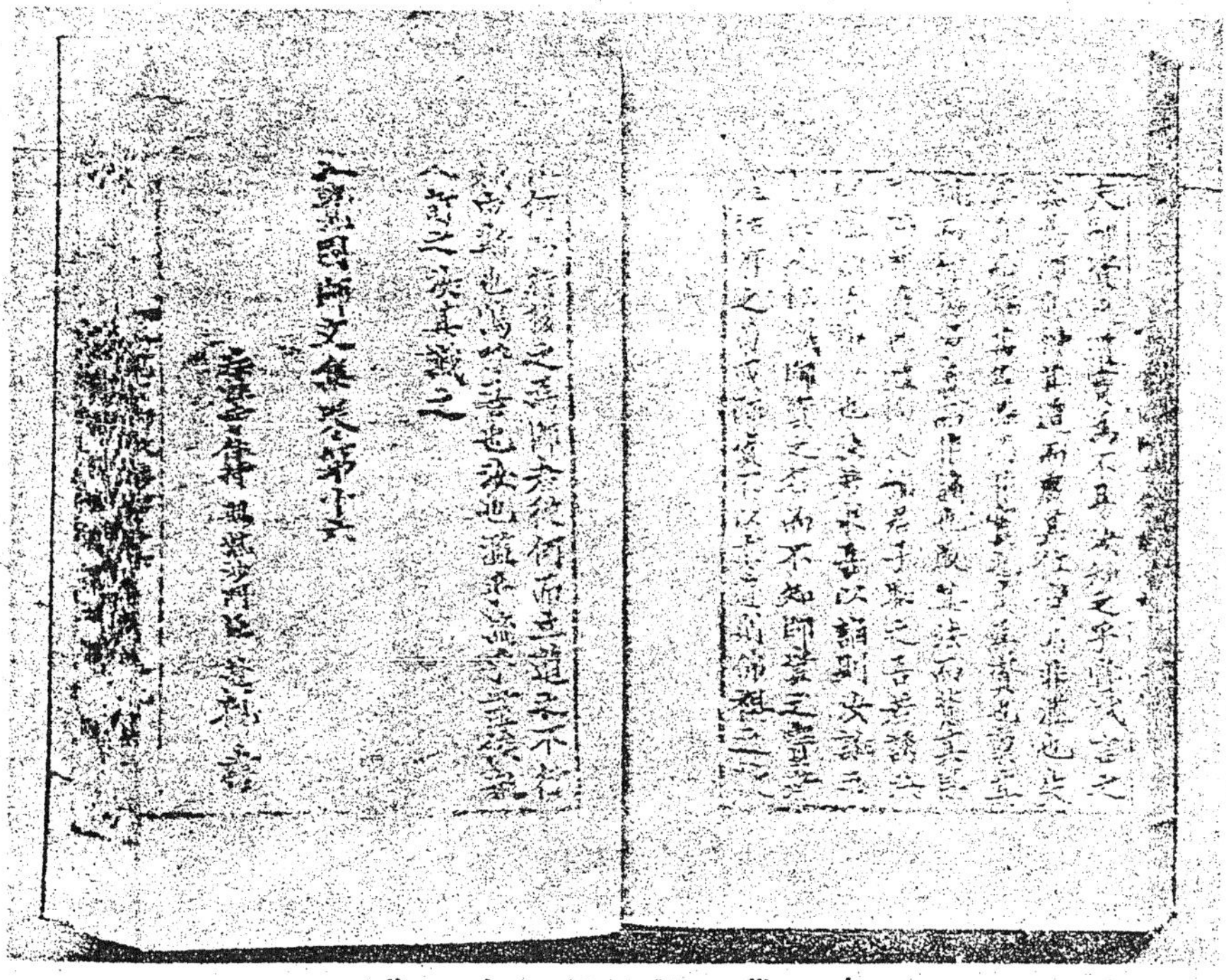

（竪九寸八分横七寸一分）

大覺國師文集

（竪九寸五分横六寸五分）

白花道場發願文略解

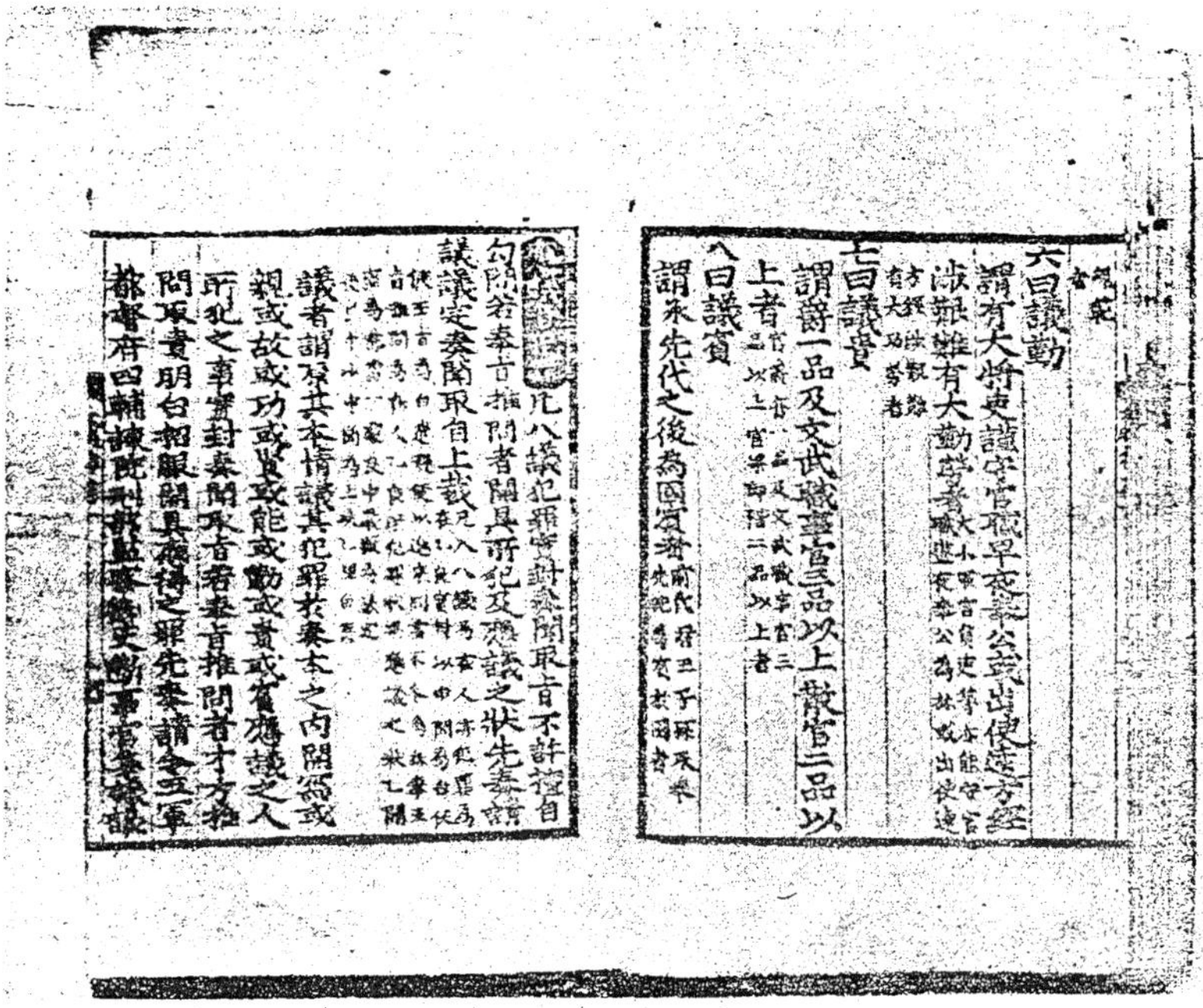
六曰議勤
謂有大將吏謹守官職早夜奉公或出使遠方經
涉艱難有大勤勞者
七曰議貴
謂爵一品及文武職事官三品以上散官二品以
上者
八曰議賓
謂承先代之後爲國賓者
凡八議者犯罪實封奏聞取旨不許擅自
勾問若奉旨推問者開具所犯及應議之狀先奏請
議議定奏聞取自上裁
議者謂原其本情議其犯罪於奏本之內開寫或
親或故或功或賢或能或勤或貴或賓應議之人
所犯之事實封奏聞取旨若奉旨推問者才方推
問取責明白招服開具應得之罪先奏請令五軍
都督府四輔諫院刑部監察御史斷事官集議

大明律直解

(竪一尺一寸二分横七寸四分)

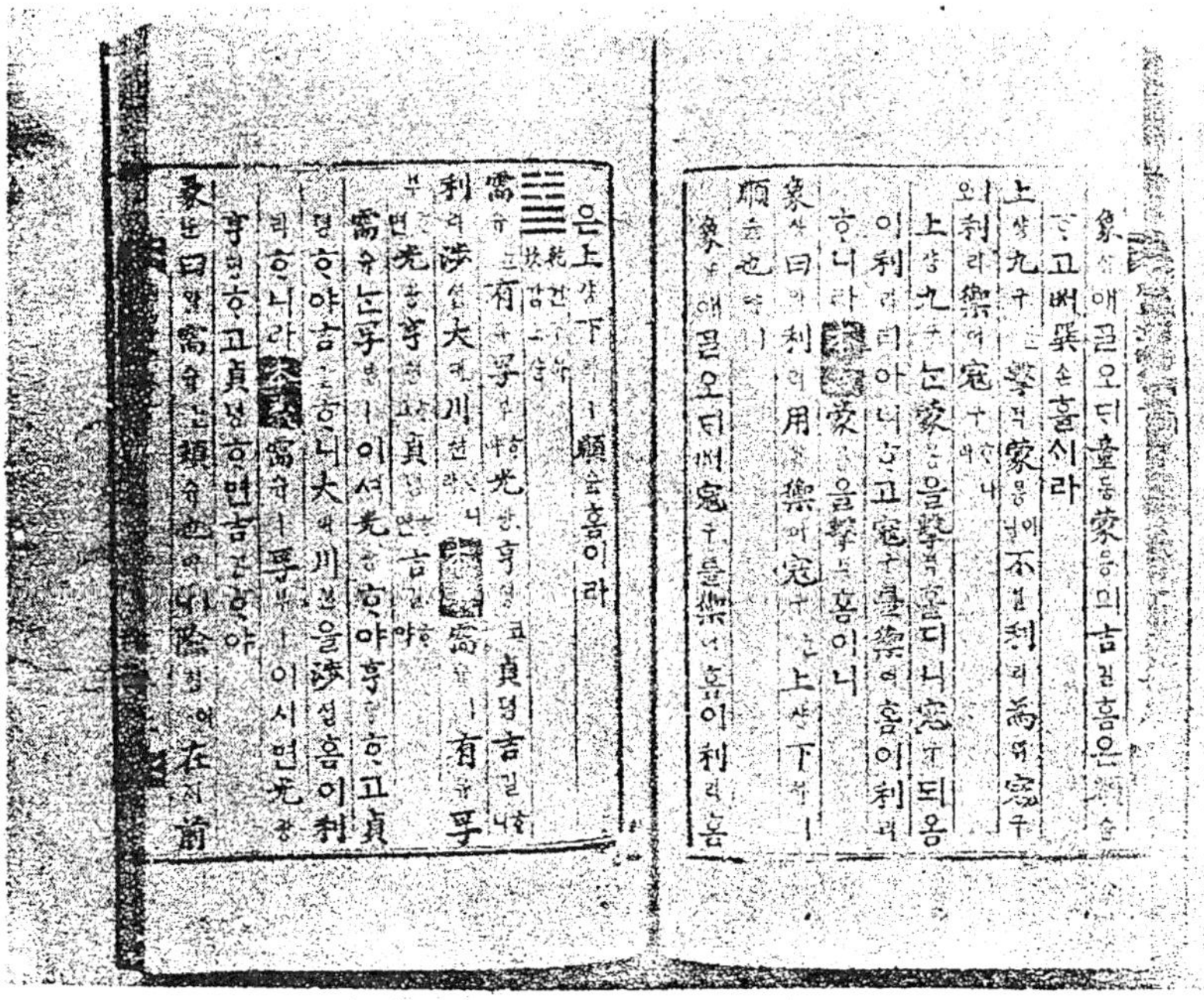
象애 曰오ᄃᆡ 童蒙의 吉홈은 順ᄒᆞ고 巽ᄒᆞᆯ시라
上九ᄂᆞᆫ 擊蒙이니 不利爲寇ㅣ오 利禦寇ᄒᆞ니라
上九ㅣ 蒙을 擊홈이니 寇ㅣ 되옴이 利티 아니ᄒᆞ고 寇를 禦홈이 利ᄒᆞ니라
象애 曰오ᄃᆡ 利用禦寇ᄂᆞᆫ 上下ㅣ 順也ㅣ라
象애 ᄀᆞᆯ오ᄃᆡ 써 寇를 禦홈이 利홈은 上下ㅣ 順홈이라
䷄ 需 有孚 光亨 貞吉 利涉大川
需ᄂᆞᆫ 孚ㅣ 有ᄒᆞ야 光히 亨ᄒᆞ고 貞ᄒᆞ면 吉ᄒᆞ니 大川을 涉홈이 利ᄒᆞ니라
彖曰 需ᄂᆞᆫ 須也ㅣ니 險이 在前

周易諺解

(竪一尺一寸六分横七寸四分五厘活印)

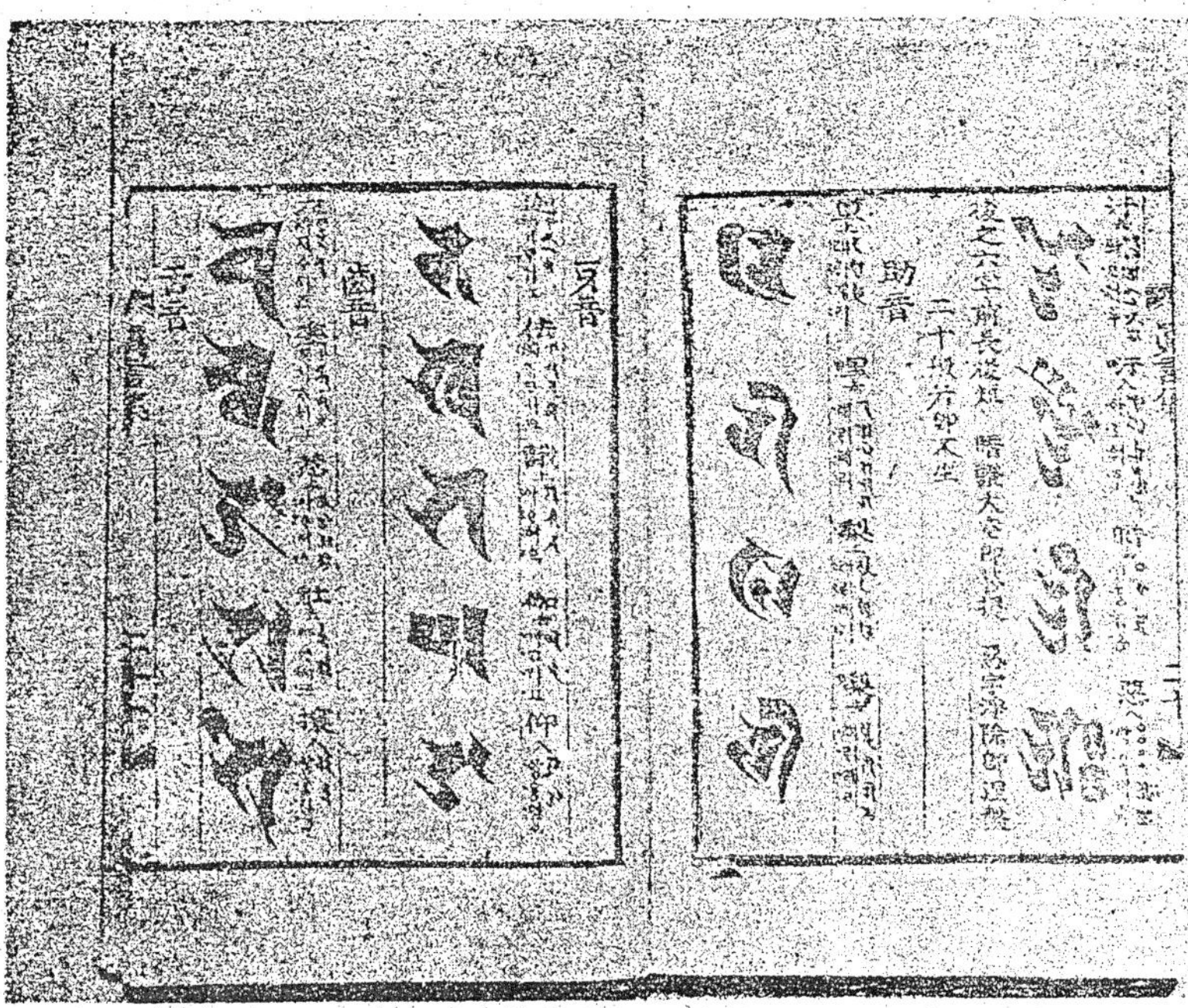

（竪一尺九分五厘横七寸一分）

眞言集（京畿道楊州郡望月寺藏板）

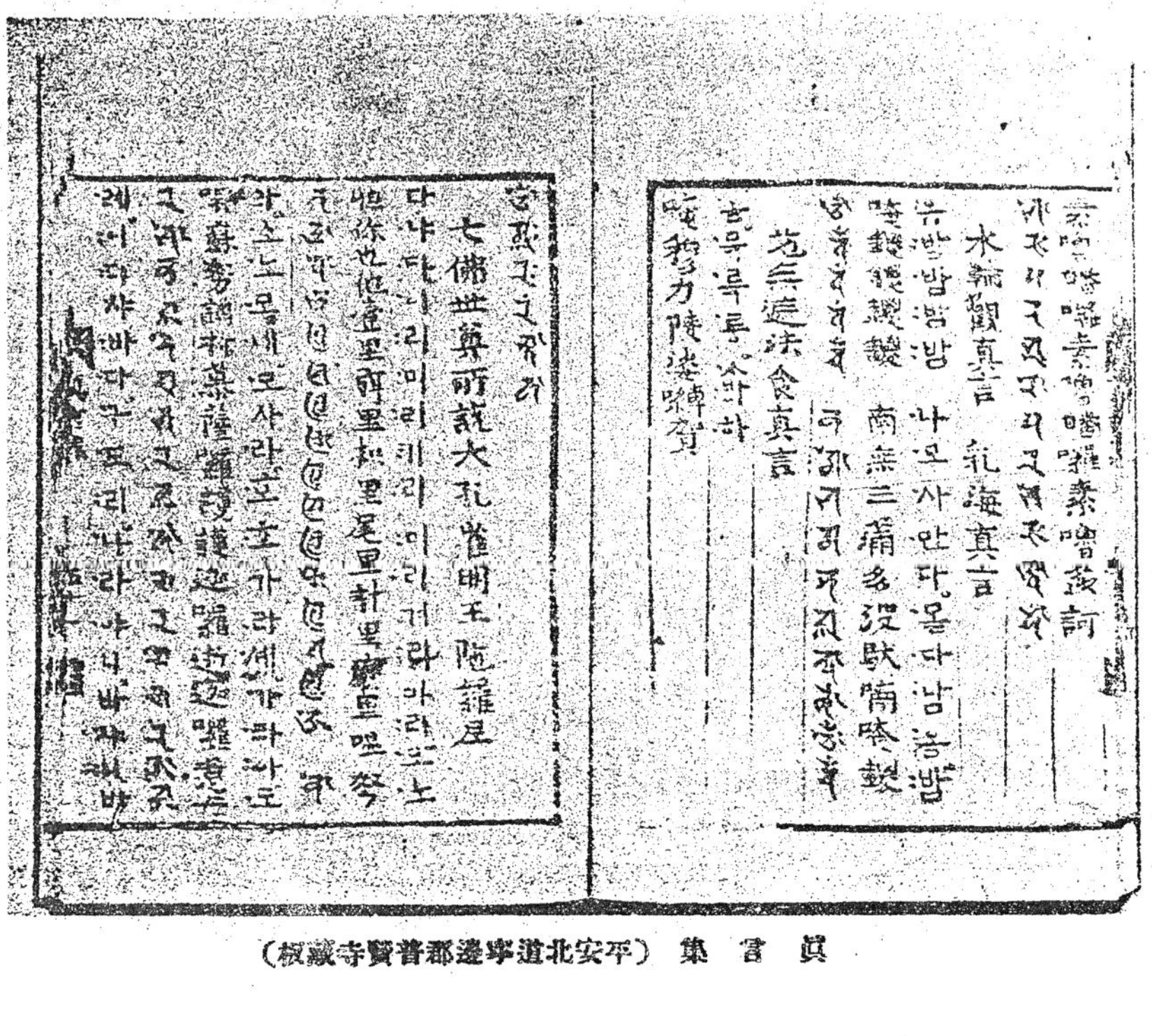

（竪八寸横五寸六分）

眞言集（平安北道寧邊郡普賢寺藏板）

(竪一尺一寸七分五厘橫七寸五分)

老랗랄乞킹키大따다諺연연解계계上썅샹

大따다哥거거你니니從쭝충那나나裏리리來래레 ○ 큰형아네 어드러로셔브터 온다

我어오從쭝충高강갈麗리리王왕왕京깅깅來래레 ○ 내 高麗王京으로셔브터 오롸

如슈슈今긴긴那나나裏리리去큐큐 ○ 이제 어드러 가는다

我어오往왕왕北빙버京깅깅去큐큐 ○ 내 北京으로 향ᄒᆞ야 가노라

你니니幾기기時쓰스離리리了량랴王왕왕京깅깅 ○ 네 언제 王京의셔 ᄠᅥ난다

我어오這저저月월워初추추一힝이日싱ᅀᅵ離리리了량랴王왕왕京깅깅 ○ 내 이 ᄃᆞᆯ 초ᄒᆞᄅᆞᆫ날 王京셔 ᄠᅥ난노라

既기기是쓰스這저저月월워初추추一힝이日싱ᅀᅵ離리리了량랴王왕왕京강깅 ○ 이믜 이 ᄃᆞᆯ 초ᄒᆞᄅᆞᆫ날 王京의셔 ᄠᅥ나시면

到당닫今긴긴半번번箇거거月월워 ○ 이제 반ᄃᆞᆯ에 다ᄃᆞ라 ᄯᅥᆫ 怎

朴퍌퍞通퉁퉁事쓰스諺연연解계계上샹샹

當당당今긴긴聖싱싱主쥬쥬○聖主ㅣ에當今洪훙훙福봉부齊졔치天텬텬○

큰福이하ᄂᆞᆯ과ᄀᆞ즈ᄒᆞ야風봉봉調댱댠雨유유順쓘쓘○風調ᄒᆞ고雨順ᄒᆞ며國궈궈泰태태

民민민安한안○國泰ᄒᆞ고民安ᄒᆞ디又잉우逢뽕봉着쨮죠這저져春츈츈二슬을三

산산月웨위好할할時쓰스節졍져○또時節이봄二三月됴ᄒᆞᆫ니ᄅᆞ니休힇후蹉

처초過궈고了럏랼好할할時쓰스光광광○됴ᄒᆞᆫ時光을ᄂᆡ나디마자그人신싄生

승승一힝이世씨시草찰찬生숭승一힝이秋칭치○人生이ᄒᆞᆫ번ᄂᆡ一一秋ᄀᆞᄐᆞ니오ㅣ라咱

쟝자們믄믄幾기기箇거거好할할弟띠디兄흉흉○우리弟兄들히여ᄒᆞᆫ去큐큐

那나나有임우名밍밍的디디花화화園원원裏리리○名있ᄂᆞᆫ花園에가ᄒᆞᆫ做주주

一힝이箇거거賞샹샹花화화筵연연席씽시○賞花ᄒᆞᆫᄂᆞᆫ宴이會ᄒᆞ리ᄅᆞᆯ常ᄃᆞ

咱쟝자們믄믄消샹샤愁쯓추解계계

話解席日設筵會之意
日話筵文語日筵席會語吏語
是賞花筵席會(쏘로)

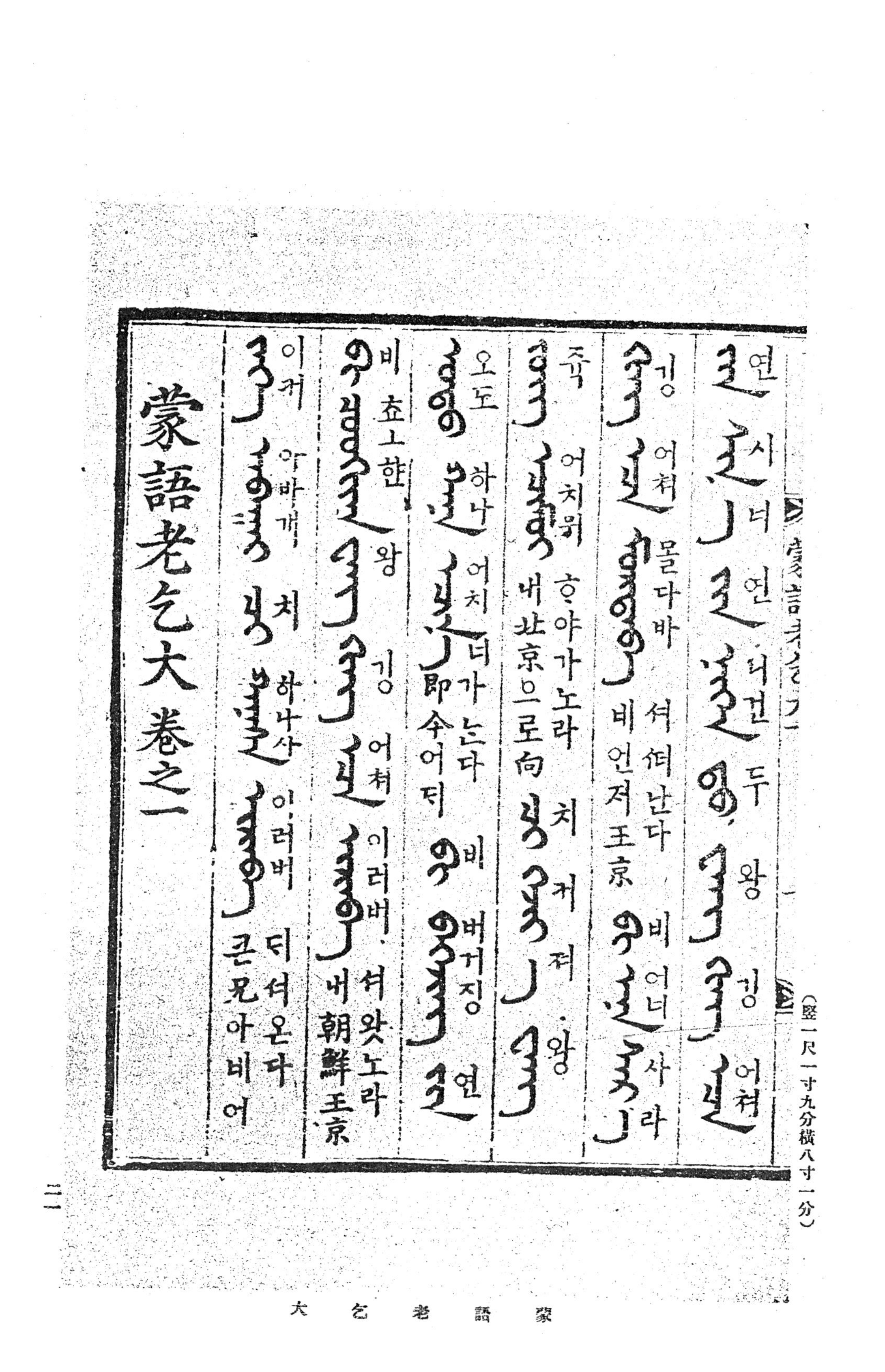

蒙語老乞大 卷之一

이커 아바개 치 하나사 이러버
큰兄아 비어디셔온다

비 쵸고한 왕 깅 어처 이러버
내朝鮮王京셔왓노라

오도 하나 어치 비 버거징 연
即今어디너가는다

쥬 어치뮈 치 커 저 왕
내北京으로向ᄒᆞ야가노라

깅 어처 몰다바 비 어너 사라
비언져王京셔ᄯᅥ난다

연 시너 언 두 왕 깅 어처

(竪一尺一寸九分橫八寸一分)

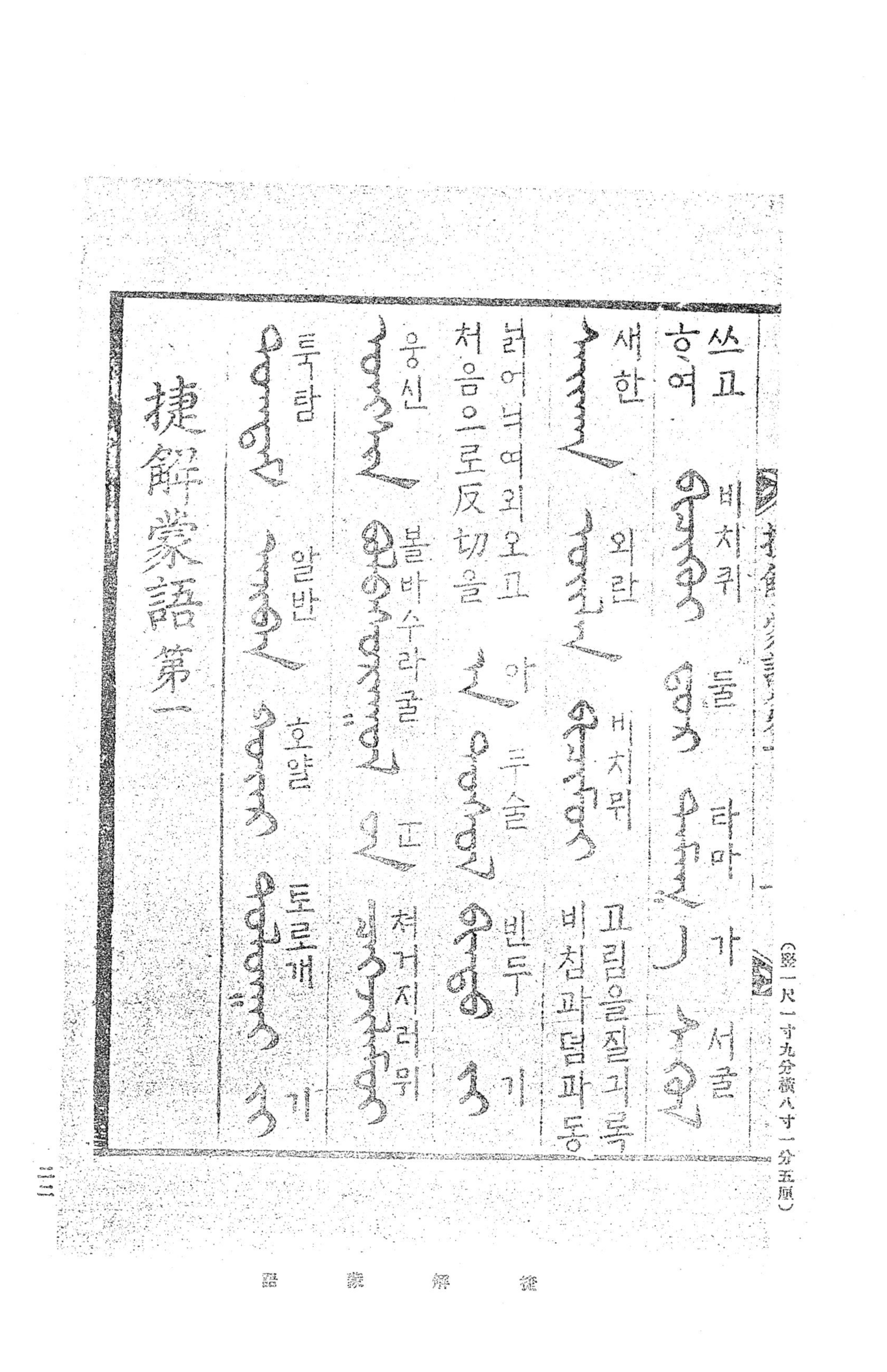

(竪一尺一寸九分 廣八寸一分五厘)

쓰고ᄒᆞ여 비치쿼 둘 타마 가 서굴 고립을질긔록 비첩과뎜파동

새한 외란 비치뮈

뷔어나며외오고 처음으로反切을 아 무술 빈두 기

웅신 볼바수라굴 교 처거지러뮈

투탐 알반 호얄 토로개 기

捷解蒙語 第一

隣語大方巻之一

公儀之事

公儀之事に付て多般之事どもを公に憑て私我営をなして役をはたし候人の仕業である

ッゆへ悔ある

나라일을因緣ᄒᆞ여私私일ᄒᆞ기를憑公營私라ᄒᆞ고

니구실ᄒᆞᄂᆞᆫ사ᄅᆞᆷ의所爲ᄂᆞᆫ아니올ᄉᆡ

(竪一尺九分五厘横六寸九分)

(主) 真代官初相接

쇼우가이신고다이이이쯔

せうかいしんこたいいつ

捷解新語第一

나닝가시고고예고이소나다다

なにかしこゝゑこいそなたた

아모가히이러오라네 代

いくわんちうゑいてわれわれ

이관쥬우예이테와레와레 官中에가내

노고우쇼우오모소우와

のこうしやうおもそうわ○

전갈노니릇기룰

(竪一尺一寸橫六寸八分)

昭和七年八月二十八日印刷
昭和七年八月三十一日發行

朝鮮圖書解題

定價七圓
送料 朝鮮內 四十七錢 / 內地滿洲 六十二錢

著作者 朝鮮總督府

京城府太平通一丁目二十九番地
發行者 朝鮮通信社
代表者 伊藤卯三郎

京城府長谷川町七十六番地
印刷者 合名會社 近澤印刷部
代表者 澤田佐市

發兌
京城府太平通一丁目 朝鮮通信社 電話光化門一六二〇番 振替京城一二〇六二番
京城府本町二丁目 日韓書房 電話本局(二)一五四〇、九五番 振替京城一一〇五番

大取扱店
【東京】東京堂 【久留米】金文堂
【大阪】盛文館 ・ 寶文館

조선도서해제 - 일문판

인쇄일: 2025년 12월 15일
발행일: 2025년 12월 30일
지은이: 조선총독부
판매처: 한국서적유통
발행처: 한국학자료원
서울시 구로구 개봉본동 170-30
전화: 02-3159-8050 팩스: 02-3159-8051
문의: 010-4799-9729
등록번호: 제312-1999-074호

정가 250,000원